图书在版编目（CIP）数据

西方教育思想史/张斌贤主编.
—北京：人民教育出版社，2011.9
全国高等师范院校通用教材
ISBN 978-7-107-23713-3

Ⅰ.①西…
Ⅱ.①张…
Ⅲ.①教育思想—思想史—西方国家—师范大学—教材
Ⅳ.①G40-091

中国版本图书馆 CIP 数据核字（2011）第 164984 号

人民教育出版社 出版发行
网址：http://www.pep.com.cn
北京四季青印刷厂印装　全国新华书店经销
2011年9月第1版　2011年9月第1次印刷
开本：787 毫米×1 092 毫米　1/16　印张：38.25
字数：694 千字　　印数：0 001～3 000 册
定价：43.60 元

如发现印、装质量问题，影响阅读，请与本社出版科联系调换。
（联系地址：北京市海淀区中关村南大街17号院1号楼　邮编：100081）

全国高等师范院校通用教材
北京市高等教育精品教材建设项目

# 西方教育思想史
（修订版）

张斌贤　主编

人民教育出版社
·北京·

# 《西方教育思想史》(修订版) 撰稿人

(按执笔章节先后为序)

**张斌贤** 北京师范大学教育学部教授,教育学博士,博士生导师,中国教育学会教育史分会副理事长,本书主编。执笔绪论、第一章、第二章、第三章、第五章、第九章、第十一章。

**褚宏启** 北京师范大学教育学部教授,教育学博士,博士生导师。执笔第四章、第六章、第七章、第十二章。

**朱旭东** 北京师范大学教育学部教授,教育学博士,博士生导师。执笔第八章。

**陈露茜** 中国人民大学教育研究所讲师,教育学博士。执笔第十章。

**李立国** 中国人民大学教育研究所教授,教育学博士。执笔第十三章。

**王　晨** 北京师范大学教育学部副教授,教育学博士。执笔第十四章。

# 目 录

绪 论 ································································· 1
[内容提要]/1　[学习目标]/1　[关键词]/1
一、教育思想史的性质 ················································ 2
二、教育思想史的发展逻辑 ············································ 6
三、西方教育思想史的基本线索 ······································ 12
四、西方教育思想史的分期 ·········································· 18
[要点小结]/21　[思考与练习]/21　[参考文献]/22

## 第一章　古希腊教育思想 ················································ 23
[内容提要]/23　[学习目标]/23　[关键词]/23
第一节　古希腊教育思想的社会文化基础 ······························ 24
第二节　古希腊教育思想的演进 ······································ 31
第三节　古希腊教育思想的中心议题 ·································· 42
第四节　古希腊教育思想的基本内容 ·································· 53
第五节　古希腊教育思想的特征与历史贡献 ···························· 69
[要点小结]/72　[思考与练习]/73　[参考文献]/73

## 第二章　古罗马教育思想 ················································ 75
[内容提要]/75　[学习目标]/75　[关键词]/75
第一节　古罗马教育思想的发生基础 ·································· 76
第二节　古罗马教育思想的发展进程 ·································· 80
第三节　古罗马教育思想探讨的基本问题 ······························ 90
第四节　古罗马教育思想的特征与贡献 ······························· 102
[要点小结]/105　[思考与练习]105/　[参考文献]/105

## 第三章　中世纪教育思想 ··············································· 107
[内容提要]/107　[学习目标]/107　[关键词]/107
第一节　基督教的演变与基本教义 ··································· 108
第二节　基督教对中世纪教育的影响 ································· 112

1

第三节　中世纪基督教教育思想家……………………………………115
第四节　中世纪教育思想所探讨的基本问题…………………………123
第五节　中世纪教育思想的特征与历史地位…………………………136
[要点小结]／140　　[思考与练习]／140　　[参考文献]／140

**第四章　人文主义教育思想**……………………………………………142
[内容提要]／142　　[学习目标]／142　　[关键词]／142
第一节　文艺复兴运动与人文主义……………………………………143
第二节　人文主义教育思想的演变……………………………………150
第三节　人文主义教育思想所探讨的基本问题………………………163
第四节　人文主义教育思想的基本特征和历史地位…………………189
[要点小结]／198　　[思考与练习]／198　　[参考文献]／198

**第五章　新教教育思想**…………………………………………………200
[内容提要]／200　　[学习目标]／200　　[关键词]／200
第一节　新教教育思想的发生基础……………………………………201
第二节　新教教育思想家………………………………………………209
第三节　新教教育思想的基本原理……………………………………212
第四节　新教教育思想的特点与历史地位……………………………222
[要点小结]／226　　[思考与练习]／226　　[参考文献]／226

**第六章　唯实论教育思想**………………………………………………228
[内容提要]／228　　[学习目标]／228　　[关键词]／228
第一节　唯实论教育思想产生发展的社会条件………………………229
第二节　人文唯实论的教育思想………………………………………233
第三节　社会唯实论的教育思想………………………………………237
第四节　感官唯实论的教育思想………………………………………241
第五节　唯实论教育思想的影响及其历史地位………………………252
[要点小结]／255　　[思考与练习]／256　　[参考文献]／256

**第七章　自然主义教育思想**……………………………………………257
[内容提要]／257　　[学习目标]／257　　[关键词]／257
第一节　自然主义教育思想的演进……………………………………258
第二节　自然主义教育思想的理论基础………………………………261
第三节　自然主义教育思想的基本内容………………………………273

第四节 自然主义教育思想的影响及其评价……………………… 285
［要点小结］/290　［思考与练习］/290　［参考文献］/290

**第八章　民族主义教育思想**………………………………………… 292
［内容提要］/292　［学习目标］/292　［关键词］/292
第一节　民族主义教育思想产生的历史背景与理论基础……… 293
第二节　法国的民族主义教育思想……………………………… 297
第三节　德国的民族主义教育思想……………………………… 306
第四节　英国的国家办教育学说………………………………… 313
第五节　美国的公共教育思想…………………………………… 315
第六节　民族主义教育思想的传播与实践……………………… 329
［要点小结］/331　［思考与练习］/332　［参考文献］/332

**第九章　教育心理学化思想**………………………………………… 334
［内容提要］/334　［学习目标］/334　［关键词］/334
第一节　教育心理学化思想发生的基础………………………… 335
第二节　教育心理学化思想的发生和发展……………………… 339
第三节　教育心理学化思想的基本理论………………………… 348
第四节　教育心理学化思想的广泛传播………………………… 366
［要点小结］/369　［思考与练习］/369　［参考文献］/369

**第十章　科学教育思潮**……………………………………………… 371
［内容提要］/371　［学习目标］/371　［关键词］/371
第一节　科学教育思潮兴起的社会和文化基础………………… 372
第二节　科学教育思潮的演进…………………………………… 376
第三节　科学教育思潮的主要理论……………………………… 388
第四节　科学教育运动在各国的兴起…………………………… 396
［要点小结］/405　［思考与练习］/405　［参考文献］/405

**第十一章　新教育运动**……………………………………………… 407
［内容提要］/407　［学习目标］/407　［关键词］/407
第一节　新教育运动的兴起和发展……………………………… 408
第二节　新教育运动中的著名实验……………………………… 412
第三节　新教育运动的基本理论………………………………… 419
第四节　新教育运动的历史贡献………………………………… 436

[要点小结]/437　　[思考与练习]/438　　[参考文献]/438

## 第十二章　进步主义教育思想　　440
[内容提要]/440　　[学习目标]/440　　[关键词]/440
第一节　进步主义教育思想产生与发展的社会背景　　441
第二节　进步主义教育思想的产生和发展　　447
第三节　进步主义教育思想的特征与评价　　489
[要点小结]/493　　[思考与练习]/493　　[参考文献]/493

## 第十三章　保守主义教育思想　　495
[内容提要]/495　　[学习目标]/495　　[关键词]/495
第一节　保守主义教育思想产生的时代背景　　496
第二节　要素主义教育理论　　497
第三节　永恒主义教育理论　　509
第四节　新托马斯主义教育理论　　519
[要点小结]/526　　[思考与练习]/527　　[参考文献]/527

## 第十四章　当代教育思想与思潮　　528
[内容提要]/528　　[学习目标]/528　　[关键词]/528
第一节　改造主义教育思想　　531
第二节　存在主义教育思想　　542
第三节　行为主义和新行为主义教育思想　　549
第四节　分析教育哲学　　556
第五节　结构主义教育思想　　563
第六节　终身教育思潮　　569
第七节　现代人文主义教育思想　　576
第八节　教育经济化思潮　　582
第九节　激进主义教育思潮　　589
[要点小结]/599　　[思考与练习]/599　　[参考文献]/599

后　　记　　601

# 绪　论

**【内容提要】**

本章从教育思想的基本概念出发，分析教育思想史的基本性质、教育思想变迁的基本逻辑。在此基础上，讨论西方教育思想史发展的基本线索和历史分期。教育思想是人类个体和种族对教育世界及其内在特性的系统认识，这种认识在历史过程中的展开构成了教育思想史的本质。教育思想的历史进程受到社会文化多种因素的相互作用，因此呈现出异常丰富和复杂的特殊性。西方教育思想的历史发展经历了古代、从古代到近代的转折时期、近代和现代四个主要阶段。不同阶段的教育思想存在着诸多差异。而由于教育基本问题的普遍性，不同阶段的教育思想因此具有显著的连续性，这种连续性形成了西方教育思想史的基本线索。

**【学习目标】**

1. 理解教育思想史的基本性质。
2. 理解教育思想史发展的基本逻辑。
3. 理解西方教育思想史的基本线索。

**【关　键　词】**

教育思想史　性质　逻辑　发展线索　分期

本书旨在运用相关文献史料，借鉴相关学科的研究方法和研究成果，较为系统地叙述西方教育思想从古希腊到 20 世纪 90 年代这两千多年间的发生发展过程，分析特定历史时期西方教育思想与思潮的基本内容，阐释不同历史时期西方教育思想与思潮之间的联系和变迁，揭示教育思想发展的历史逻辑及其与社会、思想和文化等诸多因素的相互关联。

### 一、教育思想史的性质

黑格尔指出："一门学问的历史必然与我们对于它的概念密切地联系着。根据这概念就可以决定那些对它是最重要最适合目的的材料，并且根据事实对于这概念的关系就可以选择那必须记述的事实，以及把握这些事实的方式和处理这些事实的观点。"① 这个见解对于教育思想史的研究也是适用的。如果不把教育思想史的研究对象——教育思想的概念加以明确界定，就无法从浩如烟海的历史材料中寻找出那些真正重要的、具有普遍意义和重要价值的教育见解、主张、观点，因而也就不可能真正客观地展示西方教育思想发展的轨迹。

所谓教育思想，是"对教育现象的认识。主要包括：教育主张、教育理论、教育学说等。大体可分两个层次：一是较为零星的、不太系统的教育思想，如人们对教育总体或某方面的片断的初步看法、想法、主张、要求与建议等；二是较为系统和严密的教育思想，如人们在总结前人经验基础上，经过深入探索、反复检验、整理改进而提出的教育理论、教育学说"②。

另一种界定认为，教育思想是指：（1）关于"教育问题的理论观点和主张"。（2）人们"对于各种教育现象及其客观规律的认识和概括。它既包括某些教育理论，也包括来自教育实践的经验和观点"。（3）"指着眼于教育工作应如何进行所提出的各种各样问题所引起的关于教育方式的直接议论和答案"，它回答"怎样教育"的问题。③

还有更多的关于教育思想的界说。如果抛开概念的外延不论，直接把握概念的内涵，那么便可以清楚地看到，不管教育思想的具体结果采取何种形式（观点、主张、学说或理论，等等），在本质上，教育思想是人类种族和个体对教育现象的一种理性把握。易言之，教育思想虽然是人类主体对教育这个大千世界的认识结果，但这种认识既不是感性的、直觉的，不是模糊的、不确定的，也不是随意的、即兴而发的。在这个意义上，教育思想完全不同于对教育现象和教育问题的议论、感受和体验。

作为人类理性的产物，教育思想是主体运用一定的概念、范畴对教育现象的把握，它是一种沉思活动的结果，并且是以某种确定的形式得到固化或

---

① 〔德〕黑格尔著，贺麟、王太庆译：《哲学史讲演录》第 1 卷，商务印书馆 1981 年版，第 4 页。

② 顾明远主编：《教育大辞典》第 1 卷，上海教育出版社 1990 年版，第 41 页。

③ 张焕庭主编：《教育辞典》，江苏教育出版社 1989 年版，第 763 页。

以某种方式明确表达出来的。由于这个原因，教育思想虽然并不总是按照严密的逻辑体系加以组织和表达，但是，它始终具有一定的概括性、普遍性和系统性。而当教育思想以一种精心安排的概念框架出现时，它便成了教育学说、教育理论。

简言之，教育思想是人类主体对教育现象及其内在规定性的较为系统的认识。本书所探讨的正是这种意义上的教育思想在西方世界中的演变。本书中所涉及的不仅有职业教育家们的思想、学说，而且也包括哲学家、思想家、政治家、科学家等关于教育的主张、理论。这些思想和理论都曾在不同时期对西方国家的教育发挥过不同程度的影响作用，直接或间接地制约了西方教育思想的变迁，因而构成了西方教育思想发展的主流，代表着西方教育思想发展的基本方向和基本特性。

教育思想既然是人类个体和种族对教育现象的认识，那么，教育思想史在本质上便是这种认识发生、发展和变迁的过程。这个过程不仅要说明在过去的时代中曾经产生了哪些教育家和哪些教育思想，更为重要的是，它还需要呈现教育思想是怎样从无到有、从古代到现代的发展进程，以及推动教育思想发展的动因及其作用机制和方式，并从根本上揭示前人对教育现象的思考与当代人的理解之间存在的内在联系。而所有这一切，都直接涉及一个基本问题，即教育思想史的"性质"问题。

在本质上，无论是某一时代所产生的教育家及其教育思想、学说、观点，还是由不同时代教育理论体系所构成的有机序列，都是一种完整的动力性过程的产物，因而都具有历史的性质。教育思想是人类对教育现象、活动、过程及其本质规定进行认识的结果。对教育家个体来说，这种认识需要经过一个长期探索、从片面到全面、从肤浅到深刻的过程。对人类种族来说也同样如此，只是这个过程更为复杂。

在任何一个时代，在历史发展的任何一个阶段上，人类种族对教育现象及其本质规定的认识和认识结果，都是一种历史的产物。一方面，每一时代人对教育的认识、理解，都是在一定的历史条件下进行的，因而，这种认识和理解的程度不仅受到人类认识能力、认识水平和思维方式在该时代发展所达到的水平的制约，而且受到作为认识对象的教育本身在该时代的状况的限制。历史条件规定了人们对教育认识的方式以及这种认识所能达到的程度。因此，每一时代人们对教育的认识、理解，都不可避免地具有局限性。他们可能在某一方面取得超越时代的成就，但是，在总体上，他们的认识只能是他们时代的认识，因而只能是人类对教育认识进程中的一个环节、一个阶段。

恩格斯指出："每一个时代的哲学作为分工的一个特定的领域，都具有由它的先驱者传给它而它便由以出发的特定的思想资料作为前提。"① 他又说:"历史思想家……在每一科学部门中都有一定的材料,这些材料是从以前的各代人的思维中独立形成的,并且在这些世代相继的人们的头脑中经过了自己的独立的发展道路。"② 在人类对教育的思想和认识历程中,也存在着本质上相同的现象。

每一时代对教育现象和运动规律的认识和理解,都首先是,而且必然是在以前各时代所积累、流传下来的思想成果的基础上开始进行的。前人思想过程的现实结果成为后代人进一步思想的材料。只有这样,人类对教育的认识才有可能不断深化,日益丰富。在这个意义上,任何时代的教育思想只有在本质上与此前一切时代的教育思想产生联系,才有可能发生,才有可能存在。人类种族对教育的认识正是通过这种各个时代之间的内在联系而不断发展、不断更新。也正因如此,教育思想的历史才成为人类向着真理不断接近的有机过程。

不同时代的教育思想之间之所以可能产生这种内在的必然联系,教育思想的历史之所以可能成为一个完整的有机过程,根本的原因就在于,虽然在不同时代、在不同社会条件下人类教育具有很大的差异和区别,或者说,任何时代的教育都是一种历史的存在,但是,从教育产生之日起,它的一些本质特性、它区别于其他一切人类活动的根本性质以及基本关系,就已经确定下来,并被不断地强化、深化和形式化。在任何时代,人类教育都首先是一种由社会集团的年长一辈向年轻一代传授种族经验的活动。虽然在不同时代、在社会和教育的不同发展阶段上,这种活动的形式、范围、方法、组织,这种种族经验的内容,存在着非常重大的差别,但是,并不能改变这种以传递文化为主要职能的活动的本质规定。就学校教育而言,它的基本关系(教师与学生)、它的基本方式(课程教学)、它的基本目的(培养社会未来的成员),等等,这些关系、方式和目的的具体内涵和发展水平,在不同时代具有不同的特性,但是,从根本上说,从学校产生至今,它们并没有发生改变。概言之,教育是一种历史的现象,但同时也是一种永恒的现象——其中包括一些稳定的本质规定。

由于这个原因,不同时代对于教育的认识和理解的出发点、方式和角度虽然不同,所认识的客体世界在形式、结构和功能上也有区别,但在本质上,人们所面对的是同一个世界,是在不同的背景下探索同一个困惑人心的奥秘。因而,不同时代对教育的认识就必然具有本质的联系。后代人可以汲

---

①②《马克思恩格斯选集》第4卷,人民出版社1995年版,第703～704、727页。

取前人的思想成果，并把它转化为自己思想的工具、材料。人类就是在这样一个不可摆脱的"宿命"般的联系中，向着真理的认识不断进步。

正因为人类对教育的认识是一个不断展开的有机过程，是一个不断向着真理接近的过程，因而，在实质上，迄今为止的人类认识的全部历程构成为一个完整的逻辑整体。在其中，任何一个时代、任何一个教育家的教育思想、理论和学说，都成为这个整体中的一个组成部分、一个环节，都是这个整体在发展的特殊阶段所出现的产物；而且，对整体来说，它们都是必不可少的，也是必然产生的。没有这些部分、环节，就不可能产生整体。

另一方面，整体的每一个组成部分和每一个环节本身又相对地构成为一个完整的实体，或用黑格尔的术语说，是"一个自身完整的圆圈"①，具有自己独特的逻辑起点、结构和终点。这样的一个实体就标志着人类认识整体在不同阶段上所达到的发展水平。

因此，要完整、深刻地认识每一个时代、每一个教育家的教育思想和学说本身的意义、价值以及对人类思想的贡献，并做出恰如其分的、历史主义的公正判断，一方面固然要考虑每种教育学说产生的时代条件（不仅仅是时代的社会、政治、经济条件，还应包括其他方面的现实基础），但更为重要的是，应当考虑各种历史性的联系，尤其要深入探索每一种教育学说与人类对教育的认识总体的有机联系。首先这是因为，"在进入个别的事实之前，我们首先必须有一个一般的概观，不然，我们就会只见部分而不见全体，只见树木而不见森林"②，因而也就不可能从总体上，在一个广阔的背景下认识各种教育思想、学说。其次，任何一种教育思想、学说和观念，之所以具有意义、价值，不仅在于它与时代的联系，而且在于，并主要在于它与整个人类教育认识的历史进程的相互联系，在于它与人类认识整体的联系。正如黑格尔所说："事实上个别部分之所以有其优良的价值，即由于它们对全体的关系。"③只有当教育史家真正深刻、具体地把握了这种联系，才可能理解一定时代所产生的教育思想、学说的历史地位、贡献，或者说，它在哪些方面对人类的教育认识比前代人有了更深的发展，以及了解这种深化的发展过程，也才有可能据此做出客观的评价。

从另一个角度来看，由于教育思想的历史与教育实践的发展存在着密切的联系，因此，教育思想史不仅展现了人类对教育现象的认识的发展进程，而且反映了人类教育的演化历程。

---

① 〔德〕黑格尔著，贺麟译：《小逻辑》，商务印书馆1982年版，第56页。
②③ 〔德〕黑格尔著，贺麟、王太庆译：《哲学史讲演录》第1卷，商务印书馆1981年版，第11页。

恩格斯指出："历史从哪里开始，思想进程也应当从哪里开始，而思想进程的进一步发展不过是历史过程在抽象的、理论上的、前后一贯的形式上的反映；这种反映是经过修正的，然而是按照现实的历史过程本身的规律修正的，这时，每一个要素可以在它完全成熟而具有典范形式的发展点上加以考察。"① 这也就是通常所说的历史与逻辑的统一。这种统一性同样存在于教育的发展过程中。在教育思想史中所产生的各种教育概念和范畴出现的前后顺序，以及它们在整个人类教育思想体系中的逻辑顺序，实际上是人类教育在不同发展阶段上的现实状况在人们观念中的反映，因而，对教育思想史的探讨，实际上正是从一个特定的角度对全部教育发展历史的抽象。

### 二、教育思想史的发展逻辑

如果说教育思想史的性质主要涉及"教育思想史是什么"的问题，那么，教育思想史的发展逻辑则与"教育思想史如何发展"的问题直接相关。这两个问题是相互联系的。

从对教育思想史性质的理解可以看到，教育思想的发展具有其独特的轨迹。这也就是说，教育思想的演化并不是社会发展的自然产物，它的发展进程与社会历史也不存在着同步进行、一一对应的相互关系，它的运动逻辑同样不是社会总体历史必然性在教育思想进程中的简单的直接表现。因此，必须具体地探讨客观的历史规律在教育思想发展进程中的特殊作用方式、机制以及作用结果的具体表现方式，从而揭示教育思想史的发展逻辑。

的确，人类教育认识发展的历史是在社会总体历史的背景下，在人类全部社会活动的基础上，在人类文化的氛围中展开并延续的，并受着人类社会发展的推动而不断演进。但是，由于社会历史本身就是一个由多因素、多层次、多种联系组成的复杂的整体，由于教育思想作为认识活动所固有的内在机制、结构与功能，也由于教育思想在历史发展过程中所不断积淀、凝聚和巩固的传统，教育思想进化过程的表现形式呈现出以下几个方面的特性。

首先，虽然从终极原因来看，任何时期、任何国家的教育和教育思想的产生、存在与发展，都离不开人类物质生产劳动所提供的现实基础，因而必然受到社会生产力发展水平的影响和制约。与此同时，一定历史阶段上的教育和教育认识也必然是在一定的社会关系、政治形态、文化环境中进行的，因而同样受制于上层建筑的各种因素，但是，生产力、生产关系及其相互关系对教育和教育认识发展的推动作用，在教育历史进程中往往是通过其他各

---

① 《马克思恩格斯选集》第 2 卷，人民出版社 1995 年版，第 43 页。

种因素（政治的、宗教的、哲学的、文化的），甚至是一些偶然因素而实现的。这就是说，在人类教育认识的演化史上，作为推动人类社会发展基本动力的生产力及其与生产关系的关系，它们的作用方式往往不是直接的，而是间接的，有时则需要经过若干个中间环节。因此，只是抽象地说，教育和教育思想发展的基本动力来自社会生产力的发展，来自生产力与生产关系的矛盾运动，事实上并没有接触到问题的实质，而只是用"事实材料去证实马克思列宁主义经典文献中早已从过去的某些材料中引出的"基本结论。① 在这方面，科学研究的根本任务在于揭示社会基本规律是如何通过各种中介环节发挥作用的，以及这种作用的程度，等等。例如，西欧文艺复兴时期的教育发展和教育思想的进步，在终极原因上，是早期资本主义社会生产力、科学技术发展的结果，但是，物质生产发展所起的作用是非常间接的。使文艺复兴时期西欧教育的面貌发生根本改变的直接动力，来自人文主义思潮，来自古典学术的复兴，来自人的自我意识的觉醒。简言之，在这时，推动教育思想发展的终极的物质原因被升华为理智的、情感的、审美的精神原因。又如，在宗教改革时期，推动德国等地教育思想进步的直接原因主要是宗教的、政治的因素，虽然这些因素是在生产力发展的前提下产生并发挥作用的。

其次，在任何一个历史时期，人类教育认识的发展都不是单一因素作用的结果，而是以社会生产力为基础的、多种历史力量相互作用所共同推动的。"根据唯物史观，历史过程中的决定因素归根到底是现实生活的生产和再生产。无论马克思和我都从来没有肯定过比这更多的东西……但是对历史斗争的进程发生影响并且在许多情况下主要是决定着这一斗争的形式的，还有上层建筑的各种因素、阶级斗争的各种政治形式和这个斗争的结果——由胜利了的阶级在获胜以后建立的宪法，等等，各种法权形式以及所有这些实际斗争在参加者头脑中的反映，政治的、法律的和哲学的理论，宗教的观点以及它们向教义体系的进一步发展。这里表现出这一切因素间的交互作用"。② 普列汉诺夫具体地阐述了马克思主义的经典原理，他指出，社会"诸因素"之间存在着相互作用：其中每一因素都影响其他一切因素，它本身又受其他一切因素的影响，结果就形成一个相互影响、直接作用和反射作用的错综复杂的网络。

马克思、恩格斯认为，要完整地描述历史的全部过程，必须描述历史过

---

① 〔美〕杰弗里·巴勒克拉夫著，杨豫译：《当代史学主要趋势》，上海译文出版社1987年版，第49页。

② 《马克思恩格斯选集》第4卷，人民出版社1995年版，第695～696页。

程各方面的相互作用。离开对"相互作用"的研究、揭示和描述，就不可能完成历史科学的任务。

教育思想史的研究也是如此。如果忽视对教育思想发展进程中各种历史力量相互作用及其方式、过程、结果的研究，就不可能正确地描述发展的全部过程，也就不可能揭示它的内在规定性。

如果说，社会生产力是推动教育和教育思想发展的决定性因素，那么，它同样也受到一个国家、一个民族教育水平与文化素质的影响，而教育水平与文化素质又受制于一个国家的文化传统。而且，在不同国家、在一个国家的不同发展阶段，各种历史因素的相互作用的方式都是不相同的。除了生产力的决定性的终极影响之外，很难说哪一种因素比其他因素更具有力量。

最后，虽然社会生产力的发展、生产关系的变更与教育历史运动存在着必然的联系，一定的生产力发展水平，一定的生产关系形式必然要求建立和产生与之相适应的教育制度、教育观念和在此基础上形成的教育思想，但是，事实上，在社会的客观要求与要求的现实化之间，存在着相当大的距离。新技术的发明、新工具的出现、新的社会制度的建立，都可能在一夜之间达到目的，但与之相适应的教育制度的建立，特别是隐藏于教育制度之中的教育思想、教育观念的形成，却要花费更长的时间，作出更大的努力，经过更多的波折。而且，新教育制度的建立，并不意味着旧制度和旧意识立即随之烟消云散、荡然无存。相反，在一种社会政治制度中，在一定时期内，往往存在着新旧教育制度和观念并存的现象。例如，英国虽然早在17世纪中叶就爆发了资产阶级革命，在以后的几十年间，逐渐建立了资产阶级的各项政治体制，但直到19世纪中叶，封建的和古典的教育内容、教育制度的基本形式仍然存在，并继续发挥着作用。这样的事例，在教育史上并不罕见。

因此，从全面、历史的观点来看，如果说新教育制度的确立是一件不易之事，那么，要形成与一定生产力水平和生产关系形式相适应的教育观念则更难。原有的教育观念、教育思想虽然是在一定的教育制度的基础上建立的，但它一旦确立之后，便具有相对的独立性，成为一种可以独立发挥作用的力量。特别是当它为社会大部分成员所接受，成为一种普遍认同的社会心理时，往往具有极大的惰性；同时，它还受到文化传统、价值观念、伦理道德、政治思想的影响。因而，虽然其赖以产生的基础发生改变，但它却并不自动地随之改变，而是继续存在，并对新制度的正常运行发生作用。

另一方面，教育思想发展与社会发展之间所存在的"时滞"现象或不平衡性还表现在，在一定历史时期，教育思想发展可能会先于社会的发展。这是一种常规中的反常现象，但却是客观存在的。例如，在18世纪的德国，就当时的生产力水平和生产关系形式来看，德国是一个落后的封建国家，但就在这个落后的德国，却出现了代表资产阶级及新教育趋势的泛爱主义教育思潮。这种思潮无论在理论上、实践上，都远远超出了当时德国的政治、经济的社会条件。这种反常现象涉及许多方面的因素，其中之一就是文化、教育的传播。

教育思想发展的相对独立性还体现在同一时期中处于不同发展阶段国家之间存在的不平衡性。社会发展虽然具有普遍的规律，但是，由于各个国家的历史传统和社会条件的不同，因而在发展中呈现出各自的特色，表现出发展的不平衡性。这种不平衡性同样存在于教育思想的历史进程中，并且表现得更为明显、具体。另一方面，由于不同国家、地区之间的文化传播、交流，先进国家的文化、教育和学术思潮被引进到较为落后的国家和地区，从而使一个在经济、政治上处于较低水平的国家在文化、教育上取得重大的进展，这就进一步加剧了已经存在的不平衡性。上述德国的事例即是如此。在18世纪的德国，之所以会产生反映资产阶级利益和理想的泛爱主义教育思潮，主要原因之一就在于以卢梭思想为代表的法国启蒙运动的深刻、广泛影响。

社会发展普遍规律对教育思想演化作用的独特性更为基本地表现在教育思想史具有其特殊的运动逻辑，而这种特殊性又是与教育本身的发展所具有的"个性"直接相关的。

由于教育活动本身存在着区别于社会物质生产劳动、政治活动、文学艺术创作等方面社会活动的基本特征和内在规定性，因而，在它的历史发展中也同样呈现出与其他社会活动的历史相区别的"个性"。这种个性不仅体现为教育历史的进程具有自身的轨迹，而且表现在它特有的逻辑上。这也是教育的历史之所以可能成为一个专门的学术研究领域的根本原因。

第一，社会物质生产劳动、社会结构、阶级关系、政治统治形式、文化发展的成果等各种社会因素，在迄今为止的教育历史进程中，一直不断地对教育的发展施加各种影响，这是基本的事实。但是，所有这些社会影响只有当教育自身的发展达到足以接受这些影响的程度时，它们才有可能发挥真正的现实的作用。在社会发展、文化发展和教育发展之间，存在着非同步的、不平衡的关系，或"时滞"现象。当社会生活领域中其他方面的人类活动取得巨大成就而教育仍然停留在原有水平时，就出现了一种"社会超前"现象：社会文化先于教育而发展。这样，必然产生教育制度、教育思想的不适时性，从而产生改革教育制度、转变教育思想、更新教育观念的必然性。但是，当教育发展远落后于时代，那么，各种社会的影响、要求或者非常缓慢地发生作用，或者产生不了任何作用。另一方面，社会因素对教育发展的影响，在不同时代，不仅具有不同的形式和机制，而且具有不同的内容。例如，在17、18世纪以前，自然科学对教育的影响就很小。而到了20世纪，它则成为推动教育发展的最强大的动力之一。之所以会出现这样一种历史本身的差异性，一方面固然是因为某一种或若干种社会力量自身发展的逻辑，另一方面，从教育内部来看，在它未达到一定的水平之前，它既不会接受某一种给定的社会因素的影响作用，也缺乏接受这种影响的机制。而且，在不同国家的教育体制下，接受社会因素影响的内容、方式也存在着差别，这主要是因为，由不同文化、社会传统而造就的不同教育制度，具有各具特点的结构、功能。例如，与欧美许多国家不同，中国教育在其发展的漫长进程中，从来就没有受到各种宗教（佛教、基督教）的影响，或者更确切地说，影响极其微弱，尤其是在教育价值观念、教育理想和教育的基本精神方面。

第二，当一个时代的人们开始其教育活动时，他们首先必须在现实社会的条件下，继承前人的教育遗产，进而继承本国固有的教育传统。而由于传统是在一个长时期的历史过程中积淀、建构并不断强化的实体，因此，具有巨大的惯性作用。这样，各方面的社会影响作用往往取决于经现实重新改造了的传统本身运行的速率、方向。同时，由于这种传统的作用，因而往往决定了受这种传统教育影响的人们，对各种社会因素的选择、取舍、排斥。这固然不能长时期地阻碍社会历史必然性的作用，但它毕竟可以起到延缓这种作用的效果。例如，在鸦片战争之后，由于意识到科学技术的巨大力量，一些有识之士主张在旧学校中开设声光化电等新课程，但是，受到传统势力的极大阻碍，致使近代学校课程在中国的出现，推迟了近四分之一世纪。类似这方面的事例在教育史上并不少见。从古希腊一直到当代，传统力量对教育发展的影响一直客观地存在着。

教育实践本身的发展逻辑直接制约着教育思想的变迁，从而赋予教育思想的历史进程以特殊性。这种特殊性主要表现在以下三个方面。

其一，教育思想既然是人类对教育现象、活动、过程及其本质规定的认识、理解的具体结果，那么，它的现实基础必然是而且只能是特定时间、空间条件下的教育实际状况，或者是其中的一个方面、一个组成部分。在教育思想史上，促使人们考察、思索教育问题的直接刺激总是来源于教育问题本身。诚然，任何教育问题的产生，都具有深刻和广泛的社会、政治、经济、文化背景，考察这些背景的作用，有助于了解特定时代的特定问题，因而，间接地促成对基于这些教育问题而产生的一定的教育思想、学说、思潮的认识，这是显而易见的。但是，考察外在于教育系统的社会环境的各个方面因素的基本目的不是别的，而只是为了理解在它们的作用下，在它们所构成的整体氛围中产生和发展起来的一定形态的教育思想。另一方面，如果把注意力仅仅集中在外在于教育系统的社会环境,把它们作为决定一定教育思想发生的不可违背的宿命般的力量,而不详尽考察教育系统内部的各方面因素及其在促成一定教育思想形成中的直接的基础作用,那么,就不可能真正实现对教育思想的深刻认识。例如,倘若只认识到18、19世纪初期德国社会的政治、经济乃至社会心理状况,而对该时期德国教育的实际形势、所面临的问题以及教育界的思想动态缺乏足够的了解,就不可能真正把握赫尔巴特的教育思想体系的真正基础。同样,对近百年来西方学校教育的发展和西方社会的教育观念的转变等方面的现实状况了解甚少,也就不可能深刻把握现代各个教育思想流派(如存在主义、永恒主义、要素主义,等等)。简言之,不能脱离教育思想产生的直接基础去探讨教育思想,否则,这种探讨就失去了实质性意义。

而且,即使分析一定教育思想学说产生的社会背景,也必须把这种分析与对同时代的教育状况的认识有机地结合起来,并具体探讨时代社会条件、教育状况与教育思想三者之间的关系,从而真正合理地阐明社会条件对一定教育思想的发生所具有的影响、制约作用,只有在这时,对社会环境各种因素的分析,才真正成为研究教育思想史的一个有机组成部分,而不再是一种形式主义的公式;也只有在这时,教育思想史才不会成为政治史、经济史、社会史、哲学史的自然产物,而具有自身的存在价值。

其二,既然教育实际状况是教育思想产生的直接基础,那么,这种基础本身的变化、演进就必然导致在它之上建立起来的教育思想的变革和发展,因而,从动态的观点看,教育思想发展的最直接的推动力量来源于教育实践。诚然,社会生活其他方面的因素,如科学技术的发展、人类认识水平的提高、思维方式的改变,等等,也在不同程度上并以不同的方式作用于人们对教育的认识,因而影响着教育思想的产生、发展。但是,所有这一切外在因素的作用,只有当教育实际本身已经达到一定的发展阶段,人类对教育的认识已经积累了足够丰富的思想材料并具有相当的深度时,才可能现实化。只要比较一下自然科学技术的最新成果(如电子计算机)对发达国家和发展中国家教育研究所起作用的区别,就能理解这一点。

其三,众所周知,一切教育思想、学说的根本特征在于它的强烈的实践性。无论人们是从什么角度(社会的、经济的、政治的、道德的)来认识教育,他们最终目的无一不是为了解决现实的教育问题,只是他们探讨的理论层次不同,因而出现了实用程度的区别。由于这个原因,一切教育理论的逻辑终点都必然回归到教育的现实上,这样,一切教育理论体系就成为相对稳定的,由逻辑起点、各种中间环节、逻辑终点有机构成的完整实在,而这种稳定的逻辑整体在历史的演变过程中,往往经历着它所特有的道路,因此,教育思想史不但具有自身特殊的具体形态和内容，而且具有不同于其他历史过程的运动逻辑。

由于以上三方面的原因，在教育思想史的发展与社会史、政治史、经济史、文化史之间，客观上存在着不平衡性、差异性。一定发展水平的经济、政治状况并不直接促成与之相适应的教育思想体系的发生，经济高度发达的国家并不总是具有同样发达的教育思想，例如，18、19世纪的英国，虽然在工业生产方面，在科学技术的发展方面，都领先于欧美其他国家，但在教育思想的建树上，却远不如同时期的德、法等国。

同样，就教育思想与哲学思想、政治学说和社会、伦理观念的关系而言，虽然在很大程度上它们是相互影响、相互作用的，但是，绝不能把它们之间的关系简单化、绝对化，从而放弃对这种关系的具体研究；更不能用对某位教育家的阶级立场、政治观点、哲学思想的评价代替对其教育学说及其历史贡献的深入探讨，或者把二者简单地等同起来。

### 三、西方教育思想史的基本线索

教育思想史的发展逻辑一方面说明"教育思想如何发展"的问题，另一方面又进一步引出了新的问题，即教育思想史发展的基本内容是什么。这就直接涉及教育思想史的基本线索。

如上所述，教育思想史在本质上是一个相互联系、动态的发展过程，在这个过程中客观存在着某种普遍的规律。由此可以进一步得出推论：教育思想历史的发展是有序的，因而也就存在着一条主线。通过它，可以把握教育思想的全部历史进程的脉络。

那么，什么是教育思想发展的主线呢？或者，什么是西方教育思想史的基本线索呢？

教育思想史是人类种族对教育现象的认识发展过程，在这个过程中，先后产生了大量的教育思想和教育学说。作为认识活动的具体结果，这些思想或学说在许多方面存在着千差万别，表现出教育思想发展的丰富多样性。但就教育家们所认识的对象（即教育现象）而言，却存在着某种相对的统一性。因此，他们的思考或认识的途径往往是相近、相似甚至相同的，也就是说，他们通常都是通过对那些规定教育性质的基本问题的认识来把握教育现象的。而这些问题又往往具有普遍性和相对的稳定性。由于这个原因，不同时期的教育思想客观上存在着一种统一性。正是这种统一性，构成了教育思想史的基本线索。

从西方教育思想史的发展来看，下列这些问题是为大多数重要的教育家和教育思想家所共同关注的：个人与社会的关系；教育与人性的关系；教育与人的认识的关系；知识与道德的关系，等等。这些问题虽然在不同时期以不同的具体形式出现，但一直是构成教育思想的基本的、主要的内容（当然不是全部内容），因而也就成为西方教育思想发展的基本线索。

(一) 个人与社会的关系

个人与社会的关系问题，首先是伦理学的问题。在西方伦理思想史上，它一直是人们广泛探讨的基本问题。由于教育与社会生活之间客观存在的密切联系，因而，从古希腊开始，教育家们便不断地对这个问题进行深入、持久的探索，留下了丰富的思想遗产。

在教育范畴中，个人与社会的关系问题通常是以教育目的的形式出现的。具体言之，教育中的个人与社会关系问题主要涉及：教育活动是以个人为目的还是以社会为目的。诚然，在西方教育思想史上，很少有哪一位教育家把个人目的与社会目的完全对立起来，从而只强调一方面而绝对排斥另一方面，大多数教育家通常都同时注意到这两个方面。这里的区别主要在于侧重点的不同。从这种差异中，形成了两种不同的思想倾向。

一种倾向是以智者学派、人文主义、近代功利主义、自由主义以及进步主义、存在主义和现代人文主义为代表的个人主义。这些思想或思潮的一个共同的主张是，强调教育应以发展个人的各方面能力、需要为目的，以促进个性的完善和个人的幸福为宗旨。与此同时，它们虽然也论及教育的社会方面，但在它们的观念中，社会或是作为个人发展的手段，或是作为个人发展的条件，或是作为个人发展的自然结果，并不真正具有实质的本体意义。

与个人主义教育思潮相对，在西方教育思想史上长期存在着另一种思想路线，暂且称之为"普遍主义"或"群体主义"。这种教育思潮在不同时期具有不同的具体形式。从古希腊以苏格拉底、柏拉图和亚里士多德为代表的理性主义，古罗马以西塞罗、昆体良为代表的"道德主义"，中世纪以基督教神学为依据的教育思想，一直到近代的国家主义或民族主义、公民教育、要素主义、改造主义，等等，都是这种"普遍主义"思潮的主要代表。"普遍主义"或"群体主义"教育思潮的一个基本特征是它的代表人物并不一般地反对个人发展和个人幸福，相反也要求注重教育的个人方面，强调个人在教育世界中的重要性。但就其思想的根本倾向而言，"普遍主义"教育思潮通常把侧重点放在社会、国家方面，放在群体方面而不是个体上，强调教育应以促进社会发展和人类进步为宗旨。在"普遍主义"的教育家们看来，社会的、整体的利益高于个人利益，社会的不断改造和进步是推动个人发展的基本动力。既不存在可以脱离整体利益的个人利益，也不存在没有社会发展的个人发展。因此，他们通常都力图调和社会和个人之间的矛盾：既反对极端的个人主义，又反对放弃个人利益而只强调群体利益。

这两种教育思潮之间的相互论争、相互吸收，贯穿着从古希腊一直到当代西方教育思想发展的全部过程，成为西方教育思想发展的重要内容。

从教育范畴来看，教育中的个人与社会关系的问题，固然最直接地与教育目的相关，但同时也涉及教育的其他一系列重要问题：教育的职能、教育的作用、教育和教学内容的安排、教师和学生的关系、教育和教学的组织与方法，等等。

（二）教育与人性的关系

人性问题，在西方古代和近代的相当一段时间内，主要是一个哲学和伦理学问题。由于它直接涉及人的本性、人的特征等有关人类自身的基本问题，因而从西方教育思想产生之日起，便与人们对教育现象的认识结下了不解之缘，并始终制约着人们对教育问题的探讨。

在教育思想中，人性问题与一系列教育的基本问题存在着不同程度的相互联系。它既与教育的目的相关，也涉及教育的职能、功能，又与教育过程的组织和方法、教学的内容、师生关系等问题具有关系。

在西方教育思想史上，由于对人性理解的不同，直接导致了人们对一系列重大教育问题认识的差异，因而也形成了不同的思想倾向。

人性问题首先涉及人性的善恶。对这个问题，历来众说纷纭，仁者见仁，智者见智。概括起来大致有三种主要的观点。一种观点认为，人性本善，人的天性是完美无缺的。因此，应当极力创造各种条件，使人的善良天性不受任何限制地得到完全、充分的发展，卢梭是这种观点最为重要的代言人。另一种观点认为，人性本恶，人心中充满着各种与生俱来的私欲、狂妄、邪恶，因此，应当努力运用各种手段，有效地抑制人的各种自然倾向，只有这样，人才能逐渐向善、为善。这种观点的最有影响的代表是正统的天主教哲学。还有一种观点则认为，人性无所谓善恶，人的自然禀赋中同时存在着向善和向恶的倾向。人之所以为善或为恶，主要是由后天环境和教育的影响，再加上人的自由意志的作用而造成的。洛克、爱尔维修、康德、费希特、赫尔巴特等人是这种观点的主要代表。

对人性的三种不同理解，产生了三种明显不同的关于教育基本问题的认识。性善论者通常认为，教育的最高目的和职能是充分发挥人固有的善性，充分发展人的天性。教育过程的本质在于它是一个人性自然展开的过程，教育和教育者的作用在于为人性的展开提供适应的环境，创造必要的条件。教育和教学的内容、组织方法等，都起着类似的作用。在这个意义上，性善论者的教育思想表现为"内发论"。它的代表人物既包括苏格拉底、柏拉图、人文主义教育家，也包括卢梭、泛爱主义者、福禄培尔，又包括进步主义、现代人文主义。

性恶论者的教育思想主要以奥古斯丁、杰罗姆、托马斯·阿奎那、罗耀拉等天主教神学家为代表。他们的教育思想可简要表述如下：由于人性本恶，因此，教育的基本职能和最高目的在于，通过各种手段、途径、方式，节制乃至消除人的各种欲望，使人从恶性中解脱，上升到神性的境界。由于这个原因，他们通常把教育活动和教育过程当做一种进行精神训练的活动过程（这种过程通常是压制性的）。与此相联系，教育和教育内容的安排、教育活动的组织和方法的作用，也只在于压抑人性、发扬神性。

由第三种关于人性的理解而产生的教育思想，则相对复杂一些。这是因为可以列入这个教育思潮的教育家们往往在其他一些哲学问题和教育问题上持有不同乃至相反的主张。另一方面，这个教育思潮的某些教育思想与性善论者的教育主张具有某种联系。

由这种关于人性的理解而引出的教育思想，可以归到通常所说的"外铄论"。这种教育思想或者认为，人的心灵是一块白板，不存在天赋的观念，既然如此，人性也就无所谓善恶。人的发展及其方向完全是由后天因素决定的，这便赋予教育以巨大的作用。教育的基本职能和根本目的在于通过传授知识、发展智慧、培养德性，使人成为有道德的、善良的人。教育过程的核心是传授知识、灌输道德。在这个过程中，教师发挥着重要的乃至主导的作用。这种意义上的"外铄论"主要包括以英国经验主义哲学和联想主义心理学为理论基础的教育思想。或者认为，人性中既有为善的倾向，又有为恶的因素。人之或好或坏，或高尚或卑下，全视天性发展的方向。教育的职能和宗旨就在于发扬人性中善良的倾向，抑制为恶的冲动，发展人的最高属性。根据这种教育思想，教育过程中既需抑制恶性，又要顺应善性的自然发展，由于这个原因，这种意义上的"外铄论"兼容了"内发论"的许多思想因素。

（三）教育与认识的关系

与人性问题一样，人的认识也是一个古老的哲学问题。所不同的是，它又是一个心理学问题。它主要涉及人的认识或知识的来源、人的认识过程等一系列重要问题。与人性论一样，从西方教育思想产生之初，认识论便与人们对教育的认识发生了不可分割的联系。这是因为，一方面，人们对教育现象的认识活动本身，从属于人对客观世界和主观世界的认识，是人的全部认识活动的一个有机组成部分，因而受制于人的一般认识的规律。另一方面，由于教育活动的核心是人类种族经验的传递和接受，而对年轻一代来说，这种接受，本身就是一种认识。因而，在本质上，教育活动与人的认识活动是直接相关的。

在西方历史上，关于人的认识的见解多种多样，而且几乎每一种重要的认识论都与某种教育思想直接或间接相关。因此，人们对人的认识的观点分歧，往往直接影响关于教育问题的主张。

与前两方面的问题不同，认识论在教育中主要涉及教学范畴。具体言之，它与教育目的、教学内容、教学方法、教学组织等问题直接相关。这种相关更显著地反映在从古希腊到第二次世界大战以前这两千年间西方教育思想的发展过程（尤为集中地反映在近代教育思想的发展中）。

西方人关于认识论的观点大体上沿着两条路线发展：一条路线是经验主义，另一条路线则是理性主义。这两种不同的认识论的大发展是在近代，但它们既有着深远的思想渊源，又对后世认识论发展产生了深刻影响。在近代，经验主义的主要代表人物是培根、霍布斯、洛克、贝克莱和休谟。理性主义的代表人物则为笛卡儿、斯宾诺莎、莱布尼茨。

经验主义认为，人的认识的真正起源不在于神的启示或传统的权威，也不存在与生俱来的理性公理或天赋观念。一切真正的知识都发源于感官从外部事物得来的感觉经验，只有从经验归纳起来的理性原理才合乎真理。与此相反，理性主义认为，通过感觉经验得到的总是个别的或有限的知识。而且，在感觉经验中，各种现象都是有例外的，即只具有或然性，因此，仅仅从感觉经验这个来源，不能说明如何上升到理性的问题，不能说明具有普遍性和必然性的真理认识的根据，而在科学中，普遍必然性的知识才是实际存在的。既然这种知识不能从感觉经验这个来源得到说明，理性主义哲学家们便或者主张这种认识和感觉经验无关，而是"天赋观念"，或者主张理性自身具有将感觉经验提升到普遍原理的能力，理性的这种能力不是从经验而来，而是自身超越经验。正是因为人具有这种超越经验的理性能力，才使人们能够形成关于事物的普遍性、必然性的认识。

在经验主义和理性主义之后，以康德、费希特、谢林和黑格尔为代表的德国唯心主义哲学，则在调和经验主义和理性主义的基础上，提出了新的认识论。例如，康德把人的认识过程划分为三个阶段：感性直观阶段、知性思维阶段和理性理念阶段，从而以唯心主义的方式克服了经验主义和理性主义各自的片面性。

这些认识论学说对近代西方教育思想的发展，都产生了不同程度的重要影响。这种影响的一个具体标志是，持有不同认识论观点的教育家之间的教育思想（尤其是教学思想），存在着明显的差异。甚至受同一认识论派别的不同哲学家思想影响而产生的教育主张，也不尽相同。

一般而论，受经验主义影响而产生的教育、教学思想，通常都强调直观教学的作用，强调教育和教学过程应从儿童感知具体事物开始，强调教学应坚持从具体到抽象的原则，并注重发展儿童的观察力。持这种思想的教育家主要包括：夸美纽斯、洛克、卢梭、巴西多、斯宾塞。受理性主义和唯心主义认识论影响比较明显的教育家主要有：笛卡儿、康德、费希特、赫尔巴特、第斯多惠，等等。他们的基本思想是，强调教育应着重发展人的理性力量，认为理性的发展，才是教育和教育所要追求的目的，感性经验无非是达到这种目的的手段。以上所述主要涉及西方近代的情况。但是，认识论对教育主张的影响绝不仅限于近代。无论在古代还是在当代，这种影响都普遍存在着。只是在当代，这种影响更为复杂。

（四）知识与道德的关系

知识与道德的关系，或知与行的关系，本身是伦理学所探讨的问题。在西方历史上，大多数伦理思想家都探讨过这个问题。但同时，它也是个普遍的教育问题，始终受到教育家们的广泛关注。

在教育范畴中，知识与道德的关系，似乎主要涉及知识教育与道德教育的关系，但实际上，它与教育目的、教育职能等一系列问题，都存在着密不可分的关系。

从西方伦理思想史来看，关于知识与道德的关系主要有三种观点。一种观点认为，知识就是道德，知识与道德是相互统一的。苏格拉底、赫尔巴特分别是这种观点在古代和近代的主要倡导者。另一种观点认为，知识不但无助于道德的发展，反而有碍于道德的发展。中世纪天主教神学和近代浪漫主义代表了这种观点，还有一种更为普遍的观点则认为，知识不同于道德，但它可以直接促进道德的发展。柏拉图和亚里士多德、康德和费希特、赫钦斯，分别代表了这种主张在古代、近代和现代的沿革。

这种分歧在西方教育思想发展史上也同样普遍地存在着。持知德统一论的教育家们通常都把传授知识的过程与道德教育过程直接联系起来，因而都强调选择有助于道德形成的社会、人文学科内容作为课程的核心。由于强调知识在道德形成中的直接作用，因而，他们都把知识教学的意义看得很重要，认为知识教学是达到教育目的的唯一手段，甚至认为知识教育本身就是道德教育。

以中世纪天主教神学为基础的教育思想，一般并不绝对反对、排斥知识教学，但把知识教学的作用仅仅局限于学习与信仰有关的初步知识，并认为，在知识与道德之间并不存在有益的联系，道德仅与信仰相关，而信仰则主要与直觉、情感有关，与知识无干。不仅如此，知识还有可能危害信仰，从而危及宗教信仰。由于这个原因，天主教的教育家们虽然强调道德教育，但并不认为它与知识教学有什么联系。

与上述两种观点相比，第三种见解更具有普遍性。几乎可以说，除抱以上两种观点的教育家之外，大多数西方教育家都持这种主张。这种主张认为，不能把知识与道德完全等同起来，但这二者之间是相通的。知识有助于道德的形成，知识教学是进行道德教育的基本途径。

上述这些重要的教育问题构成了教育世界的基本结构，虽然它们在不同时期采取了不同的形式，但问题的实质是一致的。人们正是通过对这些重要问题的把握，进而认识整个教育世界。因而，对这些问题的认识的变化，正反映了教育思想的变迁过程。

**四、西方教育思想史的分期**

对历史发展的阶段划分，总是与一定的历史观念相互联系的。同样，对西方教育思想史进行分期，也是以对教育思想史的一般认识为依据的。根据上述对教育思想史的性质和发展逻辑，以及西方教育思想史的基本线索的理解，可将西方教育思想的发展历史划分为以下四个时期：古代，从古代向近代的过渡，近代和现代（当然，这种划分是相对的）。

（一）古代西方教育思想

从公元前6世纪到公元13世纪，是西方古代教育思想的发生、发展时期。这个时期又可具体划分三个阶段：古希腊、古罗马和中世纪。这是西方教育思想的奠基时期。

古希腊是西方文明的发祥地，也是西方教育思想的摇篮。从公元前6世纪到公元前4世纪，古希腊世界先后产生了毕达哥拉斯、苏格拉底、柏拉图和亚里士多德等著名的教育家，形成了丰富的教育思想和理论。以这些教育家为主要代表的古希腊教育思想，几乎涉及大多数西方教育思想史中的基本问题，包含了近现代西方教育思想的萌芽，对西方教育思想的发展产生了深远的影响。

古罗马产生了塞涅卡、西塞罗、昆体良、普鲁塔克等教育家。虽然他们的教育思想在很多方面受到古希腊教育思想的直接影响，虽然他们的教育思想在理论上的建树和贡献不及古希腊教育家，但是，对于他们在西方教育思想发展过程中的作用，仍应予以充分的肯定。这种作用不仅在于他们提出了具有浓厚古罗马民族特色和时代特征的教育思想，这些思想对中世纪后期和文艺复兴时期的教育研究和实践，发挥了重要的影响，而且在于他们的教育思想起到了补充、普及和传播古希腊教育思想的重要作用。如果说古希腊人对西方教育思想发展的贡献主要在于宏观的原理方面，那么，古罗马人的功绩则表现在具体的、实践的方面。

从公元5世纪到公元13世纪，通常称为中世纪（有的分期把中世纪的下限定为16世纪，包括文艺复兴、宗教改革时期）。这是西方教育思想发展史上的一个特殊的阶段。无论是与此前的古希腊、古罗马时期相比，还是与其后的文艺复兴时期相比,中世纪的教育思想是比较贫乏的,是西方教育思想发展过程的低谷时期。这个时期的教育思想主要体现在奥古斯丁、杰罗姆、阿奎那等人的神学著作中,教育思想具有浓厚的宗教色彩。但在另一方面也应当客观地看到,尽管中世纪的宗教文化与古希腊、古罗马的世俗文化在本质上是对立的,尽管中世纪的教育思想较为贫乏,但是,在具有浓厚宗教色彩的中世纪教育思想中,仍然存在着古希腊、古罗马教育思想的影响痕迹,更为重要的是,中世纪的教育思想连同它的教育实践,对近代欧美教育的发展产生了直接的影响(积极的或消极的)。因此,对西方教育思想发展历程的系统研究无论如何也不能忽略或回避中世纪这个特殊的历史时期。

尽管古希腊、古罗马和中世纪这三个阶段的教育思想各自不同,存在着显著的差异,但是,从总体上看,这三个阶段的教育思想存在着某些共性。这首先表现在,教育思想尚未完全从哲学(在中世纪则为神学和宗教哲学)中分化出来,教育家们对教育问题的思考主要是在哲学、政治学、伦理学的范畴中进行的。正因如此,在古代西方,严格地说并没有真正的、专门的教育著作。

这种状况实际上多少说明了这样一个问题,即在古代西方,人们对教育问题的思考总是与其他问题(社会的、政治的、伦理的)联在一起进行的,易言之,在古代西方人的眼里并不存在着独立的、专门的教育问题,认识的对象并没有真正得到分化。这反映了当时学校教育所达到的发展水平。

(二)转折时期的西方教育思想

这里所说的转折时期,是指从公元14世纪到17世纪后期的两三百年间,也就是文艺复兴、宗教改革和17世纪这三个阶段。之所以将这个时期称为转折时期,主要是因为,从西方教育思想的发展进程来看,这个时期的教育思想既带有浓厚的古代色彩,又具有明显的近代早期的特点,它标志着古代教育思想的沿革的终结,又预示了近代教育思想的兴起。它是一个西方教育思想从古代向近代过渡的转变时期。

这个时期教育思想的近代特性主要表现在,人们已经逐渐地把作为认识对象的教育从其他事物中自觉地分化出来,把它作为一个独特的、专门的事物和问题进行探讨。由于这个原因,过渡时期不仅问世了大量的教育专著,而且已经使教育认识逐渐从哲学中分离出来,这个特性的出现标志着人们对教育现象的认识发展到了一个新的阶段。

这个时期教育思想的古代色彩则表现在,尽管人们对客体的认识发生了重大的变化,但是,他们的思想方式、认识方法乃至价值观念等,却依旧是古代的,他们的教育思想也或多或少地带有古代世界的印迹。

文艺复兴是过渡时期教育思想发展的第一个阶段。在这个阶段中,教育思想得到了重大的发展，产生了如维多里诺、弗吉里奥、格里诺、伊拉斯谟、维夫斯、拉伯雷、蒙田等一大批人文主义教育家。他们的教育思想标志着中世纪教育思想向近代的转变过程的开端。

宗教改革时期是过渡时期教育思想发展的第二个阶段。在这个阶段中，产生了马丁·路德、加尔文等新教教育家，他们不仅提出了较为丰富的教育思想，而且使这些思想在一个较为广大的空间中得到初步的实践。诚然，他们的教育思想具有浓厚的宗教色彩，这一点似乎与中世纪教育思想相同，但是，经过人文主义的洗礼，特别是随着近代民族国家的兴起，新教教育思想带有近代的某些特点。

17世纪是过渡时期教育思想发展的第三个阶段。这个阶段产生了夸美纽斯、弥尔顿等教育家。夸美纽斯是过渡时期最为重要的教育家，他的教育思想最为集中地表现了过渡时期教育思想新旧交替的特点。

（三）近代西方教育思想

从洛克、拉夏洛泰、卢梭开始，西方教育思想的发展真正进入了它的近代时期。这种进步并不是突如其来的，而是一个长期过程的结果。这种进步是以一系列变化为标志的。其一，近代教育家进一步发展了过渡时期的教育思想，进一步自觉、明确地把教育与其他社会现象区分开来，把教育作为一个专门化的问题进行研究。其二，近代教育家在研究教育问题时，既不依赖传统的权威，也不根据神圣的教义，而只凭人类的健全理性。其三，除少数例外，近代教育家们通常都在不同程度上吸取、借鉴了经验科学的方法，他们对教育现象的认识主要是通过观察、经验、实验而获得的，而不单凭推论、思辨。其四，近代教育家通常都认识到了知识（特别是科学）在人类生活中的巨大作用。他们在不同程度上都反对"为知识而求知识"，主张实用知识的传授，特别强调进行科学教育。其五，近代儿童观的确立，为教育家们对教育现象的认识奠定了科学的基础。所有这一切，都使近代教育思想获得了新的内容和形式。

近代是西方教育思想的大发展时期。在这个时期中，产生了洛克、拉夏洛泰、卢梭、狄德罗、爱尔维修、康德、费希特、裴斯泰洛齐、赫尔巴特、福禄培尔、第斯多惠、斯宾塞、赫胥黎等一大批著名的教育家，形成了非常丰富的教育思想。

由于这些教育家处于不同时代，面临不同的教育问题，也由于他们的理智背景的不同，因而，产生了其教育思想的种种差异。根据这些差异，可将近代教育家及其教育思想划分为不同的"派别"或思潮。当然，这种划分并非绝对精确，因而在不同的"派别"中存在着交叉、重叠，例如，一个教育家的思想往往可以被同时归纳在两三个不同的派别中。

西方近代最为重要的教育思潮有：以卢梭、巴西多、裴斯泰洛齐、福禄培尔等人为代表的自然主义，以拉夏洛泰，狄德罗、费希特、贺拉斯·曼等人为代表的国家主义或民族主义，以裴斯泰洛齐、赫尔巴特等人为代表的教育心理化思潮，以斯宾塞、赫胥黎等人为代表的科学教育思潮，等等。

（四）现代西方教育思想

与近代相比，19世纪末、20世纪初以来的近百年间，西方教育思想具有了新的特点。

第一，流派纷呈，教育思想日趋多元化。近百年来，西方世界先后产生了以杜威为代表的进步主义，以赫钦斯为代表的永恒主义，以巴格莱为代表的要素主义，以波尔诺夫为代表的存在主义，以布拉梅尔德为代表的改造主义，以皮亚杰为代表的结构主义。此外，还有文化教育学派、艺术教育学派、人格主义、劳作教育学、新教育运动、新托马斯主义、西方马克思主义，等等。这些流派或同时并存，或相继发生，各有其明确的教育主张，相互责难、互相辩驳，使教育思想的发展呈现出前所未有的活跃状态。

第二，非体系化。与近代西方教育思想相比，近百年以来，除杜威以外，西方世界几乎很少有建立完整理论体系的教育家。教育认识趋向开放，发展节奏不断加快，反映了社会和教育的迅速变革。

第三，"专题化"、技术化。与非体系化互为因果的是，现代西方教育思想并不力图包容整个教育世界，教育家们通常主要研究教育中的某一个或几个基本问题，尤其注重那些更具技术性的问题，例如，教育内容、课程设置、教学方法，等等。对教育中的"形而上学"的问题的研究呈日益减少的趋势。

**【要点小结】**

本章借鉴国内已有关于教育思想的概念界定，认为教育思想史的基本性质在于人类个体和种族关于教育现象认识过程和认识结果，教育思想史的本质是这种认识发生、发展和变迁的过程。不同时期的教育思想不仅取决于时代经济、社会、文化和教育等多种条件的相互作用（在这个意义上，教育思想是时代的产物），也受到历史上各种思想的复杂影响（在这个意义上，教育思想是历史的结果）。不同历史时期教育思想之间的有机联系，不仅构成了西方教育思想史的基本线索，同样也成为作用于教育思想历史演进轨迹的重要因素。

**【思考与练习】**

1. 什么是教育思想史？

2. 如何认识教育思想变迁与社会文化发展之间的关系？
3. 如何理解西方教育思想史的发展线索？

## 【参考文献】

1. 〔德〕黑格尔著，贺麟、王太庆译：《哲学史讲演录》第1卷，商务印书馆1983年版。
2. 〔美〕杰弗里·巴勒克拉夫著，杨豫译：《当代史学主要趋势》，上海译文出版社1987年版。
3. 〔美〕理查德·塔纳斯著，吴象婴、晏可佳、张广勇译：《西方思想史》，上海社会科学院出版社2007年版。
4. 何兆武、陈启能主编：《当代西方史学理论》，中国社会科学出版社1996年版。
5. 〔英〕E.H.卡尔著，陈恒译：《历史是什么？》，商务印书馆2007年版。
6. 〔英〕柯林武德著，吴国盛译：《自然的观念》，北京大学出版社2006年版。
7. 〔德〕黑格尔著，王造时译：《历史哲学》，生活·读书·新知三联书店1956年版。
8. 〔美〕格奥尔格·伊格尔斯著，彭刚、顾杭译：《德国的历史观》，译林出版社2006年版。
9. 〔英〕丹尼斯·史密斯著，周辉荣、井建斌等译，刘北成校：《历史社会学的兴起》，上海人民出版社2000年版。
10. 〔美〕唐纳德·R·凯利著，陈恒、宋立宏译：《多面的历史——从希罗多德到赫尔德的历史探询》，生活·读书·新知三联书店2003年版。
11. 丁耘、陈新主编：《思想史的元问题》（《思想史研究》第1卷），广西师范大学出版社2005年版。

# 第一章  古希腊教育思想

**【内容提要】**

古希腊是西方教育思想的摇篮。伴随着古希腊文明的演进,古希腊教育思想经历了从起源、确立到体系化的变迁过程。在这个过程中,先后产生了毕达哥拉斯、苏格拉底、柏拉图和亚里士多德等著名教育思想家,形成了丰富的教育学说。围绕着教育与政治、教育与社会、知识与道德、知识的价值以及认识与教学等一系列基本问题,古希腊教育家展开了深入而广泛的探索,提出了大量重要的思想主张,对西方教育思想的历史进程产生了深远的影响。

**【学习目标】**

1. 了解古希腊教育思想形成与变迁的社会文化背景。
2. 掌握古希腊教育思想演变的基本过程。
3. 理解古希腊重要教育家的主要思想及其相互关系。

**【关 键 词】**

古希腊  哲学家  智德统一  自由教育  产婆术

古希腊是西方教育思想的发祥地。古希腊的文明和文化不仅孕育了西方最早的教育思想,而且为西方教育思想的发展奠定了深厚的历史基础。

在古希腊文明演变的过程中,先后产生了苏格拉底、柏拉图和亚里士多德等著名的教育思想家,形成了丰富的教育学说。尽管古希腊教育思想是当时当地社会环境和教育状况的产物,具有其特有的含义和内容,但是,由于古希腊人提出或涉及了教育中一系列具有普遍性、根本性的问题,并对这些问题发表了非常卓越的见解,因而,他们的教育思想具有强大的生命力和永恒的价值,在西方教育思想史乃至世界教育思想史上占有极为重要的特殊地位。

## 第一节 古希腊教育思想的社会文化基础

与任何时代的教育思想一样,古希腊教育思想的形成、发展具有其现实的基础和条件。促使古希腊教育思想发生和变迁的动力来自社会生活的许多领域,经济、政治、哲学、文化乃至军事等方面的因素都在不同时期、以不同方式对教育思想的演化进程产生了不同程度的影响。但就一般而言,以下三个基本方面的因素在古希腊教育思想的发展过程中发挥着更为直接和重要的作用:城邦政治的兴衰、古希腊文化(特别是哲学)的演进、古希腊教育的变迁。而这三个方面因素的作用又是相互联系的。

### 一、古希腊城邦政治的兴衰与教育思想的变迁

与其他任何方面的观念一样,古希腊教育思想的兴起和发展同样受着经济因素的深刻制约。但如果进一步深入到古希腊教育思想的演化历程,那么便可以看到,经济因素在这里是作为一种终极因素而发挥其作用的。具体言之,在古希腊教育思想的发生和发展中,经济发展所起的作用主要是通过政治、文化这样一些中间环节实现的。正是由于古希腊经济的发展推动了古希腊(特别是雅典)城邦政治向奴隶主民主政治的过渡,从而促进了古希腊文化的繁荣与教育思想的发展。

古希腊位于欧洲南部,三面临海,气候温和,内陆多山,矿藏丰富,沿海则湾峡连绵,易于航海。良好的地理环境为发展农牧业、采矿业和贸易创造了良好的条件。早在荷马时代(公元前12世纪到公元前8世纪),古希腊地区的社会生产力就得到初步发展。从《荷马史诗》所反映的情况及考古发掘的材料来看,在荷马时代,铁器已逐渐取代青铜器,一些先进的农具和耕作技术得到运用;手工业得到明显发展,已经出现了酿酒、制作陶器、木工、铁匠等行业的分工;商业贸易有了初步进展,出现了交换的媒介(如牛、铜、铁等)。

从公元前8世纪以后,古希腊经济得到了长足的发展。铁矿的开采、冶炼和焊铸技术的普及,为农业和手工业提供了更多高工效的铁制工具,进一步提高了社会生产力。生产工具的不断改进,直接促进了手工业生产规模的

迅速扩大。以造船业为例，这个时期古希腊人已能制造由二百多名水手操作的三层桨座的远航船舶。生产的发展，加上铸币的发展和普及，促进了商业贸易的发展，形成了从事商业贸易的商人阶层。在这个时期，奴隶劳动广泛用于农业和手工业等生产领域。

经济的发展引起社会结构的变革。工商业的发展，产生了新的工商业奴隶主，财产关系取代了原有的氏族关系，贫富悬殊不断加剧，土地兼并日益严重。这一切导致了日趋明显的阶级分化，形成了贵族与平民、工商业奴隶主与氏族贵族之间的矛盾，也产生了自由民和奴隶的阶级关系。正是在这一系列的转变中，出现了以城市为中心的城邦国家。根据亚里士多德的记载，公元前8世纪至前6世纪期间，在古希腊本土和殖民地，共有158个城邦国家。其中比较著名的城邦有米利都、爱菲斯、科林斯、提比斯，以及后来成为古希腊两个最大城邦的雅典和斯巴达。

由于社会条件的种种不同，在不同城邦发展起了不同的政治体制。在斯巴达，由于相对封闭的自然环境、自给自足的农业经济和对土著居民的征服和奴役，逐步建立起了保守的贵族寡头统治，实行举国皆兵的体制。这种形式的政治体制并不代表古希腊社会发展的特点（虽然它对柏拉图的政治学说和教育思想产生了某种影响）。

与斯巴达相反，雅典则在工商业发展的基础上，逐步建立起了奴隶主民主政治体制。从公元前6世纪末开始，经过梭伦（Solon）、克利斯提尼（Cleisthenes）的政治改革，雅典彻底清除了氏族制度的残余，建立了稳固的奴隶制民主国家。

雅典奴隶主民主政治的真正成熟和鼎盛是在伯里克利（Pericles，公元前461—前429）时代。它的直接动因来自希波战争（公元前500—前449）以后雅典经济的高速发展。

公元前499年，以米利都为首的小亚细亚古希腊诸城邦展开了反抗波斯统治的起义，起义得到了雅典的支持。起义失败后，波斯为"惩罚"雅典并进而征服全古希腊，于公元前492年、前490年两次大举进犯古希腊，均遭失败。前480年，波斯发兵200万、战船千艘，第三次进攻古希腊。出于民族的共同利益，古希腊30多个城邦自动组成了以雅典为主的反波斯同盟。经过萨拉米、普拉提亚、塞斯托斯三大战役，古希腊人取得了希波战争的决定性胜利，迫使波斯于前448年签订和约。

希波战争的胜利，在古希腊历史上具有极为重大的意义。其中的一个直接结果是雅典的强盛。在希波战争的第一阶段（公元前500—前479），斯巴达是古希腊联军的指挥者。而在战争的第二阶段（前479—前449），由于斯巴达退出战争，雅典掌握了古希腊的领导权，并于前478年建立了以雅典为首、由近二百个城邦组成的提洛同盟。依靠这个同盟,雅典不仅战败了波斯军队,而且还乘胜向海外扩张,并在战后建立了海上帝国。

希波战争的胜利和海上霸权的建立,使雅典经济进入了一个空前繁荣的时期。由于有充足的奴隶来源,在希波战争以后,社会生产的各个部门都普遍使用了奴隶劳动,直接促进了经济的发展,手工业、矿冶业、农业和商业全面繁荣。

在奴隶制经济高度发展的基础上,雅典的民主制度进一步成熟。在伯里克利当政时期,虽然原有的公民大会、五百人会议、执政官和十将军委员会等政府机构并无大的变动,但由于进行了一系列重要的政治改革,奴隶主民主政治制度得到进一步完善。这些改革包括以下几个方面。

第一,除将军职位必须经过选举外,五百人会议的议员和部分政府官员,都不再以选举的方式产生,而改用抽签的方式来决定。按照亚里士多德的说法,如果经过选举,往往只是有声望、有能力的人可以当选,而改用抽签决定,则可以使所有公民都有机会担任政府公职。这就意味着在公民内部,政治权利基本普及。

第二,把梭伦所创设的陪审法庭加以扩大,使之成为一个拥有六千名陪审员的庞大司法机关。这六千名陪审员分为十个陪审团,分别应召去审理各种司法案件。陪审法庭成员如此之多,这就使它成为一个既可以不受暴力威胁,也可以不受金钱收买的司法机关,因为没有哪个人会有那么大的神通,能来威胁或贿赂这么多的陪审员。以后,这个法庭成了一个极其重要的政治机构,它不仅处理司法案件,而且可以立法;只要得到公民大会的批准,陪审法庭的判决和建议就成为法律。

第三,实行公职付酬制。以前雅典的政府公职是不付薪水的,所以只有富人才能担任公职,伯里克利时期,为了使多数公民在担任公职时不致有衣食之虞,便实行了薪给制,使那些比较贫穷的人也可以离开自己的生产事务去担任政府的官吏、议员或陪审员。

在古希腊乃至整个古代世界,雅典的政治制度的确是最为民主的。这种制度从根本上保证了政治生活的民主和开放。伯里克利曾不无夸张地阐释了雅典政治的特性:

> 我们的制度之所以被称为民主政治,因为政权是在全体公民手中,而不是在少数人手中。解决私人争执的时候,每个人在法律上都是平等的;让一个人负担公职优先于他人的时候,所考虑的不是某一特殊阶层的成员,而是他们有的真正才能。任何人,只要他们对国家有所贡献,绝对不会因为贫穷而在政治上湮没无闻。正因为我们的政治生活是自由

而公开的，我们彼此间日常生活也是这样：在我们的私人生活中，我们是自由的和宽恕的；但在公家的事务中，我们遵守法律，这是因为这种法律使我们心悦诚服。①

但是，在雅典奴隶主民主政治的全盛同时，也潜伏着导致它衰落的深刻危机。雅典民主是以奴隶制为基础的，而奴隶则主要来自海外。因此，要保存民主制度，对外扩张就成为雅典城邦的必然选择。而这又必然与斯巴达等古希腊其他城邦的利益发生冲突。

正是在这种利益的冲突中，爆发了伯罗奔尼撒战争（前431—前404年）。这场战争以雅典的战败、斯巴达建立霸权而结束。伯罗奔尼撒战争是雅典奴隶主民主政治由盛而衰的重要原因。一方面，这场战争极大地动摇了雅典民主政治的物质基础。战争使瘟疫流行、城市损坏、田园荒芜、人口锐减，奴隶大规模逃亡，雅典的经济受到空前的破坏。另一方面，战争不仅使雅典与其他古希腊城邦之间的冲突公开化，而且进一步激化了雅典内部的阶级矛盾和党派斗争。前411年，寡头贵族派发动政变，颠覆了民主政权。以后，贵族派政权又为"三十僭主"的统治所取代。尽管在前403年，雅典又恢复了民主派的统治，但民主政治已成"明日黄花"。前338年，雅典为马其顿王国征服，结束了自由城邦和民主政治的历史。

如同古希腊哲学、政治学说和伦理思想一样，古希腊教育思想的形成、发展与雅典奴隶主民主政治的变化是直接相关的。这首先是因为，奴隶主民主政治的建立和巩固，为文化的发展和自由思考创造了有利条件，因而也就为教育思想的发展奠定了坚实的基础。古希腊人在教育思想方面所取得的辉煌成就，在根本上受益于这种健康的文化氛围。其次，奴隶主民主政治既为公民个人发挥才能创造了条件，又对公民自身的素养提出了新的、更高的要求。正如黑格尔所说："一般来说，民主政体的宪法，给了伟大政治人物最大的发展机会，因为它不但容许个人方面表现他们的才能，而且督促他们运用那些才能来为公众谋利益。同时，社会中任何分子，除非他有这本领，能够满足一个有教养的民族的精神和意见，以及热情和愉快，否则他不能取得权势。"② 这便从客观上产生了对教育的广泛需求，产生了变革原有教育的要求，因而产生了人们对教育问题的思考（古希腊教育思想的大发展与民主

---

① 〔古希腊〕修昔底德著，谢德风译：《伯罗奔尼撒战争史》，商务印书馆1978年版，第129页。

② 〔德〕黑格尔著，王造时译：《历史哲学》，生活·读书·新知三联书店1956年版，第905页。

政治的繁荣几乎在同一时代发生，绝非历史的巧合）。再次，奴隶主民主政治的危机和衰落，促使人们思考与此相联系的一系列政治、社会和道德问题，以求改变现状，寻找克服社会、政治危机的方法。正是在这种思考中，人们进一步深入地探索与政治、道德问题直接相关的教育问题，因而产生了各种教育思想、学说。最后，在一定意义上可以说，雅典民主政治的特性及其兴衰，在很大程度上决定了古希腊教育思想的价值取向、基本内容和发展机制。

### 二、古希腊文化的繁荣与教育思想的发展

在古希腊，人们对教育问题的思考通常是在一定的哲学或政治学、伦理学的理论框架中进行的，由于这个原因，文化、学术尤其是哲学的发展，更为直接、具体地制约着教育思想的演化历程。

古希腊教育思想的真正发展是从公元前5世纪开始的，而在当时，由于希波战争的胜利，由于雅典经济的高速发展和民主政治的确立，文化进入了空前繁荣的时期。传统的贵族式的文化开始逐步普及到公民，产生了像阿里斯托芬（Aristophanes）、埃斯库罗斯（Aeschylus）、索福克勒斯（Sophocles）这样的戏剧作家，普罗泰戈拉（Protagoras）、苏格拉底和柏拉图等著名的哲学家。所有这些文化发展所取得的成就，为教育的发展和教育思想的演进提供了必要的保障。

更为重要的是，希波战争胜利后，由于社会生活各方面条件的重大变化，古希腊人的思想意识和价值观念也随之发生了显著的改变。哲学史家梯利（Frank Thilly）在分析雅典当时的思想状况时写道："事物的新秩序引起重大的经济变化和民主制度的建立，这进一步推动了独立思考和行动，随之而来的是这样一种欲望，即争取权力和那些能使人赢得权力的东西，如财富、声望、文化、实力和成功。宗教、道德、政治、哲学、科学和艺术的传统观点受到批判，旧的基石经过检验，其中多数被推翻。否定的精神在国土上广泛传布。学习新的研究课题的要求越来越强烈，公共活动为擅长说教宣传的人提供了良好的场所，在修辞、演说和辩论术等方面的素养乃成为实际需要。"① 简言之，希波战争后，雅典社会迈入一个思想启蒙、个性解放的时代。

与此相联系，知识、学术和科学的价值和功能也发生了质的变化。文德尔班（W. Windelband）认为，希波战争后，"希腊民族在理智生活和精

---

① 〔美〕梯利著，葛力译：《西方哲学史》（增补修订版），商务印书馆1995年版，第42页。

神生活中获得了气势磅礴、蓬勃向上的发展"。其标志是："科学挣脱了过去孤斋独树、闭关自守的学派枷锁，走上了轰轰烈烈的激荡的社会舞台"；他又说："在那时以前，科学总是静悄悄地追求着对科学研究的纯洁动机……到了那时，希腊民族开始需要科学来解答激荡着自己的种种问题"。①

由于这些原因，从前5世纪中叶开始，古希腊人的理论兴趣逐渐从过去对自然现象的关注而转向对社会、道德和人自身的探究。在早期智者和苏格拉底那里，古希腊哲学完成了从自然哲学向社会人事哲学的过渡。希波战争和战后古希腊社会内部的种种变化，促使人们不断思考一系列重大的人生、人事问题；什么是幸福和快乐？什么是善？什么是恶？怎样才能获得善行和美德？作为一个统治者应当具有什么样的品德和才能？对凡此种种问题的解答是当时社会所迫切需要的。正是在解答这些问题的努力中，形成了前5世纪丰富的道德学说、政治理论；也正是在这种努力中，产生了古希腊教育思想的第一次大发展。

伯罗奔尼撒战争期间以及战后古希腊（尤其是雅典）社会所发生的重大变化，同样深刻影响了人们的思想意识。由于战争所造成的破坏，由于民主政治的衰落，由于城邦内部党派斗争的日益激烈和残酷，雅典人的道德观念发生了重大的变化。修昔底德（Thucydides）说，在当时，"大多数的人宁愿称恶事为聪明，而不愿称头脑单纯为正直。他们以第一种品质而自豪，而以第二种品质为耻辱。"修昔底德又说：

> 人们看见幸运变更得这样迅速，这样突然，有些富有的人忽然死亡，有些过去一文莫名的人现在继承了他们的财富，因此他们现在公开地冒险作放纵的行动，这种行为在过去他们常常是隐藏起来的。因此，他们决定迅速地花掉他们的金钱，以追求快乐，因为金钱和生命都同样是暂时的，至于所谓荣誉，没有人表示自己愿意遵守它的规则，因为一个人是不是能够活到享受荣誉的名号是很有问题的。一般人都承认，光荣的和有价值的东西只是那些暂时的快乐和一切使人能够得到这种快乐的东西。对神的畏惧和人为的法律都没有约束的力量了。至于神祇，他们认为敬神和不敬神是一样的，因为他们看见好人和坏人毫无区别地一样死亡。至于违犯人为的法律，没有一个人预料他能够活到受审判和处罚的时候；反而每个人都感觉到，对于他已经下了更为沉重的判决，正

---

① 〔德〕文德尔班著，罗达仁译：《哲学史教程》上卷，商务印书馆1987年版，第95页。

悬在他的头上，他想在这个判决执行之前，得到一些人生的乐趣，这是很自然的。①

民主政治的衰落、道德的普遍沦丧，要求人们进一步深入探讨摆脱社会危机的途径，探索新的道德标准和价值观念，寻求新的政治体制和治国方略。由于这个原因，在伯罗奔尼撒战争之后，古希腊的政治、伦理学说得到了空前的发展，产生了柏拉图、亚里士多德等人的哲学。哲学的进一步发展又直接促进了古希腊教育思想的繁荣。从以上可以清楚地看到，在古希腊教育思想的发展与古希腊哲学、政治观念和伦理学说的变迁之间，存在着一种同时、伴随的关系。这种关系深刻反映了哲学、文化对教育思想形成和发展的内在推动作用。

### 三、古希腊教育实践的变迁与教育思想的沿革

教育实践是教育思想形成的直接原因。如果说经济、政治和文化的发展为教育思想创造了外部的条件，那么，教育实践的变化则是教育思想演变的内在基础。这一点在古希腊教育思想的发展中得到了具体的证实。

古希腊教育的历史虽然可以追溯到荷马时代，并在公元前8—前6世纪得到了一定的发展，但是，古希腊教育的真正繁荣则是从希波战争后才开始的。正是由于智者学派的出现，在古希腊产生了最早的职业教师，教育在平民中得到进一步普及，教育的内容、方法等进一步制度化和正规化。在一定意义上，教育实践的发展、教育与社会生活联系的加强，正是教育本质规定性的不断外化和展现。这便为人们对教育现象的认识提供了丰富的思想材料，从而直接促进了教育思想的丰富和发展。

古希腊教育思想的发展受益于教育在社会生活中地位的不断提高。民主政治为普通公民在政治生活以及其他方面取得成就、施展才干创造了条件，同时也产生了对教育、训练的需要。这样，教育就成为社会流动的重要力量。正因为教育在社会中地位的不断提高，引起人们对教育事务的关注，进而进行理论上的探究。

古希腊教育思想的繁荣与教育功能的演化是直接相联的。与此相联系，教育实践中存在的问题也成为推动人们去探究的力量。伯罗奔尼撒战争爆发后，古希腊世界所面临的不仅是政治危机、道德危机，而且也是教育危机。社会形势使古希腊教育原有的一系列问题、矛盾集中地暴露出来了。因此，

---

① 〔古希腊〕修昔底德著，谢德风译：《伯罗奔尼撒战争史》，商务印书馆1978年版，第41页。

改造社会必须同时改造教育。柏拉图和亚里士多德的教育思想表明,他们对当时的教育问题是具有清醒认识的,他们的某些教育思想正是革新教育的设想。

教育实践对古希腊教育思想的作用更为具体地表现在,教育实践本身的状况、制度、组织、内容乃至内含的基本精神,都在不同程度上直接或间接地制约着教育思想的形成。从荷马时代以来,在长期的进化过程中,古希腊教育逐步形成了一套体制、组织,同时形成了其特有的内在精神。所有这一切,都或多或少地成为古希腊教育家思想的重要内容。或者说,古希腊教育思想在一定意义上是对教育实践状况的再现和描述,是对教育实践的理论总结。古希腊教育家的许多重要教育思想都直接反映了古希腊(特别是雅典)教育的实践,例如,柏拉图和亚里士多德关于教育体制的主张,亚里士多德关于自由教育的思想,等等。

## 第二节 古希腊教育思想的演进

古希腊教育思想不仅是历史发展的产物,它本身也是历史的,经历了一个从发生到发展、从不成熟到成熟、从片断到系统的演化过程。根据教育思想的具体形态的不同,这个过程可以划分为三个阶段:古希腊教育思想的起源、教育思想的确立、教育思想的体系化。

### 一、古希腊教育思想的起源

早在《荷马史诗》中,就已经有了关于教育的记载。《荷马史诗》直接记述了古希腊英雄阿喀琉斯(Achilles)的教育情况。阿喀琉斯有两位教师,一是喀戎(Chiron),一是富尼克斯(Phoenix)。喀戎是半人半马的怪物,是神的儿子,以智慧和医术著称。他把各种知识和技能传授给阿喀琉斯,如打猎、马术、掷枪、弹琴、医术,等等。自阿喀琉斯幼年起,富尼克斯就精心教育他。后来他自豪地对阿喀琉斯说:"是我把你教育成这个样子的。"他教育阿喀琉斯,"我的任务就是把你当自己的儿子来教育,只要言辞得当你尽可以说,只要脚踏实地你尽可以去做;不要像哑巴那样坐着而幻想学会语言,不要懒散不动却想着获得技艺。"①

---

① P. Monroe. *A Text-Book in the History of Education*. New York: The Macmillan Company, 1919, p. 63.

尽管《荷马史诗》中关于教育的文字涉及教育的许多方面（如教育目的、教育内容以及教学方法），也尽管这种教育对以后古希腊（特别是雅典）的教育具有深刻的影响，但却不能因此认为这是古希腊教育思想的起源。这是因为，《荷马史诗》中包含的关于教育问题的文字带有直接的经验性质，是对教育的现象描述，并不是以理论思维的形式，从对具体事实的自觉认识中得出的具有普遍性的结论，也不是对教育问题的反思。

古希腊教育思想的真正开端是在公元前6世纪。之所以在这时产生了最早的教育思想，主要是因为古希腊哲学的兴起。公元前7世纪，古希腊人对自然和社会的思考逐步摆脱了神话和宗教的形式，形成了真正的哲学。古希腊哲学最早出现在当时古希腊世界最为繁荣的小亚细亚的伊奥尼亚地区。正是在这里，产生了古希腊哲学的第一个学派——以泰勒斯（Thales）、阿那克西曼德（Anaximander）和阿那克西美尼（Anaximenes）为代表的米利都学派。古希腊哲学的最初形式是自然哲学，即探索自然世界变化与发展的普遍原因和原则。哲学的兴起，直接促成了古希腊教育思想的发展。

以自然界为思考对象的自然哲学的兴起对教育思想产生的影响，主要不在于关于教育现象的具体主张和观点，而在于对教育现象的认识方式和思想方法。具体言之，自然哲学的兴起标志着古希腊民族的精神文明发展到了一个新的阶段，它使人能够摆脱或超越直接经验形式的束缚，使关于对象的认识上升到理性，并赋予认识结果以普遍性的理论思维的形式。只有当一个民族学会运用理性进行思考，才有可能真正产生关于教育现象的思想、理论。

在古希腊教育思想史上，较早提出明确的教育思想的学者是毕达哥拉斯（Pythagoras，约前582—前493）和塞诺芬尼（Xenophanes，前570—前470）。

毕达哥拉斯出生于小亚细亚西岸的萨摩斯岛，青年时期曾求教于米利都学派的哲学家阿那克里曼德，他游历埃及，研究埃及的天文学、数学和几何学。以后定居于意大利南部城市克罗顿，在那里为城邦统治者立法。在克罗顿，毕达哥拉斯建立了一个带有很强的政治性和宗教色彩的学术团体（同时也是一个教育组织），门徒曾达300人。据哲学家普罗提诺（Plotinus）的学生波菲利（Porphyry）在《毕达哥拉斯传》中说："他的教育方式是两重的：一类门徒被称为'数理学派'，另一类被称为'信条派'。数理学派是那些学到他精心制作的细致的学说的人，信条派的人是只听到他的学说的概要，而没有准确解释的。"[①]

---

[①] 引自汪子嵩等著：《希腊哲学史》第1卷，人民出版社1988年版，第267页。

## 第一章 古希腊教育思想

黑格尔把毕达哥拉斯称为"第一个民众教师",而亚里士多德则认为他是第一个试图讲道德的人。无论哪一点,都使毕达哥拉斯在古希腊教育思想的发展中占据了一定的地位。

毕达哥拉斯及其学派的理论的基本核心是,高度重视数学,把数当做万物的本源,并主张灵魂不死、灵魂轮回。这些理论直接影响了他及其后继者关于教育的主张。

毕达哥拉斯及其弟子的教育主张,涉及古希腊教育思想中的许多基本问题,蕴涵了古希腊教育思想发展的一般倾向。第欧根尼·拉尔修(Diogenes Laertius)在《著名哲学家的生平和学说》中说:"当菲罗斯的僭主勒翁问到他(即毕达哥拉斯——引注)是什么人时,他说他是'一个哲学家'。他将生活和大竞技场作比(较),在那里,有些人是来争夺奖赏的,有些人是带了货物来出卖的,而最好的人乃是沉思的观众,同样的,在生活中,有些人出于卑劣的天性,追求名和利,只有哲学家才寻求真理。"① 这些话语不仅表明了一种生活准则,同样阐述了一种价值观和教育观。

具体到学术和教育方面,这种价值观就是要求为知识而求知识,为人的精神和灵魂的净化接受教育,而不带有任何功利的目的。这种教育观以后在亚里士多德那里,进一步发展为自由教育的理论。

毕达哥拉斯把数当做世界的本源,认为数具有完全、匀称、和谐这三种特性,这些特性乃天心所示,也是人心所求,因而,如何化天心为人心,就成为教育的根本任务。他进一步认为,生活的全部目的和教育的全部目的,就是通过对数的研究、体悟以及日常生活的训练,实现灵魂的净化,达到和谐、完全和完善的境界。这种对灵魂(或精神)陶冶的重视与和谐思想,对后来古希腊教育思想的影响是极为深刻的。

与毕达哥拉斯思想中神秘主义色彩同时存在的,是其思想中的理性主义因素。毕达哥拉斯所理解的理性,既是一种"理论理性",也是一种道德理性。毕达哥拉斯学派的名言是:"什么是最智慧的?——数。"根据他们的见解,数体现了事物存在的本性,因而通过研究数学,可以洞察万事万物(在古希腊,"数学"的含义是较为广泛的,不仅包括算术、几何学,而且包括其他自然科学,一直到柏拉图时代,这些学科仍未被区分开来)。另一方面,毕达哥拉斯学派强调,在道德行为中,知在行前,知为行之本,人应当以知识指导自己的行为。这种理性主义的思想倾向,直接支配了整个古希腊教育思想的发展。

---

① 引自汪子嵩等著:《希腊哲学史》第1卷,人民出版社1988年版,第267页。

除此而外，毕达哥拉斯关于义务、自由等方面的论述也直接涉及对教育的看法，并在不同程度上对以后的时代产生了影响。总之，毕达哥拉斯关于教育问题直接或间接的论述，从内容范围来看，已涉及全部古希腊教育思想的基本问题。在他的思想中，古希腊教育思想的基本框架已经初步形成。从思想方式来看，尽管他的主张仍是以文学的形式阐发的，但是，他的认识方式不是直观的，而是对普遍性问题的理性把握。因此，有充分的理由说，毕达哥拉斯教育主张的提出，标志着古希腊教育思想的发生。从此，古希腊教育思想开始了它的发展历程。

继毕达哥拉斯之后，塞诺芬尼进一步促进了古希腊教育思想的正式形成。塞诺芬尼是爱利亚学派哲学的主要代表之一。他生于伊奥尼亚的科罗封，曾在西西里岛从事教育工作。塞诺芬尼的职业是游吟诗人，常在贵族举行的宴会上吟诵荷马、赫西俄德等人的史诗或自己创作的诗歌。

塞诺芬尼进一步发展了理性主义的观念。针对当时古希腊城邦中存在的只崇尚体育竞技、忽视智慧和技艺的时尚，他提出了严厉的批评："如果一个人去奥林匹亚——宙斯的庙就在那里靠近比萨河边——参加赛跑或五项竞赛得胜，或者在角力时得胜，或者在激烈的拳斗中得胜，或者在那被称为全能竞赛的可怕的比赛中得胜，这个人便会在公民们的眼中充满荣誉，会在竞技上赢得显赫的地位，会被邀参加城邦的盛筵，得到珍贵的奖品；如果他在驾车比赛中获胜，也会得到奖赏，然而他却没有像我那样值得受奖，因为我们的智慧优于人或马的体力。在这件事情上人们的意见混乱不堪，而重视体力甚于重视智慧是不公正的。因为纵然在人们中有一位优秀的拳击手，或者有人在五项竞赛或角力中获得冠军，或者赛跑得胜（赛跑比别的竞技更加重视敏捷），可是城邦却并不因此而治理得更好；当一个人在比萨河边竞技得胜时，城邦得到的幸福是很小的，因为这并不能使城邦的库藏充盈。"①

在这段话中，塞诺芬尼提到的智慧（sophia），具体是指治国的才能，也包含智力的含义。塞诺芬尼更进一步认为，智慧是一种美德，对于治理城邦，对于公民品德的发展，都具有重要的作用。这个见解是后来苏格拉底"知识即美德"观念的先河。

塞诺芬尼对古希腊教育思想乃至整个古希腊文化发展的另一个重要贡献，是他对传统的宗教观念、价值标准和风俗习惯的批判。他把批判的矛头直指以荷马和赫西俄德为代表的旧神体系。他在《著作残篇》中说：应

---

① 引自汪子嵩等著：《希腊哲学史》第 1 卷，人民出版社 1988 年版，第 542～543 页。

该赞赏那些在饮酒以后仍然表现出高尚思想并且记住美德的人，不要去歌颂泰坦、巨人或半人半兽的怪物们的斗争，那是先辈们的虚构。他进一步认为，神是人想象出来的。哲学史家策勒尔就此评论道："普通人的信念是，将文明的重要成就，例如，农业、栽培技术、火的发明和使用，以及其他发明等，都看成是神所赐予的。塞诺芬尼第一个将这些看成是人类自己的创造。正是在他的关于宗教的研究中，表现出他有很高的洞察力。在这里，他也看到了人的作用：神的特征是由不同民族的人的特点所决定的。"①

塞诺芬尼对传统观念的批判，具有深刻的思想启蒙的巨大作用。他促进了人文化、世俗化在古希腊世界的进一步发展，而这对于古希腊文化和教育发展的意义是不可估量的。正因为人在文明创造中的作用，因而产生了对人的教育的需要，也就有了思考教育问题的必要性。另一方面，塞诺芬尼的思想在不同程度上对以后的智者学派、苏格拉底的教育主张产生了深刻的影响。虽然他对教育问题的思考不如毕达哥拉斯广泛，但仍然涉及了古希腊教育思想中的一些基本问题，例如，知识与道德的关系、政治才能的培养，等等。

就这样，在哲学思维发展的直接推动下，古希腊产生了最早的教育思想，标志着古希腊人对教育现象的认识发展到了一个新的阶段，开创了古希腊乃至整个西方教育思想发展的历史。但也应当看到，无论在毕达哥拉斯那里还是在塞诺芬尼那里，教育思想所取得的进展是初步的。这不仅表现在他们的主张、思想是片断的、不完整的，而且也表现在他们对教育的思考尚未真正得到分化。具体言之，他们不但没有把教育作为一个特殊的领域，甚至也没有把教育当做一个专门的问题。他们关于教育的思想是其他有关主张的派生物。古希腊教育思想的真正确立，是在公元前5世纪。

### 二、古希腊教育思想的确立

智者派和苏格拉底等人的教育思想标志着古希腊教育思想的真正确立。前5世纪古希腊社会的巨大变化以及由此产生的广泛的教育需求和古希腊哲学从自然哲学向社会人事哲学的转变，直接促成了古希腊教育思想的进一步确立和发展。这种发展首先是由智者派完成的。

所谓"智者"（sophistes，又译作诡辩家），在荷马时代，是指某种精神

---

① 引自汪子嵩等著：《希腊哲学史》第1卷，人民出版社1988年版，第548页。

方面的能力和技巧，以及拥有这种能力和技巧的人。在《荷马史诗》中，所谓"智者"，包括造船工、战车驭手、航船舵手、占星术者、雕刻匠等。以后，各行各业具有专门知识和技艺的人，如诗人、音乐家、医生、自然哲学家等，也被称为"智者"。随着"智者"词义的引申和发展，有治国能力的人同样被当做智者。到前5世纪后期，"sophistes"一词获得了新的、特殊的含义，被用来专指以收费授徒为职业的巡回教师。这些人云游各地，积极参加城邦的政治和文化生活，以传播和传授知识获得报酬，并逐步形成了一个阶层。哲学史、文化史和教育史所探讨的就是这个意义上的智者。智者派的代表人物主要包括：普罗泰戈拉、高尔吉亚（Gorgias）、普罗狄克斯（Prodicus）、希庇阿斯（Hippias）、安提丰（Antiphon）和克里底亚（Critias）。

智者派产生于古希腊奴隶主民主政治制度的鼎盛时期。它深刻反映了时代的要求，同时又进一步促进了当时在古希腊世界（尤其在雅典）开始的思想启蒙运动。智者派虽然不是通常意义上的思想流派或理论学派，智者们也没有共同的哲学理论和政治主张，但是，由于共同的职业等原因，智者们具有相同的思想倾向和价值观。智者派的思想方法和精神实质是：相对主义、个人主义、感觉主义、怀疑主义。

智者派认为，一切知识、真理和道德都是相对的，都有赖于具体的认知者。在一个人看来是真的，就是他所说的真。没有客观真理，只有主观意见。普罗泰戈拉指出："事物对于你就是它向你呈现的样子，对于我就是它向我呈现的样子。"由此，他提出，"人是万物的尺度，是存在者存在的尺度，也是不存在者不存在的尺度。"[①]

与苏格拉底等人的理解不同，普罗泰戈拉"人是万物的尺度"这个命题中的人，主要是指个别的、具体存在的人，也就是个人。以个人作为判断事物存在与否、真假、善恶的唯一标准，实际上提出了一种以人为中心的朴素的人本主义的价值取向。这在当时是具有极大的思想启蒙作用的。

作为西方最早的职业教师，智者派对于古希腊教育实践和教育思想的发展，同样作出了重要的贡献。首先，智者云游各地，授徒讲学，以钱财而不以门第作为教学的条件，这不仅推动了文化的传播，而且，由于扩大了教育对象的范围，因而促进了社会流动。其次，智者派适应了雅典民主政治对辩论、演说的广泛需要，抱着实用的目的研究和传授与辩论、演讲直接相关的文法、修辞、哲学等科目，开创了新的知识领域，丰富了教育教学的内容。

---

① 北京大学哲学系编：《西方哲学名著选读》上卷，商务印书馆1981年版，第55页。

## 第一章 古希腊教育思想

西方教育史上沿用长达千年之久的"七艺"中的前三艺（文法、修辞学、辩证法），正是由智者派首先确定下来的。再次，智者派通常都主要关注道德问题和政治问题，并把系统的道德知识和政治知识作为教育内容，从而提供了一种新型的教育。

黑格尔指出，智者所倡导的教育，"既是哲学教育，也是演说教育，教人治理一个民族，或者通过观念，以便使一件事情能够办得通……此外他们还有着最普通的实践目的，就是给予政治家一种预备教育，以便在古希腊从事一般性政治活动"[①]。这种教育是奴隶主民主政治发展到鼎盛时期所必然产生的社会需要。不仅如此，随着奴隶主民主政治的衰落，这种教育不但没有失去存在的价值，反而日益成为思想家们关注的重大问题。

智者派不仅直接促进了古希腊教育实践的发展，而且推动了教育思想的进一步丰富。从现有材料来看，智者派并没有留下非常系统的教育著作或教育主张。但从一些智者的著作残篇来看，他们对教育问题的思考是非常广泛的，所提出的见解也是丰富的。

作为职业教师，智者派已经逐渐意识到教育活动的特殊性，并开始自觉地把教育现象与政治现象、道德现象等社会现象相区分。他们把教育过程当做一个运用禀赋、进行练习的过程。另一方面，他们也明确地认识到，教育与政治、道德具有密切的相互联系，教育在国家生活中具有举足轻重的作用。普罗泰戈拉指出："一个合理的国家的所有公民，包括坏的公民在内，比起一个既无文化、也无正义，也无法律，更无使公民养成公正习惯的强制力的国家的公民来，都要更好更正直。他们的这种优越性要归功于他们国家中的法律、教育、文化。"[②]

普罗泰戈拉曾经用普罗米修斯盗神火和技术给人类的神话故事，广泛阐述了关于政治、道德和教育的关系，以及教育的作用等方面问题的主张。这个神话说，神派遣普罗米修斯下凡为各种生物"分配了必要的装备和性质"，并将盗来的使用火的技术教给了人。

> 现在人有了一份神的属性，首先成为崇拜神灵的唯一动物，因为只有人是与神有亲戚关系的；于是他就立起神坛，塑起神像来。他不久就发明了有音节的语言和名称，并且造出房屋、衣服、鞋子和床来，从土

---

[①]〔德〕黑格尔著，贺麟、王太庆译：《哲学史讲演录》第2卷，商务印书馆1981年版，第9页。

[②] 引自赵祥麟主编：《外国教育家评传》第1卷，上海教育出版社1992年版，第23页。

地里取得了养生之资。人类有了这些，一起初是分散地居住着，没有城市。但是这样产生了一种结果，就是他们被野兽消灭了，因为他们同野兽比起来是非常屏弱的，他们的技术只足以取得生活资料，不足以使他们具有与野兽作战的能力；他们虽然有食物，但是还没有政治的技术，战争的技术就是其中的一部分。后来自保的要求使他们聚集到了城市里；但是那时他们只是住在一起，并没有政治的技术，他们彼此为害，又陷于分散和毁灭的过程。宙斯恐怕整个人类会消灭，于是派遣黑梅斯①到人间来，带来尊敬和正义作为治理城市的原则，友谊与和好的纽带。黑梅斯问宙斯应当怎样在人们中间分配正义和尊敬，也就是说，分配给少数喜爱的人，让一个灵巧的人拥有足够的医术或别种技术为多数不灵巧的人服务？"我究竟应当以这种方式在人们中间分配正义和尊敬，还是把正义和尊敬分给所有的人？""分给所有的人"，宙斯说："我愿意他们都有一份；因为如果只有少数分享道德，就像分享技术那样，城市就会不能存在的。此外，再遵照我的命令立一条法律，把不尊敬和不正义的人处死，因为这种人是国家的祸害。"②

从教育思想史的角度来看，普罗泰戈拉通过这个神话故事实际上说明了以下几个重要的教育问题。第一，德行是城邦存在和发展的前提，人人都应当具有德行。对那些不公正和不道德的人应该严加管束和惩罚。之所以要这样做，是因为德行本是可以通过学习、训练而得到的。这里实际上包含了道德可教的思想。第二，正因为德行是政治社会存在的基础，而道德是通过教诲而获得的，因而决定了教育在城邦中具有重大的作用。第三，因为人人皆具有德行，因而人人都应具有接受教诲和练习的机会，从而进一步发展德行。从这个意义上讲，任何人都具有接受教育的权利。更为重要的是，任何人只要经过训练，就可以有道德、有能力，就可以具备做一个统治者的资格和权力。这种思想是对贵族世袭特权的挑战。第四，道德是可教的，但是，这种教育应当是一种实际的练习，而不是单纯的说教。

总之，在智者派那里，古希腊教育思想已经基本成型。这主要表现在，古希腊教育思想所探讨的基本问题，大多已由智者派提出，并在不同程度上作了理论的探讨。与此相联系，古希腊教育思想中的一些基本范畴、命题、原理，在智者派的言论中也或多或少涉及。换言之，在智者的教育思想中，

---

① 希腊的神使、通报神——引者注。

② 参见北京大学哲学系外国哲学史教研室编：《古希腊罗马哲学》，商务印书馆1982年版，第137页。

已经包含了全部古希腊教育思想发展的基本线索和方向。

但在另一方面,至少从现有史料来看,智者派的教育思想虽然较毕达哥拉斯等人的主张,在形式上要完整一些,但实际上依然没有真正地系统化,而系统化的教育思想才是古希腊教育思想发展的最高形式。从智者派较为完整的教育思想到柏拉图和亚里士多德的教育理论之间,还需要一个中间环节、一个过渡。这个过渡正是由苏格拉底完成的。

苏格拉底(Socrates,公元前469—前399年),古希腊哲学家、教育家。青少年时期,苏格拉底继承父业,以雕刻为生。他曾向当时许多著名的学者求教,接受了良好的教育。以后,他主要致力于讲学,在各种场合与各种人讨论政治、社会和道德问题,以这种方式培养了一些学生,其中包括著名哲学家柏拉图。

苏格拉底虽长期从教,但既没有办过学校,也未写过任何著作。后人对其思想的了解和研究,主要依据他的学生(特别是柏拉图和色诺芬)的著作。

"智(知)德统一"论是苏格拉底教育思想的核心。他认为,与宇宙万物一样,人也是神所造之物。但与万物不同的是,神不仅创造了人的肉体,而且为人安排了灵魂。人的知识、智慧、美德都存在于人的灵魂之中,都是灵魂的组成部分。因此,知识、智慧和道德具有内在的必然联系。在他看来,人的行为的善恶,主要取决于人是否具有与行为相关的知识。只有知道什么是善、什么是恶,人才能趋善避恶。因此,苏格拉底明确指出:"美德就是知识。"在苏格拉底所处时代,提出"智德统一"的见解,对于破除贵族阶级的道德天赋的理论,是有着明显的进步意义的。

在此基础上,苏格拉底提出了"德行可教"的主张。他指出,由于道德不是出自于人的天性,而是基于知识或智慧,因此,美德就是可以教授或学习的。通过学习知识、发展智慧,就可以形成具有完善道德的人。在这个意义上,知识教育是道德教育的基本途径。这个见解可以说是近代《教育性教学原则》的雏形。

苏格拉底创制了著名的"苏格拉底法"。他认为,教师的任务不在于传授已有的知识和真理,而在于通过交谈和讨论,消除一切错误与模糊的认识,唤醒学生的意识,从而发现真理。"苏格拉底法"就是这样一种教师与学生交谈、辩论的方法。这种方法的运用包括三个步骤。(1)苏格拉底讽刺。在这一步骤中,教师以无知的面目出现,通过巧妙的连续诘问,使学生意识到自己原有的观点是混乱的和错误的。苏格拉底认为这是一个非常必要的步骤,因为只有当学生认识到自己的无知时,才有可能学习知识。(2)定义。通过进一步的归纳，使学生逐步掌握明确的定义和概念。（3）助产术。教师进一步启发、引导学生，使学生通过自己的思考，得出结论。苏格拉底曾自谦道，他自己虽然无知，但却能用辩论的方法帮助别人获得知识，正如他的母亲是助产士，虽年老不能生育，但能帮助别人生产一样。由于这个原因，"苏格拉底法"又被称为"产婆术"（或"助产术"）。这种方法是近代启发式教学法的萌芽。

在古希腊教育思想的发展进程中，苏格拉底发挥了承前启后的作用。他系统总结了前人的教育主张，并加以进一步的理论抽象，使前人的教育主张范畴化，从而为教育思想的体系化提供了必不可少的思想工具。与此同时，由于他的思想直接影响了柏拉图，柏拉图继续了他的思想路线，由此形成了古希腊教育思想发展的重要线索。

### 三、古希腊教育思想的体系化

体系化是古希腊教育发展的最高阶段。这种发展主要是由柏拉图和亚里士多德完成的。这种体系化表现在，他们系统总结了前人的教育主张，并以一种逻辑的形式加以概括、提升，他们的教育思想反映了古希腊教育思想发展的历程。在此基础上，依据其系统的哲学，他们提出了具有严密的逻辑关系和结构的教育理论。

柏拉图（Plato，公元前427—前347）。出生于雅典的名门望族，父母双方都具有显赫的家世。青少年时期，与当时雅典的贵族子弟一样，柏拉图曾学习文学、音乐和绘画。20岁以后追随苏格拉底学习，前后共8年。苏格拉底逝世后，他离开雅典，四处游历。此后10年间，他先后游历了西西里、意大利、埃及等地。前387年，柏拉图在雅典创办学园，授徒讲学，培养了大批学生，其中最为著名的是亚里士多德。柏拉图一生写作了大量著作，他的教育思想主要体现在他的《理想国》和《法律篇》等著作中。

柏拉图是西方教育史上第一个建立完整教育理论的教育家，他的《理想国》历来被公认为是西方最重要的教育著作之一。在《理想国》中，柏拉图精心设计了一个理想的国家，并为这个理想国家的实现，提出了完整的教育计划。在他看来，只有通过有效的教育，才能培养出理想国家的良好公民和"明智"的统治者。正因为如此，国家应当高度重视教育，把它当做头等大事，并且严格地遴选负责教育事务的官员，把它当做国家最高职务中最重要的职务。与之相联系，柏拉图主张取消雅典当时盛行的私人办学，由国家管理、监督一切教育机构，对全体公民实施强迫教育。为此，他提出了一个较为完整的国立学校教育体制。

根据柏拉图的见解,公民的子女应为国家所有,由国家负责其养育和教育。公民子女从出生到 3 岁,由经过挑选的女仆照顾,由国家最优秀的公民负责教育。3—6 岁的儿童,被送到附设在神庙的儿童游戏场所,由国家委派的女公民负责教育。6 岁以后,男女儿童分别进入国立的初级学校,学习初步的读、写、算和音乐知识,同时接受军事体育训练。这一阶段教育的主要任务是进行情感的教育。17—20 岁,为意志教育阶段。在这个阶段,学生进入青年军事训练团,接受进一步的军事体育训练,同时学习算术、几何、天文学和音乐理论(即"四艺")。22—30 岁,为理智教育阶段。按照柏拉图的设想,只有少数具有抽象思维能力的学生才能接受这个阶段的教育。在这个阶段中,教育的主要任务和目的是,通过理论知识的传授,发展学生的理智,使之成为哲学家——即奴隶主国家的高级官吏。与此相联系,这个阶段的教育内容主要是"四艺"科目和哲学。在这个阶段之后,极少数天赋优异的学生继续学习、研究哲学,直到 35 岁,然后出任国家的重要官职。个别在哲学上有高深造诣的学生,则进一步接受考验,到 50 岁时,成为国家的最高统治者。

亚里士多德(Aristotle,公元前 384—前 322 年),古希腊哲学家、科学家、教育家。公元前 367—前 347 年,亚里士多德在柏拉图创办的学园学习和担任教学工作。前 343 年,亚里士多德担任马其顿王子亚历山大的私人教师。以后,在雅典创办学园(通常称为吕克昂学院)。亚里士多德的教育思想集中体现在《政治学》和《伦理学》等著作中。

与柏拉图一样,亚里士多德也主张由国家管理教育事务,使教育成为公共事业。他强调统治者应当高度重视公民教育,认为忽视教育将会危害国家。他第一次提出了儿童的年龄分期以及各年龄阶段的教育任务、内容和方法,强调遵循儿童身心自然发展的特点进行全面、和谐的教育。

自由教育理论是亚里士多德教育思想对后世影响最大的部分。在他看来,人之所以为人的基本特征在于人具有理性。人只有运用、发展其理性,才能真正实现自我。同样,人的教育也应当以充分发展人的理性为根本目的。旨在达到这种目的的教育,才是自由人所应接受的教育。

亚里士多德认为,自由教育的实施需要具备两个基本的条件。第一为闲暇。只有当自由人无需为生计奔波、操劳,具有足够的闲暇时间,才有可能不去从事各种"贱业",以免损害心灵。也只有如此,自由人才能专心从事崇高的沉思活动,为发展心灵的目的而运用和发展理性。第二个基本条件为自由学科。亚里士多德认为,只有不具有任何功利目的的自由学科,才是自由人所应学习的内容,也才是有助于理性发展的知识。**自由学科主要包括读、写、算、体操等**。

亚里士多德自由教育理论的基本原理是，强调自由教育是唯一适合自由人的教育，它的根本目的不是进行职业准备，而是促进人的各种高级能力和理性的发展，使人从愚昧和精神的束缚中解放出来。自由教育以自由学科为基本内容，并且应避免机械的、专业化的训练。亚里士多德的自由教育理论对西方教育的发展具有深刻的影响。从文艺复兴时期的人文主义教育，直到现代的永恒主义教育思潮，都可以看到这种影响。

古希腊教育思想的历程所展现的，并不只是不同时期的教育家的谱系和教育思想的前后交替，也不只是教育思想的外在表现形式的变化。在本质上，它反映了古希腊民族对教育现象的认识的不断深化和拓展。

## 第三节 古希腊教育思想的中心议题

古希腊教育思想从起源、确立到体系化，先后经历了二百多年时间，其间产生了丰富的教育思想、主张、学说。这些教育思想虽然各不相同，甚至存在着对立，但也应当看到，在这些形式上多种多样的教育思想中，客观上存在着某种关系或联系。不仅如此，从古希腊教育思想发展的逻辑来看，这种联系比差异更为重要，更能反映古希腊教育思想史的本质。古希腊教育思想发展的这种内在联系，最主要、最根本地表现在，不同时期、不同学派的教育家们所关注的教育的基本问题是共同的。这也就是说，在纷繁复杂的古希腊教育思想的发展进程中，存在着一个核心或中心议题。不同的教育家正是围绕着这个中心议题而进行理论探讨的，不同的教育思想也正是这种探讨的不同结果，这个中心议题就是，如何培养理智的政治家或统治者。在古希腊，特别是古典时代的古希腊，这始终是哲学、政治学和伦理学的基本课题，也一直是教育所面临的根本问题。

### 一、培养政治家的必要性

培养政治家或统治者，是古希腊教育的重要传统。《荷马史诗》中所记载的阿喀琉斯的教育，实际上正是统治者的教育。以后，在雅典和斯巴达等古希腊城邦中实行的教育体制，在本质上也是以培养未来的统治者为基本宗旨。这种状况在毕达哥拉斯等人的教育主张中得到初步反映。

但在贵族统治下，统治者的教育是不会真正成为思想的焦点的。这是因为，在贵族政体下，成为统治者的主要条件并不是个人的才干、品质等后天获得的能力，而是门第、血统这样一些先天因素。教育、训练在统治者的形成中所起的作用是辅助性的。而且，由于等级的限制，能够成为未来统治者的人为数极少，因此，统治者的培养在城邦生活中不可能引起普遍的关注。

从公元前 5 世纪开始，由于国力的强盛和奴隶主民主政治的发展，普通公民获得了空前的从政、参政的机会，而当时的政府也鼓励公民参予政治活动。在当时的政治生活中，获取权力和地位的一个关键因素就是辩论、讲演。而讲演和辩论又需要一定的知识、智慧和政治常识，智者派的兴起和他们的教育活动，正适应了这种现实需要。因此，智者的教育虽然有公民教育的因素，但主要是一种政治家的教育，教人如何在辩论中击败对方，使他人信服自己的主张，从而推行这种主张。普罗泰戈拉清楚地看到在雅典城邦中产生的这种变化及其对教育的新的要求，并努力顺应这种要求。他在谈到自己的教育目的时说，向他求学的人可以学到处理"私人事务以及公共事务中的智慧。他们学到把自己的家庭处理得井井有条，能够在国家事务方面作最好的发言与活动"①。

黑格尔指出："智者们的活动，是和人们对智慧的追求分不开的，知道是什么东西在群众和国家中构成权力，并知道我们必须承认什么东西是这样的权力，就被认为是智慧的。因此，伯里克利等政治家所以引人羡慕，正是因为他们懂得自己的地位，他们有能力安排别人各得其所。谁懂得把人们所做的事情归结到推动人们的那些最终目的上去，谁就是有权力的人。智者们教学的目的在于指出：什么是世界上的权力——什么是解决一切特殊问题的普遍思想，——这只有哲学才能知道，所以智者们是思辨哲学家。"② 这段话实际上正说明，智者的教育是一种教人认识权力，从而获得权力和运用权力的教育——即政治家的教育。

雅典奴隶主民主政治的兴盛产生了培养政治家的必要性，引发了智者的教育活动及其教育主张。而奴隶主民主政治的衰落不但没有使这种必要性丧失，反而进一步促使思想家们更为深入地探索这种必要性。

苏格拉底亲眼目睹了雅典奴隶主民主政治由盛而衰的转变。他痛切地感到，曾经辉煌一时的雅典民主制度正在逐渐变质，走向衰落。他力图分析导致城邦衰落的原因，寻求摆脱城邦危机的"良方"，以挽救城邦。苏格拉底认为，使雅典陷入危机的首要原因是雅典公民的道德堕落，他们的过于自信导致了在战争和城邦事务中粗心大意、轻率妄动和

---

① 北京大学哲学系编：《古希腊罗马哲学》，商务印书馆1952年版，第132页。
② 〔德〕黑格尔著，贺麟、王太庆译：《哲学史讲演录》第 2 卷，商务印书馆 1981 年版，第 10 页。

不纳忠言。他指出:"正如别的人由于过分超群出众和成绩优异而疏忽大意以致落后一样,雅典人在取得卓越成就之后,也是由于疏忽大意而变得落后了。"①

苏格拉底进一步认为,城邦的衰落还由于统治国家的人并不懂得如何治理国家,甚至缺乏必要的政治知识。他指出,在雅典,国家的统治者是由公民大会选举产生的。而当参加公民大会的成员失去或不具备自己的判断力和理智时,就不可能选出一个强有力的领导人。因此,他反对由普通公民直接参与国家事务、投票选举国家的领导人。苏格拉底尖锐地指出:"公民大众在诸如建筑、造船等问题上要请教专家,那些没有专业知识和经验的人往往要被轰下台;但到了政府事务时,他们却准备听取任何人的意见,无论他是建筑师、铁匠、商人、船长,还是穷人或者富人,出身好的人或出身不好的人。"他进一步指出:"奇怪的是,那些想学竖琴、笛子、骑马,或熟练任何一类事情的人们,对于他人所想学会的技艺,总是毫不间断地勤学苦练,而且不是单凭自己,还要请教那些公认为最精于此道的人们。他们千方百计,坚持不懈地刻苦钻研,无论做什么事都要征求师傅的意见,以为非如此就不足以有可称道的成就。然而,在那些立志做具有演讲和实践才能的政治家的人们中间,却有些人以为不必经过准备和钻研,就可以自动地忽然间取得这些成就。其实很显然,后者比前者更难成功,因为尽管有许多人从事后一种工作,但成功的却很少,因此很明显后者需要更为巨大的艰苦努力。"②

在此基础上,苏格拉底强调指出,与医术、骑术等一样,政治也是一种专门的技艺,需要专门的知识和能力。他说,君主和统治者并"不是有王笏的人,不是偶然选中的人;不是攫取财富的人,不是使用强权或骗术的人,而是有统治知识的人"。因此,要成为真正的政治家,就必须广泛学习各种知识(特别是政治知识)。苏格拉底曾告诫自己的学生,要想从政并获得成功,应当不断学习各种有关政治的知识,不断进行实践。否则,不但会给自己造成不幸,而且给国家带来灾难。可以说,苏格拉底比智者派更为明确、深刻地认识到了培养政治家的必要性和重要性。正因如此,他把培养政治家的工作看作是政治事务的一个重要组成部分。在回答智者安提丰的问题时苏格拉底答道:"安提丰,是我独自一人参预政事,还是我专心致志培养出尽

---

①②〔古希腊〕色诺芬著,吴永泉译:《回忆苏格拉底》,商务印书馆1986年版,第101、142页。

可能多的人来参预政事,使我能够对政治起更大的作用呢?"①

柏拉图进一步发展了苏格拉底的思想,更为系统地论证了培养政治家的必要性。苏格拉底主张使政治知识化、专业化,而柏拉图则进一步主张应由哲学家统治国家。在74岁高龄时写给朋友的第七封信中,柏拉图追溯了自己这种思想形成的过程。他写道:

> 我年轻的时候,也有跟其他许多人相同的经历,我希望自己成年后立即参与政治生活。但当这样的时机到来时,政治形势却发生下列变化……那时存在的政府,为大多数人所不满,于是发生了革命。革命是由51个人领导的,其中有11名在城邦,10名在比雷埃夫斯港,——这些地方都需要管理市场、处理市政问题。"三十寡头"的统治建立了,成为最玩忽职守的统治者。这里面有许多人是我的亲戚和朋友。他们也确实立即邀请我与他们共事,觉得这似乎十分相适。由于年轻,我那时的感受并无惊人之处。我相信他们是城邦的管理者,会领导城邦摆脱不正义的生活方式而享受正义的生活。所以,我非常热切地关注着他们,注视着他们的行动。但我看到的是,时间不长,他们就搞得怨声载道,使人人都怀念前期,觉得那是黄金时代。更有甚者,他们竟敢陷害我的老朋友苏格拉底……我思考着这些事情,思考着这些人治理城邦的方式,思考着他们的法律及习俗。越是思考这些,年龄越是增长,我越觉得正确管理城邦事务之难。没有忠实的朋友和可靠的伙伴,做任何事业也不能成功。由于我们城邦已不再按祖先制定的原则和制度来统治,要进行公正的治理实在不是易事。而要很快获得另外的新朋友也根本不可能。除此而外,成文法和习惯,皆被破坏,世风急转日下。因此,尽管我一开始极度热心于从事政治活动,但一旦想到所有这些事情,看到它们如何以惊人速度向四面八方急速恶化着,我变得头晕目眩,迷茫不知所从。尽管我继续考虑着用何种方式可以改善这些事情及整个政治,但一涉及政治行动,我却不断地等待合适的时机。直到最后,看看所有现存的城邦,我意识到它们都处于极坏的统治之下,它们的法律已经败坏到无可救药的地步,除非来一场剧烈的变动和极大的运气,我不得不宣告,必须颂扬正确的哲学,通过它一个人可以认识到公众生活和私人生活中的各种正义的形式。因而,除非正直的哲学家获得政治权利,或者城邦中拥有权力的人,由于某种奇迹,变成了真正的哲学家,否则,人

---

① 〔古希腊〕色诺芬著,吴永泉译:《回忆苏格拉底》,商务印书馆1986年版,第38页。

类中的罪恶将永远不会停止。①

"哲学王"思想的提出,实际上说明,柏拉图把雅典城邦危机的根源完全归结为缺乏有德行、有能力的统治者,因而把建立哲学王的统治当做克服危机的唯一途径。

为什么要由哲学家统治国家,或者使统治者成为哲学家?在柏拉图看来,哲学以最高的善为对象,它是整个世界遵循的最高原则和所要实现的普遍目的。因此,哲学是治理国家的最高学问,只有掌握了哲学的人才应成为统治者。对于这个见解,黑格尔曾作过精辟的分析,他说:"说统治者应该是哲学家,说国家的统治权应该交给哲学家手中,这似乎未免有点妄自尊大。不过为了判断这话是否正确,我们最好记着柏拉图意义的哲学及当时对于哲学的了解,即把什么算作哲学……我们知道,柏拉图这里所了解的哲学,是与对超感官世界的意识,亦即我们所谓宗教意识混合在一起的;哲学是对自为的真理和正义的意识,是对国家的普遍目的的意识和对这种普遍目的的有效性的意识……由此得到的结果就是:当柏拉图说哲学家应该管理国家时,他的意思是根据普遍原则来决定整个情况……这样的原则构成政府和权力的实质。"②

哲学构成国家的基础,哲学家掌握国家权力,由此直接引出了一个重要的问题:如何培养哲学家。柏拉图虽然提出过不同等级的人由不同"质料"构成的见解,但他更为关注的仍然主要是哲学王的后天培养。正因如此,他不仅于公元前387年创办了学园,致力于培养未来的哲学家,而且在《理想国》和《法律篇》等著作中,以斯巴达和雅典教育为蓝本,精心设计了一个完整的、以培养哲学家为最高目的的教育计划。从柏拉图所建立的教育思想体系来看,他的一切教育思想都是围绕着培养哲学家这个中心而提出的。

亚里士多德一方面继承了苏格拉底特别是柏拉图的政治知识化和专业化的思想,另一方面又修正了柏拉图的"精英统治"的主张。与柏拉图一样,亚里士多德也认为,统治和治理国家是一项极其艰巨的工作。它需要一种科学的指导,从而运用合理选择的手段达到道德上有价值的目标。因此,治理国家的权力,不能交给只会玩弄小聪明的政客,不能交给花言巧语的煽动家或诡辩家,而应由聪明才智之士承担。这些人精通政治的科学和艺术,理解国家的性质和目的,因而能领导国家沿着最恰当的路线发展。

---

① 苗力田主编:《古希腊哲学》,中国人民大学出版社1989年版,第236页。
② 〔德〕黑格尔著,贺麟、王太庆译:《哲学史讲演录》第2卷,商务印书馆1981年版,第175~176页。

## 第一章　古希腊教育思想

但与柏拉图不同，亚里士多德认为，应当把国家的权力交给中产阶级，而不是少数人。他指出，与其他阶级相比，唯有中产阶级才能"顺从理性"、"很少野心"、"无所忧惧"。中产阶级较其他阶级都更稳定。因此，应当实行由中产阶级为基础的共和政体，由中产阶级执掌政权。由于这个原因，亚里士多德反对柏拉图对统治者与被统治者、统治者教育与被统治者教育所作的绝对划分，而主张对作为统治阶级的中产阶级进行同一的教育和训练。他说：

> 考虑到一切政治组织总是由统治者和被统治者两者相合成，我们就要论究两者应该终身有别，还是应该混为一体。教育制度须符合上述问题的抉择而制订不同的措施。我们可以想象，在某种情况下，统治者和被统治者一经区分，应使终身有别。邦内如果在同级中有超群拔类的人们，他们的体格和智慧几乎像诸神和英雄，那么统治阶级自将与他们的臣民判然相异。但这样的设想，世上终不可遇；我们在实际生活中，迄未见到有如斯居拉克斯所说印度诸王及其臣民身心两俱显然有别的情况。因此我们应该选取统治者和被统治者更番迭代的政体……根据自然的安排，我们拟议把全体种属相同的一个公民集团分为两个年龄高低的编组，自然所作青壮和老人的分别恰正符合政体中统治者和被统治者的分别。青年们都不会妄自认为才德胜于前辈不甘受人治理；他们如果明知自己到达适当年岁就要接替统治的职司，就更加不必怨望了，这样，统治者和被统治者在当时而言，固然是编组不同的人们，但就先后而言，两者将是同族的人们，对于他们的教育也是这样；从一个观点看来，两者应当受到相同的教育，从另一个观点看来，就应当相异。①

综上所述，可以清楚地看到，从智者派到亚里士多德，古希腊（主要是雅典）社会长期面临的基本问题始终是如何保持政治的稳定。以古希腊人对政治的理解，政治的稳定首先涉及领导人的品质，由此引出了培养政治家的问题。如果说前一个问题主要与政治学相关，那么，后一个问题则主要与教育相联系，考虑到智者派、苏格拉底、柏拉图和亚里士多德几乎无一例外地是从对政治、道德问题的探讨而转向对教育问题的思索，因此，把当时最紧迫的政治问题作为考察教育的出发点，在他们的思想进程中，就是十分自然和必然的了，正是由于这个基本原因，论证培养政治家的必要性和重要性，

---

① 〔古希腊〕亚里士多德著，吴寿彭译：《政治学》，商务印书馆1983年版，第386～387页。

就成为其全部教育思想的基点。

**二、政治家的品质**

政治家在城邦政治生活中的重要性，决定了培养政治家的必要性。随之而产生的问题是：应当培养什么样的政治家，或者，一个理想的政治家应当具有什么品质？比起培养政治家的必要性，这个问题具有更为重要的意义。这是因为，它涉及政治家培养和教育的方向、内容、方法、组织等一系列重大问题，如果说古希腊教育思想家们在培养政治家的必要性问题上的主张共性大于差异，那么，在政治家应具备的品质的问题上，则是差异大于共性。虽然在总体上，无论是智者派还是苏格拉底、柏拉图和亚里士多德，都认为理想的政治家应同时具备德行和知识，但对什么是德行、什么是知识，他们的见解存在着很大的差异。

普罗泰戈拉认为，一个从事政治活动的人应当具有政治品德。而政治品德的核心是廉耻和公正。至于什么是廉耻和公正，普罗泰戈拉则采取了相对主义的态度。据柏拉图在《泰阿泰德》中记载，"普罗泰戈拉主张，在政治方面，所谓正义与非正义，荣誉和可耻，虔诚和亵渎，事实上是法律使然的，是各个城邦自己这样看的。""凡一国视为公平正义者，只要它信以为然，那就是公平正义的。"① 这种主张以后为高尔吉亚和斯拉斯马寇（又译作色拉叙马霍斯、色拉叙马库斯，Thrasymachus）等智者所发展。高尔吉亚指出，真理和美德是纯主观的东西。他认为，善仅仅有一个有限的主观本质，它包含在单个行为者的满足或赞许的瞬间感觉之中。斯拉斯马寇则认为，"公正实即强者的利益。"他说："各种形式的政府，都是为了自己的各种利益，而制成民主的，或贵族的、或僭主的法律。制成后便宣布凡对于他们有利的，对于被统治者都是公正；凡破坏这原则的人，都作为犯法与不公正的而加以惩罚。"② 这也就是说，虽然智者们强调政治家应当具有德行，但他们通常把道德当做相对的、人为约定的东西，引起广泛、长时间的辩论，并影响文学、历史、医学、法律和教育等领域，成为古希腊思想的一个重要内容。

关于政治家所应具备的另一方面品质（即知识），智者们的主张同样具有特点。根据智者派的观点，作为一个政治家，必须具有多方面的知识修养，以便对政治、法律、道德有广泛的了解，对具体事务作出恰当的判断。

---

① 引自叶秀山等主编：《西方著名哲学家评传》第 1 卷，山东人民出版社 1984 年版，第 434 页。

② 引自周辅成编：《西方伦理学名著选辑》上卷，商务印书馆 1964 年版，第 27 页。

因此，智者派所传授的知识通常是较为多样的，主要包括政治知识、科学、音乐，等等。但是，由于智者派对知识和真理的感觉主义、相对主义的思想倾向，因此，在实质上，他们对知识的具体内容的关注远不及对表达知识的技巧的重视。这也就是他们强调"前三艺"教学的基本原因之一。在智者派看来，由于"人是万物的尺度"，因此，个人就是一切，个人就是真理。一个人的主张有无道理，不在于是否与事实相符，而在于雄辩，在于语言和修辞的力量。而在辩论中，语词和概念的运用是非常关键的。因而，智者们通常对语词、逻辑进行系统的研究，并把这种研究传授给学生。他们教人如何进行辩论，如何从事物中找到正面和反面的理由，如何突出需要的观点、掩盖不利的观点，如此等等。

与智者派相同的是，苏格拉底也认为，一个理想的政治家应当同时具备美德和知识。苏格拉底毕生教人从善、行善，把"灵魂的最大改善"作为人生的首要事务。在他看来，道德是政治性的，而政治又是道德性的。至高至大的美德就是政治美德。苏格拉底把这种美德看作是管理城邦事务的艺术。正是借助于这种艺术，人们才能成为优秀的政治家、统治者，从而为国家和其他公民作出贡献。与智者派不同的是，苏格拉底强调道德的普遍性和统一性。他认为，存在着一种"包括一切的普遍的美德"。他在回答美诺关于什么是美德的问题时强调，不论美德有多少种，而且也不论它们如何不同，"它们都有一种使它们成为美德的共同本性，而要回答什么是美德这一问题的人，最好是着眼于这种共同本性"①。

关于政治家应具备何种知识的问题，苏格拉底也提出了与智者派截然不同的主张。首先，他认为，一个政治家、统治者应具有特殊的知识和才能。他指出，统率军队的将领必须具备丰富的军事知识，精通战略战术，懂得行军布阵，同时还应知晓为战争所必需的各种事务。作为一个政治领袖，则应懂得城邦的税收、支出、粮食贮备，了解城邦的军事力量以及与敌国军事力量的对比，还应知晓城邦的防御工事和防御兵力的分布，等等。其次，苏格拉底认为，一个政治家或统治者还应具备治理国家的才能，懂得如何治理国家。再次，根据苏格拉底的见解，一个人（特别是一个政治家）最重要的能力和知识就是"认识自己"。他指出："因为那些认识自己的人，知道什么事对于自己适合，并且能够分辨自己能做什么，不能做什么，而且由于做自己所懂的事就得到了自己所需要的东西，从而繁荣昌盛，不做自己所不懂的事就不至于犯错误，从而避免祸患。而且由于有这种自知之明，他们还能够鉴

---

① 北京大学哲学系编：《古希腊罗马哲学》，商务印书馆1952年版，第153页。

别别人，通过和别人交往，获得幸福，避免祸患。但那些不认识自己，对于自己的才能有错误估计的人，对于别的人和别的人类事务也就会有同样的情况，他们既不知道自己所需要的是什么，也不知道自己所做的是什么，也不知道他们所与之交往的人是怎样的人，由于他们对于这一切都没有正确的认识，他们就不但得不到幸福，反而要陷于祸患。"① 而要认识自己，仅仅凭借感觉是不行的，而应依靠心灵、思维和理性，从而进入"纯粹的、永恒的、不朽的以及不变的事物的领域"。易言之，只有运用理性，达到概念的、真理的认识，才能真正"认识你自己"，从而产生正确的行为。

此外，苏格拉底主张，一个政治家还应学习广博和实用的知识。从色诺芬的回忆来看，苏格拉底要求未来的治国者学习天文学、算术、量地学等知识，并且善于持家。苏格拉底认为，"管理个人的事情和管理公众的事情只是在大小方面有差别，在其他方面彼此是很相类似的"②。在他看来，一个连自己私人和家庭事务都管理不好的人，怎么可能去管理成千上万个家庭呢？

柏拉图继承并进一步发展了苏格拉底的上述思想。在他看来，一个哲学王不仅应当具有超群出众的天赋，而且应当具备非凡的才学、智慧和完美的品德，并且受到最为完备的教育和训练。柏拉图认为，一个哲学王必须具备的品质之一是掌握政治知识。他把政治知识和艺术看作是编织国家之布的才能。他说："统治的艺术就是用真正的编织办法，把刚毅和智慧之士的德行结合起来，使他们志同道合、和睦团结地共同生活，从而编织出最壮丽、最华美的国家之布。这幅国家之布（即组织）把国家中所有其他成员——自由人和奴隶都包容起来，对他们进行严格控制，管理和统治国家，任何时候，凡它能做到的和应该去做的，永远也不放过，这就叫作幸福。"③

柏拉图进一步指出，除政治知识以外，哲学王还应当受到广泛的知识教育，具有广博的知识，特别应当具有智慧的理性。在《理想国》、《法律篇》等著作中，柏拉图为哲学王的教育开列了众多的教学科目，其中包括：阅读、书写、体育、军事、算术、几何学、天文学、音乐理论（这后四门科目通常称为"后四艺"，它与智者派倡导的"前三艺"一起构成"自由七艺"）、哲学，等等。在柏拉图看来，这些科目虽然具有实用性，如算术有助于调兵

---

①② 〔古希腊〕色诺芬著，吴永泉译：《回忆苏格拉底》，商务印书馆1986年版，第149~150、96页。

③ 引自〔苏〕涅尔谢相茨著，董果良、赵振福译：《古希腊政治学说》，商务印书馆1991年版，第145页。

布阵，几何学有利于军队的调遣、行军作战，天文学在农事、航海和海战中具有重要作用，音乐有益于提高军队的士气和斗志，但更为重要的是，它们在训练思维、发展理性、丰富想象力和培养记忆力等方面发挥着重大的作用。柏拉图指出，掌握算术，才能敏捷思维，使灵魂从虚幻的现象世界转向实在理念世界，转向真理。因此，学习算术的主要目的是为了激发思维、发展思考能力。"几何学是认识永恒事物的……能把灵魂引向真理。"① 因此，对几何学深入研究，"能帮助人们较为容易地把握善的理念"。至于天文学、音乐理论等科目，也同样具有发展智慧、启发心智的作用。从这些见解可以看到，在柏拉图的教育思想中，已经产生了对知识的实用价值与训练价值（或纯粹价值）的明确划分，这是亚里士多德自由教育理论的先兆，也是近代形式教育与实质教育理论的渊源。

在所有教学科目中，柏拉图最为重视的是哲学（辩证法）。首先应当说明的是，柏拉图所理解的辩证法与智者派强调的辩证法是大不相同的。智者派所倡导的辩证法，主要是一种对话、争论、诘难和说服对方的技巧和艺术，严格地说是一种逻辑学，"而柏拉图则把辩证法作为最高的学科，作为指导人们认识至高无上的理念的学科，作为使人类的智慧能力发展得更趋完善直到能用纯思辨（思考、沉思）来把握'善本身'，看到绝对实在的科学"②。正因如此，柏拉图认为，辩证法应统率其他所有学科，而其他各学科的学习只是学习辩证法的基础。

在柏拉图看来，辩证法教人"达到每一事物的本质"，使人能够"靠思想本身理解到善者的本质"，从而到达"可理知事物的顶峰"。③因而，只有极少数天资聪慧、具有辩证法天赋的人，才能接受辩证法的教育。辩证法的教育是国家统治者特别是最高统治者必备的教育。只有接受辩证法的训练，才能理解国家的普遍原则，才能成为哲学家。

除政治知识和一般知识及思维能力以外，柏拉图同样强调统治者应具有美德。与苏格拉底一样，他认为智慧、勇敢、节制和正义是一切品德中最重要和最基本的品德。他认为，作为一个统治者，首先应当具备智慧的美德，这是最高的品德，并且只为少数人所具有（显然，这是受了苏格拉底"智德统一"论的影响）。统治者还应具备节制的美德。与智慧的美德不同，柏拉图认为，节制这种品德同时存在于统治者和被统治者之中。他说："节制就

---

①③〔古希腊〕柏拉图著，郭斌和、张竹明译：《理想国》，商务印书馆1986年版，第291、298页。

② 引自赵祥麟主编：《外国教育家评传》第1卷，上海教育出版社1992年版，第101页。

是生性优秀和生性低劣的东西在哪个应当统治,哪个应当被统治——不管是在国家里面或是在个人里面——这个问题上所表现出来的这种一致性和协调。"① 因此,节制不单是指个人对自己欲望和行为的控制,而且还指统治与被统治关系的协调。

除智慧和节制的美德之外,柏拉图认为统治者还应具备"正义"的美德。他指出,正义包含了全部最基本的美德。当各个等级的人都能忠实履行自己的义务,完成自己所处地位所要求的职责时,社会就实现了正义。因此,正义在社会关系中的具体表现就是等级分工的完善,对于统治者来说,正义就是励精图治、管理好国家。不仅如此,柏拉图还认为,正义的本质不单在于社会关系和职能的外部调节,更重要的还在于人内在的精神状态和品质。对于统治者而言,正义就是认识自己的天职,按照善的要求去行动,从而引导国家达到善。

在柏拉图之后,亚里士多德继续探讨了统治者的品质问题,但与柏拉图不同的是,由于亚里士多德更为强调法治在国家生活中的作用,由于他主张由中产阶级而不是由少数"贤人"进行统治,因此,他似乎不像柏拉图那样注重统治者个人的品质。尽管如此,他还是对作为统治阶级的中产阶级所应具有的品质提出了一系列主张。

与柏拉图一样,亚里士多德也主张对未来的统治者进行全面、广泛的教育,并强调发展理性的重要作用。但与柏拉图不同的是,亚里士多德认为,一个自由民、一个政治家除应具备各种德行以外,还应当具备一种基本的德行——中庸之道或"中道"。他指出,所谓"中道",就是"适度"和"适中",就是"无过与不及"。他说:"德性就必定是一种志在求适中的中道","道德的本性就在于遵守中道"。具体言之,所谓中道,就是根据具体情况正确处理情感和行为的一种态度的方法。诚如亚里士多德所说:"只有在适当的时间和机会,对于适当的人和对象,持适当的态度去处理,才是中道,亦即最好的中道。"②

在古希腊教育思想发展的不同时期,由于政治现实的不同以及思想方法上的差异,教育思想家们对统治者所应具备的品质的认识存在着明显的区别(也可视为一种发展),但从总体上看,这些不同的思想之间是存在着有机联系的,它们都是在不同程度地借鉴前人思想的基础上而形成、阐发的。不同思想之间的差异并不只是对立,而是继承前提下的扬弃。在前后相继、差别很大的时期,思想家们所以孜孜不倦地对同一个问题进行持续的探讨,正说

---

① 北京大学哲学系编:《古希腊罗马哲学》,商务印书馆 1952 年版,第 227 页。
② 周辅成编:《西方伦理学名著选辑》上卷,商务印书馆 1964 年版,第 297 页。

明这个问题在当时社会政治生活中的中心地位,在政治理论和教育理论中的中心地位。

古希腊古典时代教育思想的中心议题——政治家或统治者的培养,绝不仅仅涉及上述两个方面。事实上,智者派以后古希腊教育思想所探讨的大部分问题,都直接或间接地与这个议题相关联。在一定意义上可以说,教育思想家们对其他教育问题的探讨,都是围绕着这个中心展开的,是对中心议题思考的继续和扩展。

## 第四节 古希腊教育思想的基本内容

围绕着培养政治家这个中心议题,古希腊教育思想家们对一系列教育的基本问题进行了广泛的思考,从而形成了古希腊教育思想的丰富的内容。从总体上看,古希腊教育思想家们所着重探讨的教育的基本问题包括:个人与社会的关系、知识与道德的关系、自由教育(知识的实用价值与自由价值的关系)、认识与教学的关系,等等。这些问题涉及教育的宗旨、内容、方法、组织等各个主要方面。

### 一、个人与社会的关系

如何认识个人与社会的关系,首先是一个道德、政治问题。但是,由于这个问题涉及社会的基本价值观,因而必然地反映到教育领域,并成为教育的重大课题。

在古希腊文化发展的早期,古希腊社会所盛行的是一种整体的价值观。《荷马史诗》中虽然通过描写阿喀琉斯、奥德修斯等人的形象,肯定了个人对财产的要求,肯定了个性的价值,颂扬个人的力量、智慧、信念、欲望,但更为强调的是热爱祖国、热爱家乡,为民族、为集体奋斗牺牲的精神。在很多篇章中,它批评了那种把个人利益放到集体利益、民族利益之上的自私行为。它重视个性和自尊,同时又强调集体的荣誉。从总的来说,《荷马史诗》表明荷马时代力求保持原始氏族时代那种纯朴的集体主义道德,试图把个人利益与整体利益统一起来,把为整体利益而牺牲个人利益的行为,看作是普遍的道德要求。

在《荷马史诗》之后,从赫西俄德的《工作与时日》、《伊索寓言》到梭伦,一直到毕达哥拉斯、赫拉克利特、伯里克利,古希腊文化和道德的精神基本上仍然保持着荷马时代的遗风:一方面肯定个人对财富的追求、个人的价值、个人的幸福，另一方面强调个人对家庭、对城邦的义务，崇尚为他人、为城邦自我牺牲的精神。当时流传的一句格言——离开城邦，非神即鬼，可以说明这个时期的文化精神。这句格言所要说明的意义是：人只有在城邦中，通过城邦，为了城邦，才可能获得幸福、得到发展。

希波战争结束后，古希腊社会原有的道德观念和价值标准受到挑战。现实促使人们深入思考一系列政治、道德问题。由于人们思考问题的角度和出发点不同，对相同的问题产生了不同的结论，形成了三大不同的思潮。一是以戏剧家阿里斯托芬和色诺芬为代表的保守主义，一是以智者派为代表的个人主义，一是以苏格拉底、柏拉图等人为代表的理性主义或普遍主义。

以阿里斯托芬、色诺芬（Xenophon）为代表的保守主义，对古希腊社会中出现的各种新变化，持一种批评和否定的态度。他们认为，古希腊社会中盛行的人人追求名利、权利、财产的个人主义，是一种道德的沦丧和城邦的灾难。他们或是要求回到过去的时代，认为那是人类的黄金时代，或是要求学习斯巴达人稳定不变的社会秩序。具体到教育上，保守主义或是主张恢复原有的教育体制，或是主张借鉴斯巴达和波斯的教育。

与此相反，智者派则极力宣扬个人主义，要求摆脱法律、制度对个人的束缚。智者高尔吉亚在《海伦赞》中，通过为海伦的辩护，宣扬了个人情感和欲望的合理性。海伦是古希腊主神宙斯和斯巴达王后之女，出嫁后爱上了特洛伊王子帕里斯，被带到特洛伊，从而引发了特洛伊战争。高尔吉亚认为，海伦不应受到谴责，而应受到同情。这是因为，驱使海伦私奔的是一种自然的情欲，她是受害者，而不是为害者。他进一步指出，海伦的行为是迫不得已的，因为它体现了神的意愿、神的选择，是不可避免的。神从爱的冲动、语言的诱惑、暴力的强制这三个方面来迫使海伦就范。而神在所有方面都是强者，作为弱者，人只能服从神的意志。在这里，高尔吉亚并不是宣扬神灵的伟大和人类的渺小，而是说明人的欲望、激情是合理的。

安提丰进一步发展了智者派的个人主义思想。他认为，人的自然本性高于法律。法律虽然是城邦生活的准则，任何人不得违反，但它毕竟是建立起来的事，而自然本性是必然的事。法律虽然不允许明知故犯，但不知者不罪。而如果破坏与生俱来的自然天性，那么，即使无知也不减其罪。他指出，法律与自然是对立的，自然赋予人以视、听、触、味和思想的权利，而法律却规定人哪些可看，哪些不可以看，因此，法律限制自然。安提丰说："法律禁止人们做这些，命令人们做那些，都不是和自然亲善的"，因而，

"本来有用的东西,在法律控制下,就束缚自然,在自然控制下,则是自由的"。①

与保守主义把思想的重点落在整体上相反,智者派把重心放在个人,并要求社会为个人利益和发展创造条件。这种个人主义的价值观深刻地反映在智者派的教育活动和教育主张之中,即为个人的利益和幸福进行教育,或者说,教育应以个人发展为最高目的。这样,在古希腊教育思想史上,就形成了一种崭新的教育目的论和教育价值观。由此,也揭开了西方教育思想史上一场持久论争的序幕。更为重要的是,从智者派的教育开始,西方教育思想的一个重要传统逐步确立起来了。

以苏格拉底、柏拉图和亚里士多德等人为代表的理性主义,居于保守主义和个人主义这两端之间。从思想所遵循的路线来看,他们显然是沿着智者派所提出的问题而进行探索的。

与智者派一样,苏格拉底也着重探讨了幸福、道德等重大问题。他赞成"人是万物的尺度"这个命题,但又认为,这里所说的"人"不是指个别、具体的人,而是普遍的人类存在。作为人生的最高目的,是道德的善,而不是实际利益的获得。而且,这种善是一个普遍的概念,是客观的。从这里可以看到,与智者派强调个人利益的品德的个性化相反,由于注重道德的普遍性,在苏格拉底的观念中,普遍利益是高于个人利益的。但在另一方面,苏格拉底也不完全否定功利,他主张使人"美好幸福地生活",并认为幸福本身就是善,只要有道德,就能获得人生的幸福。所以,道德既作为目的而存在,又作为一种手段而发挥作用。

在苏格拉底的思想中,对个人与社会关系的调和倾向,是非常明显的。这种倾向同样显著地存在于柏拉图和亚里士多德的思想中,只不过侧重点有所不同。在早期,柏拉图所强调的主要是整体的、国家的利益。在《理想国》中,国家的所有公民都不拥有私有财产,也没有妻室儿女。个人完全是作为编织"国家之布"的材料而存在的,不具有自身的价值和利益。但到了晚期,在《政治家》、《法律篇》等著作中,不仅恢复了私有财产,而且允许家庭的存在。这表明,在个人与社会的关系上,柏拉图的思想经历了一些变化。尽管如此,他的重心仍然是在社会、整体方面,而对个人的情感、欲望则持否定的态度。主张个人应克制自己的欲望去追求善,只有这样,才能获得幸福。从这里可以看到明显的禁欲主义倾向。

亚里士多德指出,在起源上,个人先于家庭,家庭先于国家。就三者的

---

① 引自叶秀山著:《前苏格拉底哲学研究》,生活·读书·新知三联书店1982年版,第349页。

关系而言，个人、家庭与国家是一种部分与整体的关系，个人、家庭是部分，国家是整体，而整体优于、高于部分。因此，国家、社会的利益比个人、家庭的利益更为重要，个人应当服从、服务于整体。但他又认为，国家和个人的目的是一致的，即都在于追求和获得幸福。而幸福源于道德，作为国家，它的道德在于使国民道德的完成，从而使国民获得幸福。作为个人，他的幸福的实现（即道德的完成）也只有通过国家、整体，个人的善德只能集众德而成。他说："品德高尚的人所以异于众人中的任何人，就在于他一身集合了许多人的素质"，使原来分散的众人的美德，"集合成一个整体。"①可以说，在亚里士多德的思想中，个人与社会的关系已经在理论上得到了非常圆满的解决。

理性主义或普遍主义不同于保守主义和个人主义的价值观，决定了教育观上的根本差异。诚然，苏格拉底和亚里士多德并不反对教育对个人职业、地位和生活的作用，而且也强调教育在个人理性、品德的形成与发展中的作用，甚至认为，个人的这种发展具有其独立的意义和价值（这是普遍主义与保守主义的根本区别所在）。但从他们思想的主导倾向来看，他们是把教育的最终目的放在社会方面的。无论是政治家（或亚里士多德所说的"善人"）的培养，还是至善的实现，都不是为了个人的利益，而是为了城邦、整体的利益，即通过政治家和至善的实现，推动整个城邦的幸福。至于柏拉图，则更是把教育目的放在整体上。不论是培养哲学王还是训练军人，目的只有一个：国家的稳定和强大。

理性主义与保守主义虽然从表面上看有相同的一面，即都更为注重社会，而或多或少忽视个人，但二者是截然不同的。保守主义是把传统的简单恢复作为解决社会危机的基本途径，而理性主义则力求寻求一种更深思熟虑的现实方法来挽救城邦。

理性主义与个人主义的差异，更具有深远的意义。正是从这二者的矛盾中，产生出了西方教育思想全部发展进程中始终面临的一个基本课题：如何解决和处理教育中的个人与社会关系的问题？或者说，教育应当坚持社会本位还是个人本位？这个问题在不同时代有不同的表现形式，但却始终客观地存在着，并且一直作为教育领域中的重大问题激发着各个时代教育家们的思考。

## 二、知识与道德的关系

在古希腊思想中，这个问题既是哲学认识论的问题，也是伦理学问题，

---

① 〔古希腊〕亚里士多德著，吴寿彭译：《政治学》，商务印书馆1983年版，第143页。

又是教育的重大问题。而当古希腊人最初探讨这个问题时，它又是具有浓厚政治色彩的。

关于知识与道德的关系问题，早在公元前6世纪，毕达哥拉斯学派就已经涉及。但真正把它作为一个问题并加以系统探讨的，则首推苏格拉底。苏格拉底认为，知识、智慧和道德之间，具有内在的、直接的联系。这是因为，美德是灵魂的一种基本属性，而灵魂本身又需要智慧的指导。他说："灵魂本身的东西，如果它们要成为善，就都系于智慧。"① 苏格拉底进一步指出，智慧与美德不仅存在着密切的联系，而且具有统一性。有道德的行为之所以发生，首先是因为行为的发生者具有道德的知识，如果行为者不具备道德的知识，便不可能做出道德的行为。他指出："没有人自愿趋恶或他认为是恶的，为人们所承认的避善趋恶是违反人的本性的。"② 基于上述，苏格拉底断言："知识即美德，无知即罪恶。"③ 而在苏格拉底那里，知识就是智慧，所以说知识即美德，也就是说智慧即美德。

从知德统一的观点出发，苏格拉底进一步作出推论：因为美德即知识、智慧，而知识是可以通过教授、学习而获得的，因此，通过传授或学习知识，也就获得了美德。在这个意义上，美德是可教的，是后天获得的。在苏格拉底时代，提出知德统一、德行可教的主张，是有很大意义的。这是因为，在长期的贵族统治下，古希腊形成了一种观念，即贵族是"最好的人"，也就是最有道德的人。因而，在古希腊语中，"贵族政治"一词的本意是：由最好的人组成的政府。苏格拉底强调知德统一、德行可教，实际上否定了这种道德天赋的观念，否定了贵族阶级对道德的垄断，为民主政治的建立作了理论上的辩护。

更为重要的是，由于苏格拉底把知识与道德统一起来，因而赋予了道德一种普遍的基础。从伦理思想的发展来看，苏格拉底知德统一论的提出，"冲破了把道德思考局限于经验事实和个别事例的狭隘性，从个别、特殊上升到一般，达到了道德思考的一个更深刻的阶段"④。黑格尔把他的这个命题称作"人类意识中的发现"。从教育思想的发展来看，知德统一论的命题同样具有重大的意义。由于强调知识与道德的内在联系，因而肯定了教学与道德教育之间的直接相关。同时，由于认识到道德的知识基础，也就为道德

---

① 北京大学哲学系编：《古希腊罗马哲学》，商务印书馆1952年版，第167页。

②③ 引自叶秀山等主编：《西方著名哲学家评传》第1卷，山东人民出版社1984年版，第497、496页。

④ 罗国杰等：《西方伦理思想史》上册，中国人民大学出版社1985年版，第109页。

教育的进行找到了一条重要的途径。

苏格拉底"知德统一"的理论，是柏拉图政治——伦理思想的重要出发点，也是其教育理论的一个依据。在柏拉图所设想的理想国家中，社会成员的等级与其说取决于他们的素质（金质、银质和铜质、铁质），不如说与他们所受的教育有关。由金质构成的人之所以应当成为国家的统治者，首先取决于他们受到了最完备的教育，掌握了一切高深的学问，能够洞察善的理念，因而具有最高的善。军人、劳动者的地位也同样是由他们的教育程度、他们的才学和他们的品质决定的。这样，柏拉图不仅全面接受了苏格拉底"知识即道德"的观点，而且把知识与道德的关系推进到了一个"一一对应"的极端，即德行的等级完全是由受教育的程度决定的。尽管他的理论存在着种种局限性，但有一点是值得肯定的，那就是他深刻地认识到了教育在国家生活中的巨大作用，把教育作为立国、治国的基础。像他这样评价教育作用的，可说是前无古人。这种类似近代"教育万能论"的思想，对后代产生了深远影响。

与柏拉图不同，亚里士多德反对苏格拉底"知识即道德"的主张，他指出："苏格拉底关于美德的话说得比普罗泰戈拉好，但是也不是完全正确的，因为他把美德当成一种知识……这是不可能的。因为全部知识都与一种理由……相结合，而理由只是存在于思维之中；因此他是把一切美德都放在识见（知识）里面。因此我们看到他抛弃了心灵的非逻辑的——感性的——方面，亦即欲望和习惯。"① 亚里士多德认为，灵魂分为理性的与非理性的两个部分，相应地就有两种德行，即理智的与道德的。理智的德行得自于教学，道德的德行则得自于习惯；而理智的德行是目的，道德的德行仅仅是手段。他指出，在一切人之中，哲学家是最有德行的，这是因为哲学家最有理性。所以，尽管亚里士多德反对苏格拉底的知德统一的见解，但事实上，他的言论与苏格拉底相去并不太远。

知识与道德统一的主张在古希腊以后的各个历史时期（中世纪除外）一直都起着极其重要的作用。这种主张与基督教的思想对立。"在基督教的伦理里，内心的纯洁才是本质的东西，并且至少是在无知的人和有学问的人之间同样地可以找得到的东西。古希腊伦理学与基督教伦理学之间的这一区别，一直贯穿到今天。"② 在教育思想史上，从中世纪后期开始一直到20世

---

① 引自〔德〕黑格尔著，贺麟、王太庆译：《哲学史讲演录》第2卷，商务印书馆1981年版，第68页。

② 〔英〕罗素著，何兆武、李约瑟译：《西方哲学史》上卷，商务印书馆1981年版，第128页。

纪中叶，通过传授一定的知识科目对下一代进行道德教育，一直是教育理论和实践中占主导地位的主张，而这个主张的理论基础事实上就是知识与道德统一的见解。直到今天，这种主张还在发挥着作用。用教育学的术语讲，这种主张也就是教育性教学的原则。这个原则最早是由赫尔巴特提出来的。赫尔巴特在这方面的功绩是把前人的一贯主张抽象为原则，并予以心理学的证明，这样就使苏格拉底知德统一的伦理学观点转变为真正的教育原则。而这个原则在教育理论中一直是占有很重要的地位的，它把教育、教学有机地结合在一起，使教育能全面、系统地渗透到教学之中，从而既保证了教学的实施，又确定了教育目的与社会期望的实现。

### 三、知识的实用价值与自由价值的关系

在古希腊教育思想中，知识的价值（即实用价值与训练价值何者为重）问题，虽然直接涉及教育、教学内容的选择，但更重要的是，它与教育的宗旨、性质等基本问题密切相关。这个问题换个提法就是实用教育与自由教育（liberal education，或译文雅教育、博雅教育）的关系问题。

与其他一些古代国家不同，古希腊具有深厚的自由教育的传统。教育史家的研究表明，在古希腊语中，有两个词表示教育，一是 agoge，一是 paideia。agoge 义为指引、约束、管教。paideia 一词来自 pais 和 paidia。pais 义为儿童，paidia 义为儿童运动或游戏。paideia 并不包括强迫儿童做些什么，而更多地是指导儿童的自发活动，其中既包括教师有计划、有目的的指导和培养，又包括儿童在活动中、在受教育中，身心得到自然、和谐的发展。① 这种意义上的教育所要培养的就是"身心既善且美"的人。在这种教育中，和谐、均衡的观念起着主导作用。而这种观念所强调的并不是实用知识和职业技能的训练，而只是自由公民自身的身体和心灵的发展。从古希腊诸城邦的教育实践来看，除斯巴达等少数城邦外，这种意义的教育占据着主导地位（尤其是在雅典）。

从教育思想来看，古希腊同样具有深厚的自由教育的传统。早在前6世纪，毕达哥拉斯等人就已经或多或少地涉及了这个问题。以后，苏格拉底也对自由教育的问题进行了初步的探讨。他的探讨带有明显的伦理学色彩。苏格拉底对雅典当时所盛行的追求享乐、追逐名利和财富的风气，进行了猛烈的抨击。他指出，一个专注于积累大量钱财和猎取声誉，却毫不关心智慧真理和心灵的改善的人，是十分可耻的。财产、声望、名誉都是身外之物，只

---

① 参见滕大春主编：《外国教育通史》第1卷，山东教育出版社1989年版，第174页。

有美德才是最可宝贵的。因此,他告诫雅典人:"不要只考虑你们的个人财产,首要的事是关心灵魂的最大改善……金钱不能带来美德,而只有美德才会带来金钱和其他一切好事包括公共的和私人的好事。"①

苏格拉底进一步指出,人所追求的东西可以分为三类(也是三个等级):外在的善(如财富、权力)、身体的善和精神的善。他认为,财富无助于灵魂的改善和美德的形成,富有的人往往更容易沦为欲望的奴隶,而满足于基本需要的人才可能成为真正自由的人。关于身体的善(即健康),苏格拉底予以高度重视。这是因为,健康的身体有助于人的生存,有助于实现对他人和集体的义务,有助于智慧和道德的发展。苏格拉底更为强调的是精神的善,认为这是人生的最高目的。精神的善包括理性的发展和美德的养成,而最根本的则是"认识你自己"。因为只有对自己具有真知,人才能成为自己的主人,成为自由的人。由于这个原因,苏格拉底把理性、智慧的发展和道德的培养,作为教育的最高目的。他所理解的教育正是这样一种非功利的、旨在促进人自身发展的教育,也就是自由教育。

柏拉图进一步发展了苏格拉底的思想,明确论述了自由教育的问题。与苏格拉底不同的是,柏拉图并不一概排斥知识的实用价值,他关于四艺在军事、航海等方面的功能的论述说明了这一点。但他所说的实用价值与智者派的理解不同。在智者派那里,知识的实用价值主要是对个人而言的,而且更主要的是对个人的财富、地位等而言的。而柏拉图所理解的实用性则主要是指对城邦或群体利益的有用,是指对个人实现自身的义务的有用。

需要指出的是,包括苏格拉底、柏拉图以及亚里士多德在内的古希腊思想家们有时也很强调"实用知识",但他们所理解的实用知识,主要是政治学和道德知识,认为这种知识在治理城邦、处理人际关系方面具有现实作用。只有这样,才能理解为什么苏格拉底会认为自然知识是"无用的",研究自然是无意义的。

柏拉图在其晚期著作《智者篇》和《法律篇》中,系统探讨了有关自由教育的问题。他指出"什么是教育?教育是为了以后的生活所进行的训练,它能使人变善,从而高尚地行动"②。他又认为,教育的作用是驱除心灵之恶。心灵之恶表现为无知,针对无知所进行的教导就是教育。③柏拉图进一步认为,教育的本质在于实现灵魂的转向。所谓灵魂转向,就是指受教育者的心灵状态从最低等级的想象,逐步上升到信念、理智,最后达到理性等级,把握最高的善理念,进入纯真至善尽美的理念世界这样一个心灵的上升

---

① 引自杨适著:《哲学的童年》,中国社会科学出版社1987年版,第416页。
②③ 陈村富等编:《古希腊名著精要》,浙江人民出版社1989年版,第122、87页。

过程。易言之,灵魂转向,就是使未来的统治者从非哲学家的心灵,即以可见世界为对象的意见状态,转向或上升到以可知理念世界为对象的知识状态。柏拉图说:

> 我们必须认为,知识和学习的性质不是像有些人主张的那样,那些人在说到教育时,以为知识仿佛不是包含在灵魂之内而仿佛是被放进灵魂之内,就如像把视觉放进瞎了的眼睛里面那样……理性教导说,每个人在他的灵魂内都潜伏着一种内在韧性能,他本身具有借以学习的官能。譬如说,人的眼睛不能够由黑暗转向光明,除非随着他的整个身体转过来,同样地,我们的整个灵魂必须掉转方向,离开那变动着的现象界;灵魂必须转向真实存在,直到他能够经受得住阳光,能够观看真实存在之明朗和光明。不过我们说,这个真实存在的就是善。认识真实存在的艺术就是教育的艺术——也就是用什么方式可以使这一转向来得最容易、最有成效,并不是把视觉放进(弄进)人里面,而乃是使视觉发挥其作用,因为他已经有了视觉,不过没有适当地转向自身,因为他没看见他所应该看见的对象。灵魂的其他美德与肉体比较接近;它们不是先在于灵魂里,乃是通过练习和习惯得来的;反之,思维作为神性(美德)绝不会失掉它的力量,它之变好变坏只是由于转向的方式。①

根据以上对教育本质的理解,柏拉图提出了广泛的课程计划,并区分了各门知识的陶冶价值。②

为了实现灵魂的转向,柏拉图还强调闲暇的重要性。他指出,闲暇是具有智慧(从而具有美德)的主要条件。终日为谋生而操劳的人,既然不具有闲暇,也就难以接受良好的教育与训练,因而也就不可能具有智慧。应当说,在柏拉图的思想中,古希腊的自由教育理论已经基本成形了。

到亚里士多德,古希腊自由教育理论的发展达到了高潮。亚里士多德继承了柏拉图等人的有关思想,通过对教育目的、教育内容等方面的广泛考察,提出了系统的自由教育理论。

亚里士多德首先论证了教育目的的两重性。他认为,教育艺术是政治艺术的有机组成部分,因此,国家的目的便是教育的目的,即培养有道德的公民和政治家,以实现国家的幸福。但这并不是教育的最高目的。这是因为,

---

① 〔古希腊〕柏拉图著,郭斌和、张竹明译:《理想国》,商务印书馆1986年版,第267页。

② 参见范明生著:《柏拉图哲学述评》,上海人民出版社1984年版,第103页。

首先，自由人的生活与其灵魂一样，是广泛的、多方面的，并不仅限于政治。其次，人的天性决定了人是政治动物。但人所以为人，人之区别于一切存在的根本性质，正在于他具有理性。理性是灵魂中最高贵、神圣的部分。人只有运用、发展其理性、才能实现真正的自我。人的教育也应当以充分发展人的理性为根本目的。教育的这重目的高于前一重目的，它使人超越具体的存在，走向神圣、不朽。旨在达到这重目的的教育，才是真正的自由人所应接受的教育。

亚里士多德认为，为了达到发展理性的教育目的，需要具备两个基本条件：闲暇和自由学科。与大多数古希腊哲学家一样，亚里士多德高度强调闲暇的作用。他认为，只有当自由人无需为生计奔波、操劳，具有足够的闲暇，才有可能不去从事各种会损害心灵的"贱业"。也只有如此，自由人才可能在闲暇中从事真正的、崇高的沉思活动，为心灵的目的而运用、发展理性。亚里士多德指出，闲暇是全部生活的最高目的，是区别自由人与奴隶的重要特征。只有具有闲暇，才能使人的身体与心灵保持自由，使人作为自己的主人，这种自由是理性发展的基本要素，是接受自由教育不可缺少的条件。

如果说闲暇是理性发展的外在条件，那么，自由学科则是自由教育的内在条件。亚里士多德把知识或教育内容划分为两种类型：一类是适宜于自由人学习的，另一类是不适宜自由人学习的。他指出："任何职业、工技或学科凡可影响一个自由人的身体、灵魂或心理，使之降格而不复适合于善德的操修者，都属'卑陋'；所以那些有害于人们身体的工艺或技术，以及一切受人雇佣、赚取金钱、劳悴并堕坏意志的活计，我们就称为'卑陋'的行为。"① 简言之，那些实用的、为获取钱财，或为某种实际功利的知识和技能，都是不适合自由人学习的。只有那些有助于发展理性、切合人生目的的知识，才是自由人所应该学习的。这种知识就是自由学科，如读、写、音乐、体操、哲学，等等。

亚里士多德当然意识到自由学科中的某些科目，如读、写、绘画等本身具有一定的实用性，但他认为，即使在这些同时具有实用价值和自由价值的学科中，自由价值仍是主要的。他指出："某些为了实用而授与少年的科目，例如读写，也并不完全是因为这只是切合实用的缘故；（无关实用的）其他许多知识也可凭所习的读写能力，从事进修。相似地，教授绘画的用意也未必完全为了要使人购置器物而不致有误，或在各种交易中免得受骗；这毋宁

---

① 〔古希腊〕亚里士多德著，吴寿彭译：《政治学》，商务印书馆1983年版，第408页。

是目的在养成他们对于物体和形象的审美观念和鉴别能力。事事必求实用是不合于豁达的胸襟和自由的精神的。"①

在所有自由学科中，亚里士多德更为重视的是音乐和哲学。在《政治学》中，他用了大量的篇幅讨论音乐课程。他指出，音乐教育是一种性属自由、内含美善的教育。我们的祖先之所以把音乐作为教育的课程，绝不是为了生活的必需。音乐并不是生活的必需品，它对实际事务毫无用处。它的价值仅仅在于操持闲暇的理性活动。

亚里士多德对哲学这门课程的自由价值也作了详尽的阐述。他从哲学的起源这个角度论证了哲学是一门自由的学问。他指出："古今人们开始爱智慧都是由于惊异。他们最初从明显的疑难感到惊异，便一点一点地进到那些重大问题上的疑难，例如，关于日月星辰的现象和宇宙创生的问题。感到困惑和惊异的人想到自己的无知……为了摆脱无知，他们就爱智慧，因此他们这样做显然是为了求知而追求学术，而不是为了任何实用的目的。"②"哲理知识的追求，是在一切生活必需品和使人舒适安乐的东西都有了以后才开始的。所以显然我们寻求它不是为了任何别的利益，而只是因为人是自由的，他为自己而不是为了别的什么而存在，所以我们把哲学作为唯一自由的学术加以探求，因为唯有它才是为其自身而存在的学术。"③

在分析自由学科价值的基础上，亚里士多德强调，自由学科的学习一定不能专业化。他认为，如果对自由学科"过度的着意用力，以求擅精"，也会妨碍身心的自由，如果对自由学科的某一具体内容反复练习，就"未免鄙贱而近乎奴性了"。④

概言之，亚里士多德自由教育理论的基本含义是：自由教育是唯一适合自由人的教育。自由教育的根本目的不是进行职业训练，而是促进人的高级能力的发展，从而使人从愚昧和精神的束缚中解放出来。为着这个目的，教育内容应以自由学科为核心，并且避免机械的、专业化的训练。

在西方教育思想特别是自由教育理论的发展史上，亚里士多德的主张具有深远的影响。

1. 亚里士多德所确定的自由教育的基本内容，即以社会、人文学科为主的课程体系，在古典自由教育理论中不仅得到坚持，而且日益固定化。从文艺复兴以后的四百多年间，自由教育完全成为人文学科教育的同义词。

---

①④〔古希腊〕亚里士多德著，吴寿彭译：《政治学》，商务印书馆1983年版，第412、409页。

②③ 引自杨适著：《哲学的童年》，中国社会科学出版社1987年版，第54~55、56页。

2. 亚里士多德对知识、学科的划分，对自由学科价值的论述，事实上成为西方古典自由教育理论家的一个思想基础。他以后的古典自由教育理论家，在论述自由教育的内容、课程选择的原则时基本上坚持了他的思想。可以说，他的这些论述是全部古典自由教育理论的一个重要基础。

3. 他对自由教育目的的论述对后世产生了更为持久的影响。直到今天，人们对自由教育目的的认识与它相去不远，如永恒主义、现代人文主义。

从上述三方面可以看到，亚里士多德事实上为自由教育理论奠定了基础，规定了目的。古典自由教育完全是在他确定的基础、方向上建立、发展的。更为重要的是，亚里士多德自由教育理论的提出，标志着西方教育理论的发展进入一个更高阶段。虽然他本人主要是从教育内容的选择这个角度来谈自由教育问题的，但从西方教育思想发展的整个过程来看，自由教育理论的提出，事实上确立起一个教育中的"形而上学"问题：教育的终极目的。培养公民、培养有道德的人，等等，这些教育目的是否能真正构成教育目的，培养公民和培养有道德的人又是为了什么？这些是否是人应当追求的最高目的？既然教育事业是培养人的事业，既然教育应当遵循自然，那么，教育必然以实现人的最高属性为终极目的，只有这样，教育才能真正完成自己的职能、特性，实现"至善"。这个问题以后逐步成为教育与人性的关系、教育的价值问题。在他以后的每一位大教育家都不断对此探讨。另一方面，亚里士多德自由教育理论的提出，标志着西方教育的一个重要思想传统的形成。这个传统经过文艺复兴的人文主义、18 世纪的新人文主义以及 20 世纪的永恒主义、现代人文主义，一直延续至今，成为西方教育的一个基本特征。

就古希腊而言，以发展的高级能力（尤其是理性）为目的，以和谐和均衡为核心的自由教育，既是古希腊教育实践的基本特色，也是古希腊教育思想的共同特征。它深刻反映了古希腊民族爱智、爱美、崇尚和谐的文化精神，因而成为古希腊教育长期追求的基本目的，同时又是古希腊教育实践和教育思想对后世影响最大的方面之一。

### 四、认识与教学的关系

由于古希腊教育家通常又同时是哲学家，因而，他们关于哲学的主张往往与其教育、教学理论是直接相关的。这一点尤为明显地反映在他们的认识论与其关于教学程序和教学方法的见解的相互关系上（当然，不能把这种关系简单化、绝对化）。

从哲学认识论来看，柏拉图是典型的理性主义者，他强调理性的作用，进而否定感觉的作用。柏拉图在其中期著作《菲多篇》中指出："灵魂能获得知识，而各种感官都是不可靠的。"① 他又说："绝对的正义、美、善、大、健康以及一切事物的本质是存在的。感官不能接触它们。要获得关于这些理念的最纯粹的知识，只能由灵魂亲自去领悟它们。"② 但作为从教长达40年（前387—前347）的教师，柏拉图并不是把这种理性主义的认识论简单地搬用到教学程序上。在教学程序上，他一方面虽然坚持发展理性和智慧的重要性，另一方面也意识到了教学工作本身所具有的特殊性。

从柏拉图所设计的教育计划来看，他为3—16岁儿童所安排的教学内容，大多是较为具体的科目。如：为3—5岁儿童开设游戏、音乐、唱歌、讲故事等课程；为6—11岁儿童开设阅读、书写、算术，其中，算术科目是用数字游戏的方法进行教学的。特别应当注意的是柏拉图对四艺的安排。总的来说，从6岁开始一直到30岁的四个阶段（6—11岁、12—16岁、17—20岁、20—30岁）的教育中，柏拉图都主张学习四艺，但在不同阶段，四艺学习的目的和要求并不相同。在6—11岁、12—16岁这两个阶段中，四艺教学的主要目的是对学生进行初步的知识启蒙。从17—20岁这个阶段中的四艺教学，则主要是为系统掌握这四门科目的知识，了解四艺在军事等方面的实际运用。只是在20—30岁的这个阶段中，四艺的教学才是为学习辩证法，为把握善的理念做准备。这样一种教学程序的安排，应当说不完全是理性主义认识论的简单运用，它事实上反映了柏拉图对学生认识从具体到抽象的发展过程的初步理解，这种理解本身是具有一定"经验主义"的思想因素的。

在哲学认识论上，亚里士多德的思想带有更多的经验主义特点，这与柏拉图形成了鲜明的对照。但在教学程序的问题上，二者的见解却存在着很大的相似性。亚里士多德认为，人的灵魂由三个部分组成，表现在营养和繁殖上的植物灵魂，超越各种植物特征而表现在感觉和欲望上的动物灵魂，超越各种动植物的特性而表现在思维和认识上的理性灵魂。灵魂的这三个部分同时也是三个等级。与此相对应，有三种教育：体育、德育和智育。

在另一方面，亚里士多德又根据他对学生发展的年龄分期的理解，把上述三方面的教育安排在三个不同的阶段。在0—7岁这个阶段，教育以促进儿童身体的发育成长为主要任务，以实施体育为主。在7—14岁这个阶段，以发展动物灵魂为主要任务，以实施道德教育和与之相联系的音乐教育为核心。在14—21岁这个阶段，以发展理性灵魂为主要任务，以实施智育为主。由此可以看到，亚里士多德实际上是把身体的养护作为感官发展的基础，而

---

①② 陈村富等编：《古希腊名著精要》，浙江人民出版社1989年版，第18页。

把感官的发展当做理性发展的前提。这种教学（教育）程序显然具有浓厚的经验主义色彩。但与此同时也应当指出，不能把这种经验主义色彩人为地夸大。因为，在亚里士多德的主张中，同时存在着明显的理性主义的特点。

相形之下，古希腊思想家们的哲学认识论与其关于教学方法的见解之间的关系更为具体，更具有一致性。

关于智者派的教学方法，根据史料所能知晓的是他们所推崇的辩论术。这种辩论术在高尔吉亚的《论存在或论自然》、《海伦赞》和《帕拉梅德斯辩护词》等著作中，得到了充分的体现。在《论存在或论自然》中，高尔吉亚运用反证法，通过论证"无物存在"、"存在不可知"、"存在不可言说"，从而得出"被思想之物并不存在"的结论。在《帕拉梅德斯辩护词》中，他采用反驳、反证的方法，为攻打特洛伊城的古希腊英雄帕拉梅德斯辩护。

苏格拉底的哲学主张和教育观与智者派有很大差别，但他关于教学方法的见解则是直接从智者派的方法发展而来的。在苏格拉底看来，真理是以潜在的形式存在于人的内心。因此，教师的任务不是传授现有的知识结论，而在于通过师生间的谈话以消除一切错误的见解，从而唤起意识、发现真理。在色诺芬的《回忆苏格拉底》以及柏拉图的《美诺篇》等著作中，可以看到这种方法的具体运用情况。《回忆苏格拉底》中提到，雅典青年尤苏戴莫斯想当一名政治家，于是苏格拉底便和他讨论有关正义的问题，苏格拉底要求尤苏戴莫斯列举正义的行为和非正义的行为，并分别把它们归入两边。接着，苏格拉底问道：

"虚伪是人们中间常有的事，是不是？"
"当然是"，尤苏戴莫斯回答。
"那么，我们把它放在两边的哪一边呢。"苏格拉底问。
"显然应该放在非正义的一边。"
"人们彼此之间也有欺骗，是不是？"苏格拉底问。
"肯定有"，尤苏戴莫斯回答。
"这应该放在两边的哪一边呢？"
"当然是非正义的一边。"
"是不是也有做坏事的？"
"也有"尤苏戴莫斯回答。
"那么，奴役人怎么样呢？"
"也有。"
"尤苏戴莫斯，这些事都不能放在正义的一边了？"
"如果把它们放在正义的一边那可就是怪事了。"

## 第一章　古希腊教育思想

"如果一个被推选当将领的人奴役一个非正义的敌国人民,我们是不是也能说他是非正义呢?"

"当然不能。"

"那么我们再说他的行为是正义的了?"

"当然。"

"如果他在作战期间欺骗敌人,怎么样呢?"

"这也是正义的,"尤苏戴莫斯回答。

"如果他偷窃,抢劫他们的财物,他所做的不也是正义的吗?"

"当然是,不过,一起头我还以为你所问的都是关于我们的朋友哩,"尤苏戴莫斯回答。

"那么,所有我们放在非正义一边的事,也都可以放在正义的一边了?"苏格拉底问。

"好像是这样。"

"既然我们已经这样放了,我们就应该再给它划个界限:这一类的事做在敌人身上是正义的,但做在朋友身上,却是非正义的,对待朋友必须绝对忠诚坦白,你同意吗?"苏格拉底问。

"完全同意,"尤苏戴莫斯回答。

苏格拉底接下去又问道:"如果一个将领看到他的军队士气消沉,就欺骗他们说,援军快要来了,因此,就制止了士气的消沉,我们应该把这种欺骗放在两边的哪一边呢?"

"我看应该放在正义的一边",尤苏戴莫斯回答。

……

"又如,一个人因为朋友意气沮丧;怕他自杀,把他的剑或其他这一类的东西偷去或拿去,这种行为应该放在哪一边呢?"

"当然,这也应该放在同一边,"尤苏戴莫斯回答。

苏格拉底又问道,"你是说,就连对于朋友也不是在无论什么情况下都应该坦率行事的?"

"的确不是,"尤苏戴莫斯回答,"如果你准许的话,我宁愿收回我已经说过的。"

"准许你这样做是完全必要的",苏格拉底说,"因为这比把行为放得不正确要好得多"。"至于那些为了损害朋友而欺骗他们的人,这一点我们也不应弃置而不予以考虑,你想哪一个是比较地更非正义,是那些有意的呢,还是无意的呢?"

"苏格拉底,我对于我自己的回答再也没有信心了,因为我先前所说的一切现在看起来都和我当时所想的不一样了"。①

苏格拉底本人在谈到自己的方法时说道:"人们都知道我的母亲斐亚瑞特(Phaenarete)是个强壮的助产妇,但不知道我也懂助产术。我的助产术对男子而不对妇女,照料心灵而不照料身体。我的技艺最妙之处是检验青年人的心灵,看其中产生的是幻想错觉还是真知灼见。助产妇一般由不再生育的妇女担任,我在智慧方面也是不育的。人们常常指责我只指出问题,不表示自己的看法。这是由于神赋予我的使命是接生而不是生育。"和我来往的人虽不能从我这里直接学到什么知识;但却能在他们自己的心灵中产生许多优秀的思想。"②

苏格拉底的方法在本质上是一种归纳法,也是一种思维训练的方法。这种方法的创制是与苏格拉底对道德问题的关注以及对人的心理或认识的见解紧密相联的。因此,这种方法通常用于道德的教诲之中。看不到这点,就难以把握它的真实意义;美国教育史学家孟禄(P. Monroe)曾精辟分析了苏格拉底方法的意义。他指出,苏格拉底方法具有多方面的意义。从哲学上看,这种方法是一个概念形成的过程,从教育上看,这种方法是获得知识、真理的过程;从逻辑学上看,它是从具体到一般的转变过程;从心理学上看,它是从感觉形成观念的过程;从科学上看,它是从现象的多样性中抽象出普遍原理的过程。③

柏拉图的教学方法与苏格拉底法有很多相似之处。他认为,人的"灵魂在进入肉体以前就已经存在,并且具有关于绝对理念和本质的知识。我们生前已经知道美、善、相等这些理念。但是在出生时,我们把这些知识遗忘了。视觉、触觉或其他感觉激发我们回忆起生前已有的知识。所以,学习只不过是回忆罢了"④。所谓回忆,就是运用理性,把感官知觉集合成一个统一体。因此,教育和教学应注重心智的开发,激发学生的意识,促使他们自我检定、自我反思。适宜于这种教育和教学的最好方法就是辩驳。柏拉图指出,辩驳的方法有助于启发诱导学习者,使他们自知其无知,从而挽救他们。因此,他认为辩驳是一种最伟大最有效的方法。

古希腊思想家关于学习或教学方法的论述,是西方教育思想史上最早的

---

① 〔古希腊〕色诺芬著,吴永泉译:《回忆苏格拉底》,商务印书馆1986年版,第145~147页。

②④ 陈村富等编:《古希腊名著精要》,浙江人民出版社1989年版,第57页。

③ P. Monroe. *The Text-Book in the History of Education*. New York: The Macmillan Company, 1919, pp. 126-127.

"学习理论"或教学理论。尽管他们并非自觉地把哲学认识论与教学方法问题联系起来,但由于二者客观上存在的关系,他们关于教学方法的主张往往带有一些哲学—心理学的因素。由于这个原因,通过其哲学的广泛传播,他们的教学理论也发挥了深远的影响作用。

上述四个方面的问题连同政治家的培养问题,虽然并不是古希腊教育思想所涉及的所有问题,但它们确实构成了古希腊教育思想的基本内容,反映了古希腊教育思想发展的基本状况。通过它们,人们可以把握古希腊教育思想的发展线索,从而认识古希腊教育思想的根本特征以及在西方教育思想史上的地位。

## 第五节 古希腊教育思想的特征与历史贡献

古希腊教育思想是古希腊社会—文化的产物,又是西方教育思想史的源头。由于这个原因,古希腊教育思想具有显著的民族和时代特征,而这种特征又往往与古希腊教育思想对后世的影响相关。

### 一、古希腊教育思想的基本特征

从教育思想的基本倾向来看,古希腊教育思想的根本特征是它的完全的世俗化或人文化。这是古希腊文化的基本精神在教育认识领域中的具体反映。

众所周知,与一切古代文化一样,古希腊文化中也存在着神的观念。古希腊思想家们在其著作中也经常谈及神。这似乎说明古希腊文化也是一种宗教文化,但这只是一种表面现象。在其本质上,古希腊文化是一种世俗的、人本的文化。这是因为,在古希腊人看来,人是宇宙中最崇高的造物,人生的目的在于实现人的自由本性,而不在于奉献神灵。对于神灵,他们的看法是,神是人的扩大,神与人具有同样的属性、同样的弱点和需求。由于这个原因,古希腊宗教的神与人的关系是非常亲近、平等的。他们甚至认为,神是为着人的利益而存在的。所以,古希腊人赞美神也就是赞美自己。对神灵的这种"自由主义"的态度,同样表现在古希腊人对宗教仪式的看法上。在古希腊宗教中,也有献祭的仪式,但这种仪式不是为了赎罪。在古希腊人看来,人只要用适当的献祭,在交易中尽自己的本分,神就会满足他们。因此,既无需精心设计的教义、教规,也无需专职的祭司,每个人都可以由自己履行这种简单的宗教仪式。正因如此,在古希腊从未形成一个占统治地位的教士阶层，教士通常是选举产生的，其职责主要是礼仪性的。简言之，古希腊宗教的这种自由的、理性主义的特点，使它很难对哲学、道德、教育的自由探索产生阻碍性的影响。尽管古希腊有宗教，古希腊思想中有神的观念，但在本质上，古希腊文化依然是世俗的、人本化的。

这种文化培育了古希腊教育思想。与许多古代国家相比，古希腊教育思想从一开始就具有人本化的倾向。智者派以及苏格拉底等人的思想，进一步促进了这种趋势的发展。不论古希腊教育家们在许多教育问题的见解上存在着多么大的差异，他们的思想倾向是一致的。他们所探讨的是为了城邦的福利或个人幸福的教育，在其中没有给神留下一席之地。这一点尤其集中地表现在他们对自由教育的论述上。质言之，在古希腊思想家们的观念中，教育是一种人的事业，它以人为出发点，并以人为目的。正因为古希腊教育思想中的这种世俗化、人本化的倾向，文艺复兴时期的人文主义、18—19世纪的新人文主义，才能从它那里得到宝贵的思想启示。

从教育认识的思维方式来看，古希腊教育思想具有哲学化的特点。这不仅表现在，古希腊教育思想大多是由哲学家提出的，他们的教育思想是其哲学思想的组成部分；也不仅表现在，古希腊教育思想的发展与哲学的发展存在着直接的联系。古希腊哲学从自然哲学向人生人事哲学的转变，直接促进了教育思想的确立，人生人事哲学的每次发展又导致教育思想的变化。

古希腊教育思想的哲学化特点主要表现在，古希腊教育思想家们在考察教育问题时，并不满足于使自己的思想停留在具体的教育问题上，也不满足于为解决几个实际的教育问题提供具体的方案。他们使自己的思想深入到教育的最为本质、最为普遍的问题上，力图解释"教育是什么"、"教育为了什么"、"如何进行教育"等一系列教育的基本问题。他们力图寻找教育的一般原则，找到教育的普遍规律。

这个特点是与古希腊人的思维方式直接相关的。从古希腊哲学产生之日起，古希腊人就孜孜不倦探索世界、宇宙的"始基"（本原）问题，他们力图运用严密的逻辑思维寻求构成万事万物的最基本的原因。从泰勒斯所说的万物的本原是水，到毕达哥拉斯所说的万物的本原是数，古希腊哲学发展所遵循的是同一条路线。智者派和苏格拉底的哲学虽然改变了哲学探索的内容，但他们所遵循的思想路线仍然是自然哲学发展的路线。当普罗泰戈拉说"人是万物的尺度"、当苏格拉底说"认识你自己"时，他们事实上都涉及了道德和政治问题最为本质的东西。古希腊人的这种穷尽一切、探索本原的思维方式，使他们拥有哲学、科学、艺术这样纯形式的学术，也使他们创制了最早的教育哲学。

从教育思想的内容来看，古希腊教育思想的一个基本特性是它的实践性。这种实践性表现在两个主要方面。第一，如上所述，教育思想通常是古希腊哲学家哲学思想的一个组成部分；更具体地说，是其政治学说和道德学说的一个组成部分；这一点表明，在古希腊思想家的观念中，教育是解决当前政治、道德问题的重要途径和方法，是实现其政治理想的有力工具。他们之所以去探讨教育问题，原因正在于此。所以，在他们的心目中，并不存在纯粹的教育问题。

第二，既然他们把教育作为社会改造的方法，那么，随之而来的问题必然是教育的改造问题。只有改造当前的教育，才能发挥教育在建造理想社会中的作用。因此，苏格拉底、柏拉图、亚里士多德、伊索克拉底（Isocrates）等人对智者教育的猛烈抨击，他们所提出的教育设想或计划，就其实践意义而言，都是改造当时教育的一种努力。

从表面上看，古希腊教育思想的这个特点与上述哲学化特点是矛盾的，其实不然。古希腊教育思想的哲学化特点说明教育思想的高度抽象性，它在形式上是非实用性的。但这种抽象并不是无源之水，它的根源就在于现实的教育问题。对现实问题的高度理论抽象，其结果自然不是局部的应用，而是普遍的应用。而古希腊教育思想的实践性，正是这种意义上的应用。

如果从其他角度出发，对古希腊教育思想特点进行概括，必然会得出不同的结论。以上所述三个方面的特点，只是一种结论。但从这三个方面中，可以看到古希腊教育思想的基本性质及历史贡献和局限。

**二、古希腊教育思想的历史贡献**

在西方教育思想史上，古希腊教育思想占有极为重要的地位。这首先表现在，古希腊教育思想的产生，标志着西方教育思想发展进程的开端。由此开始了西方教育思想的演化历程。

其次，作为西方教育思想的历史基础，古希腊教育思想中的一系列见解、主张和理论，对后世教育思想的发展产生了深刻的影响。古希腊教育思想家们关于自由教育的论述、关于统治者培养的主张、关于教育作用的见解、关于教育内容的设想、关于教育教学方法的思想，都对古罗马以及后世的教育思想产生了持久的影响。直到现在，在西方教育界的一些重要理论中依然可以看到古希腊思想的痕迹。

再次，古希腊思想家们在思考古希腊教育问题时，都提出了一系列带有普遍性乃至永恒性的重大课题。他们所涉及的一系列教育中的关系问题，如教育的社会目标和个人目标的关系、知识传授与道德训练的关系、知识教学与思维发展的关系、知识的实用价值与训练价值的关系、教学过程与学生发展的关系，等等，尽管在各个时代中的具体内涵不同，但始终是教育所面临的基本问题。直到今天,还不能说这些问题已经全部或彻底解决了。从这个意义上可以说,由于古希腊人已经提出了这些教育中的基本问题,因此,他们事实上为教育认识提出了基本的框架和思想材料,从而在不同程度上规定或制约着西方教育思想发展的基本路线和进程。甚至可以这样断言,在古希腊教育思想中,已经蕴涵了西方教育思想发展的基本内容。

最后,古希腊教育思想的基本精神影响了西方教育思想的特性。尽管西方教育思想史有一千年的中世纪,但真正决定西方教育思想特性的历史力量,主要来自古希腊。古希腊教育思想中的人本化、哲学化和实践性等特点,在不同时期得到不同程度、不同方向的发展并被不断积淀,形成了西方教育思想的历史传统。

凡此种种,都说明古希腊教育思想对西方教育思想发展的重要历史贡献。因此,不深入把握古希腊教育思想的基本内容、基本特性,是不可能真正理解西方教育思想的历史进程的。

古希腊教育思想的局限性可以概括为以下三个方面。

第一,古希腊思想家们所探讨的教育,在本质上是一种极端等级化的教育(只有公民及其子弟才有教育的权利),因此,他们的教育思想事实上都存在着精英教育的特点。认识对象本身的局限性,必然在不同程度上限制他们认识的范围和认识的结果。他们的一些教育思想(特别是自由教育理论)事实上正反映了他们认识上的这种局限性。

第二,古希腊人喜沉思、好思辨的思维方式虽然使他们提出了丰富的教育理论,但同时也使他们多少忽略了对一些具体的教育问题的探索。古希腊人建构了博大精深的教育哲学,但在诸如教育组织、教学过程、教学方法等具体的、技术性的问题上,他们的贡献则大为逊色。

第三,由于古希腊人正处在教育思想的最初发展阶段,他们对教育的认识尚未从对社会现象的一般认识中完全分化出来,他们的认识基本上是在哲学的框架中进行的。易言之,在他们的观念中,并不存在专门的教育问题,教育问题是政治、道德问题的附属物。这是由古代人思维方式的特点决定的。由于这个原因,古希腊人虽然提出了丰富的教育思想,却没有一部严格意义上的教育著作,他们的教育思想都是在哲学、政治学、伦理学著作中提出的。

【要点小结】

以智者派、苏格拉底、柏拉图和亚里士多德为代表的古希腊教育家依据其哲学、伦理学和政治学所提出的教育学说,涉及广泛的教育问题。这些问题既是"当代的",又是古希腊城邦政治和社会特定历史阶段中的具体产物,由于古希腊人特有的理论思维方式,这些问题又是"永恒的",超越了特定历史条件的局限而获得了普遍性。探讨古希腊教育思想的意义,不仅在于把握古希腊民族教育认识的过程及其结果,更重要地是在于认识西方教育思想的历史传统。

**【思考与练习】**

1. 古希腊教育思想发展阶段划分的主要依据是什么?
2. 苏格拉底、柏拉图与智者教育学说分歧的焦点是什么?
3. 苏格拉底"智德统一"论的核心与意义是什么?
4. 柏拉图"哲学王"教育学说的历史意义何在?
5. 亚里士多德灵魂学说与其教育主张的关系是什么,意义何在?

**【参考文献】**

1. 〔古希腊〕荷马著,杨宪益译:《奥德修记》,上海译文出版社1979年版。
2. 〔古希腊〕希罗多德著,王嘉隽译:《历史》,商务印书馆1959年版。
3. 〔古希腊〕修昔底德著,谢德风译:《伯罗奔尼撒战争史》,商务印书馆1978年版。
4. 〔古希腊〕柏拉图著,郭斌和、张竹明译:《理想国》,商务印书馆1986年版。
5. 〔古希腊〕柏拉图著,张智仁等译,孙增霖校:《法律篇》,上海人民出版社2001年版。
6. 〔古希腊〕色诺芬著,吴永泉译:《回忆苏格拉底》,商务印书馆1986年版。
7. 〔古希腊〕色诺芬著,沈默译:《居鲁士的教育》,华夏出版社2007年版。
8. 〔古希腊〕亚里士多德著,吴寿彭译:《政治学》,商务印书馆1983年版。
9. 〔古希腊〕亚里士多德著,苗力田译:《尼各马可伦理学》,中国社会科学出版社1990年版。
10. 〔法〕居代·德拉孔波等编,吴雅凌译:《赫西俄德:神话之艺》,华夏出版社2004年版。
11. 〔英〕G. H. 帕金森、〔加〕S. G. 杉克尔主编,韩东晖等译,冯俊审校:《劳特利奇哲学史》第1卷(《从开端到柏拉图》),中国人民大学出版社2003年版。

12.〔英〕G. H. 帕金森、〔加〕S. G. 杉克尔主编，冯俊等译，冯俊审校：《劳特利奇哲学史》第 2 卷（《从亚里士多德到奥古斯丁》），中国人民大学出版社 2004 年版。

13. 汪子嵩等著：《希腊哲学史》第 1 卷，人民出版社 1988 年版。

14.〔德〕E. 策勒尔著，翁绍军译：《古希腊哲学史纲》，山东人民出版社 1996 年版。

15.〔法〕莱昂·罗斑著，陈修斋译，段德智修订：《希腊思想和科学精神的起源》，广西师范大学出版社 2003 年版。

16.〔英〕帕金森著，彭基相译：《希腊的生活观》，华东师范大学出版社 2006 年版。

17.〔德〕温克尔曼著，邵大箴译：《希腊人的艺术》，广西师范大学出版社 2001 年版。

18.〔美〕伊迪丝·汉密尔顿著，葛海滨译：《希腊精神：西方文明的源泉》，辽宁教育出版社 2005 年版。

19. 滕大春主编：《外国教育通史》第 1 卷，山东教育出版社 1989 年版。

20. 吴式颖、任钟印主编：《外国教育思想通史》第 2 卷，湖南教育出版社 2002 年版。

# 第二章　古罗马教育思想

**【内容提要】**

古罗马是继古希腊之后西方教育和教育思想发展的又一个重要阶段。在不断吸取古希腊文明成果的基础上，伴随着古罗马历史的进程，古罗马逐渐形成了具有本民族特色的教育思想，产生了西塞罗、昆体良等著名教育家。与古希腊不同，古罗马教育家主要是从教育与人的发展的角度探讨教育问题，因此更多关注教育的内容、方式和方法，而较少涉及教育中普遍和抽象的问题。尽管如此，古罗马对西方教育思想的历史发展还是作出了特殊的贡献。

**【学习目标】**

1. 了解古罗马教育思想发展的基本线索。
2. 掌握西塞罗、昆体良等古罗马思想家的主要教育思想。
3. 理解古罗马教育思想涉及的基本问题。
4. 分析古罗马与古希腊教育思想的异同。

**【关 键 词】**

古罗马　雄辩家　七艺　斯多葛主义　道德教育

与古希腊一样，古罗马也是西方教育思想发展进程中的一个重要阶段。在多年的征服过程中，古罗马人从多方面吸收了古希腊文化和教育的宝贵遗产，不仅在广大地域中传播了古希腊的文化和教育，而且结合本民族的实际需要，形成了富有特色的教育思想，进而影响了西方教育思想的演化历程。

## 第一节 古罗马教育思想的发生基础

### 一、古罗马的历史与文化教育

古罗马最初是意大利的一个小邦。意大利位于亚平宁半岛，北面是阿尔卑斯山，东、南、西三面临海（亚德里亚海、爱奥尼亚海、第勒尼安海），但由于岛屿很少，海岸线非常短，少有良港，因而，古罗马没有发展商业和航海的必要条件。但是，亚平宁半岛肥沃的土壤、发达的水系和丰富的水利资源，为农业的发展创造了有利条件。此外，由于具有丰富的矿藏和森林资源，因而有利于手工业的发展。从总的来说，在传统上，古罗马是一个农业国家。这一点对古罗马文化、教育以及教育思想，都产生了深刻的影响。

古罗马国家的历史通常分为三个时期：（1）王政时期（前7世纪—前6世纪末），这个时期先后出现了七位国王；（2）共和时期（前509或前510—前30）；（3）帝国时期（前30年—公元476）。

公元前509年（或前510年），古罗马建立了共和政体，成为奴隶制贵族共和国。贵族阶级不仅享有经济上的特权（如占用公有土地），而且垄断了所有政治、宗教的重要职位。但是，随着平民势力的不断增长，贵族阶级逐渐衰落。据史料记载，前5世纪时，古罗马共有50个贵族氏族，到前367年左右，减至21个；到共和末期，只剩下14个贵族氏族。与贵族势力不断削弱的同时，平民力量却在不断壮大。平民建立了自己的政治组织——平民协议会，选举平民保民官。保民官的职责是保护平民的利益，对贵族损害平民利益的行为以及违反平民利益的法令，保民官有权否决。

由于在相当长的一段时期内，古罗马实行的是习惯法，而不是成文法。而习惯法的解释权操纵在贵族法官的手里，平民的利益仍然得不到保障。通过平民的进一步斗争，前451—前450年，古罗马制定了成文法（即"十二铜表法"①），并于前367年、前326年，先后通过了李锡尼和绥克图斯法（Leges Liciniae Sextiae）、柏德尔法（lex Poetetia），在法律上废除了债务奴隶制。平民的斗争取得了重大胜利。

贵族与平民力量的消长，促进了政治的开放和社会的流动，推动了古罗马

---

① 十二铜表法（Lex XII Tabularum, Law of the Twelve Tables），是古罗马在约前451—前450年制定的法律，因为据说刻在12块铜牌（也有说是着色的木牌）上，故而得名。

文化教育的发展。到共和后期，门第、等级等先天因素在社会流动过程中的作用日益下降，才能等后天因素的作用日渐增强。讲演和辩论的能力成为获得政治权力和赢得法律诉讼胜利的重要因素，能言善辩成为决定一个人社会地位升降的重要条件（一个典型的事例就是西塞罗以其杰出的雄辩才能由平民而成为执政官）。因而，在古罗马，形成了学习文法、修辞学的热潮，极大地促进了文法和修辞学教育的迅速发展。

教育现实的变迁，刺激了教育思想的兴起。古罗马最重要的教育思想家西塞罗（Cicero，公元前106—前43）、昆体良（Marcus Fabius Quintilianus，公元35—100）所着重探讨的正是雄辩家的培养。

公元前30年，古罗马统治者屋大维（Gaius Julius Caesar Octavianus，公元前63年—公元14）建立元首政治，古罗马从此进入帝国时期。公元395年，古罗马帝国分裂为东、西罗马帝国。公元476年，西罗马帝国灭亡。

帝国的建立，不仅改变了古罗马的政治生活，而且产生了显著的文化结果。帝国的建立导致政治统治的社会基础逐渐缩小，政治权力日益集中，严重阻碍了政治和社会的流动。在这种背景下，古罗马原有的文法和修辞学教育不再具有现实的社会需要，失去了发展的动力，日益走向形式化。另一方面，学校日益成为政治统治的工具，受到古罗马皇帝日益严密的控制，因而逐渐失去了活力。这直接阻碍了教育思想的发展。昆体良和普鲁塔克（Plutarch，约公元46—119年）等人的教育思想虽然产生于帝国时期，但它还带有共和时期的显著特征。在他们之后的三四百年间，古罗马再也没有产生过值得注意的教育家和教育思想。

古罗马国家历史的另一个重要内容，是不断的对外扩张。从公元前4世纪起，古罗马人不断发动对外战争，以掠夺土地、奴隶和财富。公元前146年，古罗马征服古希腊和欧洲广大地区。公元前1世纪时，古罗马成为横跨欧、亚、非三大洲的庞大的军事帝国。

对外扩张不仅产生了政治、经济和军事等方面的结果，而且造成了社会、文化和教育方面的结果，尤其是对古希腊的征服，从根本上改变了古罗马文化的形态。

古罗马人对希腊文化的接受和借鉴，先后经历了长达一百多年的曲折过程。前272年，古罗马人征服了位于意大利半岛的希腊殖民地塔伦顿（Tarentum），将古希腊学者安东尼库斯（Zivius Andronicus，约公元前284—前204）胁迫至古罗马。在罗马生活期间，安东尼库斯把《荷马史诗》中的《奥德修记》翻译成拉丁文，希腊文化由此开始在古罗马得到初步传播。此后，一些外交使节和人质也充当了希腊文化的传播媒介。希腊人波利比（Polybius，公元前 201—前 120）曾作为人质在古罗马居住 17 年，其间，他结识了许多古罗马贵族，并向他们介绍希腊的文学艺术。

在这个过程中，一些古罗马青年先后到雅典等希腊城市留学，成为传播古希腊文化的重要力量。古罗马对古希腊的不断征服，直接促进了希腊文化的进一步传播。用西塞罗的话说，希腊文化像汹涌的潮水一样涌入古罗马。希腊人在哲学、文学、艺术、科学、教育等方面的成就被广泛地介绍到古罗马。

随着罗马人对希腊文化了解的日益深入和希腊文化影响的逐渐扩大，古罗马的文化和教育不断发展。从公元前 2 世纪起，古罗马先后产生了瓦罗（Marcus Varro，公元前 116—前 27）、维吉尔（Publius Vergilius，公元前 70—前 19）、西塞罗、李维（Titus Livy，公元前 39—17）等文学家，加图（Marcus Cato，公元前 234—前 149）、普林尼（Plinythe, Elder，公元 23—79）等著作家，塔西佗（Cornelius Tacitus，公元 55—115）等历史学家，卢克莱修（Lucretius，约公元前 99—前 55）等哲学家，塞涅卡（Seneca，约公元 6—65）等道德学家，盖伦（Galen，公元 129—199）等医学家。在法学、医学、地理学以及建筑、工程等方面，古罗马人也取得了重要成就。在很短的历史时期内，古罗马文化获得了长足的发展。

在古罗马文化日益丰富的同时，古罗马的教育也得到了迅速的发展。在相当长的一段时期内，古罗马并没有学校，教育主要是在实际生活中进行的。普林尼养子小普林尼（Gaius Plinius Caecilius Secundus，约公元 61—113）回忆说："在我们祖先中间，教育既是眼睛的事，又是耳朵的事。通过对长者的观察，年轻人学会了他们自己不久要做的事情，而且知道轮到他们教育后代时，给他们做些什么"。[①] 在这种实际的教育中，农业生产知识和技能、军事技术和道德品质，是教育的核心和目的。这种以培养农民—军人为宗旨的教育，正是古罗马人的传统教育。

由于受到古希腊文化和教育的影响，古罗马的教育逐渐发生了根本的变化。从公元前 3 世纪开始，古罗马人逐渐建立了初等学校（Ludi），并仿照古希腊的做法采用教仆制。与古希腊人一样，古罗马的初级学校也是私立、收费的。在中等学校和高等学校（文法学校、修辞学校），从课程设置、教学内容到教学目的（包括学校的名称），古罗马人都受到古希腊教育的重大影响（在一个时期内，基本上是模仿古希腊教育）。传统的农民—军人的教育已经逐渐转化为古希腊式的教育。

---

① 引自〔英〕博伊德、金著，任宝祥、吴元训主译：《西方教育史》，人民教育出版社 1985 年版，第 62 页。

古罗马教育的这种巨大转变，以及由此所产生的一系列问题，直接促使教育家深入思考有关教育的大量课题，从而形成了古罗马的教育思想。

**二、古罗马人的民族心理**

如果说社会、政治、教育等方面的变化是古罗马教育思想形成的制度方面的"外部"原因，那么，古罗马民族所特有的文化心理结构则是影响古罗马教育思想的心理方面的内在动因。不理解古罗马的民族心理（包括思维方式），是难以真正把握古罗马教育的精神内涵和显著特征的。

在很长一段时间内，古罗马一直是一个农业国家，因而形成了明显区别于古希腊的独特的民族心理。首先，古罗马人具有强烈的宗教意识和道德感。"宗教是早期古罗马思想的最典型的和主导的形式。"① 在古罗马人的概念中，每一件物体和每一种现象都有自己的灵魂、自己的神。每一个人都有他的生命神、保护神，每家也都有自己的灶神。与此相联系的是，古罗马人具有强烈的道德意识，崇尚端庄、严肃的行为举止。

作为古罗马民族心理的另一个重要特征是，它的实际性、功利主义色彩。历史学家波利比曾对古罗马人的性格做了深入的观察，他指出："古罗马人的特性，就其整体来说，把一切事物都是当作实力问题来处理的。他们认为，完成他们自己所要做的事是理所当然的。在他们看来，一经决定要做的事是一定可以完成的。如此自信的结果，使他们当真地有所成就。"② 这种讲求实际、实效的民族心理，还表现在古罗马人对宗教的态度上。诚然，一切原始宗教都具有某种功利主义色彩，"但是没有一个地方的实际主义达到像古罗马宗教中那种程度"③。古罗马宗教在处理人与神的关系中，有一条重要的原则："我给你是为了你给我"（do，ut des）。

这种实际的、功利主义的特色还表现在古罗马人不重视思想和纯理论，却尤其青睐技术。古罗马没有产生足以与柏拉图、亚里士多德比肩的哲学家，也没有产生堪与毕达哥拉斯等人相媲美的自然科学家。在哲学、科学等纯理论学科上，古罗马人远远落后于古希腊人。而在法律、行政管理、工程、建筑等实用知识和技术方面，古罗马人的贡献则大大超过了古希腊人。孟禄（Paul Monroe）曾经对古希腊和古罗马的民族心理作过比较。他认为：

---

①③〔苏〕科瓦略夫著，王以铸译：《古代罗马史》，生活・读书・新知三联书店1957年版，第221、223页。

②〔美〕克伯雷选编，华中师范大学教育系等译：《外国教育史料》，华中师范大学出版社1990年版，第31页。

与古希腊人用理性、和谐、均衡的标准衡量一切事物的倾向相反，古罗马人具有以有用和有效的标准衡量事物的倾向。古希腊人的判断来源于对最终目的或价值的考察，是理智的或审美的，而古罗马人的判断则是功利的。因此，古罗马人认为希腊人是不实际的、空想的，而古希腊人则把古罗马人看作是利欲熏心的野蛮人。①

古罗马民族特有的文化心理，对教育实践的发展和教育思想的变迁，都产生了深刻的影响作用。从教育实践来看，古罗马人虽然广泛吸取了古希腊人的创造成果，但始终没有接受古希腊学校中的音乐、体操课程。这一方面是因为，古罗马人所接受的是希腊化时期的希腊文化，而在当时，希腊学校已经开始忽视音乐、体育，而只注重文字。但更重要的原因是，古罗马人对音乐素来持一种冷淡和轻视的态度（因其不实用），强烈的道德感也不允许赤身裸体地参加体育竞赛。由于这个原因，古罗马教育家虽然也强调自由教育，但他们始终没有把全面、和谐的教育放到古希腊人所认识的高度。与此相联系的是，古罗马的教育以重视法律教育为特点，而忽视古希腊人所强调的哲学、科学。如果说古罗马人也重视哲学的话，那么，他们所重视的主要是道德哲学。这种教育状况以及其中所蕴涵的教育价值观，直接制约了古罗马人对教育的认识及其结果。

古罗马民族的文化心理对教育思想的影响，更主要地表现在，古罗马人对教育中的各种具体问题（如教学程序、教学组织形式、教学方法等）的关注和对教育中的一些纯理论问题的相对忽略。如果说古罗马人未能培育出像苏格拉底、柏拉图和亚里士多德这样的教育哲学家，那么，他们却产生了如昆体良那样的教学法和教学理论家。

## 第二节 古罗马教育思想的发展进程

按照教育思想发展的水平，可以把古罗马教育思想的发展进程划分为两个主要阶段：从前3世纪后期到前1世纪中叶以前为第一阶段，这个阶段的主要代表人物有加图、瓦罗、普林尼、维吉尔、卢克莱修等人。在这个阶段中，古罗马人对教育现象的认识尚处于直观的、描述的和片断的水平上。从

---

① Paul Monroe. *A Text-Book in the History of Education*. New York: The Macmillan Company, 1919, pp. 177-178.

## 第二章　古罗马教育思想

公元前 1 世纪中叶开始，以西塞罗和不久以后出现的塞涅卡、昆体良、普鲁塔克（Plutarch，约公元 46—119 年后）等人为标志，古罗马教育思想的发展进入第二阶段。这个阶段古罗马教育思想的突出特点是，对教育现象的认识已逐步过渡到理性把握和反思的水平，从而产生了真正的古罗马教育思想。当然，这种过渡是在前一阶段所取得的思想成果的基础上完成的。

### 一、古罗马教育思想的萌芽

从现有史料来看，古罗马人中较早开始关注教育问题的当推加图。昆体良则认为，加图是第一个尝试写作教育著作的古罗马人。① 加图是古罗马的政治家，先后担任过执政官（公元前 149 年）、监察官（公元前 184 年）等公职。他同时也是一位演说家、作家，开创了拉丁散文文学，有《起源》、《论农业》、《道德格言》等著作。

加图对自己儿子的教育集中反映了古罗马教育在接受希腊教育巨大影响之前的状况和当时古罗马人的教育价值观。据普鲁塔克记载：

> 加图有了孩子之后，除非他有公务在身，否则他妻子给孩子沐浴或装裹的时候，他总是在场的。由于他的妻子亲自喂养孩子，还经常给他奴仆的婴儿喂奶，为了使这些婴儿对他的儿子也如手足般相亲相爱。一旦孩子有了懂事的迹象时，虽然他有个叫基洛的奴隶，这个人曾当过教师，教过许多儿童，可是做父亲的还是把儿子置于自己的教管之下，教他读书……他更不愿意把教育儿子这种头等大事交给他的奴仆。所以他本人不但成为孩子的启蒙老师，而且还是孩子法律课的家庭教师和体育教练。他不仅教儿子投铁饼，披甲戴盔去骑马，还教他打拳，经受寒暑锻炼，在台伯河追波逐浪尽情泳渡。他告诉我们，他的《罗马史》是他亲手用正体字写成的，这样，他的儿子不必出门就能熟悉本国古代的传统。他声称在他儿子面前，他就像守护维斯太女神圣火的贞女一样，非常谨慎地提防着说出下流话来。尽管加图关于教育的著作失传，但从他对其子教育的安排中可以看到，他把道德教育放在一切教育的首位，并把法律教育放在相当重要的地位。他所追求的教育目的是培养"善良的人"和"演说的技巧"。②

---

① James Bowen. *A History of Western Education*，Vol. I . London：Methuen & Co. Ltd. , 1972, pp. 170-171.

② 〔古罗马〕普鲁塔克著，王以铸译：《希腊罗马名人传》上册，商务印书馆 1990 年版，第 366 页。

从这些记载来看，加图及其时代的教育基本上还是传统的古罗马教育，它强调爱国主义、公民责任、道德品质和军事技能等方面的教育，并且采取实际活动的教育方法。应当说，加图的教育安排是非常具体和详细的，但却不能因此而断言加图已经有了真正的教育思想。这主要是因为，他的教育安排基本上是古罗马教育传统和惯例的延续和具体化。其中虽然包含了对教育问题的见识，但仍停留在对现象的直接把握上。

瓦罗是古罗马的作家和教育家，著有《古代史》、《学科手册》、《训练九篇》（Discip Linarum Libri IX）等著作。他的《训练九篇》是一部百科全书。在书中，除详细阐释当时盛行的自由七艺（文法、修辞学、逻辑学、算术、地理、天文和音乐）之外，瓦罗还着重加上了医学和建筑学这两门学科。在很长时间内《训练九篇》一直是古罗马文法学校的重要教材，并且影响了以后许多古罗马著作家的创作，引起人们对教育学内容的普遍关注。

从《训练九篇》一书的基本内容来看，瓦罗所关注的主要是教学内容的问题。尽管在教育世界中，教学内容占有重要的地位，并和其他的一系列问题直接相关，但它毕竟只是教育中的一个问题，是教育现象中的一个片断。另一方面，虽然与加图不同，瓦罗对教学内容的阐释与编排并不是单纯依据传统的结果，其中多少包含了一定的教育见解，但这种见解只是针对具体局部问题的，还不是对教育现象普遍的抽象。

与加图相似，诗人维吉尔关于教育的论述也主要是对古罗马教育实际的描述。他在《埃涅阿斯记》一书中写道：

> 我们这种族天生就强悍，孩子们一生下来，我们就把他们抱到河边，放到彻骨冰冷的河水里，让他们坚强；少年时期，他们日夜打猎，树林子都得不到休息，他们的游戏是盘马弯弓。到了青年时期，他们能吃苦耐劳，手拿锄头去征服大地，一旦有战争，他们能震撼城市。不管年纪大小，我们的人身上都有铁器造成的伤痕，赶牛的时候也是用倒持的长矛，即使到了老年，行动缓慢了，但是我们头脑还是强健的，精力并不衰退。①

这种描述当然主要是直观的、感性的，但不能完全排除其中所包含的赞颂、称道的价值判断的因素。而这种判断本身又多少带有某种对现实的反

---

① 〔古罗马〕维吉尔著，杨周翰译：《埃涅阿斯记》，人民文学出版社1984年版，第240～241页。

省——即对希腊影响下的古罗马教育现状的含蓄的批评。因此，虽然同是对现象的直观的描述，但与加图相比较，维吉尔的话带有更多的理性成分，更接近于真正形态的教育思想。

卢克莱修是古罗马最为重要的哲学家之一。在《物性论》这部希腊、古罗马时期唯一完整而系统的哲学长诗中，卢克莱修几度论及教育。在谈到道德教育时，卢克莱修说：

> 人类也是这样；
> 虽然教育使人们成为同样文雅，
> 它还是把每个心灵本性的那些
> 原始痕迹保留下来。也不能以为
> 宿疾能够被根除到这样的程度，
> 以至于不会有人比别人更易暴怒，
> 不会有另一个人更易陷于恐惧，
> 不会有第三个人过度地柔顺容忍。
> 并且在许多别的方面必定还有差别，
> 有那些不同的本性和由之而来的习惯
> 存在于人类中间，——关于这些
> 现在我不能阐明它们隐藏的原因，
> 也不能找到足够的名称来分给
> 那些始基的各种各式的形状，
> 那些人性习惯不同所从出的根源。
> 但是这一点我却似乎能够来宣称：
> 理性所不能完全从我们身上驱开的
> 剩下来的本性上的痕迹总算很少，
> 所以没有什么能阻止一个人
> 去过一般配得上神灵的生活。①

卢克莱修还论及了知识教育，认为自然的认识可以消除人类罪恶的根源即宗教偏见。他指出：

> 我漫游在派依尔伊底斯遥远的仙境，

---

① 〔古罗马〕卢克莱修著，方书春译：《物性论》，商务印书馆1982年版，第145~146页。

那里从来人迹不至；我乐于
来到那里的处女泉边吸饮清泉，
我乐于采摘这个地方的新的花朵，
为我自己编织一个光荣的王冠，——
文艺女神从来还未曾从这个地方
采摘花朵编成花环加在一个凡人头上；
第一因为我所教导的是极重要的东西，
并且是急切地去从人的心灵解开
那束缚着它的可怕的宗教的锁链；
其次因为关于这样晦涩的主题，
我却唱出了如此明彻的歌声，
把一切全都染以诗神的魅力，——
这，应该说并非没有理由，
而是正如医生企图把讨厌的苦艾
拿给小孩子去吃的时候，就先
在杯口四周涂满甜汁和黄色的蜜糖，
使年轻而无思虑的孩童的嘴受了骗，
同时就吞下苦艾的苦汁。这样，
孺子虽然被逗弄，却不是全然受欺害，
反而因此恢复健康并重新长得强壮；
由于我的学说对未曾尝过它的人
看来一般地是有些大苦酽，
大家总是厌恶地避开它，
所以现在我也愿望用歌声
来把我的哲学向你阐述，
用女神柔和的语声，
正好像是把它涂上诗的蜜汁，——
如果用这个方法我幸而能够
把你的心神留住在我的诗句上，
甚至你看透了万有事物的本性，
并认识到这个对于你的好处。①

---

① 〔古罗马〕卢克莱修著，方书春译：《物性论》，商务印书馆1982年版，第189～190页。

从卢克莱修的诗句中可以清楚地看到，尽管他运用了形象思维的方式，但却反映了对教育现象中带有一般性问题的明确认识，他的诗句既不是对具体教育现象的直观描述，也不是对个别教育问题的片断的认识，而是对普遍的教育问题的一般的、理性的把握。卢克莱修认识到了教育在驱除无知和罪恶、改善人性中的重要作用，强调教育应促使人们去追求至善，以达到生活的目的。他意识到通过教育可以使人改变天性，从而"过一种配得上神灵的生活"。易言之，尽管人的天性中存在着与动物本能相同的因素，但教育可以通过发展理性，使人真正成为人。他还看到了人的认识的巨大潜力和教育的无穷作用，认为教育可使人认识万物及其规律。因此，尽管《物性论》并不是教育专著，但在古罗马教育思想史上它却占有重要的地位。它标志着从对教育的直观、具体、片断的感知向普遍的认识和理性把握的转变。

**二、古罗马教育思想的确立与发展**

在前一阶段所提供的思想材料的基础上，从公元前1世纪开始，以西塞罗等人为标志，古罗马教育思想的发展进入了一个新的时期，古罗马人对教育现象的认识发展到了理论把握的阶段，产生了真正的教育思想。这种发展首先表现在西塞罗的教育主张中。

西塞罗是古罗马共和后期的政治家，是拉丁散文文学的卓越代表，同时也是古罗马重要的教育思想家。他的《论共和国》、《论神性》、《论善与恶的定义》，尤其是《论雄辩家》等著作，系统阐述了关于教育的主张。

西塞罗认为，教育的最高目的是培养政治家，而要成为政治家，首先应当成为优秀的雄辩家。因此，教育的直接目的就在于培养雄辩家。他指出，一个雄辩家既要能言善辩，又必须具有良好的、多方面的素养。这是因为，演说必须以广博的知识为内容。因此，为培养雄辩家而进行的教育应当是全面的、广泛的。

西塞罗进一步提出了以"人道"作为教育理想的主张。所谓人道，是指为人之道。而要尽为人之道，他认为必须具有三个方面的条件：（1）必须充分表现人之所以为人的特点；（2）以同情、仁爱、礼让等规范处理人与人之间的关系；（3）只有具有文化修养的人才能称作人，因为只有他们才能尽人之所以为人之道。因此，教育工作必须重视道德品质的培养。

西塞罗对昆体良的教育思想产生了直接的影响。在某种意义上，昆体良有关教育目的和教育内容的主张以及对雄辩家的理解等，都是西塞罗思想的延伸。①

西塞罗在古罗马教育思想的发展史上占有重要的地位。在他的教育主张中可以清晰地看到古罗马教育传统的巨大转变：即从农民—军人的教育转向雄辩家的教育。西塞罗的教育思想不仅真切地反映了这种转变，而且从理论上进一步论证了这种变化的合理性，分析了这种变化的意义和方向以及实现这种变化的途径。另一方面，通过对教育中的普遍问题的较为完整的认识与分析，西塞罗促进了古罗马教育思想的真正确立和发展。

塞涅卡是古罗马重要的政治家、著作家，晚期斯多葛主义的重要代表人物。早年，塞涅卡曾在埃及居住，接触了埃及和印度的地理学和人性学（ethnolosy），对自然科学产生了浓厚的兴趣。青年时期，塞涅卡曾信奉毕达哥拉斯的神秘主义和东方的宗教崇拜，以后皈依斯多葛主义。公元31年，他回到罗马，步入政界，先后出任会计官、元老院元老、执政官。公元49年，担任日后成为古罗马皇帝的尼禄（Nero，公元37—68）的家庭教师。公元65年，因谋反罪被判处死刑。他一生著作颇丰，其中影响最大的是他的伦理哲学著作，包括14部问答体著作和1部由124封信组成的书信集。在这些著作中，他不仅全面阐述了关于道德、人生的见解，而且广泛涉及许多教育问题。

与西塞罗一样，塞涅卡的思想也受到希腊文化的深刻影响。这主要表现在他反对以实用的态度看待包括"七艺"在内的各种知识。这一点与古罗马的传统观点有很大不同。塞涅卡指出，出于赚钱的目的去学习知识，那是应当受到鄙视的。他认为，知识的真正价值在于训练思想，为获得美德做准备。而所谓"自由艺术"（即"七艺"）的意义也就在于使人通过对智慧的追求而获得自由。显然，这个主张包含了自由教育的成分。

与此相联系，塞涅卡特别注意哲学的学习。他认为，人生的目的（同时也是教育的目的）是获得幸福的美德。而要实现这个目的，人就必须不断地追求智慧，这是因为"唯有完美的智慧才能创造幸福的生活"②。因此，教育的直接目的或重要工作在于发展智慧。在这方面，哲学的教学与学习可以发挥巨大作用。"哲学的唯一使命在于发现有关神界与凡界的真理。宗教意识、责任感、正义感以及其他一切密切相关、相互依存的'美德之伴'，都

---

① James Bowen. *A History of Western Education*, Vol. I , London: Methuen & Co. Ltd., 1972, pp. 200-201.

② 赵又春编：《幸福而短促的人生——塞涅卡道德书简》，生活·读书·新知三联书店上海分店1989年版，第47页。

是离不开哲学的。"① "它（哲学）是要磨练和锻造人的个性，整饬人的生活，规范人的行为，向人证明应该做什么和不该做什么。当人在险象丛生的大海中被抛来掷去之时，为人领航掌舵。没有哲学的指点，人的生活就不能去除恐惧和忧虑。人生的每时每刻都有无数事情发生，需要良心忠告，而这种忠告我们是只能从哲学中得到的。"②从这里可以看到，虽然与希腊思想家一样，塞涅卡也强调哲学的教学，但与希腊人更注意哲学的智慧价值不同，塞涅卡更关注的是它的道德价值。这也是希腊与古罗马在教育思想上的一个重要差别。

在此基础上，塞涅卡强调教育不仅应教人知识和技能，更应当教人如何生活。他认为知识的作用如果仅仅局限于具体的技能和专门领域，那么，即使学得很好，也是无济于事的。如果学习者不懂得如何生活，那么，知识和技能能有什么作用呢？塞涅卡主张，教育应当教给人最本质的东西，而不应只注重传授浮夸的知识（在这个意义上，他有时把"七艺"等科目也当做浮夸的知识）。

此外，塞涅卡还论述了关于雄辩术教育、教育方法、学习方法、书籍阅读等方面的问题。从这里可以看到，塞涅卡教育主张所涉及的范围是较为广泛的，可以说包括了当时古罗马教育的所有重要问题。从思想的表述方法来看，塞涅卡采用了书信的方式，因而，他的教育思想并没有什么系统性可言，但就思想的内涵而论，它包含了对古罗马教育的反思和探索，具有明显的理性色彩。

昆体良是古罗马帝国时期著名的雄辩家、教育家。他出生于当时作为罗马帝国一个行省的西班牙埃布罗河上游加拉古里斯的一个小镇。少年时代赴罗马学习雄辩术。公元70年，受命主持罗马第一所国立拉丁语雄辩术学校，成为古罗马教育史上第一位公职教师。公元90年退休后主要从事著述，主要著作为《雄辩术原理》。

在古罗马教育史上，昆体良是最负盛名、影响最大的教育理论家和教育实践家。他从理论上系统总结了古罗马学校教育的实践经验，提出了较为完整的教育思想。他认为，教育的基本目的是培养善良而精于雄辩术的雄辩家。他指出，一个雄辩家既要擅长雄辩，通晓各种有价值的知识，具有多种才能，同时，也应具有崇高的思想、高尚的情操，成为一个善良的人。他全面论述了雄辩家教育的内容、过程、方法等问题。

昆体良主张从婴幼儿时期就开始对儿童进行道德教育、知识教育和语言

---

①② 赵又春编：《幸福而短促的人生——塞涅卡道德书简》，生活·读书·新知三联书店上海分店1989年版，第196、48页。

教育。他认为，早期教育对人一生的教育，都具有深刻的影响。他强调当儿童成长到一定年龄，就应送入公立学校进行教育。为此，他论证了学校教育的优越性，认为学校教育可以避免家庭教育的各种局限，对儿童各方面的发展发挥重要的推动作用。

昆体良教育思想中最有价值、影响最大的内容是教学理论。在长期的教学实践的基础上，结合对儿童心理的深入了解，昆体良提出了一系列关于教学问题的独到见解。他较早提出了分班教学的设想，主张把学生分成班级，在同一时间，由教师对全班，而不是对个别学生进行教学。在他看来，实行这种教学组织形式，不但教师可以同时教许多学生，节省时间和精力，而且学生也可以在与其他同学的共同学习和交往中，接受良好榜样的影响，从教师对别人的批评和表扬中受到警示和鼓励，这些优越性是个别教学所不可比拟的。在强调集体教学的同时，昆体良还强调因材施教。

昆体良提出了一系列关于教学方法和原则的重要见解。他坚决反对实行体罚，认为体罚只会对儿童的成长产生消极影响。他强调教学应当适度，应当明白易懂。主张教师应经常促使学生思考问题，使学生养成独立思考的习惯。他还对教师问题，提出了一些有价值的见解。

在西方教育史上，昆体良是第一位教学理论家和教学法专家。他使教学论成为一个相对独立的研究领域，对近代教学论的发展产生了深刻的影响。

普鲁塔克出生于希腊，青年时期曾广泛游历雅典等希腊本土的历史名城，并受教于著名的希腊学者阿谟尼乌斯（Ammonius），对数学、哲学、修辞学、历史学、医学等学科有较高的造诣。作为罗马帝国的臣民，又具有深厚的希腊文化修养，是普鲁塔克不同于其他罗马教育家的特点，这个特点对其教育思想产生了重要影响。

普鲁塔克曾在罗马讲授哲学，并先后为两位罗马帝国皇帝——图拉真和哈德良授课。这两位皇帝都非常赏识普鲁塔克，图拉真授予他执政官的头衔，哈德良则授予他希腊财政督察（一说为希腊总督）的荣誉头衔。普鲁塔克一生大部分时间是在故乡喀罗尼亚度过的，曾任当地的行政长官，并且是希腊德尔斐神庙的终身祭司。据说他曾兴办一所学校，以教授哲学、伦理学为主。

普鲁塔克的著作据说有227种之多。但流传下来的仅有《道德论丛》和《传记集》。《道德论丛》包括了60多篇论文和语录。它们以质疑问难的方式，分别探讨了哲学、伦理学、宗教、政治、医药、文学和教育等方面的问题。其中《论儿童教育》集中体现了普鲁塔克关于教育的主张。

《传记集》又称作《希腊罗马名人传》，是普鲁塔克最负盛名的著作。全书共收录50篇古希腊罗马著名的军事家、政治家、立法者和演说家的传记。

作为一位道德学家,普鲁塔克创作名人传记的目的不单是为了再现历史,而主要是通过叙述伟大历史人物的生平事迹,宣扬自己的伦理思想,达到教育后代的目的。因此,他的这两部著作中存在着重要的联系。正如特伦奇在《普鲁塔克》一书中所说:"我们可以毫不过分地断言,普鲁塔克著作的两个部分《名人传》和《道德论丛》是互为补充、相辅相成的。前者向我们表明,而且是尽可能从理性的观点表明:古代世界在行动领域里取得了什么成就;后者则用同样的方式表明:古代世界在行动领域里想要达到什么目标,取得什么样的成就。"[1]

在哲学思想上,普鲁塔克是折中主义者。他力图综合柏拉图、亚里士多德、毕达哥拉斯学派和斯多葛学派的理论。他认为人生应以道德为准绳,严以律己,恕以待人,恬淡寡欲,不慕名利,忠于职守,造福人类,他尤其重视道德实践。这些主张对教育思想有重要的影响。

普鲁塔克高度重视儿童早期教育的重要性,强调及早开始对儿童进行教育和引导。他指出儿童的可塑性很强,极易受到各种外来的影响,这种影响将长期伴随着人的成长。因此,应当从小就使儿童受到正确的引导,并注意选择奶妈、教仆、随从、教师,以避免对儿童的不利影响。他认为,父母应承担起教育子女的职责,并不断改进教训方式方法。他特别强调,应当运用正确的方法进行教育,反对采用强制手段。他指出,儿童的心灵"不是一个需要填满的罐子,而是一颗需要点燃的火种"。由于这个原因,普鲁塔克反对强制儿童学习,反对实施体罚,而主张用表扬和适当的批评促进儿童的成长。

普鲁塔克高度强调教育在改进人性、促进人的发展中的重要作用。他主张对自由民子弟进行包括道德、知识、智慧和身体在内的各方面的教育。他尤其注重道德教育,强调教育的根本目的是使人日趋善良。在普鲁塔克的教育思想中,希腊文化的因素要大于罗马传统的因素,这是他不同于西塞罗、昆体良等人的一个特点。但由于都受到斯多葛学派的影响,因而,他们的思想又有很多相同之处(这些共性反映了古罗马教育思想关注的焦点)。在普鲁塔克之后,罗马虽然还有一些教育主张,但并无多少新意,基本上是在重复前人已经提出的见解。古罗马教育思想的发展历程在普鲁塔克时期已基本终止。

---

[1] 引自〔古罗马〕普鲁塔克著,王以铸译:《希腊罗马名人传》上册,商务印书馆1990年版,英译本引言,第2页。

## 第三节　古罗马教育思想探讨的基本问题

在古罗马教育思想中，有一些基本问题可以说是古希腊思想家已经探讨过，而在古罗马又具有新的含义和表现形式，这种现象反映了古希腊、古罗马教育思想之间的密切联系。但有些问题却是古罗马社会所特有的，是古罗马思想家首先提出并探讨的，这种情况说明了古罗马教育思想的特殊性。把握住这两个方面，就可以理清古罗马教育思想的发展线索。

从总的方面来看，古罗马教育思想所着重探讨的基本问题主要包括：古希腊文化的影响和保持古罗马教育传统的关系，雄辩家的培养，教育与人性的关系，教育与教学的程序与方法，教师的素质，等等。

### 一、古希腊文化的影响和保持古罗马教育传统的关系

如何处理保持民族固有的文化教育传统与接受外来文化的影响的关系，在希腊文化和教育的发展中，并不是一个令人注目的问题。希腊人虽然从埃及、巴比伦、波斯等东方国家吸取了大量的文化财富，但这些东方的财富只是作为希腊文化的一种成分、一个部分而发挥作用的，并不是改变希腊文化特色的力量。作为希腊文化的主体，仍然是希腊本土的产物。由于这个原因，外来文化和教育的影响并没有与希腊固有的传统发生明显的冲突。

而在古罗马文化和教育的发展中，这个问题却始终是一个重大的、带有根本性的问题。对这个问题的思考，成为古罗马教育思想发展的重心所在。这是因为，与东方文化对古希腊文化的影响不同，希腊文化对古罗马文化的影响是全面的、整体的、根本性的。希腊文化不仅丰富了古罗马文化的内容和形式，而且从根本上改变了古罗马文化的内在精神。因而，这种影响必然与古罗马固有的传统发生直接的冲突（与大多数古代农业国家一样，古罗马具有浓厚的传统意识）；这种冲突同样发生在古罗马教育实践和教育思想的变迁过程中。

从古希腊文化和教育传入古罗马之初，这种冲突就开始了。在公元前2世纪，一些古罗马人本着爱国热情，坚决抵制古希腊文化和教育影响。在他们看来，古希腊文化、教育和生活方式的传入，严重损害了古罗马人的生活和道德规范，破坏了古罗马文化和传统。正是这种意识，导致公元前173年元老院下令驱逐两名伊壁鸠鲁派教师。

这个时期最有代表性的人物是加图。他极力主张维护古罗马的传统习俗，在任执政官和监察官期间，他采取种种措施，整顿风俗，严厉制裁奢侈

行为。与此同时，加图极力抵制来自希腊文化的影响。根据普鲁塔克的《马丁·加图传》记载，公元前 155 年，柏拉图学派的哲学家卡尔奈德斯和斯多葛学派的哲学家狄奥格涅斯从雅典来到罗马。他们在罗马的讲学吸引了大量的听众。加图对这种情况深为忧虑，他担心由于受希腊文化的影响，罗马青年将会热衷于雄辩，而不是通过征战建立功勋。"因此，他建议元老院："我们无论如何必须下定决心……以便于这两个人回他们的学校去传授希腊子弟，罗马的青年要一如既往，倾听法律和官员的教诲"。① 加图还激烈抨击希腊的文化、教育，"讥笑古希腊的一切文化和训练方法"。他指责苏格拉底是个"强有力的空谈家，竭尽全力企图废除国家的法律，怂恿国民对法律抱有对立的看法，力图成为国家的僭主"②。与此同时，加图教育自己的儿子对希腊文化产生偏见，希望借此而使他自觉地抵制希腊文化。加图甚至认为，如果古罗马受到希腊文化的影响，古罗马就将失去它业已建立的军事帝国。

希腊文化大规模传入古罗马，从根本上影响了古罗马人的生活方式和文化观念，在这种情况下，加图式的抵制方式显然不可能产生任何实际效果。现实促使古罗马的思想家们进一步认识希腊文化和教育，寻求一种既能保持固有的传统，又能接受高度发展的希腊文化和教育的影响的合理方式。这是从西塞罗以后古罗马教育思想家们所着重探讨的一个重大问题，与加图相比，西塞罗代表着古罗马文化进一步发展和希腊文化进一步传入时期的思想观念。与加图一样，西塞罗抱有对本民族传统的深厚情感。在《共和国》一书中，他借书中人物斯西比奥的口说："我并非对古希腊各种方式茫然无知，但也不是宁可偏向它们，而不要我们自己传统的人。由于我的父亲，我受了文科教育，而且，从孩童时代起，我就力图自学。但是，造成今日的我，是经验和家庭教育多于书本。"③ 这段话反映了西塞罗对古罗马教育传统的高度赞美和感激之情。

但在另一方面，作为深受希腊文化熏陶的文学家和哲学家，西塞罗致力于使希腊文化和教育与古罗马的传统融合。他对雄辩家教育的论述，深刻地反映了这种思想观念。西塞罗理想中的雄辩家是古罗马政治生活所需要的人才，这种人既符合古罗马传统的要求——熟知法律、通晓道德，了解军事，等等，又具有明显的希腊"风格"——优雅的风度，广博的知识，能言善

---

①②〔古罗马〕普鲁塔克著，王以铸译：《希腊罗马名人传》上册，商务印书馆 1990 年版，第 369 页。

③ 引自〔英〕博伊德、金著，任宝祥、吴元训主译：《西方教育史》，人民教育出版社 1985 年版，第 65 页。

辩。因此，西塞罗所要培养的雄辩家事实上正是希腊—古罗马文化共同造就的人才。在这种人才的教育中，古罗马的教育传统与古希腊教育的影响并行不悖，起着同样重要的作用。

不仅如此，西塞罗还高度评价了古希腊人对推动古罗马雄辩术发展所起的作用。他说："的确，由于一度对于各种方法毫无所知，并认为，没有训练雄辩艺术的课程和雄辩艺术的规则，所以，他们（指立志学习雄辩术的青年——引注）只有依靠自己的天资和思维能力来学习。但后来，听了古希腊雄辩家的演讲，接触了古希腊文学并找到了教师指导，我们的同胞就对雄辩艺术焕发了惊人的热情。重大的、各种各样的、大批的案例，使他们如此振奋，他们除了通过个人学习所获得的学问之外，立即增加了优于一切教师的教训的经常学习。"①

与西塞罗相比，塞涅卡虽然并不一概排斥希腊文化和教育，但更加倾向于维护古罗马固有的传统，他尖锐批评当时的古罗马教育，认为在希腊影响下，古罗马教育过于注重知识的传授，而忽略了教人怎样生活，忽略了道德的养成。他指出，知识本身并不具有直接的道德价值，传授知识并不一定能够完成道德教育的任务，而道德教育也并不一定只能通过传授知识进行。

塞涅卡还对当时学校的教育方法提出了批评。他指出，古罗马传统的教育方法是生动活泼的、实践实行的，"我们的祖先从来不教孩子们那种能够不把身子站直就可以学会的东西"②。而当时的哲学家、雄辩家和教师却只知道如何严谨地说话，而不知道如何更好地行动。他们把大量的书本知识、文法规则压在学生身上，使学生感到压抑，毫无学习的乐趣。

这种赞颂古罗马教育传统、指责当时教育的倾向，集中表现在历史学家塔西佗的著作《论雄辩术》中关于"新"、"旧"教育的对比中，所谓旧教育是指古罗马传统的教育，而新教育则指公元1世纪的教育。

塔西佗说，古罗马人的祖先所采取的教育方法是非常严格的。孩子出生后，由母亲而不是由保姆养育。待孩子成长到一定年龄，家族选出一位品行端正的长辈主管儿童的教育，安排儿童学习、劳动和娱乐的时间。"这种正规训练的结果是，完整、健康、毫不偏颇的年轻的心灵，衷心渴望学习自由艺术的基本要素。无论对军事艺术法律研究、雄辩职业上的爱好，他都会全

---

① 〔美〕克伯雷选编，华中师范大学教育系等译：《外国教育史料》，华中师范大学出版社1990年版，第42页。

② 赵又春编：《幸福而短促的人生——塞涅卡道德书简》，生活·读书·新知三联书店1986年版，第187页。

神贯注，并完全彻底吸收。"①而"在当代，我们的实际情况怎样呢？把婴儿交给希腊侍从或一、二个奴隶，一般来说，在家庭教育方面是最糟糕的。这样的事，是不宜委托给他们的。这些人讲荒唐的故事和荒谬的观点，害苦了幼稚的心灵。整个房子里，没有哪个奴仆在小主人面前，注意他所说的和所做的，又怎能不是这样呢？因为做父母的，他们自己就不培养他们的子女的德行和谦逊，他们最先给他们做出的榜样是奢侈和放荡。这样，我们青年逐渐养成一种习以为常的轻率的习惯，完全不尊重自己和尊重他人。老实说，我们城市对赛马、看戏、格斗这种独特的蠢事的爱好，好像孩子们在母腹中就受到了影响。一旦这种可鄙的爱好占据人们的头脑，怎会给高尚的艺术留有通路呢？在我们家庭中，有谁谈论一些其他的事情呢？如果我们走进学校，在孩子们中听听他们的谈话，还有其他内容吗？教师通常并不选择其他课题来教育学生，因为这种人并非靠严格的纪律或者用他们天赋的才能赢得学生，而是靠阿谀奉承。且不谈我们的学生受到可怜的文学基础教育，教师绝不会有耐心传授他所知道的优秀作家的作品，介绍一定的历史概念，以及人和事物的相关知识。全部教育似乎就是想要找到他们称之为修辞学家的人"②。

　　塔西佗还专门对雄辩术的教育作了比较，他指出，当时的雄辩术教师大多是夸夸其谈的"江湖骗子"，他们所开办的是"无耻的学校"。在这种学校中，青年人受到的是荒谬、夸夸其谈的教育，学到的只是浮夸的词藻和错误的思想。而在古罗马人的祖先那里，雄辩家是以一种正确的方法进行培养的。他说：

> 打算从事雄辩术的青年，他的父亲或在家庭训练和以有用的知识充满心智方面有着一切优越条件的近亲，就把他向当时最有名的演说家推荐。从那时起，他就时常跟随老师。他注意听老师在法庭上的辩护和在公众面前的演说。在热烈的气氛中，他听老师的论争，他注意老师如何突然回答：假如允许我发表自己的意见的话，我认为，正是在这种实际的环境中，他学会了雄辩战术的基本功。这种学习方法的长处是显而易见的，未来的雄辩家增加了勇气，提高判断力。他在辩论的日子里，在激烈的争论中学习。在这种场合，任何软弱、愚笨的演讲都不能说不受罚的。一切谬论立刻会受到裁判的训斥，引起对方的嘲笑，受到所有辩护人的责难。这样，他们就及时吸收了纯正无疵的、流利的雄辩术。尽

---

①②〔美〕克伯雷选编，华中师范大学教育系等译：《外国教育史料》，华中师范大学出版社1990年版，第36页。

管他们主要跟随一个雄辩家,但是在许多相关的辩论中,他们同样也听到当代其他一些雄辩家的辩论。他们有机会了解到各种人的思想感情,从论坛中的几个演说家那里,观察到什么最使人高兴,什么最使人讨厌。这样他们就得到了一位最好的、最有才能的教师。他所展示的,不仅是没有雄辩术虚假的外表,而是真实的、生动的观点的具体化,即不是一个假装的,而是一位真正为了争论武装起来的对手。听众总是挤得满满的,不断更换着,其中有敌人,也有朋友,在那里,每一句话,不是遭到责难,就是赢得喝彩。①

在昆体良时代,古罗马的社会风气进一步腐化,道德沦丧,贵族阶级沉溺于灯红酒绿的腐朽生活中,古罗马传统的严谨简朴的生活方式荡然无存。这种现实进一步强化了公元1世纪古罗马人对传统的留恋之情,这种倾向也表现在这个时期的教育思想中,从而使这个时期的教育思想具有更多的"回复传统"的特点。昆体良就曾明确指出:"我力图使之恢复到更简朴的规范上去的正是被各种恶习败坏了的那种雄辩术风格。"他还指责当时的一些学者和哲学家,认为他们败坏了古罗马的学术和教育。他指出:"而现在,哲学家的名号往往掩盖着十足的邪恶,板着面孔,神情抑郁,与众不同的装束,掩盖着最邪恶的道德堕落。"②

对当时学术风气的指责和对传统的赞美,促使昆体良进一步探索更简朴的雄辩术风格,探索更符合古罗马传统的雄辩家的培养方式。这种探索并不是传统的简单恢复,而是传统的全面重建。他的教育主张更多的是借鉴了希腊的经验以及自西塞罗以来古罗马教育发展的经验。所以,虽然同为"恢复传统",但昆体良不同于塞涅卡,更不同于加图。昆体良的思想不仅表明古罗马民族在文化上的成熟,也反映了古罗马教育思想的发展达到了一个新的阶段。在这个阶段,罗马人已具有对希腊文化和教育的足够认识,对本民族传统的认识日趋理性,对两种不同文化和教育之间关系的认识不断深入。

### 二、雄辩家的培养

在古罗马思想教育中,如果说前一个问题主要带有实践意义,那么,雄

---

① 〔美〕克伯雷选编,华中师范大学教育系等译:《外国教育史料》华中师范大学出版社1990年版,第37~38页。

② 引自赵祥麟主编:《外国教育家评传》第1卷,上海教育出版社1992年版,第146页。

辩家的培养则不仅是实践的问题，而且也是重大的理论问题。在古罗马教育思想的范畴中，这个问题主要涉及教育的目的。

至迟从共和后期（公元前3世纪中叶—公元前30年）开始，古罗马教育的传统开始发生显著的变化。以培养农民—军人为目的的教育，逐渐转变为以培养雄辩家为目的的教育。西塞罗的教育思想正反映了这种转变。

西塞罗所理解的雄辩家，具有明显的时代特征。他所谓的雄辩家，实际上是具有演说家才能的政治家作为雄辩家，不仅要能"准确而清晰地表达自己的思想"，而且能就任何论题进行阐述、发挥，并且影响说服听众。由于这个原因，一个雄辩家应当具有多方面的素质。首先，他应当具有广博的知识。西塞罗认为，一个雄辩家之所以需要广博的知识，这是由雄辩术本身的特点决定的。"雄辩术集众多科学与学问，其内容远比人们所想象的要广泛得多。"因此，对一个雄辩家来说，"掌握广博的知识是必不可少的，不具备这个条件，要做到言辞流畅不仅不可能，而且荒谬可笑"。他又说："依我所见，除非他拥有各种重要的知识和全部自由艺术，否则他就不可能成为一个多才多艺的雄辩家，因为不具有真才实学的人，他的语言必然是矫揉造作的，而且是冗长得令人难以忍受的，其演说也必然流于语言空洞而幼稚。"[1]

西塞罗之所以强调雄辩家要具有广博的知识，更重要的是因为，作为一个政治家和社会活动家，他必须洞察人心，理解人的感情活动，并且了解社会生活，只有这样，他才能通过讲演，打动听众，使其接受自己的政治主张。而他所说的自由艺术，指的是自由学科，如文法、修辞、算术、几何等。而他所说的知识，则是指政治、法律、军事、哲学等科目。在其中，他尤为重视伦理学。他认为，如果雄辩家只学一种知识，那就是伦理学。伦理学是一切知识的基础。

雄辩家应当具有修辞学方面的特殊训练。这是因为，如果仅仅具有广博的知识，而无表达知识的能力，那么，知识便是无用之物。雄辩家与一般博学之士的不同之处正在于，他不仅具有知识，更具有使知识充分、生动地表达出来的能力。因此，一个合格的雄辩家必须具有修辞学方面的良好素质，牢记雄辩术的一切规则，能够通俗易懂、优美生动并且准确地表达自己的思想。此外，雄辩家应当具有优雅的举止风度。西塞罗指出："演说是由身体手势、眼神以及声音的调节及变化等加以控制的，它们对于演说本身所产生

---

[1] Paul Monroe. *Source Book in the History of Education for the Greek and Roman Period*. New york：The Macmillan Co.，1928，pp. 429，432.

的作用是巨大的。"①

西塞罗对教育目的的论述虽然具有明显的民族特点和浓厚的时代特色，但同时也反映了希腊文化的深刻影响。西塞罗所要培养的雄辩家，既是政治家，同时也是一个接受了全面教育的人。这种新型人才的出现，不仅标志着古罗马文化和教育的发展，而且反映了古罗马教育和教育思想的未来发展趋势。

昆体良所要培养的正是这种具有全面教养的人。昆体良认为，教育的目的在于培养"善良的、精于雄辩的人"，即雄辩家。一个雄辩家既要擅长雄辩，通晓各种有价值的知识，具有较高的才能。还应当具有崇高的思想、高尚的情操，成为一个善良的人。他认为，雄辩术的主要作用是宣扬正义和德行，指导人们趋善避恶，它应当是为真理为正义而战的斗士手中的武器，而不能成为为非作歹之徒的工具。一个雄辩家如果不去为正义辩护，雄辩术本身就成为有害的东西，雄辩术的教育也就成为多余的了。因此，对于雄辩家来说，德行比才能更为重要。真正的雄辩家首先应当是一个有道德的、善良的人，他应当坚持真理、伸张正义。

善良的人应是明智和具有健全判断力的人。他能正确地区别善恶和真伪，遵循法律和正义的要求趋善避恶。善良的人还必须抛弃心中的一切杂念，专心向善。只有这样，才能真正掌握雄辩术和有价值的知识，才能真正成为完善的雄辩家。昆体良还主张把道德原理作为学校的主要课程，使学生通过这门课程的学习，获得正义、善良、节制、刚毅、机智等品质，成为一个有德行的人。

昆体良所理解的"雄辩家"是有特定含义的。它既不同于智者所要培养的能言善辩之士，也不同于西塞罗理想中的雄辩家。在昆体良所处的时代，由于政治权力日益集中于少数权贵，共和后期曾经出现的依靠雄辩才能而获得权力与地位的社会基础已不存在，雄辩家活动的天地逐步从公共政治生活转向法庭诉讼。帝国时期的雄辩家其实主要是律师。昆体良所理解的"雄辩家"也正是律师。但在另一方面，他又没有把雄辩家完全等同于律师。正如他所说，"我所要培养的人是具有天赋才能、在全部自由学科上都受过良好教育的人，是天神派遣下凡来为世界争光的人，是前无古人的人，是各方面都超群出众、完美无缺的人，是思想和言论都崇高圣洁的人"。②

昆体良不仅提出了培养雄辩家的目的，而且为这种目的的实现提出了完整的计划。他说："我的计划是引导我的读者从咿呀学语开始，经过初露头

---

①② Paul Monroe. *Source Book in the History of Education for the Greek and Roman Period*. New York: The Macmillan Co., 1928, pp. 429, 501.

角的雄辩家所必需的各个阶段的教育,一直达到雄辩术的顶峰。"① 这个教育计划主要包括家庭教育、初级学校、文法学校和雄辩术学校四个阶段。

**家庭教育** 昆体良反对当时流行的儿童7岁前不宜学习知识的观点,主张从婴幼儿时期就开始对儿童进行道德教育、知识教育和语言能力的培养,认为儿童学习讲话的时间,就是知识教育开始的时间。早期教育主要形式在家庭中进行,主要的教育者是父母、家庭教师和保姆。由于儿童容易接受周围各种人的影响,因此,不仅儿童的父母和教师应当学富五车、品行端正,而且保姆也必须具有良好的品质、言谈合理、谈吐优雅。为此,应当谨慎地选择教师和保姆。

**初级学校** 在昆体良时代,罗马贵族阶层流行的习惯是聘请家庭教师教育自己的子弟,而不是把孩子送到学校学习。针对这种情况,昆体良坚决主张儿童成长到一定的年龄,必须进入学校接受教育。他详尽论证了学校教育的优越性。认为学校不会出现对学生溺爱、娇惯,受过学校教育的学生能够避免孤傲、离群索居的习性,学校教育有助于激励学生的学习和思考,有助于培养和发展儿童之间的友谊,有助于养成儿童参加社会生活的习惯和能力。初级学校的主要教学内容是阅读、书写和道德教育,以培养学生无私、自制等品德。

**文法学校** 文法学校的主要任务是为雄辩术教育做直接的准备。文法学校开设的课程大多与雄辩术直接相关,如文法、音乐、几何、天文、哲学以及希腊语、拉丁语,等等。其中文法是最主要的课程,它包括两个部分,即正确说话的艺术和正确书写的艺术,这二者又以广泛的阅读为基础。阅读的内容包括古希腊、古罗马的文学、道德和哲学著作。昆体良强调让学生阅读英雄史诗,以便用英雄的崇高精神激励学生。他同样重视音乐教学的重要性,认为音乐既可以陶冶情操、养成高尚的品质,又可以使雄辩家更好、更有效地表达思想,影响听众。

**雄辩术学校** 雄辩术学校是直接培养雄辩家的机构。因此,雄辩术理所当然地成为雄辩术学校的核心课程。但是,为着更好地掌握雄辩术,学生还应当学习与雄辩术相关的广泛知识,其中主要包括:辩证法(逻辑)、伦理学、物理学(自然哲学)。与雄辩家的教育目的相联系,雄辩术学校应把道德教育作为重要内容,以使学生逐步养成各种美德。

从西塞罗、昆体良等人的思想可以看到,古罗马思想家们关于教育目的的观点及其变化,一方面反映了古罗马社会、政治和教育的变化,另一方面

---

① 引自赵祥麟主编:《外国教育家评传》第1卷,上海教育出版社1992年版,第153页。

反映了希腊文化与古罗马文化的不断融合。他们对教育目的和功能的认识逐步从某一种社会角色的培养过渡到人本身的教育。这是古罗马教育思想史上的一个转折。正是由于实现了这个转折，古罗马人才能承担起传递西方古典教育的历史使命。

### 三、教育与人的天性

在西方古代教育思想中，教育与人的天性的关系问题主要涉及教育作用、教育方法等问题。在关于教育的基本理论问题中，古罗马人在这方面具有更多的创造性。这与古罗马教育思想家大多受斯多葛学派思想的深刻影响有关。斯多葛学派认为，人生的目的就是遵循自然。而所谓"自然"，就是指与宇宙必然性相一致的人的天性。因此，遵循自然就是要追求和实现人的本性。

塞涅卡较早探讨教育与"自然"（即天性）的关系。他认为，教育具有促进天性发展的巨大作用。他说："如果有人认为在某些人身上，自然力量尚未完全地发挥作用，那也不能认为他不可救药了，如果他们高兴地接受教育并且努力勤奋地培养美德，他必然会完全知道错在何处。因为良好的自然能力可能被惰性所毁，所以通过教育可以修复麻木迟钝的部分。"①

另一方面，塞涅卡认为，教育活动必须依据人的天性，不能滥施权威。他曾针对儿童的教育阐明自己的主张，他指出："孩子们娇小好动，不应在学习时过度劳累。"他进一步指出："我要强调我的意见，不能靠鞭挞和责骂来培养孩子的诚实品质，而是要靠规劝和道理。惩罚是对付坏人和奴隶的手段，而不应该将它施于真诚善良的孩子；若他们负担过重，有时还慑于鞭打者，这就容易使他们紧张疲劳。"② 塞涅卡明确提出了取消体罚的主张，这在体罚盛行的古代世界，是极为可贵的。而这种宝贵的见解正是以对人的天性的认识为依据的。

普鲁塔克进一步阐发了关于教育与人的天性关系的主张。他认为，人的成长取决于三个方面的因素：人的自然本性、理性和习惯。在这三者中，本性是先天获得的，而理性和习惯则来自后天的学习和实践。人的成长就是在自然本性的基础上，通过后天的学习和实践而实现的。因此，本性、理性和习惯是相互联系，缺一不可的。普鲁塔克指出："天性如果不通过教导加以

---

① Paul Monroe. *Source Book in the History of Education for the Greek and Roman Period*. New York: The Macmillan Co., 1928, p. 308.

② Robert Ulich. *Three Thousand Years of Educational Wisdom*. Cambridge: Harvard University Press, 1947, p. 91.

完善，就是不实之华；教导如果无天性之助，就是残缺不全；练习如果没有两者的帮助，就不能完全达到目的。"①

　　他进一步认为，教育和实践不仅是在自然本性的基础上进行的，而且具有弥补、改善本性的作用。他指出，一个不具有卓越天赋的人，通过长期勤奋的学习，是可以取得成就的。正因如此，普鲁塔克强调教育在形成人的性格和美德中的巨大作用。

　　基于上述认识，普鲁塔克高度重视教育在国家生活中的重要地位，他由衷赞美斯巴达立法者来库古（Lycurgus）和古罗马政治家努马（Numa）的功绩。这是因为来库古把教育斯巴达青年当做国家的首要任务。正是因为来库古的工作，从而确保了斯巴达国家的长期稳定。②

　　依据斯多葛学派自然平等的思想，昆体良指出，大多数人都具有基本相同的天资禀赋，都能敏捷地思考、灵敏地学习。真正天生愚鲁而不可教的人，是极为少见的。因此，人生而具有某种"可教性"，这是教育可能对个人发展施加重要影响作用的必要前提。另一方面，人生而具有的天赋才能，仅仅是个人多方面的发展的一种可能性。天赋才能的发展有赖于不断的实践，更有赖于良好的教育。一个天资聪慧的儿童，如果在成年以后无所作为，那就说明，他所缺少的并不是禀赋，而是教育。雄辩家的教育也是如此。完美的雄辩家并不是由其天性造成的，而主要是由良好的教育造就的。他强调教育在个人道德品质形成中的重要作用，认为个人的禀赋虽然对其道德面貌也会产生一定作用，但这种作用并不能直接决定人的善良与否。只有通过教育，个人才会形成良好的品行和高尚的情操。

　　昆体良深刻揭示了教育与天赋的相互关系。认为教育对发展个人天赋才能所起的促进作用并不是绝对的。教育的作用应当以人的自然本性为基础，应当遵循教育对象的天性。首先，教育工作应根据教育对象的天赋、才能和志趣而进行。儿童的禀赋、爱好、智力各有不同，教育工作应当根据每个人的特点，运用不同的教育方法，选择适合个人倾向的学习内容，使每一个人的独特才能和倾向都得到充分的发展。只有这样，教育工作才会真正取得良好的效果，发挥其作用。其次，教育者应当深入研究儿童的年龄差异，研究不同年龄儿童的接受能力，以避免教育工作的主观任意性和盲目性。总之，教育应当与人的天性密切结合，相辅相成，相互促进，在这一点上，昆体良不仅继承了柏拉图和亚里士多德的思想，而且根据自己丰富的教育经验，进

---

　　① 引自任钟印选译：《昆体良教育论著选》，人民教育出版社2001年版，第243页。
　　② 参见〔古罗马〕《希腊罗马名人传》上册，商务印书馆1990年版，第163～165页。

一步发展了教育要适应人的天性的思想。

**四、教育和教学的程序与方法**

在一系列教育的基本理论问题上，古罗马思想家的成就不如希腊思想家。在教育和教学方法等一些具体问题上，古罗马思想家则作出了突出的贡献。

共和后期，古罗马教育家在教育实践中逐步创制了一整套教授文法和修辞学的程序。在文法学校中，教授文法的一般程序是：首先由教师朗读教材（通常是作家作品），然后由学生反复诵读。在此基础上，由教师解释教材内容中有关历史、地理等知识。接着研究作品，指出哪些地方应加以改进，如何改进，在表现手法上什么地方应予加强，如何加强。最后，学生写一篇评论，对作品本身、作者的风格的主要优缺点进行分析、评价。

在《论雄辩家》中西塞罗对修辞学教育的程序进行了概括：①摘出作家的格言；②释义，概括格言的基本思想；③主题，说明格言所含思想所涉及的问题；④动机，分析作家提出思想的原因；⑤反面观点，寻找与格言持相反意见的观点，进行比较；⑥从古代作品中寻找根据，以确定思想的正确性；⑦结论。

古罗马教育家在教育、教学方法上的贡献最集中体现在昆体良的教学理论中。昆体良的教学理论可以概括为两个相互联系的部分。

第一，教学组织形式。古代世界普遍采用的教学组织形式是个别教学。而昆体良则提出了分班教学的设想。他主张把学生分成班组，在同一时间，由教师对全班进行教学。他认为，实行这种教学组织形式，不但教师一次可以教许多学生，节省时间与精力，而且学生也可以在与其他同学的共同学习和交往中接受良好榜样的影响，从教师对别人的批评和表扬中受到警示和鼓励。这些优越性是个别教学所无法比拟的。

在强调集体教学的同时，昆体良也注意到因材施教的问题。他认为教师在面向班级进行教学的时候，要了解学生的个性特点和倾向，根据学生的具体情况，扬长补短，长善救失。

第二，教学原则与方法。在教学的原则和方法上，昆体良的一个重要见解是反对体罚。在古代，体罚是非常普遍的教育方法。而昆体良则明确主张废除体罚，认为体罚是对儿童的凌辱，会使儿童心情压抑、沮丧和消沉，对儿童的成长产生非常消极的后果。与此相联系，他强调运用奖励的方法，认为对儿童加以赞扬、给予荣誉，能够起到激励的作用，促进儿童的发展。

昆体良进一步提出了教学应当适度的原则。他认为每个优秀的教师要在深入观察、了解学生的个性能力的基础上，节制自己的力量，俯就学生的能力。既要避免要求学生做力不能及的事，又不可让学生放弃力所能及的课业。教师所传授的知识内容的分量应当与学生的接受能力相适应，以防止学生的负担过重。这个原则可视为近代教学量力性原则的萌芽。

昆体良主张教学应当明白易懂。他认为，在教学过程中，教师绝不能故弄玄虚，绝不能装腔作势以抬高自己，而应当简洁、明了地讲授知识。只有这样，学生才易于接受并牢记不忘。

昆体良强调，在教学过程中，教师应当经常向学生提出问题，促使学生积极思考，从而提高教学的效果。另一方面，他主张在必要时候，应当让学生自己动脑筋、想办法，解决学习中遇到的一些问题，培养学生的独立性，以防止形成事事依赖别人的坏习惯。只有这样，才能逐步培养学生思想的创造性。因此，教学的任务，不仅在于传授各种知识，而且还在于养成独立的判断力、创造性以及其他各种能力。

### 五、教师的素质

关于教师问题的论述，同样是古罗马教育思想中颇具特色的内容之一。古希腊教育家们虽然论及了大量的教育问题，但对于教师的论述却很少。而在古罗马教育思想中，教师问题却一直受到关注。昆体良的见解充分地反映了古罗马教育家对教师问题的一般主张。

昆体良认为，要培养完美的雄辩家，教师是至关重要的。这也就决定了教师本身应当具有全面的素质。

昆体良认为，教师首先应当是道德高尚的人。他指出，教师的道德面貌对学生的影响很大，教师自身所具有的高尚品德能防止学生的行为流于放荡，相反，教师的行为失检，就会对学生产生有害的影响。不仅如此，教师还应当具有广博的知识，应当是公认的有学识的人。只有这样的教师，才能真正履行教师的职责，培养出完美的雄辩家。与此同时，教师还应当热爱学生，能够以父母般的感情对待学生。教师对待学生的态度，应当是和蔼的，又是严峻的。但和蔼不等于放纵，严峻并不意味着冷酷。

昆体良认为，教师既应熟悉所教学科的内容，又能熟练地运用教学方法。只有深刻理解所教学科的内容，教师才可能有效地教学。也只有运用良好的教学方法，教师才能使教学内容更好地为学生所接受。教师还应当深入了解学生的心理特征、个性、才能和倾向，更有针对性地组织教学。为此，教师应当经常、深入地观察学生的言语、行为和活动。

## 第四节 古罗马教育思想的特征与贡献

### 一、古罗马教育思想的特征

与古希腊教育思想相比,古罗马教育思想具有明显的特征。这种特征是由古罗马社会、政治和教育的变迁以及古罗马民族的文化心理所共同决定的。这些特征可以概括为以下四个方面。

第一,从教育思想产生的直接根源来看,古罗马教育思想与教育实践经验之间存在着密切直接的联系。在苏格拉底、柏拉图和亚里士多德等人的教育思想中,人们很难看到他们本人教育实践的情况,也难以寻找到他们教育经验的印记。在一定意义上可以说,希腊教育家们的教育思想并不是(或不完全是)他们本人教育经验的总结,而是理论思考的产物。但在古罗马的教育思想中,人们可以看到教育家的经验与他们的思想之间存在着直接的关系。

他们的教育思想在很大程度上是对教育实际状况的反思,或是对自身或他人教育实践经验的理论抽象。昆体良的教育思想最集中地反映了古罗马教育思想的这一特征。

第二,从教育思想的主要倾向来看,古罗马教育思想更为注重道德的修养。在希腊教育思想家的著作中,道德的培养一直是一个受到特别关注的重大问题,希腊思想家们从未对这个问题有过一丝忽略。但在另一方面,他们更为强调的则是理性、智慧的发展,并把它当做美德形成的关键所在。而在古罗马教育家的心目中,道德始终是占据首要地位的因素,道德的形成是教育的最高目的。与希腊思想家们所持的知识与道德统一的观点相反,古罗马思想家认为,道德远比知识重要,道德既是知识的目的,又是获取正确知识的必要条件。昆体良所说的"同一个人决不可能既是个坏人,又是个完美的雄辩家",多少反映了古罗马教育家们的这种共识。因此,如果说希腊教育思想的特点在于注重理智、智慧,那么,古罗马教育思想的特征就是重德。这一点首先是与具有强烈道德意识的古罗马民族的文化心理相关,其次与斯多葛学派的影响相联系,同时还与从帝国初期开始的古罗马社会风气的败坏这种现实有关。

第三,从教育思想的具体内容来看,古罗马教育思想的特色在于,更为关注相对具体的教育问题,而多少忽略了对纯粹理论性问题的探索。这一点是与古罗马民族注重实际、实效的文化心理直接相关的。在古希腊教育思想中,人们不容易发现思想家们对诸如教学程序、教学方法、教师工作等实践性较强,而理论性相对不足的问题的思考,即使是那些本来较具体的问题,古希腊思想家也把它们抽象到相当的理论高度(例如,苏格拉底法)。因此,在古希腊教育思想中,似乎不存在具体的、技术性的教育问题。而在古罗马教育思想中,情形正好相反。古罗马教育家在探讨具体的教育问题时,是何等得心应手,提出了一系列富于创见性的主张。而在一些较为抽象的教育理论问题上,他们则显得"力不从心"。关于这些问题的见解,他们或者是继承了古希腊人的思想,或者是将古希腊人的思想以通俗的形式进行重新表述。其创造性远不如在对具体问题的思考中那么显著。而且,即使是那些本来理论性很强的问题,古罗马思想家们也把它们具体化了。由于这个原因,古罗马的教育思想难以真正上升为一种教育理论、教育哲学。

第四,从对教育问题的思考角度来说,古罗马教育思想的特色在于更为注重从个人的角度认识教育现象。虽然古罗马民族向来注重团队精神,但在相当长的时间内,古罗马国家一直把教育当做私人事务,由家庭负责子女的教育。由于这个原因,古罗马教育家很少像柏拉图和亚里士多德那样从国家,从政治的角度出发考察教育问题。他们所谈论的教育主要是个人的教育,尽管如昆体良等人强调雄辩家要积极参与公众生活,但也只不过是作为雄辩家素养的一部分。这个特点在古罗马教育家关于教育作用的见解中得到了充分的体现。

分析古罗马教育思想的特点,并不是要对古罗马教育思想的长短优劣进行评判,而是为了据此进一步探讨古罗马教育思想的历史地位。这是因为,在这二者之间存在着密切的相关。

**二、古罗马教育思想的贡献**

相对古希腊教育思想而言,古罗马教育思想对后世的影响更为具体。这是因为,几乎每一位古罗马教育思想家都对后世产生了不同程度的影响。

西塞罗的教育思想连同他的散文作品,在西欧文艺复兴时期曾产生了巨大的影响。维多里诺、伊拉斯谟等人的教育主张直接受到西塞罗的启迪。在15、16世纪,西塞罗的散文作品被神圣化,成为当时文法教学的主要教材。他的文体受到人们的刻意模仿并形成了所谓的西塞罗主义。

塞涅卡的道德著作在中世纪和文艺复兴时期引起了广泛的关注。他的言论被《圣经》作者大量吸收,因而有基督教之叔父之称。意大利等国的人文主义者经常引用他的格言作为理论依据。通过他的道德思想的影响,塞涅卡的教育主张也为后人所熟知。

昆体良的教育思想对后世的影响则更为深远。由于战争等原因，西罗马帝国灭亡之后，《雄辩术原理》全本一直被认为失传了，后人只能从该书的片断和其他文献中，窥知昆体良的教育理论。直到 1418 年，才被意大利学者波齐奥·布拉秋利尼（Poggio Bracciolini）重新发现。经过人文主义学者的注释、宣传，《雄辩术原理》在意大利、德国、荷兰、法国等国，立即引起极大的反响，得到了普遍的高度评价。昆体良的教育学说因而成为文艺复兴时期人文主义教育的重要思想来源，对当时几乎每一位人文主义教育家都产生了深刻的影响。马丁·路德、夸美纽斯等人的教育理论，同样受到来自昆体良的有益启示。直到 19 世纪，《雄辩术原理》仍受到广泛的赞誉，英国著名思想家穆勒（J. S. Mill）称之为"整个文化教育领域中古代思想的百科全书"。

普鲁塔克的著作在文艺复兴时期同样受到人文主义思想家的关注，先后被译成英、法等国文字。他的道德思想和教育思想对拉伯雷、蒙田等人都产生过重要的影响。他的《希腊罗马名人传》一直是重要的道德教材，被后人广泛传颂。卢梭就曾从《希腊罗马名人传》中接受了共和精神的熏陶。这些教育家对后世的影响，并不是古罗马教育思想的全部贡献所在。古罗马教育思想在西方教育思想发展中的贡献也并不是各个教育家具体影响的简单相加。在总体上，古罗马教育思想的历史功绩表现在以下四个方面。

其一，它继承、传播并在一定程度上实践了博大精深的古希腊教育思想，从而使西方教育思想传统得以进一步形成、巩固。

其二，它进一步拓展、丰富了对教育现象的认识。古罗马人长于实际、短于思辨的特点正弥补了古希腊人长于思辨、短于实际的不足。古罗马教育家在一系列具体教育问题上的思想同样起到了这种作用。这就使人们对教育现象的认识进一步扩展了。

其三，它与古希腊教育思想一起共同构成了西方教育思想的历史基础。从中世纪开始，一直到 19 世纪末，西方各国的教育实践和教育思想都在不同方面、不同程度上吸取着古罗马教育思想的精华。

其四，它开创了一种新的教育传统。古罗马教育中注重实际、强调组织和管理、重视道德养成等特点，在教育的沿革中，逐步积淀成为西方教育传统的一个重要组成部分。

## 第二章 古罗马教育思想

**【要点小结】**

在西方教育思想史乃至整个西方教育发展的历史过程中，古罗马的特殊贡献在于，在广泛继承和传播古希腊文明和教育的同时，形成了注重道德教育、强调实践应用的具有显著民族特色的教育学说，从而进一步丰富了西方古典教育思想。西塞罗、昆体良、塞涅卡和普鲁塔克等人的教育主张对文艺复兴及其后时代西方教育和教育思想的发展都产生了重要影响。

**【思考与练习】**

1. 西塞罗、昆体良教育思想的主要内容是什么？
2. 古罗马与古希腊教育思想的联系与区别主要表现在哪些方面？
3. 古罗马教育思想的主要历史贡献是什么？

**【参考文献】**

1. 〔美〕爱德华·伯恩斯、菲力普·拉尔夫著，罗经国等译：《世界文明史》第1卷，商务印书馆1995年版。
2. 〔古罗马〕塔西陀著，王以铸、崔妙因译：《塔西陀〈编年史〉》上下册，商务印书馆1981年版。
3. 〔德〕特奥多尔·蒙森著，李稼年译，李澍泖校：《罗马史》第1卷，商务印书馆1994年版。
4. 〔德〕特奥多尔·蒙森著，李稼年译，李澍泖校：《罗马史》第2卷，商务印书馆2004年版。
5. 〔德〕特奥多尔·蒙森著，李稼年译：《罗马史》第3卷，商务印书馆2005年版。
6. 朱龙华著：《罗马文化与古典传统》，浙江人民出版社1993年版。
7. 〔意〕朱塞佩·格罗索著，黄风译：《罗马法史》，中国政法大学出版社1994年版。
8. 〔法〕卡特琳娜·萨雷斯著，张平、韩梅译：《古罗马人的阅读》，广西师范大学出版社2005年版。
9. 〔法〕雅克·安德烈著，杨洁、吴树农译：《古罗马的医生》，广西师范大学出版社2006年版。
10. 〔英〕理查德·詹金斯著，晏绍祥、吴舒屏译：《罗马的遗产》，上海人民出版社2002年版。
11. 〔英〕迈克尔·格兰特著，王乃新、赫际陶译：《罗马史》，上海人民出版社2008年版。
12. 〔美〕克伯雷选编，华中师范大学教育系等译：《外国教育史料》，华中师范大学出版社1990年版。

13.〔英〕博伊德、金著，任宝祥、吴元训主译：《西方教育史》，人民教育出版社1985年版。

14. 任钟印编选：《昆体良教育论著选》，人民教育出版社2001年版。

15. 吴式颖、任钟印主编：《外国教育思想通史》第2卷，湖南教育出版社2002年版。

# 第三章 中世纪教育思想

**【内容提要】**

中世纪是在日耳曼民族大迁徙所造成的古典文明衰落的基础上开始其历史进程的。与古希腊、罗马相比,中世纪是一个文化教育普遍衰落的时期。尽管如此,在中世纪的不同时期,先后涌现出奥古斯丁、杰罗姆、阿奎那等神学家和教育家,产生了一系列重要的教育主张。由于基督教教义是西欧社会占统治地位的意识形态,基督教会掌握了巨大的世俗权力,同时由于中世纪教育家首先是神学家,因此,中世纪教育和教育思想具有浓厚的神学色彩,构成了西方教育思想发展历史的特殊时期。

**【学习目标】**

1. 了解中世纪教育思想形成的背景。
2. 理解基督教对中世纪文化教育的影响。
3. 分析中世纪教育思想的基本特征。
4. 科学评价中世纪在西方教育和教育思想发展进程中的地位。

**【关 键 词】**

中世纪 基督教 七艺 世俗学术 经院哲学

在西方教育思想史上,中世纪(公元476年—13、14世纪)是一个非常特殊的时期。这种特殊性一方面表现在,无论与此前的希腊罗马时期相比,还是与此后的文艺复兴和宗教改革时期相比,中世纪都是一个教育思想相对贫乏和衰微的时期。另一方面则表现在，中世纪教育思想具有浓厚的宗教、神学色彩。这是中世纪教育思想最为根本的特征，而这种特征又是由基督教会对文化教育的完全控制以及基督教教义成为中世纪西欧社会的意识形态这种现实所决定的。因此，理解中世纪教育思想的基本前提就是把握基督教的发生、发展和基督教的基本教义。

## 第一节 基督教的演变与基本教义

基督教于公元1世纪中叶产生于小亚细亚、叙利亚和埃及等地区。最初，基督教是犹太教众多教派中的一个，到2世纪中叶，它才成为独立的宗教。之所以在当地产生基督教，基督教之所以战胜许多教派，成为世界宗教，是由一系列因素造成的。

首先，在当时，生活在上述地区的广大人民，因不堪罗马帝国的残暴统治，而在现实中又看不到任何解脱痛苦的希望，对改变现实无能为力，感到绝望，因而寄希望于一种超自然的力量，幻想救世主（弥赛亚）能够解救他们，正如恩格斯所说："对于巨大的罗马世界强权，零散的小部落或城市进行任何反抗都是无望的。被奴役、受压迫、沦为赤贫的人们的出路在哪里？他们怎样才能得救？所有这些彼此利益各不相同甚至互相冲突的不同的人群的共同出路在哪里？……这样的出路找到了，但不是在这个世界上。在当时的情况下，出路只能是在宗教领域内。"① 基督教正是在这样的现实下产生的，因此，原始基督教是一种"被压迫者的运动：它最初是奴隶和被释放的奴隶、穷人和无权者、被罗马征服或驱散的人们的宗教"②。

其次，基督教最初虽然是犹太教中的一个教派，但由于它没有加深民族隔阂的烦琐仪式，毫无差别地对待一切民族，打破了犹太人基督徒优越地位的观念，更主要地是由于基督"他是为世界赎罪而牺牲的'羔羊'，各族各方的信徒都由于他的血而在神面前赎了罪"。"在信徒们看来，一切时代的、一切人的罪恶，都可以通过一个中间人的一次伟大自愿牺牲而永远赎掉，这样一来，以后就没有必要再做任何牺牲，许许多多的宗教礼仪也就随之失去依据"。③因此，基督教日益吸引着众多的、来自不同民族的信徒。另一方面，基督教又是希腊哲学（尤其是斯多葛派哲学）同东方宗教（尤其是犹太

---

①②③《马克思恩格斯全集》第22卷，人民出版社1965年版，第542、525、535页。

宗教）相结合的产物，它适应了由罗马帝国统治所造成的政治上的世界主义、文化上的混合主义、道德上的个人主义这样一种现实。作为一种宗教，基督教既是普世宗教，又是个人宗教。恩格斯指出："只是通过一神论的犹太宗教的媒介作用，后来的希腊庸俗哲学的文明的一神论才能取得那种唯一使它能吸引群众的宗教形式。但找到了这样一种媒介以后，它也只有在希腊罗马世界里，借助于希腊罗马世界所达到的思想成果而继续发展并且与之相融合，才能成为世界宗教。"①

基督教产生以后一直到公元4世纪，因为基督徒鄙弃现实，禁拜被奉为神的罗马皇帝偶像，被罗马统治者视为"反人类"、不合作，因此，一直受到大规模的迫害，教徒被杀戮，集会被取缔，财产被没收。但基督教不但未被消灭，反而不断发展。在这个时期，它在组织制度上趋于定型，形成了古代公教会（意指不分地域、种族、年龄、性别、尊卑，任何人都能参加的普世性的教会，古代公教会一般是指西罗马帝国灭亡前、基督教东西两派分裂尚未明朗化期间的古代正统派教会）。与此同时，产生了主教、长老、执事三级教职别，崇拜仪式、圣礼逐步程式化，最终编定了《新约圣经》正典，产生了一批教父著作和护教著作。

由于基督教势力的不断扩大，公元313年，西罗马帝国皇帝君士坦丁（Constantine，306—337年在位）与东罗马帝国皇帝李锡尼（Licinius，308—324年在位）在米兰联合发布"宽容敕令"（又称"米兰敕令"），宣布所有宗教同享自由、不受歧视，基督教从此成为合法宗教。公元392年，西罗马帝国皇帝狄奥多西一世（Theodosius Ⅰ，公元378—395年在位）定基督教为国教。

进入中世纪后，基督教不仅成为占统治地位的意识形态，同时获得了极大的世俗权力。其组织日趋严密，形成了与封建等级制度相一致的教阶制度。其思想理论逐步系统化，出现了以杰罗姆（Jerome，约公元347—400）、奥古斯丁（Augustine，公元354—430）为代表的教父哲学。

公元8世纪中叶，法兰克国王丕平（Pepin the Short，741—768年在位）为报答教皇对他的支持，将拉文那到罗马的大片土地赠与教皇，建立了教皇国。公元800年，丕平之子查理曼（Charlemagne，768—814年在位）称帝，由教皇利奥三世（Leo Ⅲ，795—816年在位）加冕，形成了帝王由教皇加冕的仪式，使"君权神授"的理论具体化。到13世纪教皇英诺森三世（Innocent Ⅲ，1198—1216）统治时期，基督教会的权力达到顶峰。15

---

① 《马克思恩格斯全集》第22卷，人民出版社1965年版，第552页。

世纪时，教皇权力开始衰落。16世纪宗教改革运动爆发后，从天主教中又分裂出新教。此后，形成了基督教三大教派：天主教、东正教、新教。

基督教的经典是《圣经》，包括《旧约全书》和《新约全书》。基督教的基本教义主要包括以下内容。

1. 信仰上帝（亦译天主或神）创造并主宰世界。上帝是"灵"，没有形体，没有方位，超乎万物之外，又贯乎万物之中。上帝全在、全知、全能、全善。他是三位一体，包含三个"位格"，第一位即圣父。

2. 信仰耶稣是救世主基督，是"三位一体"中的第二位"圣子"。耶稣借玛丽亚由圣灵感孕，降世为人（道成肉身），具有完全的神性和人性。他是圣父启示的传达者，宣传救世主的福音，为替世人赎罪而被钉死在十字架上，后又复活升天，将来还要再临，施行最后审判。

3. 信仰"三位一体"的第三位"圣灵"运行在世界和人类之中，使人知罪、悔改、成圣。

4. 相信教会是由基督建立的、由"上帝之民"组成的团体，从使徒传递下来，具有圣洁性和普世性，在世界上负有宣传福音的使命。

5. 相信人乃上帝"按自己的形象"所造，由身体和灵魂组成，在万物中居于最高地位，但因背离上帝而陷入罪恶之中，不能自救，人唯有信靠基督才能蒙救称义、获得永生。①

此外，相信《圣经》的绝对权威，相信《圣经》是信仰、生活和言行的根据，是区别善恶、真假、是非的标准，等等，也是基督教的重要教义。从基督教的基本教义中可以看到，基督教不仅作为一种宗教，而且作为一种历史—文化现象所内含的价值取向和基本精神。

首先，与大多数宗教一样，基督教教义中包含了平等的思想倾向。根据基督教教义，人同是上帝的造物，并且因人类祖先亚当和夏娃对上帝犯有原罪，所以，在上帝面前，人人都是有罪的。既然如此，人与人之间就是平等的。恩格斯指出："基督教只承认一切人的一种平等，即原罪的平等，这同它曾经作为奴隶和被压迫者的宗教的性质是完全适合的。"② 这种宗教化了的平等思想在古代世界是一个重要的变化。尽管这种平等思想并没有在中世纪生活的各个方面都得到体现，但它对中世纪教育和教育思想的影响是非常明显的。

其次，在基督教的教义中，包含了追求道德完善，注重个人责任的倾向。根据基督教的基本教义，人对上帝是有罪的，人若要获得救赎，获得永

---

① 参见吕大吉主编：《宗教学通论》，中国社会科学出版社1989年版，第516页。
②《马克思恩格斯全集》第20卷，人民出版社1971年版，第114页。

生，就必须不断进行内心的修炼、祈祷，以求信仰的虔诚和道德的完善。因此，虽然基督教认为人必须依靠信仰、热爱、期待（即教义总纲：信、望、爱）基督，才能蒙救称义，他同时也赋予了人在救赎中的责任。当然，这必然导致禁欲主义、蒙昧主义，但对中世纪文化、教育的发展也并不是毫无积极作用的。

再次，在基督教的教义中，包含了出世的思想观念。与一切宗教一样，基督教也具有出世的倾向。基督教要求信徒热爱上帝、关注灵魂的救赎，把获得永生作为生活的全部目的。现实世界中的一切，不但毫无关心的必要，反而是实现人生目的的障碍。中世纪修道生活方式的普遍盛行，正反映了这种思想观念。这种观念对中世纪文化、教育的发展产生了直接的阻碍作用。费尔巴哈在分析中世纪自然科学研究落后的原因时说："一个……全神寄托于与世界本质相脱离的上帝的基督教徒，怎么会有观察自然和研究自然的兴趣呢？"①

最后，在基督教的教义中，包含了超自然、超感性的倾向。费尔巴哈指出，在基督教中，上帝是作为精神才成为人的对象的，但精神不是在肉体中，而只是在精神中被理解的。"因此，随着基督教的建立，也就形成了精神和肉体、感性和超感性之间的区别。在历史上，随着基督教的种种因素达到一定发展阶段，这种差别又发展成为对立，甚至发展为精神和物质、上帝和世界、超感性和感性的分裂。由于在这种对立中，超感性之物被确定为本质的，而感性之物被确立为非本质的，因此基督教在其历史发展中变成为一种反宇宙的、否定的宗教，一种与自然界、人、生活以及整个世界脱离的宗教"。②费尔巴哈进一步指出，基督教的这种超自然的倾向，直接导致了中世纪文化的衰落。"科学和艺术遭到没落和毁灭的真正的，至少是精神的原因，不是当时多次爆发战争和遭到侵袭，也不是当时的人生来愚笨，而仅仅是这种否定性的宗教倾向。"③

基督教及其教义中所包含的种种矛盾的倾向，同样反映在对中世纪教育和教育思想的影响中。

---

①②③〔德〕费尔巴哈著，涂纪亮译：《费尔巴哈哲学史著作选》第1卷，商务印书馆1978年版，第8、7、7~8页。

## 第二节　基督教对中世纪教育的影响

基督教对中世纪教育的影响是全面的和决定性的。恩格斯指出："中世纪是从粗野的原始状态发展而来的。它把文明、古代哲学、政治和法律一扫而光，以便一切都从头做起。它从没落了的古代世界承受下来的唯一事物就是基督教和一些残破不全而且失掉文明的城市。其结果正如一切原始发展阶段中的情形一样，僧侣们获得了知识教育的垄断地位，因而教育本身也渗透了神学的性质。"① 具体言之，首先，由于在中世纪很长一段时间内，僧侣是唯一识文断字的阶层，因而唯有他们才能充当老师。其次，在中世纪，教堂和修道院是古代文化的主要汇集场所，因而，只有教会机关才能成为教育机构。再次，在整个中世纪，基督教是全部精神活动的唯一和占支配地位的内容，因而自然成为规范教育运行的主要因素。由于上述种种原因，基督教对中世纪西欧教育和教育思想产生了全面的、决定性的影响作用。这种影响主要表现在以下各个方面，这些方面又是相互联系的。

1. 基督教决定了中世纪教育的基本目的。中世纪一切教育的根本目的是与基督教关于人生目的的教义直接相联的。基督教要求人们爱上帝，《圣经》说："尽心尽性尽意地爱上帝，这是戒命中第一的且是最大的。"在基督教看来，人是上帝创造的，都是上帝的儿女，上帝爱自己的儿女，人类也要爱上帝，人类生而有罪，可是上帝慈悲，只要爱上帝，虔诚信仰和服从上帝，一切罪恶就都可得到赦免。因此，爱上帝就成为人生的根本目的，而教育正是要培养人们对上帝的这种感情。中世纪教育有很多种类型，各有其具体的培养目标，但从根本上讲，一切教育的最高目的就是要培养对上帝的情感、信仰。这一点直接影响并制约着中世纪教育的发展方向及其特性。

2. 基督教的教义是中世纪教育的基本内容。在中世纪，不管是教会教育还是世俗教育，都以基督教的教义作为最基本的教育、教学内容。《圣经》、教父著作、经院哲学家的著作，各种祈祷书、赞美诗、圣诗等，一直是不同类型学校的基本教材，神学是最重要的教学科目。甚至于那些本身具有世俗性质的科目（特别是"七艺"），也被根据教义的要求加以改造，或者用作神学教育的基础科目。与希腊、罗马相比，中世纪神学家们在教材、教科书的编纂工作中投入了更大的精力。之所以如此，正是为了按教义的尺度裁剪世俗的古典文化。一个最著名的事例是，西班牙主教伊西多（1sidore

---

① 《马克思恩格斯全集》第7卷，人民出版社1959年版，第400页。

of Seville，570—636）尽毕生之力编纂了 20 卷的百科全书《词源》。他因此被教会奉为"优秀的圣师，公教会的新光荣"。另一方面，在中世纪各种类型的学校教育中，通常都把"七艺"作为重要的教学科目，但这并不是因为"七艺"本身有多重要，而是因为"七艺"所包含的知识被认为是学习神学的必要准备。神学家拉班·莫尔（Raban Maur，784—856）在《牧师教育》一书中，曾广泛分析了"七艺"对学习神学和教会事务的意义。他认为，在《圣经》中，存在着大量派生词、比喻、寓言、韵律，学习文法有助于理解这些表现形式，"因此，文法虽是世俗的，但不无价值，对文法宁可学会而且娴熟不已"。① 至于修辞学，"谁娴悉修辞，就能传布上帝的圣言，做一件有益的事"。而辩证法则使"我们懂得人生及其本源，通过它，我们认识善、造物主和造物三者的来源和活动"。② "七艺"中的后四艺，也具有类似的作用。简言之，中世纪西欧学校的教育内容与教育目的是完全相适应的。

3. 基督教会创办了大量的教育机构。在中世纪的绝大部分时间里，教会是掌管精神事务的唯一机构，创办学校自然成为基督教会的特权。为了培养神职人员和教育信徒，教会先后创办了大量的、各种类型的教育机构，如教区学校、主教学校、修道院学校、大学等，这些学校是中世纪西欧最重要的教育机构，承担了绝大部分社会成员的教育职责。另一方面，即使是在世俗教育中，实际的管理和教育工作仍然是由教士承担的。例如，在中世纪世俗教育发展的黄金时期（公元 8 世纪上半叶），查理曼所创办的宫廷学校的教学工作就是由英格兰教士阿尔岑（Alcuin，约 735—804）等人负责的。对教育机构的直接管理、控制，确保了宗教教育目的的实现。

4. 基督教本身是一种教育力量。这里的教育是从广义上来说的。之所以说基督教本身就是一种教育力量，是因为在基督教教义所规定的各种仪式中，在教士的传教布道中，都包含着一种教育、教化的因素。宗教学和宗教社会学的研究表明，各种宗教仪式都在不同程度上对信徒的宗教经验、宗教情感、宗教信仰发生影响。这种影响在本质上就是一种社会化，一种教化。正是通过这种影响，基督教的教义、伦理广泛地传播、渗透到社会的一切阶级、一切人群、一切活动中，从而构成了一种巨大的文化氛围和教育环境。正如 J. W. 德雷珀在《欧洲智慧发展史》中所指出的那样，"我们不能低估口头描述性的教学（即宗教仪式——引注）对没有阅读风气的社会产生的作用。在安息日，把人们集中在一起让他们沉默地听说教，又无人提问，有比这种教化更好的方法吗？……祈祷和赞美诗首先表现了天堂的和谐，唱诗人

---

①②〔美〕克伯雷选编，华中师范大学教育系等译：《外国教育史料》，华中师范大学出版社 1990 年版，第 120、121 页。

的声音和琴声时而大如雷鸣,赞美至高无上的上帝,时而微微若断,使人们沉浸在精神上的平安之中"。①

5. 基督教所包含的价值取向决定了中世纪全部教育的基本精神。这是基督教对中世纪教育的影响中最为重要、最具实质性和最为深刻的方面。基督教强调人应当爱上帝,并认为爱上帝与爱世界是对立的。基督教认为,人生而有罪,应当不断地忏悔、祈祷,多行善事,才能赎罪,死后升入天堂。基督教主张,肉体与精神是对立的,肉体是精神的监狱,人的各种欲望都是邪恶的,人应当禁欲而专心侍奉上帝。总之,基督教所注重的是人心的无知无欲这种绝对的纯洁,注重的是人的内心道德的完善,注重的是对超自然的向往。由于这些原因,造成了中世纪教育具有根本不同于古希腊、罗马教育的基本特征。如果说古希腊、罗马教育重视人对现实生活、国家的责任,那么,中世纪教育则强调人对神的义务;如果说古希腊、罗马教育重视人的理性作用,因而要求广泛学习知识、训练思想和表达思想的能力,那么,中世纪教育则强调人的道德完善,并认为为了使道德完善,应当不断地忏悔、不断地赎罪。如果说古希腊、罗马教育重智,那么,中世纪教育则重"德",古典教育(特别是古希腊教育)强调的是人的身心和谐发展,为了实现这种发展,必须进行体育、智育、美育、德育等广泛、多方面的教育,必须进行自由教育,而在中世纪的教育中,一切美的、娱乐人心的、使人体格强壮乃至智慧增长的教育,都被认为是有碍教育根本目的的实现的,因而必须彻底废除。在古希腊、罗马,个人的存在和价值在不同程度上得到承认、尊重,因而,关于人以及与人相关的问题就成为学术研究的重要内容。这种风气影响到教育,就表现为对人性、对受教育对象心理世界的认识和探索,进而表现为对教育过程、教育方法等问题的研究。而在中世纪,关于人、自然、社会的一切知识都被认为已包含在《圣经》中,人虽然是造物主最崇高的造物,但对神而言,人依然是微不足道的,因而,对人的研究,对知识的探索乃至对教育本身的探讨,都受到了忽视。更为重要的是,由于教义把人看作是生而有罪的,儿童是罪恶的种子,因而,中世纪的教育通常实行的是一种强制的方式。

基督教及其教义、教会对中世纪教育的影响并不仅限于上述几个方面,但这些方面构成了这种影响的基本内容。这种影响不仅表现在教育的实际运行及其方向上,而且制约着中世纪时期人们对教育现象的认识,作用于中世纪的教育家及其教育思想(应当指出的是,这里所说的基督教对中世纪教育

---

① 〔美〕克伯雷选编,华中师范大学教育系等译:《外国教育史料》,华中师范大学出版社1990年版,第137~138页。

的影响是就总体而言的,具体到不同时期、不同教育家,则存在着变化和差异。由于这种原因,中世纪教育并不完全是消极的)。

## 第三节 中世纪基督教教育思想家

虽然与古典时期的教育发展相比,中世纪是教育事业相对衰微的时期,但由于基督教会和教士在文化教育事务中的独特作用,由于基督教义对中世纪文化思想的决定性影响,由于教育在宗教事务中的地位,因而,中世纪先后产生了一批神学家兼教育思想家。其主要代表人物有、杰罗姆、奥古斯丁、伊西多、托马斯·阿奎那(Thomas Aquinas,约1225—1274)等。

### 一、杰罗姆

杰罗姆,古代基督教圣经学家、拉丁教父,出生于贵族家庭,父母皆为基督教徒。公元359年,杰罗姆赴罗马求学,从师于当时最著名的文法家多纳图斯(Aelius Donatus),并深受西塞罗思想的影响。366年,他皈依基督教,改而研究希腊文、希伯来文和《圣经》。382年,杰罗姆赴罗马,任罗马城主教(后为教皇)的达马苏一世(Damasus I,304—884)的教务秘书,并受命制订一部统一的《圣经·新约全书》的拉丁文译本。公元385年后,杰罗姆定居伯利恒。391—404年,杰罗姆将《圣经·旧约全书》从希伯来文译成拉丁文,定名为《通俗拉丁文本圣经》。1546年,该译本被特兰托宗教会议定为天主教会唯一的标准译本。

在西方历史上,杰罗姆的地位不仅在于他是拉丁教父哲学的重要代表人物,为基督教教义的哲学化作出了贡献;不仅在于他翻译《圣经》的工作对拉丁文法、语言的发展产生了一定的影响,而且也在于他的教育思想为中世纪西欧教育,特别是女子教育和儿童教育的发展,奠定了重要的理论基础。

杰罗姆的著述甚丰,涉及哲学、神学、教会史等许多方面。他的教育思想散见在他的126封书信中,其中最重要的就是《致莱塔的信》。

《致莱塔的信——论女子教育》(Ad Leatam de institutione filiae),写于公元403年,这一年,作者正在伯利恒隐居,罗马贵妇莱塔写信给杰罗姆,征求他对其女保拉(Paula)教育的意见。作为答复,杰罗姆写了这封信。

在《致莱塔的信——论女子教育》中,杰罗姆较为全面地论述了关于教育特别是女子教育和儿童教育的主张。杰罗姆接受罗马帝国基督教神学家、拉丁教父德尔图良（Tcrtullian，约160—225）的基本思想，认为灵魂是神的圣殿，灵魂的核心是对神的敬畏。为了使灵魂真正从属于上帝，它必须得到良好的修炼。这也就是说，为了得到上帝的拯救，人必须得到充分的教育。教育与训练的作用在于对人内在的精神发展施加影响，使人与生俱来的善性和"神性"得到充分的发展。作为基督教神学家，杰罗姆明确指出，全部教育所要达到的最终目的，就在于使上帝所赋予人的神性得到发展，使人的善性得到发扬，从而净化人的灵魂，使灵魂得到拯救。

杰罗姆认为，教育包括两个方面，一个方面是道德教育，另一个方面是智育。在论述智育时，杰罗姆基本上是以当时罗马帝国学校教育的惯例为出发点的。他认为，知识教育应从教育儿童学习拉丁文字母开始。他建议，在教儿童学习字母时，应当把字母刻在木板或者象牙上，以便使儿童可以用手触摸字母的形状，从而学会字母。儿童学会字母，就应当教授拼写。为了使儿童更好地掌握字母的拼写，杰罗姆主张以《圣经》中的各种预言书的作者、使徒和早期主教的名字为工具，使儿童通过牢记这些人名来掌握拼写的方法和规则。在儿童熟练掌握拼写之后，就应当进行语言、阅读教学。语言教学应当从希腊语开始，然后再教授拉丁语，杰罗姆对语言教学的重要性给予了高度评价。他认为，对于一个基督教徒来说，阅读《圣经》是非常重要的，而要能阅读《圣经》，希腊语、拉丁语等语言的学习是极为必需的。语言学习是通往《圣经》的桥梁。

杰罗姆认为，相比于知识教育，道德教育更为重要。在关于道德教育的见解中，杰罗姆受东方修行制度的影响很大，主张以培养谦卑、朴素等品质作为道德教育的重心。通过这些品质的培养，使人克服人类的妄自尊大、高傲的恶劣习性，从而为进一步培养对神的虔敬打下良好的基础。

在道德教育的方法上，杰罗姆主张实行禁欲，以控制乃至消除身体的各种欲望。但与此同时，杰罗姆又认为，儿童生来具有诸如游戏、喜得夸奖等自然习性。随着儿童的成长，这些习性会逐步得到节制，因而不应当在其幼年时期就予以压制。杰罗姆特别强调，在对儿童的教育中，应当多运用奖励的方法，认为奖励是激发智慧的重要手段，是促进儿童学习和成长的有效工具。

在《致莱塔的信》中，杰罗姆尤为具体地阐述了关于女子教育的见解。他认为，应当教育所有的年轻妇女忠诚地献身于基督教理想，禁止她们的自由并压制其自我表现。未婚少女在任何时候都必须有一位成年女子陪伴，以防止她们误入歧途。绝对不允许她们使用化妆品，而应当让她们粗衣淡妆。女子教育的主要内容是：手工、《圣经》、道德，等等。此外，还应当牢记赞美童贞与母爱的圣诗和格言。

## 二、奥古斯丁

奥古斯丁，基督教神学家、哲学家，拉丁教父的主要代表。他的母亲是虔诚的基督教徒，对奥古斯丁影响很大。19 岁时他对哲学发生了浓厚的兴趣，开始探索善与恶的来源问题，因而皈依摩尼教。386 年秋，改宗基督教，391 年升为神甫。395 年，任北非希波城主教。从此开始与基督教内部各教派展开激烈的论战，为此写下了大量的哲学和神学著作，成为当时基督教学术界的中心人物。

奥古斯丁是古代基督教拉丁教父中著述最多的一人，约有九十多种著作，此外还有大量的书札和布道言论。主要著作有：《论上帝之城》、《三位一体论》、《忏悔录》等。

以其神学和哲学为基础，奥古斯丁较为全面地阐述了他对教育问题的基本主张。根据他的观点，教育的基本目的就在于培养对上帝充满信仰、虔诚的基督教徒；在于培养教会的优秀教士。为了实现这个目的，道德教育应居于首位。通过严格的道德教育，使学生养成《圣经·马太福音》所列的"真福八端"，即虚心、哀痛、温柔、饥渴慕义、怜恤、清心、和睦、为义。此外，学生还应当具备宽容、谦虚、热爱真理、正义、爱人、严谨、服从等品质。但是，道德教育并不是目的本身。通过道德教育，是为了使人能够用理智节制欲望，使情感服从理性，专注心灵的修养。另一方面，通过道德教育，有助于造成一种为善的倾向。奥古斯丁认为，人具有自己的自由意志因而可以在善和恶中间作出选择，既可以为善，成为善人，也可以为恶，成为罪人。道德教育，以至全部教育的根本目的，就在于使人养成一种为善的倾向，使人趋善避恶。只有这样，才能培养对上帝的信仰，才能得到上帝所赋予的神性，从而获得拯救。因此，奥古斯丁的教育目的、道德教育目标，从根本上被宗教化了。

奥古斯丁对知识教育也做了系统的论述，虽然他认为认识的目的在于认识上帝，并认为信仰高于认识，但比当时那些绝对排斥知识、认为知识与信仰绝对对立的基督教会人士更为明智的是，他强调世俗知识与基督教信仰之间并不是截然对立的，知识与信仰并不是绝对矛盾的。经过精心的选择与安排，世俗知识将有助于信仰的培养。在世俗知识中，奥古斯丁更为注重的是古希腊、罗马学校的"自由学科"。认为通过学习文法、修辞、辩证法、几何、音乐、数学、天文等学科，既可以使学习者进行比较、判断，学习到其中所包含的真理和"正确的论点"，更主要的是，有助于认识永恒的存在，认识上帝的至真、至善、至美。

在各门自由学科中，奥古斯丁尤为强调的是学习修辞。他认为，掌握修辞与雄辩的艺术，有助于人们去宣传基督教的信仰，去驳斥各种异端邪说，去说服对基督教心存疑虑的人们，从而有助于基督教徒更好地坚持真理。

在知识教育的内容中，奥古斯丁最为重视的是《圣经》。他认为，《圣经》是上帝的语言，是一切知识的源泉。因此，学习《圣经》是最为重要的。由于《圣经》是最高的权威，因而在学习《圣经》时必须绝对服从《圣经》的教诲，即使其中有难解之处，也不允许有丝毫的怀疑和独立的判断，只能绝对地、无条件地接受。

为了学习《圣经》，语言的学习是必不可少的。尤其是拉丁语的学习，更是非常重要。在语言教学的方法上，奥古斯丁提出了值得注意的见解。他主张，语言学习应当引起学生的兴趣和好奇心，从而使学习变得愉快和自由。他特别强调，语言（尤其是外国语）的学习，应当与日常生活相联系，避免教学的枯燥乏味。

作为基督教神学家，奥古斯丁在教学内容上的进步立场是极为有限的。他反对不加限制地学习一切世俗知识，尤其反对那些他认为有悖基督教教义和道德、不利于信仰的知识内容。他尤其反对的是学习自然学科，他认为，人类对自然界奥秘的探究，不仅毫无用处，而且会使人养成骄傲、浮夸等不良品质，这些品质与基督教所主张的谦卑品质是背道而驰的，甚至导致对上帝的不敬。

奥古斯丁还反对学习史诗和戏剧作品（尤其是悲剧和喜剧作品）。他认为如《荷马史诗》、罗马作家维吉尔的《埃涅依斯》等史诗，都是荒诞不经和虚浮的，阅读这些作品应当受到上帝的惩罚。因此，他坚决反对把这些作品当做学校的教材。认为让儿童学习这些作品，无疑是把他们"投入到地狱的河流"。奥古斯丁虽然主张把音乐作为教学的内容，但同时又认为应有所节制。这是因为，再好的音乐，也仍然是感性的东西，不应超越理性。即使是那些配上神圣歌词的曲调，虽然能燃起对上帝忠诚的火焰，但由此产生的快感，也应节制，不应为之神魂颠倒。

为了更好地以基督教原理选择、编制学校教育内容，奥古斯丁积极主张重新编写各科教科书。他身体力行，亲自编写了逻辑学、修辞学、音乐、几何、算术和哲学等科的入门教材。

在晚年著作《上帝之城》中，奥古斯丁进一步充实了在《忏悔录》中提出的见解。根据《圣经》中"上帝之城"的概念，奥古斯丁推导出一套神学历史观；他认为，自从人类始祖吃了禁果，犯了"原罪"起，就形成了以上帝为善一方的"上帝之城"，和以人类为恶一方的"世人之城"。前者指天国，又指基督教会，它追求善，以永生为目的；后者指人间，又指世俗国家，它迷恋现世享乐，是罪恶的渊薮。上帝之城与世人之城是对立的，但并非完全敌对。教徒在世俗事务上应服从国家，国家亦应帮助和保护教会。但是基督教会是上帝意志的体现，它高于世俗政权，国家应服从教会。奥古斯丁的神学历史观为中世纪教会神权统治奠定了理论基础。同时也为基督教会对教育事业的垄断提供了依据。

奥古斯丁的教育思想对中世纪西欧教育产生了极为深刻的影响。这种影响具有双重性。从消极方面来看，中世纪学校所盛行的蒙昧主义、禁欲主义、体罚、机械训练，以及对古希腊、罗马学术的敌视态度等，都在一定程度上受到奥古斯丁思想的影响。中世纪教会对学校教育的垄断，教育成为教会的工具，成为基督教信仰的手段，都与奥古斯丁的思想具有一定的关联。在这个意义上，奥古斯丁对后世教育演变的影响是消极的，甚至是反动的。

在另一方面，奥古斯丁对后世的影响也具有一定的积极因素。他关于世俗知识可以为基督教信仰所用的见解，对中世纪早期教会致力于保存古典作品，以及修道院学校安排教育活动，具有一定的影响。他对于基督教教育的一系列基本问题的主张，为整个中世纪教会教育，以及教会教育政策的制订提供了理论依据。

### 三、伊西多

伊西多，西班牙主教。出生于西班牙卡第根纳的贵族家庭。公元600年前后，接替其兄林德（Leander）成为塞维尔地区的主教，任职长达36年，成为西班牙当时最有影响的主教。任职期间，他创办了一所有一定规模的以培养神职人员为宗旨的学校。公元633年，他以主席的身份主持召开了著名的托力多第四次宗教会议。这次会议通过了一系列重要的决定，其中包括统一各地区的教仪，每个教区都必须设立一所学校以培养神职人员等。在他生前，由于对复兴西班牙教育特别是宗教教育的重要贡献，伊西多被誉为西班牙教育的重建者。1722年，罗马教皇英诺森十三世追赠他为"圣徒"。伊西多在历史上的影响不仅在于他为中世纪天主教会的扩张立下了汗马功劳，而且也在于他为西班牙乃至整个西欧文化和教育事业，从日耳曼民族大迁徙所造成的文化衰落中复兴、发展所作出的重要贡献。在西方教育史上，他的贡献还在于，他对中世纪学校的课程建设产生了久远的影响。

伊西多著述甚丰，但绝大部分为神学著作，与教育问题直接相关的主要是《词源》这部巨著。

《词源》（*Etymologies*），又译作《词源学》、《语源》等。作者生前未完成该书。在他去世后，由西班牙萨拉哥撒主教柏兰利奥格根据其手稿整理刻行。全书共20卷，分为5部分。第一部分包括第1—4卷，主要论述七门"自由学科"，其中第1、2卷论前三艺（即文法、修辞学、辩证法），第3卷论述后四艺(即算术、几何、天文、音乐),第 4 卷论述医学。第二部分包括第 5—8 卷,其中第 5 卷为"通史简编",第 6 卷为教会礼仪,第 7 卷论神学,第 8 卷介绍各地教会及各种异端派别。第三部分包括第 9—12 卷,其中第 9 卷论人类和对不同地区、不同语言的居民进行分类,第 10 卷论文学,第 11 卷论人与人性,第 12 卷论动物。第四部分包括 13—16 卷,其中第 13 卷论天文,第 14、15 卷论地理,第 16 卷论矿产。第五部分包括第 17—20 卷,其中第 17 卷论文化,第 18 卷论战争,第 19 卷论建筑及服饰,第 20 卷论菜肴及家庭用品。

在《词源》这部巨著中,伊西多根据基督教教义和当时培养神职人员的要求,将所搜集到的古希腊、罗马作家的著作和基督教教父的著作,加以汇集、整理并予以阐释。伊西多全盘接受了奥古斯丁的思想,对诸如原罪、救赎、地狱、预定论等基督教的基本理论,做了具体的阐发。在此基础上,他提出了与教育问题直接相关的一些见解。

伊西多认为,人类生活的基本目的就在于获得上帝的拯救。为了达到这个目的,人必须不断地修炼自己的德行,克服贪婪、奸淫、悭吝、嫉妒、忧虑、忿怒、虚荣、骄傲等恶行,以获得信、望、爱的"神德"。只有获得这三种神德,人才有可能使自己的灵魂与上帝结合。

修炼德行的途径有很多种,如忏悔、祈祷、冥想、劳作等,其中较为重要的途径是努力获得智慧。所谓智慧,就是瞻仰永恒的真理,即上帝。而要获得智慧,又必须致力于学习各种知识。知识虽然不同于智慧,它的对象只是暂时的世界,但它对于获得智慧并最终获得信仰,是必要的,伊西多有一句名言:"明日就死又何妨,只要学习,就像永远不死一样。"[①]

既然知识的学习是为了获得智慧、认识上帝,因此,学习内容的选择与安排必须以此为原则。伊西多坚决反对不加选择地学习一切古希腊、罗马的文化,认为许多世俗知识是与基督教教义相违背的,应当坚决取缔。他尤其反对学习诗歌,认为诗歌将会败坏教会的风气,损害神职人员的道德。他所主张学习的,首先是《圣经》,认为学习《圣经》有助于对上帝的认识和信仰。其次,他主张学习基督教教父的著作,特别是奥古斯丁的著作。在古希腊、罗马的世俗文化中,他强调学习七门"自由学科"(即文法、修辞学、辩证法、算术、几何、天文、音乐),认为这些知识有助于理解《圣经》和教父著作。另一方面,为了抵制古希腊、罗马异教作家对基督教的不利影响,有必要了解这些作家的著作,如哲学、历史学、物理学等。

---

[①] 吴式颖、任钟印主编:《外国教育思想通史》第 3 卷,湖南教育出版社 2002 年版,第 125 页。

《词源》一书问世后，在长达几百年的时期中，一直是西欧各修道院学校和主教学校"七艺"课程的最有权威性的教科书之一，成为中世纪早期西欧人了解希腊、罗马文化的重要途径。在 7 世纪，由于民族的大迁徙，对于原有的罗马文化、社会、经济造成了空前的大破坏，西欧正处于文化荒芜的"黑暗时代"。在当时，除英伦三岛外，欧洲大陆对希腊、罗马文化知之甚少。在这种情况下，《词源》对于西欧人扩大眼界、丰富知识、摆脱愚昧无知的确起到了启蒙的作用。而且，由于它汇集了一部分古希腊、罗马作家的著作，因而在客观上起到保存、延续古典文化的作用。这些对于公元 8 世纪法兰克国王查理曼统治时期的文化和学术"复兴"，起到了直接的推动作用。

另一方面，由于《词源》汇集了当时所有各方面的知识，并加以较为系统的安排，因此，它不仅是公元 7 世纪的百科全书，更为重要的是，它进一步拓展了当时学校教育的内容，对中世纪早期的教育发展，作出了一定的贡献。与此相联系，它努力使学校教学内容、教材系统化，这也有助于学校教学工作的进步。再一方面，它第一次把"七艺"的前三科定名为"三学"（tdvium），把后四科定名为"四学"（quaddvium），从而使作为中世纪学校主要课程的"七艺"定型化。

当然，不应把《词源》所产生的影响人为地拔高。由于历史的原因，书中所辑录的一些古代作品存在着为数不少的错误，有些甚至是以讹传讹。更为严重的是，作者从宗教偏见出发，对古代作品做了许多人为的剪裁，从而阉割了古典文化的优秀成果的基本精神，这对文化的保存、发展是非常有害的。

### 四、阿奎那

托马斯·阿奎那，中世纪基督教神学家、经院哲学最著名的代表人物。青少年时期，阿奎那先后在那不勒斯大学、巴黎大学求学，并曾从师于著名学者、主教阿尔伯特（Albert, the Great，约 1200—1280）。1252 年，赴巴黎大学攻读神学硕士学位，同时以学士身份在巴黎大学讲授《旧约全书》中的《箴言书》。从 1255 年起，阿奎那开始主持巴黎大学的神学讲座，讲授《圣经》。1256 年，获神学博士学位，并开始担任巴黎大学教务长一职，直到 1259 年。在职期间，对巴黎大学的教学秩序进行了大力的整顿。

1259 年，阿奎那离开巴黎大学，先后到意大利的奥尔维耶托、罗马和维泰博等地讲学。并应教皇亚历山大四世（Alexander Ⅳ，1251—1261 年在位）之召，任教廷神学教授。以后，又先后为教皇乌尔班四世（Urbanus Ⅳ，1261—1264 年在位）、克雷芒四世（Clemens Ⅳ，1265—1268 年在位）服务，直到 1268 年。1269—1272 年，重返巴黎大学任教。1272 年，任那不勒斯大学教授。1274年3月7日于福沙诺瓦修道院逝世。1323年7月18日，被罗马教皇约翰二十二世（John XXⅡ，1316—1334年在位）追封为"圣徒"。1567年，教皇庇护五世（Pius V，1566—1572年在位）又封他为天主教会"圣师"。以后，历代教皇都一直奉他为神学导师。

阿奎那一生勤于著述，写作了大量的神学、哲学著作。其中较为重要的是：《神学大全》、《反异教大全》、《亚里士多德著作注释》、《神学问题讨论》等。与教育相关的著作主要是《神学大全》。

《神学大全》是一部用基督教观点说明自然和社会一切问题的中世纪神学世界观的百科全书。其特点是努力把亚里士多德哲学与基督教神学调和起来，构筑起一个庞大的体系。其中心思想就是维护封建神权统治，把封建社会等级划分说成是"神的规定"，把封建君王的权力说成是来自"神的意志"，而教皇则被宣称是位居世俗君王之上的"基督的全权代表"。在论述自然、人、社会、神以及政治等方面问题时，阿奎那阐明了他关于教育问题的见解。

阿奎那认为，教育的最高目的是发展人性、实现神性。为了实现这个教育目的，应当主要进行知识教育和道德教育。

在知识教育方面，阿奎那主张通过学习抽象的科目，以发展学生的理解能力。为此，他十分重视学校的教材和教科书的编写工作。在多年的教学生涯中，他先后编写了大量的大学教科书。《神学大全》就是其中最有影响的一部。

阿奎那还简要地论述了道德教育的问题。他认为，虽然在人的身上存在着一种倾向为善的自然习性，但这种习性并不"自然"地使人做善事、成善人。为善的自然倾向只有当受到后天的训练、教育后，才能真正成为现实的善良。因而，在个人道德的发展中，教育具有非常重要的作用。只有通过系统的道德教育，个人才能真正成为具有良好品行和情操的、善良的人。在个人所具备的各项道德品质中，阿奎那认为，服从上帝、尊敬父母、为国家利益放弃个人利益，等等，都是非常重要的。道德教育应当努力发展这些品质，使人成为上帝虔诚的信徒和国家的良好公民。

阿奎那不仅在西方哲学史和文化史中占有重要地位，在教育思想史上，也具有广泛、深刻的影响。这种影响主要表现在以下三个方面。

第一，在托马斯·阿奎那之前，基督教会排斥亚里士多德学说，而奉柏拉图思想为权威。因此，中世纪西欧学校（尤其是大学）通常把柏拉图的一些著作列为教学内容。阿奎那一生致力于研究亚里士多德学说，并努力用亚里士多德学说论证基督教教义，使基督教神学进入了一个新的阶段。由于阿奎那学说以后成为天主教廷的官方学说，亚里士多德的哲学、物理学逐渐被教会接受，并逐渐取代了柏拉图学说原有的地位，成了新的权威。由于这个原因，亚里士多德学说成为中世纪后期西欧学校的重要教学内容，这对于西欧学校教育特别是高等教育的发展，具有非常深刻的影响。

第二，由于阿奎那"复兴"了亚里士多德的学说，使亚里士多德的著作成为中世纪西欧学校的重要教学内容和教科书，因而，使亚里士多德思想中所蕴藏的理性精神得到发扬。虽然阿奎那始终把理性与信仰相调和，并仍然使理性服从于信仰，但在长期排斥理性的中世纪，承认理性的存在与合理性，并把理性的发展作为教育的重要职能，无疑是一个巨大的进步。这对于中世纪后期文化、教育事业的发展以及14世纪后人文主义教育的兴起，同样具有积极的作用。

第三，阿奎那哲学和神学中的论证方法（即通常所说的经院哲学方法），在他生前，就已经在阿奎那本人的教学实践中不断地得到运用。在他逝世后，更广泛地成为西欧大学的教学方法。阿奎那的论证方法虽然具有烦琐、细碎等种种弊端，但它对训练理论思维、思想的逻辑性和严密性，在客观上是具有一定作用的。这种方法在大学中的广泛运用，不仅促进了大学教学水平的提高，而且直接推动了中世纪大学的发展。中世纪大学之所以能培养出但丁、蒙田、拉伯雷、马丁·路德等一大批文化名人，是与这种严格训练的教学方法分不开的。

阿奎那教育思想的影响不仅在中世纪后期是重要的，在现代西方教育思想的发展中仍发挥着显著的作用，新托马斯主义教育思想的兴起正反映了这种作用。

杰罗姆、奥古斯丁、伊西多、阿奎那等人的教育思想构成了中世纪教育思想的主要内容。此外，本尼狄克（又译作本笃，Benedictus，约480—550）、卡西奥德鲁斯（Cassiodorus，480—575）、教皇格列高里一世（Pope Gregory I, the Great，540—604，590—604年在位）、克莱门特（Clement）、毛路斯（Rabanus Maurus，776—856）、安瑟伦（Anselmus，1033—1109）等，也对中世纪教育思想的演变起了不同程度的作用。

## 第四节 中世纪教育思想所探讨的基本问题

与古希腊、罗马时期相比，中世纪是一个特殊的时期，因而有着特殊的教育问题。但不能因此断言，在教育思想上，中世纪与古典时期没有任何联系，或者说中世纪是西方教育思想发展史上的一个断裂时期。事实上，由于某些教育问题本身具有广泛性、普遍性，同时也由于中世纪基督教的教育家们通常都受到古代思想的不同程度的影响，因此，他们所探讨的教育问题以及由此形成的教育思想，与古希腊、罗马教育家的认识客观上存在着某种相关。

从总体上讲，中世纪教育家所探讨的主要问题包括：如何看待世俗学问（主要是古希腊罗马的学术和文化），神性、人性与教育的关系，信仰与知识的关系，教育和教学的方法，等等。这些问题中，有的是中世纪所特有的（如对世俗学问的态度），有的则是教育的普遍问题，只是在中世纪采取了特殊的表现形式。

## 一、关于世俗学术

按照传统的见解，中世纪基督教会对包括古典文化在内的一切世俗知识，都持一种否定、歪曲的态度；或者说，教会对世俗文化在长期内一直持敌视的态度。如罗素认为，"教会内对异教学术的敌视延续了至少有四个世纪，从11世纪以来，教会才对俗界学术抱有好感"①。

从历史的角度来看，基督教会内部对世俗学术的认识和态度并不是铁板一块，也不是一成不变的。即使在中世纪早期，情况也是如此。具体说来，在5—10世纪这五百多年的时间（通常称为"黑暗时代"）里，基督教会内部对世俗学术的认识和态度主要包括两种不同的类型。

第一种类型，以杰罗姆和教皇格列高里一世等为主要代表，认为世俗学术是一种异教文化，它与基督教教义是相违背的，对世俗学术的学习将阻碍信仰的形成。因此，坚决反对学习、传授世俗知识，甚至主张加以取缔。马赛修道院的创办人卡西恩主教就曾以一种忏悔、恐惧的心情表达了他对世俗知识的看法，他说："我已经深深地被文学所灌注。我的灵魂受到诗人作品如此巨大的影响，以至于即使在我祈祷的时刻那充满在我儿时记忆中的轻浮的寓言和粗俗的故事仍会爬上我的心头。当这些幽灵在我脑海中嬉戏时，我的灵魂就不再渴望升入那对天国圣物的沉思。"②

公元4世纪前陆续编成的《使徒准则》，则明确禁止有关人士阅读古代作家的作品。《准则》告诫牧师和信徒：要"禁止阅读一切异教书籍"，并说："你要这些颠覆还不牢固的信仰的讲演、法律和虚伪的预言书有什么用？

---

① 〔英〕罗素著，何兆武、李约瑟译：《西方哲学史》上卷，商务印书馆1981年版，第473页。

② 〔英〕菲利普·沃尔夫著，郑宇建、顾犇译：《欧洲的觉醒》，商务印书馆1990年版，第15页。

究竟上帝的法律中有什么缺点，以至非得求助于异教邪说不可？如果你要学历史，有《列王记》；要想读名言集和诗集，有约伯的《预言书》和《箴言》，它们能给你比异教诗人和智者的著述更深透的智慧，因为里面都是主——唯一明智的上帝——的圣言。如果你要唱歌，可唱圣歌；要想知道万物的根源，可读《创世纪》；要想了解律法，可读主的荣耀的律法。因此，要杜绝一切古怪又有恶意的书籍。"[1]

杰罗姆与同时代的大多数教父一样，认为古希腊、罗马文化对于基督教信仰，是一种严重的威胁，因而应予以排斥。由于这个原因，在《致莱塔的信——论女子教育》中，杰罗姆主张，在对儿童进行知识教学时，应当排斥修辞学、诗歌、音乐等科目。他尤其反对音乐教学，主张让学生远离音乐，最好让学生根本不知长笛、里拉（古希腊一种七弦竖琴）和竖琴为何物。如果一定要学习音乐，那么，只应当让儿童学习赞美诗、圣歌。

教皇格列高里一世在《大道德学》一书中，曾明确表述了对世俗学术的敌视。他说："我不愿为避免语句的生硬而找麻烦，对前置词和词尾变化的次序或确切意义，我不屈尊求解。一想到神谕的言词要服从多纳图斯的规则，我就怒火中烧。"在写给法兰西维恩主教德西德留斯的信中，他严厉地告诫说："我们听到一个一提起就不免感到差耻的消息。人们说你的'弟兄们'（其实就是你）习惯于对某些人讲解语法。对此我们不但非常不满，而且十分愤怒……因为赞美朱比特的话语断然不能出于颂扬基督的口中。一个大主教讲些连对虔诚的俗人来说都不适宜的话，是多么不成体统！"[2] 毋庸讳言，这种类型的对古典文化的认识和态度在相当长的时间内，是教会中占主导地位的价值评判。由于格列高里、杰罗姆等人所占据的重要地位，他们的见解是可以影响整个教会的立场的。

第二种类型以奥古斯丁、伊西多和阿尔岑等人的思想为代表。他们并不一概排斥世俗的学术和文化，而是认为世俗学术中的一些知识不仅有助于传播教义，而且有利于培养信仰。奥古斯丁在《关于授圣职仪式》、《关于基督教教义》等著作中，曾反复阐明了他对古典文化的见解。他指出："修辞学既然对坚持真理和反对谬误都有用，谁敢说体现在真理辩护人身上的真理在反对谬误时（会）解除武装呢？例如，那些力图说服人们什么是谬误的人，应当知道如何提出问题，以便使对方进入一种友好的或注意的或愿意受教的

---

[1]〔美〕克伯雷选编，华中师范大学教育系等译：《外国教育史料》，华中师范大学出版社1990年版，第62页。

[2]〔英〕博伊德、金著，任宝祥、吴元训主译：《西方教育史》，人民教育出版社1985年版，第103页。

精神状态，而同时真理辩护人却又不知道这种艺术，有哪个愚蠢的人会认为这是明智的呢"？他又说："假如那些叫做哲学家的人，特别是柏拉图主义者所说的话是真实的，而又与我们的信仰一致，我们不但不回避它，而且还向那些非法占有它的人提出我们自己的运用权利。"①

伊西多则认为："如果能更好地吸收和运用语法学家的学问，那我们的生活将受益无穷。"② 这是因为，"文法远比异教好"。与奥古斯丁不同，伊西多对世俗学术实际上采取了两害（即世俗学术、异教）相权取其轻的态度。这种态度具体地反映在他的《词源》中。

相形之下，阿尔岑的认识更进了一步。一方面，他认为古典知识之所以有价值，是因为它们能引向一种对《圣经》的更好理解。他说："文法训练和哲学训练的步骤会引向合乎福音的完美的极致。"基于这种认识，阿尔岑积极支持查理曼"复兴"文化和教育的努力，他在致查理曼的信中说："如果很多人都受到你的目标的影响，一个新的雅典将会在法兰西创立起来，不仅如此，它将是一个比古雅典更美好的雅典，这是因为我们的雅典在基督教的教导下将超过柏拉图学园的一切智慧。"③

但在另一方面，阿尔岑又认为，人文学科不是人的创造而是上帝的创造，是上帝把它们安放在自然之中的。这也就是说，世俗学术同是上帝智慧的产物，它不仅无碍于基督教信仰，反而有助于形成信仰。因此，世俗学术不但不应受到敌视，反而应当得到重视和保护。

在奥古斯丁、伊西多等人的思想中，世俗学术还是一种与基督教教义相对立的异质性的事物，它之所以被当做一种有价值的事物，主要是因为它是理解《圣经》和基督教教义的前提、工具。奥古斯丁、伊西多之所以重视古代著作的编辑工作，正是为了从中删除那些被认为有害于信仰的内容，从而更好地发挥古代著作的工具作用。而在阿尔岑的思想中，虽然有与奥古斯丁和伊西多主张相同的一面，但由于强调世俗学术是神的创造，因而事实上确认了世俗学术与基督教信仰的同质性。在信仰统治的年代里，还有什么更好的理由肯定世俗学术的价值呢？

从以上两种不同的见解中可以看到，在中世纪，教会内部对世俗学术所

---

① 引自〔英〕博伊德、金著，任宝祥、吴元训主译：《西方教育史》，人民教育出版社1985年版，第90页。

② 吴式颖、任钟印主编：《外国教育思想通史》第3卷，湖南教育出版社2002年版，第127页。

③ 〔英〕菲利普·沃尔夫著，郑宇建、顾犇译：《欧洲的觉醒》，商务印书馆1990年版，第64页。

持的见解并非完全一致,而是存在着一定的差异的。从发展的角度看,这种差异就更加明显。大体说来,在 5 世纪,由于大量的教士本身曾受到良好的古典教育,因而即使他们在理智上认为学习古典作品会影响信仰,但在情感上他们却难以完全摆脱古典文化的影响。另一方面,由于当时传教的对象有相当一部分是罗马帝国的贵族,他们都曾受到古典知识的教育,因而为了传教活动的进行,教会也难以完全抛弃古典学术。奥古斯丁是这个时期的主要代表。从 6—8 世纪,教会内部对世俗学术的态度则发生了显著的变化。格列高里一世的主张代表了这个时期教会对古典文化的普遍态度,因而使古典文化的衰落达到了顶点。从 8 世纪后期开始,教会对世俗学术的态度再一次发生了变化。由于阿尔岑等人思想的影响以及他们的实际工作,由于查理曼对教会学校和世俗教育的重建,形成了所谓的"加洛林的文艺复兴",即古典文化的初步复兴。此后,教会对世俗学术的态度虽然仍有一些反复,但总的来看,改造、利用世俗学术为信仰服务,则始终是中世纪后期教会的主要立场。正是从这种对世俗学术的宗教化的改造中,古典文化中的一部分内容得以保存、传递。文艺复兴时期人文主义者所读的相当一部分古典作品都是在中世纪的修道院中保存下来的,如李维的《罗马史》、卢克莱修的《物性论》、塔西佗的《编年史》,以及西塞罗等人的著作。

在中世纪教育思想中,对世俗学术的认识和评价,涉及一系列其他的教育问题,如教学目的、教育内容、课程设置等。在根本上它是选择、安排教育内容,制定课程的指导原则。因此,它既是中世纪教育所特有的问题,又是普遍教育问题在中世纪的具体反映。这种特殊性是由中世纪对教育的宗教化认识所决定的。

## 二、神性、人性与教育的关系

中世纪是神权统治的时期,中世纪的教育是以神为目的的教育。但在另一方面,与一切时代的教育一样,中世纪的教育本身也是以人为对象的活动,因此,在中世纪教育中,就形成了特有的神—人的关系。这种关系是中世纪教育中最根本的关系之一,它是一系列教育问题的前提。

在中世纪基督教教育家中,较早论述神性、人性与教育关系问题的是奥古斯丁。他认为,神具有无上的能力、无限的智慧和至善至美的品德。神从无中创造了世界。奥古斯丁指出:"主,确无可疑的是:你创造了天地。确无可疑的是:'元始'即是你的智慧,在智慧之中,你创造了一切。确无可疑的是:这有形可见的世界分为两部分,用天地二字可以总括你所造的一切……确无可疑的是:不仅一切已造的和已成形的东西是出于你的创造,甚至可能创造和可能成形的东西，都可能由你创造，因为一切来自你。"①

正因为上帝是万物的创造者，因此，他是"至高、至美、至能、无所不能，至仁、至义、至隐、无往而不在、至坚、至定，但又无从执持，不变而变化一切，无新无故，而更新一切……行而不息，晏然常寂，总持万机，而一无所需；负荷一切，充裕一切，维护一切，创造一切，养育一切，改造一切；虽万物皆备，而仍不弃置"②。

上帝是如此伟大、完善，而作为上帝造物的人则是罪恶深重的。奥古斯丁认为，上帝创造人类的祖先亚当时，人是正直的，具有自由意志。但亚当滥用了他的自由意志，从而丧失了向善的能力。亚当的罪传给后代，因此，人生下来都是有罪的。人只有不断赎罪修行，才能得到上帝的宽恕。这是人生的最高目的所在。

对神性与人性的这种见解，直接影响到他的教育价值观，虽然奥古斯丁并未直接阐述过他对这个问题的见解，但从其全部教育思想来看，他的思想倾向是十分明显的。按照他的理解，教育是人全部修行、赎罪活动的一个组成部分。因此，教育的目的既不是发展智力、理性，也不是培养国家的公民，而仅仅在于修炼德行。通过教育，使人聆听、懂得上帝的教诲，意识到自身的罪恶，从而进行祈祷、忏悔，克服对各种欲望和享受的追求，最后皈依上帝。简言之，教育的基本宗旨就是抑制人性、高扬神性。因此，在奥古斯丁的思想中，教育活动的本质就在于它是一种内心的修炼。

托马斯·阿奎那进一步全面阐发了神性、人性和教育关系的见解。受亚里士多德思想的影响，阿奎那把对人的本性的探讨，作为研究教育问题的出发点。他认为，就其本性而言，人正处于物质界与精神界的交会点上，因此，人同时具有精神性和物质性。由于这个原因，人必须同时具有与精神界和物质界相关的能力。为了具体分析这些能力的性质和特点，阿奎那接受了亚里士多德的主张，转而研究人的活动，并根据活动的性质得出关于人性的结论。正如亚里士多德把人的灵魂划分为植物灵魂、动物灵魂和理性灵魂三个部分一样，阿奎那把人的活动分为三类：维持生命和繁殖后代的活动、感觉及对外界的感情反应的活动、意志和理解的活动。维持生命和繁殖后代的活动主要包括饮食、生育。感觉活动包括视觉、听觉等五种"外在的感觉"和对外物整体概念、记忆、联想、分辨等"内在的感觉"。感情反应活动包括爱、欲、愉快、失望、悲伤、惧怕、勇敢、希望、愤怒、怨恨等。意志包括"不自由的意志"和根据对事物的了解而作出决定的"自由的意志"。理

---

①② 奥古斯丁著，周士良译：《忏悔录》，商务印书馆1963年版，第19节、第4节。

解的活动有两种形式:一是确定事物的简单本质,这种形式的活动没有真假可言;一是作出肯定或否定的判断,这种形式的活动涉及事物之间的关系(同一性或不同性),可称之为"结合或分离"的活动。

阿奎那进一步区分了理解活动所需的能力(即理智能力),认为理智能力可分为怀疑(dubitatio),即不做任何判断;"意见"(opinio),即允许有错误的犹豫不定的看法;"理解"(intellecetus),即坚定地同意某项真理;"知识"(seientia),即根据推理而坚定地同意真理;"信仰"(credere,fides),即缺乏有说服力的理由而坚定地相信。阿奎那认为,人是有生命力的存在物,因而人具有自然界存在物和有生命的存在物所共同具有的属性。这也就是说,人和植物、动物都具有共同的特点和功能。但是,人又不同于动物、植物,人之所以为人,就在于人具有根本不同于其他有生命存在物的本质特点。人的本质特点就在于他能够进行理解的活动,具有理智能力,人是理性的动物。为了进一步揭示人的本性,阿奎那又从另一个角度探讨人性的问题。他承袭了亚里士多德的观点,认为人生而具有参加社会政治生活的自然本性,人天生是社会的或政治的动物,他在本性上注定要过集体的和社会的生活。这也就是说,人具有社会性。这同样使人从本质上区别于其他生物。此外,阿奎那认为,人的本性中具有天然为善的自然习性,这种习性是上帝印刻在人心上的自然命令和自然律。

阿奎那还具体分析了人性的差别,用以论证社会等级制度的合理性。他认为,人生来在智力、体力上存在着差别,有的人生来聪明,有的人生来肢体发达,因此,有的人适合于种田、做工,有的人适宜于管理国家,还有的人适于成为神职人员。如果说阿奎那对人性的理解不同于奥古斯丁,那么,他对神性的认识则与奥古斯丁一致。在他看来,上帝是一切真中之至真,一切善中之至善,一切美中之至美,是真善美的源泉。基于以上对神性和人性的理解,阿奎那系统阐述了关于教育的主张。首先,他认为,在人类的全部活动中,教育是一项非常重要的活动,它与人类的生活具有密切的相关。这是因为,人类社会的未来成员,不仅需要从身体上进行养护,而且需要从精神方面加以教育。因此,教育事业与人类社会的延续是息息相关的。与此同时,阿奎那指出,与人类活动的其他形式相比,教育活动需要经历更长的时期,需要花费更多的时间。因此,对教育工作切不可急功近利,急于求成,而应当从长计议,从长远的观点进行安排。

从其人性论出发,阿奎那认为,教育作用一方面是发展人的物质性,并在此基础上发展真正的人性。他要求使人的自我保护、维持生命和健康、成长和繁殖后代等自然属性都得到正常的发展,认为这种发展是健全人性的发展所必不可少的。为此,他主张在教育的实际工作中,应当顺应自然的要求，注意学生的身体健康，使他们不致因学习的过度劳累而影响身体的发展。在这方面，阿奎那显然不同于奥古斯丁，他非但不提倡禁欲主义，反而肯定人的自然欲望的合理性，并认为这些欲望的合理满足是合乎自然要求的，是教育工作的重要前提。因此，虽然同为基督教神学家，阿奎那的思想显然较奥古斯丁的见解更为人道、进步。

但是，阿奎那毕竟是中世纪的基督教神学家，他的思想的进步性是极为有限的。根据他的思想，教育作用更为重要的方面是，在发展人的自然属性（即物质性）的基础上，进一步发展人的精神性，使人之所以为人的根本特性得到充分的实现。就是说，通过教育和教学活动，应着重使人的理性得到发展，使人性不断地趋向于人类所特有的理性，使人克服无知与愚昧，从而达到真理。在这方面，阿奎那明显受到了亚里士多德思想的影响。

而从西方教育的整个发展过程来看，亚里士多德的思想经过阿奎那的进一步阐述，事实上正式形成了以古典实在论为基础的理性主义教育思潮的基础。这种教育思想虽然不同于近代的以唯理论哲学为基础的理性主义教育理论，但在二者之间，客观上存在着思想上的渊源关系。由于这个原因，阿奎那的上述思想对西方教育理论的发展具有重要的影响。

从阿奎那的思想来看，无论他在教育作用的问题上强调哪一方面，他始终强调的是通过教育作用的实现，以达到教育的基本目的。与其他基督教神学家一样，阿奎那所主张的教育目的，是直接指向上帝的。他认为，教育的基本目的在于通过培养人性，进而在人心中培养对上帝的虔诚、敬畏和信仰，使人成为虔诚的基督教徒，从而自觉地捍卫基督教教义，维护基督教会的统治。

阿奎那进一步认为，基督教教育的最终目的并不是为着人的现世生活，而是为了来世。他指出，现世生活虽然可以使人获得幸福，但这种幸福是暂时的、虚幻的。真正的、永恒的幸福只存在于天国，只有在上帝的国度中，人才能最终获得拯救，得到永世的幸福。这不仅是人生的最高目的，也是教育工作的最终目的。教育的最高目的就是把人从虚幻的现世生活中引导到永恒的来世生活，从而真正皈依上帝，实现神性。

从奥古斯丁和阿奎那的上述思想中可以看到，在长达千年的中世纪，虽然基督教的思想家们对神性的理解是一致的，他们对教育目的的认识也基本相同，但在人性问题以及与此相关联的一系列教育问题上，他们的主张存在着明显的差异。这种思想上的变化实际上正反映了中世纪文化、教育发展的现实。在阿奎那的上述思想中，事实上已经孕育了从中世纪早期盛行的极端的禁欲主义向文艺复兴时期的人文主义转变的趋势。

另一方面，虽然中世纪思想家在神性、人性与教育的关系问题上的见解存在着差异，但有一点是共同的，那就是，他们都把道德教育作为实现神性的重要途径，因而几乎无一例外地强调道德教育的作用。从杰罗姆、奥古斯丁、阿奎那的思想中，可以清楚地看到这种共性（由此也可看到中世纪教育的重要特点）。当然，应当看到，中世纪思想家们对道德教育所涉及的一切方面（从目的、内容到方法）的认识，与古希腊、罗马教育家们的理解是大相径庭的。

### 三、信仰与知识的关系

信仰与知识的关系，实际上是人类认识与教育活动的关系这个教育普遍问题在中世纪的特殊表现形式。在中世纪教育思想的范畴中，这个问题不仅涉及教育和教学的内容、方式，而且与教育和教学工作的职能直接相关。

奥古斯丁认为，人对上帝的认识主要有两种方式。一种方式是通过认识上帝所创造的有形的万物，从而认识作为至善、至美的上帝的本体。也就是借助于对客观存在的一切事物的认识，来认识作为万物本源的上帝。另一种方式是内省，也就是对外来"影像"进行辨别、审思。这种内在的直觉、意识在本质上就是信仰。奥古斯丁认为，认识与信仰是相联系的。认识是为了信仰，信仰是为了可以认识。但相比之下，信仰比认识更为重要。信仰是认识的目的，认识是信仰的手段。这些思想对奥古斯丁的教育学说具有直接的影响。既然对万物的认识可以导向对上帝的认识，那么，世俗知识对于基督徒的信仰不仅不是有害的，反而是有利的。因此，世俗知识（其中包括被早期基督教会视为异教的古希腊、罗马文化）的传授不但是可行的，而且也是必要的和重要的。

奥古斯丁不仅从神学角度论证其教育思想，而且也从宗教化了的哲学认识论的角度为自己的教育主张寻求理论依据。他认为，上帝在创造万物的同时也创造了人，创造了人的灵魂。人的灵魂具有三类功能：知、情、意。其中知（即认识）是最基本的功能，也是灵魂的最重要的活动。人的认识活动有三种形式，它们是感觉、记忆和理性。人们通过自己的感觉器官感知万物，以获得事物的影像，记忆是人的一种与生俱来的精神能力，它的作用在于储存感官所得到的事物的印象。但是，不论是感觉还是记忆，都必须听从理性的支配。感觉所得到的印象，只有通过理性的加工才能使人们真正认识事物的意义。记忆所储存的印象，则是作为理性思考的材料而发挥作用；所以，在人的认识中，理性是高于一切的。

奥古斯丁又认为，人的理性并不是完善的，而是有缺陷和局限的。仅仅依靠理性，是不能达到认识的最高目标的。这是因为，人类认识的最高目标就是达到真理，而真理就是上帝。要达到这个最高目标，只能依靠信仰。只有通过信仰,在一种神秘的直觉状态中,才能体验到上帝的"启示",才能获得真理。与此相联系的是,奥古斯丁认为,知识、真理都是上帝所赋予的。上帝在创造人的同时,把知识和真理的"种子"也安放在人的心中。因此,认识活动的任务不是去认识外界的事物,而是通过认识所获得的概念、语言等,引发对心灵中已有知识和真理的重新认识。这同时也就是教育和教学的基本职能。

与奥古斯丁一样,阿奎那也从认识论的角度阐述了信仰与知识的关系,并进一步阐明了有关教育、教学问题的主张。

阿奎那认为,人的知识、认识都来源于人的感觉器官对外界事物刺激所产生的经验、印象。例如,对事物颜色、形状的认识来自视觉,对声音的认识来源于听觉,对气味的认识来自味觉,等等。由于这些认识活动是通过外在于心智的感觉器官进行的,因而阿奎那称之为外部感官的活动。除此之外,还有内部感官的活动。这种活动表现为对事物整体的认识,将感觉经验加以保留、储存、加工以及对事物的判断。

从人是物质和精神的统一体的观点出发,阿奎那进一步论述了感性认识与理性认识的关系。他认为,物质即人的肉体虽然不参与人的思想和意志活动,不影响人的灵魂的作用,但是,它对人的理性认识的内容有作用。这是因为,人的认识开始于感觉,知识的内容来源于经验。感性认识为理性认识提供了材料,理性认识依赖于感性认识。他论证说,理性是一种认识能力,但它自身缺乏对象,必须在感性世界中寻找它的对象。另一方面,理智像一块白板,上面没有任何东西,单有理智还不能形成知识,所以,感性知觉是知识的必然出发点。这样,对于人的认识来说,单独、个别的知识(即感性认识)先于共相或普遍知识。然而,感觉的对象只是个别的感性事物,关于个别感性事物的知识并不是认识的目的。认识的目的在于达到普遍的、必然性的知识,这种知识是人的理智从感觉经验中抽象出来的。

阿奎那还认为,人的理性认识能力之所以能够从个别的知识中抽象出普遍的知识,就在于上帝赋予人的灵魂以"理智之光"。人的灵魂中的理智之光在上帝的理智之光的照耀下,就能够从个别的知觉中抽象出共同的认识。

在此基础上,托马斯·阿奎那进一步论述了认识或知识与信仰的关系。他认为,存在着两重世界,一重是感性的世界、自然的世界,一重是超感性和超自然的世界,是上帝的王国。人对这两个世界的认识,是有所区别的。就对自然的认识而言,人可以认识自然界的万事万物及其本质。但是,人的认识不能完全达到超自然的领域,对超自然的认识,只能主要依靠神的启示和信仰。阿奎那努力调和认识与信仰之间的矛盾,认为知识与信仰并不对立,而是协调一致的,但他又认为,信仰高于认识,高于理性。总之,信仰是阿奎那认识论的出发点和归宿。在此基础上，阿奎那强调理性的发展，他把发展学习的理智能力作为教学的目的，而把获得知识作为实现目的的基本手段。与此相联系，阿奎那强调学校教学以哲学、自然哲学、形而上学等理论科目为重，他尤其重视神学的教学。这是因为，在他看来，神学来源于上帝的启示，它所探讨的是超越人类理性、优美至上的领域，因而，神学比一切学科都更高贵，所以理所当然地成为学校教学最主要的科目。

从以上可以看到，中世纪基督教思想家们对信仰与知识的关系以及与此相关的教育问题的认识，并不是静止不变的。尽管一些教会人士认为知识（或认识）是信仰的大敌，二者水火不能相容，但这并不意味着这是整个中世纪的共同的、不变的观念。事实上，作为中世纪最有影响的思想家，奥古斯丁和阿奎那从未把二者完全对立起来。奥古斯丁强调知识为信仰服务，知识是信仰的手段，这至少说明他认为二者是可以相容的。在阿奎那的思想中，这种见解得到了进一步发展：借助于上帝的"灵光"，认识、知识和理性获得了合法的地位。

正是由于这种认识上的变化，中世纪文化和教育才有了不断发展的思想基础，否则，便难以想象从黑暗时代文化教育的荒芜到中世纪后期经院哲学和大学的兴起这种虽然缓慢、然而是重大的变迁。

### 四、教育和教学方法

一说到中世纪的教育和教学方法，通常使人想到的往往是：体罚、死记硬背、机械训练，如此等等。如果说这些描述能够反映中世纪教育的实际运行情况，那么，却不能说明（至少不能完全说明）中世纪教育思想的真实状况。

确实，杰罗姆、奥古斯丁等人曾明确主张实行鞭身、禁欲等严酷训练的方法。但与此同时，他们也提出了其他的教育、教学方法。杰罗姆主张在儿童教育中多运用游戏、奖励等方法，以促进儿童的成长。他在论及儿童教育时说，儿童"在学习中要有伴侣，以激发她的进取心。当她见别人受称赞时就会受到刺激。你不要因学习迟钝而叱责她，要以称赞来激发她的智能，这样，她就会因超过别人而高兴，因落后而自悔。最重要的是，你不能使她对学习感到乏味，不然从小厌恶学习的习惯会伴其成年"[①]。

奥古斯丁虽然主张运用禁欲的方法进行道德教育，但在知识教育方面，他却提出了一些合理的见解。首先，他认为，教育和教学活动的核心在于激

---

① 〔美〕克伯雷选编，华中师范大学教育系等译：《外国教育史料》，华中师范大学出版社1990年版，第68页。

发学生内心的活动,他说:"我们要去请教的不是那些滔滔不绝的演说家,而是守护在心中的真理……当内心真理让他们了解到所说事物的真相时,他们高兴、称赞。但是,他们不知道他们实际是在称赞学习的人,而不是在赞扬教师……因为在讲话者启发学生之后,学生便迅速地记在心中了,但他们却认为是他们从外部受到讲话者的激励。"①

其次,奥古斯丁强调要尊重儿童的学习兴趣。他在回忆自己童年时期的教育时曾说:"那么我为什么讨厌讴歌这样一些事情的希腊文学呢?荷马善于编造这样的故事,他是一个最讨人喜欢的小说家,但是学童却感到他的诗艰涩难懂,我相信希腊儿童被迫学习维吉尔的时候,也像学习荷马一样,同样感到艰涩难解;老实说,学习一种奇怪的语言所遇到的困难正好像在阅读这些虚构的故事时得到的快乐上面洒上了一层苦胆汁。因为我一个字也不懂,可是老师用尽威逼严惩的手段逼我理解它。在我的婴儿时期,我也是一个拉丁字也不识;可是我暗自留心,我甚至在保姆逗引之下,从那些讥笑我的人们的有趣掌故之中,以及在与一道玩耍的儿童的竞技之中,学会了拉丁文……这就清楚地表明,在儿童的语言学习里,无拘无束的好奇心比讨厌的强制更有力量。"②

再次,奥古斯丁认为,应当让学生通过实际的活动进行学习。他指出:"因为婴儿只有通过从说话的人那里学习语言才能学会说话,难道人们不可以不学习演说艺术,而依靠阅读和学习雄辩家的演讲稿并尽量模仿他们而成为雄辩的演说家吗?……这正如一个想告诉你走路规则的人应该警告你在前脚着地之前不能抬起后脚,然后再详细地告诉你如何活动关节和膝盖一样,他说的对,一个人是不能用任何其他的方法来走路的。但是人们发现按这些动作去走比听这些动作要容易些。"③

虽然不能说奥古斯丁的"概念孕育了当今关于师生关系的最先进的思想"④,但在中世纪,这些思想显然具有重要的意义。

经院哲学家安瑟伦在与一位修道院院长谈话时,阐发了关于教育和教学方法的见解。那位修道院长向安瑟伦诉说自己的学生不好教,他抱怨说"我们竭尽全力责备他们,从早到晚都打他们,可是我却看不见有什么进步",学生们"就像许多牲口那样又呆又笨"。安瑟伦就此发表自己的主张,他说:"一个著名的教育制度却正在把人变成牲口。告诉我,如果在你的庭院中种一棵树,你紧紧地把它绑起来,不给它生长枝叶的地方,结果会是什么呢?

---

①③④ 引自〔英〕伊丽莎白·劳伦斯著,纪晓林译:《现代教育的起源和发展》,北京语言学院出版社1993年版,第29~30、31、31页。

② 吴元训选编:《中世纪教育文选》,人民教育出版社2005年版,第9页。

这些可怜的孩子交给你了,你就应该帮助他们成长,使他们思想成熟;但是,如果不给他们自由,其身心发展必遭挫折。如果从你这里得不到温存,他们便不会信任你,而且永远不知道什么是爱和仁慈,他们就将从错误的角度来看待一切。"[1]

阿奎那依据长期的教育实践经验,系统提出了关于教育和教学方法的见解。阿奎那认为,教学工作最重要的基础是学生的学习能力。在每一个学生身上,都有着潜在的学习能力。教学的作用就在于使这种潜在性变成现实性,成为学生实际的学习能力。为此,在教学过程中,教师应当充分考虑学生的心智活动状况和学生的个人经验以及接受知识的能力,努力调动学生的积极性,激发学生的思想,极力避免向学生盲目地灌输知识。与此同时,教师应当考虑学生的个性差异,因材施教,促使每一个学生都得到相应的发展。在此基础上,教师应运用合理的教学方法,避免单纯地灌输、说教。阿奎那尤其主张在教学实践中运用语言、符号、文字、图形、实物等手段,以促进学生对知识的理解,提高教学的效果。

另一方面,阿奎那还对学生的学习提出了要求。他认为,在教学中,学生不应当被动地接受教材和学习知识,而应当主动地学习,积极思考。只有这样,才能真正理解所学的知识,从而使自己的智力得到发展。这也就是说,人应当靠自己接受教育,而不是由他人来教育。

阿奎那还具体论述了学生的学习方法。他把学习方法划分为两类:一是发现,即依靠理性去认识学生本人未知的领域;二是在教学中进行学习,即学生在教师的帮助下,激发自己的理性思维,从而获得知识。他认为这两种学习方法都是重要的,并且应当交替运用。

虽然中世纪教育家们关于教育和教学方法的见解并未真正对当时的教育实践发生切实的影响,中世纪学校始终没有摆脱机械训练的桎梏,但这并不意味着中世纪在教育和教学方法上毫无建树。事实上,文艺复兴、宗教改革时期和近代早期炮制的一些教育和教学方法,在中世纪教育家们的思想中已经有了最初的雏形,如直观教学、活动教学,等等。关于教育和教学方法的见解是全部中世纪教育思想中最有价值的内容之一,同时也是中世纪教育思想对后世影响较大的方面之一。

---

[1] 引自〔英〕伊丽莎白·劳伦斯著,纪晓林译:《现代教育的起源和发展》,北京语言学院出版社1993年版,第33页。

## 第五节 中世纪教育思想的特征与历史地位

### 一、中世纪教育思想的基本特征

与古希腊、罗马教育思想相比，中世纪教育思想的某些特征是显而易见的。其中最为显著、最为重要的特征是它的宗教化、神学化。

中世纪教育思想的宗教化、神学化首先表现在，基督教思想家所阐发的教育主张通常是其宗教哲学和神学理论的一个组成部分。从奥古斯丁到阿奎那，基督教教育家们都是在论及有关宗教、神学以及宗教化了的道德问题时涉及教育问题的。这也就是说，他们并未把教育当做一个专门的问题进行理论探讨。因此，他们的教育思想与其神学、宗教哲学存在着密不可分的联系。在一定意义上可以说，他们的教育思想是其神学、哲学的派生物。在长达千年之久的中世纪，始终没有比较完整的教育理论。

中世纪教育思想的宗教化、神学化其次表现在，基督教思想家们所阐发的教育思想是直接为其神学、宗教哲学主张服务的。不论是奥古斯丁还是阿奎那，他们对教育问题的关注主要是因为他们意识到教育在反对异端、传播信仰中的作用。因而，在他们的教育思想中，神学和教会的目的成了教育的目的，神学的原则成为教育的准则，教义的内容成了教育的内容。简言之，在基督教教育家的观念中，教育是实现神性的工具。

中世纪教育思想的宗教化、神学化还表现在，基督教思想家们对教育问题的思考方式和思想观念是神学化的。在中世纪，教育思想家往往同时就是神学家，他们在探讨神学、宗教问题中所运用的思想方式，也被自然地运用到对教育问题的讨论中。由于这个原因，在中世纪的教育思想中，神学目的论、引证《圣经》和其他基督教经典、遵循惯例和传统等，都是广泛采用的认识方式和思想观念。

与宗教化和神学化相联系，中世纪教育思想的另一个重要特征是，它的保守性和发展的缓慢性。无论与古希腊、罗马相比还是与文艺复兴相比，中世纪都是一个教育思想相对衰落的时期。在一千多年时间中，中世纪始终没有产生一位能与苏格拉底、柏拉图、亚里士多德、西塞罗、昆体良相比肩的大教育家，始终没有问世一部可与《理想国》、《政治学》、《雄辩术原理》相匹敌的教育著作，也始终没有提出一种能与知德统一、自由教育相媲美的教育原理。不仅如此，从中世纪早期到晚期的漫长时间中，人们很难较为清楚地看到教育思想的发展。从奥古斯丁到阿奎那，虽然在哲学、神学上有了很大变化，但在教育思想上，除了一些具体观点的不同之外，很难说有什么基本的发展。与古希腊、罗马教育思想相比，中世纪教育思想的发展是极为缓慢的，而这本身正说明中世纪教育思想的保守性和巨大的惰性。

中世纪教育思想的这种保守性、惰性，不仅是由于中世纪文化教育发展的起点低，不仅是由于中世纪教育的普遍衰落，而且还因为中世纪人对传统和惯例的迷信，特别是因为基督教教义中所包含的超自然、超感性的思想倾向。在一个人人向往天堂、向往来世的时代中，人间事务（包括人本身）必然受到忽视。中世纪教育思想的荒芜与基督教的这种倾向是直接相关的。

如果说以上两点是中世纪教育思想较为显著的特征，那么，下列特征则是相对隐性的。

其一，中世纪教育家们所探讨的教育就其范围而言，与古希腊、罗马思想家的理解存在着很大的差异。无论是在雅典民主政治全盛时期，还是在罗马共和政体的黄金时代，古希腊、罗马的思想家所探讨的始终是少数人的教育，是统治者的教育。从柏拉图的哲学家到昆体良的雄辩家，都是思想家所理想的社会领导人、国家的统治者。他们的教育思想都是以此为中心而展开的。

中世纪的教育状况与古希腊、罗马时期不同（虽然同为等级社会）。在中世纪早期，修道院、教堂往往是人们躲避战乱的安全岛，因而聚集了来自不同等级的人。正是在这些场所，先后建立起了中世纪最早的教育机构。这些教育机构建立的最初目的是训练未来修道院的成员和信徒，所以没有等级的限制。另一方面，由于中世纪教育始终被当做传播教义、培养信仰的一种工具，因而在客观上，也不容许对教育对象进行严格的限制。这样，与古希腊、罗马教育相比，中世纪教育具有更大的开放性、普遍性。而中世纪思想家所探讨的正是这种获得了新含义的教育。

其二，中世纪时期对教育的认识是未分化的。这种未分化既不同于原始时代人们对世界认识的混沌未开（即把表象与情感混为一体），也不同于古希腊、罗马人对世界的哲学—伦理学的"综合"认识，而是中世纪特有的"整体"观念的产物。历史学家的研究表明："中世纪的人将世界理解和解释为一个整体；这就是说，世界中的各个部分不是独立的实体，而都是整体的一个缩影，每一个部分都有整体的印记。世界存在着的所有事物，都来自于一个能够对其进行节制的中心本原，所有的事物都被安排在等级结构中，都与这个宇宙中的其他成分有一种和谐的关系。"[①] 由于这个基本原因，中世纪思想家并没有意识到教育活动的独特性，并没有意识到教育活动和教育认

---

① 〔苏〕古列维奇著，庞玉洁、李学智译，庞卓恒校：《中世纪文化范畴》，浙江人民出版社1992年版，第331页。

识与其他社会活动和思想活动的区别。因此，他们的教育思想不仅在表现方式上与神学、宗教哲学联系在一起，在内容上也没有从神学和宗教哲学中区分出来。在这个意义上甚至可以说，中世纪并没有真正的教育思想。

### 二、中世纪教育思想的历史地位

从文艺复兴以来，中世纪一直受到种种责难、抨击，甚至"中世纪"（mediumaevl. aevum）这个词本身就带有贬义，表示从古希腊、罗马到文艺复兴时期之间文化的断裂和空白。正如一位当代历史学家所说："中世纪实际上成了描写一切黑暗和反动的词的同义词了。"[①] 因此，要"用一种不带偏见的眼光来看待这一时期几乎是不可能的"[②]。在对中世纪教育和教育思想的研究中也存在着类似的情况。

在西方教育的发展史上，中世纪是一个相对荒芜、发展缓慢的时期。造成这种状况的基本原因之一是中世纪教育中所盛行的信仰主义、超自然主义、神秘主义。这些源于基督教教义和教会统治的思想观念，限制了理性的健全发展和理智的正当运用，扼杀了思想的创造性。阻碍了人们对教育现象的客观认识，因而，使教育思想的发展丧失了必要的前提。另一方面，中世纪文化和教育中的禁欲主义、蒙昧主义、经院主义，不仅直接阻碍了教育实践的发展，同样对教育思想的形成产生了消极作用。这些都是中世纪文化、教育以及教育思想中应当受到谴责的方面。

但如果因此而认为这是中世纪教育思想唯一应当得到的历史评价，那是有失客观的。从发展的角度来看，中世纪教育和教育思想非但不只具有消极意义，反而具有不容忽略的历史地位。

从整体上看，中世纪为近代西方文明的发展留下了大量的遗产。正是在中世纪，"近代欧洲各民族诞生，当今的欧洲国家形成。……（西方的语言）也产生于这个时期，而且，构成我们这一时代文明基础的许多文化价值也来源于中古时期"[③]。也正是在中世纪，"欧洲从一个不发达的贫穷不堪的乡村般的地区发展为强有力的、令人羡慕的文明地区"[④]。从具体的方面来看，中世纪城市、建筑、农业技术、抒情诗、史诗、骑士文学、民间文学，等等，都是中世纪的重要文化遗产，对近代西方社会、文化的发展产生了不同程度的影响。

---

[①②③]〔苏〕古列维奇著，庞玉洁、李学智译，庞卓恒校：《中世纪文化范畴》，浙江人民出版社1992年版，第1、1、2页。

[④]〔美〕霍莱斯特著，陶松寿译，陶松云校：《欧洲中世纪简史》，商务印书馆1988年版，第3页。

## 第三章 中世纪教育思想

从教育实践来看，中世纪同样留下了重要的财富。其中最具历史意义的是，在长期的发展过程中，中世纪逐步形成了一个广泛的学校系统，其中包括修道院学校、主教学校、教区学校、中世纪大学等多种类型的教育机构。学校数量之多、分布之广以及开放程度之大，都是前所未有的。这些教育机构不仅在中世纪发挥过作用，在近代早期也仍然起着不容忽视的作用。尤其是中世纪大学的兴起为近代大学的建立奠定了直接的基础。

另一方面，与古希腊、罗马相比，中世纪逐步建立了较为严格的教育和教学制度。正是在中世纪，形成了教师任教许可证制度、学位制度、大学中的院系制度、入学和结业制度，等等。这些都是教育史上的重要创造，并一直沿用到今天。如果说现代西方教育在思想观念上更受益于古希腊、罗马，那么，在组织制度上则更多地受益于中世纪。

从教育思想来看，中世纪也并非一无建树。首先，出于培养信仰的考虑，中世纪思想家们通常都强调道德教育的重要性，并就道德教育的内容、方法等问题提出了大量的见解。客观上说，这些见解起到了进一步丰富关于道德教育思想的作用。从历史的观点看，虽然希腊，尤其是罗马的教育家都很重视道德教育也曾探讨过道德教育的方法、内容等问题，但像中世纪基督教教育家那样把道德教育摆在一个极为重要的地位，并提出一系列关于道德教育的方法、方式、途径、内容的具体主张，在古希腊、罗马则不多见。另一方面，虽然中世纪教育家关于道德教育的见解具有禁欲主义色彩，但他们强调道德的自律和自省、道德的内在化，提出了一些极为卓越的见解。

其次，中世纪教育家们所提出的关于教学问题的见解包含了一些合理的因素。中世纪的教育思想家大多是具有丰富实践经验的教师（如奥古斯丁、阿尔岑、阿奎那），长期的教学实践使他们能部分摆脱神学思维的局限，而提出一些合理、宝贵的见解。他们关于教学方法、学习方法、学生心理等方面的见解，虽然没有被普遍运用于中世纪学校的教育过程，但却与后代教育家的感想遥相呼应。

最后，中世纪教育家，尤其是安瑟伦、阿奎那所推崇的经院哲学的方法，虽然具有形式主义、空洞、烦琐的种种弊端，但同时也具有积极的意义。一方面，它具有训练思维的作用。这在近代早期哲学、科学的发展中得到了体现。更为重要的是，经院哲学虽然力图调和信仰和理性的矛盾，但却从此为理性的发展和运用打通了道路。费尔巴哈说得好，"经院哲学是为教会服务的，为它承认、论证和捍卫教会的原则；尽管如此，它却从科学的兴趣出发，鼓励和赞许自由的研究精神。它把信仰的对象变为思维的对象，把人从绝对信仰的领域引到怀疑、研究和认识的领域。它力图证明和论证仅仅立足于权威之上的信仰，从而证明了——虽然大部分违背它自己的理解和意志——理性的权威,给世界引入一种与旧教会的原则不同的原则——独立思考的精神的原则,理性的自我意识的原则,或者至少是为这一原则做了准备。甚至经院哲学的丑陋形态和阴暗面,甚至一部分经院哲学家所提出的那些为数众多的荒谬问题,甚至他们所作的那些重复千百次的、不必要的和偶然的区分,他们的令人发笑的精雕细琢,都应当从理性的原则中推引出来,从对光明的渴望和研究精神中推引出来,在当时旧教会精神的令人窒息的统治下,研究精神只能以这样的方式表现出来"①。

## 【要点小结】

与中世纪其他文化形式一样,中世纪的教育思想具有显著的神学色彩。尽管奥古斯丁、阿奎那等神学家都是出于宗教和神学的目的讨论人性、理性以及世俗知识的传授等问题,但客观上对古典文化的保存和传播以及教育活动的推行产生了积极的作用,并对催生文艺复兴具有特殊的意义。在西方教育思想史上,中世纪并不是古希腊、罗马与文艺复兴之间的历史断裂,而是一种具有特殊形式的历史联系,因而具有独特的作用。

## 【思考与练习】

1. 中世纪教育思想形成的基本背景是什么?
2. 中世纪与古希腊罗马教育思想的主要异同是什么?
3. 如何科学地评价中世纪教育思想的历史地位?

## 【参考文献】

1.〔荷〕约翰·赫伊津哈著,刘军等译:《中世纪的衰落》,中国美术学院出版社1997年版。

2.〔美〕朱迪斯·M.本内特、C.沃伦·霍利斯特著,杨宁、李韵译:《欧洲中世纪史》,上海社会科学院出版社2007年版。

3.〔苏〕A.古列维奇著,庞玉洁、李学智译,庞卓恒校:《中世纪文化范畴》,浙江人民出版社1992年版。

4.〔美〕C.沃伦·霍莱斯特著,陶松寿译,陶松云校:《欧洲中世纪简史》,商务印书馆1988年版。

5.〔比〕亨利·皮朗著,乐文译:《中世纪欧洲经济社会史》,上海人民出版社1964年版。

---

① 〔德〕费尔巴哈著,涂纪亮译:《费尔巴哈哲学史著作选》第1卷,商务印书馆1978年版,第12页。

## 第三章 中世纪教育思想

6. 〔法〕P. 布瓦松纳著，潘源来译：《中世纪欧洲生活和劳动》，商务印书馆1985年版。

7. 〔美〕汤普逊著，耿淡如译：《中世纪经济社会史》上、下册，商务印书馆1984年版。

8. 〔美〕查尔斯·霍默·哈斯金斯著，夏继果译：《12世纪文艺复兴》，上海人民出版社2005年版。

9. 〔英〕菲利普·沃尔夫著，郑宇建、顾犇译：《欧洲的觉醒》，商务印书馆1990年版。

10. 刘新成主编：《西欧中世纪社会史研究》，人民出版社2006年版。

11. 〔法〕埃德蒙·波尼翁著，席继权译：《公元1000年的欧洲》，山东书画出版社2005年版。

12. 〔德〕汉斯—维尔纳·格茨著，王亚平译：《欧洲中世纪生活》，东方出版社2002年版。

13. 吴元训选编：《中世纪教育文选》，人民教育出版社2005年版。

14. 〔英〕博伊德、金著，任宝祥、吴元训主译：《西方教育史》，人民教育出版社1985年版。

# 第四章 人文主义教育思想

## 【内容提要】

文艺复兴时代的人文主义不是一个严格的思想派别或学说体系，人文主义者也是由形形色色的人物所组成，但在人文主义者的意识和行动中却不同程度地体现了一些进步的、与中世纪不同的思想和价值观，如肯定和赞扬人的价值和尊严，倡导乐观向上的人生观，宣扬人的思想解放和个性自由，肯定现世生活的价值，重视教育对人的发展的作用。人文主义实质上指的就是这样一种新的时代精神。人文主义的思想特征在人文主义教育中有着充分的表现。人文主义教育是文艺复兴时期的重要教育形态之一，以人本主义、世俗主义、古典主义为其典型特征，是对中世纪教育的反叛和超越。人文主义教育思想并不是指某一个人文主义教育家的思想，而是指许多人文主义教育家的教育主张所构成的一种总体理论框架。尽管人文主义有若干共同的思想特征，但在不同时代、不同地域，人文主义也有其时代差异和地区差异。本章首先介绍人文主义教育思想产生的时代背景和演变历程，然后阐述人文主义教育思想的基本内容，最后指出人文主义教育思想的基本特征和历史地位。

## 【学习目标】

1. 了解人文主义教育思想变迁的社会背景与基本过程。
2. 掌握人文主义教育思想的基本观点。
3. 理解人文主义教育思想的区域差异和时代差异。
4. 理解人文主义教育思想的历史价值。

## 【关 键 词】

文艺复兴　人文主义　人文学科　意大利人文主义教育思想　北欧人文

主义教育思想

# 第一节　文艺复兴运动与人文主义

"文艺复兴"从其词义看,是指古典文化即古希腊、古罗马文化的复活或复兴。但文艺复兴绝非纯粹的复古,其本质是面向未来而不是面向过去。实际上,"文艺复兴"这个名词并不能充分揭示这个时期文化发展的根本特点,并不能深刻表达产生这种新文化的时代特征。就其本质而言,复兴古代文化只是口号,人们"借用它们的名字、战斗口号和衣服,以便穿着这种久受崇敬的服装,用这种借来的语言,演出世界历史的新场面"[①]。文艺复兴运动是在意识形态领域里向封建主义和天主教神学体系发动的一场伟大的文化革命运动。是一场反叛中世纪精神权威和旧价值观念、开创新时代思想文化传统的运动,反叛在开始时需要有不同于中世纪的新的精神权威和价值观念的支持,而创造新文化也必须有一个起步点。所有这些,人们从古典文化中找到了。古典文化对当时新文化的产生和发展起到了决定性的作用,于是这个时代被后人冠之以"文艺复兴"之名。

文艺复兴是一场静悄悄的文化运动,并非一场骤起的急风暴雨。其结束也不是突然的,因为它所体现的丰富的新思想因素被思想界以不同的方式、于不同的方面、在不同的时间所继承和发扬。因此,很难对其起始和终结划定一个确切的时限,但大致说来,从时间上看,文艺复兴的中心时期是14世纪中至16世纪末。在意大利,从13世纪末已可见它的端倪,而在阿尔卑斯山以北,其尾声则一直延续至17世纪初。从影响上看,文艺复兴对欧洲社会的发展影响深远,它标志着欧洲近代社会的开端,是欧洲社会力图冲破封建束缚的第一个重要历史进程。

人们往往将"文艺复兴"与"人文主义"视为一个东西,认为二者具有同一性,这种观点已经被20世纪的史学家所否认。原因在于文艺复兴作为欧洲现代史的初期阶段,是一个具有多样化内容的历史时期,无法赋予它一个单一的特征。阿伦·布洛克指出,"以前把文艺复兴时期的特征概括为人文主义,这已不再能为大家所接受";文艺复兴时期,"欧洲发生了许多事情,不能把它们都称为人文主义。作为一类例子,我可以举出宗教改革、反

---

① 《马克思恩格斯选集》第1卷,人民出版社1995年版,第603页。

宗教改革和宗教战争"。① 因此，不能简单地理解文艺复兴，也不能简单地理解文艺复兴时代的教育，尤其不能将文艺复兴时代的教育等同于人文主义教育。

文艺复兴的成就是多方面的，包括文学艺术、哲学、科学、宗教、法律、教育等，并非仅是"文艺"的复兴；其成就并非仅表现在文化方面，在政治经济等层面也有丰富的表现。文艺复兴时期的社会是一个虽与中世纪相联系但却与中世纪不同的新社会。文艺复兴并非仅是"复兴"，而是含有大量的创新成分，不少成就虽以古典文化为基础，但青出于蓝而胜于蓝，有些成就则是古典文化中所不具有的，"虽然许多新成就的基础是古典文化，但是它们很快地超越了希腊、罗马影响的范畴。事实上，绘画、科学、政治学和宗教方面的许多成就和古典遗产关系并不大"②。文艺复兴时代还是精英辈出的时代，一时群星璀璨，放射出耀眼的智慧之光。如同恩格斯所言，文艺复兴是一个需要巨人而且产生了巨人的时代，这些巨人们是给现代资产阶级文明打下基础的人物，他们分别在文学、艺术、科学、哲学、宗教、政治学等领域各领风骚，通过不同的文化表达方式，协同作战，把人们的思想从封建枷锁和神学桎梏中解放出来，为人类文明的进步开辟了广阔的前景。文艺复兴标志着欧洲近代文化的开端。

文艺复兴最先产生于意大利，这是与意大利特殊的社会文化条件密切相关的。意大利在中世纪不是一个统一的国家，长期分裂为许多独立的城市共和国以及封建小邦，又受西欧大国如法国、西班牙的欺凌，内战和外患连绵不断。但意大利面临地中海，是西欧和东方贸易的枢纽，因此它的城市在欧洲最为发达，在一些城市中最早出现资本主义生产关系的萌芽，政治上则形成了相当强大的城市国家。正是城市社会和城市生活孕育了文艺复兴，促成了新文化的形成。富足的城市社会改变着人们的生活方式和文化趣味。富裕的上层市民沉迷于世俗生活的享乐之中，剩余资本使城市政府、经济团体特别是一些有权势的个人得以赞助学者、诗人和艺术家，使他们美化和丰富公共的和私人的生活，以博取和增加城市、商号和个人的社会声望。

在这种社会经济条件之下，意大利城市中不仅形成了比较开放自由的文化气氛，而且产生了欧洲中世纪以来最早的世俗知识分子阶层，专门从事文化创造活动。这个阶层的思想感情基本上是上层社会的，但作为知识分子他

---

① 〔英〕阿伦·布洛克著，董乐山译：《西方人文主义传统》，生活·读书·新知三联书店 1997 年版，第 7 页。

② 〔美〕伯恩斯、拉尔夫等著，罗经国等译：《世界文明史》第 2 卷，商务印书馆 1987 年版，第 119 页。

们又有一定程度上独特的趣味和追求，因此往往能够超出纯粹对物质利益和实用价值的关心而集中精力于对知识文化的追求。生机勃勃的意大利城市社会生活与中世纪长期居支配地位的种种价值观是相矛盾的。在这样一个富裕、多变、更加讲求实际的社会中，人们较之以往更加公开地、理直气壮地追求尘世利益与世俗乐趣，这与教会宣扬的禁欲主义是格格不入的。活跃的城市生活中出现的各种问题、各种新事物和新兴趣，也大大冲淡了人们对来世的关切。随着事业上的成功和社会地位的提高，人们的自信心也日益增强。

与此相应，中世纪消极、保守、重传统、宗教色彩很浓的精神生活方式开始为一种积极、自由、较重理性、带有更强世俗性的精神生活方式所取代，一种新思想文化运动就在这种历史背景下产生了。意大利本身的文化遗产也是文艺复兴发生于意大利的重要条件。希腊、罗马古典文化的传统，在中世纪时更多地保存在意大利，近水楼台先得月，这使得意大利学者有更多的机会接触古代的手稿、遗物、遗迹并对之加以研究。意大利各城市长期同拜占庭、阿拉伯有着经济和文化的联系，这使得意大利人熟悉了更多的古希腊的文稿和其他文化遗存。

北欧即阿尔卑斯山以北的文艺复兴在时间上大大滞后于意大利。直到 16 世纪初文艺复兴才在北欧诸国扎根生长。为什么在 16 世纪以前文艺复兴不能在意大利以外的地方发生有效的影响呢？西方学者丹尼斯·哈伊认为要解决这一问题，唯一的途径是对社会结构予以分析。北欧国家皆为君主国，而在 14、15 世纪的意大利，人文主义具有浓厚的共和政治色彩，对于以这样的政治背景和政治取向为基础的意大利文艺复兴新文化，北欧的君主们自然不会感兴趣。到了 15 世纪末，意大利的政治形势发生了显著的变化，为意大利文艺复兴的文化革新在北欧的传播扫平了道路，这从政治上为文艺复兴在北欧的传播提供了有利条件。此外，在宗教方面，15 世纪末意大利学者对宗教问题的态度与 14 世纪时已大不相同，此时的态度更适合北欧的口味，更能与北欧的宗教热忱相融合。这也是促成文艺复兴文化于 16 世纪才在北欧生根的原因之一。

仅有意大利的条件还不够，北欧对文艺复兴新文化的接受还须以其自身成熟的社会条件为基础。14、15 世纪的北欧已经有一些土生土长的新文化的萌芽。15 世纪中叶以后，由于生产技术的改进、新航路的开辟以及和平在许多地区的恢复，北欧的工商业迅速发展起来，资本主义因素开始蔓延并日趋活跃。经济的发展促成了许多城市的繁荣，为新文化的传播创造了良好的社会环境。新文化不仅适合城市市民和资产者的口味，也受到了君主贵族的欢迎。当时，政治、外交和宫廷生活都有了很大发展，新的风气逐渐形成,上层统治阶级对语言知识、修辞技能以及礼仪风度越来越感兴趣,他们因而常常对新文化采取赞助态度。英国的亨利八世(Henry Ⅷ,1491—1547)、法国的弗朗西斯一世(Francis Ⅰ)、神圣罗马帝国皇帝马克西米连(Maximilian)等君主都积极致力于推广文艺复兴文化。

意大利与北欧间的文化交流也促进了北欧的文艺复兴。早在15世纪中叶,意大利的学者已经来到英国、法国和德意志等地区,传授拉丁文和希腊文知识,介绍古典的和意大利人文主义的著述。这些活动引起了各国学者对意大利文艺复兴文化的兴趣。不少北欧学者纷纷前往意大利求学,然后将新文化带回本国,广为传播。15世纪下半叶印刷术的应用为北欧传播新文化提供了十分有效的手段。这样,大约在15世纪末16世纪初,意大利文艺复兴的种子在阿尔卑斯山以北地区扎下了根,与当时的新文化萌芽结合起来,形成了北欧的文艺复兴运动,并进一步引发了宗教改革运动。

人文主义是文艺复兴运动的重要成果。很难为"人文主义"下一个确切的定义,这个词不论在古代世界或者文艺复兴时期都还没有出现。人文主义一词的英文原文 humanism 是从德文 humanismus 译过来的,而德文中的这个词是1808年德国一位教育家在一次关于古典教育在中等教育中的地位的辩论中根据拉丁文词根 humanus 杜撰的。从历史上看,"人文主义者"(humanist)和"人文学"(the humanities)这两个词的出现比"人文主义"(humanism)这个词要早得多。在15世纪末,意大利的学生使用了一个词叫 umanista,英文即 humanist(人文主义者),这是学生们用来称呼教古典文化的教师的,就像称法律教师为 legista 一样。教师所教的有关古典文化的教学科目在文艺复兴时代被称为 studia humanitatis,译成英文就是 the humanisties,中文的意思就是"人文学"或"人文学科",在15世纪这些科目指的是语法、修辞、历史、文学、道德哲学等。学习这些科目必须以古典拉丁文和希腊文为基础。本文所讲的"人文主义者"其范围较之教授"人文学"的教师的范围要广一些,研究人文学的人也被置入人文主义者的范围。对人文学的重视,反映着文艺复兴时期世俗精神和人格意识的觉醒,人们正在拨开中世纪基督教观念的迷雾,开始用世俗人的眼光去看待人生和社会,开始形成一种新的人生观和价值观。这种"人文学"古典文化所表达的、为人文主义者所宣扬和传播的新的人生观和价值观,就被称作"人文主义"。

人文主义者是由形形色色的人物所组成的,其成分非常复杂,其中有品学兼优者,也有趋炎附势之辈;有精明干练之人,也有迂腐不堪的书呆子。这些人的观点并不全都相同,甚至在一个人身上也会出现不同的甚至是相互矛盾的思想倾向。但在人文主义者的意识和行动中却不同程度地体现了一些

## 第四章 人文主义教育思想

进步的、与中世纪不同的思想和价值观，如对人生意义的肯定，对人及其潜力的信任，对人的活动的赞赏以及对自我的强调，等等。人文主义实质上指的就是这样一种新的时代精神。

在西方思想中，看待人和宇宙的模式可大致分为三种。第一种是超越自然的模式，这种模式聚焦于上帝，把人看成是神所创造的一部分。第二种是人文主义的模式，它聚焦于人，以人的经验作为人对自己、对上帝、对认识了解的出发点。第三种是自然的，即科学的模式，把人看成是自然秩序的一部分，与其他有机体一样。第一种模式在中世纪占支配地位，第二种模式形成于文艺复兴时期，第三种模式到了 17 世纪才形成。17 世纪以后，这三种思想模式都继续有代表，形成相互竞争、并存的局面。这种划分尽管过于简单化，但对于从宏观上把握和分析问题很有用处。① 那么，人文主义有哪些基本特征呢？

人文主义具有以下基本特征。

第一，肯定和赞扬人的价值和尊严。这是人文主义的核心特征。人文主义者认为人是有能力的，人能够发展自身，从而获取各种优秀品质，不断向完美接近。人文主义对人的赞颂与中世纪教会对人的贬抑形成鲜明的对照，在中世纪教会看来，人是罪恶、卑微、消极的存在，只有上帝是完美的。奥古斯丁认为，上帝是全知全能全善的，而人是卑微的，人具有天生的原罪，有罪的人不是完美的，人在上帝面前软弱无力，人唯有靠上帝的恩惠才能得到拯救。一切都是命定的，没有天命，就连一根头发也不会从头上掉下来。意大利人文主义者皮科（Giovanni Pico della Mirandola，1463—1494）在《论人的尊严》中宣称，上帝赋予了人按照自己的意志塑造自身的能力，他可以下降为动物，也可以上升从而成为与上帝相似的东西。不仅文学、哲学歌颂了人，而且绘画也歌颂了人。例如，画家拉斐尔（Raffaello Sanzio，1483—1520）不是像中世纪那样把人描绘成迟疑不决的、受折磨的人，而是把他们描绘成温和的、聪明的和高尚的人，他的圣母像表现的也是人间母亲的善良贤淑。拉斐尔所要表达和歌颂的是人之美以及人性之美。人文主义提升了人的地位。

第二，倡导乐观向上的人生观，重视人的能力而非血缘、门第、财富等因素。人文主义反对消极悲观、无为的宿命论，认为人有能力决定个人的命运，人的能力发展得越充分，就越有能力战胜命运的肆虐。人文主义对人的看法更加乐观和自信，认为个人的能力及其发展是获得成功、荣誉和较高社

---

① 参见〔英〕阿伦·布洛克著，董乐山译：《西方人文主义传统》，生活·读书·新知三联书店 1997 年版，第 12～13 页。

会地位的主要依靠。人的伟大与高贵不在于其血缘、门第、财富等因素，伟大与高贵不是与生俱来的，而是通过个人发展、个人奋斗造就的。人是积极有为的而非消极无为的。

第三，宣扬人的思想解放和个性自由。中世纪神学宣扬人对教会的教义教规的绝对信仰和盲目服从，而人文主义与这种权威主义做法相对立，要求把人从教会的教义、教规和其他教条的束缚中解放出来，如同英国史学家西蒙兹（Symonds）所言，"这是思想大解放"，"人们竞相摆脱控制，纷纷批判循规蹈矩，全都热衷于自由自在的古风，对审美观有了新的认识，不顾一切地要为自己争取不受权力约束的自由天地。人们是如此精力充沛和自有主见，都感到了探索的愉快。没有他们不敢面对的问题，没有他们不愿按他们的新认识来加以修正的公式"。①

第四，肯定现世生活的价值和尘世的享乐。这是对中世纪禁欲主义和来世说宗教教条的背离。来世说以今生受苦受难作为来世欢乐和永生的条件，使人克制甚至泯灭人生各种合理的欲望与追求。人文主义者将天国的幸福和欢乐移至人间，要求人们追求现世的幸福和欢乐，将虚无飘渺的天国放在一旁。

第五，重视教育对人的发展的作用。人文主义者主张通过教育来培养具有多种造诣的全面发展的通才。人文主义者认为中世纪教育是职业性的，是狭隘的，不能使人的各种潜力得到充分的全面的发展。他们主张传授古典学问，让学生接受广泛的人文学科教育，目的在于培养头脑发达、能写善辩、风度优雅、体魄强健的经世致用之才，以适应丰富多彩的社会生活的需要。教育是一种后天的、人为的力量，对教育的重视也是对人的力量的自信，即人有能力造就完美的人。

第六，历史观的变化。历史不再被看作是天意的实现，而是人类努力后成功或失败的产物。人成为历史的主体，历史是人创造的。人文主义者都具有强烈的历史感，这种历史感与他们强烈的自我意识和追求青史留名的个人愿望相结合，使他们往往把自己视为历史过程中的一份力量，他们力图以自己的力量去影响历史，去建功立业，以名垂青史，让后人景仰。

第七，批判经院主义，要求致力于对人的问题的研究。人文主义者尖锐地抨击经院哲学一心扑在逻辑范畴和形而上学的问题上，攻击它的抽象推理脱离人的丰富多彩的日常生活。意大利早期人文主义者彼特拉克（Francesco Petrarch，1303—1374）指责经院哲学总是准备告诉我们那些对

---

① 〔英〕托马斯·马丁·林赛著，孔祥民等译：《宗教改革史》上册，商务印书馆1992年版，第44页。

于丰富我们的生活"没有任何贡献的东西",而对"人的本性,我们生命的目的,以及我们走到哪里去"这些至关重要的问题却不加理会。他认为人们应该把他们的脑筋转到人生和社会问题上去,而不要花在讨论抽象空洞的问题上。在人文主义者看来,人文学是关注人生世事的,应以之取代空洞无用的经院哲学。

第八,倡导新的治学方法。人文主义者在研究古典文化的过程中,逐渐发展起来一种语言的和历史的考证方法。这是人文主义的重要成就。人文主义者以研究古典文化为使命,他们发现不少古典著作在中世纪由于抄写错误和被人为篡改等原因已经面目全非,令人生疑之处甚多。于是他们就尽力搜求原始的资料,通过对语言文字的考证比较,以校正后世出版的古典著作,力求从语言文字上重现古典著作的本来面目。同时,他们还从古代作者所处的社会条件出发,历史地和批判地理解把握作者的思想。人文主义要求用历史主义的客观态度去把握历史,按照过去的本来面目去理解人类过去的历史,"正是在对待过去的文化,对待历史的问题上所持的态度,明确地确定了人文主义的本质。这种态度的特征并不在于对古代文化的特殊赞赏或喜爱,也不在于更多地了解古代文化,而是在于具有一种非常明确的历史观。'野蛮人'并非不了解古典著作,而是不能从当时真实的历史环境出发来理解这些作品","人文主义才算是真正地发现了古代人"。①

人文主义的这种治学方法具有强烈的批判性和客观性的追求,这是一种在任何领域都行之有效的调查方法,是一种新的思维方式和方法,对于清理知识垃圾、为知识的健康发展扫清道路具有重要意义。人文主义通过新的思维方式和方法,对自然科学的发展产生了影响,对人类后来文化的繁盛作出了积极的贡献。加林认为,只有对这种人文主义的治学方法有了深刻的认识才可以明白:"为什么文艺复兴不仅是艺术家们的时代,而且也是科学家们,托斯卡内利(Paolo Toscanelli)和伽利略(Galileo Galilei,1564—1642)的时代;为什么中世纪进行的关于物理学和逻辑学的非常肤浅和贫乏的讨论,只有经过含义上全新的人文主义教育之后,才显得具有丰富的内容;为什么新型的医生是从语言学校中产生的。由于这种学校中所具有的严格的批判精神,也就可以理解笛卡儿对许多问题所持的怀疑态度。我们还可以了解,为什么意大利文化能统治整个欧洲近两个世纪之久并成为产生无数哲学天才的肥沃土壤。"②

以上所讲的人文主义若干特征是对众多人文主义者的思想表现所作的一

---

①② 〔意〕加林著,李玉成译:《意大利人文主义》,生活·读书·新知三联书店1998年版,第14、17页。

般性的概括，人文主义不是一个严格的思想派别或学说体系，而是一种宽泛的价值倾向，一个思想和信仰的维度。人文主义的思想特征在人文主义教育中有着充分的表现，它们对教育目的论、教育内容论、教育方法论等皆具有深刻的影响。甚至可以这样说，这些思想特征本身就是人文主义教育的重要组成部分。

## 第二节 人文主义教育思想的演变

人文主义教育思想并不是指某一个人文主义教育家的思想，而是指许多人文主义教育家的教育主张所构成的一种总体理论框架。尽管人文主义有若干共同的思想特征，但在不同时代、不同地域，人文主义也有其时代差异和地区差异，具体而言，意大利前期人文主义和后期人文主义、意大利人文主义与北欧人文主义就有许多不同之处。与之相应，不同地域、不同时期的人文主义教育思想也有不同的表现。

### 一、意大利人文主义教育思想

意大利人文主义有前期、后期之分。前期人文主义主要是指在15世纪初兴起于佛罗伦萨的"市民人文主义"（civil humanism）。市民人文主义者强调积极投身于社会生活，他们中的大多数人在政府中任职，对城邦政治问题十分关心，他们为共和制度大唱赞歌，他们相信在共和制度中，每个市民都有同等机会参加城邦管理，并通过这种活动获得个人荣誉，这样就将个人能力的发挥与城邦国家的发展和繁荣结合了起来，将个人主义与爱国主义统一了起来。市民人文主义者认为人的本性要求人积极投身于社会生活，雄心勃勃、追求荣誉是高尚的，应受到鼓励，但人的雄心壮志也应与光耀家族、报效国家一致起来。

到了15世纪末，君主制在意大利占据了统治地位。随着意大利政治形势的变化，以市民人文主义为基础的共和主义价值观被君主主义价值观所取代，市民人文主义衰落了，意大利人文主义的发展进入到后期阶段。这个阶段的意大利人文主义更关注君主政治，此其一；其二，随着新柏拉图主义的兴起，意大利人文主义者加强了对宗教问题的研究。这些研究尽管是初步的，但却为北欧基督教人文主义的发生和发展奠定了必要的基础。

意大利人文主义发展过程中前期与后期的不同对意大利人文主义教育产生了明显的影响。意大利人文主义教育的发展可分为前后两个时期，前期的时限为 14 世纪到 15 世纪末，后期的时限为 15 世纪末到 16 世纪中期，这两个时期的教育具有不同的内容和特点。

意大利文艺复兴以古罗马文化的复兴为先导，并迅速影响到教育界，古典拉丁文及其文学成为颇受青年欢迎的宝贵文化遗产。1396 年，拜占庭学者克里索罗拉（Manuel Chrysoloras，1350—1415）来到意大利，引入了希腊文的研究，给西欧人文主义注入了新的因素。人们从古希腊罗马著作中发现了一个崭新的美好世界，对人文主义学科的狂热崇拜迅速蔓延到整个意大利。一些世俗学校建立起来，教师为世俗人士，传授的也是世俗的人文科目。

人文主义的教育实践孕育着人文主义的教育理论。意大利前期人文主义教育的代表人物主要有弗吉里奥、维多里诺、格里诺、帕尔梅利等。

弗吉里奥（Pietro Paolo Vergerio，拉丁文为 Petrus Paulus Vergerius，1349—1420）在 15 世纪初首先将人文主义精神渗透于教育中，他是第一个系统阐明人文主义教育思想的人文主义教育家。他是克里索罗拉的学生，其教育思想大大受益于古罗马教育家昆体良的《雄辩家的教育》，他对该书予以注释，使之风行意大利内外，引起了人们对古罗马教育的关注和热忱，启迪了人们的思想。约在 1404 年，他用拉丁文写了一篇书信体的教育论文《论绅士教育》，比较系统地阐述了人文主义教育思想，当时在整个西欧引起轰动，到 16 世纪末，共出现了 40 多种印本。他认为，对于一个人而言，使其受到良好的教育是给予他的一件最好的礼物，远胜于给予其物质财富，他可因受到教育而有一个美好的未来。弗吉里奥所倡导的教育是博雅教育（liberal education）、通才教育或全面教育（all-round education），他的教育思想在当时的意大利上层社会获得广泛回应，被越来越多地付诸实践。1420 年弗吉里奥离世时，很多贵族家庭都聘请了家庭教师对其子弟进行新式的人文主义教育。

维多里诺（Vittorino da Feltre，1378—1446）是弗吉里奥教育构想的伟大实践者。他曾从师于彼特拉克的学生，对西塞罗的《论雄辩术》有较深研究，深谙西塞罗精神的内蕴，并热衷于古希腊身心和谐发展的教育理想。他对教育工作有很高热忱，曾主办宫廷学校，将人文主义教育思想付诸实践。1423 年，曼图亚侯爵冈查加（Gianfrancesco Gonzaga）邀请维多里诺任其子女的家庭教师，维多里诺应邀于 1423 年底来到曼图亚宫廷执教。维多里诺在曼图亚建立的学校被称做"快乐之家"（the pleasant house），位于曼图亚城的西北角。校舍设在靠近河边的一座宫殿里，三面环绕着草地，环境清新自然。校园里种植着树木花草，有宽阔的道路，有大块的绿地，房屋也宽敞高大。维多里诺认为这种优美的环境对于学生的身心发展是有益的，利于学生活动身体，有助于使学生内心愉悦，他将学校称为"快乐之家"意蕴也在于此。他欲使学校成为学生所喜欢的而不是所厌恶的场所。维多里诺讨厌奢华的宫廷生活。在他的坚持下，宫殿里的豪华家俱及陈设被搬走，宫殿被重新装饰，墙壁被饰以儿童游戏的壁画，洋溢着欢乐的气氛。曼图亚学校不久便名声大振，不仅在意大利而且在法国和德国等地也产生了很大的影响。

维多里诺的教育理想是培养身心全面和谐发展的人。他认为身体健康是学生精神发展的前提，故对学生的身体健康和训练十分关注。体育和军事训练在中世纪骑士教育中一直有良好的传统，但在中世纪教会学校里和后来市政当局开办的一些世俗性的学校里，体育没有地位。不应把维多里诺重视体育只看作是他对骑士教育传统的继承，因为他不是为了培养尚武精神。他重视体育是基于他对人性、人的发展和理想教育的理解。他认为人由身心构成，故人的发展应包括身体的发展，理想的完全的教育因之也应包括体育在内，而不只是进行心智训练。身体训练的目的不是为了使学生获得某些专门的体育技能，而是为了增强体质，培养学生吃苦耐劳的习惯，锻炼学生使之具有坚强的意志。

格里诺（Guarino da Verona，1374—1460）在教育实践方面与维多里诺齐名，同维多里诺一样，也没有专门的教育著述。他是维多里诺的好友，克里索罗拉的学生，自己也曾办过宫廷学校，有一定的实践经验。但他的教育观点既不同于弗吉里奥，也不同于维多里诺，在格里诺那儿，教育实践与理论的重心较过去有了一些比较显著的变化。首先在教育目的上，格里诺不再泛泛而谈博雅的目标，而是更强调为谋生、为职业做准备。这与其教育对象范围的扩大有关，如果教育对象只是王公子弟，可以不考虑谋生问题，可以无顾忌地"博雅"下去。而对于其他人，人生的第一要务当是谋生，当是找到一份好的职业，格里诺一生飘零各地，对此深有体会。因此，从教育目标上看，格里诺更加务实，更加贴近学习者的生活实际，更加为其未来的出路着想。少了许多浪漫的、理想的成分。还有一个重心的转移是，格里诺的教育思想更加关注教学方法问题。从表面上看，其视野似乎更窄，但实际上他把教育理论深化了、细化了。他的这种理论对教学实践的推动作用更大了，对自己实践经验的总结使其思想更具自己的特色，而不只是古典教育思想的重述，创造性更强了。因此，格里诺的教育思想的深刻性、针对性、创造性较之前述诸人的确是更强了，这标示着教育理论的发展而非萎缩。

帕尔梅利（Matteo Palmieri，1406—1475）是一个政治人物，他很关心政治，这样就使得其教育思想更多地与当时佛罗伦萨和意大利的政治现实相联系。帕尔梅利的主要著述有《论公民生活》（*Della Vita Civile*），其教育思想也主要体现在这部著作中。帕尔梅利的教育目的是培养完美的公民，完美的公民应掌握人类积累下来的知识。帕尔梅利对学术的未来、对通过学问促进人类的进步充满信心，体现了文艺复兴时代典型的乐观主义精神。在帕尔梅利那儿，对于公民而言，社会责任感居于首要地位。他认为追求社会正义的行为最受上帝的欢迎，上帝会赐福给那些以追求社会正义为己任的人。帕尔梅利已把宗教世俗化了。帕尔梅利认为个人与社会是不可分的，个人应为社会的完美作出贡献。人的身体也应得到发展。人应该有优雅的仪态举止，使身体的外在表现与精神的内在修养和谐一致。帕尔梅利提出要对青年普遍进行军事训练。与其他人文主义教育家不同的是，帕尔梅利提倡军事训练主要不是从个人发展的角度讲的，而是针对当时意大利严酷的社会现实而言的。他认为，开展军事训练有利于培养佛罗伦萨公民的爱国主义责任感，有助于重塑公民精神。他要求佛罗伦萨公民拥有保卫自己和平和自由的军事技能、具有高昂的爱国主义激情。帕尔梅利的教育理想与当时意大利崇尚共和的政治环境是密不可分的。

进入16世纪，意大利人文主义教育发生了明显的转向，这种转向是意大利社会政治、文化、宗教等领域的变化所导致的。在意大利，君主和君主国并不是到16世纪才产生的。从14世纪到15世纪，意大利呈现出君主国与共和国共存的局面，米兰和那不勒斯就是典型的君主国，而佛罗伦萨和威尼斯则是典型的共和国。但由于14、15世纪意大利文艺复兴的领头羊是佛罗伦萨，佛罗伦萨又是共和主义政治背景，这就使得在人文主义教育思想中"公民"的培养成为论述的主题，而君主和朝臣的培养问题并未受到人文主义者充分的重视。到了16世纪，随着意大利君主时代的到来，这种局面改变了。在16世纪，除威尼斯仍是共和国制外，君主制在意大利占据了统治地位。

政治形势的这种变化对意大利社会状况、对人文主义教育的发展带来了深刻影响。首先，以市民人文主义为特征的共和主义价值观被君主主义价值观所取代。君主制受到推崇，并被认为优于共和制，公民、公民的权利和自由、共和主义等受到贬抑。君主们并不否定古典文化，并且常常保护文人，但同时把这些文人变成了自己的附庸和歌功颂德的工具，文艺复兴的成就被用来为君主服务。其次，君主形象受到关注，涌现出一批专门为君主出谋划策而写作的学者。早期的市民人文主义者在写作时包括在写作教育著述时，一般以共和制为背景，向全体公民提出忠告和劝诫。而意大利文艺复兴后期的人文主义者在写作时总是预先设定一个君主统治的背景，如马基雅维里（Niccolo Machiavelli, 1469—1527）本人明显地倾向于共和制，但在写作时却总是以君主制为背景。这些关于君主的著述，其共同主题就是：君主应具有哪些素质？如何培养教育君主？而这正是教育问题。在教育思想上，由注重培养合格的公民转而注重培养理想的君主，如意大利政治作家、主教帕特里奇（Francesco Patrizi of Siena，1412—1494）著《王国与国王的教育》，马基雅维里著《君主论》皆体现了这一政治新趋向。最后，与君主时代的来临相一致，一些为朝臣而写的文章开始出现。这些文章旨在指导朝臣去获得适当的教育，克制自己的言行和妥善处理与君主的关系。这类著作中最有名最具影响的是卡斯底格朗于 16 世纪初写的《宫廷人物》。该书于 1513—1518 年间写成，是 16 世纪最流行的书籍之一。在文艺复兴时代，卡斯底格朗算不上一个伟人，他的声誉无法同达·芬奇、伊拉斯谟、莫尔、拉伯雷等人相比。他的历史功绩在于写了《宫廷人物》，描绘了当时的时代所需要的人的形象。集中概括地反映了这一时代的"主要伦理和社会思想"①。

总之，随着君主时代的到来，君主和朝臣的培养问题便成为学者们关注的一个问题。这种关注直接导致了人文主义教育思想的转向，培养公民的教育理想被培养君主和朝臣的教育理想所取代了。

卡斯底格朗（Baldasarre Castiglione，1478—1529）的教育思想是以 16 世纪初意大利君主时代为社会背景，其教育思想的社会基础、文化背景和价值取向已与城市（市民）人文主义者大相径庭了。卡斯底格朗很熟悉意大利君主时代的宫廷生活和外交事务，他的重要著作《宫廷人物》（拉丁文为 *IL Libro del Cortegiano*，英文为 *The Book of the Courtier*）就是以此为背景写就的。君主的宫廷是当时社会生活的中心，政治、外交、军事、艺术、文学等莫不以之为中心，宫廷是当时社会文明的缩影，是时代文化的典型表现。卡斯底格朗在《宫廷人物》中讲的"宫廷人物"（courtier）是指辅佐君主处理政治、军事和外交事务的高级官吏，其地位类似中国封建时代的朝廷重臣，故有人也将 courtier 译为"朝臣"或"侍臣"。卡斯底格朗的宫廷人物就是指朝臣。

朝臣是君主时代一种重要的社会角色，卡斯底格朗本人便是一位出色的朝臣。他对教育思想的贡献主要在于他描绘出了理想的朝臣形象，集中表现了这一时代的"主要伦理和社会思想"，"由于学习变得日益迂腐，并陷入脱离实际生活的危险之中，教育思想的重点，也逐渐从学术的成就转到绅士风度的培养上来。当时明智的人所需要的教育，与其说是造就一些可能在其专业上侥幸能自立的学者，毋宁说是培养一群以学问装饰起来的、精明能干的绅士"。朝臣形象实际上就是理想的绅士形象。卡斯底格朗所描绘的朝臣形

---

① 〔英〕博伊德、金著，任宝祥、吴元训主译：《西方教育史》，人民教育出版社 1985 年版，第 209 页。

象并不只局限于朝臣，而具有普遍的推广价值，这一形象对整个西方教育都产生了深刻的影响。正如某些教育史家所讲："卡斯底格朗绝非一位富于创造性的艺术家，他真正的功绩——这确实是一个伟大的功绩——在于，他发现了存在乌尔比诺的宫廷中的有才干的人的典型，并对其精神实质进行了非常深入的研究。因此，他可以用他那纯朴自然的艺术技巧，把这一典型完美地描绘出来。通过'用文字来塑造这种朝臣'，他提出了一种不受时间和空间限制的新理想，这一新理想后来成为欧洲教育共同遗产中的一部分。"①

培养公民与培养朝臣，两种教育理想显然是不同的。从政治的角度看，似乎是由共和制向君主制的倒退，但从文化和教育的角度看，就不能认为是倒退。历史学家巴伦指出："在实质上，侍臣的这种概念并不是从中世纪骑士制度的土壤中生长起来的，而是脱胎于以锻炼身心并鼓励雄心和一切适合人类天性的高贵感情为基础的培养完人的人文主义者教育纲领。"②"尽管从15世纪下半叶起一些中世纪的传统又卷土重来，它们是经过文艺复兴精神的熏陶后而再现的。"③因此，卡斯底格朗的培养目标不是中世纪擅长军事体育、具礼仪风度而只粗通文墨甚至不通文墨的骑士，也不是前期文艺复兴精通古典文化的学者，而是二者精华的凝练与综合。它继承了中世纪骑士教育的世俗精神、继承了文艺复兴时代的人文理想，体现了新的"文雅骑士"精神，反映了新时代对富于开拓精神的人的需要。

**二、北欧人文主义教育思想**

16世纪北欧的人文主义者在许多方面继承了意大利人文主义的传统，如对人的价值和现实生活的肯定，对古典著作的浓厚兴趣，对经院主义和教会专制的反感，对教育和普及新知识的重视，以及对政治、社会问题的关心，等等。但北欧社会与意大利社会在历史背景、文化传统以及所面临的现实问题等方面的不同，使得北欧人文主义具有自己不同于意大利人文主义的个性。

北欧人文主义最大的特点就是更加关注宗教问题。一方面，北欧因为历史、地理方面的原因，与意大利相比，受古典异教文化的影响较少，而受中世纪教会的影响较深；另一方面，教会的腐败劣迹引起了普遍的不满，宗教改革运动在酝酿之中。在这种情形下，宗教问题备受关注。北方人文主义者

---

① 〔英〕博伊德、金著，任宝祥、吴元训主译：《西方教育史》，人民教育出版社1985年版，第209～211页。

②③ 〔英〕G. R. 波特编，中国社会科学院世界历史研究所译：《新编剑桥世界近代史》第1卷，中国社会科学出版社1988年版，第103、102页。

用人文主义的语言和历史方法研究《圣经》和早期教父们的著作，目的是摆脱中世纪的错误译本和诠释，重新解释基督教。他们力图从教会的教条中和活动中清除种种神秘的、烦琐的尤其是虚伪的东西。因为特别关注对基督教问题的研究以及强调虔敬的价值，北方人文主义也被称为"基督教人文主义"。实际上，通过研究古代语言文字来加强对基督教研究的做法，在彼特拉克时就开始了。但一方面由于实际的需要，一方面也由于古代语言知识的增长，这一做法在16世纪的北方人文主义者中间形成了更为普遍的风气。

基督教人文主义者批判教会的腐败劣行，加深了人们对天主教会的不满；他们否认教会和教皇的绝对权威，认为这种中世纪所确定的权威并无切实的依据；他们推崇《圣经》的权威地位，认为个人可通过《圣经》即"上帝之音"而与上帝直接交流，毋须教会作中介；他们希望消除一切有碍虔诚的东西，希望改革教会，回到早期基督教的简朴状态中去。基督教人文主义所要求的教会改革是指维护教会统一前提下的内部改革，与后来兴起的新教改革不同，但在客观上，基督教人文主义为新教改革做了重要准备。宗教改革正是基督教人文主义所引发的。

北欧人文主义的特征决定了北欧人文主义教育的特点。北欧宗教改革前人文主义教育的重要代表人物主要有尼德兰（今荷兰）的伊拉斯谟（Desiderius Erasmus，1467—1536）、西班牙的维夫斯（Juan Luis Vives，1492—1540）、英国的莫尔（Thomas More，1478—1535）、德国的温斐林（Jacob Wimpheling，1450—1528）和法国的比代（Guillaume Bude，1467—1540）等人。

在北欧诸国中，尼德兰的教育比较发达，尤其是尼德兰的一个宗教团体"共同生活兄弟会"所办的教育更是成绩卓著，北欧著名的人文主义教育家和思想家大多出身于兄弟会所开办的学校。"生活兄弟会"是一个奉行神秘主义的宗教团体。这种神秘主义体现了一些人改进基督教的企图。兄弟会深受神秘主义者的影响，反对中世纪经院哲学的枯燥无味的形式主义而提倡内心的反省。兄弟会致力于恢复基督教徒那种简朴、虔诚和献身的生活。兄弟会的一切活动是以宗教为中心的，兄弟会成员所阅读、抄写、印刻、发售的书籍与人文主义的知识兴趣很少有共同之处。不过兄弟会在以下几个方面与人文主义有相似相通之处：其一，兄弟会憎恶玄深的神学讨论，这与人文主义者反对经院哲学的深奥莫测相类似；其二，兄弟会崇尚知识，热爱书籍，这种取向架通了一座通向人文主义的桥梁，只不过兄弟会所崇尚的是宗教书籍，而人文主义者崇尚的是古希腊罗马典籍；其三，兄弟会在抄写时坚持以诚实可靠为原则，而人文主义者在整理古代典籍时要求语言准确，这二者有相似之处。

## 第四章 人文主义教育思想

兄弟会的宗教实践活动和教育活动还在相当程度上影响北欧人文主义的基本走向和北欧人文主义教育思想的基本特征。对道德和虔信的强调是北欧人文主义者和北欧人文主义教育的最根本特色。北欧最著名的人文主义者伊拉斯谟是兄弟会学校的学生,北欧人文主义者中的许多领袖人物都曾在兄弟会学校学习,他们不能不受到兄弟会所尊奉的价值观的影响,他们都强调宗教和道德的教育价值,这与意大利人文主义是有较大差异的。

伊拉斯谟是荷兰人,是一位基督教人文主义教育家。他虽然对古典文化推崇备至,认为研习古典文化有助于改造社会、改良教会、净化基督教,使人走上虔敬与德行之旅,但在古典文化与宗教二者的关系中,他并不像意大利人文主义那样过于偏重古典文化,而是基督教与人文主义并重,主张人文主义基督教化,基督教人文主义化。他用人文主义的方法研究《圣经》,对基督教情有独钟,认为应该用基督教的标准估量一切东西,应使学生成为一个虔敬的基督教徒。他虽然不反对宗教本身,却对教会推行的蒙昧主义和教会的虚伪腐化深恶痛绝,他的《愚人颂》(1519年)的核心就是对虔敬与道德的呼唤。他在教育方面的代表作主要是《基督教君主的教育》(1516年)和《论童蒙的自由教育》(1529年)。伊拉斯谟所要培养的人的品质主要是虔敬、德行和智慧三个方面。虔敬意指敬上帝,德行意指应通过教育使人具有宽容人道、公正无私、节制自律、诚实正直、勤奋有为等美德,而智慧则受虔敬与德行的指引。获得虔敬、德行和智慧的必经之路就是学习古典文化,其中《旧约》和《新约》也是古典文化的重要组成部分。但他没有像意大利一些人文主义教育家那样走向西塞罗主义和形式主义,反而著文《西塞罗主义》(1528年)对之予以抨击批判。在他看来,文以载道,学文重要,学道更重要,更根本的目的是学古人之道以改造现实社会。他还特别重视教学方法问题,要求教师了解学生,因材施教。

维夫斯是西班牙人,17岁以后在法国、英国和布鲁日(在今比利时)生活,再没有回西班牙。他的主要教育著作是《知识论》(1531年)和《论灵魂与心灵》(1539年)。其中《知识论》影响甚巨,被认为是文艺复兴时期论述最彻底的教育著作。维夫斯的教育观与伊拉斯谟相近,也主张将基督教与人文主义结合起来,认为一切教育皆应引导到虔敬,应在学生心中确立"圣经的威信",但其人文主义精神较之伊拉斯谟更为强劲。他思想激进,富有民主性,认为一般民众也应有自由发展的权利。维夫斯的教育思想中最具光彩之处在于他提出要以新的哲学方法,要用心理学方法来解决教育问题。他深刻揭露了经院哲学的弊端,认为经院哲学及其赖以为据的亚里士多德逻辑学的根本缺陷,在于以无根基的一般概念和命题为先决条件,然后进行枯燥的推理。他指出,经院哲学的这种方法是导致学术腐化的根本原因,唯一能消除这种弊端的办法,就是从个别的事实经验开始,运用正确的认识方法即归纳法去认识事物。维夫斯还认为教育主要是一个由学习者的本性所决定的过程,他力图把教育和教学建立在心理学的基础上,他对心理的对象、心理活动、心理类型和差异等进行了大量的深入的研究。维夫斯的上述新思想,都远非伊拉斯谟所能比。维夫斯的教育理论对夸美纽斯有深刻的影响。

英国早期文艺复兴中对人文主义教育作出积极贡献的主要是林纳克(Thomas Linacre,1460—1524)、科利特(John Colet,1467—1519)和莫尔。这几人都是同志好友,且都与伊拉斯谟相熟,他们组成了欧洲几乎没有能与之匹敌的人文主义团体。科利特约在1510年在伊拉斯谟等人的帮助下,创办了人文主义性质的圣保罗学校,该校成为英国人文主义学校的楷模。在林纳克、科利特和莫尔等人的推动下,加上英国国王的支持,人文主义教育在英国遂日盛一日,不仅大学,而且中等教育性质的公学也大受其影响,成为人文主义教育的重要阵地,并相沿甚久。

莫尔是英国最著名的人文主义者,其教育思想主要体现在《乌托邦》(1516年)中。莫尔曾于牛津大学师从林纳克和科利特学习古典语言,对古典文化厚爱于心,尤其陶醉于柏拉图的"理想国"。与伊拉斯谟结识后,曾共同翻译古希腊著作。他在宗教观上是一个虔诚的天主教徒,他的空想社会主义具有浓厚的宗教性质,是用原始基督教的平等观念这一精神武器对英国资本主义原始积累中的罪恶现实予以批判而产生的理论成果,其社会主义思想并不真正具有现代意义。在《乌托邦》中,莫尔要求废除私有制,实行公共教育制度,所有儿童不分男女皆享有平等的受教育的权利;所学知识主要是古代作家尤其是希腊作家的哲学、历史、戏剧、医学、植物学等作品;要求培养儿童仁慈、公正、勇敢、诚实、仁爱、合作等品质,培养儿童对神的虔敬。此外,莫尔还重视劳动的价值并要求对青少年进行劳动教育。这些教育观都洋溢着鲜明的进步精神。这些教育观或者是原始基督教教义的回光返照,或者是古希腊教育实践的理论再现,沿袭的成分多于创造。宗教精神与古典主义是莫尔教育思想的重要特色,在此点上,他与伊拉斯谟、维夫斯等人非常相似,都属于基督教人文主义的范畴。

德国临近意大利,近水楼台先得月,受意大利文艺复兴的影响较早,但由于宗教改革的冲击,文艺复兴的成就并不显彰。温斐林是宗教改革前较重要的人文主义教育家,他反对古典语言的学习中专重文法的错误倾向,强调人文之学要以维护社会的道德为标准,其人文主义精神与其宗教意识相伴而行,极言学术知识与宗教信仰并行的重要性。德国的一些大学如爱尔福特大学、巴塞尔大学、科隆大学等皆成立了人文主义者团体,致力于传播古典文化,抨击当时的教会。一些诸侯也积极扶持人文主义,马克西米连甚至被称

## 第四章 人文主义教育思想

为"人文主义者皇帝"。人文主义和人文主义教育的开展为德国的宗教改革创造了良好的文化条件。

宗教改革后，随着基督教人文主义的衰落，一种新的人文主义精神渗入到教育实践和教育思想中来，具体表现如下。其一，不再重点强调教育的宗教和伦理价值，而是要培养身心都得到发展、具有良好风度的绅士，绅士教育成为教育实践与理论的热点，英国的教育目标发生了变化。其二，教育内容也发生了变化，实用性的学科如法语、意大利语、化学、绘画等受到重视，体育被置于十分重要的位置。其三，民族主义精神大大加强，其典型表现是对英语教学的强调。英国文学迅速发展起来，莎士比亚的文学成就是英国文学的典范，也是英国的文艺复兴对世界文化的一大贡献。其四，现代科学方法开始对教育方法产生影响，培根的归纳法开创了人类认识的新纪元，也对教育教学方法的变革产生了巨大的影响。

如果说莫尔的人文主义教育主张具有一定的理想主义"乌托邦"色彩，那么到了艾利奥特（Thomas Elyot，1490—1546）著《行政官之书》（1531）时，英国的人文主义教育便开始呈现一种新的现实主义风貌。艾利奥特是莫尔一位朋友的儿子，也是林纳克的学生。他熟悉伊拉斯谟，也熟知卡斯底格朗的《宫廷人物》，其《行政官之书》（The Book of the Governor），可以说是《宫廷人物》的英国版，体现的也是一种广义的人文主义精神。

艾利奥特既是一位学者，也是一位行政官员，这种双重身份使其对当时人文教育的迂腐与不切社会实际有切身的体会。他主张教育的目的是培养绅士而非学究，主张学习古代语言应建立在学习本族语言的基础上，重视教育中具体经验的价值，强调通过角力、赛跑、游泳、骑马、打猎、跳舞等进行体育锻炼。英国宗教改革后，艾利奥特的新人文主义教育精神在英国新贵族的推动下得以进一步弘扬。许多新贵族凭自己的力量和才能取得了较高的经济地位和政治地位，他们逐渐认识到实用知识对实现他们的抱负的价值，实用学科如民族语言、自然科学、绘画、体育等受到重视。如何对贵族青年进行绅士教育以培养适合新时代需要的经世致用之才成为人们关注的焦点。

这种培养目标与课程的变化表现出前后期人文主义教育间的重大差别。"由于学问变得日益迂腐，并陷入脱离实际生活的危险之中，教育思想的重点，也逐渐从学术的成就转到绅士风度的培养上来。当时明智的人所需要的教育，与其说是造就一些可能在其专业上侥幸能自立的学者，毋宁说是培养一群以学问装饰起来的、精明强干的绅士"①。英国宗教改革后,艾利奥特的教育精神在英国新贵族的推行下得以进一步弘扬。许多新贵族凭自己的力量和才能获得了较高的经济地位和政治地位,他们逐渐认识到知识对实现他们的抱负与理想的价值,实用学科如民族语言、自然科学、绘画、体育等受到重视。如何对贵族青年进行绅士教育以培养适合新时代需要的经世致用之才,成为人们关注的焦点。

如果说卡斯底格朗、艾利奥特等人的主张中还掺杂着一些传统意识,那么培根(Francis Bacon,1561—1626)从认识论、知识论方面所体现的则是一种强烈的近代精神。他本人不是教师,对教育实践也不感兴趣,但他对近代教育的影响却远非同时代的其他教育家所能比肩的。他提出了科学认识的方法——归纳法,抨击以烦琐主义和形式主义为特征的经院哲学。他认为经院哲学尚推理演绎,但推理演绎的前提并无真凭实据,其目的也不在于发现新知,而是烦琐论证某些空洞的问题,要真正认识事物,必须求助于归纳法。归纳法分若干步骤:通过观察和实验收集事实;通过例证列表,对感性材料进行整理;通过概括排除,淘汰非本质的规定性;作出肯定的结论以解释自然。培根的认识论为教学方法的根本变革提供了哲学依据。培根还提出了研究百科全书式知识的理想,认为"知识就是力量",培根尤其强调自然科学知识的价值,将自然科学视为知识的最主要内容。培根对一些人过于尊崇古典文献持否定态度,认为对古典文献应甄别取舍而不应全盘接受。在《新大西岛》(1623年)里有关"所罗门宫"的描述中,他提出"泛知识"的建议,认为人应学习一切知识,尤其是自然科学知识,成为夸美纽斯"泛智论"之先声。

法国的文艺复兴开始较晚。法国贵族一向轻视学问,认为学识与军人的勇敢行为不相容。宗教改革后,由于法国宗教气氛甚浓,而古典学术又往往同新教结盟,于是古典文化遭到强有力的反对。法国早期文艺复兴表达人文主义教育思想并对人文主义教育施以重要影响的是比代。他对希腊、罗马文学造诣颇深,对罗马法也有透彻研究,认为不掌握人文之学,犹如夜间行路而无灯光。1515年,他写作《论王侯的教育》,建议君主学习古典著作。在他的推动和国王的支持下,法国先后建立起富有人文主义精神的法兰西学院(1530)和奎恩学院(1534),与教会大学分庭抗礼,学院不事经院之学,而崇尚古典学术。法国激进的人文主义思想家、教育家蒙田就是在奎恩学院接受的人文主义教育。

---

① 〔英〕博伊德、金著,任宝祥、吴元训主译:《西方教育史》,人民教育出版社1985年版,第208页。

## 第四章 人文主义教育思想

在教育上，尽管比代建立了具有人文主义精神的法兰西学院和奎恩学院，但法国的保守势力一直比较强大，大部分学校依然疯狂地反对一切新事物的到来。过分的压制带来了强烈的反抗，一种崭新的教育精神在保守的土地上勃然升起，拉伯雷、拉谟斯、蒙田成为新教育精神的象征。

拉伯雷（Francois Rabelais，1494—1553）对教育感兴趣主要是因为受了伊拉斯谟和新教教育家斯图谟的影响，其教育思想主要体现在他的讽刺性文学作品《巨人传》中，要点如下。第一，阐述了一种新的教育自由观。他要求打破一切戒律，不论是教会的还是世俗的。他认为，理想的社会由享有完全自由的人所组成，"想做什么，便做什么"是他所推崇的准则。他所主张的自由不同于意大利早期文艺复兴的城市自由，而主要是一种个人自由，表现出对个性价值和个人自由的确信。第二，主张身心并行发展。重视体育，他所列的体育活动的名目非常多，骑马、击剑、角力、跑步、游泳、射箭、登山、攀树等，不一而足。第三，要求认识所有事物。拉伯雷提出了一个包罗万象的学习知识的范围，古典语言和著作是学习科目的主体，拉伯雷也引入了自然科目，要求对大自然予以"尽心"的研究。拉伯雷还注重本族语教学，要求日常交往使用本族语言。第四，提出了新的学习方法和途径。拉伯雷对经院主义的烦琐论证、死记硬背的方法深恶痛绝，要求知识的掌握应建立在理解的基础上，认为"没有经过理解的知识等于灵魂的废物"，他要求采用新的教学方法，使教学与学习的过程轻松愉快，"与其说是一个学生在学习，毋宁说是一个国王在消遣"。① 书本是知识的一个来源，观察、谈话、游戏、游学、参观、旅行等也是获取知识的重要途径。

拉谟斯（Petrus Ramus，1515—1572）反对泥古崇古，反对迷信权威，不论是中世纪后期亚里士多德的权威还是文艺复兴时代西塞罗的权威，认为人人皆应得到自由思考的权力，这是对是古非今、泥古不化者的批判。拉谟斯强调实用性，认为学习知识的目的是为了用于实践，各种知识的教学都应与生活现实相联系。

蒙田（Michel de Montaigne，1533—1592）的主要著作是《散文集》。《散文集》中的文章长短不等，内容包罗万象。他的教育思想主要体现在《散文集》第一卷第24章《论学究气》和第29章《论儿童的教育》中。蒙田具有很强的批判精神，其思想的广度、深度远远超过了同时代人。蒙田反对培养学究，要求培养完全的"绅士"。这种绅士具有渊博的、对生活有益的实用知识，具有良好的判断力，具有坚忍、勇敢、谦逊、爱国、忠君、服

---

① 〔法〕拉伯雷著，成钰亭译：《巨人传》，上海译文出版社2003年版，第61页。

从真理、关心公益等品质，具有强壮的体魄。他说："一切运动和锻炼，如长跑、击剑、音乐、舞蹈、打猎、骑马，都应该是学生学习的一部分。我希望他的外表、态度或礼节和他的心智一同形成起来；因为，我们所训练的，不是心智，也不是身体，而是一个人，我们绝不能把二者分开。"① 蒙田倡导怀疑精神，反对盲信盲从，注重对知识的理解。蒙田对书本知识不论新旧都持批评态度，在他看来，人若仅仅为了获取知识，结果只能变成书呆子，而重要的是获得判断能力。与此相关，蒙田反对死记硬背，认为死读书只能培养出鹦鹉学舌的学究。反对理智屈从于权威，认为一个人应有判断力，绝不可人云亦云，但人应服从和热爱真理，应虚心好学，敢于并善于纠正自己的错误认识。他认为不应盲从权威、迷信古人，应鼓励学生的怀疑精神。他还反对教育中的"暴力和强迫"，崇尚自由精神。蒙田反对空疏无用，崇尚实际效用。他认为学究式的学问是无用的，教师教的和学生学的应是对实际生活有用的东西。在语言的学习方面，蒙田认为本族语是最有价值的，其次是邻国语言，最后才是作为一个绅士的重要装饰品的希腊文和拉丁文。蒙田不主张学生过分依赖书本而成为书本的奴隶，要求儿童多从生活中、从事实中学习，多行动，多实践，这样获取的知识才最有实效。行动和实践是教育的重要手段，也是检验学生学习效果的尺度。在教学教育方法方面，蒙田反对强制压迫，主张自然发展。蒙田认为严厉的处罚不仅摧毁儿童学习的愿望，还会使人的高贵的本性堕落。他要求抛弃暴力和强制，使教育成为一种"没有惩罚、没有眼泪"、充满趣味和欢乐的活动，使儿童的天性得以健康发展。蒙田认为没有一种完全适合于一切学生的教学方法，教师应"掌握分寸"，因材施教。

蒙田的教育思想是对中世纪和文艺复兴前期教育理论和实践深刻反思的结果，他提倡身心并进，重能力培养，求实际效用，尚行动实践，反对权威主义，批判死记硬背，抨击学究气息，充分表现出后期人文主义教育的新气象。

从以上的简略叙述可以看到，早期意大利人文主义教育思想与早期北方人文主义教育思想有显著差别。主要表现在两方面。其一，意大利人文主义教育有着较强的世俗性，而北方人文主义教育则特别强调虔敬与道德的价值。意大利的学校从古罗马时代世俗气息就比较浓厚，中世纪以及其后建立的大学和城市学院，也多受世俗势力控制。而北欧的宗教势力比较强大，且北欧的人文主义者多从宗教团体"共同生活兄弟会"那里接受的教育，因此

---

① 吴元训选编：《中世纪教育文选》，人民教育出版社 2005 年版，第 424 页。

有这种差异就不足为奇了。其二，因政治背景的不同，教育的政治功能亦旨趣迥异。意大利在文艺复兴前期实行城市共和制，共和政体要求培养富于自由、平等精神的公民，而北欧人文主义教育家崇尚君主制，把治理国家的希望寄托在君主和朝臣身上，因此，他们关注的是如何对那些将来有希望成为君主和朝臣的人物施以什么样的教育。

尽管存有差异，但二者的一致性却是更为根本的，体现在：第一，古典科目构成人文主义课程的基础和主体；第二，强调教育与社会的联系，重视治人治世之学，力图通过教育，改造社会，至于自然的改造、自然科学的研究尚未受到重视；第三，重视古典语言，漠视本族语教学，本族语在教育中地位甚低。

随着社会的发展，早期人文主义教育的上述特征日益滞后于时代，人文主义教育的内涵必须予以新的拓展，这种新拓展主要体现在培养目标的改变、世俗精神的增强、学习内容的丰富、本族语的引入、学习方法的进步等方面。

## 第三节 人文主义教育思想所探讨的基本问题

### 一、教育的目的与作用

中世纪教会学校教育的目的主要是为了修来世，为了有助于对上帝的信仰。人文主义教育使这种宗教教育的目的发生了转向。不论是意大利早期人文主义教育家所要培养的公民还是意大利后期和北方人文主义者所要培养的君主、朝臣，都是为革新现实社会服务，具有强烈的世俗性。

人的发现和人的解放必然会对教育的基本精神产生重大影响，会要求教育的各个层面发生相应的变化。人文主义者所推崇的教育是以古代文化为基础的古典人文教育。由于古代文化本身蕴涵着关于人的、不同于中世纪的价值观念，因此，受教育者接受人文教育就意味着接受一种关于人的新的价值观念，意味着对自身的发现和解放。

人文主义者重视教育对人的发展的作用，主张通过教育来培养具有多种造诣的全面发展的人。人文主义者认为中世纪教育是职业性的，是狭隘的，不能使人的各种潜力得到充分的全面的发展。他们主张传授古典学问，让学生接受广泛的人文学科教育，目的在于培养头脑发达、能写善辩、风度优雅、体魄强健的完人，以适应丰富多彩的社会生活的需要。教育是一种后天的、人为的力量，对教育的重视也是对人的力量的自信，即人有能力造就完美的人。人的全面发展、协调发展成为人文主义教育追求的重要目标。

弗吉里奥所倡导的博雅教育所造就的人不是中世纪的骑士，不是中世纪的教士，也不是某一行业的从业者（中世纪后期行会教育的目标），而是充满世俗精神的身心俱健的人。真正的教育旨在对人的心智（the reason）和身体（the body）两个方面予以有效的训练。进行心智训练可使人能明智地控制自己的行为，进行身体训练可使人能更好地服从理性的命令，能保护人的权利和捍卫人的尊严。从《论绅士教育》看，弗吉里奥所倡导的博雅教育包括德育、智育、体育、军事教育、休闲教育等方面，其用意不是培养武士或某种专门职业者，不是训练人的某种特殊的技能，而是发掘出人之所以为人的本质特性，并使这些特性得到全面、均衡的发展。弗吉里奥的教育构想被维多里诺付诸实践，维多里诺的教育理想是培养身心全面和谐发展的人，这种人应具有强健的体魄、丰厚的文化知识、良好的品德和虔诚的宗教信仰。

帕尔梅利的教育目的是培养完美的公民，他眼中的理想的公民是有知识、有教养、能处理社会事务的人。这种人是当时意大利城市生活迫切需要的，这反映了其理想的现实性特征，他描述的理想人物不是无确切时空的乌托邦中的人物。他赋予这种人物以浓郁的人文主义精神，要求他们充分占有人类文化的精华，而且能在此基础上更进一步并有所创新。有教养、有德行、有优雅的风度、有积极参与社会生活的意识和能力、有保护自己国家的军事技能，这就是帕尔梅利眼中的完美公民形象。

与帕尔梅利以意大利共和政治为社会背景描述完美的公民形象不同，意大利后期和北方人文主义教育家则主张培养贤明的君主、朝臣为君主政体服务。他们都相信完美的教育和完美的统治之间有着异常紧密的联系，认为治国安邦的关键在于统治者躬行美德。如伊拉斯谟认为，若统治者品行高洁、智慧超群、能力卓然，一定会政治清明，国家也就可摆脱纷争与不道德的境地而臻于完善。卡斯底格朗、艾里奥特与伊拉斯谟异曲同工，也都提出理想中的君主、朝臣形象，不同的是伊拉斯谟带有北方早期人文主义教育的典型特征，重宗教虔诚的培养；而卡斯底格朗和艾里奥特则世俗性更强，培养的是实干型的统治者。此处以卡斯底格朗的培养目标朝臣为例予以说明。

完美的朝臣所展示的实际上就是文艺复兴时代的完美绅士（complete gentleman）形象，这种完美的绅士应具备哪些条件呢？

朝臣应擅长战争艺术和各种体育活动。朝臣不是职业军人，整日拼拼杀杀的军人生涯对人的发展有诸多限制，朝臣则不受这种职业的限制。尽管朝臣擅长战争艺术，但他几乎不谈论战争，他也不炫耀自己的军事技能，尤其在女士面前更是如此，因为夸夸其谈、炫耀示人对朝臣而言有失体面。朝臣从外表看文静儒雅,但内心勇敢坚强,随时准备承担战争风险,为国奔赴沙场。朝臣也精通各种体育活动。卡斯底格朗认为,朝臣所从事的各种身体运动也应与其身份相符,朝臣不是职业运动家,一些跌打类的运动项目和一些需要奇怪技巧的运动项目都不适于朝臣,因为它们不够优雅。

朝臣应具有学者的智慧。卡斯底格朗批评法国宫廷中的朝臣重武轻文,如同中世纪的骑士。他要求朝臣应文武并重。朝臣应懂拉丁文和希腊文,熟知古代诗人、演说家和历史学家的著作。朝臣应知晓写作技巧,能赋诗作文,尤其应具备本族语写作的能力。朝臣虽非学者,但卡斯底格朗要求朝臣在学识上不亚于一个中等水平的学者。可见,朝臣并非一介武夫,而是文武兼备之士。

朝臣应具有良好的艺术修养。音乐可调剂人的身心,使人从劳累和困扰中解脱出来。绘画、雕刻也非常重要,不能把二者视为职业性的东西而认为它们不适宜于绅士。绘画、雕刻应成为教育的重要内容,它们对人的精神陶冶大有助益,使人领略欣赏自然之美和艺术之美。不仅如此,它们还具有较高的实用价值。美术方面的训练能使朝臣学会绘制地图,从而用于战争或用于旅行,可使朝臣对一个国家的地势地形有正确的认识。

朝臣的谈吐应高雅机智,超凡脱俗,使他人能从其言谈举止中感到朝臣的尊严。说话时语音语调应清晰流畅,顿挫抑扬有致,不要像一些妇人那样又快又尖。说话时人的举止也应与所谈的内容相协调。朝臣还应知道怎样去倾听他人讲话,怎样反驳他人的意见。朝臣应能言善辩,但仅仅能言善辩还不够,卡斯底格朗对此还提出了道德方面的要求。朝臣不应喋喋不休,不应将自己的观点强加于人,在交谈时不戏拟模仿他人,不应在背后说人坏话,不应养成谄媚之陋习。

朝臣辅佐君主乃世俗事务,但卡斯底格朗认为朝臣不应被紧紧束缚于尘世之中,完美无缺的朝臣不仅关心尘世生活,还应有一个精神家园,灵魂有归宿,人生有信仰。卡斯底格朗在柏拉图的理念世界中找到了人生终极问题的解决办法,朝臣应体会和热爱天国之美即理念世界的美好,对天国或理念世界之爱使人远离烦忧,给人带来幸福无比的满足感,因此应成为朝臣的最重要的品质之一。卡斯底格朗进而分析了这种爱的性质,他认为这种爱产生于体验享受天国之美的愿望,天国之美与伦理之善相联系,它源于人的精神的沉思而非源于感官的体验。人对一种事物之美的爱会扩展到对一切事物之美的爱,但此种爱尚不完美,由爱一物至爱万物再至爱上帝,达到天人合一之境时,方为最完美之爱,此时人的灵魂会有极乐的体验,会与最高存在物上帝融而为一,人会进入心醉神迷的状态。总之,朝臣生活于俗世,服务于世俗君主,拥有许多世俗的本领,但朝臣绝非俗物,他能超脱于尘世的不足,有着很高的精神境界。

可见,卡斯底格朗的培养目标不是中世纪擅长军事体育、具礼仪风度而只粗通文墨甚至不通文墨的骑士,也不是前期文艺复兴精通古典文化的学者型人物,而是二者精华的凝练与综合,体现了新的"文雅骑士"精神,反映了新时代对富于开拓精神的人的需要。

艾利奥特的《行政官之书》写于1530年,出版于1531年,与《宫廷人物》的基本精神是相通的。这本书阐明其教育的目的就是要培养绅士,即新型的资产阶级贵族。艾利奥特所说的"统治者"是指16世纪英国的统治阶层,他们是资产阶级的新贵族,或称绅士。绅士应有文化修养,接受过良好的古典文化教育,能言善道,谈吐风雅,擅长音乐、舞蹈。绅士应具备强壮的身体,接受过体育训练,擅长户外运动,能够游泳、田猎、骑马、射箭等,必要时能用剑参加战斗。绅士还应该学会上流社会的处世之道,通达人情世故,善于处理公私生活,要有绅士风度,保持身份的尊严和荣誉,气度宽宏,仪表端庄矜持。最重要的是,绅士还应效命王室,为国家服务。

拉伯雷的《巨人传》呼唤巨人。拉伯雷赋予教育的目的就是培养"巨人",巨人拥有非凡的体魄,巨人渴求广博的知识,巨人是美德的化身。巨人是体魄、知识、美德三个方面全面发展的新人。

蒙田拒斥学究,认为教育的目的是为了培养"绅士",而不是生产迂腐的"学究"。蒙田强调身心应并重发展。他说:"我们造就的不是一个心灵,一个躯体,而是一个人,不应把心灵和躯体分离开来。"① 他认为,教育应该培养人的智慧,判断力的培养重于知识的记忆。一个人只有形成了自己的独立的判断力,才能正确地认识自己,对待社会,而不至于沦为各种权威、迷信和诱惑的奴隶。

上述关于教育目的与看法有一个共同点,就是强调人的全面发展,强调通过教育使人得到解放、得到发展,强调教育不仅应为上帝和天国服务,更应为世俗国家服务、为个人的今生今世服务。

**二、关于道德教育**

由于文艺复兴时代的人文主义者都强调美德在社会生活中尤其在政治生活中的核心地位,道德教育在人文主义教育思想中居首要地位。他们既要用道德教育来克服社会的不道德现象,又要用道德教育来塑造新的道德精神。

人文主义者反对不合乎人性的道德教育,反对对人的压抑,要求学生积

---

① 〔法〕蒙田著,潘丽珍等译:《蒙田随笔全集》上卷,译林出版社1996年版,第184页。

极向上，奋发有为。另一方面，他们也反对人性的放纵，要求学生节制自爱。从本质上看，他们的认识是非常深刻的，他们实际上是为"人的解放"划定了一个界限，人的解放不是人的放纵，他们看到了因反叛禁欲而带来的放纵恶果，他们想使人避免从一个极端走向另一个极端。总之，向上和节制是人文主义者倡导的两种重要的道德精神。

向上的外在表现就是追逐个人声名和荣誉。追逐个人声名和荣誉在文艺复兴时期的人文主义者那儿是一种普遍的做法，这种做法也深深地渗入到教育之中。让受教育者有所作为也成为教育的一种追求。这样就带来了一种新的价值观念——个人发展是合乎道德的，追求声誉不仅是合理的，甚至是应予大书特书的。

人文主义者反对教会虚伪的道德实践，但他们并不全盘否定基督教道德本身。从上面的叙述可以看出，人文主义者所要求培养的道德项目，很多都属于基督教道德的范畴。

基督教道德的核心内容是爱、信、从三主德。爱是指爱上帝、爱他人，应爱人如己，自己与外人、家庭成员之间、主仆之间都应体现爱心。信是指信仰上帝。从是指服从上帝和君王。基督教的道德戒律是"摩西十诫"：除上帝之外，不可有别的神；只拜摩西不拜偶像；不许乱用神名；要守安息日为圣日；当孝敬父母；不可杀人；不可奸淫；不可偷盗；不可作假见证陷害人；不可贪恋他人的财产。与十诫紧密相连的是基督教的禁欲原则，它具体包括三个方面：摈弃情欲，摈弃财富，摈弃现世生活。基督教在道德方面对人的具体要求是：爱人、信实、虔敬、谦卑、服从、忍耐、节制、同情、热情、殷勤、正直、公正、守信、自重、谦让、不傲慢、不暴躁、不酗酒、不好斗、不贪财，等等。

基督教道德缺乏昂扬的向上精神，对人的确产生了压抑和束缚。在这一点上，人文主义超越了基督教，要求张扬人性，鼓励人奋发有为。但人性的张扬应有一定的限度，人的解放也应有一定的限度，压抑人性和放纵人性都应受到批判，正是在此意义上，人文主义者汲取了基督教道德中的合理部分。人文主义者从基督教道德中继承了许多东西，将人文主义与基督教道德完全对立起来是不符合历史事实的。

那么，人文主义教育家推崇哪些道德呢？

第一，是古代伦理学家所崇尚的四项基本美德：正义、意志、节制、智慧。意大利人文主义教育家和北欧人文主义教育家都认为应对学生施以四种基本美德教育。艾里奥特在《行政官之书》中对四种美德进行了详尽的讨论。他首先研究了"那种称之为正义的、最优秀和无与伦比的美德"，他认为，这种美德"对公共生活的管理者来说是非常必需和有益的。没有这种美德，任何其他的美德都无从谈起"。意志或刚毅这种美德是一种具有综合性质的品质，其中包括"含辛茹苦"以及"忍辱负重这种高尚纯洁的品德"。节制的美德包括中庸和沉着冷静。智慧的美德对"每一位正直而完美的公共生活的管理者"来说，甚至比实力或强权更加行之有效。

第二，除四美德外，他们还强调宽宏、仁慈、守信等美德。伊拉斯谟认为"有权力而没有仁慈，就是十足的残暴"①。若斯·克利什托沃在其《国王的职责》中认为仁慈代表了一位王公"最高的美德"，而守信"是王公必须身体力行的一项主要美德"，他主张"所有虚伪、欺骗和扯谎的行为在任何时候都必须坚决杜绝"。②

第三，北欧人文主义教育家在上述美德外，还尤其强调虔诚的美德。

意大利人文主义者抨击教会甚至教皇，但他们不反对宗教，更不打算消灭宗教。人文主义的"对于人类尊严的歌颂，并不意味着反对宗教。……大多数人文主义者具有真正的宗教感情"③。例如，维多里诺是一个虔诚的基督教徒，对上帝充满真诚的信仰。他的教育理想不是以人文主义精神取代基督教精神，而是将二者融于一体。他认为人生是否有尊严全仰赖于人是否将自己与上帝相联系。他每天都亲自参加学校里的宗教教学，竭力培养学生宽容、谦恭等基督教美德，他还与学生一道去做弥撒，他本人还定期做忏悔。在他心目中，古典文化与基督教精神一点也不冲突，而且他认为二者对于一个人的全面的成长都是必不可少的。他是一个出色的人文主义学者，同时也是一个恪守道德的典范。

尽管意大利人文主义者并不反对宗教，但与北欧人文主义的教育追求相比，意大利人文主义教育理念的宗教色彩明显淡薄，这表现出意大利和北欧两地的文化差异。"北欧人倾向于从道德和宗教的角度观察人生"，他们的文化活动常常怀有强烈的宗教目的，不像意大利那样有唯美的追求，"北方文艺复兴中的异教因素少于意大利的文艺复兴"④。与此相应，北欧的教育也具有浓厚的宗教色彩。例如，伊拉斯谟认为教育的首要任务就是在人的头脑中播下虔诚的种子，"意大利人没有哪个会把虔诚置于这样突出的地位，或

---

① 吴元训选编：《中世纪教育文选》，人民教育出版社 2005 年版，第 139 页。

② 引自〔英〕昆廷·斯金纳著，段胜武译：《现代政治思想的基础》，求实出版社 1989 年版，第 241 页。

③〔英〕G. R. 波特编，中国社会科学院世界历史研究所译：《新编剑桥世界近代史》第 1 卷，中国社会科学出版社 1988 年版，第 136 页。

④〔美〕伯恩斯、拉尔夫著，罗经国等译：《世界文明史》第 2 卷，商务印书馆 1987 年版，第 152～153 页。

如此强调学问与品行的密切联系。甚至与伊拉斯谟的观点最相近的维多里诺也不像他那样直截了当地注重实际"①（此处的注重实际是指注重教育的宗教和道德的实际目的，而不像意大利那样注重审美的目的——引者）。

人文主义教育家为什么如此重视美德呢？原因有二。其一，人文主义教育家认为，人生的目的应该是获取名誉、光荣和声望，而美德是获得这些的首要条件。伊拉斯谟说："除了从善德和优良的品行中产生的荣誉之外，再没有任何真正的荣誉。"② 艾里奥特认为："高贵的名望之最坚实的基础就是一个人具有他希望公之于众的种种美德和品质。"③

其二，追求美德还有政治上的原因。人文主义教育家认为，消弥党争，消除腐败，建立一个井然有序、和谐有度的国家的关键在于使德行获胜，若统治者以身作则，躬行美德，则极易化民成俗，淳化社会风气。伊拉斯谟认为统治者的"美好道德生活是改进公共道德的最快的和最有效的方法"，"可以掌握和改变他的人民的品德和特性"。④

如何获得美德呢？教育怎样造就美德呢？主要就是通过学习古典文化。弗吉里奥认为，要获得美德，必须学习历史、伦理学和修辞学。伊拉斯谟要求读《旧约》、《新约》，读普卢塔克的《格言》和《道德论》，读亚里士多德的《政治论》和西塞罗的《论义务》，等等；伊拉斯谟认为这些书籍是纯洁的，不仅益于获得治理国家的知识，而且有助于培养德行。维夫斯认为走向虔敬与美德之路就是潜心学习希腊罗马文学和《圣经》。

除读书外，人文主义教育家还重环境习染对人的品德的影响。维多里诺建立朴素自然的"快乐之家"，使学校远离闹市、贴近自然，这就含有重环境选择的意味。维夫斯也认为校址的选择十分重要，认为学校应建在清静、离开人烟杂沓的地方以免学生分心。伊拉斯谟则要求儿童慎交友、择良师、读好书。

人文主义教育家还重视家庭对儿童道德成长的陶冶作用。伊拉斯谟认为，"从来没有什么东西像在早年学习的东西那样根深蒂固"，因此应"从襁褓时期开始"，"就必须使他的心灵充满有益的思想"。⑤

维夫斯认为"我们在童年时期所接受的看法，在我们生活的道路上跟我

---

① 〔英〕博伊德、金著，任宝祥、吴元训主译：《西方教育史》，人民教育出版社1985年版，第175页。

②③ 引自〔英〕昆廷·斯金纳著，段胜武译：《现代政治思想的基础》，求实出版社1989年版，第246页。

④⑤ 吴元训选编：《中世纪教育文选》，人民教育出版社2005年版，第138、125页。

们走得很远"①，父母应给儿童以好的影响，"如果父母的性情不良，就必须忧惧。因为，父母和亲戚的性情，被孩子和奶一起吸进去，并随着年龄固定下来，有什么东西比此具有更大的影响呢？"②。

与上述人文主义教育家的道德教育思想不同，法国的拉伯雷、蒙田和英国的培根对道德教育的看法表现出一种新的伦理倾向。

拉伯雷批判教会关于世界起源于"诺亚方舟"等一系列的所谓"神圣传说"，认为禁欲主义、宗教独身、节食斋戒都是"违反自然界"法规的，宗教虔信在他那儿并不具有至高无上的地位。他崇尚自由，反对任何束缚人的清规戒律，不论是宗教的还是世俗的。他同情普通百姓，贵族气息比较淡薄，他说："如果以为天上的星辰主要是为国王、罗马教皇和大人先生们而存在，而不是为贫苦的、被侮辱的人们而存在。如果这样想，那是最大的愚蠢。"③ 他高扬仁爱、勤劳、勇敢、正义等德行，高康大的所做所为体现的就是这些品德。

蒙田因主张怀疑主义而著名，怀疑主义作为一种思维方式和价值尺度对过去和当时的观念认识包括伦理观念、道德认识提出了挑战。"三千年来，人人都相信地心说，直到哥白尼发现地球环绕太阳转动，才打破这种迷信，以前的神学家认为地球就只眼前这么大，而今天一块无边无际的陆地刚被发现。盲目虔信的时代一去不复返了，现代科学启发人们用怀疑的眼光重新审视一切。"④他同情新教徒，主张宗教宽容，反对宗教战争。他揭露西班牙对美洲的血腥掠夺所犯下的杀人越货的罪恶行径。他倡导虚心向学服从真理，认为"真正有学问的人就像麦穗一样：只要它是空的，它们就茁壮挺立，昂首睥睨；但当他们臻于成熟，饱含膨胀的麦粒时，它们便谦逊地垂着头，不露锋芒"，"当发现真理时，都要立刻服从真理，在真理面前解除戎装"。⑤

培根关注治物之学，也关心道德教育问题。他强调智育与德育的关系，认为知识是道德行为的基础，掌握真理乃是达到善行的重要手段。可以看出，拉伯雷、蒙田、培根等人的道德教育思想与君主政治的联系大大削弱，几近消失，而且由于宗教改革、知识发展等因素的影响，强调自由、宽容和怀疑精神，强调知识与品德的有机联系，呈现出新的风貌，与前面提及的一

---

①② 吴元训选编：《中世纪教育文选》，人民教育出版社 2005 年版，第 259、264 页。

③④ 陈小川著：《文艺复兴史纲》，中国人民大学出版社 1986 年版，第 107、112 页。

⑤〔法〕蒙田著，潘丽珍等译：《蒙田随笔全集》中卷，译林出版社 1996 年版，第 176 页。

些人文主义教育家迥然不同。

### 三、关于教育的内容

人文主义的教育内容是建立在对古代文化的发现、整理和选择这一基础之上的。人文主义者批判中世纪形成的经院主义认识方法，批判中世纪形成的知识体系，他们运用人文主义的方法搜集、整理、诠释古代文化，并从中择取教育的内容。在古代文化中，人们发现了"人"，人们还要运用古代文化塑造"人"。人文主义者认为，"真正的人"的精神世界的构建必须借助于古代文化，古代文化本身对当时的人就是一种精神解放的力量。

人文主义教育家所主张的教育内容充分体现了古典文化复兴的精神，古典语言、古典著作构成教育内容的核心和基石。古典语言主要指拉丁语、希腊语和希伯来语，古典著作主要指古希腊罗马的文学、历史、哲学、伦理学、医学、法学等著作。中世纪七艺依然是学习的内容，但抛去了中世纪教育笼罩其上的浓厚的宗教成分而还其本来的世俗面目。到了文艺复兴后期，本族语、自然科学、体育等也日益成为教育的重要内容，人文主义教育的课程日益近代化。

（一）古典语言和古典著作

中世纪欧洲的教学用语也是拉丁语，但比较粗糙简陋。人文主义教育家推崇的拉丁语是古典拉丁语，即古罗马人使用的拉丁语。这种拉丁语，规范典雅优美动人，尽管是一种古典语言，但在文艺复兴时期却是一种活的语言，全欧各地的学者朝臣讲话写作都用这种语言，其实用价值不亚于今天的英语。此外更重要的，掌握古典语言是理解古典作品的关键，古典语言是走向美好的古代世界的必经之路。在人文主义者和人文主义教育家的努力下，古典拉丁语在学校中逐渐取代了粗陋的中世纪拉丁语。

文艺复兴时期对希腊文的研究和学习迟于拉丁文。1393年拜占庭学者克里索罗拉侨居意大利，周游各地；办学讲学，传授希腊文，编著希腊文法，并同其弟子一同翻译荷马、柏拉图、亚里士多德、普卢塔克等人的著作。希腊语研究进一步拓宽了人们的视野，为人文主义增添了新的活力。

受意大利人文主义影响，北欧对拉丁文、希腊文的研究也逐渐风行开来。赫吉亚斯（Alexander Hegius，1433—1498）对希腊语推崇备至，将之引入他负责的学校的教学计划，还撰《论希腊文的益处》一文说："我们的一切都得感激希腊人。"希腊语和希腊文化的学习与研究是文艺复兴进一步深化的重要标志。

古典著作的范围比较宽泛，涉及多个领域，历史、哲学、伦理学、文学等尤受青睐。

历史很受重视，弗吉里奥将历史置于人文学科的首位，其次才是伦理学、修辞学。北欧人文主义者都认为保持政治贤明的关键在于正确地理解过去，因而在他们撰写的有关君主、朝臣教育的论著中都对历史的价值予以很高的评价。维夫斯在《论教育》第五卷中将历史视为"贤明之师"，认为"我们研究历史就是在研究事物发生的普遍原因，因而也就可能吸取前车之鉴"，并且预知"未来我们应当效法的东西和避免的东西"。① 艾里奥特在《行政官之书》中断言："没有任何其他科学的研究能与历史研究带来的用途和乐趣相媲美。"比代在《论王侯的教育》中称历史是"伟大的主宰"，"是我们最杰出的导师"，是"诚实和高尚的人生之路"的最可靠的向导，他认为读史"不仅使我们了解过去，也会使我们认识现在，并且常常可以使我们预知未来"。② 而培根说得更干脆："读史使人明智。"③ 蒙田对历史教学提出建议，认为在给学生讲授历史时，"不要教他很多历史的事实，而要教他做历史的裁判者"④。

古罗马哲学的成就较古希腊要小得多，对希腊文化的研究促进了哲学的复兴与进步。人文主义教育家往往本人就是哲学家，都非常重视哲学的研究与学习，蒙田认为哲学"应该成为人类行为的试金石，成为使行为正直的规则"⑤。古典哲学的研究在当时具有强烈的现实意义。美国学者保罗·奥斯卡·克利斯特勒（P. O. Kristeller）将意大利文艺复兴时期的哲学家分成四个流派。其一为人文主义，彼特拉克和瓦拉为代表，在哲学上的贡献有二，首先是发掘了古代文献，使中世纪的哲学思想和方法发生了根本性的变革，由此引起一系列古代流派的复兴；其次，他们削弱了哲学的宗教色彩，使其世俗性日益浓厚。其二为柏拉图主义，以费奇诺（Marsilio Ficino, 1433—1499）和皮科为代表，中世纪后期，在基督教正统思想中亚里士多德主义的影响占主导地位，柏拉图主义的复活是对经院哲学的离经叛道。其三是亚里士多德主义，以彭波那齐（Pietro Pomponazzi, 1462—1525）为代表，文艺复兴时期的亚里士多德主义与中世纪亚里士多德主义不同，前者试图恢复亚里士多德思想的本来面目，使哲学与神学分开，但是仍未达到纯粹自然主义或反宗教的高度。其四是自然哲学，以特勒肖（BernardinoTelesio, 1509—

---

①② 〔英〕昆廷·斯金纳著，段胜武译：《现代政治思想的基础》，求实出版社 1989 年版，第 230、231 页。

③ 〔英〕培根著，曹伦明译：《培根论说集》（插图本），北京燕山出版社 2005 年版，第 180 页。

④⑤ 吴元训选编：《中世纪教育文选》，人民教育出版社 2005 年版，第 414、416 页。

1586)、帕特里齐（Francesco Patrizi，1529—1597）和布鲁诺（Giordano Bruno，1548—1600）为代表，自然哲学是与科学进步同时发展起来的，它的代表人物是新体系的创立者，是近代哲学思想的先驱。他们与人文主义者和柏拉图主义者关系密切，都反对亚里士多德主义。① 项庄舞剑，意在沛公，从此可以窥见哲学复兴的价值，古典哲学本身就是反对经院哲学的理论武器。

古典伦理学或者道德哲学著作也是学习的重要科目。随着古希腊文化的复兴，柏拉图、新柏拉图主义者、斯多葛派、伊壁鸠鲁主义者和怀疑论者的道德思想被广泛讨论，提供了与中世纪宗教道德相对的大量世俗观念，活跃了人们的思想，人文主义教育家重视美德在社会生活中的地位，他们对伦理学的关注不足为怪，他们强调古典文学和历史的道德价值，伊拉斯谟要求读好书、维夫斯要求读异教书时应注意去粗取精都反映了这种趋向。

古典文学的价值更是显而易见，因为古典文学最足以体现"人文主义"精神。古希腊文学的成就主要是神话和戏剧，古罗马文学的主要成就是戏剧、散文、诗歌，这些作品都洋溢着世俗精神。以希腊神话为例，有的研究者指出："希腊神话中的神是高度人格化的。他们具备人类的思想感情，他们性格也十分鲜明。它和其他民族的神话不同，他们的神既不是抽象道德概念的化身，也不是阴森、怪诞、令人生畏的偶像。他们同人类一样，有爱，有恨，七情六欲样样具备，甚至好嫉妒，爱虚荣，有时在道德上还不如人。他们不是高高在上，高不可攀，他们常常来到人间同美貌的男女谈情说爱。他们同凡人不同的地方，就在于他们长生不死，具有无比的法术和智慧，有超乎凡人的力量。希腊神话很早便摆脱了兽形妖灵阶段，而走上神人同形同情的道路。"希腊神话中充满了追求光明、酷爱现实生活、以人为本、肯定人的力量的思想。古希腊人认为享受现实生活就是享受神的恩赐，因此，他们追求自然的美景，追求物质的享用，追求文学艺术的赏心悦目，追求自然与人生中的美。"希腊神话与其他民族神话一样，相信神，相信命运，有的神话故事与宗教祭祀紧密相连。但是，神话强调的却是人的力量，人的奋斗精神。强调对人生与现实的热烈追求，充满乐观主义精神。从某种意义上说，希腊神话更像'人话'。② 希腊神话如此，其他古典文学形式也是如此。人文主义者所追求的东西正是古典文学所表达的东西。古典文学最生动地表

---

① 〔美〕克利斯特勒著，姚鹏、陶建平译：《意大利文艺复兴时期八个哲学家》，上海译文出版社1987年版，"译者的话"。

② 朱维之、赵澧主编：《外国文学史（欧美部分）》，南开大学出版社1985年版，第27～28页。

达了人文主义的世界观和人生观。正因如此，人文主义教育家都非常重视古典文学以及写作在课程中的地位。

因此，尽管曾一度陷于形式主义和西塞罗主义，古典作品的学习与研究在当时却具有丰富的内涵和深刻的现实意义。

（二）关于"三艺"

三艺是欧洲传统的学科，包括文法、修辞和辩证法。在中世纪，三艺被涂上了一层厚厚的神学色彩。文法之所以受重视，是因为它指导正确的阅读、写作和了解圣书；修辞有助于分析圣书的形式和文体，训练说教的口才；辩证法（哲学）指导论争的艺术，是教会打击异端所必需的。到了文艺复兴时期，人文主义者则恢复了三艺的世俗本色。相对而言，文法和修辞比辩证法更受重视。

语法主要是指拉丁文法，"拉丁文法在文艺复兴时期并不是新奇的东西，在西方，它是被传授了 1000 年的唯一文法"①。文艺复兴时期，语法学习与古典文化的研究结合了起来，西塞罗、维吉尔等古典作家的作品成为文法的典范和样板，从而赋予文法学习以人文主义精神。

人文主义者认为，学习语法是学习语言的基础，学生在阅读古典著作和在写作前应透彻掌握语法知识。语法教学除可使学生掌握语法规则外，对学生也是一种有价值的精神训练，对其精神发展是有益的。

在语法教学方面，格里诺影响很大。他认为语法是教育的基础，如果不能透彻掌握语法，进一步的学习就很困难，也很难取得切实的进步。他将语法学习阶段分为两个小阶段。第一个小阶段的主要目的是让学生系统地掌握拉丁语和希腊语的语法知识。拉丁语语法的教学包括词法和句法两个部分，词法主要讲词形、词尾的变化，句法涉及动词造句和其他一些句法知识。语法教学的第二个小阶段，主要研读散文作家尤其是历史学家的作品，同时也要读一些被认可的诗人的作品。与第一个小阶段不同的是，本阶段注重对所读作品内容实质的理解和把握。小格里诺在其论文中以古代作家重视诗歌为例证说明诗歌的重要性，在选择拉丁诗歌作品时，将维吉尔列在首位，以下是奥维德、塞涅卡、特伦斯等人；在古希腊诗歌作品选择时，将荷马的作品列在首位，然后是英雄史诗和戏剧作家的作品。此外，还应读一些关于天文学和地理学方面的著作。

拉丁文法教学在一段时期曾陷入形式主义泥潭，很多人文主义者反对徒重形式，艾里奥特曾正确地指出："文法不过是为索解名家著作的一个引子，

---

① 〔英〕G. R. 波特编，中国社会科学院世界历史研究所译：《新编剑桥世界近代史》第 1 卷，中国社会科学出版社 1988 年版，第 4 页。

若教学者过分地拘泥于文法,时间久了,一定会摧残消磨他的勇气。而且,当他以极大兴趣阅读古代名家著作时,过重的文法负担便把如火如荼的渴望学问的火星扑灭了。"①

伊拉斯谟反对孤立地学习语法,要求将语法学习与阅读作品结合起来,使语法规则服务于对作品内容的理解,在一定的语言情境中学习语法。他的《格言集》和《对话集》就是本着通过阅读对话学习语言、学习语法规则的精神而编写的。伊拉斯谟所提出的语法教学方法对于克服当时语法教学中的形式主义、机械主义,对于提高语言教学的效率起到了很大的推动作用。

维夫斯认为在语言和事物的关系上,前者应服从后者,语言存在的意义和价值在于能描述事物。他以这种认识为基础来探讨三艺即文法、辩证法(逻辑学)和修辞学的作用。他认为文法、逻辑、修辞所涉及的都是语言的规则问题,对语言和思维来讲,它们都很重要、学习它们是必要的,但它们不是目的本身。一段文字,语法正确无误,逻辑严谨细密,修辞手段的运用也丰富多彩,然而如果言之无物,这段文字就没有价值。语法、逻辑、修辞这些手段都是描述事物的工具,离开了事物本身,它们就失去了存在的意义。这是维夫斯对三艺的基本看法。维夫斯认为,中世纪三艺教学的明显缺陷是未将三艺与文学、历史和哲学有机地结合起来。维夫斯指出,只有有机地结合起来,不将三艺作为教学目的本身,才能使学生从中获得有益于社会和人生的丰富的知识。

文艺复兴刚开始时,修辞学教学有两种方法,一种是急功近利的实用方法,持这种方法的学者认为另一种方法——通过古典作家的作品来学习修辞学的方式是"迷信的和荒谬的"。但由于后者更能与复兴古典文化的精神合拍,于是迅速取代前者而被奉为正宗。② 从某种意义上说,研究修辞学就是研究散文之学,以时尚的模拟方式来阅读和解释古代拉丁文散文作品,并通过模仿古代的范本练习和写作拉丁文文章。③

弗吉里奥认为修辞学有助于雄辩术的学习。维多里诺将修辞教学与写作教学一起进行,旨在使学生能用拉丁文和希腊文写出优美的文字。格里诺则将修辞教学与雄辩术的学习结合起来,他认为在教学中应仔细研读西塞罗的

---

① 引自滕大春主编:《外国教育通史》第2卷,山东教育出版社1989年版,第241页。

② 参见〔英〕昆廷·斯金纳著,段胜武译:《现代政治思想的基础》,求实出版社1989年版,第36~38页。

③ 参见〔美〕克利斯特勒著,姚鹏、陶建平译:《意大利文艺复兴时期八个哲学家》,上海译文出版社1987年版,第186页。

《修辞学》和昆体良的《雄辩术原理》。西塞罗的著作是学习修辞学时的主要内容，西塞罗的《修辞学》全面、细致地论述了演说的各个方面，西塞罗的演说辞更是运用修辞的典范。想掌握雄辩术的学生应时时不离西塞罗，学习其简洁的文风，体会其高贵的道德力量。

维夫斯认为，修辞的中心目的不是为了"装饰"文字，而是使人所讲所写的东西更明晰、更有效、更令人信服。许多人文主义者片面强调修辞的作用，以词藻华丽、修辞手段丰富作为追求的目标，对此维夫斯颇不以为然。他认为，过分追求修辞效果而不顾及内容会使人陷入"愚蠢的冗赘"的泥潭，人说话的目的不是为了用丰富的语汇去取悦听众，而是为了传达和交流某种实在的东西。内容重于形式，没有内容，形式再漂亮，也没什么意义；而若有内容，即使形式不漂亮，依然会有意义。

辩证法——即通过辩论取得胜利的技巧，在文艺复兴时期与演讲术、逻辑学等无明确的界限。如拉谟斯就将辩证法等同于逻辑学。辩证法（逻辑学）在当时的大学中尤其在巴黎大学、牛津大学等传统大学中居于重要地位，但在人文主义者那里其地位则是从属的。维多里诺认为逻辑学的作用在于它有助于使人更准确、更精确地思考问题，使人找到事物间的联系与不同，他反对经院哲学家借助于逻辑学进行无意义的烦琐的论辩。在维多里诺的心目中，逻辑学的地位远在文法和修辞之下。

格里诺要求学习逻辑学。学习逻辑学可以亚里士多德的《伦理学》和柏拉图的《对话录》为范本，学习的目的在于有助于更恰当地理解柏拉图。西塞罗的《对话集》在形式上和题材上常常直接仿效柏拉图。

维夫斯要求革新辩证法（逻辑学）的教学。辩证法从中世纪开始主要被视为一种论辩的艺术，这门科目的教学目的是让人善辩并战胜对手，结果学生走出学校时言辞咄咄逼人，好斗成性，但却没学到切实的知识。维夫斯认为，使人善辩不是目的，有一些问题辩来辩去并不能增加新知。辩证法本身不是目的，它只是一种手段，它是探索任何一门学科知识所必需的一种工具。通过这门课的教学，应使学生能够为在社会上过有益的实实在在的生活做准备，而不是使他们离开学校后成为一只好斗但不会下蛋的公鸡。

一所由兄弟会于1496年在北欧创建的受人文主义教育思想影响的列日（比利时东部的一个城市）学校的课程最能体现出人文主义教育的核心课程。列日学校分八个年级，"一年级学语法入门；二年级学简明文选；三年级学散文作家的简明作品和拉丁散文；四年级学历史学家的著作和初级希腊文；五年级学高级希腊文、逻辑学、修辞学以及散文原著；六年级学希腊文、作文和较高级的逻辑学和修辞学；七年级学习欧几里德的著作、罗马法、亚里士多德和柏拉图的著作；八年级学习神学和辩证法"。① 可以看出，古典语言、古典作品和三艺几乎构成学习的全部内容。

（三）关于宗教教育

人文主义弘扬人的尊严与价值，要求尚自然、展个性，然而"这种对于人类尊严的歌颂，并不意味着反对宗教……大多数人文主义者都具有真正的宗教感情"②。皮科和费奇诺倾全力歌颂人的尊严，他们都笃信上帝，其他人文主义者也不例外。弗吉里奥在复兴古罗马世俗教育的同时还强调基督教的人生观；维多里诺以"爱上帝"为座右铭，③要求把基督教精神渗透到所有的工作中；伊拉斯谟和维夫斯强调虔信的至高无上的价值；拉伯雷在《巨人传》中要求高康大学习《圣经》；④卡斯底格朗认为理想的朝臣除勇敢、智慧等品质外，有宗教信仰才算完美；弗朗西斯·培根倡自然科学，但他又讲，在我们通向天国真理领土的航程中，我们必须"离开人类理性的小舟，登上教会的大船。只有它装备了能够正确指引我们航向的神针。哲学的星星不再能为我们提供任何帮助。虽然我们并不愿意，我们还是必须服从神的法律。因此，虽然我们的理性感到吃惊，我们还是必须相信神的语言。神的神秘性越是荒诞不经，就越能表现出我们对神的尊敬"⑤。

相比较而言，北欧早期人文主义者对宗教课程强调最甚，他们的这种人文主义有人称之为基督教人文主义或圣经人文主义。他们用人文主义的方法处理《圣经》，也就是借助于古典语言这种手段，校正中世纪对《圣经》的误译，扫除经院学者笼罩于《圣经》之上的迷雾，还《圣经》以本来面目。这种做法属于改革教会的一部分，因为人文主义者不满于中世纪教会及神职人员的所作所为，要以原始基督教教义为标准来作为衡量、改革教会的尺度。北欧人文主义者中最早用人文主义方法研究《圣经》的是科利特，他对中世纪神学家从《圣经》原文中提炼出的教义漠不关心，对经院权威的意见置之不理，力图从《圣经》成书的具体历史环境入手考察《圣经》的原始含义，从而重新解释《圣经》并赋以人文主义因素。有人认为，"科利特创办

---

① 〔英〕博伊德、金著，任宝祥，吴元训主译：《西方教育史》，人民教育出版社1985年版，第171～172页。

② 〔英〕G.R.波特编，中国社会科学院世界历史研究所译：《新编剑桥世界近代史》第1卷，中国社会科学出版社1988年版，第136页。

③④ 参见滕大春主编：《外国教育通史》第1卷，山东教育出版社1989年版，第171、208页。

⑤ 〔美〕伯恩斯、拉尔夫著，罗经国等译：《世界文明史》第2卷，商务印书馆1987年版，第170页。

圣保罗学院，实际上是使文艺复兴的理想与基督教中世纪的理想作了成功的妥协"①。

北欧的基督教人文主义者都非常强调虔敬和道德，这种价值取向必然会在教育内容上表现出来。伊拉斯谟就是一个典型的代表。具体而言，他对宗教教育的强调对教育内容的选择和确定产生了下述影响。其一，重视宗教知识的教学。他所理解的古典文化不仅包括古希腊、罗马作家的著作，也包括《圣经》和早期基督教作家的著作。他尤其重视以《圣经》为材料对学生进行教育，认为《圣经》中的《福音书》和《传道书》是对孩子进行道德教育的好教材。其二，重视以虔敬和道德为标准评价、选择古希腊、罗马时代的古典著作。他受科利特影响很大，1504年在给科利特的一封信中他说决意"竭尽全力探讨与《圣经》有关的文献"，把"全部余生"奉献给《圣经》。1505年他发表了瓦拉《新约注释》最早的印刷译本，并在导言中把人文学科誉为"神学的侍女"，并声称"翻译《圣经》的所有工作都是文法学者的任务"。1516年他完成了希腊文译本的《圣经》，纠正了原拉丁文译本的错误。在"导言"中，他希望这本新版《圣经》"犹如一声号角，召唤所有的人献身于这最神圣的、赋予人以生机活力的基督教哲学研究"。他还希望《圣经》能尽快翻译成所有文字为所有的人所阅读。

北欧人文主义教育家最强调宗教教育，伊拉斯谟要求人人做"真正的基督教徒"，② 维夫斯要求"一切都应该引导到虔敬"，他特别重视圣经的学习和研究，将圣经作为重要的教学内容，因为圣经是上帝意志的表达，是人们达到虔敬的必由之路。他们都重《圣经》的学习，维夫斯指出："圣经的权威应该在学生的心中留下深刻的印象，使他们敬畏。当他们听到圣经上所讲的话时，他们会设想他们听到的是全能的上帝的声音。只要需要，教师可以从圣经中选几段，作为对病人的救治……我们从上帝的圣经中不仅找证据，而且找到最高的权威，它不会欺骗我们，因为它是由不存错误的智慧产生的。"③维夫斯的《论教育》被称为基督教教育学，不是没有道理的。

（四）关于本族语

民族语言的发展和成熟是16世纪欧洲文化变迁的一个重要特征，随着民族语言地位的提高和民族语言走向成熟，民族语言成为重要的教育内容。

本族语在文艺复兴之初不受重视，在人文主义教育家所设计的课程中没

---

① 〔英〕G. R. 波特编，中国社会科学院世界历史研究所译：《新编剑桥世界近代史》第1卷，中国社会科学出版社1988年版，第156页。

②③ 吴元训选编：《中世纪教育文选》，人民教育出版社2005年版，第135、279页。

有地位。主要原因在于拉丁语在当时还是一种被广泛使用的活的语言，而且民族语言在当时还没有发展完善。意大利的弗吉里奥、维多里诺、格里诺皆不言本族语言教学。北欧的伊拉斯谟是个典型的世界主义者、国际主义者，推崇古典语言，企图通过拉丁语这种共同语言在欧洲建立一种统一的共同文化。但伊拉斯谟没有看到，"无论如何拉丁文绝不可能像在它的本土意大利那样，在阿尔卑斯山以北人民的生活和教育中，占据同样的位置"[1]。

维夫斯弥补了伊拉斯谟的缺陷，他是个现实主义者，不像伊拉斯谟那样漠视民族语言的价值和发展现状。尽管为了学术上的交流，他的著述几乎都是用拉丁文写的，但他对民族语言充满感情，他看到了掌握民族语言的重要性，他懂得多民族语言给他带来的益处并进一步印证了他的这种看法。在《知识的传授》中，他认为父亲和初等学校的教师也有教孩子本族语的责任。教师不仅应使学生能正确地说民族语，还应该使他们正确地使用民族语写作。他还要求学生了解他们的民族语言从产生到现在的发展历史。本族语之所以重要，原因很简单，因为它为儿童了解他所生活的世界提供了基本的和最初的语言手段。语言是传统的与他人交流的工具，是打开各种知识门户的钥匙，在这个意义上，维夫斯认为，所有的语言的作用和意义都是一样的，懂得拉丁语、希腊语并不比懂得法语和西班牙语更有价值。用西班牙文或法文写的一个正确的句子比用拉丁文写的一个不正确的句子要好。这表明在对待语言的态度上，维夫斯也具有较强的民主性成分，用民族语言写的正确的句子胜于用拉丁语写的错误的句子，就如同他说"一个好平民胜于一个坏国王"一样。

到了文艺复兴后期，民族语言已得到长足的发展。卡斯底格朗在对朝臣的描绘中，要求完美的朝臣应通晓语言艺术，其语言应"贴切、精练、清晰、使用恰当，并且，最重要的是在人民中普遍使用的本国语言"[2]，"还要让他赋诗作文，特别是让地练习使用我们的通俗语言"[3]。卡斯底格朗描绘的朝臣在生活中有其原型，因此他的描绘表现出其本国语——意大利语在16世纪初已发展成熟并被普遍运用。

英国由于地理位置和其他一些原因，民族国家形成最早，民族精神也最强烈，在北欧诸国中英国对本族语的强调最有力。莫尔在《乌托邦》中要求公民教育全部使用本民族的语言，以提高本民族的文化水平。[4] 这比伊拉斯谟只重古典语言是一个进步，但这种思想还仅是一种建议，离把本族语列入

---

[1][2][3] 〔英〕博伊德、金著，任宝祥，吴元训主译：《西方教育史》，人民教育出版社1985年版，第178、211、212页。

[4] 参见陈小川著：《文艺复兴史纲》，中国人民大学出版社1986年版，第419页。

学校课程还有很大差距。

英国宗教改革后英语更受青睐，日益成为日常交往和表达知识的手段。艾里奥特用英文写作，提倡学习拉丁语和希腊语时要使用本族语。马尔卡斯特（Richard Mulcaster，约 1530—1611）说："我爱罗马，但更爱伦敦。我喜爱意大利，但更喜爱英国。我熟悉拉丁语，但崇拜英语。"① 他认为学习拉丁语前，打好文科教育的基础在于用英语讲话和写作。在《初等教育》一书中他说："我认为任何一种语言，在其含义和简洁方面都比不上英语那样能明确地表达思想。英语严谨而含蓄，丝毫不比希腊语差。在描述美好的事物时也赶得上华丽的拉丁语。"② 另一位学校校长约翰·布林斯利在《文法学校》（1612）中论述了英语教学问题，他批评当时的文法学校不培养学生用本族语表达思想的能力，主张尽力加强本族语教学，其理由是："（1）因为我们中各式各样的人在说话和写作的时候，用得最多的语言是我们的本族语。（2）本族语的纯正和优美，应视为我们民族的一大荣耀。（3）因为学校培养的那些人中，几乎没有人继续学习，而大多数人已从事其他职业。"③ 就是说，学生毕业后若不继续从事学术研究，原先修习的古典语言对所从事的职业无任何价值，而本族语时时为生活所需要，更重要的，本族语是民族的骄傲和民族精神的象征，因此，应重视本族语。

法国的蒙田在《论儿童的教育》中提及法文写作的问题，德国的马丁·路德曾把《新约全书》译为德文并建议用德文进行教学。

随着本族语地位的逐渐提高，拉丁语这种古典语言的地位就渐渐下降了。

本族语进入教育内容是一项重要的变革，对本族语重视不仅仅是增加一门学科的问题，也不仅仅是一种改进古典语言教学方法的问题（在学习本族语的基础上学习古典语可使古典语的学习更迅捷）；它体现的是民族精神的高涨，是教育的世俗性的进一步增强。

（五）自然科学

自然科学与四艺有关。四艺包括算术、几何、天文学和音乐，前三种皆与自然科学有密切的关系。

自然科学进入教学内容必须以自然科学的成熟发展为前提，在整个文艺复兴时代，自然科学的成就并不彰显，而且许多成就的取得是在文艺复兴后期。例如，就天文学而言，哥白尼（Copernicus，1473—1543）的《天体运行》1543 年才发表；开普勒（J. Kepler，1571—1630）于 1609 年才提出行

---

①②③〔英〕博伊德、金著，任宝祥、吴元训主译：《西方教育史》，人民教育出版社 1985 年版，第 231、233、233 页。

## 第四章 人文主义教育思想

星运动的两个定律，1618年才提出第三个定律；布鲁诺16世纪末才提出其宇宙观；伽利略1610年以后才开始公布其科学成果，1632年才出版《关于托勒密和哥白尼的两种世界体系的对话》。就医学而言，比利时医学家维萨留斯（Andreas Vesalius，1514—1564）1543年才发表《人体构造论》，西班牙的塞尔维特（Servetus，1511—1553）也是在16世纪中期才提出血液流动说，而著名的英国医学家哈维（Harvey，1578—1657）于1628年才出版《动物心血运动的解剖研究》。因此，尽管当时一些人倡导自然科学（如维夫斯和培根），尽管一些人要求将自然科学纳入教育内容之中，但我们绝不可对自然科学在教育内容中的地位持过于乐观的态度。这是自然科学发展的稚弱状态这种客观情况所决定的。

从主观状态看，文艺复兴时代的人所关注的主要是人文之学，他们对自然科学不感兴趣，他们感兴趣的主要是人的问题和社会问题。况且早期文艺复兴主要是对罗马文化的复兴，而罗马的科学成就甚少。尽管如此，有关自然知识教育的观点也零星散见于人文主义教育家的思想中，到了文艺复兴后期，由于科学成就的推进，自然科学的地位在人文主义教育家那儿有了显著的提高。

文艺复兴前期，七艺中的三艺受重视，而具有科学知识因素的四艺备受冷落。伊拉斯谟明显地轻视科学，"他对当时的科学复兴也不抱多大同情。像大多数人文主义者一样，他认为强调科学会鼓励一种粗糙的唯物主义，转移人们的兴趣，使他们脱离文学和哲学的崇高影响"[1]。但也有例外，弗吉里奥比较重视四艺和自然知识，他说："自然知识，天地万物的法则和性质，以及它们的起因、变化和结果——这是最令青年人高兴，同时又是有益于青年的一门学科。"[2] 维夫斯将科学纳入其课程论中并提出了崭新的认识事物的方法——归纳法。他言："人类头脑探索的范围包括：天空、风雨、石头、金属、植物、动物和人。人不是孤立的，他研究他自己的身心以及与其有关的事物，永恒状态的和不同阶段的它们的变化，以及考虑人类的发明，从而打开观察的广阔天地。"[3] 维夫斯将四艺也列入教学内容，由于他重视自然知识，对自然世界有一种百科全书式的研究兴趣，这就使得他所讲的四艺在知识范围上远远超出中世纪四艺的狭隘范围和狭隘的神学目的。他认为四艺

---

[1]〔美〕伯恩斯、拉尔夫著，罗经国等译：《世界文明史》第2卷，商务印书馆1987年版，第160页。

[2]〔英〕博伊德、金著，任宝祥、吴元训主译：《西方教育史》，人民教育出版社1985年版，第16页。

[3] 吴元训选编：《中世纪教育文选》，人民教育出版社2005年版，第239页。

与职业活动紧密相关。数学（算术和几何）是测量学、透视学、光学、声学的基础。透视与建筑学和绘画艺术密切相关。光学对于研究镜像和透镜的原理是必要的。声学对于音乐家而言非常实用。天文学对于航海和农业生产都有益处。维夫斯鼓励学生到商店、工厂去向工匠们求教，学习各种工艺的各种技术和技巧。

文艺复兴后期，自然科学的价值渐被承认，在课程中始有立足之地。拉伯雷在《巨人传》中提出了几乎包罗万象的种种学科，尤重对自然的学习和研究，他指出："至于自然界的事物，我要你仔细地研究，要没有海里、河里或水泉里的鱼类是你所不知道的；天空中的一切飞鸟，森林里的一切乔木、灌木、大树、小树，地上所有的花草，地层下面的一切矿产，整个东方和南方的宝石，要没有你不认识的东西。"[①] 蒙田虽然对科学缺乏兴趣，但也看到了科学的作用，他在《论儿童的教育》中认为"科学和真知结合起来……是一种特殊和华丽的装饰品和非常有用的有成效的工具"，"科学对于促进和指挥作战、尝试光荣的行动、统治一国人民以及和异国的王子订立和约来说，比提出一个逻辑上的论断、计划一个三段论式、讨论一个司法的案子或者开一个药方要容易和有力得多了"。[②]

培根史无前例地提出了一个新的知识谱系，他的意图是把知识巡视一遍，就像一个国王在他的国内巡视一样，看一看什么地方已经荒芜，没有人垦殖，把荒芜的地带仔细地测绘出来，为的是让人把它利用开发。他把科学知识分成三部分，共130个题目。第一部分40个题目，是关于自然界的知识，包括天文学、气象学、地理学、矿物学、动物学、植物学等；第二部分18个题目，是关于人本身的知识，包括生理学、解剖学等；第三部分72个题目，内容广泛，涉及医药、外科医术、化学、绘画、雕刻、听觉与声音、音乐、嗅觉与各种气味、味觉与各种滋味、触觉与接触的对象、欢乐与痛苦、情感与智力、饮食和与之有关的技术、身体的爱护、衣服、建筑、运输、印刷书籍、农业、航海、军事学、机械的历史、算术和几何等。培根意欲使人类知识的构成超出人文主义者所推崇的古典人文知识的范畴，开辟人类认识的新天地。

尽管不少人文主义教育家论及自然科学教学，但文艺复兴时期科学的发展才刚刚起步，才刚刚拉开发展的序幕，才刚刚展露繁盛的曙光，因此人文主义教育家所主张的自然科学教学绝不可同我们今天的系统完整、分门别类

---

① 引自滕大春主编：《外国教育通史》第2卷，山东教育出版社1989年版，第208页。

② 吴元训选编：《中世纪教育文选》，人民教育出版社2005年版，第403~404页。

的自然科学同日而语。人们往往对文艺复兴时期的科学教育寄望甚厚,但应清楚,科学的迅速发展是文艺复兴以后的事,从"七艺"的分化和知识的发展进程可看出这一点(表4-1)①。

**表 4-1:"七艺"的分化**

| 14 世纪以前 | 文艺复兴时代（14—16 世纪） | 17—18 世纪 |
|---|---|---|
| 文法…… | 文法<br>文学<br>历史 | 文法<br>文学<br>历史 |
| 修辞学…… | 修辞学 | 修辞学…… |
| 辩证法…… | 辩证法 | 逻辑学<br>伦理学 |
| 算术…… | 算术 | 算术……<br>代数学<br>三角学 |
| 几何学…… | 几何学 | 几何学 |
|  | 地理学 | 地理学<br>植物学<br>动物学<br>天文学<br>力学 |
| 天文学……<br>音乐 | 天文学<br>力学<br>音乐 | 物理学<br>化学<br>音乐 |

（六）体育

重体育主要是后期人文主义教育思想的特征。早期人文主义教育家中也有重体育者,但他们重体育是出于对一种完美教育理想的追求、是古希腊教育重身心和谐发展的一种现实复兴。而后期人文主义者重体育体现的是对中世纪骑士教育的超越,是新的教育目的对人的素质的必然要求,是出于一种实用的目的和实际的需要。早期人文主义教育主要是培养学者,学者对体育

---

① 参见曹孚等编:《外国古代教育史》,人民教育出版社1981年版,第62页。

的要求并不像后期要培养的实干家对体育的要求那样迫切。

弗吉里奥重体育，认为健全的身体是将来从事任何活动的良好基础。维多里诺亦如此，他特别重视骑马、剑术、角力、跳舞、游泳、踢球、赛跑、跳高、游戏等项目，认为这些有助于促进人的精神和体魄的发展。莫尔还将体育与美育联系起来，认为健美的身体是美育的一个重要方面，他说："美观、矫健、轻捷，这些是乌托邦人视为来自大自然的特殊的令人愉快的礼品而高兴地加以珍视。"① 伊拉斯谟对体育的态度却不积极，他感兴趣的是学问。

文艺复兴后期，教育的目标发生了转向，培养精明能干的绅士、培养博学多能的贵族成为新的教育宗旨。体育受到很高的重视。卡斯底格朗笔下的完美朝臣擅长战争艺术和各种体育活动，尽管不是一位职业军人，但通晓战争艺术，沉静勇敢。随时准备承担战争风险。他对打猎、游泳、网球、舞蹈、使用武器等都精湛纯熟，风度轻松优雅，无人堪比。对体育的重视在英国尤为风行，艾里奥特的《行政官之书》、克莱兰德的《年轻贵族的学校》、亨利·皮卡姆的《完美绅士》，都推崇体育对绅士教育的意义。这种做法逐渐形成传统，以至于到了洛克的时代还强调体育的重要性。

法国人文主义教育家亦重体育。蒙田言："我们现在恰恰相反，不要培养一个文法学家，也不要培养一个逻辑学家，而是完全的绅士。"② 完全的绅士就应懂礼仪尚体育。他反对培养书呆子、腐儒陋儒，要求心身兼顾，"一切运动和锻炼，如长跑、击剑、音乐、舞蹈、打猎、骑马，都应该是学生学习的一部分。我希望他的外表、态度或礼节和他的身体及他的心智一起形成起来；因为，我们所训练的，不是心智，也不是身体，而是一个人，我们绝不能把二者分开"③。拉伯雷在《巨人传》中让高康大在人文主义教师的指导下，每天运动两次，其运动项目几乎包括了当时所有的运动项目，还把骑术、箭术、枪术与放枪打炮结合起来，使军事训练与一般的体育活动结合起来共同构成体育的内容。

### 四、关于教育的方法

文艺复兴时代的教育方法所体现的基本精神与中世纪大相径庭。新的方法是建立在新的人性论和新的认识方法的基础之上的。

中世纪教会学校为了维护教会的权威和神学思想的绝对统治地位，强迫

---

① 〔英〕托马斯·莫尔著，戴镏龄译：《乌托邦》，商务印书馆1982年版，第80页。
②③ 吴元训选编：《中世纪教育文选》，人民教育出版社2005年版，第429、424页。

学生盲目信仰，绝对服从，不准提问，不准怀疑，强调信仰而泯灭理性。教会学校纪律十分严酷，体罚盛行，棍棒成为学校必备之物，学生身心备受摧残。

禁欲主义、信仰主义、权威主义成为中世纪教育方法的典型特征，到了中世纪后期，经院哲学的产生给理性以一定地位，遂使教育理论与实践增进了一些进步色彩。例如，托马斯·阿奎那认为人是社会性的理性的动物，教育的目的与作用在于发展人的理性，使人克服无知，追寻真理，运用人的智慧，皈依神性。他反对盲目信从，反对机械记诵，强调理性的作用和学生的主观能动性。

文艺复兴给教育带来了生机和新的风貌，教育方法在总体精神上产生了变革，具体表现在以下几个方面。

第一，反对权威主义和体罚，崇尚自由精神。人文主义之父彼特拉克对经院哲学奉亚里士多德为权威很不以为然，他说："我相信亚里士多德是位伟大的人物，他胸中知道了许多事体；但是他终究还是一个人，可以认定还有许多事情由于他没有接触而并不知晓。"① 拉伯雷对一切宗教的与世俗的戒条置若罔闻，提出理想的生活状态是：你想做什么就做什么，一切都凭你的意志和自由愿望，而不是根据法律、章程和规则。伊拉斯谟将这种自由意识引入教育领域，他对过去和当时的教育依赖古代的权威不满，他既反对旧权威主义，也反对人文主义教育中出现的新权威主义，认为不应盲目追随亚里士多德、西塞罗和昆体良，他强调人的自由思考的权利。蒙田也要求人应有一个"自由的灵魂"，认为教师绝不应允许儿童仅仅根据权威的意见去承认任何事物。哪里有分歧意见，假如能够的话，就让学生自己决定。②

人文主义教育家反对体罚。维多里诺十分赞同柏拉图的教育名言："自由人不能用强迫的或苛酷的方法施教。"他本人爱生如子，被誉为"仁爱之父"。维夫斯要求教师要尊重儿童，在他看来，"没有比教师用残酷的威胁、发怒和鞭打，要求幼小儿童做这做那更为愚蠢的了。这样的教师，他们自己就应该被鞭打"③。蒙田推崇那种"没有惩罚，没有眼泪"的教育，他不能容忍教育中的"暴力和强迫"，他认为严厉的惩罚不仅仅"使出身高贵的本性堕落和迟钝"，而且还会摧毁所有学习的愿望。

第二，教育应遵循儿童身心发展的特点。尽管人文主义教育家对儿童身

---

① 滕大春主编：《外国教育通史》第2卷，山东教育出版社1989年版，第163页。
② 参见〔英〕博伊德、金著，任宝祥、吴元训主译：《西方教育史》，人民教育出版社1985年版，第225页。
③ 吴元训选编：《中世纪教育文选》，人民教育出版社2005年版，第282页。

心发展的特点尚无统一的、科学的认识，但他们在实践中已经意识到，成功的教育与是否遵循儿童心理特点之间存在着密切联系。

弗吉里奥师从昆体良认为必须使所学科目适合学生的个人爱好和年龄。维多里诺也注意到儿童的天性和个别差异，他说："我们并不希望每个儿童要表现同样的天才嗜好；无论怎样，儿童总可以有他自己的所好；我们承认我们必须跟随儿童的自然本性前进。"① 伊拉斯谟注意到儿童的个性差异，并认为教师应据儿童的特点因材施教，"教师的任务总是相同的，但是他必须在一种情况下采用一个方法，在另一种情况下采用另一个方法。当他的学生还是一个小孩时，他可以通过有趣的故事、令人愉快的寓言和巧妙的比喻引进他的教导。当他年龄稍长时，他可以直接地教他相同的东西。"② 拉伯雷反对摧残儿童发展的禁欲主义、强制教育和机械记诵，要求尊重儿童人格，提倡启发诱导，激发儿童求知的兴趣，认为教学方法应使整个教学过程变得轻松愉快，"与其说是一个学生在学习，毋宁说是一个国王在消遣"③。蒙田认为没有一种完全适合于一切学生的学习方法，试图用一样的课程和一样的训练方法，去教育"许多具有不同才能和不同品质的人"，这种做法往往都要以失败而告终。教师"应该按照他所教育的孩子的能力施教"。④

对儿童心理特点的关注本身说明人们开始注意研究教育对象与教育结果之间的关系，说明人们对教育的认识已达到了一个新的层次。这种关注在其后的几百年里导致了一场持续的教育革命，并导致了许多教育新学科如儿童心理学、教育心理学的诞生。文艺复兴时代众多的人文主义教育家中，北欧的维夫斯的有关儿童心理的见解最具近代精神。他不像同时代的其他教育家那样停留于感性描述而力图从理论的高度概括儿童心理与教育的关系，力图将教育建立在心理学的基础之上。维夫斯对儿童心理的认识细微而深刻，这方面的思想丝毫不逊色于夸美纽斯，尽管夸美纽斯生活的时代远在其后。

第三，批判经院主义的烦琐方法，引入了认识事物的新方法。

经院主义引入了理性的因素，较之中世纪前期的信仰主义有相当大的进步，但随着时代的进步，其消极特征如枯燥的形式主义、烦琐而拘泥于细节等日益显露出来。

首先，经院哲学家们讨论的问题往往荒诞无稽。其次，经院哲学家虽好辩难和推理，但由于推理依据的大前提未经过论证，得出的结论往往毫无价

---

① 滕大春主编：《外国教育通史》第2卷，山东教育出版社1989年版，第173页。

②④ 吴元训选编：《中世纪教育文选》，人民教育出版社2005年版，第130、405页。

③〔法〕拉伯雷著，成钰亭译：《巨人传》，上海译文出版社1981年版，第100页。

值，而且推理的过程、论辩的方式相当烦琐细碎。

与经院哲学相应，经院主义教育内容空洞，方法烦琐，误人子弟。拉伯雷在《巨人传》中，对经院教育予以辛辣的讽刺。高康大先是师从经院主义教师，然穷竭心计，专心致志，结果却变得呆头呆脑、糊里糊涂。拉伯雷指出"与其跟这样的教师读这样的书，还不如什么都不学的好，因为他们的知识就是愚蠢，他们的学问就是拙笨。只能毁掉卓越高贵的天资，浪费青年的大好时光"①。与此相对，拉伯雷推荐了新的教育方法，强调观察、谈话、游戏、游学等方法的价值。

拉伯雷所主张的这些方法同样为其他很多人文主义教育家所主张，在人文主义教育家中，对经院主义方法批判最彻底，并以崭新的方法来取代的是维夫斯和培根。

在维夫斯看来，经院哲学的学科及其赖以为据的亚里士多德逻辑学的根本缺陷，在于以无根基的一般概念为先决条件，然后进行枯燥的推理。他认为枯燥的推理是没有用的，知识的价值在于能"利于良好的公共生活"②。在他看来，经院哲学的这种方法是导致学术腐化的根本原因，而唯一能克服这种弊端的方法，就是从个别的事实经验开始，通过头脑的自然推理并由这些事实经验形成概念。简言之，正确的认识方法与学习方法不是演绎法而是归纳法。维夫斯重视感官经验在教学中的作用，把感官经验作为智力活动的开端，认为"学习的过程是从各种感觉到想象，再由想象到理解，它是学习过程的生命和本质。所以学习过程要由个别事实到大批事实。由个别事实到一般事实，这是在儿童学习中必须注意的"。他接着说："因此，各种感觉是我们最初的教师，理解则源于感觉。"③ 既然知识和认识源于感觉，教学就应重视各种日常生活事务，而不应两耳不闻窗外事，关进小楼死读书。"学生应不以到商店、工厂去向手艺人请教为耻，而应该逐渐了解他们的工作详情。从前，有学问的人是不屑于了解这些事情的，而了解、记住这些事情又是至关重要的。"④。

培根活动的盛期是在文艺复兴末期，他从哲学的高度对归纳法进行了详尽的论证。他批判了导致人们陷入错误认识的四种假相：种族假相、洞穴假相、市场假相、剧场假相，反对认识过程中的主观性、片面性以及因盲目信

---

① 〔法〕拉伯雷著，成钰亭译：《巨人传》，上海译文出版社 1981 年版，第 66 页。
② 〔美〕S. E. 佛罗斯特著，吴元训等译：《西方教育的历史和哲学基础》，华夏出版社 1987 年版，第 209 页。
③④ 〔英〕博伊德、金著，任宝祥、吴元训主译：《西方教育史》，人民教育出版社 1985 年版，第 180、181 页。

仰权威和使用语义不清的词汇造成的谬误。他认为只有把感性认识与理性认识结合起来，先"努力来收集许多在数量上、种类上、确实性上或者在某种适当方式上足够启发理智①的材料，"然后在"真正的归纳法"的指导下，运用理性能力对材料进行分类和整理，从中引出科学的结论来。

培根的思想在整个欧洲思想发展史上占据异常光辉的一页，"它史无前例地给予阻碍人们认识发展的经院哲学以最沉重打击，并提供了崭新的唯物主义世界观和方法论，从而极大地推动和促进了近代自然科学和近代欧洲资产阶级哲学思想的发展"②。培根提出的认识原理，尽管并不尽善尽美，但对17世纪乃至以后的教育思想产生了深远的影响。他本人不是教师，而且对教育实践并无兴趣，"但他对教育思想产生的影响比任何或全部教育家的影响更大"③，他的哲学认识论为以后的新的教学认识论的产生奠定了坚实的基础。夸美纽斯对著名的直观性教学原则的论证就是建立在培根认识论基础上的。

第四，注重能力培养，反对迂腐的学风。人文主义教育家尖锐地抨击了不尚理解而强迫儿童呆读死记的教条主义，要求培养学生的理解力和判断力。拉伯雷明确指出，没有经过理解的知识等于灵魂的废物。④ 蒙田认为："我们不要只把知识装在脑子里，还要把它溶化并体现出来。我们不要点缀，要染色。"⑤ 他转述古人的话说："理解力能看清一切，听到一切；理解给一切带来益处，它安排一切，推动、统帅和管理一切。所有其他的东西都只是盲目的、没有知觉的、没有灵魂的。"⑥他认为知识和能力都是必要的，但能力更重要。蒙田推崇苏格拉底的"产婆术"，认为这种方法可避免死记硬背，可培养人的思维力判断力。

蒙田已具有智能训练观点的萌芽，他认为能力比知识更重要，教育就是以知识为媒介发展学生的能力。培根则进一步强化了这种观点，认为智力必须练习，如意志和身体必须锻炼一样。他认为知识不仅能完善人格，而且益

---

① 北京大学哲学系外国哲学史教研室编译：《16~18世纪西欧各国哲学》，商务印书馆1975年版，第41页。

② 全增嘏主编：《西方哲学史》上册，上海人民出版社1983年版，第478页。

③〔英〕博伊德、金著，任宝祥、吴元训主译：《西方教育史》，人民教育出版社1985年版，第233~234页。

④ 参见〔法〕拉伯雷著，成钰亭译：《巨人传》，上海译文出版社1981年版，第273页。

⑤⑥ 吴元训选编：《中世纪教育文选》，人民教育出版社2005年版，第465、408页。

于能力培养。他说:"读史使人明智,读诗使人聪慧,演算使人精密,哲理使人深刻,伦理学使人有修养,逻辑修辞使人善辩。"一个思维不集中的人,他可以研习数学,因为数学稍不仔细就会出错。缺乏分析判断力的人,他可以研习经院哲学,因为这门学问最讲究烦琐辩证。不善推理的人,可以研习法律学,如此等等。"头脑上的缺陷,可以通过求知来疗治。"①

应当注意的是,蒙田和培根要求以知识为培养能力的手段,并没有走向后来的形式训练说的极端。这种理论认为,知识有助于能力培养,至于这种知识的性质内容如何、是否与现实生活相联系并不重要。而蒙田、培根则力倡实用性的知识。蒙田对逻辑学和古典语法之类的使用价值很小的学科很不以为然,认为殚精竭虑地长时间学习这些东西无异于浪费光阴,而培根则主要要求考虑的知识是能赋予人类征服自然力量的自然科学知识。

在教育目的论、教育作用论、道德教育论、课程论、教学方法论之外,有些人文主义教育家还探讨了其他一些教育问题,如莫尔和卡斯底格朗论及美育,莫尔论及劳动教育,伊拉斯谟和维夫斯论及教师的标准等,但这些不是人文主义教育家关注的热点问题,不构成人文主义教育思想的主要内容。在此从略处理。

## 第四节 人文主义教育思想的基本特征和历史地位

尽管人文主义教育在不同的地域和不同的发展阶段有不同的特色,但在基本特征上毕竟有共通之处。这些特征是人文主义的基本特征在教育上的具体表现,也是相对于中世纪教育的进步所在。

### 一、人本主义

人文主义教育具有人本情怀。人文主义教育是人文主义的一个组成部分,因此,人文主义教育就带有人文主义的根本特征,那就是对人的关注。人并非消极无为的存在物,人有其自身的尊严,通过教育,人可成为完美的个体,可建立丰功伟绩,可战胜命运的肆虐。人是有力量的,人能凭自己的力量改变世界。这种思想特征对人的思想和行为方式、对教育思想和教育实践都是一种极大的解放。人成为教育的重心和中心,教育就是解放人,就是塑造完美的新人。而中世纪教育思想的核心特征是它的宗教化、神学化。基

---

① 〔英〕培根著,何新译:《培根论人生》,上海人民出版社1983年版,第13页。

督教思想家所阐发的教育主张通常是其宗教哲学和神学理论的一个组成部分，而且这些教育思想是直接为其宗教哲学和神学主张服务的，神学和教会的目的成了教育的目的，神学的原则成为教育的准则，教义的内容成了教育的内容。神学是教育的重心和中心，人是卑微的，人具有原罪，不可能获得优秀品质，人是无能无为的。

从教育目的方面看，人文主义教育家认为应培养全面发展的、尽善尽美的人为现实社会服务。这体现了一种对人的新观念，在中世纪只有上帝是全知全能尽美尽善的；人天生有罪，只有卑微地受苦赎罪才能得到上帝的拯救从而进入天国。现在"人"被抬上了尊贵的地位，后天的力量——教育受到了重视，而先天的决定力量——神意与命运则受到了嘲弄，被人们所不信任。人文主义者摈弃了奥古斯丁关于人的本质的描述，奥古斯丁认为，人不可能尽美尽善，即便有美德，即便他能依此美德在某些方面取得成功，也都是上帝所赐，人在上帝面前、在命运面前永远处于从属的地位。在整个中世纪所有关于人的本能和能力的正统研究中，人没有获得优秀品质的可能性，根据《圣经·哥林多篇》中圣保罗的教导，只有上帝才具有普遍的优秀品质，并且仅仅体现在基督身上。教皇英诺森三世（Innocent Ⅲ，Pope）在其著名的《论人类的苦难》中断言，关于人类可以仿效这种卓越的德行的任何可能性都被人类的原罪所否定了。人文主义者彻底否定了奥古斯丁和英诺森三世的断语，大力赞美人的伟大和尊严。

人文主义洋溢着一种浓郁的乐观主义精神，人文主义者否认世界万物都是由神意安排的。他们认为，通过教育，人可获至上美德，同时人可以通过发扬自己的优秀品质来战胜命运的力量。这样，重视人的创造力、重视人的个性发展就成为人文主义及人文主义教育思想中的主旋律。人们形成了一种关于人与环境关系的新观点——人有可能凭借自己的力量改变物质世界，这种新观点在培根的"知识就是力量"的论断中奏出其最强音。

人文主义教育家所主张的学习内容同样充满着人文、人道精神。前已述及，古典作品构成人文主义教育内容的主体。古典作品，不论是历史、哲学、伦理学还是文学，所主张的观念均与中世纪相对，都歌颂尘世生活，都以人为本，歌颂人的力量，都充溢着乐观向上的精神，绝无中世纪的忧郁阴冷和绝望悲观。即便是基督教人文主义者如伊拉斯谟等人虽然主张学习《圣经》，但却不贬抑人，而且还力主人类有自由意志。

蒙昧主义、信仰主义、权威主义、禁欲主义是中世纪教育方法的基本特征，唯独没有"人道"精神。文艺复兴时期人文主义教育思想中的一束绚丽之光就是对中世纪教育方法基本特征的反叛。人文主义教育家崇尚自由，反对体罚，要求教育遵循儿童的天性而不是戕害其天性、背逆其天性；教师应了解学生身心特点，应依其年龄特征和个别差异因材施教。人文主义教育家反对呆读死记、盲目灌输的教学风气，要求注重儿童创造力的培养和个性的铸就。毋庸讳言，这些都是人文精神或者说人道精神的集中体现。

## 二、古典主义

古典主义也是人文主义教育思想的特征之一。人文主义教育的产生是以复兴古代教育思想为起点的，古代教育思想成为人文主义教育思想的生长点和组成部分。人文主义教育的目的、道德教育、课程、教学方法等皆含有古代教育的因素，但这绝非纯粹的"复古"，实则含有古为今用、托古改制的内涵。这种古典主义不同于中世纪教育的古典主义，后者也借用古人，但往往是简单粗暴的、断章取义的，前者则力求用历史主义的态度和方法恢复古代文化的真实面目。

在教育思想上，古典主义表现在两个方面。

其一，人文主义教育思想本身就含复兴古希腊罗马教育观念的成分。人文主义教育家的很多思想吸收了古人的见解，如和谐发展的思想，培养人具有四种基本美德的思想，有些教育家如蒙田还推崇苏格拉底的谈话法。这种教育思想的复兴和整个文艺复兴的顺序一致，先复兴古罗马的教育思想，然后才复兴古希腊的教育思想。人文主义之父彼特拉克最先恢复了西塞罗的教育思想，从而开复兴古代教育思想之先河。弗吉里奥的教育思想则可以说是昆体良教育学说的翻版，主张培养通才，要求教育适合儿童的爱好和年龄。希腊文化复兴以后，希腊教育理论中的和谐发展的理想亦为人们所吸收，如维多里诺主张将严格的身体训练和文化训练结合起来。北欧的人文主义教育家如伊拉斯谟、维夫斯、蒙田、拉伯雷等人在论著中也屡屡引证古代教育家的论述。这充分说明古代的教育思想构成人文主义教育思想的重要理论源泉。

其二，古典课程是人文主义教育家所推荐的课程的基础乃至全部。不论意大利人文主义教育家还是北欧人文主义教育家，都将拉丁语、希腊语以及古代历史、文学、哲学典籍作为学习的主要科目。本族语、自然科学等在课程中只处于次要地位。

古典主义具复古意味，往往含保守色彩。但在文艺复兴时代，古典主义却有进步意义。在中世纪后期，由于经院哲学的影响，学校都把注意力集中于有关上帝、天国的抽象烦琐的推理上，对现实世界抱十足的轻蔑态度。经院哲学所津津乐道的一些老问题已讨论了几百年，却无多少进展。经院哲学的时代过去了,尽管"磨粉机隆隆地响个不停,但已经磨不出面粉了"①。一些学者厌恶这种学术气氛,逃出永无休止的争论旋涡,而去探讨古代伟大而完美的文化世界。学习古典文化的目的不仅仅是在于获得审美的愉悦,更重要的是意在通过学人之言进而学古人之道,从而达到改造现存腐朽社会的目的。因此古典主义含古为今用、托古改制的内涵,其时代意义就不言而喻了。

但也应看到,随着时代的进步,以学习古典文化为主要特征的早期人文主义教育理论与实践日益不能适应社会发展的需要,人们从古代文化中吸取了灵感,但时代的前进要求人类思想的进一步解放,人文主义必须走出古代的阴影,应从古典书本以外的地方去寻找新的灵感,"从古代智慧源泉中再创造出来的知识和理想,对他们并不完全适合了;他们需要的教育,在学科和方法方面,都与任何过去的教育有所不同。他们渴望把关于人类与世界的日渐广博的知识引入学校范围"②。古典主义已日显形秽,人文主义教育的内涵必须予以新的拓展。

到了文艺复兴后期,由于科学文化的进步与社会发展的客观要求,一些新的科目如本族语、自然科学等日益渗入学校课程中去,后期人文主义教育家的课程理论又增添了新的内容。但古典科目依然是课程的主体,这种状况一直持续到19世纪末。

### 三、世俗性

世俗性与尚人道、与古典主义息息相通,强调人道就是否定神道和天国而褒扬人所生活的人间尘世,所复兴的古典文化教育也都具有非宗教的世俗性质。

人文主义教育家所主张的教育目的已不是中世纪的纯粹为修来世,为了培养僧侣。尽管上帝依然活在他们心中,但对世俗生活和世俗教育的要求在他们的思想中也是一道滚滚不息的洪流。但丁明确地否定了那种人类只有一个单一的终极目的——即永恒的幸福的说法,他主张人类有两个终极目的,其一是在来世得救,另一个目的就是今生今世的幸福。天国的光辉依然闪耀,但尘世的引力却渐趋强大。要求教育为现实社会服务,为尘世服务成为人文主义教育家的主旨之一。人文主义教育家将教育视为解决社会问题的重

---

① 〔德〕鲍尔生著,滕大春、滕大生译:《德国教育史》,人民教育出版社1986年版,第19页。

② 〔英〕博伊德、金著,任宝祥、吴元训主译:《西方教育史》,人民教育出版社1985年版,第207页。

要手段。意大利人文主义者认为培养具有高尚德行的公民和统治者，克服个人私欲和内部党争，是维护城市共和制的根本条件。而北欧人文主义者如伊拉斯谟认为，一个国家的主要希望，在于它对青年的适当教育，在于统治者是否智慧贤达。可见人文主义教育家更多地关心现实社会的疗救与完善，而不是仅仅像中世纪那样只是关心虚无缥渺的天国。

就道德教育而言，不论其内容和目的都具世俗性。古代伦理学家的四项世俗美德正义、节制、意志和智慧被人文主义教育思想复兴和强调。不仅如此，人文主义教育思想还要求人宽容、仁慈、守信。虽然北欧人文主义者还将虔信作为一种美德，但虔信已不是道德教育的全部内容。道德教育的目的不是为了邀得上帝的青睐和恩宠，而是为了克服社会的腐败和不道德现象，并塑造新的道德精神。追求美德是对现实社会不道德状况的否定和改造现实社会的一种憧憬与渴求。当时的整个社会已为不道德所笼罩，正如伊拉斯谟在《愚人颂》中所揭露的，在当时的社会，没有是非、善恶，也没有真理、秩序。更可悲的是，生活在这社会里的人，由于积习已久，将四周的种种视为理所当然，而不觉得自己是生活在一个荒唐的世界里。伊拉斯谟辛辣地讽刺了上层社会的各种愚昧状况，对教皇、主教、僧侣、经院哲学家和贵族进行了无情的嘲弄和讽刺。教会神职人员贪婪腐化、荒淫无耻；封建贵族寄生腐朽、抢劫好战；那些所谓的文化人如文法学家、修辞学家、逻辑学家、经院哲学家迂腐透顶、相互吹嘘、沽名钓誉。基督教圣洁的灵光被玷污，世俗贵族的精神并不像他们的血统那样高贵，文化人也不追求真知，整个社会深陷不道德的泥潭。这与人文主义教育家的道德理想（不论这种理想来自古希腊罗马还是原始基督教教义）形成很大反差，改造社会和淳化社会遂成为他们主要的兴趣和目标。

人文主义教育家所主张的课程也具有世俗性，古典语言和古典作品的世俗性自不待言，就是对中世纪遗留下来的七艺和神学等科目也作了世俗性的处理。七艺在中世纪以前是世俗性科目，但到了中世纪，教会给七艺笼罩上一层浓厚的宗教色彩。文艺复兴时期，世俗文化的地位被高扬，七艺也恢复了原先的世俗精神。即便是宗教神学，也被赋予新的人文主义色彩。如不少人文主义教育家通过引证圣经歌颂现实生活、歌颂人的尊严和伟大，他们在承认神道的同时也歌颂人类，天国与尘世、上帝与子民孰轻孰重并不像中世纪那样泾渭分明。过去尘世为天国服务、人类是上帝的奴隶，现在人文主义教育家打着天国的招牌和上帝的名号而实际上却歌颂人生和尘世的美好。

由于文艺复兴影响范围较广，世俗性在不同地区、不同时期的表现也不相同。一般而言，意大利人文主义教育思想的世俗性较北欧要强，后期人文主义教育思想的世俗性较前期要强；前者反映了不同地区的文化差异，后者则体现了时代发展的趋势。

**四、宗教性**

人文主义教育思想依然具有宗教性。人文主义的"对于人类尊严的歌颂,并不意味着反对宗教……大多数人文主义者具有真正的宗教感情"①。在教育的基本精神上,人文主义教育家几乎都希冀将古希腊罗马的世俗教育与基督教的世界观结合起来,也就是使世俗性与宗教性并存,以世俗性改造中世纪的陈腐专横的宗教性,造就一种新的更富世俗色彩和人性色彩的宗教性。

几乎所有的人文主义教育家都相信上帝,他们揭露抨击教会和僧侣的腐败与不道德,但他们不反对宗教,更不打算消灭宗教,他们的世俗性是有限度的。在教育目的论方面,很多教育家都推崇基督教的人生观和世界观,其中以伊拉斯谟、维夫斯等基督教人文主义教育家最甚。他们认为应以基督教的标准衡量一切事物,教育的最重要的任务就是培养对上帝的虔敬和爱戴,但他们的基督教人文主义与中世纪的宗教信条有显著不同。正如有的学者指出的:"到1500年基督教文艺复兴已与北方人文主义结合在一起,莫尔、伊拉斯谟等人皆支持这一运动。这些人的宗教学说和北欧的人文主义理想完全一致。因为他们相信宗教是为了人的好处,而不是为了有组织的教会的利益,甚至也不是为了人们所敬畏的上帝的荣誉,他们主要是从道德观点上解释基督教,他们认为基督教的许多神学和超自然的因素都是不必要的,即使不是完全有害的,他们很少用任何形式的宗教仪式。他们嘲笑尊敬圣物和出卖赎罪券等迷信。他们承认需要有限数量的教会组织,但是他们不承认教皇的绝对权威,也不承认真正需要有教士作人和上帝之间的中间人。总之,大多数基督教人文主义者所真正希望的是理性高于信仰,行为高于教条,个人超越有组织的制度。他们相信只要逐渐通过征服愚昧和消除弊端,不必通过激烈的反抗,能够建立一种朴素而又合乎理性的宗教。"② 可见,基督教人文主义是要改变中世纪教会的组织和精神,它所代表、体现的是一种新的宗教性,这种宗教性在当时是进步的,并且为其后的宗教改革运动开了先河。但基督教人文主义者却反对宗教改革运动,他们所主张的改革是温和的、是自上而下的、是内部的,绝不想导致教会的分裂和教徒的流血。他们认为路

---

① 〔英〕G.R.波特编,中国社会科学院世界历史研究所译:《新编剑桥世界近代史》第1卷,中国社会科学出版社1988年版,第136页。

② 〔美〕伯恩斯、拉尔夫著,罗经国等译:《世界文明史》第2卷,商务印书馆1987年版,第177页。

德等人的宗教改革运动太残酷、太不人道，有违于基督教友爱的精神。因此基督教人文主义的宗教性，不同于前，也异于后，但在当时却有进步意义。

就整体而言，人文主义运动是一场不反对宗教的运动。在教育上，不仅教育的目的具宗教性，教育的内容也有宗教性，从弗吉里奥到培根其间众多的人文主义教育家都主张开设宗教课程。这些前已详述，不再重复。

### 五、贵族性

文艺复兴运动并不是一场大众民主运动，而主要是一场由贵族发起的文化运动，尽管它极力反对中世纪的教阶制度和封建制度，但它本身也带有新的等级性和贵族性。

人文主义教育运动亦具等级性和贵族性。从教育对象看，多为上层子弟；从教育形式看，多为家庭教育和宫廷教育，而非大众教育的形式；从教育目的看，培养的主要是世俗统治者如君主、朝臣、学者等；从教育者看，人文主义教育家本人皆属贵族阶层，多在宫廷中任职。

人文主义教育思想中的一些口号看上去具有强烈的民主、平等色彩，其实不然。"美德即高贵"是文艺复兴时期一个响亮的口号，意即人不因拥有权力、财富和血统才高贵，人有美德才是真正的高贵。不以门第论贵贱，看上去这是对中世纪等级制和贵族世袭制的否定，具有民主平等色彩，但在北欧人文主义者那儿却变了模样。他们认为，虽然美德构成了唯一和真正的高贵，但美德恰恰总是在传统的统治阶级身上最完美地表现出来。北欧政治生活中的那种传统等级模式的存在淡化了意大利人文主义者强调美德时的平等色彩。艾里奥特在《行政官之书》中直截了当地提出："在多数情况下，上流人士身上的美德比起村夫或出身非常低贱的人们身上的美德掺和着更多的耐力、友爱和温情。"① 英国人文主义者劳伦斯·汉弗莱（约 1527—1590）在其《论贵族或论高贵》中认为，至上的高贵无疑地存在于心灵的"内在美和善德之中"，但他又说，"不知何以如此"，这些美德毫无例外地在贵族身上比在其他任何人身上会放射出耀眼的光辉。从某种程度上说，美德在"乌合之众中"往往被割裂了，而在贵族中间却"凝聚组合了"。比起那些"人类的渣滓"来，贵族更能"成就丰功伟绩"。贵族永远表现出最杰出的高贵品质和绅士风度。②

人文主义者的这种偏见有其社会基础。因为当时能有财力、物力、精力接受系统教育的多为贵族子弟，他们是学问与风度的拥有者。因此，不仅人

---

①② 引自〔英〕昆廷·斯金纳著，段胜武译：《现代政治思想的基础》，求实出版社 1989 年版，第 250、251 页。

文主义者的这种观点本身反映了等级性,而且这种观点的背后所隐藏的社会差别更反映了等级性的存在。在承认了政权应交到具有美德之人手中和肯定了这些人恰恰正是贵族和绅士之后,人文主义者得出结论:为了维护最有秩序政治社会形成,我们不应当取消任何现存的社会差别,反而应当尽量保持这种差别。莎士比亚在戏剧《特洛伊罗斯与克瑞西达》中开头便表明"等级"存在的重要性:"诸天的星辰,在运行的时候,谁都恪守着自身的等级和地位,遵循着各自不变的轨道。"社会规律和太阳系的规律一样,不维系"等级"便无法存在。"要是没有纪律,社会的秩序怎么得以稳定,学校中的班次怎么得以整齐?城市中的和平怎么得以保持,各地的贸易怎么得以畅通?法律上规定的与生俱来的特权以及尊长、君主、统治者、胜利者所享有的特殊权利怎么得以确立不坠?"企图改变现存秩序的人,他们的愚蠢在于他们不知道,"只要把纪律的琴弦拆去,听吧,多少刺耳的噪音就会发出来"。①

法国教育家比代崇尚君主制,认为"混淆权威和地位的等级"对任何君主制政权的稳定来说都是致命的威胁。艾里奥特在《行政官之书》中表达了一个强烈的信念,即任何国家,"只有其内部确实存在着根据事物本身的价值和优点确定的尊卑等级",才可以说是治理有方的。他认为若"从一切事物中抽掉了秩序",其后果"必然是无休止的混乱冲突"。

等级性和贵族性依然充溢着文艺复兴时期的每一方土地,尽管它较中世纪有所变化,但却依然存在。教育思想的等级性和贵族性只不过是当时的社会存在在教育家头脑中的反映罢了。

人文主义教育思想的特征绝不仅限于上面提及的几点。我们还可以列出它的许多特征,如它具有继承性,许多教育思想是古希腊罗马世俗教育思想的回光返照;它具有创新性,虽然继承了古代的教育理论遗产,但在新时代,许多方面又有新的开拓,维夫斯在教学方法和将教育建立在心理学的基础上的理论就是明证;它具有超前性,许多教育思想在当时乃至以后漫长的岁月里难以实现,如莫尔的消除私有制、普及教育的思想;它具有滞后性,如当时的许多教育家固守等级制度;它具有先进性。尽管优劣互见、良莠并存,但总体而言,人文主义教育思想在当时乃至以后相当长一段时间都是先进的,推动了西方教育乃至整个西方文化的发展;等等。文艺复兴时代是西方文化的青春期,也是西方教育的青春期。就整个时代而言,雄姿勃发,朝气盎然,洋溢着蓬勃生机,其创造精神、其开拓意识一直为后人称道,风范

---

① 〔英〕莎士比亚著,朱生豪等译:《特洛伊罗斯与克瑞西达》,《莎士比亚全集》第4卷,人民文学出版社1994年版,第一幕第三场。

## 第四章 人文主义教育思想

长存,精神永垂。但同时却稚气未退,有诸多不足,含许多不成熟的因素。倡人道而不彻底,反教会而不坚决,扬理性而不深刻,言科学而不独钟。文艺复兴时代是一个复杂的过渡时代,新旧杂陈、泥沙俱下势在必然,一切思想相比较而言还都未成熟,很多方面尚不能脱离古人的樊篱和过去的阴影。教育思想亦如此,尽管它具有世俗性和人道精神,倡世俗学科,重儿童心理,开启了近代教育的先河,为近代教育思想与教育实践的发展奠定了始基,但同时他还具有古典性、贵族性和宗教性。尽管这几个特性在当时特定的社会条件下也具有一定的进步意义,但其进步性却是有限度的,随着历史车轮的滚滚向前,其进步性日渐苍白,而其落后性却与日俱增。人文主义教育思想由于不成熟而不成体系,许多所谓的"人文主义教育家"若细究起来则根本称不上是教育家。而且很多观念太理想化而流于空想。例如,认为"可以以人的优秀品质战胜操纵世事的命运之力",是文艺复兴时期人文主义理论最重要的主题之一,人文主义者始终坚持具有优秀品质之人总会有办法限制和克服命运的暴虐。因而人文主义教育家将培养人具有美德视为教育的中心任务。然而当时严酷的现实却表明,在复杂的社会事务和政治冲突中,仅凭美德却难以取胜,难以博取声誉和美名。马基雅维里对人文主义的以美德建功业博取名誉的观念进行了深刻的批判。他认为这种想法过于天真,在《君主论》中他也强调美德的重要性,但他又讲君主应不囿于美德,君主应狡猾如狐狸、凶猛如雄狮。君主首先确保自己成为一个"随机应变"的人,他必须能够"根据命运和环境的要求"在善与恶之间不断变换自己的行为,[1] "假如可能的话,君主不应违背道德,但在需要时,他应懂得怎样作恶"。[2] 坚信美德能战胜命运是建立在一种新的乐观主义人性论基础上的,马基雅维里则否定了这种人性论,而对人性持极度悲观的观点,他说:"对人可以这样概括:他们忘恩负义,反复无常,撒谎欺骗;他们贪图安逸和追逐私利。"[3] 马基雅维里的理论独树一帜,当时乃至现在还受人攻讦,有人认为《君主论》完全是"不道德的和反宗教的",它的作者只能被看做"一个罪恶的教唆者"。[4] 马基雅维里文风冷峻,用辞尖刻,虽有偏激之处,却不乏深刻之言,其思想是对人文主义理想的一种历史的、深刻的反思与批判的成果。尽管对人类对人性抱善良愿望的人们不愿接受他的理论,但在很多方面在很大程度上却不得不承认它,同时也不能不承认人文主义教育家在某些方面在很大程度上的幻想性与空想性。

尽管人文主义运动和人文主义教育思想有这样或那样的缺陷与不足,但

---

[1][2][3][4] 〔英〕昆廷·斯金纳著,段胜武译:《现代政治思想的基础》,求实出版社1989年版,第134~143、141、142、142页。

我们应牢记，人文主义教育思想扫荡了中世纪教育思想的阴霾，带来了新世纪教育的灿烂曙光，人文主义教育思想是近代教育思想的先声，是现代教育思想的前哨。正如佛罗斯特所言："为了正确评价文艺复兴和学术复兴，我们首先应该肯定它。我们必须明白：文艺复兴孕育于中世纪，可是它却导致了宗教改革、科技革命、理智时代、创造性的近代世界和人民思想中的信念和民主。文艺复兴开创了人类历史的新纪元，它为后代留下了最宝贵的遗产。"①

**【要点小结】**

早期意大利人文主义教育思想与北欧人文主义教育思想有显著差别。前者有着较强的世俗性，而北欧人文主义教育则特别强调虔敬与道德的价值。因政治背景的不同，对于教育的政治功能的看法迥异，前者要求培养富于自由、平等精神的公民，而后者把治理国家的希望寄托在君主和朝臣身上，关注的是如何对那些将来有希望成为君主和朝臣的人物施以什么样的教育。尽管存有差异，但二者的一致性却是更为根本的，体现在：都把古典科目作为人文主义课程的基础和主体；都强调教育与社会的联系，重视治人治世之学，力图通过教育，改造社会，至于自然的改造、自然科学的研究尚未受到重视；都重视古典语言的教学，漠视本族语教学，本族语在教育中地位甚低。随着社会的发展，后期人文主义教育思想拓展了人文主义教育的内涵，主要体现在要求改变培养目标、增强教育的世俗精神、丰富学习内容、引入本族语教学、改进教与学的方法等方面。

**【思考与练习】**

1. 早期意大利人文主义教育思想与北欧人文主义教育思想有何异同？
2. 人文主义教育思想如何看待教育的作用和目的？与中世纪有何不同？
3. 人文主义者关于教育内容的主要见解是什么？
4. 人文主义教育思想中的教育方法论与人文主义的儿童观、认识论有什么内在联系？
5. 人文主义教育思想的特点、贡献与局限如何？

**【参考文献】**

1. William Harrison Woodward, *Studies in Education during the Age*

---

① 〔美〕S. E. 佛罗斯特著，吴元训等译：《西方教育的历史和哲学基础》，华夏出版社 1987 年版，第 199 页。

*of the Renaissance*, Cambridge University Press, 1906.

2. 〔英〕G. R. 波特编，中国社会科学院世界历史研究所译：《新编剑桥世界近代史》第1卷，中国社会科学出版社1988年版。

3. 〔美〕伯恩斯、拉尔夫著，罗经国等译：《世界文明史》第2卷，商务印书馆1987年版。

4. 陈小川著，《文艺复兴史纲》，中国人民大学出版社1986年版。

5. 〔英〕阿伦·布洛克著，董乐山译：《西方人文主义传统》，生活·读书·新知三联书店1997年版。

6. 〔意〕加林著，李玉成译：《意大利人文主义》，生活·读书·新知三联书店1998年版。

7. 〔英〕托马斯·马丁·林赛著，孔祥民等译：《宗教改革史》，商务印书馆1992年版。

8. 〔英〕昆廷·斯金纳著，段胜武译：《现代政治思想的基础》，求实出版社1989年版。

9. 滕大春主编：《外国教育通史》第2卷，山东教育出版社1989年版。

10. 吴元训选编：《中世纪教育文选》，人民教育出版社2005年版。

11. 吴式颖主编：《外国教育史教程》，人民教育出版社1999年版。

12. 〔英〕博伊德、金著，任宝祥、吴元训主译：《西方教育史》，人民教育出版社1985年版。

13. 吴式颖、任钟印主编：《外国教育思想通史》第4卷，湖南教育出版社2002年版。

14. 褚宏启著：《走出中世纪——文艺复兴时代的教育情怀》，北京师范大学出版社2000年版。

# 第五章　新教教育思想

**【内容提要】**

与文艺复兴时期一样，16 世纪的宗教改革运动是西方历史发展的重要阶段。从"因信称义"等新教神学观和君权独立的政治观出发，马丁·路德与加尔文等新教教育家提出了以实行强迫义务教育、建立国民教育制度为核心的教育主张，并在德意志、瑞士等地区进行了最初的实践。在西方教育史上，宗教改革运动的意义在于，不仅进一步促进了文艺复兴时期开启的教育世俗化趋势，而且直接推动了近代欧美普及义务教育和国民教育制度的兴起。

**【学习目标】**

1. 了解宗教改革运动的起源和性质。
2. 理解马丁·路德与加尔文宗教政治学说与教育主张的联系。
3. 分析马丁·路德与加尔文教育主张的基本内容与意义。

**【关键词】**

宗教改革　新教　因信称义　强迫义务教育　国民教育制度

在西方教育思想史上，宗教改革是一个非常重要的历史时期。这个时期所产生的教育思想，尤其是以马丁·路德（Martin Luther，1483—1546）和加尔文（John Calvin，1509—1564）为代表的新教教育思想，不仅进一步促进了西方教育思想从古代和中世纪向近代的转变，而且直接影响了欧美近代教育思想的发展和近代教育制度的演变。

# 第五章 新教教育思想

## 第一节 新教教育思想的发生基础

在新教教育思想的形成、发展过程中,最直接、最重要的推动力来自16世纪先后在德国、瑞士、英国等地爆发的宗教改革运动。宗教改革运动所造成的天主教会内部的分裂和新教教义的产生,为新教教育思想的形成创造了必不可少的社会条件和思想前提。

### 一、宗教改革运动概况

宗教改革运动的爆发既有历史的渊源,又有现实的原因。从历史渊源来看,文艺复兴运动和14、15世纪的早期宗教"革新"活动是促成宗教改革爆发的重要原因。德国宗教改革的倡导者马丁·路德曾经说过,宗教改革的鸡蛋是由伊拉斯谟生下来的。这句话形象地说明了文艺复兴和宗教改革之间存在的必然联系。这种联系主要表现在,宗教改革是文艺复兴时期开始形成的怀疑、批判和推崇理性的精神在宗教领域中的扩展和运用。在文艺复兴时期,由于重新发现了为数众多的古代作家的作品,因而产生了对古代作品进行真伪辨别、正误区分的需要。与此同时,由于人文主义者"复兴"了柏拉图的学说,并用以对抗被教会树为权威的亚里士多德的学说,因而就有必要对柏拉图和亚里士多德的学说进行比较、分析。在这种情况下,学术研究中的怀疑、批判和理性的精神就逐渐形成、发展起来了。当这种精神转而运用到宗教领域就不可避免地对教会的决定乃至教义本身产生怀疑。由于这个原因,一些历史学家断言宗教改革是文艺复兴运动在宗教领域中的继续。没有文艺复兴,便没有宗教改革,宗教改革与文艺复兴的这种联系,也反映在新教教育思想中。

宗教改革运动的另一个历史前提是,以英国的威克利夫(John Wycliffe,约1320—1384)和捷克的胡斯(Jan Hus,约1371—1415)等人为代表的早期宗教革新思想和活动。威克利夫公开抨击罗马教皇和天主教廷,坚决反对教皇对世俗事务的干涉。他认为,王权来自上帝,应当建立一个服从英王而不受教廷控制的英国教会,教皇无权向各国征收贡税,教会财产应予没收并分给贵族,《圣经》的权威高于教皇;教徒应当直接从圣书中认识自己在上帝面前的责任。他主张用民族语言做礼拜,并亲自将《圣经》译成英语。威克利夫的思想对马丁·路德等宗教改革家有很大的影响,他因此被称为"宗教改革运动的晨星"。

胡斯接受并发展了威克利夫等人的思想,进一步抨击教会的腐败,主张在上帝面前人人平等，将教会土地收归国有。胡斯不仅把《圣经》译成捷克文，而且建立了西方第一个摆脱罗马教廷统治的捷克民族教会。胡斯的思想和活动对马丁·路德同样有很大影响。他曾公开要求为胡斯平反，并认为自己是胡斯事业的继承者。宗教改革运动正是14、15世纪宗教"革新"的继续和发展。

16世纪的宗教改革运动最早发生于德国。这是由当时德国社会、经济和政治等方面的条件所决定的。

在15世纪末和16世纪初，德国在工业、农业、商业方面发展很快，有些部门达到甚至超过当时西欧先进国家的水平。德国是从印度经过意大利到北欧的商道的必经之地。商业的发展直接促进了城市的发展。在商道附近，在波罗的海南岸以及多瑙河和莱茵河沿岸，先后出现了2 300~3 000个城市。这些城市中有许多是商业贸易中心，如莱茵河畔的法兰克福、莱比锡、奥格斯堡以及奥得河畔的法兰克福等。在工业方面，德国的采矿业、冶金、纺织、印刷等部门发展迅速。尤其是在银矿开采和冶炼方面，德国遥遥领先于欧洲各国。从1460—1530年，德国银矿产量增加5倍。从1493—1520年，德国共生产白银3.5万公斤，而同期其他欧洲国家的产量为10万公斤。在16世纪，德国采矿和冶金行业的从业工人为十多万，而当时德国的总人口只有1 200万~1 500万。采矿和冶金业的发展改变了德国经济生活和社会生活的面貌。恩格斯在1889年致考茨基的信中说，金银开采"使德国在1470—1530年在经济方面处于欧洲的首位，从而使它成为以宗教形式（所谓宗教改革）出现的第一次资产阶级革命的中心"①。

在工业、商业发展的同时，德国的农业也取得了迅速的发展。一方面，耕地面积不断扩大，耕作方法和技术不断改进。另一方面，逐步形成了生产专业区。奥格斯堡和科隆一带，是驰名的亚麻产区，图林根是大麦的重要产地，中、北部地区则盛产啤酒花。农业生产的发展直接引起了农村中资本主义生产关系的发展和农村社会结构的变化。

1458年，一位德国作家有些夸张地描述了德国当时的情况。他说："我们坦率地说，德国任何时候也不像现在这样富裕和出色。德国人民的伟大和能力，胜过任何其他人，简直可以说，上帝对德国人比对任何其他人更加关怀。在德国，我们看见到处都是翻耕过的土地、种着庄稼的田野、葡萄园、花园、郊区和农村的菜园，到处都是华丽的建筑、雅致的别墅、山巅的堡寨、高墙环绕的城市。如果我们到这些最著名的城市走一趟，我们将清楚地

---

① 《马克思恩格斯全集》第37卷，人民出版社1971年版，第267页。

看到这个民族的富有，这个国家的美丽。那里有欧洲最壮丽的城市科隆，点缀着神奇的教堂，市政厅、尖塔和盖着铅皮的建筑物，有其富裕的居民，环绕着美丽的河流和肥沃的大地。奥格斯堡的富裕超过世界上的一切城市，慕尼黑非常出色……不能不注意纽伦堡，来自下法兰克尼亚的人，远眺这个神奇的城市，他会真的认为那是美不胜收的仙境……苏格兰国王真要羡慕纽伦堡中等市民的生活。"①

由于德国的富庶和繁荣，使它成为罗马教廷敲诈勒索的主要对象。罗马教廷三分之一的收入来自德国，德国因而被称为"教皇的奶牛"。教廷的横征暴敛不但激起了德国中下层人民的愤怒，也引起了各邦诸侯、贵族以及新兴资产阶级的不满。德国当时虽然还处于分裂状态，全德国共有七大选帝侯、十几个大诸侯、二百多个小诸侯以及上千个独立的骑士领地，大小统治者虽不关心德国的统一，但在保护自己利益方面却不会轻易让步。而且，由于自身力量的强大，德国统治者也日益反感教廷的干涉。早在1356年，神圣罗马帝国皇帝查理四世就颁布《黄金诏书》，排除教廷对帝权的干涉。到15世纪末、16世纪初，反对教廷干预世俗事务的呼声进一步高涨。整个德国就像堆满了干柴，只需一点火星就会熊熊燃烧。

1517年10月，教皇利奥十世（Leo X，1513—1521年在位）以修建罗马圣彼得教堂为名，派特使到德国出售赎罪券，声称："只要购买赎罪券的钱一敲响钱柜，罪人的灵魂立刻就可以从炼狱升入天堂。"同年10月31日，维登堡大学神学教授马丁·路德在维登堡万圣教堂大门上贴出《关于赎罪券效能的辩论》（即九十五条论纲）。在《论纲》中，马丁·路德否认教皇拥有赦免任何罪恶的权力，认为："任何基督徒，只要他能真诚地忏悔，将获得完全解除罪孽，无须乎赦罪券。"② 德国学者海涅（H. Heine）指出："赎罪券交易不是教会职权的滥用，而是整个教会制度的结果，当路德攻击这事的时候，他也就攻击了整个教会。"③ 因此，《论纲》在当时引起了巨大反响，四个星期内传遍整个德国和西欧，成为反抗罗马教廷的进军号角。

1519年6月，马丁·路德与当时著名的神学家艾克（John Eck）在莱比锡进行论战。在辩论中，马丁·路德公开指出，教皇不是上帝的代表，宗教会议的决议也可能错误，从而否定了教皇和宗教会议的无上权威。从这时起，马丁·路德真正走上了与罗马教皇决裂的道路。

---

① 引自朱寰主编：《世界中古史》，吉林人民出版社1981年版，第564～565页。

② 耿谈如等译注：《世界中世纪史原始资料选辑》，天津人民出版社1959年版，第159页。

③〔德〕海涅著，薛华、海安译：《论德国》，商务印书馆1972年版，第31页。

次年6月,教皇发出开除马丁·路德教籍的上谕,宣布路德学说为"异端",并下令焚毁他的著作。10月10日,上谕在德国公布。这反而促使马丁·路德进一步自觉地与教皇决裂。同年8月至10月间,马丁·路德先后发表了被称为宗教改革三大论著的《致德意志基督教贵族书》、《教会的巴比伦之囚》、《基督徒的自由》,猛烈抨击罗马教皇和教廷的统治,全面阐发了他的宗教—政治学说。12月10日,马丁·路德当众烧毁了教皇的上谕和大量教会法典,他说:"这是一件比我一生中任何行为都要好的事。"[①]

1521年4月,在沃姆斯帝国会议上,马丁·路德顶住了来自各个方面的压力,重申自己的信念。同年,为躲避迫害,马丁·路德隐姓埋名,匿居瓦特堡,致力于把《圣经》从希腊文翻译成德文的工作。1522年,德译本《新约全书》出版。

在德国宗教改革爆发后不久,在瑞士等地也先后开展了宗教改革运动。1519年,兹温黎(Huldreich Zwingli,1484—1531年)在瑞士苏黎世倡议禁止赎罪券,他的建议为苏黎世当局采纳。1522年,兹温黎发表《六十七条》,系统阐发了改革宗教的主张。他把圣餐礼看作是一种普遍回忆基督的行动,摒弃关于面包及酒化为基督的肉体与血液的学说。他主张建立民主的教会,教会的领导人由教会成员选举产生,实行教会成员的代表大会制,教会组织的最高监督权属于世俗当局。

1536年,加尔文发表《基督教原理》,系统阐述了关于改革教义、教仪和教会的激进主张。1541年9月,加尔文成为瑞士日内瓦的政治、宗教的领袖。在他的领导下,日内瓦逐渐成为以加尔文教义为指导思想的政教合一的共和国。

从1529年起,英国开始自上而下地进行宗教改革。1529—1536年,英国国会通过了一系列有关改革教会的法令。1533年,英王亨利八世与罗马教会决裂,并下令禁止英国教会向教廷缴纳岁贡。1534年,国会通过"至尊法案",宣布国王为英国教会最高首脑,拥有任命教职和决定教义的权力;宗教法庭改为国王法庭,由国王审判教徒;未经国王同意,教会无权召集宗教会议,不得制定新的教规。改革后的宗教称为"安立甘教"或英国国教。

宗教改革运动的直接结果是,从天主教内部分裂出了新教,产生了新教教义。但是,从它所产生的广泛影响来看,宗教改革运动绝不只是宗教和教会内部的革新,它事实上是一场社会变革运动,它引起了政治、社会、文化等方面的一系列重要的变化,这种变化同样也发生在教育领域,产生了16

---

[①] 引自李平晔著:《人的发现——马丁·路德与宗教改革》,四川人民出版社1983年版,第67页。

世纪中、后期新教国家教育制度的巨大变革。新教教育思想正是在这种变革中形成,并直接推动了教育的变革。

**二、新教教育思想的理论基础**

新教教育思想的最为重要的理论基础是马丁·路德和加尔文提出的宗教哲学、神学和政治学说。

马丁·路德全部宗教哲学的核心和基础是其"因信称义"说。"因信称义"这个术语最早出现在《新约·罗马人书》中,其中提到"义人必因信得生","人心里相信,就可以称义","凡信他的都得到义"。在新的社会条件下,马丁·路德进一步发挥了这种思想。他认为,"灵魂称义不因任何行为,仅由于信仰","你可以通过这种信仰而成为新人,使你一切的罪都得到赦免"。① 这就是说,人只要真诚地信仰神,就能得到上帝的"生命、真理、光明、和平、正义、救恩、快乐、智慧、能力、恩典、光荣和我们所估计不到的各种幸福之道",②而不再需要任何"善功",不需要斋戒、施舍、朝圣、购买赎罪券,等等。这与罗马教廷的教义是直接对立的。

中世纪罗马教廷的正统教义认为,在上帝与信徒之间必须由教会作为中介,世俗人士只有在神职人员的带领下,才能阅读《圣经》;并且,只能按照教父的著作、宗教会议的规定和决议,以及教皇的训诫来理解《圣经》。同时,信徒必须履行洗礼、圣餐等各种仪式,才能赎罪,才能得救。由于只有教士阶层掌握着圣礼的主持权和《圣经》的解释权,因而使得教会具有无上的权威。而在马丁·路德的"因信称义"的理论中,上帝与信徒是直接相通的,一方面是上帝的恩典借助基督下达,另一方面是信徒凭借信仰领受上帝的恩典,而这种信仰是在信徒独立阅读、理解和解释《圣经》的基础上产生的,《圣经》(而不是教皇)是唯一的权威。这样,信仰就成为一种人的内在的活动,任何外在的权威和中介作用都失去了存在的合理性与必要性。

在这方面,马丁·路德与中世纪的宗教改革家和人文主义者不同,他既没有停留在对教会腐败现象的抨击上,也没有局限在对教会做修修补补的改良,而是断然否定教会的权威及其据以建立的理论基础,进而从根本上否定教会存在的意义。这在当时需要超人的勇气,具有划时代的意义。

由于马丁·路德主张对《圣经》的解释应完全以个人的理解为基础,任何人都无权把自己的信仰和对《圣经》的解释强加于人,也无权强迫人信教,因而,在中世纪长达千年的沉重压抑之后,人类理性开始重新赢得自己

---

①② Martin Luther. *Works of Martin Luther*. Copyrighted by the United Lutheran Church in America, Philadelphia: Muhlenberg Press, 1915, vol. 2, p. 314.

应有的地位。海涅认为,"自从路德说出以下的命题,认为人们必须用《圣经》本身或用理性的根据来反驳他的教义之后,人类的理性才被授予解释《圣经》的权利,而且它,这理性,在一切宗教的论争中才被认为是最高的裁判者。这样一来,德国产生了所谓精神的自由或有如人们所说的思想自由。思想变成了一种权利,而理性的权能变得合法化了"①。但也应看到,无论在马丁·路德时代还是在以后的很长一段时间内,信仰自由、思想自由都未能成为现实,这一方面是由于社会条件的局限;另一方面,在马丁·路德本人的观念中,理性、精神自由的思想既不是始终一贯的,也不是非常明确的。黑格尔指出:"是路德才开始有这种精神的自由,但是这种精神自由仍然只是在胚胎状态中,并且他是采取了那个把它老保留在胚胎状态中的形式的。"② 与"因信称义"说直接相联系的是马丁·路德所提出的"人人皆僧侣"的原则。马丁·路德认为,人只要为信仰,在上帝面前就享有平等的义务和权利,共同的福音、共同的洗礼、共同的信仰,使所有的基督徒成为一体,"在他们中间,除了职务的不同外,没有其他的差别"③。马丁·路德进一步认为,任何基督徒,经过大家同意,都可以主持圣礼,成为僧侣。这种平等观彻底否定了教阶制度和教士的各种特权。对其教育思想而言,马丁·路德的这种观念实际上成为他的普及教育主张的理论基础。

马丁·路德教义中又一个新的思想原则是他的天职观念。自从奥古斯丁提出"原罪说"之后,禁欲主义的修道生活一直是教会所极力推崇的生活方式。教会认为,人只有禁欲、独身、贫穷才能变得圣洁。而马丁·路德则主张,凡凭信仰从事的各种职业和日常生活都是善功,上帝所能接受的唯一生活方式是完成每个人在尘世上的地位所赋予他的义务,而修道生活则是逃避尘世的责任。马丁·路德的天职观念,把完成职业责任、世俗义务看作是一个人的道德行动所能达到的最高境界。这样,公民义务和职业的训练就成为一项非常重要的事业。因此,马丁·路德的天职观念不仅对西方近代的政治、经济和社会道德的发展具有巨大的推动作用,④ 而且也为各种职业训练

---

① 〔德〕海涅著,海安译:《论德国宗教和哲学的历史》,商务印书馆2000年版,第42页。

② 〔德〕黑格尔著,贺麟、王太庆译:《哲学史讲演录》第3卷,商务印书馆1981年版,第377页。

③ 金陵神学院托事部主持编译:《路德选集》上册,基督教辅侨出版社1957年版,第164页。

④ 参见马克斯·韦伯著,黄晓京、彭强译:《新教伦理与资本主义精神》,四川人民出版社1986年版,第56~60页。

## 第五章 新教教育思想

和实用技能的教育、教学提供了思想基础,并且进一步丰富了教育尤其是初等教育的内容。但马丁·路德也使人们的世俗日常生活染上了宗教色彩。

马克思曾经深刻揭示了路德教义的实质。他指出:"的确,路德战胜了信神的奴役制,只是因为他用信仰的奴役制代替了它。他破除了对权威的信仰,却恢复了信仰的权威。他把僧侣变成了俗人,但又把俗人变成了僧侣。他把人从外在宗教解放出来,但又把宗教变成了人的内在世界。他把肉体从锁链中解放出来,但又给人的心灵套上了锁链。"①

马丁·路德在其宗教教义的基础上提出了一系列政治主张。首先,马丁·路德要求从德国驱除罗马教廷的政治特权、经济势力,实现民族独立。他甚至主张用暴力讨伐罗马教会,以便使"教皇把罗马和他从帝国搞到的一切交还我们,把我们的土地从那难堪的租税和抢劫中解放出来,并将我们的自由、权力、财富、荣誉、身体和灵魂交还我们,让帝国成为名副其实的帝国"②。

其次,马丁·路德主张政教分离,君权独立。他认为,政府不应干涉信仰,教会也不应干涉政府事务,二者分管精神生活与世俗生活,各得其所。路德指出:"上帝设立了两种政府,一种是圣灵的政府,它借着圣灵在基督之下使人成为基督徒和虔敬的人;一种是世俗政府,它控制非基督徒和恶人,使他们虽不甘愿,也不得不保持治安。"③"这两种国度应当彼此划分清楚,而且并存,一个国度产生虔敬,另一个国度是维持治安和防止恶行,二者都不足以单独存在于世界。"④

马丁·路德还提出了君权至上的主张。他指出:"世俗权力是上帝确立的","乃是出于上帝的旨意和命令",因此,它不应受到任何干涉,而应独立行使职权。同时,他说:"既然世俗权力是神确立的,用以惩罚恶人和保护善人,那么,让它在整个基督教会自由地履行自己的使命吧!根本无需过问它是否反对教皇、主教、神父、修士、修女或者别的什么人。"⑤

加尔文在许多方面进一步发展了马丁·路德的学说。加尔文努力调和信仰与知识的矛盾。他坚持信仰主义的观点,认为上帝的圣灵是真理的唯一源泉,对上帝的认识只能求之于《圣经》。因此,对上帝的认识就是最高的智慧,而《圣经》则是判断一切的标准。这也就是说,信仰高于一切。与此同时,加尔文又认为人的认识和知识对其生活具有重要作用。他指出,信仰和

---

① 《马克思恩格斯全集》第 1 卷,人民出版社 1956 年版,第 461 页。

② *Works of Martin Luther*, Copyrighted by the United Lueheran Church in America, Philadelphia: Muhlenberg press, 1915, Vol. 1, pp. 157-158.

③④⑤ *Works of Martin Luther*, Copyrighted by the United Lueheran Church in America, philadelphia: Muhlenberg press, 1915, Vol. 3, pp. 236, 237, 231.

知识是不同的,凡是人所不能理解的东西都应归于信仰,凡是人所能理解的东西,都应归于人的认识。信仰和知识各有自己的地位和作用,都是人类生活所不可缺少的。

加尔文进一步认为,人的信仰并不是生而俱有的、天赋的,而是后天逐步具有的。信仰的基础在于相信神的真实性,而这种预先相信来自神灵的启示,来自上帝的道,来自确信基督。因此,"道是信仰的源泉"。由于否认信仰是天赋的能力,因而加尔文提出信仰是相对的,疑问和探索是人的自然的要求。这就为人对知识的追求提供了合理性。正是在这个意义上,加尔文认为,信仰不但不排斥认识或知识,恰恰相反,信仰与知识是必然联系在一起的,信仰所排斥的是无知与轻信。因此他坚决反对罗马天主教会所提出的"真理是在错误中,光明是在黑暗中,真知识是在愚昧中"的谬论,认为那种把教会的任何指令都奉为神谕,连最大的错误也要盲目接受的"盲信",终究是要毁灭的。加尔文所谓的知识,虽然是指对上帝的认识,但他同时也指出,人生在世,不可能充分认识一切事物,由于这种"无知",人就应该谦虚,应该努力学习,不断提高自己的认识。这种见解不仅对反对宗教蒙昧主义具有启蒙意义,而且为人的教育和训练提出了理论依据。

为了进一步阐述其教育理论,加尔文还就人的认识能力这个同时属于认识论和心理学范畴的问题,进行了具体的探讨。他认为,人的认识发生于感官对物体表象所引起的感觉。感官所获得的材料经过想象的加工,再由理性加以区别、判断。此后,又由心对理性所考虑的事物进行冷静的反思。从人的认识过程,加尔文把人的认识能力(即"灵魂的智能")划分为三类:心、理性、想象。这三种智能又可概括为两种功能,即理解力和意志。根据他的解释,理解力的任务就是辨别事物,看哪一种值得采纳,哪一种应当抛弃。而意志的任务就是选择理解力所认为好的,排斥理解力所认为不好的。从这些见解中可以看到,在认识论方面,加尔文更为强调的是理性,这一点对其教育思想,有直接的影响。加尔文改造了路德提出的"因信得救,不靠事功"(即"因信称义")的理论,进一步提出了"预定论"的思想。他认为,一切都归之于上帝,即一切都是上帝的安排和命令。在他看来,上帝不仅是万物的创造者,而且是万物的直接管理者。世界上所发生的一切都是出于上帝不可测度的旨意。而上帝的旨意不是随时、随地变化的,而是预定的。上帝凭借自己的智慧,早在太初就已决定了它所要做的事,而后又以自己的权力,执行它所预定的一切。不仅如此,上帝的预定是上帝的永恒意旨,是绝对的、永远不再变更的。既然一切都是上帝必然预定的、永久不可改变的安排,那么,人就绝对不能离开上帝而有所作为。这是加尔文"预定论"的基本观点。但在另一方面,加尔文又认为,虽然"天命"不由人定,但人不应当完全依赖神，而应勤奋工作，成事在天、行事在人，有了罪过，在自己身上寻找原因，取得了成功，也不应夸大个人的力量，这是上帝所喜爱的。因此，不管上帝如何预定，个人的今生都要过洁白无瑕的生活，应当内心正直，做事公义，积极活动，所有这一切的目的，不在救赎，而在于现实的生活与成功。加尔文的"预定论"虽然含有机械决定论的因素，但它在当时是具有重要的进步意义的，也为其普及教育的思想奠定了理论基础。

根据其预定论，加尔文进一步论证了"因信称义"的理论。他认为，上帝早就根据自己的意旨，决定了要把谁纳入它的救恩之中，给他以永恒的生命；同时也决定了谁将被贬入地狱，得到永远的惩罚。人的不同命运是上帝的安排（"拣选"），是不以个人的善恶功罪为转移的。因此，人的现世生活对于其来世生活不具有任何影响。这样，人在现世生活中就无须为其来世而做"圣事"、"圣功"。人只要真正信仰上帝，积极从事社会活动，各尽其职，就是实现了上帝的愿望。从这些观点出发，加尔文坚决反对教皇、教阶制度的存在和权威。认为只有《圣经》才是最高的、独一无二的权威，人人都可以通过直接阅读《圣经》与上帝沟通。

正是在宗教改革运动所造成的社会现实条件和新教教义的基础上，产生了新教教育思想。

## 第二节 新教教育思想家

在16世纪，最有代表性的新教教育思想家是马丁·路德和加尔文。他们的主张集中反映了新教教派的教育要求和理想。

### 一、马丁·路德

青年时期，马丁·路德先后在拉丁学校、兄弟会学校和大学求学，受到严格的宗教教育，深受人文主义思想的熏陶。在领导宗教改革事业的过程中，路德先后发表了《为基督教学校致德国市长和市政官员书》、《论送子女入学的责任》等文，系统提出了强迫义务教育的主张。与其君权独立、建立民族教会的宗教—政治学说相联系，马丁·路德主张由国家，而不是由教会管理教育事务。他认为，维护国家安全和社会秩序的最有效的方法不是军备，而是人才。一个国家只有拥有有才能、有学问、聪明和正直的公民，才能真正长久地确保国家的安全，保卫国家的利益。而人才需要培养，人才的培养需要学校和教育。因此，要使国家兴旺发达，教师与学生是必不可少的。国家应当像重视军备那样来重视教育事业，使教育成为国家的事务。

从这个观点出发，马丁·路德主张，应当由世俗政权掌握发展本国教育事业的权力，负责开办学校，任命教师，提供经费。他进一步指出，国家应当使每一个儿童，不分性别和等级，都受到必要的教育，使教育在所有社会等级的儿童中普及。

马丁·路德不仅提出了普及教育的主张，而且全面阐述了实施普及教育的具体条件和办法。首先，他提出了强迫入学的见解，并以此作为普及教育的补充。他认为，对父母来说，使自己的子女受到良好的教育，是一种神圣的义务。这是因为，儿童不仅是家庭的后代，更是国家的信使，上帝的信徒，使儿童受到教育，是父母对国家、社会和神的义务。而对行政当局来说，使青年一代受到教育，也是一种神圣的责任。马丁·路德主张，当局应当强迫父母把子女送进学校，接受教育。对拒不承担这项义务的父母，政府应予以必要的惩罚。其次，路德主张由国家开办公立初等学校，让男女儿童每天在校学习1—2个小时，其余时间则在家庭中从事劳动。再次，马丁·路德认为，公立初等学校应当开设历史、语言、音乐、体育和宗教课程。最后，马丁·路德强调对教师进行系统的训练，他主张从学习成绩优异、聪慧敏锐的学生中，挑选一些进行训练，以便成为未来的教师。他还主张赋予教师崇高的社会地位，此外，路德还就公立初等学校的教学方法、教材等问题，提出了一些有价值的见解。

在西方教育史上，马丁·路德较早地全面和系统阐述了义务教育的思想，对16—18世纪德国各新教邦以及美国等欧美国家初等教育的发展，产生了极为深远的影响，是近代西方国民教育运动和普及义务教育运动的最早的理论先驱。

## 二、加尔文

加尔文在青年时期开始接受马丁·路德思想的影响，立志按照古代基督教的面貌改革罗马教会。1534年，正式成为新教徒。由于法国政府和天主教会的迫害，1534年10月，被迫逃亡瑞士的巴塞尔城。在那里继续研究路德及其教派的教义和《圣经》。1536年3月，完成了《基督教原理》的写作。在书中，加尔文系统地阐述了关于改革教义、教仪和教会的激进主张。他的宗教改革思想，适应瑞士日内瓦城激进市民对改革教会的迫切要求。在他们的邀请下，1536年，加尔文赴日内瓦，成为该城的牧师。1537年，在向日内瓦市政当局提交的改革教会的方案中，加尔文初次阐明了他对教育特别是宗教教育的见解。他主张加强对儿童进行宗教的训练。儿童每天应去学校唱一小时的圣歌，以便能够去集体礼拜时领唱。父母应在家庭中对其子女进行简明基督教教义的教育,并由牧师进行考核。每逢礼拜日,教堂要召集儿童进行宗教教育,儿童若不按时参加,则其父母将受到处罚。

1538 年,加尔文邀请法国学者卡迪埃(M. Condier,1479—1564)来日内瓦参加与领导教育改革的工作。他们共同起草了《日内瓦初级学校计划书》,主张对儿童实行普及义务的初等教育,使所有儿童不论阶级、贫富,都享有同等的受教育权。初等教育的教学内容以宗教、读、写、算为主。初等学校的教学用语为本族语。《计划书》虽然强调宗教教育,并把它作为教育的首要目的,但同时也主张兼顾世俗教育,认为世俗教育与宗教教育并不是相互对立的,人文学科的学习不仅是为了巩固教会的统治,而且也是为了治理世俗国家和保持人类的博爱。这个思想显然与路德的思想是一致的。

《日内瓦初级学校计划书》完成后不久,日内瓦保守派市民在政治权力斗争中获胜,加尔文因而被驱逐出日内瓦。1538—1541 年间,加尔文先后游历了瑞士和法国的一些城市,并在德国斯特拉斯堡城宣传新教教义,组织教会。与此同时,他在德国教育家斯图谟(J. Sturm,1507—1589)创办的文科中学中为高年级学生讲授神学课程。在与斯图谟的交往中,加尔文吸取了不少办学的经验,这对他以后领导日内瓦城的教育改革,具有非常重要的影响。

1541 年 9 月,加尔文重返日内瓦,成为该城的政治、宗教的领袖。在他的领导下,日内瓦逐渐成为以加尔文教义为指导思想的政教合一的共和国。在致力于政权、教会建设的同时,加尔文对教育改革同样予以关注。1541 年,他起草了《基督教教规》,其中对大学的任务、课程、教师和学校的管理等,都作了严格的规定。同年,他又根据在斯特拉斯堡文科中学所获得的实际经验,重新修订了 1537 年写成的《教义问答》,以使它更适合儿童的接受能力,更适合于学校教学。为了进一步探索教育改革的途径,1556 年,加尔文再赴斯特拉斯堡,对斯图谟的文科中学进行考察。1558 年,加尔文创办日内瓦学院(日内瓦大学的前身),以培养传教士、神学家和教师为办学目的。由于该校办学有方,吸引了来自瑞士其他城市和西欧其他一些国家的许多学生。在该院开办的第一年,就有 900 名来自各国的学生入学。日内瓦学院因而成了培养加尔文宗传教士和教师的摇篮。以后,成为荷兰的莱顿大学、英格兰的剑桥大学、苏格兰的爱丁堡大学、美国的哈佛大学等学校的样板,1559 年,根据斯特拉斯堡文科中学的模式,加尔文在日内瓦创办了一系列教育机构,其中包括法律学校、文科中学等。同年,他还专门制定了《日内瓦法律学校条例》。在他的领导下,日内瓦的教育事业取得了明显的发展。在他去世前,日内瓦的私立学校共有 1 200 名学生,公立学校有 300 名学生。

在西方历史上,加尔文的贡献主要在于他进一步推动了宗教改革运动,创建了新教加尔文宗，并因而对近代早期欧美社会、政治等方面的发展，产生了巨大而深刻的影响。加尔文并不是专门的教育理论家和教育实践家，但他根据其宗教教义而提出的教育思想、以及他在日内瓦进行的教育实践活动，随着其教义的传播而扩散到法国、德国、荷兰、苏格兰以及北美等地，对近代西方教育的变迁，产生了许多职业教育家无法比拟的深远影响，因而在西方教育史上占有非常重要的地位。

除马丁·路德和加尔文之外，较为重要的新教教育家还有：德国的教育家梅兰克顿（Philip Melanchton，1497—1560）、斯图谟、布根哈根（Johann Bugenhagen，1485—1558）、特劳根道尔夫（Trogendorf，1490—1556）和苏格兰教育家诺克斯（John Knox，1505—1572）等，这些教育家的主要贡献在于将路德和加尔文所阐述的教育原理付诸实践。

## 第三节 新教教育思想的基本原理

与路德和加尔文的全部思想一样，他们的教育主张所涉及的范围也是非常广泛的，其中既包括对罗马天主教廷控制下的旧教育的抨击，也包括对以新教教义为依据建立的"新"教育的整体设想。

### 一、对旧教育的抨击

对罗马教会控制下的旧教育的猛烈抨击是宗教改革家对罗马教会全部批判与声讨的一个组成部分，同时也是其教育思想（尤其是路德教育思想）的重要出发点。由于中世纪教育与教会的特殊联系，因而，当宗教改革家批判整个教会时，其批判的矛头必然会指向教会控制下的学校。马丁·路德尖锐地指出，由于旧学校盛行体罚，机械训练和枯燥的教学方法，因而使学校成了恐怖的场所，成了监狱、地狱和炼狱，学生则成了"殉难者"。① 他认为，在这样的学校中，"我们绝对学不到什么东西"②。他特别指出，在旧学校中充当教师的僧侣们根本不适于做教育和管理工作，因为"他们一无所知，教不出什么有用的东西来。甚至连正确的学习和教学方法都不懂"③。在马

---

①② Percival R. Cole. *A History of Educational Thought*. London：Oxford University Press，1931，p.191.

③ 华东师范大学教育系、浙江大学教育系编：《西方古代教育论著选》，人民教育出版社 2001 年，第 198 页。

丁·路德看来，由于旧学校所教授的内容空洞无用，因而使"过去受过大学和寺院教育的人，除了成为蠢人和笨蛋之外，他们懂得什么呢？他们花费20年、40年的学习时间，连一点拉丁文和德文都不懂"①。马丁·路德还认为，由于旧学校的腐败和恶劣风气，因而败坏了青年人的道德。他甚至宣称："我宁愿我们的青年无知和愚笨，也不愿让这样的大学和修道院成为他们唯一受教育的场所。我的热切祈祷和希望就是把撒旦的这些学校毁灭掉。"②

马丁·路德对旧学校的激烈批判，他的某些指责是正确和切中时弊的，但从他的全部思想看，他的指责也存在着消极的一面，尤其是他后期对当时大学的批评，在很大程度上是基于他的宗教偏见。

文艺复兴运动使大学课程充满了古典、人文学科的内容，亚里士多德的物理学、形而上学成为大学的重要教学内容。而在马丁·路德看来，亚里士多德是"该死的、自命不凡的、诡计多端的野蛮人"，原因在于亚里士多德推崇理性，亚里士多德的学说被引进大学，事实上就形成了理性与信仰并重的局面。虽然在早期，马丁·路德也曾强调"人的自由理性"，但到后期，他却认为信仰与理性是互不相容的，"推理是信仰的最大敌人"。由此，他斥责大学是"凶手的魔窟"、"腐败的犹太教堂"。1521年，他在一篇"布道书"中指出："大学只配扔进灰尘中：自从创世以来，曾经出现或将要在尘世上的一切，再没有比大学更为可憎和邪恶的了。"

马丁·路德虽然猛烈甚至粗暴地抨击当时的教育机构，但是出于现实的考虑，他还是反对一些人所提出的拆毁大学的激烈主张。他再三强调对旧学校要进行改革，"把它们变成真正的基督徒学校"。为此目的，他提出了一系列基本的原理和具体的设想。

### 二、论教育的目的

在新教教育思想中，关于教育目的的主张显然是其中一个重要内容，但也正是在这一点上，新教教育思想家们表现出他们思想的特点和局限性。

马丁·路德全部思想的核心是灵魂得救，无论是他的"因信称义"说和他的天职观念，还是他的君权至上说，最终的目的无一不与灵魂得救直接联系。在这点上，马丁·路德与中世纪正统神学的区别不在于问题本身，而在于解决问题的途径。在教育方面也是如此。马丁·路德教育思想的根本出发点就在于：通过教育，培养对神的虔诚信仰，从而使灵魂获得拯救。他认

---

①② 华东师范大学教育系、浙江大学教育系编：《西方古代教育论著选》，人民教育出版社2001年，第180页。

为，对儿童的良好培养是通向天堂最直接、最容易的路径。这就是说，在马丁·路德的观念中，灵魂获救，这既是一切教育的起点，也是所要达到的最终目的，而其他具体的目标、公民训练、职业技能的训练、教士和政府官吏的培养，等等，都是实现最高目的的必要途径。在这方面，马丁·路德与中世纪正统的教育理念基本上是一致的。正是在这一点上，他的教育学说虽然启发和影响了近代许多教育家的思想与活动，但也鲜明地表现出他们之间的根本差异。但与中世纪观念具有很大不同的是，马丁·路德在注重教育的宗教化目的的同时，也高度强调了教育的世俗化目的，甚至把二者放到同等的地位。这与他的政教分离、君权独立的思想是一致的。他认为，"即使没有灵魂，没有天堂，也没有地狱，而只有文职政府"，也同样"需要良好的学校和有学问的人"。① 他进一步指出，"要想使国家兴旺，学校与教师都是不可少的"②。这是因为，城市和世俗国家的"最大幸福、安全和权力乃在于有才能、有学问、聪明、正直和有文化的公民，他们能维护、保全并利用各种财富与优势"③。马丁·路德的这个思想与其政治学说一样，深刻反映了近代民族国家兴起的客观需要，从而成为其教育学说中具有鲜明近代色彩的因素。

在马丁·路德教育思想中，宗教化与世俗化的目的并行不悖，共同构成其教育思想的出发点。这种此岸与彼岸、今生与来世、人间与天堂奇妙结合的思想方式和结果，不仅决定了马丁·路德全部教育思想的内容、原则和基本精神，而且造成了其思想的不可克服的矛盾，这种矛盾几乎表现在马丁·路德教育思想中每一个重要的论点和原则上，也表现在它们对后代的影响上。

与马丁·路德一样，加尔文也提出了二元化的教育目的。他认为，从个人的角度来看，接受教育的目的既在于养成信仰、成为虔诚的基督教徒，也在于养成善良的德行，养成日常生活的技能，从而成为良好的国家公民；从教会和国家的角度来看，对教徒和公民的教育，既是为了促进信仰，也是为了促进世俗国家的发展。由于加尔文认为天国与人世、永生与今生、教会与国家是相互促进的，因此，在他的观念中，教育目的的二重性也是并行不悖的，而且是可以相互促进的。但从他的思想的主导倾向来看，他主张的教育目的的重心仍落在信仰、来世、教会上，在这一点上，他的思想比路德的见解，更具保守性。

新教教育思想家关于教育目的的主张，直接影响了16世纪后近三个世

---

①②③ 华东师范大学教育系、浙江大学教育系编：《西方古代教育论著选》，人民教育出版社2001年版，第192、184、184页。

丁·路德看来，由于旧学校所教授的内容空洞无用，因而使"过去受过大学和寺院教育的人，除了成为蠢人和笨蛋之外，他们懂得什么呢？他们花费20年、40年的学习时间，连一点拉丁文和德文都不懂"[①]。马丁·路德还认为，由于旧学校的腐败和恶劣风气，因而败坏了青年人的道德。他甚至宣称："我宁愿我们的青年无知和愚笨，也不愿让这样的大学和修道院成为他们唯一受教育的场所。我的热切祈祷和希望就是把撒旦的这些学校毁灭掉。"[②]

马丁·路德对旧学校的激烈批判，他的某些指责是正确和切中时弊的，但从他的全部思想看，他的指责也存在着消极的一面，尤其是他后期对当时大学的批评，在很大程度上是基于他的宗教偏见。

文艺复兴运动使大学课程充满了古典、人文学科的内容，亚里士多德的物理学、形而上学成为大学的重要教学内容。而在马丁·路德看来，亚里士多德是"该死的、自命不凡的、诡计多端的野蛮人"，原因在于亚里士多德推崇理性，亚里士多德的学说被引进大学，事实上就形成了理性与信仰并重的局面。虽然在早期，马丁·路德也曾强调"人的自由理性"，但到后期，他却认为信仰与理性是互不相容的，"推理是信仰的最大敌人"。由此，他斥责大学是"凶手的魔窟"、"腐败的犹太教堂"。1521年，他在一篇"布道书"中指出："大学只配扔进灰尘中：自从创世以来，曾经出现或将要在尘世上的一切，再没有比大学更为可憎和邪恶的了。"

马丁·路德虽然猛烈甚至粗暴地抨击当时的教育机构，但是出于现实的考虑，他还是反对一些人所提出的拆毁大学的激烈主张。他再三强调对旧学校要进行改革，"把它们变成真正的基督徒学校"。为此目的，他提出了一系列基本的原理和具体的设想。

## 二、论教育的目的

在新教教育思想中，关于教育目的的主张显然是其中一个重要内容，但也正是在这一点上，新教教育思想家们表现出他们思想的特点和局限性。

马丁·路德全部思想的核心是灵魂得救，无论是他的"因信称义"说和他的天职观念，还是他的君权至上说，最终的目的无一不与灵魂得救直接联系。在这点上，马丁·路德与中世纪正统神学的区别不在于问题本身，而在于解决问题的途径。在教育方面也是如此。马丁·路德教育思想的根本出发点就在于：通过教育，培养对神的虔诚信仰，从而使灵魂获得拯救。他认

---

[①②] 华东师范大学教育系、浙江大学教育系编：《西方古代教育论著选》，人民教育出版社2001年，第180页。

为，对儿童的良好培养是通向天堂最直接、最容易的路径。这就是说，在马丁·路德的观念中，灵魂获救，这既是一切教育的起点，也是所要达到的最终目的，而其他具体的目标、公民训练、职业技能的训练、教士和政府官吏的培养，等等，都是实现最高目的的必要途径。在这方面，马丁·路德与中世纪正统的教育理念基本上是一致的。正是在这一点上，他的教育学说虽然启发和影响了近代许多教育家的思想与活动，但也鲜明地表现出他们之间的根本差异。但与中世纪观念具有很大不同的是，马丁·路德在注重教育的宗教化目的的同时，也高度强调了教育的世俗化目的，甚至把二者放到同等的地位。这与他的政教分离、君权独立的思想是一致的。他认为，"即使没有灵魂，没有天堂，也没有地狱，而只有文职政府"，也同样"需要良好的学校和有学问的人"。① 他进一步指出，"要想使国家兴旺，学校与教师都是不可少的"②。这是因为，城市和世俗国家的"最大幸福、安全和权力乃在于有才能、有学问、聪明、正直和有文化的公民，他们能维护、保全并利用各种财富与优势"③。马丁·路德的这个思想与其政治学说一样，深刻反映了近代民族国家兴起的客观需要，从而成为其教育学说中具有鲜明近代色彩的因素。

在马丁·路德教育思想中，宗教化与世俗化的目的并行不悖，共同构成其教育思想的出发点。这种此岸与彼岸、今生与来世、人间与天堂奇妙结合的思想方式和结果，不仅决定了马丁·路德全部教育思想的内容、原则和基本精神，而且造成了其思想的不可克服的矛盾，这种矛盾几乎表现在马丁·路德教育思想中每一个重要的论点和原则上，也表现在它们对后代的影响上。

与马丁·路德一样，加尔文也提出了二元化的教育目的。他认为，从个人的角度来看，接受教育的目的既在于养成信仰、成为虔诚的基督教徒，也在于养成善良的德行，养成日常生活的技能，从而成为良好的国家公民；从教会和国家的角度来看，对教徒和公民的教育，既是为了促进信仰，也是为了促进世俗国家的发展。由于加尔文认为天国与人世、永生与今生、教会与国家是相互促进的，因此，在他的观念中，教育目的的二重性也是并行不悖的，而且是可以相互促进的。但从他的思想的主导倾向来看，他主张的教育目的的重心仍落在信仰、来世、教会上，在这一点上，他的思想比路德的见解，更具保守性。

新教教育思想家关于教育目的的主张，直接影响了 16 世纪后近三个世

---

①②③ 华东师范大学教育系、浙江大学教育系编：《西方古代教育论著选》，人民教育出版社 2001 年版，第 192、184、184 页。

纪新教国家的教育发展。与中世纪教育相比，这种影响有积极的一面。但从近代教育发展的趋势来看，这种影响的消极性更大。

### 三、论强迫义务教育

在新教教育思想中，关于强迫义务教育的主张最具独创性和进步意义，而这种主张的提出又是以其宗教—政治学说为基础的。

马丁·路德的"因信称义"学说认为，每个人的信仰来自于他对《圣经》的独立理解和解释，信仰完全是个人的主观体验和内心活动，在灵魂获救中，个人的责任与判断是决定一切的。这样，至少在理论上就产生了一种新的教育观念和要求：使每个人具有阅读《圣经》和参与教会事务的能力。由于马丁·路德主张，人只要有信仰，在上帝面前就都享有平等的权利和义务，因而在事实上，就提出了一种平等的思想观念。这种宗教的平等观反映在教育方面，便成为人们在教育权利上的平等，正是以这样的观念为基础，马丁·路德认为，应当使每一个儿童，不分性别和等级都受到教育。

马丁·路德基于宗教的平等观念所提出的普及教育的主张，与中世纪和文艺复兴时期的观念相比，显然更为"近代化"，更能适应历史发展的要求。在中世纪，无论在宗教方面还是在政治观念方面，普通的个人都是无足轻重的，教会所注重的只是教会领袖与神职人员的训练。在文艺复兴时期，人文主义者的教育兴趣逐渐摆脱了中世纪的桎梏，从培养僧侣转移到世俗人士的训练上，但是，事实上，他们所关注的只是上层社会子弟和少数社会"精英"的教育。而马丁·路德则把教育的权利扩大到更为广泛的社会阶层，扩大到每一个男女儿童，从而揭开了西方近代教育民主化进程的历史序幕。

更为重要的是，马丁·路德不仅提出了这种普及教育的设想，而且全面阐述了使这种设想得以实现的一系列具体主张。

宗教改革爆发后，在教育方面，马丁·路德面临着两个非常现实的问题。首先，在旧教会的统治下，平民子弟可以通过接受教育而成为神职人员，从而享受教士的特权；而在马丁·路德人人皆为僧侣的教义中，神职人员失去了以往的特殊地位，学校教育也失去了往日所具有的作用。用马丁·路德的话说就是，"自私的父母们看到他们已不能再指望他们的子女从教堂和寺院得到好处，就拒绝让他们的子女接受教育"[①]。其次，由于马丁·路德把《圣经》翻译成通俗易懂的德文，使普通人都能够阅读，这样，仅就培养信仰而言，学校也不再具有往日的吸引力。正是在这种情况下，马丁·路

---

[①] 华东师范大学教育系、浙江大学教育系编：《西方古代教育论著选》，人民教育出版社2001年版，第178页。

德提出了强迫入学的主张，作为其普及教育思想的补充。他认为，对于父母来说，使自己的孩子受到良好的教育，是一种神圣的义务和责任。他依据《圣经》指出："在上帝眼中，使人世承受沉重负担和应受严厉惩罚的公开罪行，莫过于忽视子女的教育了。"① 这是因为他认为，儿童是国家的信使、帝王的信徒，以及现实世界和平的基础与支柱。使儿童受到教育，不仅是神所欣慰的事，也是父母对国家和社会的义务。

而对行政当局来说，使青年一代受到教育，也是不可推卸的责任。马丁·路德主张，当局应当强迫父母把自己的子弟送到学校接受教育，对拒不承担这种义务的父母，予以必要的处罚。他明确地指出，当局应当像强迫臣民服兵役一样，强迫他们送子女入学。在致勃兰登堡选侯的信中，马丁·路德具体阐述了实施这种强迫教育的措施，他认为，如果各地方当局在财政上有困难，可以从被解散的修道院所得钱来维持学校。1543年后，萨克森王国就是以这种方式建立了三所王子学院，在英国也有类似情况。

在马丁·路德看来，世俗政权是根据神的旨意建立的，它对于臣民的精神事务同样负有责任。教育关系到国家的安危、兴衰，因此，"如果我们为了保护自己免受土耳其人的袭击，情愿出一个金币，那么，为了使一个男孩接受真正的基督教教育，免受无知之苦，我们就应该情愿出一百个金币，因为这样的人所能成就的好事，是无法计算的"②。"如果我们为了使我们的城市获得暂时和平与安逸，情愿每年花费大量金钱购置枪炮，修筑公路、桥梁、堤坝，那么我们为什么不能花同样多的钱来拯救我们可怜而被忽视的青年，使我们可以有几个熟练精干的教师呢？"③

基于上述原因，马丁·路德认为，应当由国家和城市当局负责建立学校并加以管理。他特别主张由那些自由城市来管理学校。这是因为：（1）几个世纪以来，它们一直独立于罗马教会之外，行使开办学校的权力；（2）这些城市受到教会的影响比诸侯少；（3）这些城市的市民更会同情和支持它与罗马教会的决裂；（4）这些城市有力量开办和维持学校。

在早期，马丁·路德认为，教会建立在《圣经》的基础之上，是一个独立于国家之外的机构。与此相适应，在其早期的观念中，仍主张教会对学校承担监督的责任。到了后期，他思想发生变化，逐渐主张教会应从属于国家政权，教会人员是国家的臣民，并认为国家政权不仅应管理世俗事务，而且应管理精神事务。这样，在马丁·路德思想发展的最终结果中，教育完全成为国家的事业和职责。应当指出的是，虽然马丁·路德较早提出了由世俗政

①②③ 华东师范大学教育系、浙江大学教育系编：《西方古代教育论著选》，人民教育出版社2001年版，第182、179、179页。

权管理教育事业，但是，他从不主张一种世俗化的教育，相反，在马丁·路德的教育学说中，宗教目的是决定性的。

在西方教育史上，由国家管理文化教育事务，实施强迫义务教育，无论在理论上还是在实践上，都不始于马丁·路德和宗教改革。从理论上看，早在 1516 年，托马斯·莫尔在其《乌托邦》中，就曾提出创建公共普及教育的设想。伊拉斯谟也曾提出过，养育子女是父母对社会的义务，政治家和社会人士也有相应的义务和责任，以提供足够数量的合格教师，来促进教育事业。从实践上讲，在马丁·路德之前，尼德兰、摩拉维亚等地已实行了远比马丁·路德思想更为广泛、开放的公共普及教育制度。路德思想的深刻意义在于，它不仅更为全面、系统地阐述了关于建立公共教育制度、实施普及义务教育的主张，而且，凭借着宗教改革和他本人宗教—政治学说的广泛影响，使这种思想传播到更为广阔的地域，并在近代早期由许多城市和国家进行了初步的实施。

但也应指出，马丁·路德并非始终一贯地强调他的普及义务教育主张。由于 1524—1525 年的农民起义，他的注意力逐渐转移到中、高等教育。到后期，他更为注重的是培养教会和国家未来的领袖，因而提出选择有能力、聪慧的儿童继续学习，升入拉丁学校和大学的主张。路德思想的这种转变，反映了他的立场的变化，对 16—18 世纪德国教育实际具有直接的影响。

加尔文接受并进一步阐发了路德强迫义务教育的主张。加尔文认为，人因其祖先遗传下来的"原罪"，所以人在本性上是邪恶的，他与生俱有为恶、犯罪的本能。如果听任人的本性发展，人就会迅速走向腐败、堕落。因此，人必须受到不断的教育和训练，以抑制为恶的本能冲动，逐步养成为善的倾向，并从事善的活动。另一方面，由于人对上帝的信仰并不是天赋的，而是后天养成的，因此，为着上帝的喜爱，为着实现上帝的愿望，为着人的现世生活，人也必须接受教育，以获得直接阅读《圣经》所必不可少的知识和技能，从而为获得信仰做准备。再一方面由于人的认识能力的局限性，又由于知识在人的生活中具有重要作用，因此，人应当不断地追求知识，探索真理。而要做到这一点，就需要接受教育，以得到获取知识所必需的基本技能。与此相联系的是，真正的基督教徒所应具有的勤奋俭朴等品质，在对上帝有贡献的职业上所具有的高效率以及他们的政治意识和责任感，都需要经过良好的教育和精心的训练。所有这些，都决定了教育工作的必要性和重要性。

从上述思想出发，加尔文要求教会、国家、家庭都应当高度重视教育，把教育年轻一代的工作当做一项非常重要的事业。他甚至认为，不仅学校是教育的机关，而且教会、国家和家庭都应当成为按照上帝的意志，训练、培养和教育的机构。他主张，在家庭中，每一位长辈都有责任向家中所有孩子讲授教义问答和基督教教义。教区的行政管理部门或宗教法庭负责对家庭教育进行监督，以确保家庭教育能够真正合乎基督教的要求。教堂有责任在礼拜等各种宗教仪式中，对儿童乃至全体教徒，进行宗教教育。

加尔文更为明确地提出了由国家负责实施对全体公民进行强迫教育这种主张。在他看来，国家、政府的首要责任是推进宗教信仰，君主和掌握政权的人，都应看顾和保护教会。由于这个原因，政府应当重视教育，努力使全体公民都受到良好的教育。为此。他提出了普及教育与免费教育主张，认为所有儿童不分性别与贵贱贫富，都应当接受教育，以学习基督教教义和日常生活所必需的知识、技能。对国家来说，为了保障公民的这种权利，应当开办公立学校，实行免费教育，使所有儿童都能进入学校接受教育。加尔文还认为，实施普及教育与免费教育，不仅是为了促进宗教信仰，而且也是为了世俗国家的利益。这是因为，对公民的教育，有利于国家的意志、法律和法令的执行，有利于社会秩序的稳定，有利于道德的进步。因此，公民的教育有助于国家的发展。新教教育思想家所提出的关于强迫义务教育的主张，对近代西方各国国民教育运动的发展，产生了巨大的影响，为欧美近代民族主义（或国家主义）教育思潮打下了直接的历史基础。

**四、关于教育体制的构想**

为了实现二元化的教育目的，同时也为了实施强迫义务教育，马丁·路德和加尔文等人分别提出了关于建立新教学校体系的设想。

马丁·路德关于教育体制的设想包括家庭教育、初等教育、拉丁学校、大学四个教育阶段。

家庭教育　马丁·路德主张，在儿童进入国立初等学校之前，就应由父母负责对其进行教育。家庭教育的主要内容是宗教和道德。1529 年，马丁·路德在写作《大教义问答集》时，有感于"普通人民对基督教义的无知"[1]，因而主张，父母每周至少一次唱《大教义问答集》考问他的子女和仆人，使之受到良好的宗教致育，"路德由此而成为新教家庭宗教教育的先驱"[2]。在家庭道德教育方面，马丁·路德作出了重要的贡献。在中世纪，教会把道德归于信仰，归于神学，而马丁·路德则把它们区分开来，使道德具有独立的含义。这不仅扩大了家庭教育的内容，而且使家庭教育与世俗国家的权益联系起来。道德教育的基本材料是《圣经》，其次是《伊索寓言》。

---

[1][2] Paul Monroe (ed.), *Cyclopedia of Education*. New York: The Macmillan Company, 1918, Vol. 4, p. 94.

第五章　新教教育思想

马丁·路德赋予家庭教育以非常重要的意义。他认为。家庭是教育的基础力量，良好的家庭训练与和睦的家庭生活是良好政府与社会福利的基础。

*初等教育*　马丁·路德认为，家庭教育具有无可替代的重要性，同时坚持认为，等儿童成长到一定年龄，父母应当把他们送到公立初等学校学习。在马丁·路德看来，父母没有能力或没有时间使儿童受到彻底的教育和训练，必须把儿童送到学校。即使父母能够让自己的子女受到良好的教育，也应该让他们接受学校教育，否则就是浪费时间。

马丁·路德主张，初等教育应以宗教为主，教学的材料是《圣经》。其他的教学内容有：语言、艺术、历史、音乐以及体育等。马丁·路德非常重视语言教学，这是因为，"要想学习《圣经》，就应该致力于语言"①。在《致德国市长和市政府官员书》中，马丁路德反复强调学习语言的意义。他指出，各种语言及其他自由艺术不仅无害，而且具有很大的实际利益和荣耀，对于理解《圣经》和维持文职政府都有好处。

关于历史教学，马丁·路德认为，历史在反对罗马教廷统治的斗争中具有巨大的意义，同时，它也是理解人性、道德的手段。通过历史教学，学生可"认识到每一个城市、国家、君王及男女个人的经历，并能在短时期内以全世界有史以来各种成败得失为鉴。根据所获得的知识，以敬畏上帝的心情调整自己的观点，制定他们一生进程的规划，他们就能变得聪明起来，懂得在世俗生活中应当如何辨明是非，趋吉避凶，并且能够劝告并指导别人"②。据此，马丁·路德认为，"历史学家是最有用的人和最好的教师"③。马丁·路德高度评价音乐在学校课程中的意义。他指出："音乐是仅次于神学的，神的美丽和神圣的礼物……青年人应当在这项艺术上受到训练，因为它造就优秀、聪慧的人。"④他又说："我们必须在学校教授音乐，教师应当具有音乐才能，不然，我不会敬重他，我们也不会任命这样的青年人当牧师，除非他们已经很好地掌握了音乐……音乐是一门最好的艺术。"⑤尽管马丁·路德注重音乐的最终目的在于宗教教育（为此他写了大量的赞美诗，并要求他的朋友们也这么做，在他的指导下，1524年出版了第一部德文赞美诗集），但无可否认的是，正是由于他的指导，音乐教育才成为德国学校的一种主要兴

---

①② 华东师范大学教育系、浙江大学教育系编：《西方古代教育论著选》，人民教育出版社2001年版，第190、193页。

③ Eby and C. F. Arrowood. *The Development of Modern Education*，New York：Prentice-Hall Co.，1934，p. 95.

④⑤ Frederick Mayer. *A History of Educational Thought*. Columbus：Charles E. Merrill Books，1964，pp. 124，123.

趣和优良传统。在西方教育史上，自柏拉图以来，没有一个教育家像马丁·路德那样把一种崇高的教育价值归结到音乐。①

马丁·路德认为，男童每天在学校应学习一两个小时，其余时间则在家庭中学习手工或其他喜爱的工作，使学习和工作结合起来。女童每天在校应学习一小时，其余时间在家庭中劳动。

在马丁·路德的全部教育思想中，关于初等教育见解的影响是较为深远的，但也最为具体、深刻地反映了他的思想、立场的明显变化和矛盾。

在早期，他主张"任何时候基督徒都应该把圣经当做唯一书本来认真学习，彻底熟悉圣经"②。而当农民战争爆发后，他转而认为，《圣经》在人民中的自由传播是一件危险的事情。他得出结论说，人民不能只凭圣经之光达到真理，而必须通过教义问答来理解圣经。1528—1529年，他写了大小两部《教义问答集》，认为："《教义问答》是俗人的真正圣经；其中包含了每一个基督徒获救所必须了解的全部基督教教义。"③因而，他把学校宗教教育的教材限定为"教义问答"。这样，马丁·路德实际上又回归到中世纪的正统观念上去了。

在早期，马丁·路德也非常强调国语教学，并把它当做初级学校的教学用语，主张运用国语学习拉丁语，希腊语和希伯来语。而到后期，他日益趋向于反对国语教学，要求限制国语在家庭和学校中的运用。1528年，在马丁·路德的支持下，梅兰克顿起草了《萨克森学校规程》，其中规定：学校只能使用拉丁语，禁止使用德语和希腊语。在1530年写成的《论送子女入学的责任》中，马丁·路德指责父母们把孩子送到国语学校而不是古典学校，认为他们这样做的动机是低级的、功利主义的。他要求强迫一切儿童进入拉丁学校。④

马丁·路德对改革初等教育的教学方法提出了一些非常合理的见解。首先，他认为，儿童具有追求知识与活动的"自然的爱好"⑤，这种爱好是不应受到阻止的，而应通过设立学校等各种途径去予以满足。其次，马丁·路德主张运用直观的方法进行教学。在早期论及国语教学时，他强调运用各种生动的对话形式。在宗教教育方面，他一面主张用宗教、音乐激发儿童的情感和信仰，一面在他的《教义问答集》和《圣经》译本中，安排了许多插

---

①③④ Eby and C.F. Arrowood. *The Development of Modern Education*. New York: Prentice-Hall Co., 1934, pp. 95, 88, 98.

②⑤ 华东师范大学教育系、浙江大学教育系编：《西方古代教育论著选》，人民教育出版社2001年版，第190、194页。

图,他因而被誉为"圣书直观教学之父"①。他有感于旧学校的严酷纪律和机械训练,因而强调在对儿童的教育和教学中应当温和;并主张废除体罚和无意义的学习。②

*拉丁学校* 这是中等教育机构。马丁·路德主张,让那些"有前途的可能成为有才华的教师、传道士和工作者的最聪明的学生"③,在受完初等教育之后,继续深造。因此,拉丁学校就不是普及的,而是具有比较严格的资格限制的。

*大学* 主要培养教会和国家未来的领袖。它的学生主要来源于拉丁学校的优秀学生。关于拉丁学校和大学的教学内容,马丁·路德基本上沿用了人文主义者的课程,包括语言、修辞学、文法等古典人文学科。在他的课程设置中,也有一些人文主义学校所没有的内容,如历史、数学、自然科学、音乐和体操等。应当指出,虽然马丁·路德因袭了人文主义学校的某些课程,但却用于完全不同的目的。人文主义者推崇古代文化和学术,是为了个人的修养,为发扬普通的人性;而马丁·路德则是为了宗教的目的,为了更好地理解《圣经》和其他基督教经典。在这方面,马丁·路德与中世纪的教育实践是一致的。

马丁·路德认为,在拉丁学校和大学中,应设立良好的图书馆和其他必要的教学设备。他建议在图书馆中,收藏各种与宗教有关的书籍及语法,艺术、科学、法学、医学等方面的书籍。马丁·路德所设想的教育体制,在德国新教各邦和欧美其他信奉新教的地区得到广泛实践,在16世纪以后较长一段时间里,成为这些国家和地区学校教育的基本模式。

加尔文为了实现他自己的教育目的,根据日内瓦当时的教育状况,并借鉴了德国新教邦的教育制度,以及斯图谟文科中学的教育实践经验,提出了一个较为完整的教育体制。

*初级学校* 初级学校是实行普及教育和免费教育的场所,它向所有儿童开放。初级学校的基本任务是进行宗教和一般知识与技能的基础训练,主要的学习内容包括宗教、阅读书写、计算,此外还有道德教育和公民训练。

*中学* 中学是进行中等教育的场所,它的主要形式是文科中学。它由市政当局管理,教师由政府任命。文科中学实行收费制,主要招收初级学校的

---

① 蒋径三著:《西洋教育思想史》上册,商务印书馆1934年版,第76页。

② James Bowen. *A History of Western Education*. Vol. Ⅲ. London: St. Martin's Press, 1981, p. 364.

③ 华东师范大学教育系、浙江大学教育系编:《西方古代教育论著选》,人民教育出版社2001年版,第195页。

优秀毕业生。中学的主要任务是为高等教育做准备。根据斯图谟文科中学的样式，加尔文把文科中学划分为七个年级，其中七年级为最低年级，一年级为最高年级。根据他的设想，七年级的主要学习科目是法语、拉丁语，六年级学习法语和拉丁语的语词分类及变化，五年级开始学习法语、拉丁语的写作，学习罗马诗人维吉尔的诗歌作品，四年级学习文法、希腊文以及西塞罗等人的作品，三年级系统学习希腊文法，二年级学习逻辑学以及荷马、色诺芬等人的作品，一年级通过西塞罗、荷马等人的作品，学习雄辩术、修辞学。

**高等教育** 高等教育的主要机构是学院。学院的主要目标是培养传教士、神学家和教师，培养教会和国家的领导人。学院的教学内容主要包括两大类：人文学科和宗教科目。人文学科包括：古典文学、伦理学、诗歌、物理学、古典语言等。加尔文认为，领导学院的必须是学问渊博、富有经验的人，学院的教师同时也是教会的官员，和牧师一样受基督教教规的约束。

与强迫义务教育主张相比，新教教育思想家关于教育体制的构想，主要是对当时已有教育体制的修正、改造，相对缺乏首创性，尽管如此，他们的构想仍对西方国家近代教育的发展产生了重要的影响。

## 第四节 新教教育思想的特点与历史地位

### 一、新教教育思想的基本特点

新教教育思想是从古代和中世纪向近代转变的过渡时期的产物。这个时期的新旧冲突和矛盾直接影响着新教教育思想，并决定了它的基本特性。从教育思想的具体内容来看，在新教教育思想中，同时存在着中世纪和近代早期的因素。如果说教育的世俗化目的、强迫义务教育、国家对教育实行管理、职业训练等思想，是新教教育思想中较具"近代化"特色的内容，那么，教育的宗教化目的、以宗教为核心的教育内容、以培养教会领袖为目标之一的教育体制等主张，则是新教教育思想中延续中世纪教育传统的方面。而且，这"新"、"旧"两个方面的思想内容，在新教教育家的观念中，是同等重要的。

从教育思想的基本倾向来看，中世纪的信仰主义和文艺复兴时期的人文主义的价值观念并存于新教教育思想中，无论是路德还是加尔文，以及其他新教教育家，大多受过良好的古典人文学科的教育，对古典文化都具有某种好感，在总体上，他们并不排斥古典人文学科的教育。但在另一方面，新教教育家又都是虔诚的教徒和神职人员，他们所反对的只是天主教会的腐败和对教义的曲解，而对神的信仰，他们与天主教会并无二致。由于这个原因，虽然与中世纪神学家相比，他们对世俗知识采取了较为宽容的态度，但是，与中世纪神学家一样，他们仍然把世俗知识当做信仰的手段和工具，在教育目的乃至教育体制方面，他们的思想同样存在着这种宗教与世俗的冲突和矛盾。

从认识教育的方式来看，在新教教育思想中，同时存在着神学的与理性的方式。与中世纪相比，新教思想家对理性的推崇是十分明显的，他们的教育思想或来源于亲身的教育实践，或来源于他人的实践经验，或来源于理性的思考。这些都反映了教育认识思维方式的重要变化。但在另一方面，引证《圣经》和教会经典仍然是新教教育思想家的重要思维方式。在他们对教育现象的认识过程中，引证《圣经》绝不仅仅是一种手段或迎合时尚，这完全是他们固有的思维方式。

从教育思想所发挥的作用来看，新教教育思想同时具有积极意义和消极意义，而这完全相反的两方面的意义都是与新教思想家本身的思想直接相关的。从消极的意义上讲，新教教育思想和以此为依据进行的教育实践，由于把宗教化的目的当做教育所要实现的基本理想，因而在客观上压制了文艺复兴时期人文主义运动的种种世俗倾向。

人文主义教育所开创的教育世俗化趋势的进一步发展。自宗教改革后，与中世纪同出一辙的宗教教育长时间内继续支配着欧美新教国家的教育，这种局面的形成不能不说与新教教育思想具有直接联系。在另一方面，尽管新教教育思想家对中世纪经院教育的形式主义和文艺复兴人文主义教育中的形式主义进行了不同程度的抨击，但由于教派的门户之见，新教教育思想家自己也逐步陷入与旧教的教义之争，并由于路德教义和加尔文教义逐步合法化、权威化，新教教育不但没能消除旧的形式主义，反而逐渐产生了新的形式主义，当17世纪的教育家们批判旧教育时，他们的矛头也是针对这种新教的形式主义教育的。新教教育思想的积极意义则表现为它对新教国家教育发展的推动。

**二、新教教育思想的实践与传播**

在马丁·路德和加尔文生前，他们的教育思想就在欧美一些国家和地区得到广泛传播，产生了不同程度的影响。

在16世纪的德国，马丁·路德的教育思想由他的四位信徒和同事付诸实践，并且得到一些信奉新教诸侯的支持。在高等教育方面梅兰克顿按照路德的主张改造了原有的几所大学如海德堡大学、维登堡大学，使它们（尤其是维登堡大学）成为新教思想的重要阵地，并以各种方式积极参与了马尔堡大学（1527）、哥尼斯堡大学（1544）、耶拿大学（1558）等大学的创建工作。这些大学到 18、19 世纪时，成为德国著名的学术中心。与此同时，梅兰克顿先后为大学编写了文法（希腊文、拉丁文）、修辞学、逻辑学、伦理学、神学、物理学等科目的教科书。这些教科书在德国大学被广泛采用，有的一直沿用到 18 世纪。另一方面，梅兰克顿还为新教中等教育的创立做出了巨大的努力，1525 年，他分别为艾斯勒本和纽伦堡开办的最早的新教中学制订了规章制度和课程计划。1528 年，梅兰克顿为萨克森邦制订《萨克森学制计划》，提出了拉丁文法学校体制的具体设想，他的设想以后为大部分德国新教地区所采纳，由此形成的中等学校体制一直沿用到 19 世纪初。

在创建和完善新教中学方面，斯图谟在新教教育家中影响最大。从 1537 年起，他担任斯特拉斯堡文科中学校长，长达 40 多年之久。在这所中学，斯图谟根据马丁·路德的思想，提出了以培养虔信为核心的教育目的，并以宗教为主要课程，学习马丁·路德的教义问答。在教育实践上，斯图谟首创了分级教学形式和固定课程。由于他的努力，斯特拉斯堡文科中学成了广泛效法的榜样，为决定斯图谟时代及以后三个多世纪文科中学的共同类型，作出了比其他任何学校更多的贡献。

德国初等教育的实际创建，始于布根哈根。1528 年，布根哈根为不伦瑞克城制定了学校和教会章程，提出为所有儿童开办良好的学校，以便进行宗教教育。以后，他致力于创办这种初级学校，但是，直到 1559 年，这类学校才得到官方认可。同年，符腾堡公国在学校法令中，正式规定在乡村建立"德语学校"，教授读、写、音乐、宗教和算术等。到 17 世纪初，魏玛等各邦先后仿效。几乎与布根哈根同时，特劳根道尔夫在哥尔特堡学校任校长，以路德教义为主要教学内容，采用拉丁语教学，实行学生自治，一时间，吸引了来自波希米亚、摩拉维亚、匈牙利等地的文人学子，产生了广泛的影响。

就这样，马丁·路德关于实施强迫义务教育、由国家管理教育的基本主张，以及建立学校教育体制的设想，在 16、17 世纪的德国新教各邦，得到了初步的实践并得以具体化。

17 世纪时，路德教育思想不仅继续影响着德国的教育实践，而且进一步作用于教育理论研究。拉特克（Wolfgang Ratke，1571—1635）关于改革教学方法的主张，明显地受到了马丁·路德的影响。夸美纽斯的教育思想尤其是普及教育的思想，受路德的影响则更为直接、明显。在《大教学论中》，夸美纽斯高度评价马丁·路德的普及教育主张，认为"这的确是一个极好的忠告，真是言如其人"①。从夸美纽斯的不少主张中，都可以看到马丁·路德影响的痕迹。

在德国之外，马丁·路德教育思想影响最大的是美国，尤其是美国的密苏里、威斯康星、俄亥俄和爱荷华等州。17世纪时，随着信奉路德新教的德国移民来到新大陆，路德教义及其教育思想也传播到美国，从而在美国出现了具有德国特点的教育制度。路德教派对美国教育尤其是高等教育所产生的影响是很明显的。美国学者认为，不了解宗教改革运动，就不可能理解美国教育的历史。马丁·路德和其他宗教改革家的教育理论，存在于美国近现代教育领导人的见解中。

从历史的观点看，马丁·路德教育思想的积极影响和深刻意义并不在于它的直接结果，而在于它的持续作用，在于它所包含的思想原则体现了近代教育发展的基本精神的萌芽。

对德国近代教育的发展来说，马丁·路德教育思想最为深刻的意义，首先在于它把文化教育当做国家的职责，使德国出现了最早的国家教育。教育问题在德国得到空前的重视，从而成为一项学术事业。由于这个原因，在近代德国产生了为数众多的教育理论家和教育实践家，如巴泽多、赫尔巴特、福禄培尔等，他们的学说对人类教育作出了重大贡献。

其次，由于各个时代社会条件的变化，尤其是因为启蒙运动和法国资产阶级革命的影响，马丁·路德思想中所包含的具有积极意义的因素逐步现实化。他的个人主义、思想自由、独立思考和推崇理性的原则，不仅成为近代思想解放和科学研究的一种依据和动力，而且促进了教育理论的发展。在德国近代教育史上，各种教育理论交替产生，呈现出前所未有的活跃气氛，这固然有各方面的原因，但无可否认，由马丁·路德倡导的宗教改革运动的思想影响，是其中的一个重要因素。

加尔文根据其教育思想在日内瓦城进行的教育改革，直接促进了日内瓦以及瑞士其他一些城市教育的发展。他所建立的学校，特别是文科中学和日内瓦学院，被英国16世纪著名教育家诺克斯誉为有史以来最完美的学校。由于诺克斯等人的努力，日内瓦学校的办学模式先后被介绍到苏格兰、荷兰、北美等地，为这些国家近代教育的发展，提供了重要的推动力。加尔文不仅提出了普及与免费教育的学说，而且亲自领导了日内瓦城普及与免费教育的实践。由于这个原因，现代美国学者班克罗夫特（G. Bancroft）认为加尔文是普及教育之父，是免费学校的创始人。加尔文的普及与免费教育主

---

① 〔捷〕夸美纽斯著，任钟印译：《大教学论·教学法解析》，人民教育出版社2006年版，第76页。

张连同他在日内瓦城的实践，对苏格兰、荷兰、美国等国近代普及教育运动的发展，产生了极为重要的影响。

在西方教育思想史上，新教教育思想及其所指导下的教育实践，占有重要的历史地位。如果说文艺复兴时期通过"复兴"古典教育理想，从而在教育的一般价值观念上为近代西方教育的发展奠定了基础，那么，宗教改革时期的贡献则表现为，在教育的组织和管理原则方面为近代教育的发展提供了直接的启示。

## 【要点小结】

在西方教育和教育思想史上，宗教改革运动的本质是，在宗教的旗帜下，延续并有力推进了在文艺复兴时期萌发的教育世俗化趋势。尤为关键的是，从其宗教、政治学说出发，马丁·路德和加尔文等新教教育家为教育世俗化趋势提供了重要的思想基础，从而形成了较为完整和系统的国民教育理论，为西方教育走出中世纪、转向近代发展奠定了坚实的基础，为西方近代国民教育制度的建立和变迁提供了重要依据。

## 【思考与练习】

1. 马丁·路德与加尔文的宗教—政治观对其教育主张的影响是什么？
2. 马丁·路德与加尔文教育主张的核心与意义是什么？
3. 宗教改革运动在西方教育和教育思想史上的历史贡献是什么？

## 【参考文献】

1. 〔英〕G.R.埃尔顿编，中国社会科学院世界历史研究所组译：《新编剑桥世界近代史》第2卷，中国社会科学出版社2003年版。
2. 〔美〕约翰·巴克勒等著，霍文利等译，朱孝远校：《西方社会史》第2卷，广西师范大学出版社2005年版。
3. 〔奥〕弗里德里希·希尔著，赵复三译：《欧洲思想史》，中文大学出版社2003年版。
4. 〔英〕詹姆斯·布赖斯著，孙秉莹等译，赵世瑜校：《神圣罗马帝国》，商务印书馆2000年版。
5. 〔美〕罗伦培登著，陆中石等译：《这是我的立场——马丁路德传记》，译林出版社1993年版。
6. 〔德〕马克斯·韦伯著，黄晓京、彭强译：《新教伦理与资本主义精神》，四川人民出版社1986年版。
7. 〔德〕海涅著，海安译：《论德国宗教和哲学的历史》，商务印书馆

2000年版。

8. 〔美〕克伯雷选编,华中师范大学教育系等译:《外国教育史料》,华中师范大学出版社1990年版。

9. 华东师范大学教育系、浙江大学教育系编:《西方古代教育论著选》,人民教育出版社2001年版。

10. 吴元训选编:《中世纪教育文选》,人民教育出版社2005年版。

11. 赵祥麟主编:《外国教育家评传》第1卷,上海教育出版社1992年版。

12. 〔英〕博伊德、金著,任宝祥、吴元训主译:《西方教育史》,人民教育出版社1985年版。

# 第六章　唯实论教育思想

**【内容提要】**

唯实论教育思想产生于文艺复兴后期。宗教改革前一些思想家、教育家的观念中就已蕴涵唯实论思想的萌芽，但唯实论思潮的鼎盛期却是在 17 世纪。唯实论有人文唯实论、社会唯实论和感官唯实论三种表现形式，其主要代表人物分别是弥尔顿、洛克和夸美纽斯。唯实论教育思想是对文艺复兴后期文字主义、形式主义和复古主义的反动，其实质是强调现实生活、强调经世致用、强调新知识和新方法，洋溢着一种入世、求实的现实主义精神，反映了社会进步对教育的客观要求。

**【学习目标】**

1. 了解唯实论教育思想产生发展的社会条件。
2. 掌握唯实论教育思想的主要代表人物弥尔顿、洛克和夸美纽斯的主要教育观点。
3. 理解唯实论教育思想对于教育实践的影响。

**【关　键　词】**

人文唯实论　社会唯实论　感官唯实论　绅士教育　直观性原则

唯实论教育思想蕴涵于文艺复兴和宗教改革时期，成形于 17 世纪。本章先阐述唯实论产生发展的社会文化条件，然后论述唯实论的三个派别及各自的教育主张，最后简述唯实论教育思想对西方教育的影响。

# 第六章 唯实论教育思想

## 第一节 唯实论教育思想产生发展的社会条件

唯实论教育思想绝非凭空而来或骤然而至的，17世纪欧洲经济、政治、宗教、文化等各方面的变化与发展为它的产生和发展提供了条件。

文艺复兴运动宣判了经院哲学的死刑，宗教改革运动清除了基督教的中世纪基础，在精神上和道德上为新世纪的到来铺平了道路。但它们是与经济的变革相伴而行的。没有后者，就没有前者。前所述及的人文主义教育思想也是在这一社会文化背景下展开的。但随着经济变革的愈演愈烈，人文主义教育理想愈加不合时宜，而逐渐将历史舞台让位于唯实论的教育理想。

中世纪后期欧洲的经济是一种地方化的、封闭的、非营利性的。14世纪欧洲进入商业革命时代，经济活动打破原先的封闭性而具有世界性，具有更大的活力。15、16世纪的航海探险使局限在狭隘范围内的地中海贸易扩展为世界性的事业，商品交换日渐普遍。商业革命导致了以商品生产、分配、交换、争取利润为特征的资本主义的产生。银行业、信贷业、新工业、股份公司纷纷兴起，中世纪的行会制度走向衰落。经济生活在整个国家的社会生活中的地位愈益重要，统治者愈来愈关心经济发展，从而对宗教信仰的关注日渐松懈。统治者们看到，扶植新工业、鼓励对外商业贸易可以增强国力，使国家更少地依赖国外，更具独立性。这些现实利益较虚幻的宗教信仰对统治者更具吸引力。殖民主义也随着商业革命而兴起，因为拥有殖民地可以倾销产品，获取廉价原料和劳动力。英国在17世纪末还专门建立了"贸易与殖民地委员会"作为处理商业贸易与殖民地事务的重要机构。这种社会状况的变化必然会对教育思想和教育实践产生影响。弥尔顿、洛克的教育思想以及一些文实中学、实科中学的建立都是对这种影响的反映。

商业革命为现代资本主义奠定了基础，为工业革命准备了条件，为科学技术的大发展提供了契机，还对阶级的日益平等化起了积极的促进作用。文艺复兴、宗教改革和商业革命在一定程度上都是促使平等化的运动。文艺复兴否认世袭的价值，当时在思想界上升到领导地位的大多数人并不出身于贵族，如薄伽丘（G. Boccàccio, 1313—1375）、达·芬奇（Da Vinci, 1452—1519）、伊拉斯谟和莎士比亚（W. Shakespeare, 1564—1616），文艺复兴还使一些中世纪为人所轻的职业如艺术家、作家、大学教授、医生等更有尊严，为人敬重。宗教改革倡导平等，削弱了旧式贵族的统治，并使积累财富合法化，大大提高了中产阶级的地位。而商业革命则给一些平民提供了更多的机会，使他们发财致富，甚至爬到社会的最高层。这些构成17世纪乃至

18世纪一些思想家、教育家产生民主平等思想的社会条件。

从15世纪末到法国大革命前,整个欧洲可以说均处于专制主义时代,这与中世纪分散的封建政体的瓦解、城市经济的发展、庄园制度的衰落、百年战争对贵族地位的削弱都有关系。16、17世纪频繁的战争使原本强大的诸侯和公爵势力大减,新教革命废除了教皇对世俗领袖的统治权,扶植了民族主义,这些都对增进王权有相当作用。"专制主义"并不像字面所表现出来的那样面目可憎,它对西方的政治和经济生活具有深远的影响。

专制主义推动了商业革命的进程。商人阶层为了商业的利益需要保护,需要最大程度的稳定,而专制主义恰恰能维持这个秩序。商人们认为,除了中央集权和专制权威外,几乎没有别的政府能够保护和帮助他们的经济活动。当然专制君主也会从商业贸易中获取好处,扩大充实自己的力量。17世纪是一个秩序和安全被认为比自由更重要的时代,到18世纪,秩序和安全的首要地位才被自由所取代。当时很多思想家为专制主义唱赞歌,主要原因就在于此。

17世纪欧洲战争连绵不断,17世纪以前的战争多是宗教性的,而从17世纪开始的大多数战争则是专制君主间争夺霸权引起的。频繁的战争促进了现代国家的形成,给人民带来了深重的灾难,文化教育也受到相当的摧残。由于战争成为社会生活的重要组成部分,它也对教育思想产生了重要影响,有的教育家主张通过教育增进人类的和平与安宁,有的教育家则要求加强军事教育以应时事之变化。

尽管专制主义在西方历史的发展中不乏进步作用,但专制主义毕竟是专制主义,它易导致专断和独裁。英国1644年革命推翻了专制主义,但又为新的专制主义所取代,直到1688年二次革命才彻底宣告君主专制制度在英国的终结。英国推翻专制统治的举措有力地鼓舞了其他国家反专制的斗争。英国1689年权利法案的一大部分被吸收进了1789年法国的人权宣言和美国宪法的第一个十项补充条款内。

虽然17世纪经济迅速发展、王权更趋强大、社会较原来更趋平等,但整个社会的道德状况并无多大改善。宗教改革运动旨在纯洁道德,但对改善道德状况的直接作用几乎是微乎其微。不同教派之间的攻讦、斗争和战争所造成的混乱自然不会对提高道德水平有利。诚实和宽容的宣传只是空话。旧教和新教的改革家都坚信自己事业的正义性,为取得胜利,不惜采用各种虚伪、诽谤和镇压等极端手段,毫无宽容精神的宗教偏执达到无以复加的地步。路德声称为了宗教利益,撒谎是正当的;耶稣会会员为了教会的利益,也以歪曲的推论和阴谋诡计著称。人们相信在宗教领域里,只要目的正当,手段必然合理。商业革命在很大程度上刺激了人们的贪欲,新的利己主义勃然而兴；连续不断的战争也使道德废弛，烧杀抢掠屡见不鲜。总之，17世纪的道德状况并不令人赏心悦目，一些思想家、教育家力图通过教育拯救道德，正是道德不彰这一客观现实的主观反映。

17世纪欧洲在文化科学方面取得了显著的进步，主要表现在新哲学的兴起、启蒙运动的产生、自然科学的进步、古典主义的改造等诸多方面。

17世纪的主要哲学家有笛卡儿（Rene Descartes，1596—1650）、斯宾诺莎（Bene dictus Spinoza，1632—1677）和霍布斯（Thomas Hobbes，1588—1679）等人。笛卡儿在哲学上的影响主要表现在唯理论和机械论两个方面。唯理论推崇理性、排斥权威；机械论试图阐明统一的物质世界运动、变化和发展的规律，但认为物质只有一种运动形式——机械运动，只承认物质具有力学和数学方面的性质。这两种学说摒弃了以前的宗教偏见，哲学家不再需要向上帝的启示顶礼膜拜，不必把它看做真理之源，理性被视为一切真理的源泉，关于宇宙的各种唯心的神秘主义观念像旧衣服那样被丢弃。笛卡儿的哲学被17世纪的大多数哲学家所接受。斯宾诺莎反对笛卡儿的二元论，但综合了笛卡儿的唯理论和机械论，认为宇宙间只有一个基本的实体，精神与物质只是它的不同属性，这个唯一的实体就是和自然本身相等同的上帝。这种泛神论宇宙观的基础是理性而不是信仰，它企图表达自然的统一性以及起因和结果的延续性的科学思想。霍布斯反对笛卡儿的天赋观念论，也反对斯宾诺莎的泛神论，认为一切知识均来自于感觉。机械论虽有决定论倾向，但笛卡儿崇尚怀疑主义精神；斯宾诺莎崇尚宽容人道、正义和理性，鼓吹宗教自由；霍布斯宣扬一种享乐主义道德哲学，认为善恶之分无绝对标准，善是那些使人愉快的事，而恶是那些给人们带来痛苦的事。可见这些持机械论观念的哲学家并不死板悲观，思想中并无宿命论色彩，他们的机械论是一种积极向上、颇具能动精神的机械论。

启蒙运动的兴盛在18世纪，但发源于17世纪，笛卡儿、斯宾诺莎和霍布斯的唯理论是启蒙运动的重要思想来源，艾萨克·牛顿（Isaac Newton，1642—1727）和约翰·洛克（John Locke，1632—1704）是启蒙运动的真正创始人。牛顿用精确的机械观点来解释整个自然界，人们很容易从牛顿那里得出结论——自然界的每一事物都受普遍规律的制约，这些规律能用公式加以准确地阐明，科学的主要任务是发现这些规律，中世纪的宇宙观彻底失去其诱人的魅力而必须予以废弃。洛克提出了一种新的认识理论从而奠定了启蒙哲学的基调。洛克亦反对笛卡儿的天赋观念论，将霍布斯的认识论系统化，提出"白板说"，认为知识源于感觉，但同时洛克又肯定理性的作用，认为感觉与理性是认识所不可缺少的两个方面，正是这种经过修改的唯理论成为启蒙运动哲学的主要成分。洛克还主张宗教宽容，鼓吹政治自由，这些都构成启蒙思想的重要组成因素。

17世纪的自然科学亦有不少成就，牛顿1687年提出的万有引力定律引起了物理学的变革；吉尔伯特（William Gilbert，1540—1603）在17世纪初发现电磁现象，为18世纪电物理学革命开了先声；罗伯特·玻义耳（Robert Boyle，1627—1691）于1661年出版了《化学和物理的疑问和矛盾》，驳斥了炼金术士的论说，为把化学建成一门科学作出了贡献；罗伯特·胡克（Robert Hooke，1635—1703）发现了植物的细胞结构，安东·尼·凡·莱伊文胡克（1632—1723）发现了原生动物和细菌，扬·斯瓦梅尔达描述了某些昆虫的生命史，为生物学的系统化和科学化创造了条件。科学的进步促进了人们对认识方法研究的重视，16、17世纪认识论之所以在哲学中占有重要地位与人类认识的进步不无关系。科学的进步将直接对学校课程产生重要影响，而人们对自然规律的追求也启示着教育家去探寻教育的规律。哲学认识论的进步也为人们探索教学认识论奠定了基础。

古典主义在17世纪乃至18世纪的文学和艺术中依然大量存在，这是步人文主义后尘的结果，但17世纪的古典主义不同于人文主义的古典主义。其一，不是为古典主义而古典主义，而是追求一个更具功利性的目的；其二，17世纪的古典主义不像文艺复兴时代的古典主义那样具有广泛的影响；其三，17世纪的古典主义文学不仅是模仿古典形式，而是把古典主义视为一种表达理性的生活方式的手段，哲学中的理性主义披着古典主义的外衣在文学中表现出来，法国莫里哀（Molière）的戏剧、英国弥尔顿的散文都体现出这一特点。

唯实论的根本点就是面向现实、面向生活，就是面向16、17世纪的社会现实和社会生活。社会的经济、政治、文化诸方面的发展决定了唯实论教育的目的和内容，成为唯实论教育理论的产生与发展的间接的但却是根本的原因。而产生唯实论教育思想的直接原因却是当时教育领域出现的种种不务实际的教育弊端。社会生活的剧烈变化使那种泥古、崇古、唯书的教育不合时代发展的要求，面向现实、服务于现实成为社会对教育的首要要求。唯实论就正是在这一现实要求下产生的。

唯实论有三种表现形式，人文唯实论、社会唯实论和感官唯实论。人文唯实论的代表人物有伊拉斯谟、拉伯雷和弥尔顿；社会唯实论的代表人物有蒙田、洛克；感官唯实论的代表有维夫斯、培根、拉特克（Wolfgang Ratke，1571—1635）、夸美纽斯（Johann Amos Comenius，1592—1670）。伊拉斯谟、拉伯雷、蒙田、维夫斯、培根等人在人文主义教育一章中已有不少介绍，在此只是简言他们的教育思想，一来避免赘言，二来使本章的内容具有完整性。

从上述教育家生活的年代看,他们活动的时期主要是16和17世纪,本章主要介绍活动在17世纪的几位教育家。

上述的三种划分,仅仅是一个概然粗略的划分,三派同为唯实论,同者多异者少,很多地方还有交叉。下面分述之。

## 第二节 人文唯实论的教育思想

人文唯实论是唯实论发展的第一阶段,人文唯实论者的教育思想与人文主义教育思想基本相同,但反对当时古典文化学习中出现的文字主义、文法主义等形式主义倾向,尤其对西塞罗主义的出现深恶痛绝。他们认为,学习古典语言、文法只是手段而不是目的,目的在于通过学古人之文进而求古人之道,道比文重要,若弃道就文,囿于文字之中,仅仅体察古人文字之美而不能自拔,必然舍本逐末,丢弃了人文主义的精华,背离了人文主义的初衷。

伊拉斯谟是个典型的人文主义学者,他所推崇的教育内容全是古典著作,他要求使用的教学语言是纯正的拉丁语。但他重视的不仅仅是语言的形式,更重视的是语言所反映的内容和内涵。1528年他著《西塞罗主义》对意大利文艺复兴中出现的极端和形式主义作了深刻批判。他视基督教为衡量一切事物的标准,认为教育的首要任务是培养学生的虔信与道德,古典文化是实现这一任务的重要工具。他认为古典文化的研究与学习有助于改良教会、净化基督教,使人走上虔诚与道德之途。伊拉斯谟的人文唯实论含有更多的改造教会以净化社会道德的意味,其现实主义具有宗教色彩。拉伯雷生活于宗教改革之后,他的教育思想较伊拉斯谟离中世纪更远一些,更具有一些世俗色彩。拉伯雷要求学生学习的知识主要还是古典文化。在极具现实主义色彩的人文主义作品《巨人传》中,拉伯雷借卡冈都亚告诫其子庞大固埃的几段话阐述了其课程论思想。"我希望而且叮咛你彻底掌握各种语言,首先按照康狄里昂(即昆体良——引者)所指示的,学习希腊文,其次学习拉丁文,然后学习希伯来文,以便阅读《圣经》原著,同样也要学习卡尔岱文(即迦勒底文——引者),和阿拉伯文,学希腊文,当读柏拉图,学拉丁文,当读西塞罗,以他们为模范,培养自己的文笔,所有的史传都应熟读,牢记在心。在这一点上,古人有关地理的著作都是有益的读物,学艺七科,如几何、算术、音乐,在你幼时,五六岁的时候,我已让你窥其端倪,其他几科,你都应全学,天文学的算法,不能遗漏一条……关于民法的宏文巨著,你必须熟读牢记,并且同我谈谈你的心得见解。至于自然界的事物,我亦希望你抱着好奇心去探索。务使没有一处江河湖海你不认得它的鱼产,举凡空中的飞鸟,森林里的大小树木和荆棘,地上的青草,山腹和海底的矿藏,东方和南国的宝石,没有一种你不闻其名而知其实。然后仔细翻阅希腊、阿拉伯、拉丁医家的著述,也不放过犹太法学家和谶纬学家的学说。多多动手解剖,使你完全熟悉人这个小小的世界。每天花几小时的时间诵读圣贤经传,首先读希腊文的《新约》,和诸大宗徒的书籍,然后再读希伯来文的《旧约》。"最后,卡冈都亚总结似地说:"一言以蔽之,希望你成为一个知识的无底深渊。"①

从这些课程看,拉伯雷是典型的崇尚古典的。但他不唯书,认为观察、谈话、旅行、参观等较读死书更具实际价值,并且将知识的学习与日常生活的见闻紧密结合起来。从上述带有明显夸张成分的教学计划背后,可发现这样一种意向:拉伯雷要求学习的知识是包罗万象的,要求学习的知识是与现实生活密切联系的,有益于日常生活的,要求学习的知识不是从神学和经院哲学中推演出来的或烦琐论证出来的,而是从对日常生活事实的研究中发现的,要求学习的知识不通过经院主义的方法获得,必须运用新的教学方法。这些反映出人文主义课程与现实生活联系的加强,展现出实在论教育思想面向现实的特征。拉伯雷认为"生吞活剥几句拉丁文",绝非就成了"锦心绣口",②语言学习是为生活服务的,而不是反过来,教育的目的在于让学生"在德性、言行、识见以及一切学术、义理、处世、治身之道上,无一不做到修养成熟,而彻底精通"③,记诵之学如鹦鹉学舌不足为取。拉伯雷的教育主张已超越了他的时代,其大胆彻底非一般人文主义教育家所能比。他的教育思想直接影响了后世,蒙田的《散文集》就从拉伯雷那儿受益匪浅。

弥尔顿是人文唯实论的主要代表人物。弥尔顿生于绅士家庭,在其父和家庭教师的熏陶下,自小爱习文赋诗。1625年入剑桥大学基督学院学习,1632年获硕士学位,其后隐居乡间,1638年出国游历,回国后任几个孩子的教师达8年之久,其主要著述有:《论出版自由》(1644年)、《论教育》(1644年)、《失乐园》(1665年)、《复乐园》(1671年)、《力士参孙》(1671年)、《基督教、异教、教会分立、信仰自由以及教皇制度的产生》(1673年)等。弥尔顿一生建树颇多,在政治、文学、教育方面皆有成就。在政治上,他仇恨君主专制,力倡民主共和,为英国资产阶级革命竭力辩护,其政治思想成为18世纪法国启蒙思想家的先河。在文学上,他是文学史上最伟

---

①②③ 吴元训选编:《中世纪教育文选》,人民教育出版社2005年版,第387~388、382、385页。

大的诗人之一,他的三部史诗使他名垂青史。在教育上,他主张古典主义教育与现实主义教育有机结合,对英国教育理论与实践的发展有深远的影响,是人文唯实论教育思想最重要的代表人物。

教育的目的、学习的目的何在呢?弥尔顿指出,学习的目的是通过重新正确地认识上帝,因此补偿我们祖先的罪孽。从这种认识出发,去爱他、模仿他、像他一样,因为通过使我们的灵魂具有真正的德性,我们可能最接近上帝,由于这种德性与信仰的天恩不是二致的,它能达到尽善尽美的境地。① 显然,弥尔顿所言的教育目的含浓郁的宗教色彩,但怎样才能认识上帝呢?他笔锋一转,认为要达到对上帝的认识,必然依靠较现实的事物,"因为我们的理解力不存在于身体的内部,而在于感性事物,因此,如果不去有规则地研究可以看见的和下界的创造物,也就不能达到清晰地认识上帝,在一切审慎的教育中都必须遵循这个方法。"② 也就是说,对天国上帝的认识须建立在对现实生活认识的基础上,最后落到实处的还是认识现实社会,教育的真正目的是宗教目的背后所隐藏的那个人世的、功利性的现实主义的目的,他明确地讲:"我认为完善的、高贵的教育,就是培养人在平时和战时能公正地、熟练地、高尚地履行其公私职责的那种教育。"③

弥尔顿提出的新教育方向是对当时教育现实有感而发的。他认为旧教育内容陈旧,方法落后,培养出来的人无识无能无德。即便是所谓的人文教育,也仅是学古人的皮毛而不是学古人的精髓,"有许多错误的做法使得学习普遍地令人生厌,没有效果。徒费七八年光阴,仅在积聚琐碎的拉丁文与希腊文,而这种东西,用别的方法只需一年就可轻易学会"④。为此,他提出其培养年轻贵族和绅士的教育计划,并主张建立学园(Academy)来实施这一计划。学园具有中等学校和高等学校双重性质,学生12岁入学,21岁毕业,毕业时可授予文科硕士学位,弥尔顿建议每个城市都创办这种学园。

学生在学园里的知识课程全是古典主义的,包括人文学科、社会学科、自然学科和神学四个组成部分。人文学科含语言(包括希腊语、拉丁语、希伯来语、迦勒底语、叙利亚语和现代意大利语)、文法、戏剧作品、诗歌、逻辑学和修辞学,社会学科含政治学、法学、经济学、伦理学,自然科学范围很广,包括算术、几何、天文、地理、物理、数学、建筑学、航海、农业、生理学、医学、解剖学和各种科学的发展史,神学包括教会史、宗教原理和圣经等。

---

① 参见〔美〕克伯雷选编,华中师范大学教育系等译:《外国教育史料》,华中师范大学出版社1991年版,第370页。

②③④〔英〕弥尔顿:《论教育》,1982年英文版,第218、221、219页。

需要注意以下几点。第一，弥尔顿所言的这些学科并不是现代意义上的，这些学科的教材完全取自于古希腊罗马人的著述。从这点上看，除了他所讲的学科更广泛外，与文艺复兴时期的人文主义教育家没什么区别。第二，区别在于，弥尔顿对人文主义教育中的古典主义不是否定和抛弃，而是利用和改造，他依然推崇古典主义课程，但反对古典主义教学中的形式主义不良风习，而是以古典著作为手段和媒介，使之为现实社会服务，意图通过这种新的古典主义教育培养出当时英国社会所需要的绅士和贵族。他对古典著作的选择标准，不在其文学价值而在其实用价值。他选择的古典著作包罗万象，较之只是片面推崇西塞罗而对其他古典著作不屑一顾的西塞罗主义者有天壤之别。例如，他认为学古典语言的目的不在古典语言自身，而在于通过学语言获取知识，进而应用于生活，"语言文字不过是帮助我们认识有用的事物的工具。一个语言学家可以自炫他掌握了世界上所有语言，但是，如果他没有研究语言、文字和词语所表达的具体事物，就没有理由把他看做有学问的人，如同仅仅只熟悉本国语的农民和生意人一样"①。学习政治学意在使青年绅士"懂得政治社会的起源、目的和道理，使他们在国家危急存亡之秋不致像我们的大名鼎鼎的顾问们最近所表现的那种道德垂危，如同可鄙的、动摇不定的随风摇摆的芦苇，而是能成为国家的中流砥柱"②。文法学习不应只注重语法规则的研习，应结合文学作品进行，而且这些文学作品应益于养成学生良好的德行。

人文实在论不仅是人文主义的，更是现实主义的，正是这二者的有机结合，使弥尔顿卓尔不群，高出只重文字学习的一些人文主义教育家一筹。

弥尔顿还重视军事操练，这更体现其教育思想的现实主义倾向。弥尔顿所建设的学园是一所半军事化的学校，每天午餐前一个半小时习武，每天晚餐前两个小时要进行军事训练。学生不仅要学会正确使用武器，熟悉军事技能，还须培养勇敢、豪侠的美德。弥尔顿写《论教育》时，正值英国内战，国会、军队指挥官优柔寡断、懦弱无能，几乎将整个革命葬送。弥尔顿在教育方案中重视培养富于军事才干的人才，有其深刻的社会根源。

弥尔顿的人文实在论是以"实在"规范"人文"，以"现实主义"态度改造"人文主义"课程；不是轻重倒置，以几千年前的古典课程去分离、硬套17世纪的社会现实。

弥尔顿所主张的是一种培养上层社会子弟的绅士教育，这与他的一个朋友、英国另一位唯实论教育家佩蒂有所不同。佩蒂重视生产者、劳动者的培

---

①② 〔英〕弥尔顿：《论教育》，1982年英文版，第226、224页。

养，在他建议设立的"劳动学校"中，儿童可学习木工，物理学、雕刻，园艺以及教学仪器的制作等，在"机械中学"可学习科学、旋工、雕刻、制表、造船等。他还主张设立贸易学校和贸易学院，研究贸易的经验理论以及工商业的发展状况。佩蒂在教育史上首先使用实科（real）一词，德国的席姆勒（C. Zemmler）创办新学校时用这个词作为校名，称为"实科中学"（Realschule），"唯实论"（realism）一词也来源于"real"。

弥尔顿的思想对洛克有着重要影响。弥尔顿、洛克、斯宾塞是不同时代英国教育思想发展的代表人物，三人相连展示出英国教育思想从古典人文主义通向功利主义的过程，而弥尔顿则是这一转化过程的先驱和前导。

总之，人文唯实论教育思想是从社会现实这个视角对古典主义的人文教育进行观照产生的积极成果，它意在利用古代文化的优秀成果服务于16、17世纪的社会需要。立足现实思考教育问题成为以后教育家解决教育与社会关系问题的主旋律，而伊拉斯谟、拉伯雷、弥尔顿等人的所作所为则构成这一主旋律的序曲。

## 第三节 社会唯实论的教育思想

社会唯实论的现实主义意味较人文唯实论更深长，社会唯实论的现实主义色彩较人文唯实论更浓厚，社会唯实论可以说是唯实论教育思想发展的第二阶段。人文唯实论者虽然讲求知识的实用性，但他们所说的知识范围仍囿于古典文化之中，好像一切有用的知识尽在古书之中，好像古书所叙述的都是有用的知识。人文唯实论尚未脱离古典主义的樊篱，面对新的社会现实问题，却要向久远的古代去寻找解决问题的锁钥。社会唯实论则不然，认为人文学科并不构成走向现实主义的全部手段，教育中的现实主义未必需要通过人文学科的参与才能达成。古典主义人文学科不是目的，也不是全部工具，而只是部分工具，不应仅以古书为书，世界亦为一大书，有着无尽的宝藏。若要时时事事求助于古人，无异南辕北辙，愈加背离唯实论的主旨和现实主义的要求。

社会唯实论与人文唯实论的区别在于：（1）前者更强调社会和现实，更加求实；（2）二者达到现实主义（或者说求实）的方式不同，前者丰富而先进，后者单调而保守。社会唯实论的代表人物主要有16世纪法国的蒙田和17世纪英国的洛克。

蒙田以一个批判者的面目出现在16世纪的思想舞台，他反对一切权威，不论这种权威是过去的还是当时的，其思想的广度和深度远远超过了同时代人，"他的不少思想和著作都是我们今天认为最现代的教育概念。作为对狭隘的中世纪精神的反叛者，他既批判旧的，也批判新的人文主义学习，他认为两者都谈不上是教育。他比同时代人更具有远见卓识，对这一问题有许多标新独到之处"①。

蒙田的唯实论教育思想主要体现在以下几个方面。

第一，反对权威主义，主张怀疑主义。他认为"一个仅仅跟着别人走的人，不会去探索什么东西，也寻找不到什么东西"②，怀疑主义是对权威主义、信仰主义的反叛。"我是我所对待事物的权威。我自己而不是别人有解释这些事物的权力。"③这种怀疑主义态度本身就是对古人、古书、古典主义的挑战，同时也质疑了人文唯实论的真实价值。

第二，反对死记硬背，重视能力培养。死记硬背不能获益反而遭害，死读书只能成为学究。蒙田著《论学究气》对当时的学风作了深刻批判，认为"如果学习不能使我们的心灵高尚，不能使我们的判断精确"④，还不如不学。离开理解力、判断力，知识没有任何价值。

第三，反对空疏无用，崇尚实际效用。蒙田要求教孩子"学习最好的、最有用的东西"⑤。他认为事物重于文字，"文字是为事物服务的，不是事物为文字服务"⑥。他反对花很长的时间、付过高的代价去学习仅仅作为绅士装饰品的希腊文和拉丁文，认为储备事物较储备文字更重要。

第四，反对依赖书本，重行动与实践。他认为知识不等于智慧，书本不是智慧的来源，智慧的源泉在于生活，如果一个人除了书本知识之外一无所知，那么他和愚蠢相差无几。蒙田认为教师应"让孩子们首先接触事实，用事实进行教育。是用行动去做，而不是只听，是在生活的道路上塑造他们，改造他们，教育他们，特别是用范例和工作，而不是只用规则和文字"⑦。

第五，反对片面发展，主张身心并进。蒙田反对培养片面发展的学究，他所憧憬的教育目标是身心发展俱佳的绅士。他说："我希望他的外表、态度或礼节和他的身体及他的心智一起形成起来；因为，我们所训练的，不是心智；也不是身体，而是一个人，我们决不能把两者分开。"⑧

第六，反对强制压迫，主张自然发展。严厉的惩罚不仅"使生来善良和

---

① 〔英〕伊丽莎白·劳伦斯著，纪晓林译：《现代教育的起源和发展》，北京语言学院出版社1993年版，第48页。

②③④⑤⑥⑦⑧ 吴元训选编：《中世纪教育文选》，人民教育出版社2005年版，第407、494、462、403、432、468、424页。

## 第六章 唯实论教育思想

温和的天性迟钝和堕落了"①,而且,严厉的惩罚还会摧毁所有学习的愿望。他认为:"最好的办法莫过于培养对学问的兴趣和爱好,否则,我们将只是教育出一些满载书籍的傻子。"②儿童能力志趣差异很大,因此没有统一的教学方法。

从上面几点观之,与人文唯实论相比,蒙田的社会唯实论教育思想在文字与事物、古代与现代、知识与行为、知识与能力等关系方面较人文唯实论有新的进展。蒙田的教育思想是对中世纪和文艺复兴前期教育理论与实践深刻反思的积极成果,他重能力培养,尚行动实践,求实际效用,倡身心并进,反对权威主义,鞭挞禁欲主义,批判死记硬背,抨击学究气息,充分展现出唯实论教育思想的新气象。蒙田的思想观念、语言风格、遣字用词具有很强的近现代色彩,他不仅批判经验主义旧教育,也抨击人文主义新教育的不足。尽管他的思想本身也有一些缺陷,如否认真理的绝对性,重绅士教育不注重平民教育,有一定的宿命论倾向等,但其理论的深刻性、客观性和批判性远非他同时代的教育家所能比。其教育思想对17世纪的弥尔顿、洛克和夸美纽斯皆有影响,弥尔顿和洛克进一步发展了其绅士教育思想,夸美纽斯在《大教育论》中频频引述蒙田的教育观。蒙田还对18世纪法国的启蒙运动具有一定的推动作用,卢梭就从蒙田那儿受益不少。

洛克较蒙田更进一步,蒙田在主观上虽力求接近现实,但他的接近现实是一种主观的愿望,他的教育方法含颇多理想主义色彩。洛克则不然,其所言所行皆与实际密切相联。洛克在哲学、政治理论和教育理论上皆走在时代的前列。在哲学上,他承继了培根的唯物主义经验论,提出白板说;在政治上,他支持英国资产阶级革命,拥护君主立宪制;在教育上,反对空疏的学风,系统提出绅士教育理论,要求教育为现实生活服务。他的著作主要有《人类理解论》(1690)、《政府论)(1690)、《教育漫话》(1693)等。

洛克批判当时学校中无多少实际效用的古典主义倾向,他指出:"现在欧洲一般学校流行的学问已深入教育领域,然而如果掂量一下,其绝大部分对一个绅士来说,都是不必要的,没有这些学问,对于他自己没有任何重大损失,对于他的事业也毫无妨碍。"③"我们学习不是为了生活,而是为了辩论;我们的教育,是使我们适合于大学的生活,而不是社会生活。"④洛克主张绅士应学习世界上最需用、最常用的事物。绅士应成为善于处理自己的事

---

①② 吴元训选编:《中世纪教育文选》,人民教育出版社2005年版,第425、439页。
③④〔英〕洛克著,杨汉麟译:《教育漫话》(全译·注释本),人民教育出版社2006年版,第86、88页。

务的"有德行、有效用、有能力的人才"①，认为绅士需要的是"事业家的知识"。

洛克认为应从三个方面培养绅士。其一，体育。《教育漫话》首先论及的就是体育问题，洛克把体育看成绅士教育的基本要素，将之放在绅士教育的首位。他讲"健康的精神寓于健康的身体"②，只有有了健康的身体，才能忍耐劳苦、四处奔波，才能出人头地，才能获得财富、地位和幸福。洛克重体育反映出当时英国资产阶级从事经商和殖民活动的客观需要。他说："一个绅士，无论处在何种年龄段，都应这样养育，务使他能随时操刀舞剑，当好一名士兵。一个人使其子生来就只会仰仗老子留给自己的大笔财富优哉游哉，安逸度日，他若是这样养育儿子，那么这种人既不曾借鉴过所见到的榜样，也不明白自己所处时代的需要。"③

其二，德育。洛克认为"在一个人或者一位绅士应具备的各种品性之中，我将德行放在首位，视之为最必需的品性"④。洛克要求一个绅士应具备的道德品质包含四个主要方面：德行、智慧、教养和学问。

德行，即资产阶级理性，一个具有"健康精神"的人，必须能够运用理性去驾驭和支配自己，要"能抗拒自己的欲望，能够不顾自身的自然倾向而纯粹服从理性最好的指向"⑤，不贪婪，不据他人之物为己有，不违反公道，不曲解事实，言行诚实如一，顾及他人利益等。

教养主要指礼节和风度。洛克认为教养比知识、比学问重要得多，一个人不娴于礼仪，不明白人情世故，就算不上一个上流人，就会失去许多朋友，门路就会更窄，就不会有什么成就和作为。

在洛克看来，智慧并不仅指知识，而是指一个绅士熟练地处理各种事务的能力和才干，智慧不是天生的，而是经过自己的努力并和实际经验相结合而获得的。勇敢也称坚忍，勇敢和坚忍是指遇到灾祸不躲避，面临危险不慑服，面对恐怖不惊慌，为了维护名誉和履行责任，直面一切艰难险阻的勇气和意志。

其三，智育。洛克认为对一个绅士而言"学问固然不可少，但应居于第二位"⑥，"读书、写字和学问，我也认为是必需的，但却不应成为主要的工作"。⑦经世致用之才不是仅有学问就够的，学问只是辅助物。洛克提出了一个广泛的教学计划，包括：书写、阅读、图画、速记、英文、法文、拉丁文、希腊文、写作、地理、算术、商业数学、天文、几何、历史、年代学、伦理学、法学、逻辑学、修辞学、神学、自然哲学、跳舞、音乐、击剑、骑

---

①②③④⑤⑥⑦〔英〕洛克著，杨汉麟译：《教育漫话》（全译·注释本），人民教育出版社 2006 年版，第 205、7、19、128、29、142、142 页。

马、园艺、雕刻、细木工等。这些知识有的是对人文主义学科的继承,有的则是应时代需要而产生的新学科。这些知识都是有助于日常生活和商业贸易的实用知识,尽管还有一些古典主义的痕迹,但是经过改造了的古典主义。在教学方法上,洛克以唯物主义认识论为指导,主张采用实物教学的方法,认为让儿童观察事物,他能就能获得有关事物鲜明的印象,从而牢固地记住它们。这种教学方法本身就否定了知识来自于书本的古典主义教育方式,为教育内容的新拓展作了辩护。

人文唯实论者强调知识的首要地位,在洛克那儿,知识仅居于次要地位,重要的是身体健康、精明能干、彬彬有礼、谙熟社会生活和人情事故、具有开拓进取精神。洛克较之16世纪的弥尔顿更加贴近社会现实,更鲜明地表达了时代对教育的新要求。在弥尔顿那儿,古典主义淡化了现实主义;在夸美纽斯那儿,宗教主义束缚了现实主义;而在洛克这儿,古典主义与宗教主义已被大大弱化,教育的现实主义精神愈益彰显。洛克的教育思想是17世纪英国文实中学的理论支柱,是18世纪法国启蒙教育思想的先导,是斯宾塞实科教育思想的前驱。

## 第四节 感官唯实论的教育思想

感官唯实论的产生与科学知识的进步、与哲学认识论的发展紧密相连,感官唯实论可以说是人类对认识方法进行探索的积极成果在教育上应用而产生的新成果。感官唯实论不仅表明了教育方法的进步,而且表明了教育内容的拓展。

感官唯实论的代表主要有维夫斯、培根、拉特克和夸美纽斯。

维夫斯和伊拉斯谟的教育思想基本相同,都强调人文主义与基督教精神的结合,但维夫斯在关于对事物的认识问题上较伊拉斯谟要深刻得多。维夫斯更深刻地揭露了经院哲学的弊端,提倡新的哲学方法,他认为,正确的学习方法是归纳法而不是经院哲学所使用的无根基的演绎法。

维夫斯关于新的认识方法的思想远远走在培根、夸美纽斯等人的前面,尽管他论证得不如培根全面深刻,尽管他没像夸美纽斯那样将这种认识方法充分运用到教育和教学中去。

培根是感官唯实论的真正奠基者,他提出的新知识观和新认识论彻底改变了人们对学校课程和学校教学方法的认识,带来了学校课程和教学方法的根本变革。

培根对人文主义教育家尊崇古典文献持否定态度，力倡自然知识的学习。他认为知识就是力量，是人类认识自然、驾驭自然的伟大力量，培根所言的知识主要是指自然科学知识。培根对科学知识的价值和作用的尊崇和肯定反映了人们对科学知识态度的巨大变化，体现出文艺复兴以来治人之学的绝对主体地位的衰落。

与人文主义教育家相比，培根把自然科学视为知识的最主要内容，而不是排斥它，或将它视为一种其他知识的陪衬物或附属品。培根对科学知识分类的深度和精细程度至今还有启发意义，他讲的科学已脱离了一些人文主义者的凭经验编织或凭臆想虚构的朴素阶段，而向系统全面的现代科学殿堂迈进。这种差异不仅是量的不同，更重要的是质的区别，反映出人类认识的巨大进步。培根提出的泛知识理论对后来的夸美纽斯和法国百科全书派产生了重要影响，夸美纽斯的泛智论和泛教论以及百科全书派编撰百科全书的活动，都会使人想起培根的先导作用。

有关自然科学的知识不能依赖于古人的论述和古书的记载，而应向自然去索取。索取的方法就是培根推崇的科学的归纳法。培根的归纳法分以下几个步骤：(1) 通过观察和实验搜集事实；(2) 通过例证列表，对感性材料进行整理；(3) 通过概括与排除，淘汰非本质的规定性；(4) 得出肯定的结论以解释自然。培根明确强调他的方法是认识工具而不像经院哲学那样是一种议论工具，其目的在于认识事物，产生新知识。

培根的归纳法是建立在新的认识论原则的基础之上的。培根认为一切知识都源于感觉经验，而且认识终结时，检验认识成果的真伪仍须以经验事实为依归。但培根并未将感觉视为权威，认为感觉经验有局限性，经验是手段而不是目的，是发端而不是结果。因此，培根要求将感性与理性结合起来。新的认识方法是对形式主义、死记硬背等做法的彻底背叛，这种背叛的深刻性是人文唯实论和社会唯实论无法比拟的。知识源于感觉，真理的获得要依据科学的归纳，这种观念是人类认识道路上的里程碑。这种理论应用到教育上，就会引致教育方法的根本变革。尽管培根本人很少将它应用到教育领域，但他之后的夸美纽斯却完成了这一光辉使命，从而开辟了教育理论发展的新时代。

培根对科学知识的提倡、对新的认识方法的宣扬为教育上的感官唯实论奠定了坚实的理论基础。第一位把培根的思想应用于教育，并试图研究出新的教学方法的，是德国人拉特克。拉特克是马丁·路德的忠实信徒，受到培根通过经验获得知识的观点影响之后，转而研究教育改革问题。1612年，他致书在法兰克福集会的日耳曼各邦选侯们，声称他找到了一种教学的新方法，并称他的新方法将对人类具有重大影响。在他的鼓动下，一些贵族支持

## 第六章 唯实论教育思想

他办了一所宫廷学校，但由于他管理不善，最后以失败而告终。1617年，拉特克在莱比锡出版其《最新方法》(Methodus Nova)。他深信，所有的教学都必须遵循自然的规律，遵循儿童智力发展的自然顺序；好的教学方法必须建立在对儿童心理了解的基础上；理解优于死记，兴趣优于强制；应先学习熟悉的东西再学习生疏的东西，儿童应先学习本国语，然后再学习外国语和古典语；学生应先感知事物，然后再分析解说有关事物的各种要素，在学习语言中应先实物后词句。这些就是拉特克的教学方法，由于其人格的因素，他的教育实践未获成功，他的重要性在于他所倡导的东西被后人所承继，成为17世纪最伟大的教育家夸美纽斯的前驱。

夸美纽斯是捷克新教教育家，他生活在一个社会动荡、教派对立、战祸绵延的时代，30年战争使其家破国亡，背井离乡。他一生颠沛流离，四处飘泊。但其思想却流芳百世，为后人景仰。夸美纽斯的不朽功绩在于他创立了完整的教育学体系，在教育领域完成了哥白尼式的变革，开辟了教育理论发展的新纪元。

夸美纽斯是文艺复兴以来教育理论的集大成者，人文主义教育的精华、新教教育的精华、人文唯实论的精华、社会唯实论的精华，都在其思想中有充分的体现。

### 一、夸美纽斯对人文主义教育的超越

夸美纽斯对人文主义教育的超越，主要表现在其教育思想的民主性方面。

文艺复兴是上层社会掀起并推进的运动，它带有鲜明的贵族性。文艺复兴时代的思想家、教育家所希图的教育只是针对某一部分人的，即便是人文唯实论者弥尔顿、社会唯实论者洛克所谈的教育也只是针对社会上层子弟的绅士教育。尽管文艺复兴时代的教育较中世纪含较多的民主平等色彩，但在本质上它还是一种等级性的教育，远远没有达到"有教无类"的高度和深度。夸美纽斯却有很强的民主精神，尽管他从未使用过"民主主义"这个富有政治色彩的字眼。这种民主性表现在他对教育对象、教育内容以及对教育制度的看法上。他认为"不仅是富人和有权势的人的孩子，而是一切孩子，不分男女，不分出身高贵或出身平民，不分富裕或贫穷，而是生活在一切城市和小镇村落和小村庄中的孩子，都应该上学"①。夸美纽斯要求"把一切知识教给一切人类"的泛智论思想以及他设置的从母育学校、国语学校、拉

---

① 〔捷〕夸美纽斯著，任钟印译：《大教学论·教学法解析》，人民教育出版社2006年版，第65页。

丁学校直至大学的统一的学校教育制度也都体现了其民主精神。

与康德（I. Kant）、卢梭、杜威将民主建立在伦理学、政治学和科学方法论基础上不同，夸美纽斯的民主则是建立在宗教的基础上的。他的民主性是基于"上帝面前人人平等"的原始基督教教义，因此，其民主性与资本主义时期的民主性不可同日而语。但在客观上，描绘其教育思想的方方面面，只想通过指出其思想与人文主义教育、新教教育以及与当时哲学、科学和文化发展的关系，阐释夸美纽斯的宗教民主主义对中世纪旧的等级教育和文艺复兴时期以及人文唯实论和社会唯实论的新的等级教育是一个有力的冲击，是对路德的教育民主思想的深化，是对新旧等级教育的反动。

夸美纽斯对人文主义教育的超越还表现在其教育思想体现的是一种现实主义的广义的人文主义而非那种古典主义的、狭窄的人文主义。

文艺复兴时期的人文主义教育具有狭隘性，表现在以古典语言和古典文化为学习课程。课程内容狭窄，脱离现实生活，而且古典文化的学习逐渐走向形式主义，不再把古典文化视为培养人的手段而把它本身就看做目的。只重学习语言的形式规则而不注重其内容实质，培养目标是学者型的，尽管有人论及如何培养官吏和绅士，也是以学者的标准去要求、去塑造。

与这种狭隘的人文主义教育观不同，后来的一些哲学家教育家如卡斯底格朗、拉谟斯、艾利奥特以及唯实论者拉伯雷、弥尔顿、蒙田、培根等人代表的是一种新的教育观，但他们对这种新教育观的表述相当零散。夸美纽斯集各家之大成，对他们的思想进行了创造性的综合和融汇，具体表现在五个方面。

其一，课程的扩充和改造。早期人文主义教育的狭隘性的主要体现就是课程的狭窄性。文艺复兴后期，由于自然科学知识的发展与分化，由于对教育世俗化、实用性的强调，这种狭窄性逐渐被克服。拉伯雷在《巨人传》中制订了一个包罗万象的课程计划；拉谟斯扩大了学科范围，以实用性为课程的指导原则，强调所学科目与现实的联系；培根把一切知识纳入他研究的范围，尤其强调自然科学的社会作用和世俗意义，认为知识就是力量，一切知识的目的在于赋予人征服自然的力量。夸美纽斯的课程论受培根影响甚大，他的泛智论与培根的思想异曲同工。泛智是夸美纽斯课程论的主导原则。他认为所有的人都应受教育，所有的人都应学习一切知识，学校应"将一切事物教给全人类"[①]。在夸美纽斯的课程设置中，除宗教课程外，天文、地理、算术、几何、物理、历史、修辞学、国语、拉丁语、希腊语、希伯来语、音

---

[①] 〔捷〕夸美纽斯著，任钟印译：《大教学论·教学法解析》，人民教育出版社 2006 年版，第 5 页。

乐、手工劳动、自然科学史、法学、医学、经济与政治生活的基本常识等皆被纳入，这种百科全书式的知识在当时是无与伦比的，夸美纽斯在课程中注入了科学文化发展的新鲜血液和时代精神。

其二，教学方法的改进。文艺复兴带来了新的人性观，人获得了更多的尊严，在教育上，中世纪那些机械记诵、盲目信仰、绝对服从、严酷纪律、压制体罚的教育方法受到批判。更可贵的是一些教育家思想家试图为教育确定心理学和认识论的基础，比如对夸美纽斯影响较大的维夫斯和培根就是如此。17世纪的教育家都非常重视教学方法的研究，但由于他们只局限于教育方法的较肤浅的细节上，而不接触教育的根本问题，遂使其思想带有偏狭性，是夸美纽斯将这些方法条理化、系统化、深刻化，将之建立在一个牢固的理论基础上，他明确地讲："这本教学法的主要目的是探索一种教导的方法，使教员可以少教，学生可以多学，使学校成为更少喧闹、更少令人厌恶的事、更少无效的劳作，而有更多闲逸、更多乐趣和扎实进步的场所。"[①]教育适应自然是夸美纽斯教学方法论的总原则，这个总原则中有两点最有价值：一是要求教育适应人的自然本性和身心发展的规律以及儿童的年龄特征和个性差异；二是夸美纽斯在维夫斯、培根的基础上提出了一种新的教学认识理论：感觉是人们认识的基础和起点，在此基础上人们进行推理和判断。以遵循自然的总原则为基础，夸美纽斯详尽系统地论证了直观性原则、学生学习的主动性和自觉性原则、系统性和循序渐进原则、巩固性原则，以及教学必须适应儿童年龄特点、心理特点和学生接受能力的原则。夸美纽斯并不浅尝辄止，他还详尽论证了语文、艺术、科学等具体学科的教学方法。

其三，本族语受到重视。文艺复兴初期本族语在学校中并无地位，尽管它贴近生活、为人们所常用。人文主义的贵族性使人们看不到、看不起其意义和价值。到了文艺复兴后期，本族语才受重视。唯实论者如拉伯雷、弥尔顿、蒙田、洛克、维夫斯等人皆重视本族语的学习。夸美纽斯也是如此。与通常把本族语教育限制在穷人的孩子，而把较富有阶级的孩子送到拉丁学校受启蒙教育的做法相反，夸美纽斯认为，所有的儿童必须通过本族语受到一次彻底的训练。从社会的角度看，可以纠正阶级的差别，从教育的角度看，可使学生在掌握知识方面有一个好的开端，如果学生的启蒙抛开母语而先学拉丁语，则不可能很好地学习事物，也不能为以后学习外国语做好准备。夸美纽斯在他制定的学校制度中，将国语学校放在拉丁文科中学之前，学生先学习六年的国语再学拉丁文、希腊文和希伯来文等古典语言。本族语受到重

---

[①] 〔捷〕夸美纽斯著，任钟印译：《大教学论·教学法解析》，人民教育出版社2006年版，第6页。

视不仅仅只是在众多的学科中增加一门学科的问题,也不仅仅是一个学习古代语言的方法问题(先学本族语后学古典语言),而是体现着教育的民族性、世俗性的增强,教育从天国、从书斋走向现实生活,教育开始具有本民族自己的特色。

其四,教育目标的变化。唯实论者不主张培养社会生活的消极的旁观者和研究者,而是要培养社会生活的积极的参加者与参与者,从学科内容的拓展、体育和本族语受到重视就可窥见一斑。世俗性和功利性受到强调,教育更贴近生活,更切合实用。尽管夸美纽斯的教育目的论含有较强的宗教色彩,尽管夸美纽斯认为现世的人生只是永生的一种预备,但其目的并不仅仅是虚无缥缈的天国,他非常重视教育对世俗社会发展的作用。他试图通过教育使社会"可以少些黑暗,少些困扰和纷争,而是相反地增加光明、秩序、平和与安宁"①,他要求"所教和所学的科目必须对生活有用"②。夸美纽斯不将现世和来生相对立,而将二者统一协调起来,视前者为后者的基础,认为只有为现世生活做了充分准备,才谈得上来世的圆满。来世和永生,在他那儿,只是理论上的虚悬一格,落脚点已转移到现实生活。这是夸美纽斯教育唯实论思想的重要表现。

**二、夸美纽斯对新教教育的补充与引申**

宗教改革尤其是路德的宗教改革在教育上的重要遗产就是确立了后来在欧美教育中影响甚大的两条原则:国家掌握教育权;由国家推行普及、义务(强迫)教育。尽管路德提出了建立新教教育的总体设想,但他并没有提出具体可行的实施方案,其后继者梅兰克顿和斯图谟将路德的设想付诸实施。夸美纽斯同路德一样主张办义务教育,但在怎样办学的问题上,他提出了比路德的继承者更为详尽的措施和方法,并制定了统一连续的学校教育制度,拟订了学校工作的组织制度和班级授课制度。其教育制度分四段,含母育学校、国语学校、拉丁学校、大学,分别相当于学前教育、初等教育、中等教育和高等教育,前后衔接。每种学校皆实行学年制,招生、开学、放假以及每天的课程与时间安排都有详尽的规定,实行班级授课制,进行集体教学而非个别指导。夸美纽斯的学校制度是对新教教育宏观构想的微观充实,是对新教教育实践的进一步发展和完善,也是对人类教育的一个重大贡献。

夸美纽斯超越宗教改革教育家的卓绝之处还在于他将人文主义教育与新

---

① 〔捷〕夸美纽斯著,任钟印译:《大教学论·教学法解析》,人民教育出版社 2006 年版,第 6 页。

② 任钟印选编:《夸美纽斯教育论著选》,人民教育出版社 2005 年版,第 87 页。

教教育二者的积极成果巧妙地结合起来，使二者相得益彰。

人文主义精神与宗教改革精神各有千秋，互有差异，二者的结合必然会导致碰撞。梅兰克顿是一个典型的例子，他既是一个人文主义者，又是一个虔诚的新教徒，他的教育成就是人文主义与新教联姻的结果，但他的这种结合对人文主义和新教本身也各自产生了损害。人文主义的贵族性及其对古典文化的强调使梅兰克顿背离了路德新教的某些原则如宗教民主性（民族教育）、民族性（本族语教学）等，梅兰克顿思想中的人文主义因素使新教中的积极方面受到了损害，这是一个方面。另一方面，人文主义也受到了新教的损害。梅兰克顿对古典文学在教育中的非凡价值深信不疑，但他从宗教利益出发，认为学习古典文学的目的在于培养对新教的虔诚，因而在教育上就只是强调古典著作的伦理和宗教意义，大大地贬低了经典著作固有的价值。而人文主义包含伦理、艺术等诸多方面，且还含有强烈的世俗精神，但梅兰克顿对宗教虔诚的过分的伦理强调却抹杀了人文主义的丰富内涵，使其狭隘化。在人文主义与新教的结合中，梅兰克顿抛弃了人文主义中的世俗精神以及人文主义的丰富内涵，抛弃了新教的民主精神与民族精神。进步的东西被摒弃，而贵族性、古典性、宗教性等消极因素则被加强，因而他的结合是一种失败的结合，他的做法对后世产生了相当的消极影响。

夸美纽斯大大不同于梅兰克顿，他从路德那儿吸收了宗教民主性和民族性思想，并以之反对整个人文主义教育的贵族性和形式主义、古典主义倾向。他从后期人文主义那儿（尤其是人文唯实论那儿）吸收了教育的世俗性因素和新的教育理想，并以之反对新教教育实践（尤其是斯图谟）中狭隘的学习内容、呆板的学习方法，对身体发展的漠视、对本族语学习的无视等不足之处。夸美纽斯弃二者之糟粕，取二者之精华，完成了具有创造性的融汇与综合。

作为一个新教教育家，夸美纽斯的教育思想具有强烈的宗教色彩。我们一般视宗教性为夸美纽斯教育学说中的糟粕。本书认为，夸美纽斯的宗教性与中世纪不同，含有不少积极合理的东西。首先，夸美纽斯信奉的是新教，在当时是进步的。如果完全否定了宗教性，夸美纽斯教育思想中的民主性也就失去了根基。其次，夸美纽斯信奉的新教经历过人文主义的洗礼，宗教性中已增加了人道主义的因素，不再把神与人置于对立的位置，尽管他还没完全摆脱原罪说，但他认为"人是造物中最崇高、最纯粹、最卓越的"[①]，人的地位在他的思想中被大大提高。再次，夸美纽斯引入了新的理论论证方

---

[①]〔捷〕夸美纽斯著，任钟印译：《大教学论·教学法解析》，人民教育出版社 2006 年版，第 26 页。

式。如他在论证教育原则时，不仅仅引证上帝，更多的是引证自然，"采用了文艺复兴时期所创始的新的论证方式——引证自然的方式；他迷恋于那个时代在数学、力学、天文学方面所发现的很多法则，企图由此来说明自然的普遍规律性"①。最后，在夸美纽斯的教育目的中宗教性与世俗性是并存的，宗教性不是压倒一切的因素，倒是更加强调现世的生活。

夸美纽斯的宗教观含有不少合理因素，我们不能以今天的认识水平要求夸美纽斯，事实上，当时几乎所有的人文主义者和自然科学家都信仰上帝，连后来的资产阶级教育家洛克也是如此。直到 18 世纪法国启蒙运动，宗教才受到彻底的批判和清算。

### 三、对新的哲学认识论成果的吸收

哲学认识论与教学认识有着密切的联系，前者的发展往往影响着后者的变革。夸美纽斯著作的重要部分是论述教学的认识论问题，夸美纽斯的教学认识论大大受益于当时的哲学认识论成果而不同于以往。

16 世纪末到 18 世纪中叶的西欧哲学十分重视对认识论问题的研究，这是因为，一方面，自然科学的迅速发展，必然向哲学提出在方法论和认识论上加以指导的要求。另一方面，依据自然科学所取得的巨大成就，特别是依据科学家们在进行研究时所自发运用的方法，哲学家们也完全有可能对科学研究方法和认识方法作出哲学上的概括和总结。

认识论上存在英国经验论和大陆唯理论两个派别。夸美纽斯受英国经验论尤其是培根经验论的影响甚大，他高度赞扬培根的《新工具》，把它看做刚出现的新世纪的灿烂之光。夸美纽斯同培根一样认为感觉经验是认识的基础，认为"知识的开端必定永远来自感觉"②，认为"归纳法是研究自然的一种方法"，"真正包含着探索大自然奥秘的途径"。③ 这种认识论成为其教学认识论的基础。

夸美纽斯在《大教学论》中说："要孩子们锻炼时，首先锻炼他们的感官（因为这是最容易的），接着锻炼记忆，然后锻炼理解，最后锻炼判断。用这种办法就会分阶段循序进行，因为一切知识都从感性知识开始，经过想象的媒介进入记忆的领域，然后通过对细节的深思就产生了对一般的理解；最后，就对已领会的事实作出判断。遵循这种方法我们的认识就

---

① 曹孚等编：《外国古代教育史》，人民教育出版社 1981 年版，第 86 页。

② 〔捷〕夸美纽斯著，任钟印译：《大教学论·教学法解析》，人民教育出版社 2006 年版，第 168 页。

③ 任钟印选编：《夸美纽斯教育论著选》，人民教育出版社 2005 年版，第 207 页。

牢固地形成了。"① 以这种教学认识过程观为依据，夸美纽斯推崇直观教学，视之为其教学的首要原则，要求"一切事物都应当尽可能放在感觉面前。一切可见的事物都必须放在视觉器官面前，一切能听见的事物都必须放在听觉器官面前。气味必须放在嗅觉器官面前，一切可尝的和可触摸的东西都必须放在味觉器官和触觉器官面前。如果一个对象可以同时在几种感官上留下印象，则必须使它与几种感官接触……如果对象本身不能得到，可以使用它们的替代物。可以编制复制品和模型以供教学之用"。② 夸美纽斯的这种对教学过程的认识理论还直接影响他对学制的看法并成为其编写教科书的指导思想之一。国语学校为其学制的第一阶段，属学前教育，夸美纽斯认为母育学校在智育方面的中心任务应该是训练儿童的"体外感觉"，培养儿童的视觉和观察力。到了以后的教育阶段再学习知识，发展想象、记忆、判断等能力。将发展感觉视为某一教育阶段的中心任务是前所未有的。夸美纽斯一生编写了大量的教科书，受到广泛的欢迎。这些教科书内含大量的插图，充分运用了直观性原则，是理论与实践相结合的成功范例。

所应注意的是，培根并不是夸美纽斯认识论的唯一思想来源，夸美纽斯在培根《新工具》出版前7年就在维夫斯等人的影响下写过《哲学论争问题》，提出了"头脑里的一切没有不起源于感觉的"哲学论断。③ 事实上，强调从自然学习，通过感觉吸取材料，加以概括提高，最后通过实验来检验的理论是文艺复兴时期自然科学研究中普遍运用的方法论。而且，夸美纽斯与培根的知识论、认识论还存在差异，培根的主要兴趣在自然知识方面，而夸美纽斯所追求的是一种既包括自然又包括超自然的知识体系，他比培根的认识范围要"宽泛"一些，而且认识的过程更多一些神秘主义气息。他的神秘主义受意大利思想家布鲁诺和康帕内拉（T. Companella，1568—1639）的影响，认为人类灵魂和看得见的世界是神的双重表现，二者彼此密切相关，人是世界的缩影，人在自身中包括了一切广布在世界中的因素。他认为"知识、德行和虔信的种子自然地深植在我们身上"④，"没有必要从外部给人注入任何东西，只需要人自己所固有的蜷缩在内部的东西伸展出来，显现出来，只需要注意每一个个别的成分"⑤。因而，学习的过程是一个内发的过程，一切知识都已潜伏在学习主体、认识主体之内。

夸美纽斯没有充分意识到他从意大利思想家得来的神秘主义同感觉论者的思想体系是矛盾的，从哲学认识论的角度看，这两条认识路线是不可调和

---

①②④⑤〔捷〕夸美纽斯著，任钟印译：《大教学论·教学法解析》，人民教育出版社2006年版，第125～126、168～169、51、41页。

③ 任钟印选编：《夸美纽斯教育论著选》，人民教育出版社2005年版，第438页。

的,他说知识、德行与虔信的种子是与生俱来的,"但实际的知识、德行和虔信并没有给我们"。那么知识从何而来呢?他紧接着回答"是来自经验"。① 这不免令人瞠目结舌。夸美纽斯毕竟不是休谟(D. Hume,1711—1776)那样思维缜密深邃的哲学家,其思想缺乏思路的一贯性和明晰性而含矛盾性与模糊性。但这种矛盾性并不影响他得出正确的教育结论,他的丰富的教育实践修正了理论上的矛盾。

教学认识是人类认识的一种重要形式,是一种特殊的认识过程,尽管夸美纽斯在其理论中没将一般的人类认识与教学认识加以明确的区分,但从其理论看,他的确将教学认识视为一种特殊的认识过程:他将教学认识看做一种间接的认识活动,主张运用教科书;他将教学认识看做教师指导下学生认识的过程;他没有像一些教育家那样将人类的认识过程与教学认识过程混为一谈,避免了走向极端。卢梭也主张儿童通过活动、通过感觉经验学习,但又反对让儿童读书;杜威主张从做中学,一切始于经验,反对向幼童讲授系统知识,夸美纽斯则非常重视系统知识的学习,十分热心于教科书的编写。

夸美纽斯将哲学认识论上的新成果转化到教学认识中,这绝非简单的照搬,而是一种创造性的转换。也许他本人并未自觉地意识到这种转换的理论意义,但这的确是卓绝之举。直观性原则来源于一般认识论,但又超越了一般认识论,属于典型的教学认识原则。

新的教学认识论贯穿于夸美纽斯整个教育理论及其编写的教科书之中,构成其教育理论的精华所在,使其整个教育理论呈现出崭新的风貌。我们不能仅从哲学意义和政治意义上强调夸美纽斯教育思想中的感觉论和教学过程论(尤其是直观性原则)所具有的唯物主义因素,更应从教育理论发展的角度去看待其教学认识论、感官唯实论的历史价值。

夸美纽斯距今已有几百年,其理论在今天看来已无太多新意,但其理论的特征对我们依然有启发作用,具体表现在以下方面。

其一,综合性与超越性。夸美纽斯积极吸收了人文主义教育、新教教育、当时的哲学认识论、科学知识发展以及教育理论与实践的成果,其理论绝非一孔之见,也不是照抄照搬,而是兼容百家,继承中有超越,综合中有创造。

其二,实践性与改革性。夸美纽斯研究教育理论的根本目的是为了改革当时落后的教育实践状况,促进社会的进步。他不是将自己关进书斋天马行空似地虚构,而是躬行实践,对实践的缺陷与不足有着丰富的体验,其理论

---

① 〔捷〕夸美纽斯著,任钟印译:《大教学论·教学法解析》,人民教育出版社2006年版,第51页。

具有很强的针对性和可操作性，绝非空洞无物、玄深艰涩的文字游戏。

其三，科学性。这里的科学性不是指夸美纽斯的理论都是正确无误的真理，也不仅仅是指他引入了自然科学课程和运用了当时先进的自然科学的认识方法，更主要的是指他那种积极探索教育规律的科学精神与求真倾向。当时的自然科学迅速发展，开普勒发现了行星运动定律、伽利略发现了自由落体定律、牛顿提出了万有引力定律、玻义耳提出了化学上的玻义耳定律，这样就使人形成一种印象，就是：一切领域皆有其规律性和法则，如同罗素（B. Russell）所言，当时"法则的支配力量在人们的想象中牢牢生下了根"①。夸美纽斯则要探究教育与教学的法则与规律，他将这种法则和规律称为规则，认为"规则，即把一切事物教给一切人的艺术中起支配作用的原则"②。探索规律意味着夸美纽斯将教育学作为一门独立的学科来研究，而不是像古人那样视之为哲学的附庸。美国教育家孟禄引用别人的话指出"夸美纽斯是用科学精神对待教育的第一个人"，"夸美纽斯差不多在三百年以前就以完美无缺的正确性决定了教育年级的划分。他准确地解释了一些教学艺术的规律，并以惊人的创见把近代逻辑学上的原理应用到教育学上来了"。③虽然夸美纽斯对教育教学规律的认识并不尽善尽美，但他这种积极探索教育规律的科学态度和探索真理的科学精神却值得效法。

从上面的叙述可以得出这样一个结论：我们不能仅仅把夸美纽斯视为感官唯实论的主要代表，更应把他看做一个教育思想的集大成者。事实上，我们也不是仅从感官唯实论的角度叙述其思想，而是从历史发展的角度揭示他与人文主义教育、新教教育、人文唯实论和社会唯实论的联系，他的思想本身就是对以前这些思想的一个总结。因此，我们对夸美纽斯的叙述暗含对前一部分和本部分作总结的性质，细心的读者不会看不到这一点。

美国教育史家卡伯莱（E. P. Cubberley）对夸美纽斯评价甚高，认为在夸美纽斯的著作中，可以发现几乎所有18世纪及19世纪教育理论的萌芽，夸美纽斯引进了全套关于教育过程的现代概念，并多方面勾画了现代教育改革运动的轮廓。

---

① 〔英〕罗素著，何兆武、李约瑟译：《西方哲学史：及其与从古代到现代的政治、社会情况的联系》下卷，商务印书馆1988年版，第56页。

② 〔捷〕夸美纽斯著，任钟印译：《大教学论·教学法解析》，人民教育出版社2006年版，第95页。

③ 任钟印选编：《夸美纽斯教育论著选》，人民教育出版社2005年版，第9页。

## 第五节 唯实论教育思想的影响及其历史地位

唯实论的精髓是现实主义，这是与中世纪崇信上帝的宗教主义，与文艺复兴崇信古人的古典主义的最根本区别，教育的视角、视点已从渺茫的天国、从遥远的古代转向活生生的现实生活。因此，唯实论有其广泛的社会基础，它对当时和随后的教育实践产生了强有力的影响。

### 一、学园（文实中学）的建立

古希腊的亚里士多德首建学园，弥尔顿关于建学园的思想可能受到亚里士多德著述的影响，他将古代的学园予以现实的改造，因此其"学园"名字本身就含有浓厚的人文唯实论气息。在英国创办新型的学园作为教育的一种新模式，并非始于弥尔顿，1640年马歇尔伯爵（Earl Marshal）和稍后的哈特利布都曾建议建学园培养绅士，弥尔顿是其中突出的代表。弥尔顿的《论教育》出版20年后，一些不信奉国教的教师被逐出学校，他们创办了弥尔顿所建议的学园，这种学校兼具文科和实科的特征，成为英国教育实践由古典主义转向现实主义的一个重要标志。后来洛克又进一步发展了弥尔顿的教学思想，提出了一个包括广泛实用学科的课程计划，《教育漫话》遂成为英国学园（文实中学）的大宪章，文实中学发展更趋兴盛，直至18世纪末。

弥尔顿的建立学园的理想在美国亦产生了较大影响。1749年本杰明·富兰克林（Benjamin Franklin，1706—1790）出版《关于宾夕法尼亚州青年教育的建议》，强烈要求建立能适应时代变化的英国式的中学（academy）。1751年他在美国建立的第一所这种类型的中学开学，1753年得到政府批准，1755年升格为学院，1779年又升格为大学。在富兰克林的带动下，文实中学在各州纷纷出现，到19世纪初，全美国的文实中学已超过100所。

### 二、德国虔信派实科中学的建立

虔信派（Pietism）是17世纪后期的一种产物，它反对宗教生活中的形式主义倾向，力图克服因战争等因素而造成的道德颓丧，强调对上帝的虔敬和信仰。虔信派是17世纪末德国唯实论思潮的主流，不过它更强调宗教生活的现实主义。虔信派也像其他一些唯实论者一样，注重个人经验，认为个人的宗教经验与实践，比引经据典更有价值。

虔信派在德国建立了很多实科性质的学校，尽管从目的上看是为宗教服务的，但所采用的课程，所运用的方法却都是现实主义的。这与德国当时社会发展的状况密切相关。

宗教改革后，德国建立起的斯图谟式的古典文科中学，构成德国中等学校的主体。随着工商业的发展，文科中学不能完全满足现实的需要，为培养有一定职业能力的工商业人才，职业教育和实科中学相应地发展起来。虔信派的席姆勒认为，能入大学深造的学生为数甚少，多数要进入社会从事某种职业，因此应对学生进行职前训练。1705年他提出建立实科学校的建议，并于次年在家里招收了12名贫苦儿童，开办了一个实科班，命名为"数学和机械实科学校"。1708年，他在哈列（Halle）建数学机械学经济学实科学校，教学内容除宗教外还有数学、物理学、机械学、天文学、地理学、法学、绘画和制图等实用学科，教学采用直观原则。

1747年，赫克（John Julius Hecker，1707—1768）在柏林创办了经济学数学实科学校（Okono-misch Mathematische Re-alschule），这是在德国开办的第一所正式的实科中学，建筑、商品制造、贸易、经济、采矿等为社会生活所急需的学科皆被列入课程。由于立足现实，服务社会，德国实科中学一直延续下来，到19世纪成为德国教育制度中的有机组成部分，并对欧美各国也产生了一定的影响。

德国虔敬派创始人斯宾尼（Philip Jakob Spener，1636—1705）的继承人佛兰克（August Hermann Francke，1663—1727）也兴办了一些实科教育机构。他受感官唯实论者拉特克和夸美纽斯的影响甚大，先后在哈列建立了一系列教育机构：慈善学校、平民学校、孤儿院、文科中学、教育学院、实科中学和女子文科中学等。他在强调宗教教育的同时主张把儿童培养成为具有虔敬心情和实际生活所必需的智能的善良的基督教徒。其理论与实践所包含的现实主义精神是不容忽视的，著名实科教育实践者赫克就是佛兰克的教育机构培养出来的。

### 三、法国17世纪教育中的唯实论精神

法国17世纪的教育皆为宗教教派所控制，17世纪上半叶初等、中等教育为胡格诺教徒（法国加尔文教的信奉者）所控制，下半期的初等教育为属于天主教的"基督教学校兄弟会"（Brothers Of the Christian Schools）所控制，中等教育由属于天主教的耶稣会（Societyo Jesus）、冉森派（Jansenists）和"耶稣基督圣乐会"（Oratory）所控制。胡格诺派与耶稣会派尖锐对立，水火不容，但即便是天主教内部各派也有矛盾，如耶稣会对冉森派的教育活动并不支持，反而起破坏作用。

由宗教教派控制的教育无疑都有浓厚的宗教色彩，但宗教色彩与现实主义精神并非是截然对立、不可并存的。它们采用的课程和教育教学方法都具

有唯实论倾向,如胡格诺教派运用国语教学;基督教学校兄弟会办的具有贫民教育性质的初等学校,主要是教给学生生活中需要的知识;冉森派强调本族语的地位,一切教学皆通过法语进行,在教学方法上,反对死记硬背,重视判断力的培养和读写技能的训练,主张采用实物教学。他们还反对滥施惩罚,要求以温和的态度对待学生,圣乐会中有些人信奉笛卡儿的理性哲学,法语、现代外语、数学、力学等构成学习的重要内容,即便是令人甚为反感的耶稣会所办的学校,也采纳新课程新方法。耶稣会领导人既有狂热的宗教热忱,又有强烈的务实精神,他们非常重视教学方法的研究,教学的组织管理非常严密,教学方法非常有效,因而他们所办的教育取得了显著成效,对后世影响甚巨,培根对耶稣会的方法推崇备至概出于此。

一般而言,唯实论是世俗的,是面向现实社会的,但我们认为,宗教领域也存在一个面向现实、革新教会的问题。唯实论的根本对立面是形式主义和文字主义,而不是宗教。伊拉斯谟是人文唯实论者,但同时又是一个基督教人文主义者,他反对人文主义学习中的西塞罗主义,反对旧教的繁文缛节,不务实际。任何一场改革运动,不论其历史作用是积极的还是消极的,都是对社会现实的有感而发。如此,唯实论亦可分为宗教唯实论和世俗唯实论两种,前者为宗教的目的服务,后者为世俗的目的服务,但都反对形式主义。在17世纪很多教育家的观念中,宗教和世俗的目的是并存的,弥尔顿、夸美纽斯都是如此。

17世纪一些教育家特别关注贫民教育与女子教育,这也是唯实论精神的反映。17世纪末,英国政府建立了"贸易与殖民地委员会",研究如何吸收贫民及其子女参加劳动是其任务之一。洛克支持该委员会的工作,曾拟《贫穷儿童工作学校计划》,要求建立"工作学校"(working school),强迫领取救济金的贫民把3岁以上、14岁以下的子女送入这种学校,从事手工劳动和农业劳动,以劳动收入抵偿生活开支,以减轻社会因资本原始积累所造成的对无业流浪者的救济负担,消除社会的不稳定因素,维持社会治安。洛克的计划在17世纪的美国和18世纪后半期到19世纪中叶的欧洲有很大影响。洛克的工作学校计划是针对现实而提出的一种解决社会问题的方略,其立足点是现实主义的,也许今天看来在政治上带有反动色彩。

17世纪法国的基督教学校兄弟会也非常重视对贫苦儿童的教育,这带有一定的宗教慈善性质。兄弟会的创始人拉萨尔(La Salle, 1651—1719)率先创办贫儿学校,他的助手在各地也建立了相应的学校,受到社会的普遍欢迎。课程主要是阅读、写作、计算等生活所必需的课程,许多学校还让高级班的学生教低年级学生。

对贫民儿童教育的重视反映了社会进步对知识普及的客观要求,但贫儿教育与当时盛行的绅士教育绝非一回事，17世纪绅士教育与贫民教育的并存为18、19世纪教育双轨制的形成埋下了伏笔。因此，有的研究者认为，唯实论在教育上的重要影响之一就是促进了欧洲双轨教育制度的形成。

17世纪法国的女子教育令人瞩目。17世纪的法国，妇女的全部职能就是干家务已成为一种旧观念，妇女开始承担更广的职责，一些妇女开始学习过去只有男性才能学习的知识。17世纪法国教育理论家芬龙（F. M. Fenelon，1651—1715）于1680年写了一篇题为《论女子教育》的论文，认为女子应同男子一样受相同的职业教育，认为女子要学会读写，应学习历史，应懂得管理财产（包括法律、记账，制出家庭所需和财产账单，进行财产交易和安排）。为了身体健康发展还应对她们施以体力训练。这些课程都是女子在社会生活中所必需的，实施女子教育是唯实论的一种表现。

教育的范围由富人扩大到穷人，由男子扩大到女子；教育的内容由古典文字到实际事物；教育的方法由死记硬背进而到重视直观，教育的精神由形式主义进而到现实主义等，这些都显示出社会的发展，也显示出教育的进步。尽管17世纪依然是一个过渡性的时代，但17世纪的唯实论教育思想奏响了由古代教育迈向近代现代教育的最强音。18世纪、19世纪的自然主义教育、国家主义教育、科学主义教育、教育心理学化运动都可在唯实论那儿找到精神根源，自然主义教育对儿童的重视，国家主义教育对国家控制教育的关注，科学主义教育对教育内容的革新，教育心理学化运动对教育现象的深究，都可以说是现实主义这一根本的方法论在不同时期、对不同问题的具体表现。立足现实、服务现实、讲求实效，成为17世纪直至现在一切教育革新的根本指导思想。

因此，17世纪的唯实论是一种极富生命力、极富概括力、极具跨时代性的新观念、新思路。它对人们的启示不是枝节的而是根本的。

**【要点小结】**

唯实论教育思想的根本点就是面向现实、面向生活，就是面向16、17世纪的社会现实和社会生活。社会的经济、政治、文化诸方面的发展决定了唯实论教育的目的和内容，成为唯实论教育理论的产生与发展的间接的但却是根本的原因。而产生唯实论教育思想的直接原因却是当时教育领域出现的种种不务实际的教育弊端。社会生活的剧烈变化使那种泥古、崇古、唯书的教育不合时代发展的要求，面向现实、服务于现实成为社会对教育的首要要求。本章把唯实论教育思想分为人文唯实论、社会唯实论和感官唯实论，这只是一个粗略的划分，三者在精神实质上同多异少，很多地方还有交叉。唯实论教育思想尤其是其主要代表人物夸美纽斯和洛克的教育思想对当时和后世产生了重要影响，在西方教育思想史乃至世界教育思想史上占有重要地位。立足现实、服务现实、讲求实效成为17世纪直至现在一切教育革新的根本指导思想。

**【思考与练习】**

1. 人文唯实论、社会唯实论和感官唯实论三种教育思想的共性与区别是什么？
2. 夸美纽斯教育思想的主要内容和历史地位如何？
3. 洛克"绅士教育"思想的历史意义何在？

**【参考文献】**

1. 〔捷〕夸美纽斯著，任钟印译：《大教学论·教学法解析》，人民教育出版社2006年版。
2. 任钟印选编：《夸美纽斯教育论著选》，人民教育出版社2005年版。
3. 〔英〕洛克著，杨汉麟译：《教育漫话》（全译·注释本），人民教育出版社2006年版。
4. 〔英〕弥尔顿著：《论教育》，1982年英文版。
5. 吴元训选编：《中世纪教育文选》，人民教育出版社1989年版。
6. 〔美〕E.P.克伯雷选编，华中师范大学教育系等译：《外国教育史料》，华中师范大学出版社1990年版。
7. 〔英〕伊丽莎白·劳伦斯著，纪晓林译：《现代教育的起源和发展》，北京语言学院出版社1993年版。
8. 曹孚等编：《外国古代教育史》，人民教育出版社1981年版。
9. 滕大春主编：《外国教育通史》第1卷，山东教育出版社1989年版。
10. 吴式颖、任钟印主编：《外国教育思想通史》第4卷，湖南教育出版社2002年版。
11. 〔英〕罗素著，何兆武、李约瑟译：《西方哲学史：及其与从古代到现代的政治、社会情况的联系》下卷，商务印书馆1988年版。

# 第七章　自然主义教育思想

**【内容提要】**

教育上的自然主义思想一般分为客观自然主义和主观自然主义两类，客观自然主义盛于17世纪，主观自然主义盛于18世纪。前者以拉特克和夸美纽斯为代表，它要求以客观存在的自然为基础，适应自然的发展顺序和规律而实施教育；后者以卢梭、巴西多、裴斯泰洛齐、福禄培尔、第斯多惠等人为代表，主张无碍地发展被教育者主观中的自然本能。这种客观自然主义与主观自然主义的划分是相对的，二者在许多方面是相互包容的。自然主义教育家从夸美纽斯、卢梭、巴西多、裴斯泰洛齐到福禄培尔、第斯多惠，每一位都是教育史上的巨人，每一位都对西方教育发展史有重要影响，这种影响不仅是跨国界的，而且还是跨时代的。几乎每一位自然主义教育家都掀起了一场轰轰烈烈的教育运动。

**【学习目标】**

1. 了解自然主义教育思想的演进历程与理论基础。
2. 掌握自然主义教育思想的基本观点。
3. 理解自然主义教育思想的历史地位与影响。

**【关　键　词】**

自然主义　泛爱主义　《爱弥儿》　《人的教育》　自然适应性原则

## 第一节 自然主义教育思想的演进

自然主义教育思想是渊源于古希腊，形成于文艺复兴时代，兴盛于18世纪，延续至19世纪，并对现代西方教育理论与实践具有重要影响的一种教育思潮。教育史家亚当斯（John Adams）在《教育理论的进化》中认为"自然"有三种意义：（1）自然是个别的天性，（2）和"艺术"对立的"自然"，和"人为"对立的"自然"；（3）大自然界。据此三者，自然主义就是要完全发展个别的天性；就是要脱离一切人为的影响，而任其自然地发展；就是要顺从于大自然的规律与法则。

自然主义有美学上的自然主义、哲学上的自然主义、伦理学上的自然主义等多种，教育上的自然主义只是自然主义的一种形式。

教育上的自然主义思想一般分为两类：客观自然主义和主观自然主义。前者以拉特克和夸美纽斯为代表，它要求以客观存在的自然为基础，适应自然的发展顺序和规律而实施教育；后者以卢梭、巴西多、裴斯泰洛齐、福禄培尔、第斯多惠等人为代表，主张无碍地发展被教育者主观中的自然本能。这种客观自然主义与主观自然主义的划分不是绝对的，而是相对的，实际上二者在许多方面是相互包容的。分为主观与客观，只是就其显著之点而言。客观自然主义盛于17世纪，主观自然主义则盛于18世纪，但二者皆有悠久的渊源。

古希腊的亚里士多德提出灵魂说，并将教育的阶段与教育的内容建立在灵魂说的基础上，是自然主义的开山之祖。希腊化时期的斯多葛派的格言是"顺从自然（或本性）而生活"，他们将本性理解为理性，又将理性理解为神的意志，顺从自然就是服从支配宇宙的不可变更的必然性，亦即无条件服从不可抗拒的命运，服从神的意志。因此，斯多葛派的顺应自然有宿命论、命定论色彩，有禁欲主义气息。中世纪的经院哲学于13世纪以后大量吸收亚里士多德的学说，因而具有不少自然主义倾向，如唯名论者罗吉尔·培根（R. Bacon，约1214—1292）、邓斯·司各脱（J. D. Scotus，约1265—1308）、威廉·奥卡姆（W. Ockham，1300—1350）等人主张感觉经验是知识之源，强调现世幸福，提倡个人意志。奥卡姆甚至提出了"自然人"的概念，认为最初的自然人是基本的社会范畴，自然人的活动决定于自然规律，一切人就其本质而言是平等的，不须听从别人，只须听从自己的天性。这些为文艺复兴时期教育中自然主义因素的发展作了铺垫。

文艺复兴时代的人文主义者以人道反对神道，肯定人的尊严和人的伟

## 第七章 自然主义教育思想

大,注重人的发展。人文主义的核心就是人性论,人文主义者首先强调的就是人性,人性可分为自然属性和社会属性两个方面,人文主义者主要强调人的自然属性及其发展。人文主义教育思想中的自然主义因素主要表现在四个方面。

第一,强调教育要依从儿童的自然本性而施。伊拉斯谟承认人的自然本性(nature)的存在,视之为天赋能力和获得成就的自然动力,他要求教育应顾及儿童的天性。蒙田认为儿童天性具有"自然的倾向",对这种倾向不应加以限制。维夫斯认为教育主要是一个由学习者的本性所决定的过程,并对人的心理进行了比较深入的研究。

第二,人们对人与自然的关系的探讨,为日后成熟的自然主义教育思想提供了理论依据。培根指出,人若要支配、驾驭、改造自然,首先必须认识和服从自然的规律。培根认为人是自然界的主人,人能够获得关于自然的规律性的认识。不少人认为,教育要取得成效,亦应遵循这种自然的规律性,亦应遵循儿童天性发展的自然规律性。我国学者蒋径三指出:"近世的自然主义尤其是客观的自然主义,是以经验主义的哲学为基础的。"[①]

第三,要求在大自然中求得关于自然的知识,这体现的是一种教育方式、教育途径的变迁。不以书本为知识的唯一来源,将自然视为儿童学习的书籍。

第四,要求教育环境自然化,消除不良的社会环境对儿童的恶劣影响。维多里诺创办被誉为"自然学校"的"快乐之家",维夫斯重视校址的选择,伊拉斯谟认为腐败的社会和教育戕害人的纯洁的天性,都体现了这种要求。

尽管人文主义中的这些自然主义教育观念还不能正确反映教育与自然、教育与人的发展以及自然与人之间的关系,但却为后来尤其是夸美纽斯的自然主义教育理论的形成奠定了基础。

夸美纽斯的自然主义教育思想是对文艺复兴时代自然主义教育观念的概括和总结,标志着自然主义尤其是客观自然主义教育思想的形成。在夸美纽斯之前的拉特克是夸美纽斯教育思想的前驱,拉特克列出13条有关教育和教学的原则,其中第四条是,教授宜从自然的顺序渐进,即由简单而进于复杂,由寻常而进于高深,由既知而进于未知。

夸美纽斯首次明确提出了自然适应性原则,将之视为教育的主导原则,他的教育论著都以此原则作为指导思想,其他的一些原则、方法、规则都是从这一根本原则推演出来并从属于它。在夸美纽斯那里,自然有两种含义,

---

[①] 蒋径三著:《西洋教育思想史》上册,商务印书馆1934年版,第88页。

一是自然界及其秩序，一是人的与生俱来的本性。夸美纽斯的自然适应性原则主要指应遵循自然界的秩序施行教育，至于教育应遵循儿童本性发展的规律是作为一个次要的规则和原理来论述的。这在一定程度上反映了客观自然主义的局限性。

自然主义教育观形成为一个汹涌澎湃的思潮是在18世纪，是德国18世纪的一种教育改革运动，其代表人物除巴西多（J. B. Basedow，1724—1790）外，还有特拉普（Ernst Christian Trapp）、卡姆佩（J. H. Campe，1746—1818）等人。

裴斯泰洛齐（Johann Heinrieh Pestalozzi，1746—1827）是处于18世纪19世纪之交的自然主义教育家。他将自然主义教育思想推进一步，提出教育心理学化思想，深化了自然主义教育思想。

德国著名学前教育家，被誉为"幼儿教育之父"的福禄培尔（Friedrich Wilhelm August Froebel，1782—1852）就是深受裴斯泰洛齐影响的又一位重要的自然主义教育家。如果说卢梭将自然主义应用于家庭教育，裴斯泰洛齐将之应用于初等教育，那么福禄培尔则是将自然主义应用于学前教育。

与福禄培尔同时代的德国教育家第斯多惠（Friedrieh Adolf Wilhelm Diesterweg，1790—1866）继承并发展了裴斯泰洛齐的自然主义教育思想，使这一思想与教育心理学化思想更加接近趋同。"在第斯多惠以后，随着儿童心理学和教育心理学的建立与发展，教育学著作中一般不再使用'教育的自然适应性'这一术语，而是直接应用生理学、心理学等学科的知识来论证和阐明教育必须依据儿童生理和心理发展规律，从而使经历了二百多年的'教育的自然适应性'原则的合理思想因素为更加科学的理论原理所替代，将教育要遵循其对象即人的本身发展规律的思想提高到一个新的阶段"[①]。因此，第斯多惠标志着自然主义的终结，标志着教育理论发展更高水平、更新时代的到来。

纵观整个教育发展史，可以说亚里士多德的自然主义教育观是自然主义教育思想的萌芽，斯多葛派自然主义哲学只是一种哲学思绪，中世纪唯名论的自然主义观念为文艺复兴人文主义教育思想中的自然主义教育观的诞生作了有益的铺垫。自然主义教育思想、教育理论的真正形成和诞生的标志是夸美纽斯的自然适应性原则的提出。但夸美纽斯的自然主义教育思想是一种客观主义的自然主义教育观，比18世纪兴起的自然主义教育观肤浅。可以说主观自然主义是对客观自然主义的超越，教育心理学化思想是对主观自然主

---

[①] 赵祥麟主编：《外国教育家评传》第2卷，上海教育出版社1992年版，第168页。

义的超越，教育心理学化是客观自然主义与主观自然主义共同追求的目标。

自然主义教育思潮在不同时代、不同时期，在不同的教育家那儿有不同的理论特色。下面从其理论基础、基本内容、基本特征、传播影响诸方面揭示自然主义教育理论的共性与个性。

## 第二节 自然主义教育思想的理论基础

教育的对象是人，是儿童，人们对教育对象身心发展的理解把握程度直接决定了教育的效果。尽管每个自然主义教育家的教育观在形式上看都有不同的基础，其宗教色彩、政治内涵、社会背景、文化条件皆有差异，但这些理论基础的表述却都是围绕着人的本性发展展开的。

### 一、亚里士多德的灵魂说与四因说

亚里士多德认为，人的灵魂由低级到高级分成三个部分，人的发展就是构成人的灵魂的这几个部分的发展。与植物灵魂相对应，他要求实施体育，使儿童体格强健；与动物灵魂相对应，他要求实施德育，培养人的节制和勇敢的精神；与人的理性灵魂相对应，他要求实施智育和美育，以发展人的理性。人的发展使问题有一定的顺序，身体发展在先，灵魂的非理性部分（本能、感觉、情感）其次，灵魂的理性部分（思维、理解、判断）最后，因此，教育的顺序应依人的发展的顺序。

可见，教育的内容、教育的顺序皆是依灵魂说推演出来的，灵魂说构成亚里士多德教育观的理论基础。那么，灵魂的性质如何？其发展的前提、动力、目标何在？

依照亚里士多德的看法，任何事物的发展都有质料因、形式因、动力因和目的因。人的灵魂是与生俱来的，这种与生俱来的东西叫做潜能，他说："我们总是先有潜能，然后把这种潜能用到行为上。我们不是由于常听、常看而获得看和听的才能，而是先有了看和听的才能，然后用之，即不是先用之而后得之。"[①] 由潜能向现实的转化意味着质料获得发展的形式，意味着走向发展的目的。潜能即是"事物所由形成的原料"，它为人的发展与教育提供了可能性，教育赋予无规定性的人的潜能与自然天性以现实性、以社会

---

[①] 周辅成编：《西方伦理学名著选辑》上卷，商务印书馆1964年版，第291~292页。

文化属性。潜能不是一无所有，从潜能到现实的发展也不是无中生有，一株植物的潜能不论怎样发展，也培养不出理性，因此，人的发展的形式因或者说目的因潜在于质料之中，而教育则构成人的发展的一个重要的动力因。人的潜能发展的目的何在呢？亚里士多德将理性视为人的发展的目的。他认为人生追求的根本目的是善和至善，人作为政治的动物，其美德是行德，作为理性的动物，其美德是知德。知德是一种"理性智慧"，而行德是一种"实践智慧"，后者远远优于前者，因此，知德——脱离行动的玄思、沉思，为求知而求知，为研究学术而研究学术的纯思辨活动——就成为人的发展和人的教育所追求的根本目的。

尽管亚里士多德从生物学的角度论证教育，但他并不仅仅把儿童看成一个生物人，他还把儿童看做社会人、看做政治的动物，认为人只有在国家之中，作为国家的一部分，才能发展自己的能力并最终实现自己。这种看法较之卢梭要深刻得多。

亚里士多德的自然主义教育观有其深刻的哲学基础，尤其是他的四因说和关于人既是自然人又是社会人的观点对于我们深刻理解17—19世纪自然主义教育思想的哲学基础大有助益。亚里士多德的不足之处在于，他认为人类天生就是不平等的，有些人生来注定为奴隶，有些人生来注定做统治者。这种天性论是他有别于17—19世纪自然主义教育家的根本之点。

### 二、夸美纽斯的自然法则论

自然适应性原则是夸美纽斯教育思想中的一个指导性原则，他将自然适应性原则渗透到其教育理论的各个方面。

夸美纽斯在论证各种教学原则时，一般运用的是演绎法和反证法。他首先指出自然的基本法则和基本要求，其次找出一个常见的、通俗易懂的例子进一步说明这一法则，然后指出教育和教学中违背这种法则的弊病，最后揭示教育应遵循的原则和规则。

从逻辑上讲，这种论证方式并不严谨。其一，论证的第一步所叙述的自然的基本法则往往是根据所要论证的教育原则推演、杜撰出来的，是先有教育原则，然后才给这个教育原则找一个自然的法则作为论证，以加强教育原则的说服力和可信度。其二，论证的第一步所叙及的自然的基本法则是推理的大前提，这个大前提往往达不到基本法则的高度，如为论证循序渐进原则，夸美纽斯提出一条"自然不跳跃，而是循序前进"[1]的自然的基本法

---

[1] 〔捷〕夸美纽斯著，任钟印译：《大教学论·教学法解析》，人民教育出版社2006年版，第114页。

则，这很难有切实的说服力。其三，教育教学的规律有其特殊性，它与自然的基本法则并不完全等同，"自然是这样"并不成为"教育应这样"的充分理由。

令人迷惑的是，大前提的牵强与论证方式的不严谨并不影响夸美纽斯得出正确的教育结论。合理的解释只能有一种：夸美纽斯所提出的丰富而正确的教育结论是他丰富的教育实践的产物，正确的结论来自实践，而不是来自什么"自然法则"和四步论证。夸美纽斯寻求自然法则作为一些教育结论的依据，根本原因在于想以之增强其教育理论的可信度，这也与当时自然科学发展、人们纷纷探求自然规律有关系，反映出夸美纽斯积极追求真理、探索教育规律的科学态度和科学精神。

强调客观自然教育的决定作用是夸美纽斯客观自然主义的根本表现。那么，他又怎样看待主观之自然——人的天性与教育，与客观自然之间的关系呢？

夸美纽斯承继亚里士多德，认为人心如白板，板上什么都没有写，但是什么都能写上。这样就否定了天赋观念的存在。他说："我们与生俱来的理解力是空洞的形式，像一块白板……这些能力只是潜在的能力，它们需要发展。"① 这颇似亚里士多德的潜能与现实说。教育成为人的能力发展的动力。这样就易得出外铄论的结论。

夸美纽斯同时又指出，人是一个小宇宙，是大宇宙的缩影，人在暗中已包括了一切广布在大宇宙中的因素，因此，"没有必要从外部给人注入任何东西，只需要人自己所固有的蜷缩在内部的东西伸展出来，显现出来，只需要注意每一个个别的成分"②。又言："知识、德行和虔信的种子自然地深植在我们身上，但实际的知识、德行和虔信并没有给我们。必须靠祈祷、教育和行动才能得到这些……事实上，只有通过恰当的教育，人才能成为人。"③从此，又易得出内发论的结论。

这就造成了矛盾。实际上人的认识如何成为可能，这个问题一直困扰着每一时代的人，这个矛盾在洛克、康德那里都有表现。

人的先天禀赋只是一种发展的可能性，它在人生之初无确定的形式和实质的内容，但它却不是无，用亚里士多德的话说，它是一种暗含形式的质料。人的发展是外铄与内发、是外因与内因共同作用的结果。这样，教育的可能性与必要性就有了立足点。夸美纽斯讲人的天性中含知识、德行与虔信的种子是他追求知识、德行、虔信的反映，但人的天性中的确含有发展的种

---

①②③〔捷〕夸美纽斯著，任钟印译：《大教学论·教学法解析》，人民教育出版社2006年版，第52、41、51页

子或者说发展的可能性，不论是好的可能性还是坏的可能性。

夸美纽斯认识到儿童的发展具有阶段性，要求教师尊重儿童自然发展的顺序和特点，"教师也如同医生，他是自然的仆役而不是自然的主人"①，教师应顺应儿童天生倾向发展的特点开展教育工作。教师应了解研究儿童，针对其不同年龄特征和个别差异采取灵活多样的教学方法。

夸美纽斯自然主义教育思想的不足之处在于，在理论上，他没有将儿童天性的自然发展提到应有的高度，而是过于强调客观自然的教育的决定作用。实际上，夸美纽斯所提出的那些教学原理、教学原则、教学方法大多是由儿童本性发展所决定的东西，他依循当时的风尚企图以自然规律来说明论证教育规律，但却没有直接运用儿童身心发展规律来说明教育的规律，这不能不说是一个缺憾。

### 三、卢梭的性善论

卢梭（J. J. Rousseau，1712—1778）认为，人的教育来源于三个方面：自然、人、事物。我们的才能和器官的内在的发展，是自然的教育；别人教我们如何利用这种发展，是人的教育；我们对影响我们的事物获得良好的经验，是事物的教育。在这三种不同的教育中，自然的教育完全是不能由我们决定的，事物的教育只是在有些方面才能够由我们决定。只有人的教育才是我们能够真正地加以控制的。为使这三种教育协调起来，"人为"的教育和"事物"的教育就必须从属于"自然"的教育。用现代语言讲，就是后天教育应依儿童身心发展的特点而施。

卢梭这里所讲的自然是指儿童发展的一些"原始的倾向"，是一种"内在的自然"。② 与夸美纽斯外在的客观自然相比，这种"自然"内涵的转变使教育的过程由适应外部自然的要求转向适应人的内在自然发展的要求，标志着自然主义教育理论发展的新阶段。卢梭看到了人的身心发展具有不以人的意志为转移的客观规律性，认为教育必须遵循这种规律性，卢梭的关于教育由人的本性发展决定的理论较之夸美纽斯的自然法则决定论大大前进了一步，为更深刻地探讨教育的本质和规律奠定了基础。

卢梭对上述自然主义教育观的论证少了一些中间环节：其一，他没有明确讲儿童本性发展是有规律的；其二，他没明确讲教育应遵循儿童本性发展规律，否则就会出现弊端甚至失败。他只是讲儿童本性发展是完全不可控

---

① 〔捷〕夸美纽斯著，任钟印译：《大教学论·教学法解析》，人民教育出版社 2006 年版，第 127 页。

② 〔法〕卢梭著，李平沤译：《爱弥儿》上卷，人民教育出版社 2001 年版，第 5 页。

的,而人为的教育是完全可控制的,事物的教育在一定程度上是可控制的,然后就下结论:可控的或一定程度可控的因素应服从不可控的因素。一般而言,可控因素未必一定就必须服从不可控因素。因为事物发展过程中有许多不良因素也是不可控的,对这些不良因素的态度应是抵制而不是服从。因此,卢梭的论证有含糊不清之处,他没有点明儿童身心发展具有规律性以及遵循它的必要性。儿童的本性发展是有规律的,那么,儿童本性的性质如何呢?

卢梭认为人性本善,《爱弥儿》开篇就讲:"出自造物主之手的东西,都是好的,而一到了人的手里,就全变坏了……偏见、权威、需要、先例以及压在我们身上的一切社会制度都将扼杀他的天性,而不会给它添加什么东西。他的天性将像一株偶然生长在大路上的树苗,让行人撞来撞去,东弯西扭,不久就弄死了。"① 卢梭认为人天生所禀赋的自由、理性和良心便构成善良的天性,性善人人皆同,人的罪恶乃后天影响所致。这样卢梭就赋予先天因素以现实性,而不像亚里士多德那样仅言先天禀赋只具发展的可能性。这样就产生了一个问题,既然天生性善,何须再受后天的教育?如果需要接受后天教育,所接受的又是一种什么性质的教育?

卢梭认为,人天生之善性有待发展,因而教育有必要性。但教育应注意防范社会不良因素对儿童的不良影响。为此他提出"消极教育"的观点,认为儿童早期本性发展是柔弱的不完善的,易受外界恶势力侵扰,因此应实施消极教育,让儿童"不做任何事情",以保护儿童先天的善性,使儿童在无干扰的情况下按其本性健康地成长。他说:"不在于教学生以道德和真理,而在于防止心灵沾染罪恶,防止思想产生谬见。"② 当儿童身体强壮、有能力抵御邪恶时,才让他们接触社会。这种消极教育含有合理因素,但具有一定的保守倾向。

卢梭提出的性善论在理论上是不科学的,因为人生之初人性无所谓善恶,善恶乃后天所形成,含浓厚的社会价值色彩。但卢梭的性善论与中世纪基督教的性恶论是根本对立的,在反对宗教对人的禁锢方面具有进步意义。

**四、泛爱派的人性论与人生观**

泛爱派教育家的教育思想并不完全一致,但他们的基本思想以及教育实践的做法是大致一样的,这反映出他们的教育思想以一种共同的东西作为指

---

① 〔法〕卢梭著,李平沤译:《爱弥儿》上卷,人民教育出版社2001年版,第1页。
② 〔英〕博伊德、金著,任宝祥、吴元训主译:《西方教育史》,人民教育出版社1985年版,第296页。

导,这就是他们所主张的人人追求幸福的人性论与人生观。

以特拉普为例说明这种人性论与人生观。特拉普认为,人类的根本动机是对幸福的追求,从此又生出感觉、表象等的动机而促进人的活动。人类活动的终极,则为自由的爱,于是自动的法则、自由的法则就成为特拉普的中心原理。

特拉普认为在人类本性的素质中有不能独自发展的素质,这种素质若能发展起来,不仅对本身有无穷的幸福,且有益于社会其他人的幸福。将这些素质发展起来就是教育目的之所在。人不可脱离社会而存在,人的发展与完善,除了要有自身天赋的条件外,还要有社会条件。是社会供给人天赋条件的发展以内容、以方向。社会与个人有共荣共衰的关系,教育不仅是增进个人幸福的手段,亦为增进社会幸福的手段。

幸福是具有愉快感觉的状态。人所希望的、所孜孜以求的无非是幸福,无非是愉快的状态,没有人希望得到痛苦与不幸,因为人本来就是为脱离不幸与不快而生存着的。有人以崇信上帝为最后的目的,有人以身心完全发展为最后的目的,特拉普言这些皆非最后的目的,它们的背后还有目的,这目的就是对幸福的追求。幸福有真伪之别,有事实上的幸福与想象中的幸福之分,还有完全与不完全的差异。教育是以真正的、现实的、完全的幸福为目的。

什么是真正的幸福呢？凡给人以真正的喜悦的就是真正的幸福,也就是说,快感即幸福,快感与快乐的量、质与持续时间为幸福的尺度。快感又分感觉的、精神的和道德的三种,三种快感的质量依次渐高。

凡是能使我们满足的东西,皆可引起快感。但从社会的角度看,并非人的所有的满足都是有益于他人和社会的。特拉普认为,个人与社会相互依存,个人在满足自己的同时不要妨害他人的自身满足。在不侵害别人利益的基础上实现自己的满足才是真正的满足,才是教育所应追求的目的。人在生活早期只有感觉的需要,但亦有一种追求精神与道德生活的需要,应尽早唤起并培养这种素质。就重要性而言,道德感居先,精神追求次之,感觉的快感又次之。感觉的快感虽为最后一等,且人对这种快感的追求中难免有损害他人之举,但它亦为人生之不可缺。就人的天性而言,特拉普认为,天性是一种自然倾向,它无善恶之别,但它却有高下之分,天性极高或极低的仅是极少数人,大多数人处于中等水平,这些人是社会的主要构成部分,应着意教育培养。

### 五、裴斯泰洛齐的潜在能力论

裴斯泰洛齐认为,人人都有一些天赋的力量和能力,这种潜在能力是上帝所赐予，他言："人类一切有益的能力，既不是人工的产物，也不是机会的结果，它们实在是每个人的一种自然占有物。"① 这种潜在的能力分三个方面的内容：道德的、智力的和身体的。教育的目的在于使这些方面的天赋能力得以充分和谐的发展。潜在能力的发展有一定的顺序，身体外部感官的发展在前，智力发展其次，道德发展又次。教育应遵循这一发展顺序，当儿童本性尚未显露出时就施以教育，只会事倍功半，他要求"依照自然法则发展儿童道德、智慧和身体各方面的能力"②。可见，裴斯泰洛齐对教育内容、教育过程、教育方法以及教育目的论证皆以上述理论为基础，其论证方式颇似亚里士多德。

潜在能力是一种与生俱来的"自然占有物"，它无质的规定性，仅仅是一种天生的发展潜力，是后天影响使其获得实质性的内容。但它的发展不是被动消极的，而是主动积极的，因为它具有一种从不活动状态到充分发展的倾向，天性发展具有一种内在的动力，这种认识与裴斯泰洛齐接受德国哲学家莱布尼茨（G. W. Leibniz, 1646—1716）的影响有关系。

裴斯泰洛齐继承了莱布尼茨单子论中强调能动性的思想，并将之引入到教育理论之中，从而使其理论高出教育理论中的"白板说"一筹。

既然人的本性具有要求自我发展的特点，那么外在的教育还有无必要？外在的社会因素对人的本性的规范还有无必要？

裴斯泰洛齐认为，人是社会性的动物，人的各种天赋能力的发展既是天性自身特点的要求，也是"人类的普遍需要"。他讲："为人在世，可贵者在于发展，在于发展各人天赋的内在力量，使其经过锻炼，使人能尽其才，能在社会上达到他应有的地位。这就是教育的最终目的。发展人的内在力量，不得不利用社会与人生相结合的教育办法，从而使其得到人的品德、家庭幸福、工作能力，直到能实现社会上的需要。"③ 由此观之，外在因素不仅构成天性发展的途径手段和内在动力，亦影响其发展的内容和方向。对教育的社会功能的强调是裴斯泰洛齐高于卢梭自然主义教育理论的一个重要方面。

裴斯泰洛齐极大地发展了卢梭的自然主义教育理论，进一步提出教育心理化思想和要素教育论思想，把卢梭教育思想中的具有浪漫色彩的、不切实际的东西予以具体化和合理化，把人的本性发展更确切地理解为人的心理发展，从而在自然主义教育思想和教育心理学化思想这两大近代教育思潮之间

---

①② 张焕庭主编：《西方资产阶级教育论著选》，人民教育出版社1979年版，第173页。

③ 任钟印主编：《西方近代教育论著选》，人民教育出版社2001年版，第238页。

架起了一座桥梁，大大深化了自然主义教育理论。

### 六、福禄培尔的万物统一论

福禄培尔的教育适应自然含两方面的含义：一是要遵循对自然万物普遍有效的法则，一是要顺应人本身发展的特点。福禄培尔认为万物都是统一的，都统一于上帝，都服从于同一个法则。上帝创造的自然，从低级到高级，分别为石头、植物、动物和人，上帝的造物中倾注了上帝的力量，上帝精神可通过某种方式从这些造物中显现出来。人也是上帝的造物，同其他造物一样服从统一的规律，蕴涵着一切事物具有的共同本质——上帝精神。人应意识到他的天赋力量和体现在他身上的上帝精神，教育的作用和意义在于顺应人的本性，去激发并发展表现于人身上的上帝精神。他说："一切事物的命运和使命就是展示它们的本质，也就是展现它们的上帝精神……作为明智和具有理性的人的特殊命运和特殊使命就是使他的本质、他的上帝精神，即上帝，以及他的命运、他的使命本身，成为完全的意识、活的认识和明确的观点，并自决地和自由地在自己生活中加以贯彻，使之发生作用，得到展现。人的教育就是激发和教导作为一种自我觉醒中的、具有思想和理智的生物的人有意识地和自决地、完美无缺地表现内在的法则，即上帝精神，并指明达到这一目的的途径和手段。"[①] 这样，教育就成为发展人身上的神性的主要手段。

教育还应遵循儿童本性发展之自然。福禄培尔认为不可将人或人性"看做一种已经充分发展的、完全形成的，一种已经固定、静止的东西，而应当看做一种经久不断地成长着、发展着的，永远是活生生的东西，永远朝着以无限性和永恒性为基础的目标，从发展的训练的一个阶段向另一个阶段前进的东西。那种把人类的发展和训练作为一种静止的、完结的，似乎始终仅仅是以更大的普遍性重复着的观点，是一种极其有害的观点"。[②]

人的发展既有阶段性又有连续性。福禄培尔指出："人为了完成他的使命和实现他的天职而需要经历的发展和训练，乃是一个永久性地连续不断地前进的、始终一贯地从一个阶段向另一个阶段上升的不可分割的整体。"[③] 人的发展是阶段性与连续性的统一，不可只见前者不见后者。他说："把人不断前进的一系列发展的年岁划分明显的界限和造成截然的对立，从而完全忽视持续不断的进步、活生生的联系和生活的本质，那是十分有害的，起阻碍作用，甚至会发生破坏作用。极为有害的是，把婴儿、幼儿、少男、少女、

---

①②③〔德〕福禄培尔著，孙祖复译：《人的教育》，人民教育出版社2001年版，第6、16、69页。

男青年、女青年、男人、女人、老头、老妇人等这些人的发展阶段截然割裂开来，而不是如生活表明的那样，它们之间是没有裂罅的，彼此相互过渡的，不间断地前进的。"①

对儿童发展的"自动性"的强调是福禄培尔自然主义教育思想的重要特色，他说："在良好的教育、地道的教学和正确的训练中，必须和应当由必然唤起自由，法则唤起自决，外来的约束唤起内在的自由意志……为避免后一种可能和实现前一种可能，一切以规定的方式表现出来的东西必须顺应学生的本性和需要。"②又说："人的教育就是激发和教导作为一种自我觉醒中的、具有思想和理智的生物的人有意识地和自决地、完美无缺地表现内在的法则，即上帝精神，并指明达到这一目的的途径和手段。"③

福禄培尔对儿童主动性的强调与他关于上帝精神的思想是相通的。人的本性中已蕴涵了上帝精神，这种精神具有一种自我体现的意志。自动性既是人性的表现，也是神性的要求。

他认为儿童有四种本能，即活动本能（包括创造本能）、认识本能、艺术本能和宗教本能，这些本能皆具有自我发展的内在动力。那么，内在与外在的关系是什么呢？福禄培尔非常重视儿童发展的内部动因，但他的教育观却不是纯粹的内发论。他认为"对立融合"是万物皆必须服从的普遍法则，人的发展亦服从这一法则，精神作为一种冲动由内向外发生作用，自然作为一种刺激由外向内发生作用，从而使精神与自然两种貌似对立的东西通过这种相互作用达到融合或统一。这种相互作用是在活动、劳动过程中得以实现的。因此，福禄培尔非常重视儿童的活动的意义，认为人只有在活动中，自身所存在的上帝本质才能显现出来，与外界的相互作用才能实现。

总之，福禄培尔将儿童的发展看做一个自动性的、内在条件与外部条件交互作用的、阶段性与连续性相统一的过程。他的主要贡献是强调儿童在教育过程中的主体性，当然他对这种主体性的论证是以神性为基础的。

### 七、第斯多惠的双适应论

第斯多惠将自然适应性原则确立为教育和教学的最主要的指导性原则。在《德国教师培养指南》中指出："我们必须倾听大自然的呼唤，忠实地遵循大自然所指出的方向。人只有和大自然结合才会幸福……不相信人的天性

---

①②③〔德〕福禄培尔著，孙祖复译：《人的教育》，人民教育出版社2001年版，第24、13、6页。

便不可能有符合自然发展规律的好教学法。"①

第斯多惠认为，人的本性是人的发展的始基。人只能发展那些预定了的本性，如同橡果只能长成为一棵橡树一样。由此，他强调教育对儿童本性的引发作用，"因为天资只是发展和培养的可能性……每一发展取决于下面这两个条件：天资的存在和激发的存在……没有激发便没有发展，天资也就停滞不前。教育就是激发。教育理论就是激发理论"。②这里，第斯多惠表现出一种本性决定论的思想。他还认为儿童心理发展分三个阶段，这三个阶段各具不同的特点，三个阶段的发展顺序是潜存于天性之中的，是随着生理成熟而自然表现出来的。

为什么要遵循自然？第斯多惠认为，凡自然的都是正确的，本性发展之自然是一种客观存在，违背它的发展顺序和规律就会出现恶果。他说："如果有人在课堂教学中采用了某种教学法，证实完全符合自然发展规律，那么这就说明了我们的理论是正确的……人们可以违反天性的发展规律，可以发号施令，可以压制和阻碍天性的发展，但是这都起不到作用，天性仍然继续存在，即便天性一时被压制下去，仍会重新出现，只有顺从天性的发展规律，才能取得较好的教学效果。"③

第斯多惠把自然适应性原则主要应用于教学领域，着重讨论了儿童本性、心理发展中的最重要方面——智力方面的发展及其规律性，并提出相应的教育措施。他认为，智力生活发展的最一般的形式就是感受性和主动性，感受性在幼年占优势，随着儿童年龄的增大，会日益转移到主动性方面。感受性是指儿童在幼小时以感性认识为认识的主要形式，直观占据绝对优势。而主动性是人发展的重要动力，人的发展并不全凭外力，人自身若不作出努力，人的精神发展是不可能实现的，"人的固有本质就是人的主动性。一切人性、自由精神及其他特性都从这一主动性出发……教师的注意力首先是发展人的主动性，人受教育后会变成自身的主人，变成生活中的进修者"。④

强调儿童的主动性是裴斯泰洛齐、福禄培尔、第斯多惠等人的自然主义教育思想的共同特征，只不过立论基础不同。裴斯泰洛齐和福禄培尔思想中的主动性含神秘主义色彩，第斯多惠的"主动性"强调的则是人发展过程中的主观能动性，在理论上较少神秘主义气息，比较切实客观。而且在政治上，与他对当时普鲁士政府的专制教育的批判亦有关系，具有鲜明的社会进步性。

---

①②③④〔德〕第斯多惠著，袁一安译：《德国教师培养指南》，人民教育出版社2001年版，第100~101、79、99、22页。

第斯多惠认为，仅强调适应自然还不够，作为对自然适应性原则的补充，第斯多惠提出了"文化适应性"原则。他说："遵循自然规律的教学原则是对每一个教师的最高要求。这是我们追求的最崇高的理想。不过遵循文化教学原则不能决定教育的一切问题，它只是提出一个一般的标准。根据这一标准来评价课堂教学和教育活动的好坏。这一原则的思想内容就是在教育时，必须注意人在其中诞生和将来生活所在的地点和时间的条件。一句话，应该注意包罗万象的全部现代文化，特别是当地的特有的文化。"① 文化在此的含义并不仅是指一种精神的东西，而意味着某一时代的整个社会生活及其物质和精神文化的总和，亦可以将文化适应性叫做社会适应性。"在制订一切教育方案时必须考虑到我们时代和社会的风俗习惯，必须考虑到我们时代的精神文明以及我们民族的民族性。一句话，必须考虑到近代文化和当地的文化现状。"②

第斯多惠认为，文化适应性原则和自然适应性原则越一致，"生活的形象就越显得美好和纯朴"。③但由于自然适应性原则是一种自然的应有的东西，反映的是一种理想，而文化却是实际的现存的东西，反映的是一种现实，因此，文化适应性原则和自然适应性原则之间可能发生摩擦与冲突。第斯多惠明确指出："违背自然规律的方法根本没有充足的科学根据，所以我们有责任反对畸形教育和堕落文化的谬论。针对退化堕落的文化我们必须求助于自然。"④

第斯多惠认为，凡自然的都是好的，都是正确的，而文化作为一种现实存在，既有合理因素，亦有不合理因素，违背自然适应性原则显然是错误的教育，错误的文化亦有违自然适应性原则。但实际情况却是，若方法不当，正确的好的文化的教授与学习亦有违自然适应性原则。自然适应性原则和文化适应性原则反映的是两个领域的内容，前者反映的是教育与人（尤其是与人的心理发展）之间的关系，后者反映的是教育与社会之间的关系；前者主要涉及的是教育的方式方法等教育技巧问题，后者涉及的是教育的方向目标等教育目的问题。由此可以看出，第斯多惠力图将教育建立在对人的认识和对社会的认识的基础之上，尽管他没有像赫尔巴特和杜威那样明确、那样直截了当。

第斯多惠关于自然适应性原则的论述较前人在广度和深度上皆有进步。在广度上，他不囿于适应自然，提出文化适应性原则作为对自然适应性原则的补充，大大降低了自然适应性原则中的理想主义、浪漫主义色彩，将理想

---

①②③④〔德〕第斯多惠著，袁一安译：《德国教师培养指南》，人民教育出版社2001年版，第169、170~171、171、170页。

与现实结合起来。他隐隐约约地看到，决定某一社会的教育现实的东西不是儿童的心理特性，而是那个时代那个社会的客观现实和客观要求，如果说人性在每一时代都相对稳定的话，那么，社会（文化）则因时代的不同而变动不居。更可贵的，他看到了现实与理想之间的差距，以为人有理想是应该的，它是人前进的动力，但不应仅为追求理想而漠视现实。他说："因为遵循文化的原则十分接近遵循自然规律的原则，所以前者永远不会完全满足后者的要求（相一致）。换句话说，现实和理想总是有一段较长的距离，就是说，比起现实中所能达到的，我们思想中永远存在着一种较主要的追求目标。其中存在着人类进入尽善尽美无止境的明确性。在前进的道路上随时有可能改变目标，如果具备文化的观点，事情就会完全改变。"①在深度上，他不囿于仅仅泛泛而谈教育对儿童本性发展的适应，而是将自然适应性原则具体运用到教学领域；并不仅仅空谈儿童本性，而是着重讨论儿童本性中的智力发展的形式和阶段性问题，大大深化了自然适应性原则的内涵。

自然主义教育家在论证自然主义教育思想的基础时，观点不尽相同。有的将自然主要理解为"客观之自然"（如夸美纽斯），有的主要将之理解为"主观之自然"（如卢梭），有的还作了双重的理解（如福禄培尔）。但不论哪种理解，论证往往都是围绕着儿童的天性展开的。对于天性的认识也是仁者见仁，智者见智，有的主要从伦理的角度去理解（如卢梭）；有的主要从人类智能的角度去理解（如裴斯泰洛齐、第斯多惠）；有的主要从人所具有的趋利避害的生物性的角度去理解（如泛爱派）；有的甚至还赋予人的天性以神秘主义色彩（如福禄培尔）。尽管对天性的认识差异很大，但对天性发展的认识却是基本一致的，都认为天性是与生俱来的，天性是一种潜能或者说发展的种子，天性之始基中已蕴涵着发展的可能性，这种可能性称做自动性，它给予儿童发展以内在动力。天性的发展是一个内在因素与外在因素交互作用的过程，天性发展不可也不能脱离社会而进行。天性发展是一个阶段性与连续性相统一的过程，每一阶段具有不同的特点。

自然主义教育理论就是运用天性的性质及其发展特点来论证教育的可能性与必要性、教育的内容与方法以及教育的目的。

---

① 〔德〕第斯多惠著，袁一安译：《德国教师培养指南》，人民教育出版社2001年版，第172页。

## 第三节 自然主义教育思想的基本内容

自然主义教育家的教育思想有共性,但亦有很大的差异,很难把他们的各种各样的思想都纳入一个框架之中。在此仅从教育目的、儿童发展分期、课程论、教育教学原则与方法论等角度陈述自然主义教育思想的基本内容。

### 一、教育目的

适应自然、遵循自然的法则本身只是一种手段,之所以要求适应自然,之所以要遵循自然,是为了达到自然以外的某种目的。因为自然是中性的,不论是大自然之自然还是人性之自然,它不能决定教育的性质和方向,决定教育的性质和方向的只能是一定时代的社会存在。但由于人们生活于不同的时期,遭遇不同的社会存在,还由于人们对相同的社会存在亦有不同的主观反映,从而导致自然主义教育家对教育目的的看法亦各有千秋。

亚里士多德的教育目的论是以其灵魂说为前提的,他从灵魂的构成出发,认为教育的目的在于使儿童在体、德、智、美诸方面得以和谐发展。但细究起来,这种发展不是唯美的,也不纯粹是个人主义的,体、德、智、美皆有特定的社会内涵,都打上了城邦社会的烙印,反映了当时城邦对文化教育的要求,具有鲜明的社会定向。

夸美纽斯认为教育的目的在于使人为来世的永生做准备。他认为教育有三个重要任务:认识自己和周围世界、自我管束和向往上帝,意即要达到有学问、有德行并对上帝心存虔信。学问、德行、虔信是教育应达到的具体目标。

夸美纽斯认为,学问、德行、虔信应得到和谐的发展,因为"人本身不论在外部或内部都不过是和谐"。① 这几个方面发展的根基在于人的本性之中,因为人生来就具有学问、德行和虔信的"种子"。但种子只预示了发展的可能性,若由可能性达到现实性,必须通过教育,"只有通过恰当的教育,人才能成为人"。② 教育不仅是个人诸方面发展的手段,更是社会改善的重要途径,他认为,教会与国家的改良在于青年得到合适的教导。他意欲通过教育使社会减少黑暗、烦恼和倾轧,增加光明、整饬、和平与宁静。

夸美纽斯将人的发展、现实社会的改善、为永生的准备三个目标合为一

---

①② 〔捷〕夸美纽斯著,任钟印译:《大教学论·教学法解析》,人民教育出版社2006年版,第45、51页。

体,将人、社会、上帝三者统一起来,他的教育目的既是宗教主义的,又是人道主义和现实主义的。三者中人的发展是基础,没有人的发展谈不上社会改良亦谈不上准备永生。而人要取得圆满的发展,就须遵循人的自然本性的发展规律,就须遵循自然的法则。可见,遵循自然是教育目的实现的前提、条件和手段。

卢梭明确地讲,教育的目的就是培养自然人。他认为自然人不同于公民,自然人完全是为他自己而生活的,是绝对的统一体。而公民的价值在于他同总体,即同社会的关系。卢梭又指出,一个生活在自然中的自然人和一个生活在社会中的自然人,两者全然不同。爱弥儿不是被教育成为孤独的人,而是被教育成为社会成员,而且要能够尽到社会成员的职责。卢梭的自然人是与社会相统一的自然人,并非不食人间烟火,并非不受社会的习染。只不过卢梭在此所言的"社会成员"有一层新的含义,他要培养的绝不是专制制度的卫道士,而是新的"社会"的代言人。之所以称之为自然人,原因有二。其一,所谓自然人,就是存其天性、扩其天性,而不是阻碍压抑天性之自然发展。亦即自然人是依据儿童身心发展之自然规律而造就的,这样培养出的人就是自然天性充分发展的、个人潜能得以充分实现的自然人。即自然人是用自然教育的方式培养出来的。其二,人性本善,而社会为恶,人的培养中远离社会罪恶对人的污染和侵袭,故称之为自然人。

《爱弥儿》前四卷详尽地说明了儿童各个年龄时期的教育,儿童经过四个阶段的教育后,成为一个身体健康、感官敏锐、富于理智(掌握许多实用知识,具有解决问题的能力)、品德高尚、能独立谋生的新人。卢梭认为,通过这种人的培养,就可以改造罪恶、虚假的社会。

由此可以看出自然人的社会性,可以看出标榜自然目标背后的社会目的。退一步说,即使卢梭要培养的是不与社会与任何接触的自然人,这种观念本身也是一种对社会存在的反映,亦含有社会的原因和动机。

自然人并不纯"自然",那么培养自然人和造就公民有何关系呢?

《爱弥儿》开篇就讲,人本性是好的,而社会是坏的。必然的结论是:若存人天性之善,则不可使人存于社会之中。这个结论是荒谬的。卢梭也意识到这一点,意识到人不可能脱离社会而生存。

卢梭的浪漫主义往往使他在逻辑上出现矛盾与不谐。在《爱弥儿》中他曾极端地认为:"'国家'和'公民'这两个词应该从现代的语言中取消。"[①]但10年后在《关于波兰政治的筹议》中他却又强调国民教育的必要性。可

---

[①] 〔法〕卢梭著,李平沤译:《爱弥儿》上卷,人民教育出版社2001年版,第7页。

见，当卢梭把自己关在小屋子里抑或是大屋子里凭自己热情的想象让智慧纵横驰骋时，有些想法非常浪漫而不切实际，展现的是当时他的那种主观的理想的心态，但当他面向现实时，他就不得不客观地考虑社会的因素对教育、对个人的不可避免的影响。

这种矛盾在卢梭身上能统一起来吗？能得到解决吗？

纵观整部《爱弥儿》可以发现，卢梭并没将社会视为一团糟，社会诚然有不尽人意的乃至丑恶的一面，有违背人性的一面，但是，实际情况是，社会并不是丑恶得一无是处，也不是一点不顾及人性。社会环境对人的影响向来不是单面的，社会与人的关系也向来不只是对立的。结论只能是：儿童能够成为社会的一员而仍保持其本性，如果他把需要掌握的社会观念变成他自己的观念，这样，他就不把那些社会观念看作是异己的、强加的东西，而是自己本性的表现。卢梭曾明确地说："虽然我们想把他培养成为自然的人，但没有必要使他成为一个野蛮人，把他们赶到森林中去。只要他处在社会生活的激流中，不致于被自己的情欲或人们的偏见拖进旋涡里就行了，只要他们用自己眼睛去看，用自己的心去想，而且除了自己的理性以外，不受其他权威所控制就行了。"[①]

泛爱派认为教育的目的在于追求幸福，他们认为对幸福的追求是人的一种根本的自然动机。但泛爱派强调个人在追求幸福的同时，不应该忘记他人和社会的幸福。与夸美纽斯、福禄培尔等人相比，这种教育目的少了许多宗教神秘色彩而更具世俗性；与卢梭相比，这种教育目的少了许多浪漫气息而更富现实性。以追求幸福为目的，是从人生观的角度出发而提出的教育目的，这看似平实无奇，实际上却比那些堂而皇之的教育目的更切实、更深刻。

裴斯泰洛齐认为教育的目的在于使人的一切天赋力量和能力和谐发展。由于天赋能力包括道德、智力和身体诸多方面，裴斯泰洛齐要求教育应包含德育、智育、体育和劳动教育，使儿童"头、心、手"的发展和谐并进。裴斯泰洛齐将这几种教育皆建立在儿童自然本性的基础上，认为道德教育的始基在于儿童天性中的对母亲的爱，智育始于人类固有的关于"数、形、词"的观念，体育和劳动教育始于儿童关节的活动。但裴斯泰洛齐并不将教育目的视为自然而自然的，他有明确的改造社会的目标。通过教育消除贫困、改造社会是裴斯泰洛齐的基本信念，"顺乎人性的自然，合乎社会和时代的

---

[①]〔英〕博伊德、金著，任宝祥、吴元训主译：《西方教育史》，人民教育出版社1985年版，第293～294页。

需要"① 是其信念的集中体现。裴斯泰洛齐将人之自然本性与社会有机结合起来，将前者的自然发展和后者的进步紧密相互联系，不像卢梭那样似非而是，也不像夸美纽斯那样多一层宗教的屏障。但亦应看到，裴斯泰洛齐企图通过教育救民含有浓厚的改良主义倾向，尽管诚心可嘉，但却难以达到目的。这也是很多热心于教育的人的通病。

福禄培尔教育目的的宗教色彩非常浓厚。他亦谈依儿童本性而自然发展，但发展的目的、教育的宗旨却在于揭示存在于人的本质之中的上帝精神，儿童对外界事物，包括对自身的认识，都是为了进一步去"认识上帝"。既然如此，为什么福禄培尔的教育活动屡遭普鲁士反动当局的阻挠和破坏呢？

这主要应看他的上帝精神的实质何在。福禄培尔认为儿童应不受干扰地自然发展，否则，"人类那种完美的发展、稳步和持久的前进将会丧失，而丧失的这一切，正是上帝精神在人身上并通过人的生活所表现的自由和自决，这自由和自决便是全部教育和全部生活的目的和追求，也是人的唯一的命运"。② 与这种思想相应，福禄培尔还提出了教育中的"自我活动"的原则，重视儿童的自我发展和自由发展，要求培养自由的、自觉行动的、有思想的人。这些与当时普鲁士政府主张忠顺和服从相悖逆，加之福禄培尔的泛神论思想与政府的官方宗教不一致，因此福禄培尔所办的初等教育机构凯尔豪学校和学前教育机构"德国幼儿园"被阻挠压制甚至被禁止是有一定的政治和宗教背景的。可见，宗教性的目的背后却洋溢着人道主义的精神，他的主要著作定名为《人的教育》也足以说明这一点。

第斯多惠提出的教育目的则比较抽象，他要求以培养"全人"为教育的宗旨。那么，何为"全人"？第斯多惠的教育目的有哪些显著的特征呢？

首先，他要求培养"全人"是对当时普鲁士狭隘的教育目标的反动。当时的普鲁士统治者仅仅从本民族、本阶级的利益出发，片面强调沙文主义、地方主义的教育目标，而第斯多惠则明确地向教育家及教师们强调："你要说，要想，人是我的名字，德国人是我的绰号。"③ 第斯多惠放眼全人类，对人的培养和教育提出了更高的要求。

---

① 张焕庭主编：《西方资产阶级教育论著选》，人民教育出版社1979年版，第174页。

② 〔德〕福禄培尔著，孙祖复译：《人的教育》，人民教育出版社2001年版，第11页。

③ 〔苏〕麦丁斯基著，叶文雄译：《世界教育史》上册，五十年代出版社1951年版，第236页。

其次，第斯多惠提出的"全人"培养目标高度体现了形式教育与实质教育的辩证统一。第斯多惠指出，有些哲学家和教育家从哲学的高度出发，将教育的目的归结为真、善、美，如赫尔巴特就将培养"完善的人"、发展人的品格作为教育的目的；还有一些教育家认为教育的目的是发展人的一切自然的禀赋和力量，即发展人的主动性。第斯多惠认为前者是实质的，后者是形式的，但二者并不是根本对立的，他要求将形式教育和实质教育结合起来，认为教育的目的在于发展学生为真、善、美服务的主动性，即既要发展学生具有为真、善、美服务的态度，又要培养学生为真、善、美服务的能力。

再次，培养"全人"的教育目的继承和丰富了自然主义教育思想。第斯多惠认为教育有主观和客观两个基础，二者缺一不可。自动性构成教育的主观基础。他认为，人不同于自然，人能够超越自然对人的制约，主动地依人所认为合理的理想与目标去行动，在于人有一种"主动性"。人的观察、感觉、思维、自制力、言语和行为等各种能力及其表现，都是因为在人的天性中潜含有这种"自动性"的结果。第斯多惠指出，自动性只构成教育的主观基础，"因为自动性还只是一种没有明确方向的、空洞的个人意愿，人可以自动地趋向于善，也可以自动地趋向于恶。因此，培养自动性尚不是教育的根本内容，而是达到放育目的的手段和方法。为此，还应承认教育必有它的客观基础，这个基础，便是由社会生活中的真善美的标准所决定的"。[①] 第斯多惠要求将教育的主观基础和客观基础结合起来，即依真善美的轨道与标准去发展人的自动性、主动性。他要求把真作为自动认识的目的，把美作为自动感觉的目的，把善作为自动意志的目的，从而使人主观上的知情意的发展与客观上的真善美的要求结合起来，这样才算培养了"全人"。第斯多惠将个人与社会、主观与客观等因素较为辩证地统一起来，既克服了经验论的机械性，也克服了唯心论的主观性，对自然主义教育理论的论述更深一层。这与我们上面提及的第斯多惠将自然适应性原则与文化适应性原则相结合的思想是完全一致的。

最后，第斯多惠的教育目的观在理论上有其继承性和超越性，在实践中具有一定的针对性和进步性，其历史地位与价值是不容忽视的。但亦应看到，他的教育目的是抽象的，不论"全人"还是"真"、"善"、"美"，都是比较抽象的概念，这些概念往往因时代不同而有不同的标准，往往因人不同而有不同的内容，他的教育目的会使实践者感到不好把握，从而不利于实践。

---

[①] 王天一、夏之莲、朱美玉编著：《外国教育史》上册，北京师范大学出版社1984年版，第332页。

## 二、儿童发展分期

遵循自然对教育的核心要求就是教育应遵循儿童身心发展的规律。对儿童发展分期的论述是自然主义教育思潮的重要内容之一，成为自然主义教育思潮的重要特色。

亚里士多德依照儿童发展的年龄特征，将教育分为三个时期。从出生到 7 岁为学龄前教育期，幼儿主要在家庭里接受教育，该时期的主要任务是使身体正常发育成长；7 岁至 14 岁儿童"进入正规的集体教育"阶段，主要任务在于使儿童掌握读、写、算的基本知识与技能，并进行体操训练与音乐教育；14 岁至 21 岁教育的主要任务是发展学生的理智灵魂。亚里士多德将儿童身体的养护成长放在最初阶段，将儿童抽象思维能力的发展放在最后阶段，这种顺序基本上是合理的。

夸美纽斯将人从出生到成人划分为四个阶段，并与他提出的学校制度相对应。从出生到 6 岁为第一阶段，属学前教育阶段，主要任务是为儿童奠定体力、智慧和道德发展的基础。从儿童的特点着手，夸美纽斯特别重视童话、韵语和游戏在儿童教育中的作用。从 6 岁到 12 岁为第二阶段，属初等教育阶段，主要任务是充分利用各种学习科目去训练儿童的感官、想象力、记忆力及其相关的器官。从 12 岁到 18 岁为第三阶段，属中等教育阶段，主要任务是给学生一种百科全书式的知识（泛教与泛智），为以后接受更高深的教育打下基础。18 岁到 24 岁为第四阶段，属高等教育阶段，主要任务是学习、研究详尽而高深的课程与知识，使青年成为博学、睿智之才。夸美纽斯为每一个阶段都规定了专门的教育任务，并认为这些阶段的发展与递进具有统一性和连续性。

卢梭明确要求教育要依学生的年龄特征而实施，他把学生划分为四个年龄阶段。从出生到 2 岁为婴儿期，这个时期婴儿软弱无力，依赖性甚强，主要任务是保障婴儿的身体健康。通过合理的饮食、衣着、睡眠和游戏，养成健康的体魄，为儿童以后的发展打下基础。从 2 岁到 12 岁为理智的睡眠期，儿童的抽象思维还没有发展起来，不能理解抽象的理论概念和道德观念，因此，教育的主要任务是发展身体和训练感官。卢梭认为，感官是智慧的工具，通过感官训练，可为儿童以后的理智发展奠定始基。从 12 岁到 15 岁为儿童发展的第三阶段，儿童由好动变为好奇，由于前一时期受到良好的感官教育，具备了接受理性教育的条件，因此，这一阶段的主要任务是对学生进行知识教育。从 16 岁到 20 岁为青春期，儿童情欲开始出现，并开始认识到社会关系的复杂性，这决定了这个时期主要应对青少年进行性教育、道德教育和宗教教育。可见卢梭将儿童各个时期的教育完全建立在儿童身心发展的特点的基础上。

## 第七章 自然主义教育思想

泛爱派创始人巴西多把儿童发展分为三个时期,一为幼童时代,到能学习国语时为止;二为少年时代,到12岁为止;三为青年时代,从13岁到17岁为止,女子从13岁到16岁为止。巴西多将男女区别看待,认为女子比男子在某些方面的成熟要早。尽管作出了划分,但他论之不详。其他泛爱派教育家对儿童年龄分期的论述亦甚少。

裴斯泰洛齐没有论及儿童发展的具体分期,尽管他比前人对儿童身心发展的理解更为深刻。裴斯泰洛齐认为全部教育必须依从本性的发展顺序,儿童发展有其固有的规律和进程。对处于某一发展阶段上儿童的要求,既不能超出,也不应低于他的能力,这就要求教育要有层次的变化以适应发展的每一阶段。

福禄培尔将儿童发展划分为婴儿期、儿童早期、儿童期、学生期四个阶段。在婴儿期,主要发展感觉和身体,此时儿童对于运用感觉和肢体的结果是不关心的,这些动作并不是将内部的实在表现于外部。儿童早期相当于幼儿期、学前期,福禄培尔认为这一阶段语言发展和游戏在儿童发展中居重要地位。语言是认识外部事物从而进一步认识内部实在的工具,是连接内部世界和外部世界的手段;"游戏是内在本质的自发表现,是内在本质出于其本身的必要性和需要的向外表现……游戏给人欢乐、自由、满足、内部和外部的平静,同周围世界的和平相处"。① 在婴儿期,对父母和教育者的要求主要是养护。儿童早期是"把自己内在的本质向外表现"的时期,②训练居于主要地位。儿童期主要是学习,使外部的东西成为内部的时期,父母和教育者应引导儿童去认识事物,使学生彻底了解一切事物的统一性,洞悉一切事物都有上帝赋予的本性和生命。儿童期可称之为学校生活的初期,这一时期儿童的主要任务是在学校里学习知识,但学习知识的根本目的在于认识事物的统一性法则。学生期儿童发展的任务与儿童时期相同,只不过程度更高罢了。

可见福禄培尔关于儿童分期的划分是与他的神秘主义哲学观紧密相关的。内含不少神秘成分,但他要求发展儿童的感觉和身体,要求重视儿童的游戏的价值和语言的发展都是具有相当的积极意义的。

第斯多惠将儿童发展分为三个阶段。9岁以前,感觉(感性认识)或直观占优势的阶段。第斯多惠认为,"一切真知来自形象思维",③因此,这一

---

①②〔德〕福禄培尔著,孙祖复译:《人的教育》,人民教育出版社2001年版,第38～39、36页。

③〔德〕第斯多惠著,袁一安译:《德国教师培养指南》,人民教育出版社2001年版,第103页。

阶段构成下一阶段儿童发展的重要条件。9岁到14岁为记忆阶段，他认为这个时期"是终生记忆保存材料的促进期"，① 是记忆占优势的时期。14岁以后的悟性和理性阶段。悟性是理性形成的初基。"这时学生对学习有了明确的认识，对一般规律和规则认识也较清楚；具体表现在逻辑推理上，独立思考能力也有所加强，而且能够记牢一些固定的原理。这时的道德观念变成了思想品质，思想品质又转化为性格和能力。"② 第斯多惠认为，对儿童发展予以分段，无疑含有部分真理，但是在教育教学中遵守这种分法不是万无一失、无可争议的，因为儿童的生活不可能截然划分为有严格界限的时期。

纵观以上这些自然主义教育家对儿童发展阶段的分期可以发现，尽管具体的年龄分段因人而异，但对儿童身心发展的顺序的看法却是基本一致的，都将身体与感官的发展置于前，将抽象理性的发展置于后，基本上正确地反映了儿童身心发展的顺序和规律。他们还都力图将教育与教学建立在儿童身心发展规律的基础上，在不同的年龄阶段提出了不同的教育任务和目标，反映出对教育规律认识的深化。自然主义教育家关于儿童发展阶段的结论主要的并不是靠理论推演得来的，而是靠观察和经验，有教育实践的基础，为后人进行科学的教育理论研究和实验研究奠定了一定的基础。

自然主义教育家关于儿童分期的看法不足之处是明显的，很多划分是牵强的，有的还含有浓厚的神秘色彩，但毕竟是人类对儿童身心发展规律和教育规律有目的探究的积极表现，反映出自然主义教育家并不欲使教育完全依于纯粹的自然，反映出他们超越自然的主观能动性。

### 三、课程论

自然主义带来了处理课程和教材的新思路。夸美纽斯是人文主义教育、新教教育与唯实论教育的集大成者，其课程论亦反映出这一特色。它是人文主义的，他提出的泛智课程包罗万象，但其支柱是人文主义的课程；它是新教主义的，因为他具有明显的宗教目的；它是唯实主义的，因为他认为，如果所学的"知识对实际生活无益，那没有什么比这种知识更无用了"。③ 他注重国语、科学等实用知识的教学。我们还可加上一点：它是自然主义的，因为夸美纽斯的课程依年龄阶段不同而有不同的内容。在儿童发展的初期基

---

①② 〔德〕第斯多惠著，袁一安译：《德国教师培养指南》，人民教育出版社2001年版，第104、105页。

③ 〔捷〕夸美纽斯著，任钟印译：《大教学论·教学法解析》，人民教育出版社2006年版，第164页。

本以实物教学为主,待年龄足够大时才作抽象理论的学习与研究。更重要的是,他注重教科书的编写,在编写中,注重儿童身心发展的规律,积极贯彻直观性原则,将教学方法与教学内容有机地统一于教材之中。

卢梭认为儿童0—12岁是理智的睡眠期,不宜进行书本知识的教育。而且卢梭对当时的书本知识持否定的态度,认为当时的书本教育咬文嚼字,摧残心智。但卢梭并不排斥书本知识。他要求在儿童开始进行学习的时候,首先要对施教的内容进行选择,要求他所学的知识是有用的,是真正有益于他的幸福的知识。卢梭将自然知识的学习放在12—15岁这个年龄阶段,而将社会知识的学习放在15岁以后,他认为,社会知识较之自然知识更深奥莫测。卢梭反对死板的书本教学,要求以世界为唯一的书本。

卢梭所提供的课程是不系统的,他不是从学校教育而是从家庭教育的角度看待教育问题,因此,他未曾仔细讨论过教科书的问题。他的浪漫主义使其许多教育主张不切实际,破坏性有余而建设性不足是其理论的一个重要特点。

泛爱派从其教育目的出发,泛爱派的课程具有鲜明的功利主义倾向,所教内容注重实际生活,多选用实科教材,以便于将来的实际应用。巴西多非常重视教科书的作用,认为教育能否成功依赖于能否得到适当的教师和合用的教科书,而后者尤为重要。他认为初级课本的编排应该像《世界图解》那样有丰富多彩的插图和生活主要事实的综合描述,课本的内容应具有实用价值,首先要包括各阶级的人所需要知道的东西,然后是中间阶级的人所需要知道的东西,最后是对真才实学者有特殊价值的知识。

由于裴斯泰洛齐既重视教育的社会价值,又重视教育的心理学化,因此,他对课程的选择是从心理的与社会的标准来决定的。他用谈话的方法教授宗教、道德、算术、语言、地理、历史及博物;以"缀音表"教儿童诵读;以手工劳作教授实际的知识。但由于裴斯泰洛齐拘泥于教学方法的探讨,使得他所言的教学含更多的形式陶冶的成分,虽然能发展儿童的观察、思维等各种能力,但忽略了实际的知识。

福禄培尔设计的课程与其万物统一论有关联。由于他要求儿童既要认识作为外部世界的自然,又要认识作为内部世界的精神,还由于他认为沟通内部世界与外部世界的媒介物是语言,再由于他的浓厚的宗教性的教育目的,他所要求的学校教育的课程主要有四个方面:①宗教;②认识自然的自然常识;③促进思维发展的数学;④作为人与周围环境间的媒介物的语言。在自然科学方面,他开设了地理、物理、化学、自然史、工艺学等课程;在语言方面,他注重国语教学和现代语教学,大大降低了古典语言的地位。这些都反映了时代发展的要求。此外福禄培尔还重视体育、艺术教育和劳动教育。

福禄培尔为幼儿园设计的最重要的教材是恩物（gifts）。恩物有六种，第一种由颜色不同的柔软圆球组成，第二种由木制的圆球、立方体和圆柱体组成，第三到第六种是把立方体按不同的分割法组合而成。福禄培尔认为，上帝为万物的创造者，儿童运用恩物构成各种形状的物体，等于模仿上帝把世界重新创造一遍，可以更好地认识上帝的本质，并充分发展自己的智力与创造性。福禄培尔赋予恩物以神秘主义色彩，实际上恩物的真正价值在于发展儿童的主动性与创造能力。

第斯多惠对课程的看法反映了他对教育基本问题的认识。从形式教育与实质教育统一论出发，他认为培养思维能力应顾及所使用的教学内容的性质，给学生教授实际知识时亦应注意能力培养，应将二者结合起来，坚决摒弃那种空泛无物、不切实际的教育内容。从教育遵循自然的原则出发，他要求要"根据学生的观点和学生的发展规律来安排教材"，[1] 并提出了一系列的具体要求。例如："在讲授派生原理时要温习基本原理，由基本概念推导出派生概念"；[2] "把教材分成若干阶段和一个个小的整体来讲授"；[3] "在下一个教程中讲授课文时尽可能再来温习以前所学过的课文"；[4] "将专业相同而接近的课文结合起来讲授"；[5] 等等。从教育的文化适应性原则出发，他要求"教学内容要符合科学所达到的最新水平"，[6] 认为"应当传授给学生最扎实和最成熟的知识……把学生的知识提高到现代知识的高度……使学生熟悉现代物理学和博物学，熟悉近代数学地理和天文学，熟悉近代心理学和哲学"。[7] 第斯多惠还提出"根据学科特点选择教学形式"。[8] 对有些科目如历史、地理等可使用讲述教学法，因为这些知识是不能通过逻辑推理的方法使学生获得的。但在上数学、物理等推理性科目时，则应采用对话法和提问法，引导学生进行逻辑推理。第斯多惠的上述思想在有关知识与能力、课程与儿童、课程与文化、课程与教法等问题上的看法都是比较深刻的。

**四、教育、教学的原则与方法**

自然主义在教育上的贡献主要在对儿童身心发展规律的关注而引致的教学方法的变革方面。尽管仅就一个自然主义教育家而言，课程论是其理论的一个重要方面，但就整个自然主义教育思潮而言，课程论的重要性就不是那么彰显。诚然课程与教法有一定的内在联系，然而由于教学内容是由个人与社会两个方面共同决定的，而且主要的决定因素是社会，因此，自

---

[1][2][3][4][5][6][7][8]〔德〕第斯多惠著，袁一安译：《德国教师培养指南》，人民教育出版社2001年版，第151、152、153、153、154、154、166、157页。

## 第七章 自然主义教育思想

然主义教育的基本原理与课程论的逻辑联系远远不如与教学方法论的联系那样紧密。

自然主义教育家对教育、教学的原则与方法的论述是他们对教育思想史的突出贡献之一，如果说唯实论主要解决的是"教什么"的问题，那么自然主义则主要解决的是"怎样教"的问题。

遵循自然是他们教育思想中的最基本的指导原则，在此原则之下，他们又提出了其他一些教育的原则和方法。

夸美纽斯在《大教学论》提出的教学原则归纳起来主要有直观性原则、循序渐进原则、启发性原则、量力性原则、因材施教原则、彻底性与巩固性原则等。直观性原则要求把通过感官所获得的对外界事物的感觉经验作为教学的基础；循序渐进原则要求在教学中由近及远，由易到难，由简到繁，由已知到未知，由具体到抽象；启发性原则要求在教学中不要压制儿童，应启发儿童的学习愿望与主动性；量力性原则要求教学应适合儿童的年龄特征，"凡是他们不能理解的，都不要给他们学习"；① 因材施教原则要求根据儿童不同的特点采取不同的教育、教学方法和措施；彻底性与巩固性原则要求多做练习和复习，这样不仅可以磨炼记忆力，巩固所学知识，而且益于培养其他技能。这些原则不仅反映了人类一般认识和教学认识的规律性，而且反映了教育应遵循儿童身心发展特点这一规律性。夸美纽斯所提出的这些教学原则，是相互联系、相到渗透的，内容广泛，论证深刻，已形成为一个教学原则的体系，而且是教育史上最早提出的教学原则体系。这个体系的提出是夸美纽斯的重大理论贡献，并对后世产生了广泛的影响，近代教育家们提出的教学原则基本上都未超出夸美纽斯的范围。

尊重儿童天性是卢梭教育思想的主旋律，这一主旋律也萦绕在他关于教学方式与方法的论述中。卢梭要求在教学中应启发儿童的兴趣和自觉性，他对填鸭式教学深恶痛绝；他要求根据儿童的理解能力和接受水平选择学习的内容，他为不同年龄阶段的儿童规定了不同的教育任务；他认为儿童学习的速度要适中，不要急于求成，好高骛远反而导致事倍功半，他提出的消极教育的主张是不急于求成的典型表现；他注重直观教学，强调通过实际观察学习知识，等等。卢梭所提出的这些看法皆未超出夸美纽斯的范围，而且其论证的理论性、系统性、深刻性皆不能与夸美纽斯相比。

泛爱派也重视教学方法的探讨，巴西多曾写过《教育方法论》（*De Methodo Inusitato*）。他受夸美纽斯和卢梭影响甚大，他的哲学可概括为

---

① 〔捷〕夸美纽斯著，任钟印译：《大教学论·教学法解析》，人民教育出版社 2006 年版，第 106 页。

"一切知识始于感觉，事物的经验重于一切"。他注重游戏和谈话的方法，反对强制与灌输。其后的其他泛爱派教育家对教学原则方法的论述更为周详。

裴斯泰洛齐对于教学理论的发展作出了重大贡献，他提出了直观性原则、连续性原则、循序渐进原则、自发性和自我能动性原则等一系列教学原则。由于他在自然主义教育理论的基础上进一步提出了"教育心理化"的思想，遂使其有关教学原则方法的论述较前人更高一筹，如他不仅指出了直观性是任何认识的基础，还从心理学的角度指出它是认识的重要前提。他提出的要素教育论和各科教学法都是对上述原则的进一步深化和具体应用。

福禄培尔的主要贡献在学前教育领域，他从人的自然本性出发，强调人的"自动性"，认为游戏与活动是促进儿童发展的重要手段，并为儿童游戏制作了多种恩物。由此可见他对直观性、主动性、趣味性等都持肯定的态度。

第斯多惠像夸美纽斯、裴斯泰洛齐一样是论述教学原则方法最多的教育家之一。他详尽总结了从夸美纽斯到裴斯泰洛齐在教学论方面所取得的成果，要求教学要符合人的认识规律和儿童心理发展水平。在此基础上，提出了直观性、系统性、巩固性、量力性、循序渐进、因材施教等一系列原则，较前人论证得更详尽而深刻。"他在这方面的贡献在于以下几个方面。①用心理学和认识论对这些规则加以具体论证，进一步说明教学必须遵循这些规则，才能达到教学的目的。②尽管对教学原则和规则的分类是不完善的，但他在总结和概括教学实践的基础上，大大丰富和发展了教学的原则和规则，将它们的要求更具体化了。③强调指出这些规则之间的联系，要求不要将它们绝对化，不要孤立地运用。例如，对于具有具体思维的儿童来说，接受复杂的东西（感性上的复杂事物）有时要比接受简单的东西（逻辑上的简单事物）容易。"[①] 在这一点上，比裴斯泰洛齐的要素教育论要深刻，因为逻辑上的要素不等于心理上的要素。除上述三点外，我们还可加上一点：第斯多惠不是孤立地论述教育原则与方法，他认为教学原则和规则应从学生、教材、社会文化条件以及对教师的要求这四个方面予以分析确定，顾及了教法与教育、与受教者、与教材、与社会的关联。

---

① 赵祥麟主编：《外国教育家评传》第 2 卷，上海教育出版社 1992 年版，第 177 页。

### 第七章 自然主义教育思想

## 第四节 自然主义教育思想的影响及其评价

自然主义教育家从夸美纽斯、卢梭、巴西多、裴斯泰洛齐到福禄培尔、第斯多惠，每一位都是教育史上的巨人，每一位都对西方教育发展史有重要影响，这种影响不仅是跨国界的，而且还是跨时代的。几乎每一位自然主义教育家都掀起了一场轰轰烈烈的教育运动。

卢梭可以说是18—19世纪教育上的自然主义运动的真正奠基人，回归自然是卢梭首先提出的响亮口号，卢梭之后的自然主义教育家如巴西多、裴斯泰洛齐、福禄培尔、第斯多惠等无一不受到卢梭的影响，他们进一步发展了自然主义教育理论。

在18世纪，《爱弥儿》是一部最重要的教育著作，出版之后立即译成多种文字，引起了各地对儿童及其教育的广泛兴趣。人们纷纷按照卢梭的建议教育自己的子女或者创办学校，有的贵族还在家里设置作坊，使其子弟在手工方面受到训练。人们在实践中也发现和修正了卢梭的不足，如康德认为卢梭只重视家庭教育，忽略学校教育的价值；裴斯泰洛齐认为卢梭只任本性发展，没看到儿童本性还含"恶"的一面；日内瓦的索修尔（Necke, de Saussure）女士经过实践认为儿童并非性本善，若放纵，对其成长有害无益，并认为卢梭关于儿童发展的分期机械牵强，关于女子教育的理论片面狭隘；英国的埃奇沃思（R. L. Edgeworth）用《爱弥儿》中所叙述的原理教育其子弟后效果甚微，遂认为教育是实际的事业，正确的教育建议和理论要从实验得到而不是像卢梭那样从空想得来；英国的华兹华斯（Wordsworth）认为读书应在学校中占有适当的地位，还认为教育不应脱离社会来进行，应重视社会生活对儿童的教育作用，卢梭只看到社会生活对儿童的消极影响是不全面的。这些指责和修正是深刻的、正确的，说明卢梭的教育理论的确含有不足之处，但他关于尊重儿童天性这一根本主张却一直为后人所坚持，成为许多现代教育原则的源泉。卢梭的影响不只限于近代，现代的新教育运动和进步教育运动以及杜威的教育哲学都受到卢梭的深刻影响。诚如杜威所言："卢梭一生中所说的话，所做的事，有许多是愚蠢的。但他认定教育应根据受教育者的天赋能力，根据研究儿童以发现这些天赋的能力，这种主张却是现代一切发展教育事业的努力的基调。他的意思是说，教育不是把外面的东西强迫儿童或青年去吸收，而是要使人类与生俱来的能力得以生长。"[①]

---

[①]〔美〕杜威著，赵祥麟、王承绪编译：《杜威教育论著选》，华东师范大学出版社1981年版，第131页。

巴西多的人格不值得褒扬，他自己的事业的最终失败在很大程度上亦归因于此。但他创办的泛爱学校的影响遍及全德。泛爱派的许多重要人物都曾是巴西多的助手和同事，后皆因与巴西多性格不和而另立门户，但他们都拥护巴西多的教育主张，并通过实践和著述发展了巴西多的教育思想，从而使泛爱教育发展为一个运动。泛爱运动的影响在范围上主要限于德国和瑞士，在时间上曾影响到19世纪的教育家和现代的一些教育思潮，影响主要是在初等教育方面，正如有的教育史家所指出的："一般说来，学校的实际，特别是初等学校的实际经历了相当大的改革。教学由于接近儿童时期的水平，来得更为生动有趣。对事物的知识，更加重视。实践活动——游戏、运动和手工——更为自由地引用。祖国语言受到更大的注意，其他语言也尽可能的用会话法进行教学。考虑到实用价值，大大促进了教学科目的选择。毫无疑问，这些改革常常草率从事，考虑不周，但总的说来，他们的方向是正确的，为以后更根本的教学改革，提供了可能性。"①

在自然主义教育家中，裴斯泰洛齐最具感召力，他在世时就获得很高的声誉，他办的学校成为欧洲教育的"圣地"，参观者、访问者、学习者络绎不绝，这些取经者都是裴斯泰洛齐思想的积极鼓吹者。德国的赫尔巴特、福禄培尔、第斯多惠都盛赞裴斯泰洛齐的教育思想，介绍、推行裴斯泰洛齐的理论，裴斯泰洛齐的教育理论对当时德国国民教育的发展和德意志民族的复兴起了重要的推动作用。19世纪初美国就建立了裴斯泰洛齐学校，介绍他的教育理论。19世纪60年代在纽约州奥斯威哥市教育局长谢尔顿（Edward A. Shelton）的领导下，美国掀起了宣传和普及裴斯泰洛齐教学方法的奥斯威哥运动（Oswego Movement），裴斯泰洛齐的直观教学法和实物教学法对美国师范教育和初等教育的发展与改革助力巨大。裴斯泰洛齐对英国、法国、瑞士等国家也有相当的影响。就实际影响看，裴斯泰洛齐主要对初等教育作出了卓越的贡献；就理论内容看，教学论构成其理论的重心和精华。其理论的致命不足表现在两个方面：一是他将家庭教育理想化，企图把学校办成家庭式的，这样做的结果势必与现代教育大发展的形势相背离；二是他没有真正地将"逻辑的"要素和"心理的"要素区分开来，从而大大降低了其理论的深刻性。福禄培尔是近代学前教育理论与实践的奠基人，他创办的幼儿园和创立的完整的学前教育理论体系对世界各国幼儿教育的发展有着久远的影响。由于他主张儿童的自由与自主活动，普鲁士政府对福禄培尔幼儿园的态度并不友好，使幼儿园在德国的发展受到阻碍，但幼儿园在其他各国尤

---

① 〔英〕博伊德、金著，任宝祥、吴元训主译：《西方教育史》，人民教育出版社1985年版，第307页。

其是美国获得了长足的发展。1855年，美国的舒尔茨（Carl Schurz）夫人在威斯康星州沃特顿城开办了一所幼儿园，其后不久俄亥俄州也办起一座幼儿园。很快，美国的各个德侨集中居民区纷纷出现了这种教育机构。1860年，皮博迪（E. P. Peabody）在波士顿创建了第一所英语教学的幼儿园，1873年，哈里斯（W. T. Harris）创办了美国第一所公立幼儿园。美国的幼儿园最初都是私立机构，后来随着美国公立学校运动的发展，幼儿园成了公共教育的第一阶段。福禄培尔的思想在传播过程中也在被不断地修正，尤其是他的理论中无所不在的宗教神秘主义色彩被不断淡化。由于人类关于心理学、生物学、社会学、神经病学和卫生学知识的增进，人们对福禄培尔的许多说法和做法产生疑问，遂按照对儿童发展的新认识对福禄培尔的思想予以修正，纠正了某些不合理的因素，修正后的思想体系被称为"新福禄培尔主义"。福禄培尔重视儿童活动以及重视主动性、创造性的培养等基本思想一直为人们所坚持和发展，对20世纪初的"新教育"理论有直接的影响。

第斯多惠的理论虽有一定的创新，但主要是对前人理论的综合和融汇，与其他自然主义教育家相比，创造性的成分较少。但他亦因其卓越的工作被誉为"德国的裴斯泰洛齐"、"德国教师的教师"，对德国的初等教育和师范教育的发展作出了积极的贡献。由于他的影响主要局限在德国，加之其理论的创造性较小，因此他在整个西方教育发展史上的地位并不十分突出。

自然主义教育思想的影响当然不只是限于自然主义教育家所生活与活动的时代，现代的新教育运动、进步教育运动、实用主义教育理论是在新的时代背景下对自然主义教育理论的新拓展。它们的共同特征是：重视儿童在教育中的地位，反对传统教育的僵化和保守，重视儿童生理心理发展的实验研究，力图用自然科学的方法研究和解决教育问题，较之近代自然主义教育家只从抽象思辨的角度去强调儿童的天性大大前进了一步。当代的人本主义教育思潮则可以说是在大工业社会所谱写的自然主义教育思想的新篇章，它注重人性、人格的自由发展，强调儿童在教育过程中的主体地位，反对轻视人的存在和价值的偏向，这些都与自然主义教育思想息息相通。但当代人本主义教育思潮的非理性倾向又与自然主义教育家对教育规律的追求背道而驰，这说明二者的共同点是建立在不同的基础之上的，是有着大相径庭的旨趣的。

宏观而言，自然主义教育思想的主要历史功绩在于以下方面。

第一，自然主义教育家积极寻求教育的规律，为教育理论的科学化奠定了必要的基础。遵循自然是自然主义教育家的总口号，遵循自然并非寻求自然的规律，而是要以自然规律为依据、以自然科学取得的成就为依托去寻求教育和教学要遵循的原理和规则，充分表现出人类要揭示教育规律的主动性和积极性，这种主动性和积极性正是人类认识进步的动力所在。自然主义教育思想的发展经历了一个漫长的过程，从将自然解释为自然界到将自然解释为人的天性之自然，从以自然界的特点比附引申出教育的原理到以人的身心发展特点来阐明教育的规则，从自然适应性原则的形成发展到文化适应性原则的提出，都说明自然主义教育家对教育的认识日益深化，说明人类力图用自然发展的规律、儿童身心发展的规律以及社会对教育的制约性规律等来解释教育问题，将教育既视为一个自然的过程，又视为一个社会的过程，基本上揭示出制约教育的内在因素和外在因素，为以后的教育心理学化思想和其他教育思潮的发展奠定了基础。

第二，自然主义教育思想高扬儿童的价值，确立了儿童的主体性地位。自然主义教育思潮的着重点不在于揭示社会文化因素对教育的外在制约性，而在于揭示儿童身心发展规律对教育的内在制约性。有人认为遵循自然、适应自然与强调儿童的主体性和主动性、与强调教育的主导作用是矛盾的，我们认为，要求遵循自然的确含有自然决定论的色彩，在某种程度上还会导致宿命论，如斯多葛派就是如此。但适应与遵循并不全是被动的。

首先，遵循自然、适应自然、归于自然、顺从自然都不是为了做自然的奴仆，而是为了超越自然和驾驭自然，从而使自然服从于现实的目的。人类不遗余力地力求认识自然的目的在于驾驭自然，说明人要超越自然，自然主义是人类在教育领域内力求超越自然的产物。自然适应性原则的提出正是人类不盲目屈服于自然的能动的产物，提出这一原则是人为的结果而不是自然的结果。

这其中就蕴涵着许多人的主观努力。自然的规律和规则蕴涵着必然性，必然与自由不是绝然对立的。人们不可能在必然之外去寻求自由，真正的自由须从必然中去寻求。人类对必然的追求与对自由的追求是相通的。认识必然性是人类走向自由摆脱必然的束缚的不可或缺的过程和手段。

其次，遵循自然并不抹杀儿童的主体性（主观能动性）。因为自然主义教育家对自然作了能动的解释。如夸美纽斯认为人天生就含有知识、德行与虔信的种子，就含有发展的可能性；裴斯泰洛齐以莱布尼茨的单子论来论述人的天性，认为人的天性发展具有一种从不活动状态到活动状态的倾向，具有一种内在的发展动力；福禄培尔则干脆提出自动性作为儿童天性发展的一个原则，认为人性是不断发展、变化着的东西，自动性既是人性的表现也是神性的要求；第斯多惠则提出人的主动性是人的本质，这样天性之自然就具有了能动、发展的性质。这种遵循自然、适应自然与提倡儿童的主动性、积极性、能动性并无二致。要求教育遵循儿童身心发展的年龄特征和个别差异是自然主义教育思想的核心和精华所在。遵循儿童天性之自然就是要求解放儿童自然之天性，理论上的服从意味着实践中的解放。

复次，遵循自然并不忽略教育（外在环境的影响）在人的发展中的主导作用，因为自然主义教育家对人之自然发展的外在制约因素以及人的自然发展的根本目的作了充分的强调和论述。如同前面所言，儿童天性不是在真空中自行生长的，它必须有外部条件，文化适应性原则是对儿童天性发展必须有外部条件的高度概括。同时遵循自然的目的不是顺其天性放纵发展，而是在天性发展中注入了社会性的内容和价值取向。因此"自然"就成为社会的一个代名词。正是外在的社会条件和社会定向才使儿童的天性发展有了切实的基础和内容，才使儿童的主体地位得到切实的保障。

第三，自然主义教育家努力探求教学的原则和方法，初步形成了完整、系统的教学原则体系和各科教学法体系，为教学理论的发展奠定了坚实的基础。遵循自然、适应自然，是自然主义教育家对教育的总要求、总口号，其核心是遵从儿童身心发展规律和认识特点进行教育和教学，要将这一总精神落到实处，必须设计出一些具体的原则、规则和方法，自然主义教育家所提出的一系列教学原则、规则和方法构成自然主义教育思想中最有实际价值、最有影响力的部分。如果说实在论教育思想着重解决的是"教什么"的问题，那么，自然主义教育着重要解决的则是"怎样教"的问题。他们提出的较完整的教学原则体系正是围绕后一个问题展开和发展的。

自然主义教育思想的积极贡献举要如以上三点，但远不止于此。当然，自然主义教育思想并非十全十美，它含有诸多不足之处。例如，有些自然主义教育家以自然的所谓"规律"来比附论证教育的规律，混淆了自然现象与社会现象的区别，混同了自然规律与教育规律的差异；有些自然主义教育家只用人性来解释人的发展，来解释教育的必要性与可能性，将人性与社会性对立起来，忽略了教育的社会制约性，对教育的社会本质缺乏深刻的揭示；在对儿童发展阶段的认识上看法不一，虽有一些共同的合理成分，但总体上看是将儿童发展的诸阶段割裂开来，具有机械主义倾向；在教育的研究方法上，教育结论的得出或通过神学的推演，或通过理论的类比思辨，或通过经验基础上的粗浅提升，有的甚至是猜测的结果，缺乏科学的手段与方法，论证不够严谨有力。每个自然主义教育家的教育思想都各有特色，但由于他们各自往往都以个人有限的经验作为其教育理论的依据，缺乏对前人和同时代人教育经验与教育理论的广泛总结和相互吸收，从而使一些自然主义教育家的理论具有片面性和局限性，如卢梭主张家庭教育、裴斯泰洛齐推崇家庭式的学校；福禄培尔的理论具有浓厚的宗教性等。

西方自然主义教育思想是西方教育发展到一定历史阶段的产物，其兴衰都以一定的社会文化条件为前提。教育要遵循自然，要遵循儿童身心发展的规律成为自然主义教育思想的宝贵遗产，其后的教育心理化思潮是对这一基本思想的进一步深化，其后的教育思想和教学改革都以此为主旋律。由于时代的局限而给自然主义教育思潮带来的局限性，在人类对教育规律的进一步探索中逐渐被克服，但自然主义教育思想的基本精神却一直被发扬光大。

【要点小结】

自然主义教育思想内涵丰富，在教育目的论、儿童观、课程与教学论等方面作出了卓越贡献，其主要历史功绩在于：积极寻求教育的规律，为教育理论的科学化奠定了必要的基础；高扬儿童的价值，确立了儿童的主体性地位，揭示了儿童身心发展规律对教育的内在制约性；努力探求教学的原则和方法，初步形成了完整、系统的教学原则体系和各科教学法体系，为教学理论的发展奠定了坚实的基础。自然主义教育思想对现代的新教育运动、进步教育运动、实用主义教育理论都产生了深刻的影响，而当代的人本主义教育思潮则可以说是在大工业社会所谱写的自然主义教育思想的新篇章。

【思考与练习】

1. 自然主义教育思想的理论基础是什么？
2. 自然主义教育思想的儿童观对于教育目的论、课程与教学论有什么影响？
3. 自然主义教育思想有什么现实意义？

【参考文献】

1. 〔捷〕夸美纽斯著，任钟印译：《大教学论·教学法解析》，人民教育出版社2006年版。
2. 〔法〕卢梭著，李平沤译：《爱弥儿》上卷，人民教育出版社2001年版。
3. 〔德〕福禄培尔：《人的教育》，孙祖复译，人民教育出版社2001年版。
4. 〔德〕第斯多惠著，袁一安译：《德国教师培养指南》，人民教育出版社2001年版。
5. 张焕庭主编：《西方资产阶级教育论著选》，人民教育出版社1979年版。
6. 任钟印主编：《西方近代教育论著选》，人民教育出版社2001年版。
7. 〔苏〕麦丁斯基著，叶文雄译：《世界教育史》上册，五十年代出版社 1951 年版。

8.〔英〕博伊德、金著，任宝祥、吴元训主译：《西方教育史》，人民教育出版社 1985 年版。

9. 蒋径三著，《西洋教育思想史》上册，商务印书馆 1934 年版。

10. 赵祥麟主编：《外国教育家评传》第 2 卷，上海教育出版社 1992 年版。

11. 周辅成编：《西方伦理学名著选辑》上卷，商务印书馆 1964 年版。

# 第八章　民族主义教育思想

**【内容提要】**

民族主义教育思想是西方近代早期教育思想的重要组成部分，它是西方民族国民教育体系形成的重要基础之一。本章首先对民族主义的词源进行了解释，并对西方近代早期民族主义进行分类，详细阐述了卢梭的爱国主义—民族主义教育思想、费希特的自由主义—民族主义教育思想、美国的共和主义—民族主义教育思想，并对西方早期的民族主义教育思想进行了简要评价。

**【学习目标】**

1. 了解民族主义在西方民族国家建立过程中所起的作用。
2. 认识民族主义对西方近代教育思想产生的影响。
3. 掌握西方早期民族主义教育思想的不同内涵和不同的表现形态和作用。

**【关键词】**

民族主义　爱国主义　自由主义　共和主义

民族主义是西方近代教育思想发展进程中产生的一种教育思想。民族主义教育思想是随着欧美近代民族国家的兴起而产生的，并以近代政治学、法学和哲学的一些原则为理论基础。民族主义教育思想对欧美近代教育特别是国民教育制度的建立和普及教育的发展，起了重要的推动作用。

# 第八章 民族主义教育思想

## 第一节 民族主义教育思想产生的历史背景与理论基础

### 一、民族主义教育思想产生的背景

"民族主义"（英语 nationalism，法语 nationalism，德语 nationalismus）最早出现在 18 世纪末期。当时，德国哲学家约翰·戈特弗里德·赫尔德（Johann Gottfried Herder）和法国神父奥古斯丁·德·巴鲁尔（Abbe Augustin De Barruel）开始使用这个词汇，并赋予其社会和政治的含义。①

关于民族主义有诸多界定。《不列颠百科全书》把民族主义定义为对国家的高度忠诚，即把国家的利益置于个人利益或其他团体利益之上。②《牛津现代高级英语辞典》把民族主义解释为：（1）对本民族的强烈忠诚，爱国主义的情感、努力和原则；（2）争取政治、经济等方面独立的运动。《社会科学百科全书》将民族主义理解为"每个民族都有权利和义务将本民族组成一个国家的一种信念"③。

民族主义教育思想是自中世纪以来欧洲各国民族意识不断觉醒和民族国家兴起的结果。它反对天主教会掌管本国教育事务，要求教育摆脱天主教会的控制，主张由世俗政府管理教育事业，培养忠诚于民族国家的好公民。

从 17 世纪开始，欧美一些国家先后发生了一系列资产阶级思想革命和政治革命。17 世纪中后期，英国完成了资产阶级革命，建立了资产阶级和封建贵族相妥协的君主立宪制，英国社会终于带着浓厚的封建残余进入了资本主义社会。在法国，18 世纪 20 年代正式开展的启蒙运动，在 50 年代形成高潮，直至 18 世纪末法国大革命爆发，持续了半个多世纪，涉及自然科学、哲学、政治学、经济学、历史学、文学、教育学等各个领域。启蒙运动向封建专制制度及其精神支柱——宗教神学展开了猛烈的进攻，"宗教、自然观、社会、国家制度，一切都受到了最无情的批判"④。法国大革命有力

---

① 〔英〕安东尼·史密斯著，叶江译：《民族主义：理论，意识形态，历史》，上海人民出版社 2006 年版，第 6 页。
② 《不列颠百科全书》（国际中文版）第 12 卷，中国大百科全书出版社 2005 年版，第 25 页。
③ 〔英〕亚当·库珀、杰西卡·库珀主编，翁绍军译：《社会科学百科全书》，上海译文出版社 1989 年版，"民族主义"条目。
④ 《马克思恩格斯全集》第 19 卷，人民出版社 1961 年版，第 205 页。

地摧毁了法国一千多年来的封建制度,用资产阶级统治代替了封建特权阶级的统治,为法国资本主义的发展扫清了道路。在北美,于18世纪后半叶进行了一次以民族解放战争的形式出现的资产阶级革命,它推翻英国的殖民统治,赢得了民族独立,建立了资产阶级共和国,为美国资本主义的发展开辟了道路。在世界近代史上,这些都属于早期的资产阶级革命,它担负着推翻封建制度、建立资产阶级政权的历史重任。革命的中心内容是反封建、反宗教,因此它的纲领、立法以及创建的制度都具有这一特征。18世纪时的德意志却仍是由处于分裂状态的众多邦国组成的国家,而1701年由布兰登堡选侯演变而来的普鲁士王国在腓特列二世统治时期(1740—1786)进入了欧洲强国的行列。它虽建立了专制君主制,但推行开明君主制改革。实际上,开明君主制是经由改革道路从封建主义向资本主义过渡的萌芽形式。普鲁士乃至整个德意志,基本上是经由改革的道路过渡到资本主义时代的,推动了资本主义的发展。

18世纪,欧洲各主要民族国家政府先后利用国家权力,以各种方式进行资本原始积累,实行近代赋税制度,国债制度,工商业垄断和重商主义政策,以及狂热地进行商业战争和殖民扩张。整个欧洲进入了商业革命的全盛期。它摧毁了停滞不前的中世纪行会经济,建立了一个充满活力,追求利润的商业体制。这大大加快了商品经济的迅速发展,最终使商品经济取代了自然经济。

在封建制度下,对于贵族政治最具有决定意义的,是占有地产和控制臣民,即土地为领主所有和维持臣民服从领主的宗法关系。马克思指出:"同一切君主的权力一样,封建主的权力不是由他的地租的多少,而是由他的臣民的人数决定的,后者又取决于自耕农的人数。"① 而资本主义的商品货币经济使封建地产权和封建宗法关系都发生了动摇,它使整个社会都无时无刻不感到它的存在和它的力量。随着商品经济取代自然经济的不断深化,使封建领主和农民的宗法关系日渐松弛,最终臣民变为公民,而民族国家的公民需要自己的政治、经济、文化权利,当然也包括教育权利。

**二、民族主义教育思想的理论基础**

在18世纪,欧美国家不仅开展了一系列波澜壮阔的资产阶级革命,而且继文艺复兴之后又出现了一次伟大的思想解放运动。它发源于17世纪的荷兰和英国,继之在德国、法国、俄国和北美广泛传播开来。启蒙运动是资

---

① 《马克思恩格斯选集》第2卷,人民出版社1972年版,第223页。

本主义与封建主义的斗争在思想领域的深刻表现，也是对文艺复兴时期人文主义思潮和近代自然科学、自然法理论及唯物主义哲学的继承和发展。启蒙运动者的思想特征和理论目的，在于把一切现象都归之于自然或理性，并以此去衡量和评判一切现存事物，证明"迷信、偏私、特权和压迫，必将为永恒的真理，为永恒的正义，为基于自然的平等和不可剥夺的人权所排挤"①。因此，理性主义、自然主义、唯物主义的感觉论成为时代潮流在思想意识上的主旋律，它们构成了民族主义教育思想的理论基础。

**理性主义与教育** 理性主义是资产阶级意识形态发展的一个新的标志。从17世纪开始，产生了一种适应资产阶级革命与改革的新的启蒙学说，其中心概念便是理性、人的自然权利、自然法和社会契约。在18世纪的法国，一大批资产阶级思想家高举起"理性"的旗帜向封建制度及其精神支柱——天主教和宗教神学，发起了猛烈的进攻。理性主义是启蒙思想家们的共同信仰。他们相信理性的力量，以理性作为衡量一切现存事物的尺度。他们在理性主义的指导下用自然、人权、社会契约等一系列观点，对抗封建主义的主权、神权和特权。社会契约是国家和政治制度学说的核心。他们认为在社会契约中政府权力和人民自由权之间存在的关系是由契约而产生的，政府是为保卫人民自由权而发挥作用的，人民的权利是"至高无上的"。理性主义表现在教育上就是相信教育的力量，要求发展受教育者的理解力、判断力，人人均享受教育的权利，教育要培养健全、有理性的人。

**自然主义与教育** 自然主义是西方哲学中天性哲学的重要特征，它提倡个人和社会回到自然，"归于自然"，从而反对一切人为的束缚、矫揉造作、虚伪、形式主义，杜绝传统势力的侵蚀。卢梭之所以被称为在教育上掀起一场革命的"哥白尼"，是因为他的自然主义思想是启蒙运动所有理论中最激进的。卢梭接受了当时为颇为流行的"自然状态"的学说，并论证了自由和平等是人类的自然本性，是天赋的人权，并以此来反对封建专制。因为在他看来，封建专制是践踏"人"的尊严的残酷制度。自然主义在教育上的意义，一方面教育必须顺遂天性的自然发展；另一方面，儿童应该"归于自然"进行教育，因为现实社会无不在用违反天性的成训和偏见荼毒天性而破坏正常的发展。因而要让儿童成为"生活在自然中的自然人"。因此，自然主义教育成为民族主义教育思想的理论起点和归宿。

值得一提的是，"自然主义教育的故乡在法国，实验场在德国，而瑞士

---

① 《马克思恩格斯全集》第19卷，人民出版社1961年版，第206页。

则是自然主义教育思想的归宿地"①。自然主义教育思想不仅"反映了欧洲和新世界的政治、经济和社会的发展，同时推进了教育理论的建立"②。

**唯物主义的感觉论与教育** 18世纪独领风骚的法国启蒙思想家们的一个显著特点就是在意识形态上信奉唯物主义的感觉经验论。伏尔泰（Voltaire，1694—1778）认为一切观念都来自感觉，他说："我们的最初的观念乃是我们的感觉。"③ 感觉愈多，观念也愈多。在他看来，人们的全部知识只是把"记忆力"所保存的许多观念加以"整理"的结果。拉美特里（Lamettrie，1709—1751）强调感觉经验是人们一切认识的来源，感觉是客观对象作用于感官的结果，所以感觉是对客观对象的一种反映。他宣称："感官就是我的哲学家。"④ 狄德罗（Diderot，1713—1784）也认为人们的认识就是对客观世界的反映，而人们认识又起源于感觉。他说："感觉是我们一切知识的来源。"⑤ 爱尔维修（Helvétius，1715—1771）认为一切精神活动可归结为感觉，感觉是自然事物作用于感官的结果。他写道："对象永远在我们身上造成他们应当造成的印象。"⑥ 孔狄亚克（Etienne Bonnet de Condille，1715—1780年）在卢梭《爱弥儿》出版之前就发表了《论感觉》（1754）。他认为即使最复杂的思想也是感觉的简单结合。

启蒙思想家们都强调感觉的重要性，知识、认识皆来源于感觉，因此在教育上，为了培养认识事物的能力，必须对感觉进行训练。爱尔维修从感觉经验论出发，提出人人智力平等说，从而论证了"教育万能"的原理。民族主义教育思想的代言人拉夏洛泰很重视感觉的教育。孔狄亚克对教育的重大贡献在于他以唯物主义感觉论为依据，论述了人才培养的问题。他一方面反对笛卡儿的"天赋观念"和"天赋才能"论；另一方面认为人才是"学习的结果"。唯物主义感觉论为民族主义教育思想提供了广阔的理论基础。

由此可见，民族主义教育思想，尤其是法国的国民教育理论是建立在自然主义、理性主义和唯物主义经验感觉论的基础之上的。当然，除此之外，

---

① H. M. Pollard. *Pioneers of Popular Education*, 1760—1850. London：Murray，1956，p. 42.

② James Bowen, *The History of Western Education*, Vol. 3, London：Methuen Co. Ltd, 1972, p. 242.

③④⑥ 北京大学哲学系外国哲学史教研室编译：《18世纪法国哲学》，商务印书馆1963年版，第74、196、482页。

⑤ 狄德罗著，江天骥等译：《狄德罗哲学选集》，生活·读书·新知三联书店1956年版，第96页。

当时的人权理论、国家政治学说等都不同程度地作用于这种思想。但由于各个国家的民族性质殊异、文化传统不同，对民族主义教育思想的影响程度也各异。

由于欧洲及其各国和北美之间的社会历史条件的差异，民族主义教育思想也呈现复杂纷繁的局面。为了明确论述民族主义教育思想的基本原理，阐明民族主义教育思想在各地区、各国家的具体表现和不同特点，下面分别介绍法国、德国、英国和美国的民族主义教育思想，而美国因其鲜明的个性，主要论述其公共教育思想。

## 第二节 法国的民族主义教育思想

16 至 18 世纪前期，在法国，教育的控制权主要掌握在耶稣会和其他宗教团体的手中，学校里弥漫着宗教教育的浓烈气氛。18 世纪中期，法国掀起了一场波澜壮阔、气势磅礴的启蒙运动。在吹响砸毁封建天主教枷锁的号角声中，教育领域也进行了一场新的革命。为了取代教会控制下的教育制度，法国的一些启蒙思想家和学者，诸如拉夏洛泰（Louis-Rene de Caradeue de Lachalotais）、罗兰（Baltheley Rolland）、弥勒波（Comtede Mireabeau）、塔列兰（Prince de Talleyrand）、孔多塞（Marquise de Condorcet）、狄德罗、爱尔维修等，曾先后提出了建立一个完整的国家教育制度的建议和设想，产生了一股民族主义教育热潮。他们不懈地著书立说，宣扬国家办学的主张。1763 年，拉夏洛泰出版了《论国民教育》，受到了伏尔泰和狄德罗的欢迎和赞扬。此后，一系列论述国民教育的著作出版，罗兰的《教育计划》（1768）、《关于教育上巴黎议会报告书》，爱尔维修的《论人的理智能力与教育》（1772），杜尔哥（Annt Robert Jacques Turgot）的《回忆录》（1775），狄德罗的《俄罗斯大学计划》（1776）、《教育设置》（1791），孔多塞的《关于公共教育的一般组织呈国民议会报告书》等。这些著作全面阐述了关于国民教育的理论。

### 一、关于教育权

民族主义教育思想首先提出的问题，便是民族国家的建立，是否应该把教育权从教会手中夺过来？而这正是主张国家教育的思想家迫切需要解决的难题。法国启蒙思想家们竭力主张教育权应属于国家，而不是各种形形色色的教会。他们首先猛烈抨击封建天主教会的教育。拉夏洛泰指出，法国教育深受修道制度的毒害，教学是经院式的，课程单调而令人沮丧，残酷的体罚扼杀了学生的主动精神。伏尔泰是 18 世纪杰出的理性天才人物，他愤怒地攻击了当时最为强大和最有力的教会的特权和弊病。他指出，宗教是理性的大敌，天主教所谓的"神完全是僧侣的欺骗和人们无知的结果"，天主教是建立在"最下流的无赖编造出来的最卑鄙的谎言"的基础之上。伏尔泰在 1764 年出版的《哲学辞典》中阐明了他设想的教会和国家的恰当关系，提出了改革的要求，指出"所有教会都隶属于国家，因此它们在任何方面都应受政府的管辖"①。爱尔维修也对封建专制制度和教会控制学校教育进行了批判。他尖锐地指责法国的贵族、教士和官吏的穷奢极欲、横征暴敛，用强迫、暴力等办法掠夺人民。他尖锐地批判教会对学校和教育的控制，主张必须改变由教会控制学校教育的状况，应该由国家创办世俗教育。他指出："一个民族如果把它的公民教育委托于教皇，这是民族的灾害。"② 拉夏洛泰坚决主张教育由国家来管理教育，为社会目的服务。他说："我主张公民教育只能依靠国家。因为它基本上是属于国家，因为每个国家有不可转让的和不可废止的教导其成员的权利，最后，因为国家的儿童应由国家的成员来加以教育。"拉夏洛泰认为教育是国家的大事，教育"必须有国家法律的支持和开明官吏的管理"。③

## 二、关于国民教育的目的

"教育的中心目的是：培养对国家的忠诚，团结感和为国家尽忠的能力。"④ 这是 18 世纪法国思想家们的共识。拉夏洛泰认为，国家教育的宗旨"应该是培养法国人，是为了形成法国人，努力将他们造就成人"⑤。他还提出国民教育的具体培养目标，认为应从多方面来考虑教育，"正像田野需要耕耘一样，才识需要培养，一切科学和有益的艺术需要完善；法制需要执行，宗教需要传授；有魄力的将军、行政官员、牧师、灵巧的艺术家和公民都需要有适当的比例加以培养"⑥。教育的目的应该是为国家培养公民，要最大限度地使人民的心智完善并具有力量，品德高贵和开

---

① 全增嘏著：《西方哲学史》下册，上海人民出版社 1985 年版，第 673 页。

② 引自滕大春主编：《外国教育通史》第 3 卷，山东教育出版社 1989 年版，第 147 页。

③⑤⑥〔美〕克伯雷选编，华中师范大学教育系等译：《外国教育史料》，华中师范大学出版社 1990 年版，第 457 页。

④〔美〕S. E. 佛罗斯特著，吴元训等译：《西方教育的历史和哲学基础》，华夏出版社 1987 年版，第 354 页。

当时的人权理论、国家政治学说等都不同程度地作用于这种思想。但由于各个国家的民族性质殊异、文化传统不同，对民族主义教育思想的影响程度也各异。

由于欧洲及其各国和北美之间的社会历史条件的差异，民族主义教育思想也呈现复杂纷繁的局面。为了明确论述民族主义教育思想的基本原理，阐明民族主义教育思想在各地区、各国家的具体表现和不同特点，下面分别介绍法国、德国、英国和美国的民族主义教育思想，而美国因其鲜明的个性，主要论述其公共教育思想。

## 第二节 法国的民族主义教育思想

16至18世纪前期，在法国，教育的控制权主要掌握在耶稣会和其他宗教团体的手中，学校里弥漫着宗教教育的浓烈气氛。18世纪中期，法国掀起了一场波澜壮阔、气势磅礴的启蒙运动。在吹响砸毁封建天主教枷锁的号角声中，教育领域也进行了一场新的革命。为了取代教会控制下的教育制度，法国的一些启蒙思想家和学者，诸如拉夏洛泰（Louis-Rene de Caradeue de Lachalotais）、罗兰（Baltheley Rolland）、弥勒波（Comtede Mireabeau）、塔列兰（Prince de Talleyrand）、孔多塞（Marquise de Condorcet）、狄德罗、爱尔维修等，曾先后提出了建立一个完整的国家教育制度的建议和设想，产生了一股民族主义教育热潮。他们不懈地著书立说，宣扬国家办学的主张。1763年，拉夏洛泰出版了《论国民教育》，受到了伏尔泰和狄德罗的欢迎和赞扬。此后，一系列论述国民教育的著作出版，罗兰的《教育计划》（1768）、《关于教育上巴黎议会报告书》，爱尔维修的《论人的理智能力与教育》（1772），杜尔哥（Annt Robert Jacques Turgot）的《回忆录》（1775），狄德罗的《俄罗斯大学计划》（1776）、《教育设置》（1791），孔多塞的《关于公共教育的一般组织呈国民议会报告书》等。这些著作全面阐述了关于国民教育的理论。

### 一、关于教育权

民族主义教育思想首先提出的问题，便是民族国家的建立，是否应该把教育权从教会手中夺过来？而这正是主张国家教育的思想家迫切需要解决的难题。法国启蒙思想家们竭力主张教育权应属于国家，而不是各种形形色色的教会。他们首先猛烈抨击封建天主教会的教育。拉夏洛泰指出，法国教育深受修道制度的毒害，教学是经院式的，课程单调而令人沮丧，残酷的体罚扼杀了学生的主动精神。伏尔泰是 18 世纪杰出的理性天才人物，他愤怒地攻击了当时最为强大和最有力的教会的特权和弊病。他指出，宗教是理性的大敌，天主教所谓的"神完全是僧侣的欺骗和人们无知的结果"，天主教是建立在"最下流的无赖编造出来的最卑鄙的谎言"的基础之上。伏尔泰在 1764 年出版的《哲学辞典》中阐明了他设想的教会和国家的恰当关系，提出了改革的要求，指出"所有教会都隶属于国家，因此它们在任何方面都应受政府的管辖"①。爱尔维修也对封建专制制度和教会控制学校教育进行了批判。他尖锐地指责法国的贵族、教士和官吏的穷奢极欲、横征暴敛，用强迫、暴力等办法掠夺人民。他尖锐地批判教会对学校和教育的控制，主张必须改变由教会控制学校教育的状况，应该由国家创办世俗教育。他指出："一个民族如果把它的公民教育委托于教皇，这是民族的灾害。"② 拉夏洛泰坚决主张教育由国家来管理教育，为社会目的服务。他说："我主张公民教育只能依靠国家。因为它基本上是属于国家，因为每个国家有不可转让的和不可废止的教导其成员的权利，最后，因为国家的儿童应由国家的成员来加以教育。"拉夏洛泰认为教育是国家的大事，教育"必须有国家法律的支持和开明官吏的管理"③。

## 二、关于国民教育的目的

"教育的中心目的是：培养对国家的忠诚，团结感和为国家尽忠的能力。"④ 这是 18 世纪法国思想家们的共识。拉夏洛泰认为，国家教育的宗旨"应该是培养法国人，是为了形成法国人，努力将他们造就成人"⑤。他还提出国民教育的具体培养目标，认为应从多方面来考虑教育，"正像田野需要耕耘一样，才识需要培养，一切科学和有益的艺术需要完善；法制需要执行，宗教需要传授；有魄力的将军、行政官员、牧师、灵巧的艺术家和公民都需要有适当的比例加以培养"⑥。教育的目的应该是为国家培养公民，要最大限度地使人民的心智完善并具有力量，品德高贵和开

---

① 全增嘏著：《西方哲学史》下册，上海人民出版社 1985 年版，第 673 页。

② 引自滕大春主编：《外国教育通史》第 3 卷，山东教育出版社 1989 年版，第 147 页。

③⑤⑥〔美〕克伯雷选编，华中师范大学教育系等译：《外国教育史料》，华中师范大学出版社 1990 年版，第 457 页。

④〔美〕S.E. 佛罗斯特著，吴元训等译：《西方教育的历史和哲学基础》，华夏出版社 1987 年版，第 354 页。

明，身体健康。卢梭认为，在新的民主制度下，国家应管理学校，学校应培养公民、爱国者。这种思想并没有在《爱弥儿》中反映出来，却在《关于波兰政治的筹议》（1773）中体现出来。在他看来，由国家兴学培养公民可以实现理想的社会和合理的国家。杜尔哥认为教育应为国家造就未来的有责任感的公民，而爱尔维修认为只有公共的国民教育才能培养爱国的公民。

国民教育的目的，反映了教育社会职能的转变，它是教育权的历史转变的必然结果。学校应为社会、国家培养人而不是为教会培养人；学校应培养公民，爱国者，而不是培养教士和牧师。学校由国家管理，为国家育人，教育应与宗教分离。这是教育发展的必然趋势，它推动了学校从蒙昧主义统治下解放出来，走上了科学化的道路；它打击了教会的权力，加强了国家对教育的控制作用。

### 三、关于国家的作用

教育对于国家、民族的作用历来是教育家们阐明的重要观点。国民教育家拉夏洛泰强调知识和教育对人和社会的发展具有重大作用，认为才能是自然的赐予，但才能充分发展在很大程度上仰赖于后天获得的技能，良好的习惯需要教育的培养。狄德罗指出，教育可以使一个民族文明化，推动国家的进步和发展。愚昧则使一个民族处于野蛮的原始状态。教育对于国家的作用表现在教育具有解放的作用。因为通过教育，可以使人们认清专制制度的罪恶，进而促使人们为捍卫自己的权利而进行斗争。他以希腊和意大利为例说明，原来野蛮的国家，经受教育之后可以逐渐繁荣昌盛起来。爱尔维修也认为通过教育可以激发人的感情欲望，鼓励人们追求公益、正义、财富和荣誉，培养人们热爱祖国，献身公共事业的思想和行为，可以促进国家的强大、民族的兴旺。

卢梭在他的《关于波兰政治的筹议》中把教育放到了最重要的地位。第一，他认为教育是以民族的形式，塑造一个具有民族的心灵的爱国者。他说，教育"是最重要的一条，教育之事必须给予人民的心灵以民族的形式，又这样形成其意见和嗜好，使得他们不但由于必要而且也由于性向和愿望而成其为爱国者"[①]。也就是说，教育应该把民族的印记烙在人的心坎上，要指导人们的见解和爱好，使他们成为爱国者。应在儿童出生时就让他重视他的祖国，而且至死不渝，每一个人对祖国的关怀是无限的。每一个人的全部

---

① 张焕庭主编：《西方资产阶级教育论著选》，人民教育出版社1979年版，第138页。

生命就是对国家的爱。"他只想到他的国家而不及其他。他生着只是为他的国家。至于他自己个人,那是不值得什么的。"① 只有对国家的热爱才能成为人,个人是微不足道的。每一个人生命的生息皆以国家的存亡而定,按卢梭的话说,国家如果不存在了,那么他也就死亡了,否则纵使不死,却比死还不如。这里,充分体现了在国家民族面临危亡时刻卢梭的强烈的爱国主义情感。"可以肯定,道德的最伟大奇迹一向是由爱国主义造成的;这一美好而强烈的感情赋予自爱的力量以一切德行的美,赋予它以活力而不损害其形象,使它在所有的热情之中最富于英雄气慨。"②卢梭的这种思想既是对现代民族国家的呼唤,也是世界历史发展的永恒的主题。应该说,在西方教育史上卢梭是第一个把培养民族爱国者的重要作用赋予教育的思想家。第二,培养"波兰人"。在近代教育家的思想意识中都有强烈的民族观念,这是以往时代所无法比拟的。实际上他们在阐发一般理论时,最终都会触及民族的利益。"民族的人"的观念已深入人心。卢梭说:"法兰西人、英吉利人、西班牙人、意大利人、俄罗斯人,都是一样的;当二十岁时,一个波兰人应该是个波兰人;而且不是别的,只是一个波兰人。"③卢梭在"民族的人"这种普遍性中更加强调"特殊性"。他指出,波兰人之所以为波兰人,是因为波兰具有波兰人的特点,波兰人是由波兰独特的物质和精神文化侵染、培养、熏陶的产物。卢梭把在《爱弥儿》中按一般人的自然特点和年龄阶段的教育要求具体地运用到了"特殊"的波兰人身上,完成了卢梭探讨由"一般之人"转变为"特殊之人"的思想道路。他说,波兰人开始阅读学习时就阅读波兰"国家"。这个"国家"已绝对不是他在《社会契约论》里所说的那种抽象的国家,而是一个具体的国家,包括国家的所有物产,一切省区、道路和城邑,国家的历史和国家的法规。10岁的波兰儿童应该熟悉它所有的产物,12岁时,熟知一切省区、道路和城邑。15岁时,波兰儿童应知道它的全部历史。16岁时,波兰儿童应知道波兰国家的一切法规。这与卢梭在《爱弥儿》中谈到青春期就应该读历史的思想是一致的。祖国辉煌的过去、著名的人物将在儿童的心中永存,从而激起他们对祖国的热爱。卢梭说:"如果他们自幼习于认为他们的个性只是在对国家整体的关系之中,并且觉得他们自己的存在只是国家存在的一部分,那么他们最后就会在某种程度上把自己和这一较大的整体视为一体,觉得自己是国家的成员,并且以微妙的

---

①③ 张焕庭主编:《西方资产阶级教育论著选》,人民教育出版社1979年版,第138页。

② 〔美〕萨拜因著,盛葵阳、崔妙因译:《政治学说史》下册,商务印书馆1990年版,第657页。

情感来爱祖国（这种情感是孤独的人除了对他自己以外对任何人都不会有的情感）；他们提起精神永久向着这个伟大的目标，并且把许多恶习非行所由来的极其危险的气质变成高尚的品德。"① 总之，卢梭从波兰的利益出发，从维护波兰民族的独立出发，要求波兰儿童学习波兰历史上曾经产生的美好事迹和为波兰民族奉献生命或为波兰人民作出杰出贡献的伟大、光辉的人物，使波兰儿童在学习后深受感动而铭记在心，"熟知而永不遗忘"。这实际上反映卢梭关注民族文化的精神作用。卢梭认为这样的儿童所学习的不是一般教师所授的学业，而且要由法律来规定"教材的正确排列，他们学业先后顺序及其方式"②。第三，教师的民族性。从卢梭的培养"波兰人"的目标中，我们看到了卢梭的文化民族主义的思想，而民族文化最终要通过教师来传授，于是在逻辑上要求教师具备民族性特征。卢梭在《关于波兰政治的筹议》中赋予教师以波兰民族的属性。他认为教授波兰民族文化的教师不应是外国人，只允许波兰人为波兰人的教师。如果是外国人的话，他们将带进他们国家的风俗习惯，传布其本民族的思想文化，这将会对受教育者爱国心的形成产生不良影响，而且即便是由波兰人担任教师，他也必须是一个具备美德的人，一个真正的爱国者。他说："如果让戴着荣冠的优秀战士教给人们勇敢，让年高望重的正直的行政官教给人们什么是公平正义，那么，这样的教师必能为自己培养出富有道德观念的继承人，能把统治者的经验和才能，公民的勇气和忠忱以及众人争先以身许国的气节不断地传给下一代。"③卢梭在教师的年龄问题上存在着一定的矛盾。在《爱弥儿》中强调教师应是年轻的，而在《关于波兰政治的筹议》中却要求是已婚男子，但这一点又与"教师本应是做父亲的"之间存在一定的吻合性。卢梭一如既往地坚持教师必须具有良好的知识修养和聪颖的智慧头脑，优良的品德和高尚的精神，而且是人们所信赖的。卢梭认为教学不能成为一种专业，一方面在波兰只有公民的身份而没有终身永久的职业，另一方面教师的职业是考验德才的"职司"，因为从这里可以显示出真才实德的品质，从而可以"拾级而登"。卢梭说："我愿劝波兰人特别注意这一原则。我相信这是国家一种伟大力量的秘密之所在。"④

---

①③〔法〕卢梭著，王运成译：《论政治经济学》，商务印书馆1962年版，第21、23页。

②④ 张焕庭主编：《西方资产阶级教育论著选》，人民教育出版社1979年版，第138～139页。

### 四、以道德教育取代宗教教育

启蒙思想家大多主张以道德教育取代宗教教育。爱尔维修痛斥宗教道德是"严重的误会和矛盾的交错"。他认为要以"社会的幸福是最高法则"作为道德的基础，进而说，一个国家如果大多数公民具有美德，则这个"国家内部就是幸福的，对外就是可畏的，就可以得到后世景仰"。① 而"美德这个名词，我们只能理解为追求共同幸福的欲望"②，共同幸福也即"公共利益，是人类一切美德的原则，也是一切法律的基础"③，所以培养追求共同幸福的欲望是道德教育的最终目的。人们具有这种美德，才能勇敢、人道、公正和爱国。他坚决反对经院学校的宗教教育，因为这种教育"以谬误代替真理"，使青少年盲目迷信，并且使他们"陷入一种伪科学的迷宫"，他提出，在学校中应该废除教义："神学玩偶呵！不要再顽固地意图毁灭情欲了，这是一个国家的生命原则，把这些原则小心地引导到公共福利上去吧；为了这个目的试着制订一种教育计划吧；这种教育的简单明白的原则是全部以共同幸福为归依的。"④他提出学校里应该开设"道德问答"课，这种课程的任务在于养成青少年一代的"健全的道德"。

卢梭指出："没有自由，就不会有爱国思想；没有道德，何来自由；没有公民，就无所谓道德；培养公民，你就有你所需要的一切东西；没有公民，则自国家的统治者以下，除了一些下贱的奴隶之外，你一无所有。"⑤也就是说，国家依赖于公民，公民必须具有爱国美德。因此，必须建立一整套教育体系，通过教育来强化和加深公民对祖国的热爱，培养自由祖国的公民，把对祖国的热爱与热爱民主共和紧密联系起来。

由于卢梭在宗教观上是一个自然宗教论者，因此培养公民的爱国美德，除了进行公民教育之外，卢梭还设想要创立公民宗教，通过宗教的神圣性来增进公民的爱国美德，并使这种爱国美德变得神圣和崇高。在卢梭看来，传统的基督都宣扬普世主义，无法增进公民对国家的热爱，反而离间了公民对祖国的感情，破坏了公民的爱国美德，那么在一个新型政治原则和结构的共同体中必须在人们心灵信仰上创立一种新的宗教以代替传统的基督教。这种宗教即是卢梭所提出的公民宗教。在卢梭的宗教思想中，只有当宗教的教义涉及道德与责任内容时才与国家及其成员有关联。并且，这种道德与责任又是宣扬这种宗教的人自己也必须对别人履行的，也就是说，这种宗教的教义就不能完全是神意的，而应有世俗的内容，要把公民应负的责任变成一种神

---

①②③④ 北京大学哲学系外国哲学史教研室编译：《18世纪法国哲学》，商务印书馆1963年版，第511~513、465、463、488页。

⑤〔法〕卢梭著，何兆武译：《社会契约论》，商务印书馆1990年版，第21页。

圣的内容融合在神明的宗教中,借宗教的外衣包含公民的责任,借神明的灵光和力量来培养公民热爱祖国、履行责任的社会性感情。对公民宗教的信仰与忠诚就是对祖国的忠诚与热爱,尽公民应尽的责任与义务。卢梭所设想的公民宗教就是要把对祖国的热爱与对神明的崇敬结合起来,借神灵之光点燃人们内心的爱国之火,培养公民的爱国主义精神,使祖国在每一个公民的心目中变成像神明一样的崇高、神圣和伟大。

拉夏洛泰则主张加强"道德和政治品行的教育",使青年"学习那些对于所有的人共同的职责","掌握鉴别行为、罪恶、意见和习俗的原则",① 并能将美德付诸实践。杜尔哥主张在学校中开设公民道德课来代替宗教教育。

**五、关于国民教育的性质**

事实上,教育世俗化已成为 18 世纪法国教育思想的主旋律。教育必须从教会手里夺过来,由国家来控制,世俗教师必须替代教会牧师,这也是 18 世纪法国的一种共识。拉夏洛泰认为,公民教育是社会的幸福所系,只要我们的教育没有世俗化,我们将永远生活在学究们的奴役之中。狄德罗、爱尔维修皆主张,公共教育是一种世俗事务,他们都希望由世俗教师替代教会教师,在教区学校的废墟上开办世俗学校。教育的世俗化,反映了新兴资产阶级企图从贵族和教士手中夺取教育权的要求,并且表现了随着资本主义工商业的发展,新兴资产阶级力求扩大与发展社会教育的趋势。

自由、平等、博爱是 18 世纪法国启蒙思想家反封建、反宗教而高高举起的三面旗帜。在教育上,启蒙思想家主张教育必须是普及的。他们认为人生而平等,具有天赋的自由权利。爱尔维修提出了智力平等说,认为人的一切观念、概念都从感觉得来,而感觉器官是人人都具有的,所以应该承认人人都有认识真理的能力,人人均有相同的智力。"一切正常发展的人,本质上都有相同的潜在智慧。""每一个具有普通良好器官的人,都拥有同样的智力。"② 从人的智力平等的思想出发,他主张人人都应该受教育,人人均有享受教育的权利。狄德罗从维护人民的政治权利出发,在教育领域里竭力维护人民受教育的权利。在他看来,人人都有受教育的权利,因而应该实施初

---

① 〔美〕克伯雷选编,华中师范大学教育系等译:《外国教育史料》,华中师范大学出版社 1990 年版,第 458 页。

② 北京大学哲学系外国哲学史教研室编译:《18 世纪法国哲学》,商务印书馆 1963 年版,第 491 页。

等普及义务教育，同时为保障贫苦儿童入学，还应给予物质上的援助。他反对教育的封建等级性，反对当时中等和高等教育在招生时所规定的种种限制，主张排除门第的障碍。他在《俄国大学计划》中，提出俄罗斯学校应当对一切儿童敞开大门，不应有任何等级的区别。

伏尔泰提倡普及教育，其目的是启发民主，培养"健全理性的人"，授予广泛的科学知识；因为随着科学知识的普及，宗教狂热和偏执也将消失，理性将会取得更大的成就。孔狄亚克从"人才是学习的结果"来否定教育的特权、天赋观念论，这在反封建等级、反对封建统治阶级垄断知识的斗争中，从理论上向前推进了一步。

民族主义教育思想正处在西欧封建旧制度转向资本主义新纪元的社会变革的前夜。教育世俗化、平等、自由、普及、义务甚至免费的思想为法国资产阶级大革命后拟订教育改革计划奠定了理论的原则基础。

### 六、关于建立国家教育制度的设想

建立教育制度是近代教育发展的一个重要任务。在法国启蒙时期和资产阶级革命时期，民族主义教育思想家们对如何建立国民教育制度进行了设想和计划。1762年，拉夏洛泰《论国民教育》一书出版，对国民教育体制进行了构想；随后，巴黎议长罗兰于1768年提出了一个改进教育工作的报告，要求建立国家主义的教育体制，以替代教会团体组织的学校。财政总监杜尔哥1775年提出的教育改革计划中也包含着类似拉夏洛泰和罗兰教育改革方案的主张。由此可见，改革封建教育体制和建立新的国民教育体系已成为法国社会生活的迫切要求。这一时期提出的教育改革计划、方案中，尤以拉夏洛泰、塔列兰和孔多塞的教育改革的方案最为著名。

拉夏洛泰认为，教育历程应分为五六岁至10岁、从10岁至16岁和16岁以上三个阶段。第一阶段，训练"感言"和"记忆"，教授阅读、书写和绘画，并通过听讲故事和传说、阅读书籍、观察自然现象和做简单的实验，掌握历史、地理、博物学与天文学的粗浅知识，学习测量和计算。第二阶段，学生除继续学习以上学科外还应学习两三年法文和拉丁文，一年修辞学和两年哲学；他强调本族语的学习应居优先地位，哲学教学一定要用法语进行；学习内容还包括农业、工业和解剖学的知识。第三阶段，16岁以上的青年主要是在工作中掌握各种专业。

塔列兰设计的国民教育制度规定了四级学制。第一级为小学，目的是以宪法规定的国民义务及行为准则教育儿童；设计的主要课程包括法语、算术、宗教、道德及宪法原理；并规定小学为免费的普及教育。第二级为中学，修业7年，收取学费，学校设在县城；主要学习内容有法语、拉丁语、希腊语、近代外语、宪法、道德、宗教史、伦理学、修辞学、地理、历史、数学、物理、化学、植物学，等等。第三级为专门学校，设在省城，培养教士、医生、律师和军官。第四级为大学院，设在巴黎，一方面集中优秀人才，授以高深学问；另一方面要担负发展文学艺术与科学的任务。

孔多塞提出了"国民教育组织计划纲要"。他认为应该把法国国民教育分为五个阶段。第一阶段为小学，修业期限为4年，凡是有400人居住的地点都应设立一所小学；小学的课程包括读写知识和技能、文法初步知识、算术四则，精确测量土地与建筑物的简单方法，农业和手工艺的初步技能，道德基础知识与行为准则，学校不设宗教科目，宗教教育由学生家长所信奉的宗派的牧师在教堂进行。第二阶段为高等小学，设在各区或居住4 000人以上的城市；修业期限为3年；课程有数学、自然史、化学、手工业和商业基本知识、道德原理和社会学原理。第三阶段为中等学校，修业期限为5年；中学属于普通教育，但应为专门的职业训练打下基础；学生在中等学校里将分为四个学科班，即数学和物理学班，道德和政治班，应用科学技术班，文学和美学班；中学还应兼负为高等小学培养教师和小学教师进修的任务。第四阶段为专门学校，全国共设九所专门学校，其任务是为国家培养文学、艺术和科学方面的专门人才。第五阶段为国家科学与艺术研究院，它是为监督、指导所有的教育机构而设立的，促使科学与艺术不断进步，并协调、奖励与传播一切有益的发明创造；它不是一级教学机构，而是一个学术研究中心，兼负着领导与监督全国各级学校教育的任务。

狄德罗曾为俄国女皇叶卡捷琳娜二世拟订了《俄罗斯大学计划》。在这个计划中，狄德罗指出应建立一个完整的民主的国民教育计划，提出整个国民教育制度应包括实施免费的义务教育的初等学校、中等学校的大学文科，高等教育的大学医科、法科、神科以及军事、工程、航海、农业、商业、艺术和政治等高等专门学校。但所有这些学校都应置于名为"俄罗斯大学"的这个教育行政管理机构的监督管理之下，由它实施对所有公共教育事务的管理，负责各级学校的课程安排和考试，任命校长和教师等。

启蒙思想家主张建立国民教育制度。拉夏洛泰认定教育是国家的大事，教育制度应该成为整个国家行政基础。塔列兰主张建立国家教育体制，认为通过国民教育可以形成新的习惯、新的情感和新的风尚，从而维护社会制度。孔多塞建议建立国家教育制度，认为只有这样才能实现公民间实际上的平等和法律所宣布的真正的政治平等，才能促进大多数公民的幸福和增进人们生活的舒适。狄德罗认为在教育行政管理上应该实行大学区制，加强国家对各级学校教育的统一领导和管理。

从他们设计的国民教育计划中可以看出，新学校充分体现出与封建、宗教制度下的学校的区别：学校里取消设立宗教课，普及、义务、世俗、平等甚至免费教育的性质贯彻其中；在他们所设计的各级学校的课程中，为了适应当时社会生产力发展的需要，加强了实用性科学知识的教育。所有这些充分表现了其社会进步性和深刻的历史意义。但是在他们的计划中，并没有为劳动人民子女享受教育权规定任何物质保证，因而普及教育只不过是一种空谈；希望借助普及教育来实现平等与幸福，那就更是一种幻想。正像拉夏洛泰那样主张教育应维护贵族阶级利益，圣经仍然是必修课，这些都体现了他们的历史和阶级局限性。

## 第三节 德国的民族主义教育思想

在西欧各国中，德国是最早把学校（特别是初等学校）管理权转到国家手中的国家之一。早在1619年，魏玛公国已施行了男女儿童均须入学的制度。虔信派的教育领袖弗兰克（August Hermann Francke，1663—1727）创办了一所小规模的贫儿学校（1695年），以后扩大为一个综合性的教育机构：包括一所普通小学，一所孤儿院，一所寄宿学校和一所教师训练学校。普鲁士国王腓特烈·威廉一世（Frederick William Ⅰ）对弗兰克的工作非常关心，采纳了他的关于国民教育重要性的建议，1717年颁布了一项教育法令。它向人民宣告：凡做父母者，冬季必须送其子女入学，夏季至少学习一周时期。如果谁违反了该法令，就要受到严厉的惩处。该法令同时还规定贫困者的子女，其学费由地方救济金解决；并规定学习宗教、阅读、计算以及一切能增进人民幸福的学科。1737年，腓特烈·威廉一世又颁布了另一项普通学校方案，规定5—15岁的儿童必须受教育；学校开设宗教、读书、写字、算术、唱歌等课程；政府拨给乡村建筑材料以设立小学。1740年，普鲁士的另一国王腓特烈大帝（Frederick the Great）即位。1763年，腓特烈大帝颁布了一项普通乡村学校法。法令明确提出要对5—13、14岁的儿童施以强迫教育，对能达到规定标准的儿童，发给毕业证书，并可参加工作。法令提出学生入学要交学费，对无力负担的贫苦儿童，由政府或教会支付费用。要求地主和佃农负担经济责任。如果学龄儿童无故不上学，则要惩处其父母。该法还对教师的资格和标准作了明确的规定。1786年，腓特烈·威廉二世（Frederick William Ⅱ，1744—1797）继承王位后，于翌年发布法令，规定中央设置教育局，负责管理公共教育事宜，这是从教会手中收回教育领导权的重要步骤。1794年，普鲁士颁布了教育法，实现了普鲁士教育由教会控制转为国家管理的改革。法律规定，大中小各级学校均为国家机构，没有国家许可任何人不得私自办学，学校应当始终服从政府的检查与审核。教师是国家的雇员，市政当局承担全部管理责任，课程应按照普鲁士的标准编写。学生入学不受宗派的限制，实行强迫就学，办学经费由公款支付。德国（确切地说普鲁士）成了欧洲最早实行世俗性的义务教育和最早从教会手中收回教育权的国家。普鲁士之所以非常重视国家办学，进行国民教育，把国民教育权控制在自己手中，其中一个主要原因是统治者出于培养忠诚的士兵和臣民的需要。恩格斯在分析 18 世纪德国国民小学广泛采用的一本教科书（《儿童之友》）时，深刻地指出："它的目的在于教育农民和手工业者的子弟懂得他们一生的使命，以及他们对社会和国家的领导应尽的义务，同时，教导他们愉快地满足于他们的人间命运，满足于黑面包和土豆，满足于劳役、低微的工资、长辈的鞭笞以及诸如此类的好事，而所有这些都是当时国内流行的启蒙方式进行的。"[①]

长期的实践为民族主义教育思想的成熟提供了基础。在 18—19 世纪，德国民族主义教育的代表人物是卡姆佩、特别是费希特（Johann Gottlieb Fichte，1762—1814）。

卡姆佩是一位从事学校改革的教育家。从 1776 年起他在巴西多创办的泛爱学校任教，1785 年与另一位学校改革家特拉普合作编纂《学校与教育制度的全面改革》；1786 年到不伦瑞克从事学校改革。卡姆佩认为教育在于增进人的幸福与人类繁荣，以驱除强迫，打破偏见与恶习，启迪愚蒙。与法国启蒙思想家不同，卡姆佩虽然反对教会控制教育，但他同时认为，国家不应该阻碍公民按他们自己的希望教育自己的子弟，国家不应该妨碍教育的自由，不应建立任何享受特权的学校，也不应对学校进行监视和控制。

费希特生长于萨克森的米勒提兹，少年时在波尔塔的贵族学校学习。1780 年，费希特进入耶拿大学，翌年转入莱比锡大学，研读神学。1794 年起，费希特先后任教于耶拿大学等高校，讲授哲学、伦理学等。他是德国古典哲学的杰出代表，认为世界上只有"自我"是唯一的存在，并将自我的本原行动作为知识学的基本原理。在政治上，他反对德国封建专制制度，要求民主和自由。他主张民族主义教育，提倡国家办学，对后世产生巨大影响。

费希特认为，教育应该不属于任何特定的阶级，而不分贫富贵贱普及于

---

[①] 恩格斯著：《反杜林论》，人民出版社 1973 年版，第 182 页。

全体国民。只有对国民实施普遍的新教育，才能指望德国形成一个休戚与共的新整体，出现具有新风尚的一代新人。他宣扬民族主义和民族主义教育，认为德意志民族国家统一和复兴的唯一希望在于发展文化教育事业，提高国民的精神力量；国家应实行强制的普及义务教育，其主要目的在于培养国民的爱国心和基于理性的独立人格。他主张政教分离，认为国民教育应由国家兴办，使国民的身心得到健全发展。

费希特主张，国民教育应由专家治理。他认为，学者掌握了当代的先进科学知识，并努力扩大和创造知识，同时又启发他人对真善美的情感。学者既是人类的教师，又是人类的领导。因此，应当由德才兼备的学者承担国民教育的监督、领导工作。

1806年，费希特在耶拿战役爆发前写下了《爱国的对话》一文。在这篇文章中，费希特第一次提出德意志人民是一个整体的民族。"把普鲁士人与德意志其他地方的人分开完全是人为的……德意志人与其他欧洲民族分开是自然的，德意志人通过一种共同的语言和共同的民族特性联结在一起，他们是与其他民族分开的。"① 由此，费希特不仅完成了从世界主义者到民族主义者的转变，而且开始系统阐释民族主义理论。

费希特接受了文化民族主义开创者赫尔德的理论，强调语言对德意志民族特性、民族精神形成的重要作用。他从语言学理论出发，认为语言是民族精神的表达。它体现生命而又创造生命。从语言的自然特性上来说，语言能把超感觉的事物表现为一种感觉的形状，能把一种内在的捉摸不定的精神转换成为一幅活生生的图案。因此，语言与一个民族的精神发展程度、民族生命力紧密地联系在一起，它是民族灵魂的基本表达，民族特性的一种显示。反之，如果一个民族接受外国的语言作为一种表达的符号，那么这种语言将是死语言，它关闭了这个民族所有精神生命的通道，这个民族的发展也将被终止。

费希特通过分析德意志民族和其他日耳曼后裔语言的差异，深入探讨了语言差异所导致的结果。他指出，一个拥有活的语言的民族，精神修养作用于生活，而一个拥有死的语言的民族，精神修养和生活将各行其道，互不相干。由于同样的原因，前一种民族将真正投身于一切精神修养的事业之中，并期望它使生活日趋丰富，而后一种民族则把精神修养视为一种单纯的游戏。由于这个原因，前一种民族对一切事物都勤恳、认真、任劳任怨，而后者却懒散悠闲，沉溺于好逸恶劳之中。

---

① 李宏图著：《西欧近代民族主义思潮研究——从启蒙运动到拿破仑时代》，上海社会科学院出版社1997年版，第233页。

通过对德意志民族语言特征的分析，费希特极力称颂德意志民族的优越性。他指出，在人类文明史上，德意志民族因为具有忠诚、正直、节操、廉耻、道义、诚实、朴素等美德以及很高的知识修养，因而走在了世界前列。他尤其强调德意志民族所具有的创造性。他认为德意志民族的创造性突出体现在德国的哲学中。这是因为，德国哲学寻求完善和科学的形式、寻求统一性、寻求本体和实在，而不仅仅是追求表现形式。德意志哲学超越了世界其他国家的一切哲学。

费希特认为，德意志民族本身所具有的民族性是民族精神复兴的内在源泉和基础，而民族精神的真正复兴则要依赖全新的国民教育体系。费希特指出，现存的德意志教育制度存在着两大缺陷，一是教育只局限于少数人，即为特权阶级所享有；二是教育方法仅是强调灌输知识，而不是激发学生一种内在的精神。显然，这种教育制度不利于复兴德意志的民族精神。因此，他强调要构建一种新的民族性的国家教育体系来代替陈旧的教育制度，新的民族性的国家教育不仅要教育全体民众，而且它以激发人民的爱国心、民族精神为目的，作为上升的德意志民族主义的主要的文献之一的《告德意志民族的演讲》，提出重建国家的唯一道路是，要采取一种能够培训有文化阶级而且能够感化全体人民的国民教育制度。①

费希特认为拯救国家的方法，就是塑造全新的德意志人。在过去这样的人也许偶尔出现过，但却从未成为普遍的民族形象。费希特从个人利益和整体利益的关系着手，阐明了通过教育产生一种崇高的感情。他认为，个人利益只不过是整体利益的一部分，只是当符合整体利益时，个人利益才能得到保护。因此，对于一个失去独立地位的民族而言，通过教育使其国民拥有一种崇高的情感，这种情感是道德上表示赞同或反对的精神动机，以及对自身或他人所处状况表示满意或不满意的高级情感。这是一个民族从苦难中复兴的可靠的，也是唯一的途径，从而使国家的利益得到维护。既然德意志民族旧的生活渐渐失去而将面对新的生活，为了既拥有本来没有的东西，又要多少继承旧有的东西，发展教育就成为民族和国家振兴的必要途径。费希特说，彻底改造现行的教育制度是使德意志民族延续下去的唯一办法。这实际上是他演讲的目的所在，即为保存德意志民族而提出拯救措施。

费希特认为新教育制度是对人本身进行教育，通过推行新的教育制度，使德意志成为一个整体，并由处在共同利益之下的社会成员协力推动而不断

---

① 参见〔英〕C.W.克劳利著，中国社会科学院世界历史研究所组译：《新编剑桥世界近代史》第9卷，中国社会科学出版社1992年版，第260～261页。

发展。他在《告德意志民族的演讲》中指出："我们除了无一例外地为每个德意志人提供一套新的教育制度，别无他法。"要使教育不再是一个阶级特有的教育而成为整个民族的教育，应把社会的每个成员都纳入其中。费希特一方面把新教育制度的创导交给德意志有教养的阶层，另一方面看到了人民群众的真正力量。所以他认为，国家的重建，正需要人民群众，在德意志民族的历史上民众才是历史进步的推动力，有教养阶层应该担当起利用他们原有的影响力，说服世人推行教育改革措施，并继续发挥他们对教育的作用这个史无前例的重任。

　　费希特认为他所倡导的是一种全新的（别的国家不曾有过的）德意志民族的新教育制度。这种教育制度的任务是维护和延续德意志民族的道德品质。费希特认为，虽然德意志民族内邦国（State）林立，各自为政，但它们之间没有根本利益的冲突，所以每一个特定的德意志邦国中，全体人民对祖国至诚至热的爱和对德意志民族的至深至厚的爱是至高无上的。这种爱在德意志国家中愈是被激励，那么国家的良好公民就会愈益增多。在费希特看来，德意志各邦之间即便有争论，但应以德意志民族为重，他希望有一个德意志民族国家把整个德意志民族联合在它的麾下。这个国家是一个"德意志人统治德意志人的"国家，因为这是一切事务的原动力。德意志民族总是要继续存在下去，并且自己管理自己、统治自己，这样才不会沦落到一个低级社会的状况。费希特亲眼目睹了全德意志遭人蹂躏的耻辱，但是他并没有感到绝望，德意志民族没有到无可救药的地步，绝望到不能重振的境地，相反在德意志部分公民中依然可以唤醒对祖国之爱的意识。尽管外族的入侵剥夺了德意志人热爱祖国的权利，但费希特把教育视为拯救德意志民族的救星，因为他认为必须通过教育灌输对祖国之爱的感情，而这首先要培养德意志人的尊严和勇气，把青年人塑造成像钢铁般坚强；教育要抓住时机挖掘青年人的潜在力量，使失去了的独立性回复到德意志民族精神之中。

　　费希特一再强调，德意志民族的个性和对德意志祖国之爱是凝聚德意志人、发挥德意志人的力量和争取民族解放赖以存在的基础。因为他认为对德意志祖国之爱能使德意志人认识到目标的明确价值，驱使他们冒巨大的危险去献身德意志民族。费希特认为，这样的人才是全面的人、内心完美的人。在他心中，教育是拯救德意志独立的唯一可能的手段。

　　费希特设计的新教育计划应由谁来完成呢？他认为，出于教育的最高目的，亟需关怀的迫切要求是激发对德意志祖国之爱，必须以对祖国之爱来激励德意志民族，这是决定一切的动力。所以，邦国才是首先必须热切期待的新教育计划的履行者。

## 第八章 民族主义教育思想

首先，在费希特的思想中，教育应该不属于任何特定的阶级，而应普及于全体国民，不存在贫富贵贱之别。每一个学生，都将会掌握而且确实容易掌握那些所教的科目。费希特从天赋、才能角度论证了人的平等性，从而得出可教性的结论。关于教育不平等性，裴斯泰洛齐形象地说："就像预言家的塑像一样，欧洲用其特殊的艺术和科学的金色头顶接触到云端，但是应当作为其金顶的基础的民众教育，却好像巨大塑像的脚，是最破旧、最脆弱、最无用的泥土。"[①] 费希特指出，从宗教改革至今，普通人民的教育被忽视的程度愈益糟糕，仅有的普通人的教育也是为了到天国去拯救灵魂的目的，仅有的基本的读、写、算等教学内容也是为教会利益服务。即便是富裕阶级的教育，也被视为父母的私事。

因此，费希特主张国民教育应由国家来兴办。费希特回顾了近代欧洲的教育，教育权实质上产生于教会这个至高无上的精神王国，宗教改革尽管把基督教权力和世俗权力联合起来，但事实上经常处在矛盾冲突之中。费希特认为，为了未来，为了从国家那里通过教育取得更大的成功，必须调整基本的教育目标。因为在宗教教育中，灵魂拯救根本不需要特殊的训练，所以教会的教育权力最终应移交给国家。正像国家必须为每个国民提供劳动机会以便自食其力那样，须由国家兴办学校来教育国民。按照政教分离的原则，教会只可关心国民的来世生活，有关国民现世生活的教育，教会不得干预，应完全掌握在国家手里。

在费希特的教育思想中，主导观念是只有教育才能把德意志人从压抑他们的一切弊病中解脱出来。因此，国家施行的新德意志教育计划将把教育普及到其统辖范围内的每一个公民，他们应毫无例外地接受教育。费希特指出，正是为了普及教育人们才需要国家。费希特预料到不是所有的父母都愿意让他们的孩子接受新教育，甚至有的父母会竭力反对这种教育。那么国家是否有能力迫使德意志人接受新的国民教育呢？费希特认为，国家有权强迫它的公民送子女接受国家教育，而且，这种强迫只有在第一代人身上施行，到了第二代人就无须实施强迫，因为他们自己就会进行这种教育。费希特为新的国家教育限定了范围，即这种教育将仅是德意志人的国民教育，是那些说德意志语（而不单是这个或那个特殊的德意志邦国的人）的绝大多数人的教育。实际上费希特把一代德意志人视为人类的开拓者，也就是说他们主要担当起改善人类自身这一重任，看来费希特是一个世界主义者。但德意志的现实又使费希特不得不考虑新民族教育实现的途径。德意志邦国林立，四分

---

[①] 夏之莲等译：《裴斯泰洛齐教育论著选》，人民教育出版社2001年版，第142页。

五裂,各自为政的现实政治局面,从表面上看来对新教育事业不利,但费希特以为,这实质上有利于新民族教育。因为邦国之间的相互参与和竞争的愿望也许可以导致单个邦国所产生不了的效果。显然,通过竞争,只要某个德意志邦国在这项事业上捷足先登,那么它将在尊严、仁爱和热忱方面为自己占据主导地位,并将成为民族(nation)的伟大施惠者和真正的创建者。它将会鼓舞其他邦国,为它们树立榜样,成为它们的楷模。在这种荣誉的光环下,它将不再会孤立无援或孤掌难鸣。所以关键在于有一个良好的开端。只要全德意志邦国全部投入到这项伟大事业中,那么德意志民族的拯救指日可待。从德国教育的历史发展来看,费希特不愧为一个德国教育发展的预言家和设计者,因为实践证明,普鲁士的教育改革确实为德国其他各邦树立了楷模。因此,我们很清楚地看到了费希特实现民族教育的目标的"国家"手段与德意志民族的教育不是同一的,或者说他的教育的最终目的不是为"邦国"(State),而是为德意志民族(nation)。从这里我们才真正领悟到了卢梭为波兰民族制订教育计划的真正意义。在近代社会,人们已经认识到将培养民族的公民作为教育目标的重要性。即便是卢梭的"自然人"最终也还是"法兰西民族"的法国人。在民族危亡关头,费希特是以一个忠诚的德意志民族之父的面貌出现的。

在一个具有自由主义传统的西方国家体系中,民族主义的目标与自由主义的目标必须得到调和,自由主义的教育目标是培养具有独立个性、不依赖于权威的国家公民,自由主义教育目标还追求平等性、均等性;而民族主义教育的目标却是培养忠诚于民族和国家的爱国者,这个目标的个体性融合进了民族国家的需求之中,于是客观上需要把自由主义的教育目标与民族主义的教育目标结合起来。实际上,费希特在论下层阶级的教育中体现了这种民主的民族主义教育思想。他指出,以往国家对下层阶级的教育不闻不问,对民族是极为有害的。旧教育只对占极少数的阶层产生影响,而作为社会利益真正基础的占绝大多数的平民却基本上被旧教育制度忽略,甚至被轻率地遗忘了。而今应利用民族教育,使劳动阶级的子女从年轻时就习惯于思考他们的业务,培养他们的自助能力。下层阶级会因此而很感激地接受这种合理方式的教育。在费希特的民族教育思想中,国民学校虽然不是职业学校,但也为学生日后的劳动打下基础,提供各行各业共同要求的基本训练,使学生习惯于劳动,身体健壮,手脚灵活,有耐力,能与别人相互合作,并让学生一般地了解各种职业的不同性质和要求。费希特还把学习与劳动结合起来,他认为在教育中应当使学习和劳动同时进行,这是新的民族教育的一个必要条件。学校应当体现学生的自立精神,每一个人应当记住为此目标而竭尽全力地贡献自己。在这个观点上,他与裴斯泰洛齐是不谋而合的。费希特认为,每一个个性独立的人都需要自信，自信才能使他总是靠自己的力量出人头地，不接受别人的恩赐。费希特的国民教育思想中一贯重视劳动问题，要求教育学生习惯于劳动。

费希特认为，国家在民族教育上的投资是一种最经济的手段，因为它可以节省其他方面的巨大开支。这是费希特对国家是否能够满足民族教育的费用的肯定回答。他指出，国家应为国民学校提供足够的经费、宽敞的校舍和教育的设备。国家目前绝大部分经费都使用在养活大批军队和警察上，还到处设置了监狱和劳改所。从这些经费中只要节省出一小部分，用于他所倡导的新的民族教育计划，犯罪人数就会减少，国家用不着花更多的钱在维持社会治安上，军队也可能根本用不着了。费希特在他的新教育计划中要求尽可能地使每一个个体利用他们的身体力量进行全面训练，使他们忍受一切艰难困苦；在直观教育下，学生的头脑变得机智、沉着和冷静；他的心灵充满着爱民族、爱国家和爱家庭的热情，这种爱可以摧毁一切自私欲望。只要国家需要，就可以召集他们，武装他们，可以保证坚不可摧，战无不胜。

从对法、德两国的民族主义教育思想的分析可得出一个结论，即教育上的国家至上原则是"德国人的发明，在法国作了系统的理论阐述和概括"①。

## 第四节　英国的国家办教育学说

在进行国家管理教育工作的改革方面，英国行动迟缓，与德国形成鲜明对比。尽管如此，这时期的英国在受到法国思想的影响下，也有一些思想家提出了国家办学，进行国民教育的学说。亚当·斯密和马尔萨斯就是两位主张国家办学的民族主义教育思想家。

亚当·斯密（Adam Smith，1723—1790）是一位杰出的古典经济学家，古典政治经济学理论的创建者。斯密先后在格拉斯哥大学和牛津大学学习。毕业后，曾在爱丁堡大学、格拉斯哥大学讲授逻辑学、政治学、修辞学和道德哲学。1764年担任贝克莱公爵的私人教师，因此在法国度过将近三年的时光，在法期间结识了重农学派的主要代表魁奈（F. Quesnay，1694—1774）和杜尔哥等。1767年回到故乡，专事政治经济学的研究和

---

① 〔英〕博伊德、金著，任宝祥、吴元训主译：《西方教育史》，人民教育出版社1985年版，第280页。

著述。

斯密因 1759 年出版了《道德哲学》一书而成名，1776 年又出版了经济学说史上最著名的著作之一——《国富论》。此书内容浩瀚，集经济理论、经济史和经济学史之大成。它的问世标志着古典经济学已经成熟，体系已经形成。斯密在此书中最早提出了关于人力资本的理论。他认为人接受教育后所学到的才能是国民财富的一部分，是发展生产的因素。他指出，熟练的劳动是花费时间和学费、接受教育和训练的结果。将经过学习获得的才能看做资本，受教育所花费的钱转变为人的才能是资本的转移，亦是一种投资。因此他主张由国家进行教育。斯密提出，国家应建立一定的制度使全体人民能接受基本教育。所谓"基本教育"主要是指诵读、书写、算术等基本知识和技能的训练。要实施这种"基本教育"，国家所办的学校，其"取费之廉，务使一个普通劳动者也能负担得起，这样，人民就容易获得基本教育了"①。亚当·斯密强调的是，国家要采取措施，强制全体国民获得最基本的教育。因为人们要学习一种才能，须受教育，须进学校。斯密在论普通人教育时，指出："在一个文明和商业化的社会里，要求公众更为注意的是一般老百姓的教育，而不是有钱有地位的人的教育。"② 他认为国家从为人民举办教育中所得到的好处是很多的，"实质上国家从人民的教育中得到的绝不是微不足道的好处。人民越是受教育，就越不容易受狂热与迷信的蛊惑。而在愚昧的国度里，这些常常导致最可怕的骚乱。一个有修养的民族总是远比一个愚昧无知的民族更正派更讲秩序"。③

在亚当·斯密的国民教育学说中，关于教育对象的考虑紧紧地与他的国家需要观点联系在一起。他与当时其他统治阶级中的许多有识之士一样对国家参与教育提出了自己的见解，他在《国富论》中指出："政府对于教育或宗教所以需要某种顾虑之原因，不在于用以干涉并束缚个人的自由，而是系于社会之自我保全乃至于政府的自我保全。因此，政府所需要注意的，不在上层阶级，倒是以下层阶级为其对象。"④ 实质上他的阶级观点十分鲜明，他虽然赞同拉夏洛泰教育是关系公众大事的观点，但不赞成对中上层阶级的教育作任何干涉，认为完全可以相信他们能够教育他们自己。唯一需要帮助的是普通人，他们的职业会消弱智力，而没有智力就不能成为真正的人。

---

① 〔英〕亚当·斯密著，《国富论》，商务印书馆 1974 年版，第 341~342 页。

②③ 引自台北中华书局编辑部编：《西洋教育史》，台北中华书局 1984 年版，第 579、581 页。

④ 引自〔日〕细谷俊夫等著，林本译：《世界各国教育制度》，台北开明书店 1975 年版，第 4 页。

"花费为数不多的钱，但能够促进，能够鼓舞，甚至还能够使全体人民感到获得这些教育的最基本的部分的必要性。"① 亚当·斯密已真正看到了当时英国下层人民、劳苦大众在受教育方面的缺陷。实际上英国在解决贫穷儿童教育问题上并没有像德国、法国那样由国家颁布法令和制订教育计划，而是通过教会、慈善机构举办主妇学校、慈善学校、贫民日校、劳动学校、乞儿学校等招收贫苦儿童入学。这种旧教育体制已不能为资本主义工业生产提高生产利润，也不能提供"有才能"的劳动力。因此，斯密认为需由国家办学，进行国民教育。这里，体现出他的资产阶级的战略眼光，但也表现了他维护资产阶级利益的阶级性。

马尔萨斯（Thomas Robert Malthus，1766—1834）是亚当·斯密古典经济理论的后继者，1766年出生在英国一个望族家庭，从小受到良好的教育，曾在剑桥大学学习哲学和神学。他是伦敦政治经济学学会和统计学会的创造人，他的《人口论》发表于1798年，提出："人口的繁殖超过物质的供给是很可担忧的事，所以国家必须预先设法防止罪恶和贫穷。提到防止方法，那么一种广大的公共教育的制度就很必要了。英国人花很多钱去救贫，而不从教育着手，这是毫无裨益的。"② 所以，他提出要建立一个国民教育体制。他热诚地赞同亚当·斯密的想法，即认为一个受过教育的和有相当知识的人民，比起愚昧无知的人民来说，受一些煽动性著作蛊惑的可能最小，也最有能力识破有图谋、有野心的煽动家的虚假宣言。

英国没有像法国、德国那样系统地提出民族主义教育的思想家，但亚当·斯密和马尔萨斯根据各自的经济理论和人口理论论及了国家办学的思想，对英国后世以及对世界影响也极其深远。

## 第五节　美国的公共教育思想

公共教育是世界近代民族国家诞生的产物。在美国，由于其特定的历史条件和特殊的社会背景，公共教育思想成为欧洲民族主义教育思潮的延伸和拓展，并且具有特别的含义。公共教育思想成为贯穿于美国历史的一种精

---

① 〔英〕博伊德、金著，任宝祥、吴元训主译：《西方教育史》，人民教育出版社1985年版，第302页。

② 引自台北中华书局编辑部编：《西洋教育史》，台北中华书局1984年版，第371页。

神,即教育是维护社会和改造社会的巨大保护伞和推动力。从本质上说,公共教育思想是美国统治阶级为维护和再生产资本主义经济和政治制度,克服文化多样性导致的社会冲突,对劳动人民实行有效的控制,建立美国式的单轨制教育体制——公立学校制度提供的理论基础。美国公共教育思想并非一朝一夕形成的,它经历了殖民地时期——思想萌芽,共和国创立时期——思想酝酿,19世纪30、40年代——思想相对成熟的历史征程。

**一、殖民地时期的公共教育思想**

从渊源上来分析,美国的公共教育思想萌芽于殖民地时期。美洲殖民的历史是欧洲移民迁徙的历史,由于移民们的宗教信仰不同和美洲各地自然条件的差异,北美殖民地形成了大致三种不同的社会模式:以清教徒为主、工商业发达的新英格兰殖民地区;教派林立、农工商兼营的中部殖民地区和以种植园经济为主的南方殖民地区。三种不同的社会模式,影响了殖民地不同教育观的形成。美国公共教育思想的萌芽主要以清教徒为主的新英格兰殖民地最具代表。这里产生了最初的公共教育——义务教育观,主要体现在"1643年法"和"老骗子撒旦法"(An Old Delude Act)中。

在制定义务教育法方面,马萨诸塞殖民地走在各殖民地前列。早在1647年就颁布法令,为了镇(当时的社区组织)和整个殖民地利益,规定公民的所有财产都必须纳税——这种纳税原则奠定了后来以税收维持学校的基础。1643年马萨诸塞殖民地立法机关颁布了美国有史以来的第一部义务教育法。该法规定,一切儿童必须受教育,家长和雇佣儿童的店主和行业师傅都有义务让子女和学徒接受知识教育和手工艺教育,以使儿童能理解宗教教义、各种法规和掌握谋生本领。"特别要培养他们读懂教义和主要法律条文的能力。"[①] 该法还规定,处罚那些未能让子女或学徒受到应有教育的儿童监护人。由地方官员负责管理这项工作,对玩忽职守的官吏或按规定罚款,或以其他方法给以惩治。

1643年法虽然规定了强迫入学和对违反该法采取惩罚办法,但并没有对诸如建立学校使用教师、监护儿童入学等具体问题作出明确规定。因此许多家长依然故我,把孩子留在家中受教育,这样家长、店主或匠师依然像1643年以前那样不能尽心履行对儿童应有的教育职责。于是1647年11月11日,颁布了第二个强迫教育法,即著名的"老骗子撒旦法"。此法对于兴办学校和使用教师都作出了明确规定。法令规定:"第一,凡是满50户人家

---

① L. Cremin. *American Education: The Colonial Experience, 1607—1783.* New York: Harper and Row, 1970. p. 168.

的市镇，应当指派一位教师，对儿童进行阅读和书写教育，提供其薪金。第二，凡有 100 户人家的城镇必须建立一所文法学校，使青年人能上大学，否则，课以罚金五镑。"①

这两个法令表明了殖民地时期教育的一大进步，即儿童教育从家长负责制转为城镇负责制，并且奠定了殖民地教育的基础，所具有的历史意义是"为所有儿童提供平等、义务、税收的教育，建立了美国公立学校的里程碑"②。公共教育思想在 17 世纪的新英格兰已经萌芽。这两个法令蕴涵的基本原则，即提供这种教育的责任实际在父母、师傅和店主，而国家有权强迫他们履行这种责任；政府有必要确立教育的标准，由全民税收筹集的公众资金应该用于国家需要的教育上，尽管不是每个儿童都入学，但所有的公民都应为本地区的教育承担费用；既然要求每个儿童都受教育，那么就必须提供足够的教育机会。

**二、建国时期的公共教育思想**

（一）建国时期公共教育思想形成的背景

1776 年北美独立战争的胜利，使十三个英属殖民地获得了独立；1789 年《联邦宪法》的颁布，标志着一个现代的、资产阶级国家在北美大陆诞生了，这就是美利坚合众国。独立国家的产生，需要调整制定适合这个国家的政治、经济、文化等的一系列措施。与此相适应，在教育上，共和国的创立者、启蒙思想家、教育革新家等在新的历史条件下提出了各自的教育言论、教育目标、教育计划。因此，这时期继承了殖民地以来的传统，公共教育思想进入酝酿时期。

北美独立战争是一场空前的资产阶级革命，革命的成功意味教育要重新调整，民族国家的崛起又赋予了教育新的政治意义。美国一开始就是一个开放的国度，不同文化背景的移民蜂拥而至，形成了一个多元文化的"大熔炉"。因此，要建造一个凝固的国家统一体，共和国的缔造者和教育革新家们深深感到一方面对各民族混杂的忧虑；另一方面深受清教思想的熏陶，认为公共教育在新共和国的历史条件下是必要的。"新的共和国需要建立和设计新的政治体制；形成适合新的政治体制的共和国公民的思想观念；新的政治体制刺激下，公共教育要加强巩固新共和国，把不断扩大的不同民族、种

---

① L. Cremin. *American Education: The Colonial Experience*, 1607—1783. New York: Harper and Row, 1970. p. 191.

② Ellwood Cubberley. *Public Education in the United States: A Study and Interpretation of American Educational History*. Boston: Houghton Mifflin, 1934, p. 60.

族的人们融合进一个充满活力的政治社会。"① 政治需要决定了文化需要,因此便产生了公共教育需要。

《独立宣言》树起了资产阶级"人生来平等"的权利均等的旗帜,为公共教育思想提供了哲学基础。《独立宣言》是资产阶级标榜政治平等的伟大誓言,宣称它为资本主义社会一切权利的准绳。因此,平等、自由和博爱成为公共教育的哲学基础,众多的公共教育思想家们都畅言教育的平等、自由权利。平等、自由、普及的公共教育思想原则,不仅是美国第一次资产阶级革命的产物,而且也是为巩固革命独立成果服务的。

殖民地时期教育的宗教性适应不了新共和国的需要。殖民地时期的教育是宗教的、教会控制的。随着移民潮的涌入,语言、信仰等文化背景不同的人们,不同的教派都建立了自己的学校,宗教自由开始打破了一统天下的宗教统治,因此冲淡了社会公民的共同意识;同时人口增多,持续的地理流动,逐渐形成地方主义,教区集团纷纷建立自己的学校。公共教育也接受了新的挑战。到18世纪中期,建立在宗教基础之上的教育的"公共"目的,让位于各种各样的宗教信仰的"私人"目的;适合所有人,由公共税收支持的自由的思想让位给为穷人儿童、由宗教或慈善机构支持的"自由"慈善学校和私立学校。这种状况根本不能符合新共和国的需要。库柏莱甚至说:"殖民地的拉丁文法学校几乎全部是英国式的组织,从未适应美国的需要。"②

英国的洛克和法国的启蒙思想家的教育思想都深刻影响了美国公共教育思想的酝酿。洛克在《政府论》中阐述的"民主、平等、博爱"的思想,《教育漫话》从"白板"经验论教育哲学出发,强调教育关系到"国家的幸福和繁荣"的作用的思想;法国启蒙思想家关于反对封建传统教育,重视教育对改造社会和个人发展中的作用,建立世俗、免费、普及和对人人平等的国家教育思想,都不同程度地影响了美国的启蒙思想家、教育革新家的教育思想,成为美国公共教育思想酝酿的依据。美国教育史学家威金(G. A. Wiggin)说:"杰斐逊(Thomas Jefferson(1743—1826)的教育思想是坚定地建立在18世纪法国启蒙运动的哲学之上的。"③

(二)建国时期公共教育思想内容

美国早期最负盛名的启蒙思想家是本杰明·富兰克林(Benjamin

---

① R. Freeman Butts, *Public Education in the United States*. New York: Holt Rinehart and Winston, 1978, p. 6.

② Ellwood Cubberley. *Public Education in the United States: A Study and Interpretation of American Educational History*. Boston: Houghton Mifflin, 1934, p. 112.

③ 〔美〕G. A. 威尔金著:《教育和民族主义》,1962年英文版,第124页。

Franklin)、托玛斯·杰斐逊、托玛斯·潘恩（Thomas Paine，1737—1809年）等人。杰斐逊起草的《独立宣言》被马克思誉为"人类第一个人权宣言"；富兰克林从1733年到1758年编写的通俗易懂的新历书——《穷理查历书》，是18世纪欧洲及北美殖民地一般家庭拥有两部书中的一部（另一部是《圣经》），《穷理查历书》连续出版达25年，因此富兰克林被誉为"美国大众教育的创始人"；潘恩的小册子《常识》一经出版，在短期内行销了几十万册，而且以文笔犀利的呼声，在北美人民反英统治的危急存亡之际，激励了反英斗争的勇气，坚定了人民的信心。他们从不同的角度和侧面提出了各自的公共教育思想，而尤以杰斐逊和富兰克林最具代表性。

杰斐逊认为教育首先可以防止民主政府变质，视教育为防止民主变为暴政的重要手段；其次，教育有助于改进人类的道德品质，可以促进人类生活的改善及人类幸福，甚至有助于变弱国为强国，通过教育可以训练、培养出民主社会的合格公民。他相信人性是善的，人具有"可变性"，认为教育的权利是自由社会里公民的自然权利之一，所有自由公民的孩子应当有机会享受公共费用的教育。根据他的这些教育观点，他利用修订法律的机会，草拟了三项有关教育制度改革的法案：（1）关于进一步普及知识的法案；（2）修改威廉—玛丽学校章程法案；（3）建立公共图书馆的法案。这三个法案集中体现了他提出的初级教育—高等教育—成人教育的比较完整的教育体制。杰斐逊提议每州的县选出三名公民担任参议员来管理学校，并由他们任命一位督察员。每一个县划分成区，每个区用公共费用建立一所初等学校，所有儿童都必须入学，至少三年免费。按州划分成县，每一个县建造一所文法学校，从初级学校中选拔最佳学生以公共费用进行中等教育。每所文法学校中的佼佼者选拔到威廉—玛丽学院修习学院课程。

杰斐逊的公共教育思想是共和国创建前后所有教育思想中最有时代性、最具代表性的。他草拟的公共教育制度改革法案，着眼于美国民主的前途、国家的繁荣富强、国民素质的提高，是一个富有远见的规模宏大的计划。它对后世、对世界影响极大，特别是影响了美国后来的公共教育制度的建立。"提案显示了共和国初期教育理论的建立……免费公立学校的思想已经生根。"[1]

本杰明·富兰克林认为学校应当致力于所有人的发展，无论是富人还是穷人。学校必须加强对人类文明的教育，为所有人提供实用的知识教育，以便为将来从事任何职业做准备。而社会本身需要承担全部的教育费

---

[1]〔美〕理查得·D. 范斯科德等著，北京师范大学外国教育研究所译：《美国教育基础——社会展望》，教育科学出版社1984年版，第12页。

用。通过教育，个体道德才能完善，进而改善社会。因此，富兰克林在《宾夕法尼亚青年的教育目标》中指出政府有责任建立学校，并且从财政上资助学校，因为学校可以给国家和人民带来利益。他的文实教育的课程包括书写漂亮的字体和绘画、算术、算账、几何和天文、英语语法、论文和信函的写作、修辞学、历史、地理和伦理学博物和园艺、贸易史和机械原理。他认为学习这些课程，是人类物质进步的重要手段，能使社会道德得到改善。

从富兰克林的公共教育思想中看到了一个18世纪的产物，清教的美德被世俗的美德所替代，拯救灵魂的教育被功利主义教育所取代，维护稳固基督教社会的目标为改善道德而改善社会、巩固共和国的目标所取代。富兰克林看到了个体与社会的关系，课程的实用价值对物质进步的作用，要求授予所有人由社会承担费用的教育，以此来达到社会物质进步并最终改善社会、维护社会的新生秩序的目的。因此贝斯特说："他力求扩大学校教育，从富人子弟到一般普通老百姓子弟，奠定了19世纪学院运动的基础，开始了普及公共教育。"①

美国共和国创立前后，涌现出了许多教育革新家，他们信奉单一的国家公立教育制度。本杰明·拉什（Benjamin Rush）1786年为宾夕法尼亚州建立公立学校，制订了单一的教育制计划。他认为在每一个城镇或地区都要建造"自由学校"传授读和写的技能，进行英语、德语及数学教学；在每一个县建立文实学校（Academies），为准备升入学院的青年进行文理科学的教学；在州首府建造一所州立大学进行职业教育，传授法律、医学、科学等高级课程。拉什强调，通过单一的教育制度增强州的凝聚力。他认为这是共和国绝对必须有的适合需要的教育形式，因为通过单一的教育制度将产生认同感，这是国家的政治所需要的。拉什一方面是"文化多元论者"，允许不同教区和不同国家的儿童进相同的学校；另一方面，他又是一个很彻底的"政治一元论者"，信奉共和主义。因此，他的教育改革计划是普及的、一致的教育计划，目的是使所有人具有相同的政治信仰和对共和国的忠诚。这个计划既"遵循苏格兰和新英格兰的模式"②，又为以后许多教育改革计划所遵循。罗伯特·科拉姆（Robert Coram）是美国独立战争后一位提倡平等、自由、普及教育的思想家。1791年，科拉姆发表了《政治需要，附件：在全国建立普及学校计划》的文章。他认为土地占有的不平等是社会混乱的根

---

① J. H. Best. *Benjamin Franklin on Education*. New York: Teachers College Press, 1967, p. 1.

② R. Freeman Butts. *Public Education in the United States*, p. 29.

源。国家应当强迫放弃财产的自然权利,应当保护公民的自由,应当提供获得财产的手段,因此"为所有人提供均等的教育,目的是所有人可以获得生存、自由所需要的知识。这种教育是自由的、义务的,不以财产多寡,不以父母所好为转移。国家应保证每一个阶层的孩子"① 享有这种教育。科拉姆还提出了乡村学校的改革计划。科拉姆痛感当时乡村教育和市镇教育的不平等。他认为如果乡村学校的恶劣环境不改善、不能享受市镇学校的平等权利,那么政府将被那些有能力为孩子提供教育的城市商人阶层所控制。所以他指出,学校应当由国家来办理,学校应当是公立的,而不是私立的,应向所有人开放。他提出了乡村学校的改革计划。第一步将私立学校改为公立学校,因为"每个公民都有生存的权利,应当拥有相等权利获得知识。公立是容易维护的,因为责任由全体公民来承担;第二步是按全国现有的人口数建立学校,学校由全民税收支持,学校的任务是传授英语、写作、簿记、数学、自然史、机械和农业基础知识。让每一个学生免费上学。……为了在全国普遍建立公立学校,让我们按人口数把每个州分成区,每一个区建立一所学校,按各区的土地多少进行纳税,以作教育经费之用"②。

正当共和国的创立者在讨论公共教育问题时,一大群知识分子也在探索"适合美国精神的最完美的自由教育制度"。这也是"美国哲学会"(American Philosphical Society)论战的主题。塞缪尔·斯密(Samuel H. Smith)和塞缪尔·诺克斯(Samuel Knox)是彻底的民族主义教育的信奉者。塞缪尔·斯密是革命期间最年轻的教育改革的宣传家。他根据自己提出的教育目标——美德、智慧和幸福,制定了义务教育的原则:监督,甚至强迫儿童受教育是一个国家的职责。从最高利益上讲,教育要独立并超越于父母的权力,公共教育的原则如下:(1)教育期限从 5 岁到 18 岁;(2)每一个男孩都毫无例外地受教育;(3)区的教师严于职守,不把孩子送去受教师教导之父母应受法律惩罚;(4)不愿让自己孩子在规定的教育制度内受教育之父母,应承担按公共教育制度规定的要求教育孩子的职责;(5)教育经费的来源是按公共的财产比例分配;(6)教育制度由初等学校、中学和大学组成。③

斯密还提议建立一个"全国文理科十四人委员会",监督自上而下的国家教育制度,职责包括选择所有学校的教材。

塞缪尔·诺克斯主张全国公立学校中心制,即所谓公共教育"全面的、

---

①②③ R. Freeman Butts. *Public Education in the United States*: pp. 34, 35, 38.

普及的、一致的国家教育体制"。诺克斯制订了在当时是比较完备的教育计划：建立最高的"国家教育委员会"，在全国形成一个公共教育成阶梯形的完整的国家教育制度，包括四年制的初等学校（8—12岁）；县中等文实学校（County Academies）（12—15岁），这是严格的学院预备寄宿学校，专修拉丁文、希腊文；每一个州建立一所学院，进行传统和文科教育。毕业后获得学士学位。他特别指出，穷人孩子受教育，可以念完初等学校，然后经筛选后进入文实中学和州学院，享受公共教育费用。

诺克斯提出："一体化教育计划，不仅可以培养和谐的情感，协调的行为和举止，而且可以培养共和国公民的爱国主义情感。"①

这个时期之所以经常讨论教育体系的一致性，是因为18世纪后期独立国家企图通过教育来维护社会和国家的统一。在国家民族大融合过程中，化异求同永远是教育担负的重任。

（三）建国时期公共教育思想评价

从本质上分析，共和国创立前后时期的公共教育思想是了巩固资产阶级革命的成果，把教育视为医治社会弊病的良药，改善道德的有效途径，维护和保持资产阶级社会秩序的保证。而从实践上分析它不过是天才的设想罢了，它只是理论上的"梦想"。"18世纪教育思想作出了杰出的贡献，但它们更多地停留在理论领域而不在实际应用。"② 托马斯·杰斐逊，本杰明·拉什和其他启蒙思想的代表"制订的雄心勃勃的教育计划——地方的、州的和国家的——远远超越了那个时代"③。杰斐逊的"关于进一步普及知识法案"，第一次在1778年2月提交给众议院；一年半后，1780年夏，又第二次提交；第三次是1785年，这一次众议院通过了它，但参议院把它否决了。1788年议会又一次讨论了它，但又被击败。这样一个"法案"最终被否决，可见"法案"的超时代性。乔治·华盛顿在致亚历山大·汉密尔顿（私函，1796年9月1日）的信中说："教育是启发和确保我国公民具有正确思想的一种最有效措施。建立大学更具有特殊意义。"④ 同年9月17日"致合众国人民"的告别演说中道："品行或道德是民主政府必要的源泉。要把建立普及知识的机构作为头等重要的目的。"⑤可见华盛顿十分重视教育的作用，他的向国会的教育咨询成为以后美国总统的传统。但他一再提出的创建"国立大学"的设想，却没能实现。巴茨在谈到"美国哲学会"会员的教育计划时

---

① R. Freeman Butts. *Public Education in the United States*：p. 40.
②③ 〔美〕V. T. 泰尔著：《美国教育思想的形成》，1965年英文版，第63、64页。
④⑤ 〔美〕乔治·华盛顿著，聂崇信等译：《华盛顿选集》，商务印书馆1983年版，第310、321页。

认为,"他们的观点在逻辑上是完美无缺的",可是他们的"学校体制计划远远超出当时的社会实际能力"。① 这里所说的"社会实际能力"与麦迪逊(Madison)在评论杰斐逊法案受挫原因时的观点一致;因为议员们认为,实行这个法案需要大量财政支出,超过了州的负担能力。让共和国来承担教育经费更是一句空话。联邦宪法只字不提教育款项,实际上当时国家根本无力为教育提供经费。革命后国内负债累累,"公债 11 585 000 美元,外国借款 7 830 000 美元,州政府公债 18 272 000 美元"②。更重要的是富人不愿负担教育穷人子弟所需经费。公共教育计划也触犯了社会上许多集团的利益,宗教界人士一般认为世俗化的教育计划对宗教事业不利。另外,客观的地理环境决定了教育管理的无能为力。当时的殖民地"人们居住得很分散,不易作有效的管理"③,并且地理流动频繁。美国当时是一个幅员广阔、居民分散,居民各家之间往往隔着山山水水,往来都要跋山涉水,要想让每一个儿童都徒步上学,谈何容易!

尽管 18 世纪末的公共教育思想带有梦想性质,但它对后世的影响意义重大。这种思想的最大进步是宗教思想向世俗化思想的转变,宗教控制教育思想向州支持控制教育思想的转变。④ 这种公共教育思想已萌生了功利主义和实用主义的性质,并对整个美国的教育思想和体制的建立产生影响。公共教育思想表明一个"自由、平等,税收支持、世俗的、州管理的"美国教育体制已开始酝酿。

### 三、贺拉斯·曼的公共教育思想

(一)贺拉斯·曼的公共教育思想产生的背景

美国公共教育思想经由殖民地时期的萌芽,共和国创立时期的酝酿,到19 世纪 30—40 年代已基本成熟。公共教育思想的形成一方面是历史发展的结果,另一方面,更重要的是这个时期的社会历史条件,各种各样的理论基础和美国教育本身的实践等多种力量推动的结果。这个时期出现了众多的公共教育的改革家和思想家,而尤以贺拉斯·曼(Horace Mann, 1796—1859)的思想为主要代表。

美国自独立革命以来,发生了许多令人注目的社会变化。欧洲发生的工业革命、中世纪以来民族国家的崛起,都影响着美国生活的各个方面。由于美国独立战争开创了资本主义发展的道路,家庭农业经济逐渐转变为农业经济的工业化和整个农业经济向工业化转化。由于工厂制度的产生,城市人口

---

①④ R. Freeman Butts. *Public Education in the United States*, pp. 25, 39.
②③ 〔美〕福克纳著,王绲译:《美国经济史》,商务印书馆 1989 年版,第 73 页。

不断增多，城市化势在必行。美国又是一个人口不断流动的国家，西部开拓一直吸引着外来移民，这个时期移民增多，使美国社会的成分更趋复杂化。所有这一切一方面促进美国资本主义的发展，另一方面，社会问题层出不穷，社会改革运动此起彼伏。公共教育思想正是在这种社会历史背景下形成的。

公共教育思想形成的理论基础包括产生于 19 世纪 30 年代超验主义（Transcendentalism）思想、杰克逊思想（Jacksonianism）和欧洲教育思想的引进。超验主义思想是以拉尔夫·爱默生（Ralph Waldo Emerson，1803—1882）为代表，在哲学上否定知识起源于感觉经验论，在宗教上反对加尔文派的预定论，崇尚精神和直觉。超验主义的思想在哲学上是唯心的，但它所洋溢的否定权威和解放思想的乐观主义和积极入世精神，却开拓了美国的思想文化的解放运动。爱默生在题为《论美国学者》的演说（1837 年 8 月 31 日）中，要求"让我们同欧洲和死亡的文化分道扬镳，让我们探索我们自己新世界的可能性"①。这篇演说无异于美国"文化上的独立宣言"，因此"爱默生为整个改造运动创造了基本的哲学原则"。② 它也为美国公共教育思想的形成和美国特有教育制度的建立提供了理论依据。

1829 年杰克逊（Andrew Jackson）当选为美国总统，出现了资本主义民主改良运动，史称"杰克逊民主"（Jacksonian Democracy）。这种民主的最显著特征是取消或减少了选举权的财产资格限制，扩大了选民人数，西部州有的宪法规定了白人男子的普选权。杰克逊是一个平民出身而非富豪门第出身的总统，因此他的入主白宫被视为开始了平民积极参与政治的时刻的到来。自由、平等的思想更深得人心。

欧洲教育思想的引进为美国公共教育思想的形成增添了新血液，使美国公共教育思想家们大开眼界。欧洲教育思想中，对美国影响最深的是裴斯泰洛齐和法国教育改革家库森（Victor Cousin）的教育思想。在裴斯泰洛齐看来，只有全面地、和谐地发展人的潜能，才能使人得到自由和自立，并成为完善的人；只有每个人能自由、独立地发展，社会才能得到改善。从教育与人的发展和社会改善的关系来强调教育的作用在公共教育思想中十分明显。19 世纪初，裴氏学说传入美国，美国的教育家们全面介绍、宣传他的学说。贺拉斯曼·是其中最有力的宣传者。美国"教育家深受裴斯泰洛齐的影响，从 1820 年开始，其工作通过贺拉斯·曼、亨利·巴纳德（Henry Barnard）、

---

① 〔美〕V. T. 泰尔著：《美国教育思想的形成》，1965 年英文版，第 90 页。

② S. Alexander Rippa. *Education in A Free Society: An American History*. New York: Longman, 1984, p. 106.

威廉·拉塞尔（William Russell）、W.C·伍德里奇（W.C.Woodbridge）以及杂志介绍到美国"①。

对美国公共教育思想产生最大影响的莫过于法国教育家维克多·库森的教育报告英译本。1831年库森受法国政府之命到德国考察教育后向政府提交了《关于德国，特别是普鲁士公共教育状况的报告》。该报告客观而系统地介绍了德国的公共教育制度，特别是对普鲁士的初等教育制度大为赞赏，认为普鲁士教育制度比法国的优越。库森报告提出了成熟的公共教育思想体系，在法国产生了具大反响。1835年，这个报告被译成英文，其中有关普鲁士教育管理机构和普鲁士国民学校的章节，在纽约出版发行。当时正值美国人着力寻求建立统一的美国公共教育体系之际，此报告犹如雪中送炭，使美国人大开眼界并深受启迪。普鲁士国家尊师重教的思想，政府专门设立教育管理机构和设立专职教育官员的做法，都在美国的公共教育思想中反映出来。贺拉斯·曼、詹姆士·卡特（James Carter）从报告中受到鼓舞。1852年密歇根州的一位教育督察长著文说："宪法制定者们企望建立的公共教育制度、教育督察长的思想以及有关教育督察长的工作范围、权力和职责的思想，都根源于普鲁士。"②

公共教育思想的形成与其说是社会历史条件下产生的改革思想，不如说是在美国自殖民地以来教育内部实践基础上形成的。美国早期的教育实践是局部的、慈善的和私立的。新英格公共教育的实施尽管只是给贫穷儿童有限的公共教育，但仍给后世的公共教育思想形成提供了实践基础。分权制原则的确立，初等教育趋向世俗化和星期日学校、城市学校协会和免费学校运动、兰开斯特学校运动、幼儿学校等多种教育形式的并存，直接影响了公共教育思想的形成。

（二）贺拉斯·曼的公共教育思想内容

贺拉斯·曼是美国19世纪上半叶著名的社会改革家，是共和国忠诚的卫士，同时又是一位公共教育思想家和实践家。他被誉为美国"公立教育之父"，这不仅因为他提出了成熟的公共教育思想体系，而且他还是一位公立学校的有卓越才能的组织者，一位注重实际的教育革新家。

贺拉斯·曼的公共教育思想反映在他的著作中，其中较能代表其思想的有他担任马萨诸塞州教育委员会秘书期间写的12个《年度报告》、《教育演讲集》（1848）、《关于青年人的几点建议》（1850）、《论妇女的权利和义务》

---

① 〔美〕V.T.泰尔著：《美国教育思想的形成》，1965年英文版，第94页。

② Ellwood Cubberley. *Public Education in the United States: A Study and Interpretation of American Educational History*. Boston: Houghton Mifflin, 1934, p. 274.

(1853)。此外,他还在《公立学校杂志》和《美国教育杂志》上发表了大量文章。

贺拉斯·曼首先是一个社会改良主义者。他的公共教育思想既是以他的改良主义思想为基础,又是为社会改良服务的。他认为公共的普及教育是共和国存在不可或缺的条件,是国家稳定的基础。公共教育还是培养美国共同价值意识体系和稳固国家的基础,公共教育将熔铸美国民族为统一整体,培养具有美国共同价值体系意识的公民。公共教育不仅是促进经济繁荣的手段,而且可以消除资本与劳动之间的冲突。贺拉斯·曼认识到现代工业发展导致了资本和劳动之间的巨大裂痕,由此阶级意识增强。"邪恶总是产生于资本和劳动之间,当所有的资本垄断在一个阶级手中,所有的劳动便抛向另一个阶级。"因此他认为:"如今,除公共教育以外,没有什么力量能与这种资本垄断和劳动奴役相抗衡。"① 教育可以为个体在智力上提供改善劳动的工具,通过灌输知识,训练智力,创造新技术、新的生产方式,从而增加财富,提高社会福利。而个体经济地位的提高,可以消除财产不均的现象。教育可以起到"社会机器平衡轮"的作用。

贺拉斯·曼强调公共教育的重要性,其目标在于谋求建立全面的公立学校系统。他提出了公共教育思想的实践形式——公共学校制度的设想。

首先,贺拉斯·曼所理解的公立学校的性质,是平等、自由、免费义务、世俗、不从属于任何政治派别的,由税收支持的国家控制的学校。他要求把全州4—6岁儿童作为公立学校的招收对象,不论其经济、宗教、社会政治背景,都进同一所学校。

其次,公立学校既然是培养共和国公民的统一机构,那么它就不应当从属于任何教派或政治派别,也就是公立学校应该是世俗的。在一个宗教自由、教派抗争和政治纷争的国度里,无论宗教自由而引起的抗争还是政治派别的纷争,如果没有一种融合整个社会的机构,那么国家就会处于岌岌可危的分裂之中;而这种机构又不能受任何派别的控制和掌握。贺拉斯·曼指出:"任何一个教派都不能拥有为了自保的目的建立学校制度、取得压倒其他教派的特权。"同时,"如果政治纷争的风潮卷进公立学校,那么这种学校将毁于一旦"②。因此,贺拉斯·曼成为"调和宗教和政治关系的第一个人"③。

---

①② L. Cremin. *The Republic and the School*, *Horace on the Education of Free Men*. New York: Teachers College Press, 1974, pp. 79, 17.

③〔美〕E. P. 格锐夫斯著:《三个世纪来的伟大教育家》,1971年英文版,第165页。

然后，既然公立学校不为宗教或政治派别所控制，那么，公立学校应该是由公众管理和支持的。对公立学校来说，公共管理是一个中心问题。贺拉斯·曼认为公众管理公立学校首先要建立州教育委员会作为全州公立学校的最高管理机关，这是建立公共教育制度的"第一个伟大行动"①。另外，在市和镇也应当设有市镇教育委员会。就公立学校内部管理而言，贺拉斯·曼主张由一个具有广泛代表性的学校委员会负责，这个委员会是由教师、立法机关的代表和校外人士的代表，即在当时的所谓支持公立学校的人去参与管理学校。

再次，既然公立学校是由公众支持管理的、为全体公众服务的，那么，公立学校的主要财政来源是以公共教育税收为基础，他提出"以公共教育税收"为基础的观点是有其理论依据的。他认为任何人对自己的财产都不拥有一种不可取消的绝对的所有权，把公立学校教育视为资本投入，把教育视为发展人类资本的手段。"教育上的投入是资本投入的一种方法，因为它可以创造新的财富；教育是提高人类资本的一条途径，因为它为个体提供了改善劳动在智力上的工具。"② 贺拉斯·曼运用教育是资本投入的理论来论证公共财政支持公立学校的合理性。当时普遍提出的一个问题是，那些无子女，或把孩子送往私立学校的人为什么应当为别人孩子的教育付钱。贺拉斯·曼回答说，财产的价值依赖于前代人的劳动和社会的积累。财产由一代人保管，通过劳动增加了它的价值。换句话说，甚至没有孩子的家庭也受益于公立学校教育，因为公立学校教育增加了整个社会的财富，反过来也增加了家庭财产的价值。因此所有社会成员都从公立学校教育中获得经济上的好处，不论他们是否直接利用学校。

贺拉斯·曼还认为，除采用征收教育税的方法外，也应当在政府的财政上对公立学校予以大力支持。

（三）美国的公共教育思想评价

贺拉斯·曼的公共教育思想集中体现了他那个时代众多教育改革家的教育思想。他一方面继承了殖民地清教徒教育思想以及共和国创立时期的教育思想，另一方面根据时代赋予的新特征和新的需要提出了自己完整的公共教育思想，并为改进公立学校进行了不屈不挠的斗争。他所取得的成就为美国人，甚至为世界所瞩目。从本质上来说，他看到了由于现代社会生活的巨大变化所产生的社会冲突，看到了资本与劳动冲突会危及美利坚合众国的国家

---

① L. Cremin. *The Republic and the School*, *Horace on the Education of Free Men.* New York: Teachers College Press, 1974, p.79.

② 〔美〕吉尔·斯帕林著：《美国的学校（1642—1985）》，1986年英文版，第3页。

基础。他的思想的核心是以公共教育为手段进行社会改良。视教育为解决社会矛盾的灵丹妙药,因此他是一个"力求稳定尚年轻的美国资产阶级共和国秩序的忠诚的卫士"①。他所设立的公共教育的实践形式——公立学校制度应该是平等、自由、普及、免费、公共、世俗、税收维持,无任何政治倾向的公共教育制度,因此为美国建立公共教育体制提供了理论依据和理论模式。"公共教育思想组成了美国人特有的正统信仰的一部分。"②

美国公立学校运动掀起于19世纪30至40年代,而作为一种思想,则于殖民地时期已有萌芽,共和国创立时期进一步酝酿,于19世纪30至40年代形成体系。公共教育思想为美国独创公共教育制度——公立学校体制提供了理论基础。这种思想所产生的影响是十分深刻的。美国在南北战争以前,基本建立了完善的公立初等教育体系,建立了包括教育税征收、教育管理、教师培养和任用、教材管理等在内的完整的教育领导体制。我们可以说,初等教育体系的建立,教育领导体制的建立是美国公共教育思想的产物。这在欧洲是英、法、德等资本主义国家的"双轨制"教育制度所无法比拟的,因此,美国公共教育思想在世界近代教育史上有它特殊地位,美国公共教育思想不同于教育学的基本理论,无怪乎有人称美国在杜威以前没有教育思想,实际上这种理解是失之偏颇的。因为公共教育思想是欧洲民族主义教育思想的一个不可分割的部分,是世界教育发展的一定阶段的必然的历史产物,它是站在社会改革的立场上,对教育的社会功能进行理论阐述。它是中世纪以来教育归属领域内的一次变革,是符合历史潮流的一种改革思想。在美国,公共教育思想又有它自身的特点,首先,它把教育视为改革社会、医治社会创伤、救治社会道德沦丧的"灵丹妙药"。其次是认为教育有功利性。贺拉斯·曼最早提出教育资本投入的观点,表现出他作为一位社会改革家的才略。再次,美国公共教育思想的一个重要特点是利用教育使移民"美国化",使印第安人"文明化",企图锻造一个美国"大熔炉",文化统一体。早期诺厄·韦伯斯特（Noah Webster，1758—1843）预言"美国化"的思想,超验主义代表爱默生的文化独立论的思想,贺拉斯·曼的政治、宗教道德教育内容统一论的思想,都体现了公共教育思想的独特性,更重要的特点是美国公共教育思想另一方面,即思想的实践形式——公立学校体系,它的原则,包括平等、自由、免费、义务、世俗、普及、税收支持、不属任何政

---

① 滕大春、吴式颖副主编:《外国近代教育史》,人民教育出版社1989年版,第355页。

② 〔美〕吉尔·斯帕林著:《美国的学校（1642—1985）》,1986年英文版,第89页。

治派别的而由州管理的原则，为美国单轨制的教育体系提供了理论基础。它是美国教育的独创性的表现，这无疑是教育史上的创举。

公共教育思想具有不可克服的阶级性。公共教育思想强调的平等、自由的原则一直是教育改造者们的一厢情愿，让所有人得到平等的良好教育在美国这个种族歧视的国度里不过是一纸空文。

## 第六节 民族主义教育思想的传播与实践

从理论的历史逻辑来分析，在西方教育史上，古希腊柏拉图在其著作中对教育与国家的关系作过理论概括。早在1516年托马斯·莫尔在《乌托邦》中，就曾提出创建公共普及教育的思想。从实践上来说，在古希腊（特别是在斯巴达）曾盛行过国家办学的教育实践。马丁·路德基于宗教平等观念所提出的普及教育的主张，与近代民族主义教育思想家，从拉夏洛泰到贺拉斯·曼，从巩固资产阶级民主政治和发展资本主义生产的角度出发，所提出的民族主义教育思想，在形式上具有相似之处，在历史渊源上具有直接联系。马丁·路德把教育的权利扩大到更为广泛的社会阶层，扩大到每一个男女儿童，全面、系统地阐述了关于建立公共教育制度，由国家管理教育的主张，揭开了西方近代教育民主化进程的历史序幕。无论是教育实践和理论研究，还是德国后世和其他国家的教育，都受到了他的教育理论的深刻影响。在16、17世纪的德国新教各邦，路德思想得到初步实践。例如，在初等教育方面，1528年，布根哈根为不伦瑞克城制订了学校与教会章程，提出为所有儿童开办良好的学校。著名教育家拉特克关于改革教学方法的主张，明显地受马丁·路德的影响。夸美纽斯普及教育的思想受其影响更直接。宗教改革爆发不久，马丁·路德宗教——政治学说就传播到瑞士，直接影响加尔文和他的宗教改革事业。17世纪时，随信奉路德新教的德国移民来到北美大陆，路德教义及其教育思想也传播到美洲殖民地，从而出现了具有德国特点的教育制度。对于德国近代教育的发展而言，马丁·路德教育思想最为深刻的意义在于，首先把文化教育当做国家的职责，在德国出现了最早的国家教育。

拉夏洛泰是近代民族主义教育思想产生发展新局面的开拓者。拉夏洛泰的国家办学思想产生于法国的土壤中，所以在法国引起的反响最大。《论国民教育》出版后，在法国相继出版了一系列论述国民教育的著作，如爱尔维修的《论人的理智能力与教育》，罗兰的对巴黎高等法院提出的《报告》，卢梭的《关于波兰政治的筹议》，杜尔哥的《回忆录》，狄德罗为俄国女皇叶卡捷琳娜二世草拟的《俄罗斯大学计划》。无论在18世纪法国资产阶级大革命时期各个政治派别的教育立法活动中，还是在拿破仑一世统治时期建立的中央集权式的教育领导体制中，都可以找到拉夏洛泰教育思想对法国教育理论与实践发展的影响。《论国民教育》问世以后，被译成多种欧洲文字流传各国。俄国在建立国民教育制度的过程中，接受了拉夏洛泰提出的教育管理制度。普鲁士在1787年成立了中央学校管理委员会，"作为国王之下的最高教育领导机构。这是使教育脱离教会控制的决定性的措施"[1]。俄国在19世纪初（1802年）也成立了教育部，以对各级学校进行集中管理。在英国，尽管当时政治和商业传统反对政府采取任何限制行动，但拉夏洛泰的学说并非没有影响。亚当·斯密在1763—1766年间游历了大陆国家，而此时法国正在讨论国民教育，他赞同拉夏洛泰教育是关系公众大事的观点。

从理论上和实践上受法国国民教育思想影响最深的是德国教育家巴西多和以他为代表掀起的泛爱主义教育思潮。卢梭关于追随儿童的自然，尊重儿童的天性和兴趣，给予儿童以独立动的自由以及关于劳动教育的思想，拉夏洛泰关于应由世俗性政权管辖、监督国民教育，把教育的管理权从教会和教士手中夺过来的思想，构成了巴西多的教育思想的主体。1768年，巴西多发表《关于学校教育的重要性及其对社会公共福利的影响告慈善家及富人书及其对公众福利之影响，敬向志士仁人呼吁书》，要求由国家管理初等教育。1774年在德国创办一所新型学校，命名为泛爱学校。学校招收学生不论贫富贵贱，不分宗教信仰。学校开办后引起社会的广泛注意。1777年，卡姆佩仿照泛爱学校的模式，在特里多弗创办了又一所新型学校。泛爱派宣扬泛爱思想和人道主义，认为教育目的在于培养幸福、健康、对社会有用和能促进人类幸福的人。他们认为教育是保障国家利益的最有效和最确定的手段，主张由国家管理和监督学校教育，以摆脱教会的控制和教派斗争的影响。

另外，卢梭1773年应波兰威尔豪斯基伯爵之邀撰写了《关于波兰政治的筹议》，强调合理地组织建立教育制度能够推进社会变革，增强共同意识，塑造民族性格。虽然这是为波兰政府拟订的复兴计划，但对法国、美国等国产生了深刻影响。在资产阶级革命后，革命政府所关心的主要方面之一，便是建立国民教育制度。普鲁士在这种思想的影响下，"为了纯粹的民族国家

---

[1]〔德〕鲍尔生著，滕大春、滕大生译：《德国教育史》，人民教育出版社1986年版，第90页。

而着手创立一种国家教育制度"①。瑞典、俄罗斯、波兰"不仅关注改进教学方法,而且也积极开创国家教育制度的新局面"②。狄德罗拟订的《俄罗斯大学计划》是一个组织俄国国民教育制度的完善计划,尽管在俄国没有被付诸实施,但在法国却引起了人们广泛的兴趣和讨论,使人们"坚信公共教育是一种国民事务"。狄德罗在这个计划中提出的有关教育行政管理体系的设想,对拿破仑一世时期中央集权的教育行政管理体制的确立产生了一定的影响。美国教育史家库柏莱指出:"1808年的法兰西大学在很大程度上是狄德罗提出的设想的一种具体体现。"③

我们在论述美国公共教育思想萌芽、酝酿和形成时,已阐明了欧洲大陆民族主义教育思想对其影响。可以说美国公共教育思想是欧洲教育思想推波助澜的结果。

18世纪后期至19世纪中期的近一个世纪的时间内,各国都以不同的方式向教会展开斗争,夺取教育权,因而出现了教育领导权从教会向国家转移的趋势,国家在学校事业上的作用日益加强,教育由分散孤立的学校逐渐形成一贯相连的系统学制,由单一的文雅教育逐渐分化为文、理并重的教育,由教会单独控制的教育,逐渐形成国家、教会和私人同办教育的倾向,而且国办教育的比重日益增加,出现了比较完备的教育体系。具体到各国,法国大革命后,立即着手剥夺教会对学校的领导控制权,建立国民公立学校制度;德国在19世纪初,美国在19世纪30—40年代相继着手建立公立学校系统,在传统教育牢固的英国,也在19世纪后半叶加快向公立学校制度迈进的步伐。毋庸讳言,正像资产阶级革命的成功得益于众多有锐利、远大目光的思想家的鼓吹和预见,国民教育制度的建立、公立学校的确立,也是民族主义教育思想家筹划、设计的成果。

**【要点小结】**

民族主义是现代民族国家建立和发展过程中的一种重要思想流派和意识形态,它在西方早期就表现出了不同的思想形态,它对现代社会发展起到了巨大的作用,尤其对西方早期民族主义的教育思想的形成产生了重大影响。卢梭是西方重要的民族主义教育思想的代表,他以祖国观念、公民观念、爱

---

① J. Bowen, *The History of Western Education*, Vol. Ⅲ. London: St. Martins Press, 1981, p. 242.

② H. M. Pollard. *Pioneers of Popular Education*, 1760—1850. London: Murray, 1956, p. 53.

③ E. P 库柏莱著:《教育史》,1920年英文版,第512页。

国观念等为思想基础表达了爱国主义的民族主义教育思想；费希特以法国大革命为认识基础，阐述了其自由思想，他经历了从爱国主义者转变为世界主义者，又从世界主义者转变成民族主义者的思想变化过程，他从语言是造成民族差异的直接原因、德意志民族演变的轨迹、德意志民族的优越性、德意志民族的创造性、德意志民族的爱国主义情感等方面，展现了其民族主义理论并以此为基础提出了新教育对振兴德意志民族的意义、新德意志的国家教育、民主主义的民族主义教育思想；富兰克林、华盛顿、韦伯斯特是美国建国时期民族主义教育思想的代表，他们以种族融合、文化的同一性、语言文化民族主义等方面的思想为基础，表现了美国独特的共和主义的民族主义教育思想。

**【思考与练习】**

1. 什么是民族主义？西方早期民族主义有哪几种类型？
2. 卢梭的民族主义教育思想的思想基础是什么？他的思想内涵是什么？
3. 费希特的民族主义教育思想产生的历史背景是什么？他的思想有哪些独特性？
4. 美国的民族主义教育思想是由什么构成的？它们对美国的公共教育制度建立具有什么作用？

**【参考文献】**

1. 〔英〕C.W. 克劳利编，中国社会科学院世界历史研究所组译：《新编剑桥世界近代史——动乱年代的战争与和平（1793—1830年）》第9卷，中国社会科学出版社1992年版。
2. 李宏图著：《西欧近代民族主义思潮研究——从启蒙运动到拿破仑时代》，上海社会科学院出版社1997年版。
3. 赵锦元著：《欧洲民族主义发展和趋向》，中央民族大学出版社1996年版。
4. 余建华著：《民族主义——历史遗产与时代风云的交汇》，学林出版社1999年版。
5. 〔英〕安东尼·史密斯著，叶江译：《民族主义：理论，意识形态，历史》，上海人民出版社2006年版。
6. 〔美〕萨拜因著，盛葵阳、崔妙因译：《政治学说史》下册，商务印书馆1990年版。
7. 〔美〕布卢姆等著，杨国标、张儒林译：《美国的历程》上册，商务印书馆1993年版。

8. 〔美〕丹尼尔·布尔斯廷著，中国对外翻译出版公司译：《美国人：开拓历程》，生活·读书·新知三联书店1993年版。

9. 〔英〕博伊德、金著，任宝祥、吴元训主译：《西方教育史》，人民教育出版社1985年版。

10. 〔美〕理查德·霍夫施塔特著，崔先禄、王忠和译：《美国政治传统及其缔造者》，商务印书馆1994年版。

11. 朱旭东著：《欧美国民教育理论探源》，北京师范大学出版社1997年版。

12. Edward H. Reisner. *Nationalism and Education since 1789: A Social and Political History of Modern Education.* New York: The Macmillan Co., 1923.

13. Gerald L. Gutek. *Philosophical and Ideological Perspectives on Education.* New Jersey: Prentice Hall, Englewood Cliffs, 1988.

# 第九章 教育心理学化思想

**【内容提要】**

发端于18世纪中后期至19世纪渐趋兴盛的教育心理学化思潮,是近代西方最为重要的教育思想和思潮之一。在启蒙运动的影响下,受益于近代哲学和心理学的发展成果,裴斯泰洛齐和赫尔巴特等教育家长期致力于把哲学、心理学系统地运用到教育(特别是教学)研究中,提出了"要素教育"和"教学形式阶段"理论等一系列重要的思想主张,并开展了重要的教育实验。裴斯泰洛齐和赫尔巴特等教育家的思想和实验对19世纪欧美各主要国家初等教育和中等教育的发展产生了广泛深远的影响。

**【学习目标】**

1. 认识教育心理学化思潮兴起的背景和哲学基础。
2. 理解裴斯泰洛齐教育心理学化理论。
3. 理解赫尔巴特教育心理学化理论。
4. 分析教育心理学化思潮的历史贡献。

**【关 键 词】**

启蒙运动　心理学化　要素教育　统觉　教学形式阶段

与自然主义和国家主义一样,教育心理学化也是西方近代普遍盛行的一种重要的教育思想。如果说自然主义主要与教育的基本价值观念相关,国家主义主要与教育的组织和管理相联系,那么,教育心理学化思潮则涉及教育(特别是教学)过程的方法和程序。

作为一种教育思潮,教育心理学化虽然具有深厚的历史渊源,但它的真正形成却是在 18 世纪末、19 世纪初,而且准确地说,应当是"教学心理学化"。但因教育史界对此提法已"约定俗成",故仍沿用"教育心理学化"的提法。于 19 世纪前期达到鼎盛。从 19 世纪后期开始,教育心理学化思潮逐步传播到欧美各主要国家以及世界其他地区,对近代教育的发展产生了广泛的、世界性的影响。在现代教育的发展中,还可以看到这种影响的持久作用。

## 第一节 教育心理学化思想发生的基础

从总体上看,促使教育心理学化思想发生、发展的动因是广泛的。甚至可以说,西方近代社会所发生的一切重要变化都对它产生了不同程度的影响。自然科学和技术的不断进步、经济的高速发展、政治革命、哲学的变革、知识的日益增长、等等,都在不同时期、以不同方式作用于教育心理学化思想的演进。但从主要的和基本的原因来看,有两个方面的因素是至关重要的,这两个方面的因素是:由于经济发展和科学进步所造成的人类知识的急剧增长,由经济发展和政治变迁所造成的教育发展及其所面临的种种实际问题。这两重因素共同构成了教育心理学化思想产生的现实前提。

### 一、教育心理学化思想兴起的社会背景

从 17 世纪中叶开始,近代科学进入了一个前所未有的高速发展时期。万有引力的发现,微分学的发明,光学中波动说的提出,原子论的发展,概率论的建立,近代化学的进步,植物学、动物学和生物学的演化,凡此种种,都标志着自然科学的巨大发展,标志着人类认识水平的不断提高。19 世纪初以后,科学的发展更进入了一个崭新的历史时期,迎来了通常所说的科学时代。在自然科学高速发展的同时,社会科学、人文科学也取得了重要的成果。哲学、政治学、伦理学、历史学、法学、美学等原有的知识领域得到全面改造,获得了新的发展,并逐渐产生了经济学、社会学、心理学、人类学、民族学等新的知识门类。在对自然现象认识不断发展的同时,对社会现象以及人类自身的认识也得到了空前的丰富和拓展。

在近代,科学、技术和知识的巨大发展不仅表现在数量和学科门类的增加,而且也表现在知识的性质和功能所发生的深刻变化。在古代社会中,知识的性质被认为主要是认识性的,获取知识的主要目的是发展理性,因而,知识本身与社会生产和人类生活不存在直接的联系。古代思想家们甚至把知

识的实用视为"卑陋"。这种知识价值观在亚里士多德等希腊思想家关于自由教育的思想中得到了充分的体现。同样，中世纪也反对为具体的功利目的而寻求知识，中世纪神学家通常把知识的功能严格地规定在为信仰服务的界限之内。

近代科学的重大发展以及在社会生产和社会生活中的日益广泛的运用，使人们对科学、哲学乃至一切知识的价值的认识，发生了根本的变化。培根就曾明确指出："科学的真正合法的目标，就只是给人类生活提供新的发现和力量。"① 正因为科学、知识与人类生活具有密切的联系，探索知识的最终目的在于为人类谋福利，因此，知识本身就获得了空前未有的崇高地位。培根认为，知识具有无可比拟的威力，是人类一切力量中最为强大的力量。知识的作用超越了时间和空间的限制，超过了帝王的权力。笛卡儿也指出："哲学既包括了人心所能知道的一切，我们就应当相信，我们所以有别于野人同生番，只是因为有哲学，而且应当相信，一国的文化和文明的繁荣，全视该国的真正哲学繁荣与否而定。"②

到了17—18世纪西欧诸国的启蒙运动时期，对知识价值的新认识得到进一步发展。启蒙思想家们把知识和理性当做解决一切社会问题的灵丹妙药。他们认为，知识就是力量，就是财富，人们有了知识，就能认清自己的本性和使命，就能够改正错误，走向真理，从而建立一个自由、平等的美好社会。康德在写于1784年的论文《答复这个问题："什么是启蒙运动"?》中，高度概括了启蒙运动的基本宗旨。他说："启蒙运动就是人类摆脱自己所加之于自己的不成熟状态。不成熟状态就是不经别人的引导，就对运用自己的理智无能为力……Sapere aude（要敢于认识）! 要有勇气运用你自己的理性! 这就是启蒙运动的口号。"③

经过启蒙运动的洗礼，近代西方世界形成了一种对知识、理性的普遍信仰，形成了一种重知、重智的主智主义（intellectualism）倾向。这种在西方近代社会发展过程中占据支配地位的价值观念，是推动近代教育（特别是初等教育）发展的重要的思想动力。从国家主义教育思潮的变迁过程中可以清楚地看到，发端于宗教改革时期的普及教育的主张，正是在启蒙运动的直接推动下才获得真正的近代意义，并进而成为一种普遍的实践。

---

① 北京大学哲学系编：《16~18世纪西欧各国哲学》，商务印书馆1975年版，第12页。

② 〔法〕笛卡儿著，关文运译：《哲学原理》，商务印书馆1958年版，第10页。

③ 〔德〕康德著，何兆武译：《历史理性批判文集》，商务印书馆1991年版，第22页。

经济发展所提出的培养劳动力的需要，资产阶级政权建立所提出的教化公民的要求，直接促进了欧美近代教育的迅速发展和国民教育体制的逐步建立。但在另一方面，教育的异乎寻常的发展又给教育本身带来了一系列实际问题和困难。首先，教育的高速发展所产生的一个直接结果是入学人数的急剧增加、学校规模的相应扩大，这就对教育和教学的方法、手段提出了新的要求。其次，近代科学和知识的发展及其在社会生活中的巨大作用，引起了学校教育、教学内容的重大变化，大量的知识"涌入"学校，从而对学校的课程设置和教学方法提出了新的挑战。最后，教育的发展造成了教师的短缺，加之当时欧美各国对初等教育的忽视，教师素质普遍不高。相当一部分教师自身就不具备多少文化知识，有的甚至是文盲和半文盲，自然就更不具备教育和教学方法的训练。据史料记载，在18世纪后半期，瑞士苏黎世的350所小学中有2/3以上的学校因没有校舍而借用农家住所、厨房甚至牲口棚。由于这个原因，房屋的主人被聘为教师，其中有的是退伍士兵，有的是理发匠、裁缝，这种状况在欧美各国都不同程度地存在着。凡此种种，都需要教育家们提出解决问题的切实有效的方法。现实的需要不仅促进了教育心理学化思潮的兴起，而且制约着教育心理学化思潮的基本内容和发展方向。

### 二、教育心理学化思想的理论依据

提出教育心理学化思想的教育家并没有一致的哲学观念，因此，严格说来，教育心理学化思想并不具备统一的理论基础。但是从教育心理学化思想的发展过程来看，有几位哲学家的学说是起了很大作用的，不了解他们的哲学，就难以从深层上把握教育心理学化思想的基本理论及历史贡献。

对教育心理学化思潮具有重要影响的哲学当首推以培根，特别是以洛克为代表的英国经验主义哲学。根据经验主义哲学，人的认识的真正起源不在于神的启示或传统的权威，也不存在与生俱来的理性公理或天赋观念。一切真正的知识都发源于感官从外部事物得来的感觉经验，只有从经验归纳起来的理性原理才合乎真理。没有经验就不可能有认识，纯粹思想或脱离感官知觉的思想是不可能的。为了进一步说明感觉印象向普遍认识的转变，洛克等经验主义哲学家对观念进行了区分。他们认为观念是心理活动的单元，观念可分为简单观念和复杂观念两种，而复杂观念又是由简单观念组成的。通过观念之间的联合，简单观念变为复杂观念。如洛克所说："我们如果逐步考究心理底过程，并且注意观察人心如何复述，如何积叠，如何联合它由感觉或反省得来的那些简单的观念,则我们底结果或者要比原来所希望的要远一些。"① 经验主义哲学家的这种观点以后逐渐发展成为联想主义。

经验主义哲学通常被认为是自然主义教育思想的主要理论基础,这诚然是正确的。但在另一方面,它同样也为教育心理学化思想提供了丰富的思想资源。从提出教育心理学化思想的几位主要教育家的主张来看,经验主义哲学发挥着重要的影响作用。与自然主义不同,在教育心理学化思想中,经验主义哲学并不是唯一的理论基础,它的基础作用是在与其他哲学相融合的前提下发挥的。这里所说的其他哲学主要是指莱布尼茨的理性主义哲学和以康德等人为代表的德国唯心主义哲学。

莱布尼茨认为,单子是一切存在的元素,也是心理活动的元素。在其本性上,单子是不变、不生、不灭的,单子之间不存在相互影响。单子与单子的关系就像两台构造精致的钟表,彼此虽然没有交互的作用和影响,却是完全一致的。单子之间的这种一致性源于由神意安排的"先定和谐"。

莱布尼茨指出,在心理活动中,无数的单子形成了一个等级体系,在这个体系中,单子从最模糊不清的到最明确的依次排列。低级的为"小觉"(petites perecptions),小觉的组合形成了"统觉"(apperception)。因此,要认识当前正在进行的心理活动及其变化,必须通过对以前已经进行过的心理活动的认识。

康德全面研究了经验主义和理性主义的哲学理论,指出它们各自的缺陷,通过对人的认识能力、认识过程等问题的探讨,对经验主义和理性主义加以综合。

康德认为,人的认识的全部过程,经过三个阶段。第一阶段是感性直观阶段。这个阶段的认识是从自然之物刺激感觉器官开始产生的,其结果是关于现象的认识。但是,由于感性直观得出的只是关于对象的知觉表象,既没有达到对象的本质,又尚未形成判断,因此还不是真正的认识。为了使感性材料上升到认识的意义,人的认识应当进入到第二阶段,即知性思维阶段。

康德认为,从感性直观所获得的各种知觉表象是混乱的、没有条理的、分散的,只有通过知性思维,才能联结起来,形成判断,获得认识的意义。所谓"知性",是指意识从其自身产生观念的能力。这就是说,知性和感性是不同的。如果说感性直观是和对象的直接联系,那么,知性却是在主体意识内部思维感性直观得到的材料。由于知性思维只是在主体内部进行,不依赖于对象,因而是完全能动的。

---

① 〔英〕洛克著,关文运译:《人类理解论》上册,商务印书馆1983年版,132页。

知性思维的材料是由感性直观提供的个别对象的知觉表象，这便决定了知性只能达到对象的局部的和有限的综合统一，还不能达到对无限对象或世界整体的统一。因此，认识还必须继续进行，上升到认识的第三阶段，即理性理念阶段。

理性理念阶段是以无条件的、绝对的存在作为认识对象的认识阶段。这个阶段要求穷尽对整个世界的认识，对整个世界进行概括，形成关于整个世界的最高概念。这种认识的材料是由知性思维所提供的。

在提出教育心理学化思想的每一位主要教育家的思想中，都可以看到洛克、莱布尼茨，特别是康德哲学的影响。近代哲学之所以对教育思想产生这种直接的影响，一个基本的原因是，从笛卡儿、洛克以来的近代哲学集中研究认识活动中的主体因素，即人的认识能力、认识过程、认识的界限，因而在不同程度上都具有心理学的倾向，都是一种哲学—心理学。这便为教育家研究教育和教学过程提供了直接的理论基础，教育心理学化思想正是在现实需要的推动下，在近代哲学所提供的思想基础上，逐步产生、发展的。

## 第二节　教育心理学化思想的发生和发展

教育心理学化思想的发展经历了两个主要阶段：发生阶段和发展阶段。

### 一、教育心理学化思想的发生

在西方教育思想史上，对教育与人性、人的认识之间关系的探讨由来已久。早在古希腊罗马时期，思想家们就对这个问题提出了一些重要的见解。从夸美纽斯以后，由于明确提出了教育适应自然的主张，并把它作为一项教育的基本原则，从而进一步深化了对教育与人的天性之间关系的认识。由洛克特别是由卢梭开创的近代儿童观的巨大转变，以及自然主义教育思想的广泛兴起，使这种认识达到了空前未有的高度，对人的自然本性的探讨进一步具体化为对儿童心理的认识。从这个意义上讲，夸美纽斯的实在论、卢梭的自然主义都是教育心理学化思潮的早期表现形式，是教育心理学化思潮的直接先驱。事实上，教育心理学化思想正是在自然主义教育思想的启迪以及自然主义所达到的思想高度发展起来的（裴斯泰洛齐的思想及其变化集中反映于教育心理学化思想与自然主义之间的这种内在联系）。

但在另一方面，无论是夸美纽斯的自然适应性原则还是卢梭的自然主义，都存在着一个基本的缺陷，这就是，"自然"这个概念是模糊的、不确定的，它并不足以清晰、准确地表示儿童的心理状态、心理特征和心理发展。这事实上说明，夸美纽斯和卢梭等人对于人的心理活动的认识具有很大局限性，这种局限性必然影响他们把儿童的心理条件与对儿童的教育和教学真正有机地结合起来。克服这种局限性就成为裴斯泰洛齐的主要工作之一。

裴斯泰洛齐一方面继承了卢梭自然主义教育思想的基本原则，另一方面则在长期教育实践的基础上，努力探讨"一切方法和教学艺术的共同基础"①，明确提出了"使教学心理学化"（denmenschlichen unterricht psychologisiern）的主张。作为裴斯泰洛齐思想转变的一个重要标志，是他在1800年发表的《方法》一文。在其中，裴斯泰洛齐首次明确地提出把教学过程与对人的心理研究加以结合的设想。他说："我正在试图将人类的教学过程心理学化；试图把教学与我的心智的本性，我的周围环境以及我与别人的交往都协调起来。"② 从这些话中虽然还可以看到卢梭关于三种教育（自然的教育、人的教育和事物的教育）思想的影响痕迹，但是，如果把这些观点看做裴斯泰洛齐一系列教育活动和思考的开端，那么，便可以清楚地看到，"使教学心理学化"的思想事实上是支配裴斯泰洛齐后期（1800—1825）全部教育实践工作和理论探索的主导观念。从布格多夫到伊佛东，裴斯泰洛齐所从事的主要工作是把他所提出的要素教育理论、简化的教学方法和各科教学法加以实践和理论的进一步阐释，而这些工作实际上正是"使教学心理学化"思想的具体展开。

从裴斯泰洛齐个人教育思想的变化过程中可以看到，由于"使教学心理学化"设想的提出，裴斯泰洛齐已从单纯追随卢梭教育思想的具体方法和结论，逐步过渡到把握自然主义教育思想的精髓，进而使自然主义教育思想进一步向教育心理学化思潮转变和发展。在裴斯泰洛齐那里，教育心理学化作为一种近代西方普遍盛行的教育思想正式形成了。

尽管，由于裴斯泰洛齐并没有形成系统的心理学理论，未能使丰富的教育实践经验上升到理论的高度，他的主张大体上还只是一种未经系统阐释的"天才的预见"，由此推行的教育实验也存在着各种局限。但是，由于裴斯泰洛齐所提出的"使教学心理学化"的设想，揭示了近代教育发展和人类教育认识发展的客观趋势，因此，不断地激励着后代教育家们沿着他所开创的思想道路进行探索，实现他的未竟事业。

---

① 张焕庭主编：《西方资产阶级教育论著选》，人民教育出版社1979年版，第183页。

② 夏之莲等译：《裴斯泰洛齐教育论著选》，人民教育出版社2001年版，第198页。

## 二、教育心理学化思想的发展

直接继承裴斯泰洛齐事业的是三位德国教育家：赫尔巴特（Johann Friedrich Herbart，1776—1841 年），福禄培尔和第斯多惠。他们都以不同的方式直接接受了裴斯泰洛齐教学心理学化思想的深刻影响，并分别在不同的方面进一步发展了裴斯泰洛齐的思想，从而使教育心理学化思想进入了一个新的发展阶段。在这三位教育家中，尤以赫尔巴特为重要。

在教育心理学化思想的发展过程中，赫尔巴特占有特殊的地位。这主要是因为，在继承发展裴斯泰洛齐教育思想的基础上，赫尔巴特第一次建构了一个完整的教学心理学化理论体系，从而标志着教育心理学化思想的发展达到了理论化的阶段。

赫尔巴特的教学心理学化理论既是近代教学理论发展和时代要求相互作用的必然结果，也是它自身不断演变的产物。从不同时期赫尔巴特学术活动重心的变化来看，这个演变过程大致可以划分以下四个阶段。

第一阶段：理论的萌芽（1797—1802）。

作为"自柏拉图以来最有训练的哲学家而认真注意教育的人物之一"[1]，赫尔巴特与前代教育家不同，他对教育问题进行探讨所具有的坚定性和广泛性，是长期充分准备的结果。从家庭教育到大学，他在哲学、伦理学、逻辑学、数学和美学等方面所受到的良好训练，对于他日后所从事的教学心理学化理论的研究，无疑是大有裨益的。

1797—1799 年，赫尔巴特应聘担任瑞士贵族冯·斯泰格尔（von Steiger）的家庭教师。从这个时期他写给雇主的报告中可以看出，日后发展成为其基本学说的思想，此时已开始萌芽。

首先，赫尔巴特对儿童进行了细致的观察，由此所得到的某些结果成为他以后有关思想的出发点。例如，他在一个名叫路德维希的学生身上发现了"一种非常明显的、精打细算的自我主义的萌芽"，几年后他在写作《世界审美启示》时感到有必要指出："一方面由于其欲望的力量，另一方面因为其精于计算，除非由教育的力量加以挽救，否则，他将成为最能干的自我主义者"[2]。类似这样的观察还有不少，如写于 1798 年深秋的报告。从赫尔巴特全部思想的发展历程来看，对儿童的观察有两个方面的意义。第一，它成为赫尔巴特坚持不渝的研究方法，在早期的重要著作《普通教育学》中，他明

---

[1] 〔美〕白恩斯、白劳纳编，瞿菊农译：《当代资产阶级教育哲学》，人民教育出版社 1964 年版，第 13 页。

[2] J. F. Herbart. *Letters and Lectures on Education*. Translated and Edited by Henry M. and Emmie Felkin. London: Swan Sonnenschein & Co., 1901, p. 49.

确指出，心理学"这门科学决不能代替对儿童的观察，个人只能被发现而不能推演"。第二，这个时期所获得的实际经验，成为赫尔巴特建立教学心理学化理论的重要资源和依据，直到晚年，他仍然为这时所取得的经验提供心理学的证明。

其次，受新人文主义思潮的影响，赫尔巴特表明了他对古典课程的高度重视以及希望通过适合儿童学习的古典作品进行道德教育的初步见解；他也强调数学、化学等自然科学课程的学习。这些都成为他在以后建立起来的教学心理学化理论体系所包含的一些重要原理（如多方面兴趣）的最初萌芽。

最后，这些报告表明，在其教育生涯的早期，赫尔巴特已经注意到儿童的经验、兴趣与注意在教学中的重要性，以及新旧知识联系的意义。他指出："教学需要某些能使兴趣、连贯、价值和多方面性结合在一起的东西，以便保持和运用注意。"① 这里孕育了赫尔巴特坚持不懈地强调的一个原则，那就是兴趣与注意具有直接联系，要保持注意，首先必须激发兴趣。同时，赫尔巴特也清楚地看到，教学内容应当适合儿童的经验，否则就不能产生兴趣，因而也就不能够保持注意。这使他产生了这样的思想：教学内容一定不能太新、太难，必须与以前的知识产生联系。这是统觉原理的最初意识。

虽然，在这时的报告中，赫尔巴特已经提出了一些重要见解，但大都出于经验，并没有上升到理论；而且是散见的、远未形成系统。更为重要的是，这时的赫尔巴特基本上还是沃尔夫（wolf）和康德官能心理学的信奉者和实践者。例如，他认为，"数学是训练理解力的最好手段，化学是训练判断力的准备练习"②。而官能心理学正是他日后予以致命打击的，也是其教学心理学化理论的建立所必须扫除的障碍之一。另一方面，从当时德国教育理论发展所达到的水平来看，这些报告并没有提出独到的见解和值得特别注意的东西，它们的意义主要在于，当把它们与赫尔巴特教学心理学化理论体系相联系时所表现出来的思想的发展和延续性。

第二阶段：理论体系基本结构的形成（1802—1808）。

在这个阶段，赫尔巴特通过研究、宣传裴斯泰洛齐的教学理论，进一步总结了自己的实践经验，逐渐走上了独立形成自己理论的道路，最后建立了教学心理学化理论体系的基本结构。

1802—1804年，赫尔巴特先后写作了《论裴斯泰洛齐的近著〈葛笃德如何教育她的子女〉》、《裴斯泰洛齐直观初步》、《裴斯泰洛齐教学方法之批评》、《世界审美启示》等论著，对裴斯泰洛齐的教学理论进行了深入、广泛

---

①② J. F. Herbart. *Letters and Lectures on Education*. Translated and Edited by Henry M. and Emmie Felkin. London: Swan Sonnenschein & Co., 1901, p. 90.

## 第九章 教育心理学化思想

的研究，并开始较为详尽地阐述。

赫尔巴特高度评价了裴斯泰洛齐的直观教学方法，指出："直观的实践是最重要，最有益和最普遍的教育规律"①；他赞成裴斯泰洛齐所提出的教材必须与儿童的生活相联系，②学生内心的理解比记忆更为重要等主张。另一方面，赫尔巴特也尖锐地指出了裴斯泰洛齐理论的缺陷，认为裴斯泰洛齐缺乏科学的头脑，等等。

与此同时，赫尔巴特阐述了自己的教学主张，认为日常经验是每个人都具有的教学手段，教学的任务在于使这些经验和印象更加丰富、确切和真实；③学生对一种清晰统觉的感知是一种确保一切教学富有成效的最彻底的手段和完善恰当的程序；统觉的作用在于从一般到特殊。他进一步提出了一些重要的假设：一种教学同时也是一种教育（这是他第一次明确提到教育性教学原则）。教学方法可以广泛地区分为分析的与综合的，数学与诗是教育的主要力量。④上述见解表明，赫尔巴特对在任家庭教师期间所取得的实际经验作了理论的总结。

正是在这些工作的基础上，1806年，赫尔巴特完成了其重要的教育论著《普通教育学》。在这部著作中，赫尔巴特系统阐述了其教学心理学化理论，第一次全面系统地探讨了教学问题，提出了教学过程、教学步骤、多方面兴趣以及教育性教学原则等著名概念，以及课程选择和设计的见解，这些形成了其教育学理论和教学心理学化理论体系的基本结构。

《普通教育学》通常被认为是赫尔巴特最主要的教育代表作，其实不然，无论从他的整个教育学体系来看，还是就其教学心理学化理论的发展而言。这部著作并没有包括赫尔巴特全部思想，尤其没能包括他长时间对心理学进行研究的成果，同时也尚未实现他把教育科学与教育艺术加以有机统一的夙愿。具体言之，《普通教育学》侧重在伦理学方面的论述（1808年出版的《普通实践哲学》是对它的进一步补充），而在心理学方面则非常薄弱。虽然赫尔巴特强调，"教育者的第一门科学，虽然远非其科学的全部，也许就是心理学"，⑤虽然他努力从人的心理因素出发阐述教学问题，使前一阶段所提出的教学心理学化的重要原理更明确、更系统，但由于他在这时尚未对心理学进行系统的研究，因而，这部著作所提出的教学理论并没有充分、全面

---

①②③④ J. F. Herbart. *A B C of Sense Perception and Minor Pedagogical Works*. Ed. by W. J. Eckhoff and others. New York: D. Appleton, 1903, pp. 44, 41, 40-42, 16-17.

⑤〔德〕赫尔巴特著，李其龙译：《普通教育学·教育学讲授纲要》，人民教育出版社1989年版，第11页。

地心理学化，作为其全部教育学体系的一大支柱的心理学，在这时并没有具备支撑起这个庞大体系的力量。所以，《普通教育学》只是形成了体系的基本结构，而不是完整体系的建立。这一点赫尔巴特日后也意识到，他说："《普通心理学》是不完善和有缺陷的，因为，虽然如标题①所示，它是从教育目标和心理学推演而来的，但在那时，我对心理学只是刚开始探索。"②正因为缺乏系统的心理学，在《普通教育学》中，赫尔巴特只能运用哲学思辨从原则上对教学心理学化理论进行阐述，只能提供概要，而回避具体细节。在这样的情况下，系统研究心理学就成为一项紧迫的任务，完成这项任务就形成了赫尔巴特教学心理学化理论演变历史的第三个阶段。

第三阶段：体系基本结构的进一步充实（1809—1833）。

赫尔巴特是历史上第一位把心理学作为一门独立学科加以研究，并努力把它建成为一门科学的思想家。他之所以系统地研究心理学，除了建立自己教育学体系的需要，也是针对前代以及当时的教育状况和存在的问题的。他在1814年指出："二十年来，我致力于形而上学和数学的研究，并与自我观察、经验和实验相结合，目的只在于发现真正心理学洞见的基础。这些工作的动机主要在于……我确信，我们教育学的大部分缺陷产生于缺乏心理学。"③为此，他先后写作了《心理学论文集》（1811）、《心理学教科学》（1814）、《科学心理学》（1824—1825）、《关于心理学运用到教育学的书信》（1831）等著作。

赫尔巴特心理学是以继承英国联想主义心理学和反对官能心理学为前提的。对官能心理学的否定，是赫尔巴特对心理学发展的重大贡献。德国心理学家贝内克（F. E. Beneke）认为，近代心理学的两次重要进步分别是由洛克和赫尔巴特实现的，前者打击了天赋观念，后者摧毁了内部官能的理论。

赫尔巴特希望以经验、形而上学和数学为基础建立科学心理学。通过经验，心理学得到它的材料，但他又认为，心理学的任务不仅仅是搜集这些材料，而应使内心经验成为可以理解的，这就需要用数学公式表示心灵活动的法则。赫尔巴特的目的在于，通过数学的运用使心理过程成为像牛顿力学那样准确、规范的"表象力学"，这导致其心理学的机械性。但这并不能完全

---

① 《普通教育学》一书的全名是《从教育目标推演而来的、心理学的教育科学的一般原理》——引注。

② H. M. and E. Felkin, *An Introduction to Herbart's Science and Practice of Education*. Boston: D.C. Heath, 1900, pp. 8-9.

③ J. F. Herbart. *A B C of Sense Perception and Minor Pedagogical Works*. Ed. by W. J. Eckhoff and others. New York: D. Appleton, 1903, p. 72.

归咎于赫尔巴特本人，只要回想一下牛顿力学在 18、19 世纪很长一段时间内在欧洲学术界的地位和影响就可以明白这一点。另外，当时在化学领域所取得的惊人成就，也引导了赫尔巴特设想一种分析心理学来发现意识经验的元素，探究元素合成的规律。吴伟士认为："这是一种引人入胜的企图，并且也证实了在某种程度上是能实现的。"①

赫尔巴特心理学还受到莱布尼茨、沃尔夫和康德等人所强调的主体能动性思想的深刻影响，并以此来修正联想主义心理学。

在这一阶段，除了系统研究心理学，赫尔巴特继续致力于教学心理学化理论的深入探讨，尤其强调把心理学的研究成果运用到教育和教学中。他指出："一种教学心理学的观念不仅允许我们假定作用于学生的可能性，而且允许我们根据确定的结果规定行动，并且通过不断的研究和恰当的观察，日益达到对结果的预知。"②

1810 年，赫尔巴特创办了教育研究班（seminary）及其附属实验学校，以便具体地实施、验证并进一步丰富使自己的理论。正如他自己所说："在我的多种责任中，我最关心的是关于教育学的演讲。但是，教育学不能仅仅予以讲授，它必须得到证明和加以实践。而且，我希望扩大我十年来的教育经验。"③ 在指导实验学校的过程中，赫尔巴特进一步把早期所提出的关于儿童经验在教学中的作用等见解加以实际运用。

通过这个阶段的各项工作，赫尔巴特进一步充实了其教学心理学化理论体系的基本结构，从而完成了建立这种体系的必要准备。

第四阶段：理论体系的最终建立（1833—1841）。

通过对早期实践经验的总结和哲学、伦理学方面的探讨，以及中期在心理学方面的深入研究与教育实验，赫尔巴特得以在晚期全面充实和完善自己的思想，从而建立起完整的体系，使自身思想的发展达到逻辑的终点。这个阶段赫尔巴特的主要教育著作有《教育学讲授纲要》（1835）和《普通教育学纲要》（1841），后者是对《普通教育学》的进一步修订。

从其思想发展的全过程以及书中所包含的内容来看，《教育学讲授纲要》是赫尔巴特最完整和最为系统的教育著作。在这部著作中，赫尔巴特全面总

---

① 〔美〕吴伟士著，吴伟译：《西方现代心理学派别》，人民教育出版社 1962 年版，第 4～5 页。

② J. F. Herbart. *A B C of Sense Perception and Minor Pedagogical Works*. Ed. by W. J. Eckhoff and others. New York: D. Appleton, 1903, pp. 281-282.

③ J. F. Herbart. *The Science of Education*. Eng. Trans by Henry M. Felkin and Emmie Felkin, Boston: Heath & Co., 1902, p. 17.

结了自己一生思想的发展，明确地指出："教育学作为一门科学，是以伦理学和心理学为基础的。前者指明目的，后者指出途径手段和障碍。"这是对他自己思想体系的最为精辟的概括。

一般认为，赫尔巴特最早提出了教育学以伦理学和心理学为基础的问题，但事实并非如此。早在1794年，德国教育家豪辛格尔（J. H. G. Heusinger，1767—1837）在其《教育学教科书的尝试》一书中，就已明确提出了这个问题。豪辛格尔认为：伦理学与教育目的有关，而心理学则涉及教育的手段。他的著作在当时引起很大的反响。但这并不影响赫尔巴特在教育史上的崇高地位，因为，他不只是提出了这个问题，而且竭尽全力寻求解决这个问题的正确方法和途径，这在西方教育史上是第一次。从《纲要》一书的体系来看，它比赫尔巴特所有其他教育著作都更系统、严谨。虽然从训练、管理、教学和道德教育的安排顺序看，它与《普通教育学》并没有多大差别，但它们之间的相互联系却更加有机、紧密。就教学心理学化的理论来看，它的基本结构虽然在《普通心理学》中形成，一些重要原理也已经提出，但在《纲要》一书完成以前，这些原理或是从逻辑推演而来，或是对经验的哲学反思，并不是严格依据心理学理论而提出的。《纲要》不仅弥补了《普通教育学》的缺陷，以心理学为基础深入阐发了关于教学的理论，而且提出了以前从未涉及到的见解。例如，儿童的心理发展阶段，赫尔巴特认为，儿童发展真正的分界线不是由年龄来确定的，而是由发展的阶段确定的。他深入探讨了儿童的年龄分期以及与此相关的教学问题。

总之，在《教育学讲授纲要》一书中，赫尔巴特最终建立了其教学心理学化的理论体系，实现了使教育科学与教育艺术有机结合的夙愿。

如果说赫尔巴特对教育心理学化思想发展的贡献主要在于普通教育方面，那么，福禄培尔的功绩则主要在于幼儿教育方面。这种功绩可概括为两个基本方面。一方面，福禄培尔就幼儿园的目的、任务、组织、教学、教具等提出了一系列富有创见的主张。另一方面，以费希特、谢林（F. Schelling，1775—1854）哲学为依据，福禄培尔提出了关于心理发展的新的见解。福禄培尔认为："人的心理并不是固定和静止不变的，而是一种经久不断地成长着的、发展着的、永远地活着的东西，永远朝着以无限性和永恒性为基础的目标，从发展和训练的一个阶段向另一个阶段前进的东西。"[①] 他进一步认为，人的心理不仅永远处于变化、发展之中，而且，这种发展是连续的，前后相继的发展阶段之间存在着有机的联系，福禄培尔尖锐地批评了那

---

① 引自赵祥麟主编：《外国教育家评传》第2卷，上海教育出版社1992年版，第137页。

种认为心理发展的不同阶段是相互割裂的观点。

对教育心理学化思想的发展来说，福禄培尔学说的意义在于，它继赫尔巴特之后，进一步修正了裴斯泰洛齐机械论的心理学观点，更深入地揭示了儿童心理及其发展的本质规定性，从而在根本上推动了教育心理学化思想的发展。

与赫尔巴特和福禄培尔不同，第斯多惠的贡献主要在于师范教育。为了更好地培养未来的教师，第斯多惠尽毕生之力探讨教育和教学的原则、方法，并提出了一系列合理的思想主张。虽然第斯多惠继承了教育适应自然的思想原则，并把它作为"一切课堂教学的最高原则"①。在这个意义上，第斯多惠是自然主义教育家，但在另一方面，他又使自然主义教育思想发生了进一步的重大变化。这不仅由于他提出了教育适应文化的原则，以此作为教育适应自然原则的补充和引申，更重要的是因为他明确地提出把心理学作为教育科学的基础，并力图运用当时心理学研究所取得的成果进一步揭示人的自然本性及其发展规律。因而，在第斯多惠的思想中，教育适应自然原则的概念及其具体含义已经发生了显著的转变，它事实上已经成为"使教学心理学化"的同义语。

在此基础上，第斯多惠把发展人所固有的自动性作为教育的重要任务和目标。他认为，人生而具有渴望发展的特性（即自动性），它是人的各种能力（观察、感觉、思维）的基础，是一切人性的、自由的和创造活动的源泉，是人的心理本质。因此，自动性理所当然地成为教育工作的前提和目的。第斯多惠不仅把心理发展作为教育所要达到的直接目标，而且具体地把心理发展当做教学工作的首要目的。为此他提出了"发展性教学"原则，并把它当成全部教学理论的核心。他说："一切学校教学的发展性的（锻炼性的）目的永远也不应忽视。"② 以此为基础，第斯多惠全面阐述了关于教学方法、教师素质等问题的主张。就这样，由于赫尔巴特、福禄培尔和第斯多惠等人的努力，到 19 世纪前期，由裴斯泰洛齐所倡导并作了初步阐述的"使教学心理学化"的设想，逐步上升为一种系统的理论，并且在多方面得到扩展和丰富，从而使教育心理学化思想的发展进入它的理论上的全盛时期。这个时期所产生的教育思想，对 19 世纪后期到 20 世纪初欧美各国教育实践和教育思想的发展，产生了广泛、深刻的影响。

---

① 〔德〕第斯多惠著，袁一安译：《德国教师培养指南》，人民教育出版社 2001 年版，第 99 页。

② 张焕庭主编：《西方资产阶级教育论著选》，人民教育出版社 1979 年版，第 368 页。

## 第三节 教育心理学化思想的基本理论

教育心理学化思想中产生的教育理论是异常丰富的，无论是裴斯泰洛齐、赫尔巴特，还是福禄培尔、第斯多惠，他们的思想都广泛涉及到教育活动的各个基本方面。但是，他们对教育心理学化思想发展的贡献，主要还是他们的教学理论。而作为教育心理学化思想的具体产物，他们的教学理论又是与其对儿童心理的认识相关的。

### 一、裴斯泰洛齐和赫尔巴特的心理学

提出教育心理学化思想的每一位教育家都曾提出了一些心理学观点，其中，以裴斯泰洛齐尤其是赫尔巴特的心理学思想较为完整和系统。

裴斯泰洛齐的心理学有几个方面的思想来源：卢梭的自然主义，18世纪法国机械主义，19世纪德国唯心主义。这些不同的思想来源加上他本人在长期实践中对儿童心理的观察，共同促成了其心理学观点的形成。

在心理本质上，裴斯泰洛齐认为，人的心理处于不断发展之中，心理的发展与身体的发展是相互依赖的。这种发展并不凭借外力的推动，而完全是内在的。这是因为，人作为有机体，从有生命之日起，上帝就为它安排好了生活的方式、发展的道路。这种内在的动力是天赋的、不可改变的，因而也是不可传递的。儿童智力的发展也是如此。儿童来到世上，不仅具有接受外界事物印象的本领，而且具有对感觉印象的反映、加工的能力。他们主动地面对世界，使自己的智力处于积极活动状态，使自己的思想日益成熟起来。如果没有儿童的大脑活动，任何外来的灌输都不可能促进智力的发展。

在对心理本质认识的基础上，裴斯泰洛齐借鉴当时哲学认识论研究的成果，进一步探索心理（特别是认识）发展的基本过程和基本规律，并认为这对"使教学心理学化"是至关重要的。他指出："我立志使教学心理学化。我们的智力从混乱的感觉印象上升到清晰的一般概念的过程中，遵循着某些永恒的法则。如果不使教育与这些法则协调起来，教学心理学化就不可能实现。"[①]

在探讨心理发展过程时，裴斯泰洛齐提出了一个重要的概念：Anschauung。这个术语曾被译为"直观"、"感觉印象"，等等。但从裴斯泰洛

---

① John Green. *Life and Work of Petalozzi*. Baltimore：Warwick & York, 1912, p. 121.

齐的思想整体来看，Anschauung 不仅表示感觉印象、直观，而且表示思维活动。事实上，它是指人的完整的认识过程及其结果。裴斯泰洛齐在《葛笃德如何教育他的子女》中明确表达了这个思想。他说："这个世界……呈现在我们面前犹如一个混乱的感觉印象的大海，其感觉印象相互交融。假如我们仅仅通过大自然而进行的发展不够迅速和顺利的话，那么教学所做的事情就是消除这些感觉印象的混乱，把对象互相分离开来，在想象中把那些相似的或相互联系的对象结合起来，用这种方法使所有对象都清晰地呈现在我们的面前，同时借助对这些对象清晰的了解，产生正确无误的概念。教学首先把混乱、模糊的感觉印象一个一个地呈现到我们的面前，然后把这些孤立的感觉印象以变化的姿势放到我们眼前，最后把它们跟我们早先已有的整个系统组合起来，清晰概念就是这样形成的。"① 正是在对人的认识过程（同时也就是心理过程）的上述理解的基础上，裴斯泰洛齐系统提出了关于直观教学、要素教育等理论。

与裴斯泰洛齐的思想相比，赫尔巴特的心理学更为系统。在心理学本质方面，赫尔巴特接受了洛克的白板说，认为："心灵在最绝对的意义上是一块白板，没有任何生活或表象的形式；因此，在其中既不存在原始的观念，也不存在任何形式的观念倾向。一切观念毫无例外地是时间和经验的产物。"但另一方面，赫尔巴特又认为，由于心灵具有表象的力量，同时"与它（心灵——引者注）本身无关的印象可能影响它，因此，从这种意义上说，它不是白板"，② 人借助于表象的力量，主动地与环境（现象）发生关系，从而获得观念和知识，使教育和教学成为可能与必要。正因如此，赫尔巴特坚决反对莱布尼茨的"先定和谐"、康德的先验自由论以及费希特的决定论、卢梭和裴斯泰洛齐的内在论。

虽然意识到心理可塑性在教育、教学中的重要作用，但赫尔巴特也认识到，这种作用并不是无所限制的，因为，儿童的可塑性是由其个性和环境决定的。由于这个原因，他反对当时流行的"教育造就人的一切"的观点。

在上述这些基本原理的基础上，赫尔巴特系统研究了统觉、兴趣和注意等心理学问题。

"统觉"（apperception）一词来自莱布尼茨，他在研究人的心理本质与主要活动时提到了它。在他看来，统觉的产生完全是心灵本身内部的事，具有绝对自发的特征，而这是从先定和谐中必然产生的。莱布尼茨的统觉

---

① 夏之莲等译：《裴斯泰洛齐教育论著选》，人民教育出版社 2001 年版，第 88 页。
② 引自〔英〕博伊德、金著，任宝祥、吴元训主译：《西方教育史》，人民教育出版社 1985 年版，第 335 页。

理论可以概括为两个方面：首先，通过统觉，人们理解、记忆和思考相互联合的清晰、明确的观念；其次，它作为自发的活动影响自身，依赖于心灵中已有内容的决定性影响。前一点为沃尔夫和赫德尔（J·G. Herder 1744—1803）等人所坚持，而康德则接受了莱布尼茨关于统觉自发性的思想。

康德认为，统觉就是联合了在自我意识中的各种通过感知所产生的印象和观念，它是原始的、纯粹的和先验的。统觉之所以是原始的，是因为它先于经验而存在；之所以是纯粹和先验的，是由于它是不依赖于我们感觉对象的自发活动。他指出，先验统觉是理智的活动，统觉的能力不是由理智的努力逐渐获得的，也不是建立在安排得很好的灵魂内容上的（这一点与莱布尼茨不同），而是由一切产生于外界的经验所赋予的，它使心灵的高级活动——思维和认识成为可能。康德说："统觉的综合统一是（认识的）最高点，我们必须把知性的所有运用，甚至整个逻辑以至先验哲学都归属于它。统觉的功能实即知性自身。"①

赫尔巴特的统觉理论深受莱布尼茨和康德的影响。莱布尼茨关于清晰的观念来自小觉的联合、统觉活动的能动性以及心灵已有内容在统觉中的作用等思想，康德关于统觉与外界经验的依从关系的见解，都被赫尔巴特继承下来，经过改造运用到自己的学说中。但与前人主要是在哲学思辨的领域内，并基本上当做认识论的范畴研究统觉不同，赫尔巴特虽然有时也用统觉活动表明人类的一般认识活动，但更主要地是把它当做心理学的范畴，从而使之具体化，而这正是把它运用到教学活动的关键所在。此外，赫尔巴特抛弃了莱布尼茨和康德所坚持的统觉的自发性和先验性，因为这与他的心灵白板论是背离的。最后，在莱布尼茨和康德那里，统觉是与自我意识的含义相似的，而据赫尔巴特的见解，统觉则是认识的心理活动过程，特别是教育中认识活动的心理过程。波林认为，赫尔巴特的统觉是"教育历程的一种心理描写"。② 这是最基本的区别。

赫尔巴特的统觉学说还从以洛克为代表的英国联想主义心理学派那里吸取了一些思想。在联想主义者看来，观念由感觉引起，并由于观念间的引力以某种方式产生联合，使简单观念合成为复杂观念。这种思想见解经过改造成为赫尔巴特统觉理论的主导观念，正是由于这个原因，有学者认为，统觉是最早的现代联想主义，这个分析是中肯的。但另一方面，在联想主义心理

---

① 〔德〕康德著，蓝公武译：《纯粹理性批判》，商务印书馆1960年版，第101页。

② 〔美〕波林著，高觉敷译：《实验心理学史》上册，商务印书馆1982年版，第289页。

学中,观念之间只有引力,而且观念是由心被动接受的,心灵在观念的联合过程中并不具有能动的力量,这些观点是赫尔巴特所不能接受的。他认为,观念之间既有引力又有斥力,引力和斥力之所以发生,是由于意识,更确切地说是由于注意的统一和有限范围。这表明,心灵是能动的,它不只是机械接受,还能排斥与原有观念不相符合的观念。

统觉贯穿在赫尔巴特的全部心理学中,起着一条脉络的作用。如果说,观念在他看来是全部心理活动的基本元素,那么,统觉则是使这些元素相互联系的"链"。观念是纬,观念的统觉为经,二者交织在一起,这才形成心理全部活动的巨大画面。

赫尔巴特统觉理论的基本含义是,当新的刺激发生作用时,表象就通过感官的大门进入到意识阈中,如果它具有足够的强度能唤起意识阈下已有的相似观念的活动,并与之联合,那么,由此获得的力量就将驱逐此前在意识中占据统治地位的观念,成为意识的中心,新的感觉表象与已有观念的结合,形成统觉团,也就是认识活动的结果;如果与新的表象相似的观念已经在意识阈上,那么,二者的联合就更加巩固了它的地位。

在赫尔巴特的理论中,统觉是一个完整的动力性的过程,这个过程大致可以划分为以下四个阶段:感知引起旧观念的活动、新旧观念的斗争或联合、统觉团的形成及其强化。

康德曾经提出,人类的认识是由感性材料和知性相结合产生的,只有知性给予感性材料以形式(先验范畴),才能形成普遍必然的知识①。赫尔巴特把康德的思想加以改造,指出:感性材料是在被融合到先前形成的理智背景中的前提下,才可能产生新的认识。康德的知性范畴是先验的,而赫尔巴特的理智背景则是心智长期发展的最终产物。但是,赫尔巴特也有他未曾解决的问题:既然统觉总是在新旧观念联合的基础上产生的,那么最初的观念又如何与旧观念相联系呢?

赫尔巴特指出,首先,所谓统觉的必要条件是指:刺激的频率和强度,也就是说,只有在当前刺激不断出现在感官前并达到一定的强度时,才可能引起已有观念的活动;其次,统觉是心理状态的必要准备,这就涉及赫尔巴特心理学的另外两个重要原理:兴趣与注意。

赫尔巴特所说的兴趣,是指观念的积极活动状态,是一种好奇心和智力活动的警觉状态,或如他自己所说:"兴趣意味着自我活动"。这样,兴趣就赋予统觉活动以主动性。他认为,当观念活动对事物的特性产生了兴趣这样

---

① 〔德〕康德著,庞景仁译:《未来形而上学导论》,商务印书馆 1982 年版,第 72~79 页。

一种活动时，意识阈上的观念就处于高度的活跃状态，因而更容易唤起旧有的观念，并争取到新的观念，从这个意义上讲，兴趣是实现统觉作用的基本条件，它决定着人的智力活动。

兴趣存在于有趣的事物之中，因而，兴趣应当是多方面和广泛的。赫尔巴特依据心理活动的分类，把兴趣划分为两大类六种，即经验的兴趣，这一类包括经验的、思辨的和审美的兴趣；同情的兴趣，这一类包括同情的、社会的和宗教的兴趣。

在赫尔巴特心理学体系中，兴趣与注意常常是联系在一起的，有时几乎是同义语。他指出注意可以被广泛地规定为是一种心灵的倾向，在这种倾向中，存在着形成新观念的准备。注意有两种：有意注意和无意注意。而有意注意又可划分为原始的和统觉的注意，后者依赖于前者。赫尔巴特认为，注意的强度比其延续的时间更为重要。赫尔巴特关于有意注意和无意注意的划分一直沿用至今。

与兴趣一样，赫尔巴特认为，注意也是心理活动的重要条件，尤其在教育中更是如此，他说："一种注意的理论构成了心理学的教育学要素。"① 但是，注意必须具有一定的前提，否则也不会产生应有的作用，这个前提就是注意对象与经验的符合，他指出："教师要求注意而没有恰当的准备，就如弹奏没有弦的乐器。"②

如果就赫尔巴特的统觉学说在一定程度上仍然属于形而上学和普通心理学的范畴，那么，通过兴趣和注意的联系，它最终与教育、教学活动紧密联系在一起，从而成为现代所谓教育心理学的原理，而这正是赫尔巴特之所以能够把它的心理学直接运用到教育、教学之中的基础所在。

### 二、教学内容的心理学化

教学内容的选择与编制，是西方近代教育思想家们不断关注的重大课题。在洛克、卢梭等人的教育思想中，关于教学内容的主张始终是一个重要的组成部分。他们的主张直接影响了裴斯泰洛齐、赫尔巴特等人，成为建立心理学化课程理论的重要思想来源。但在另一方面，在裴斯泰洛齐和赫尔巴特以前，教育家们关于教学内容的主张往往是以主观设想或某种知识论见解为依据，缺乏客观的心理学基础。进一步弥补前人思想的缺陷，为教学内容的安排、课程设置寻求一种更符合科学的依据，就成为裴斯泰洛齐、赫尔巴特等人的奋斗目标。

---

①② J. F. Herbart. *ABC of Sense Perception and Minor Pedagogical Works*. Ed. by W. J. Eckhoff and others. New York: D. Appleton, 1903, pp. 280-281, 260-281.

## 第九章 教育心理学化思想

裴斯泰洛齐主张对学生实行包括道德、知识、身体、劳动技能在内的全面的教育，以达到使学生的心灵、大脑、双手和谐发展的目的。从这个基本思想出发，经过长期的探索，裴斯泰洛齐具体论述了初等教育的教学内容的设置和编制。他主张，在初等教育阶段，开设阅读、书写、算术、几何、测量、绘画、唱歌、体操、地理、历史、自然等课程。与此同时，从"使教学心理学化"的思想出发，裴斯泰洛齐阐明了课程编制的基本原则（即要素教育理论）。他指出，教学的重要任务是培养学生基本的计算能力、测量能力和说话能力。为了实现这个任务，有必要寻求教学的基本要素。他把数目、形状和语言（词汇）确定为教学的基本要素，并认为一切教学内容和课程的编制都应以这些要素为核心。

在使教学内容心理学化方面，裴斯泰洛齐的贡献是十分重要的。一方面，他为近代欧美初等教育的课程奠定了基础；另一方面，他为初等学校的分科教学提供了必要的理论依据。更为重要的是，由于裴斯泰洛齐力图从客观现象和人的心理过程探索教学内容中普遍存在的基本要素，并以此作为选择教学内容和编制课程的内在依据，因而使对教学内容的研究得到了重大发展。尽管他所确定的教学要素并不科学、全面，但正是由于他的首创性的探索，才使教学内容的心理学化逐步成为现实。

在裴斯泰洛齐之后，赫尔巴特、福禄培尔、第斯多惠等人从不同方面进一步探讨教学内容的心理学化问题，提出了一系列重要思想。其中，以赫尔巴特的见解最为完整、系统。赫尔巴特的课程理论包括三重心理学基础。

赫尔巴特认为，应当是在儿童已有经验和兴趣的基础上选择课程。他指出，儿童在日常生活中，通过与自然的接触和与人的交往，获得了经验和同情（这实质上也是一种经验，只是更倾向于伦理和社会的方面），这是教学活动赖以进行的基础。这里，赫尔巴特与卢梭要求重视儿童经验的见解是一致的。但他又进一步指出，儿童的早期经验是分散的和杂乱的，需要教学予以补充和整理，他说："经验仿佛期待教学追随它，以分析它所积累的（表象）群：安排和连结它的分散的、不定形的碎片。"[①] 这是因为，相对于经验和交往，教学具有更大的优越性，它能更深入地渗透到心灵之中。这样，赫尔巴特就在一个很重要的方面发展了卢梭的思想，并且改造了康德的认识论思想。

那么，教学如何以儿童的经验为基础，补充由经验和交往已经得到的东西？这首先要求教学的内容能够与儿童的日常经验密切联系。赫尔巴特认

---

① J. F. Herbart. *The Science of Education*. Eng. Trans by Henry M. Felkin and Emmie Felkin, Boston: Heath & Co., 1902, p. 138.

为，直观教材正符合这样的要求。运用直观教材，能够使儿童的经验变得更为丰富、确切和真实，因此，应当在教学中排除诸如罗马皇帝、月球中的山和天堂的天使这样一些脱离儿童经验的材料。在这方面，赫尔巴特与裴斯泰洛齐的主张是一致的。

另一方面，赫尔巴特认为，只有与儿童经验相联系的内容，才能引起儿童浓厚的兴趣，因为，兴趣本身就存在于经验之中。由于兴趣是一种使思维的对象保留在意识中，或使之返回意识的内心力量，或者说它是一种激起心理活动的手段，因此，只有能够激起兴趣的教学内容，才能使儿童保持意识的警觉状态，从而更好地接受教材。他明确指出，"要掌握知识，并且得到更多的知识，就比较具有兴趣"，而"厌倦是教学的最大罪恶"①。在此基础上，赫尔巴特依据他对兴趣的分类对教学内容也进行了相应的划分，认为，根据经验兴趣，应设有自然（博物）、物理、化学和地理等学科；根据思辨的兴趣，应设置数学、逻辑和文法等学科；根据审美兴趣，应设有文学、绘画等学科；根据同情的兴趣，应设外国语（古典语和现代语）、本国语等；根据社会兴趣，应设历史、政治和法律等学科；根据宗教兴趣，应设神学，等等。在近代教育史上，赫尔巴特所制订的课程计划是最为广泛和庞大的，它几乎包含了当时所有的重要知识门类，而这是与其多方面兴趣的思想和新人文主义思潮的影响相一致的。

赫尔巴特的兴趣分类远不是科学的，甚至并非完全合理，这是毋庸讳言的。但他对教育发展的历史贡献并不在此，而在于他以兴趣为基础选择课程的努力。在他之前，兴趣与课程的关系问题虽然已为许多教育家所关注，但大都未能真正从心理学的理论上作出系统的论述。就当时的水平看，赫尔巴特的见解在很大程度上令人满意地解决了兴趣在课程以至整个教育中的地位和作用问题。直到 20 世纪初，著名教育史学家孟禄还认为："他的分析，虽然不是最终的，但也是我们所具有的最好的。"

赫尔巴特课程理论的第二重心理学基础是观念活动的规律，确切地说是统觉原理，这一点是与前一个基础相联系的。在赫尔巴特看来，虽然观念所由形成的感觉经验是杂乱的碎片，但这并不意味着观念的活动也是杂乱无章的，恰恰相反，它是井然有序、严格按照频率律和联想律的。换句话说，新观念和新知识是在原有的理智背景中产生的，这就引起课程设计的需要。根据统觉原理，"课程的安排应当使儿童能够不断地从熟悉的题材过渡到密切

---

① J. F. Herbart. *The Science of Education* Eng. Trans by Henry M. Felkin and Emmie Felkin, Boston: Heath & Co., 1902, p. 138.

相关但还不熟悉的题材"①。这是赫尔巴特极为重要的思想，他指出："最有效地、自始至终地安排教学整体，以便使每一个先前的结果为相似的和较远的结果做好学生心理上的准备，这是我在一些教育著作中主要考虑的问题。"②

赫尔巴特为课程设计提出了"相关"（coorelation）和"集中"（concentration）的原则。所谓相关是指学校不同科目的安排和教学应当互相影响，这一原则到今天也仍然有用。集中原则是指选择一门科目作为学习的中心，使所有其他科目都作为理解它的手段。赫尔巴特认为，历史和数学应当是学科的中心。这两项原则的基本目的在于，保持学科教学的逻辑结构和知识的系统性。它们对于以后德国和美国的赫尔巴特学派的课程思想产生了决定性影响，甚至从杜威的活动课程理论和克伯屈的设计教学中也可以看到影响的痕迹。

赫尔巴特以统觉理论为依据所提出的课程设计的主张，在近代教育史上具有划时代的意义。在他以前的许多教育家的观念中，课程理论基本上只涉及内容的选择问题，而内容本身的设计与安排却一直被忽视。另一方面，洛克和卢梭等人主张以活动进行教材教学，虽然旨在发展儿童的兴趣与智力，但直接损害了教学内容本身的逻辑联系。裴斯泰洛齐注意到教学内容与儿童生活之间的联系，同时也看到课程设计的必要性，为此而努力发现教学的要素。但由于缺乏系统的心理学，因而也未能使教材的逻辑组织与心理组织的关系问题得到很好解决。

赫尔巴特运用统觉理论而提出的课程设计的主张，包含了对教学内容内在相互联系的深刻洞见，揭示了教学内容的编制问题。不论他的原则及其理论基础本身存在着多么大的缺陷，但由于他进行了开拓性的尝试，因而理所应当地在课程论的发展史上占有重要的地位。

另一方面，并不像一般所说，赫尔巴特的课程理论侧重于学科的逻辑结构，而杜威只强调心理组织，从而形成所谓"传统教育"与"现代教育"之间的重大差别。从表面看，赫尔巴特很重视学科的逻辑组织，但在实质上，这却是以对心理组织的深刻理解与认识为前提的。因为，在赫尔巴特看来，儿童心理发展与人类认识的发展是一致的，二者经历了同样的过程，也就是说，学科逻辑组织与心理组织具有共同性，对前者的重视同时也就是对后者

---

① 〔美〕墨菲、柯瓦奇著，林方、王景和译：《近代心理学历史导引》上册，商务印书馆1982年版，第82页。

② J. F. Herbart. *A B C of Sense Perception and Minor Pedagogical Works*. Ed. by W. J. Eckhoff and others. New York: D. Appleton, 1903, pp. 281-282.

的强调。顺便说一句，杜威也并不是单强调学科的心理组织而完全忽视逻辑组织的。

赫尔巴特课程理论的第三重心理学基础是文化纪元理论（在生物学中称为"复演论"）。这种理论在18、19世纪的欧洲学术界乃是一种普遍的信仰。莱辛（lessing 1729—1781）、赫德尔、黑格尔以及后来的斯宾塞，都是这种理论的支持者。如果说，在哲学家和文学家那里，它是一种人类历史发展的一般规律，那么，在教育界，它则成为一种儿童发展的理论[1]，从而支配了诸如卢梭、裴斯泰洛齐、福禄培尔等人的教育理论，特别是课程理论。

赫尔巴特从席勒（F. Schiller, 1759—1805）那里接受了这种心理学理论，认为在人类历史早期，感觉在认识中起着主导作用，以后，想象逐渐发展起来，这种想象力可以在诗（例如《荷马史诗》）与神话中发现。最后，当理性发展起来时，人类就进入它的成年。儿童个性和认识的发展重复了种族发展的过程。因此，在儿童一定发展阶段上的学习内容的选择和安排的基础，是种族发展在相应阶段上的文化成果。

以此为基础，赫尔巴特深入探讨了儿童的年龄分期，进而提出了教学内容的程序。他认为，儿童发展经历了四个阶段：（1）婴儿期（0—3岁）；（2）幼儿期（4—8岁）；（3）童年期；（4）青年期。依据这个阶段划分，赫尔巴特认为，教学内容的先后顺序是，在婴儿期（相当于人类历史的早期），对身体的照顾优先于其他一切，并大力培养儿童的感受性、加强感官训练（这基本上承袭了卢梭的思想）；在幼儿期（相当于人类的"想象期"），教学内容以《荷马史诗》为主，以发展想象力；在童年期和青年期，分别教授数学、近代史，等等，以发展其理性。

文化纪元理论是否正确，赫尔巴特以此为基础所阐述的课程理论是否合理，这都是值得进一步研究的。但他的主观愿望，即自觉地把课程理论与儿童心理发展联系起来，这是应当加以肯定的，这对始于20世纪初的"使教材心理学化"的思潮具有深刻的影响。

赫尔巴特课程理论的特殊贡献主要不在于它是教育史上第一个完整、系统的思想体系，而在于他继承了前人的合理思想，使之融合到一个有机联系的整体中，并赋予它严格和广泛的心理学基础，从而使课程的设置与编制有了明确的依据，这就避免了课程设置的盲目性和随意性，克服了课程设计的散乱现象，以保证教学有效地进行。

---

[1] 20世纪初，美国心理学家斯坦利·霍尔（Stanly Hall）明确地把它当做一种儿童心理学理论并加以系统化。

### 三、心理学化的教学方法

与教学内容的选择与编制一样,寻找合理的教学方法也始终是西方近代教育思想家们所关注的重大课题。洛克、卢梭等人继承了由人文主义教育家始创,经夸美纽斯系统阐述的直观教学方法,并使之在经验主义哲学的基础上得到进一步发展,成为近代早期资产阶级新教育的重要标志之一。但在另一方面,无论是洛克还是以卢梭为代表的自然主义教育家,都未能真正解决直观教学法中的两个基本问题:一是如何使由直观所获得的感觉印象上升为概念;一是如何在教学过程中具体和有效地运用直观教学法。从理论和实践的角度解决这两个问题,便成为教育心理学化思潮的重要的出发点。

裴斯泰洛齐直接继承了卢梭、巴西多等人关于直观教学的思想,同时又加以进一步的发展(从这种发展中也可以明显地看到自然主义向教育心理学化思想的转变)。裴斯泰洛齐明确指出:"对大自然的感觉印象是人类教学的唯一真实的基础,因为它是人类知识的唯一真实的基础。"① 他认为,感觉印象是认识的开端和基础,"继感觉印象之后的一切都是感觉印象的结果,都是对它加以抽象的过程"②。由于这个原因,教学的正确方法应当是从对具体事物的观察开始。这些都表明裴斯泰洛齐深受夸美纽斯、卢梭和巴西多等人思想的重要影响。

但在另一方面,由于德国唯心主义哲学的影响和长期的教育实践,裴斯泰洛齐又把自夸美纽斯以来许多教育家极力倡导的直观教学法推向更高的层次。以前,运用直观教学方法的目的在于获得知识,而裴斯泰洛齐则把它作为感官训练的手段,以此作为进一步获得知识的工具。另一方面,与前人不同,裴斯泰洛齐认为,直观教学只是教学过程的初级阶段,从直观得来的个别知识与具体印象必须上升到观念和意识。为此,他首创了"实物课"(obejct lesson)这种教学方式。

所谓"实物课",就是让学生直接观察具体事物(实物),并用自己的语言加以描述。为了具体进行"实物课"教学,裴斯泰洛齐提出了三条基本原则。(1)从事物到词汇。为了使儿童掌握词汇,裴斯泰洛齐主张利用各种已知事物的知识作为背景材料,尽可能使儿童直接观察实物。(2)从具体到抽象,从个别到一般。为了使儿童掌握抽象的数字和数学运算,裴斯泰洛齐主张借助如小石块、豆子等事物,以增强儿童的直觉,经过一定的练习之后,儿童再用笔画出点或线代替实物计算。在此之后,才进行抽象的运算。(3)从简单到复杂。裴斯泰洛齐认为,教学应从选择最简单而易于接受的内

---

①② 夏之莲等译:《裴斯泰洛齐教育论著选》,人民教育出版社 2001 年版,第 200 页。

容开始，逐步地、几乎不可觉察地进入复杂的内容，使儿童在不知不觉中掌握知识，获得发展。裴斯泰洛齐把"实物课"的方式具体运用到初等教育的各科教学中，从而创建了小学语文、算术、测量、音乐、绘图等科教学法，为近代小学教学法奠定了基础。

赫尔巴特继承了前人特别是裴斯泰洛齐关于直观教学的主张，认为它是一种极为重要的教学方法。他认为："在儿童和少年时代的教育职业中，直观是最重要的"[1]，"除了通过直观的教学，没有一种教学是适合儿童的。[2]但同时他也看到，没有心智的训练，感官就一事无成，他说："直观的正确性……存在于综合地联系关于事物形成的一切因素中。"[3]由于这个原因，他坚决反对费希特的信徒约翰生（S. Johnson）在其《裴斯泰洛齐方法之批评》一书中所提出的"把一切知识简化为直观，这是教学的最高原则"的观点。这表明，赫尔巴特开始对直观方法进行某种修正，而这种修正是通过用唯理主义哲学补充经验主义哲学而实现的。唯理主义哲学认为，只有理性认识才是可靠的，人类理智活动的最高形式存在于理性和概念之中。赫尔巴特把哲学上（同时也是一定意义上的心理学）的唯理主义原理与经验主义相融合并运用到教学中，从而产生了他的从感觉经验开始，经过分析、综合，最后达到概念的教学方法的进程。这是赫尔巴特使教学方法心理学化的一方面。

另一方面，也是更为重要的一个方面是，赫尔巴特关于教学方法的主张是以其统觉理论与文化纪元理论为基础的。

统觉过程的完成，大体上具有三个主要环节：感官的刺激、观念的分析与联合、统觉团的形成。与此相应，赫尔巴特提出了三种不同的教学方法，即单纯提示的教学、分析教学和综合教学。这三种方法的联系，就产生了他所谓的"教学过程"。

赫尔巴特所谓的单纯提示的教学方法实际上就是直观教学方法。在统觉活动的第一环节，当前刺激所形成的表象要能引起意识中或意识阈下与之相似的观念活动，那么，首先必须有一定的强度和频率，单纯提示教学正起到了这样的作用。赫尔巴特认为，单纯提示的教学是直接建立在学生经验之上的，是对经验的摹仿和复制，同时又进一步扩大了经验。他指出："这一阶段的教学可以运用各种图画作为帮助；这些图画越是没有为儿童不加思索地

---

[1][2][3] J. F. Herbart. *A B C of Sense Perception and Minor Pedagogical Works*. Ed. by W. J. Eckhoff and others. New York: D. Appleton, 1903，pp. 137, 138, 135.

观看过或者作为无意义的娱乐而误用过，越对教学有帮助。"① 单纯提示教学的目的在于，通过感官的运用，得到一些"与儿童已经观察过的事物相类似，并与之有关联"②的感觉象，从而为观念的联合做准备，因此它具有重要意义。但是，由于它的局限性，因而只能在一个有限的范围内加以运用。

在统觉过程的第二个环节中，由于要形成观念的复合或融合，因而首先必须对不同的观念和表象进行区分（分析），以便发现观念间的相似、相同和不同，这就需要进行分析教学。分析教学是在单纯提示教学的基础上进行的。它的作用在于，对同时出现在感官前的事物、物体加以分析；用赫尔巴特自己的话说就是，把同时出现的环境分析为个别的事物，把事物分析为组成部分，进而分析为特性。通过分析教学，儿童对当前刺激的反应更加清晰，从而为观念的联合做好准备。分析教学有两个阶段，第一，教师要求学生指出并命名当前出现的物体，然后转向尚未发展的、但儿童已经感觉或看到过的事物；第二，指出一个已经给定整体中的重要事实，这些部分的相关位置，它们的联系和活动性。

分析教学的局限在于，它只接受"事实上呈现的材料"，因而并不能获得普遍的知识，它必须向上发展到抽象的领域。在这里，赫尔巴特受康德认识论思想的影响是很明显的。

统觉过程的第三个环节是新旧观念的联合、统觉团的形成，而综合教学正"提供组成的成分并准备成分的联合"③。通过综合教学，由单纯提示所提供的清晰表象和分析教学产生的对表象的区分，就形成了观念的联合，也就是获得了新的知识与概念。

这样，赫尔巴特就以心理学为基础，克服了单纯运用直观教学所产生的缺陷，使之在自己的思想体系中获得了新的意义。更为重要的是，他在心理学的基础上，使历史上已产生的各种孤立的不同教学方法有机地联系起来，使之成为由低级到高级、循序渐进的动力性过程，这是对教学方法的重大发展。他继承了前人，又超越了前人。

赫尔巴特把教学方法建立在儿童发展理论（文化纪元理论）基础上的思想，基本上是在其晚年形成的。在《教育学讲授纲要》一书中，赫尔巴特指出，在不同的发展阶段上应当运用不同的教学方法，如在幼儿期，应使用分析教学，到这个阶段的后期，可以运用初步的综合教学，等等。他进一步认为，不仅教学方法使用的本身受到儿童心智水平的制约，而且使用的速度也取决于儿童的心理发展。这样，赫尔巴特就在一定程度上把教

---

①②③ J. F. Herbart. *The Science of Education*. Eng. Trans by Henry M. Felkin and Emmie Felkin, Boston: Heath & Co., 1902, pp. 154-155, 154-155, 159.

学方法与儿童发展相互联系起来了。这是一种崭新的思想。在他以前，不论是夸美纽斯、洛克、卢梭还是裴斯泰洛齐，都仅仅是把教学内容与儿童的不同发展阶段相联系，主张在不同的年龄阶段教授不同的学科内容，但谁也没有意识到，至少没有明确地提出，在不同的发展阶段上应使用不同的教学方法。赫尔巴特的主张促使教学在更为广泛的范围内与儿童心理的发展直接联系起来。

赫尔巴特进一步指出，教学方法应当不断地变换，这一方面是为了遵循儿童的心智活动规律，另一方面也是为保持兴趣和注意，因为，如果没有这些心理活动的条件，教学方法就不可能发挥出它应有的作用。这一点至今仍然是教育界的信条。此外，赫尔巴特清楚地看到了个性在教学中的作用，认为教学应当适应学生的个性进行。

在教学方法方面，赫尔巴特的最大贡献在于，在继承、修正了前人思想的同时，运用系统的心理学原理，发展了关于教学方法的理论，并提出了一些富有开创性的独到见解。在西方教育史上，像他这样对教育发展作出了如此重大贡献的教育家是为数不多的。

但在另一方面，赫尔巴特也遗留下了一些他未能予以很好解决的问题。其中最主要的是，在赫尔巴特的理论中，分析教学与综合教学是前后相继进行的，二者之间的界限和顺序是很明确的，这未免过于机械；尤其是当他在论述不同年龄阶段所采用的教学方法时，甚至把二者割裂开来。这不能不说是一个很大缺陷，而从当时的思想条件看，这种缺陷应归咎于赫尔巴特本人的主观认识。

福禄培尔和第斯多惠也对教学方法的心理学化作出了重要贡献。福禄培尔继承了裴斯泰洛齐所倡导的直观教学法，并结合幼儿教育的具体情况，使之更趋于完善。在这方面，福禄培尔的一个突出贡献是，在算术教学中，把裴斯泰洛齐所设计的两度空间的教学图表发展为三度空间的教具——"恩物"。在另一方面，福禄培尔依据儿童自我活动的原则，进一步发展了游戏教学方法，为近代幼儿教育的发展奠定了重要的基础。

第斯多惠把学生多方面能力的发展当做教学的基本目的。他指出："我们深信教学的最高目的，不是广度的实质目的，而是深度的形式目的。"[①] 由于这个原因，在具体的教学方法上，除了坚持前人所提倡的、在实践中行之有效的教学法（如直观教学）外，第斯多惠特别强调激发学生的积极主动性，主张运用对话的方法。他认为，运用这种由教师或学生

---

[①] 张焕庭主编：《西方资产阶级教育论著论》，人民教育出版社1979年版，第369页。

提出问题、相互交谈和对话的教学方法，教师能够更好地启发学生，调动学生学习的主动性和积极性，并"把学生作为运动的中心……把自己看作是实现刺激和指导的手段。他变成促进学生活动的工具"①。第斯多惠的这个见解明显区别于以前和同时代教育家的思想，而更接近于后来进步主义教育家的观念。

**四、教学程序的心理学化**

从古代以来，几乎每一个时代的教育家都曾经提出，甚至在某种程度上试验过关于学习和教学程序（或教学过程）的一些设想，但直到 18 世纪末，始终没有形成一种明确、完整和规范化的教学模式。从"使教学心理学化"和普及教育思想出发，裴斯泰洛齐首先开始探索这种规范化的教学模式。

从一定意义上讲，裴斯泰洛齐所提出的要素教育理论实际上不仅是一种课程编制的理论，而且主要是一种教学模式理论。裴斯泰洛齐曾说过："初等教育从它的本质讲，要求普遍地简化它的方法，这种简化，是我一生所有工作的出发点。"②要素教育理论的提出，正是为了实现教学方法简化的目的。从对人的认识心理的理解出发，他把知识、学习和教学的基本要素确定为数目、形状、语言（词汇），并要求教学活动从对具体事物（或实物）的直接观察开始，通过师生之间的谈话，引导学生弄清事物的数量、外形和名称，在此基础上，经过一系列练习，从而获得知识，这实际上正是一个循序渐进的教学过程。

如果把裴斯泰洛齐的"直观"（anschauung）概念与要素教育论结合起来，那么更可以清楚地看出裴斯泰洛齐关于教学程序的完整设想。

如上所述，裴斯泰洛齐的"直观"概念实际上是指人的认识的完整过程。这个过程经历了三个阶段："从模糊的感觉印象达到精确的感觉印象，从精确的感觉印象达到清晰的表象，从清晰的表象达到确定无误的概念。"③这三个阶段同时也正是教学过程所经历的主要阶段。

**第一阶段**　按照裴斯泰洛齐的思想，教学是从对具体事物的直接观察开始的，通过观察学生，获得感觉印象。但是，由于自然界的事物彼此混杂，学生的感觉印象因而也是混乱、模糊不清的。因此，教学的首要任务就是消除感觉印象的混乱，使感觉印象逐步确定、清晰。为此，应采取的教学方法

---

①② 张焕庭主编：《西方资产阶级教育论著论》，人民教育出版社 1979 年版，第 367、207 页。

③ 夏之莲等译：《裴斯泰洛齐教育论著选》，人民教育出版社 2001 年版，第 92 页。

是，把混乱、模糊的感觉印象——呈现到学生面前，把各个物体——区分开来。易言之，就是把所要感知的对象从复杂的背景中分离出来，当做一个孤立的事物加以感知，从而获得精确的感觉印象。

那么，如何使感知对象从复杂的背景中与其他事物相分离呢？裴斯泰洛齐认为，这就需要某种手段。而教学的"要素"（数目、形状和词汇）正是这样一种手段。通过数、形、词，学生能够把感觉印象加以整理、归类，使其条理化、系统化，从而得到精确的感觉印象。

第二阶段　裴斯泰洛齐认为，感觉印象只是对事物表面的、个别的认识，而认识的目的则是要把握事物的"基本性质"。因此，应当不断地使感觉印象逐步上升，使认识进入到更高的表象阶段。认识的这种上升，主要有两种方式，一是"把相似的或是相互有关的印象在想象中集合拢来"，一是"把这些不相联系的感觉印象在各种不同的地位上显示在我们面前"。前一种方式实际上是一种联想，而后一种方式则是比较、分析。

第三阶段　在这个阶段中，对事物个别的认识最终达到对事物全部性质的认识，即确定的概念或观念。这样，也就实现了裴斯泰洛齐所提出的"教学的目的与目标"。

虽然由于种种原因，裴斯泰洛齐所提出的教学模式并不完整、明确、也不具体（事实上裴斯泰洛齐本人也未真正运用过这个教学模式），但是，这毕竟是对教学程序的首次有意义的探索。无论是它的成功之处还是它的局限，都是留给后人的宝贵遗产。从赫尔巴特的"教学形式阶段中，可以清楚地看到裴斯泰洛齐的多方面影响，以及赫尔巴特对其思想的充实、发展。更为重要的是，就是在探索教学程序的最初阶段，裴斯泰洛齐就明确地把教学过程与学生的认识过程（心理过程）联系起来，把教学过程的开展建立在学生心理过程的基础上，这反映了对教学程序的探讨是在一个相当高的起点上开始的。

赫尔巴特继承了裴斯泰洛齐的事业，进一步探讨教学程序，明确提出了教学形式阶段（dieformalen stufen des unterrichts）理论。他的教学形式阶段实际上就是课堂教学的完整过程，它是与统觉和兴趣的发展过程相一致的，或者说，是以它们作为基础的。在赫尔巴特教学心理学化的理论中，它是一个包含了教学方法、教学内容的具体传授等的庞大整体，是一个规范化了的教学模式和程序。

赫尔巴特认为，统觉过程经历了四个阶段。与此相适应，他指出，兴趣活动也可以划分为四个阶段。(1) 注意：由于心智活动"使一种表象比较突出并对其余表象发挥作用"①，这就使兴趣活动对它产生一种倾向。（2）期待：但新引起的表象活动往往并不能立刻出现在意识中，兴趣活动因而转向对之产生期待。（3）要求：从兴趣中产生出欲望，"这种欲望通过对于对象的要求，使它本身显示出来"。（4）行动："当人的能力为要求所使用的时候，要求便进而为行动。"②

统觉和兴趣是教学形式阶段的最重要的心理学基础，但仅仅具备了这些基础还是不够的，还需要认识到儿童在学习活动中的思想状态。赫尔巴特认为有两种状态：专心（vartiefung）与审思（besinnung）。所谓专心是指集中于任何主题或对象而排斥其他的思想活动；审思是指追忆与调和意识内容。据德·加漠（Charles De Garmo，1849—1934）分析，审思是由专心所得到的知识进行同化作用。赫尔巴特进一步指出，由于专心活动是相互隔绝的，因而不仅需要许多专心活动，而且需要使之与审思活动不断地互相转化，并使之在审思活动中联合起来，他把这称之为理智的呼吸。

正是在上述心理学研究的基础上，赫尔巴特提出了教学形式阶段的理论。他认为，任何教学活动都必须是井然有序的，都经历了以下四个阶段。

明了　当一个表象由于自身的力量突出在感官之前，兴趣活动开始对它产生注意，这时，学生处于静止的专心活动。教师通过运用直观教具和讲解的方法，进行明确的提示，使学生获得清晰的表象，以做好观念联合，即学习新知识的准备。

联合　由于新表象的产生并进入意识，激起原有观念的活动，学生由一个专心活动进展到另一个专心活动中去，因而产生观念的联合；即新旧知识开始结合，但尚未出现最后结果，这时，兴趣活动处于获得新观念（新知识）前的期待阶段。对教师来说，应当与学生进行无拘束的谈话，运用分析的教学方法。

系统　但最初形成的新旧观念间的联合并不是十分有序的，因而需要对前一阶段由专心活动所得到的结果进行审思。兴趣活动正处于要求的阶段。这时，需要采用综合的方法，使新旧观念间的联合系统化，从而获得概念。

活动　巩固新知识。这时，兴趣就进行到行动阶段。

以上是赫尔巴特教学形式阶段理论的基本内容。在赫尔巴特以后，德国、美国的赫尔巴特主义者继承了他的理论，并做了一定的修正（下表为教学形式阶段在德国和美国的演变）。

---

①② J. F. Herbart. *The Science of Education*. Eng. Trans by Henry M. Felkin and Emmie Felkin, Boston：Heath & Co.，1902, pp.130, 131.

| 1. 道费尔德 | 2. 戚勒尔 (Ziller) | 3. 拉因 (Rein) | 4. 德·加谟 (De Garmo) | 5. 麦克默雷 (Mcmurry) |
|---|---|---|---|---|
| （a）介绍<br>1. 感知　统觉<br>（b）感知 | 1. 分析<br><br>2. 综合 | 1. 准备<br><br>2. 提示 | 1. 准备—分析<br>Ⅰ.<br>2. 提示—综合 | 1. 准备<br>Ⅰ.<br>2. 提示 |
| （a）比较<br>2. 　　抽象<br>（b）连贯 | 3. 联合<br><br>4. 系统 | 3. 联合<br><br>4. 连贯 | 3. 比较、联合<br>Ⅱ.<br>4. 引申 | 3. 联合<br>Ⅱ.<br>4. 概括 |
| 3. 　运用（力量） | 5. 方法 | 5. 运用 | Ⅲ. 从知到行—运用 | 5. 运用 |

从理论上讲，教学形式阶段是一种对教学过程中一切因素、一切活动的高度抽象，而且，赫尔巴特是在严格按照心理过程规律的基础上进行这种抽象的，这就使教学活动的各个方面因素在实在和确定的基础上有机地结合起来，成为一个统一的整体；同时，也使教育史上各种合理的关于教学方法的主张在心理学的前提下融合起来。再一方面，教学形式阶段在赫尔巴特自身的思想体系中，也是一种高度综合，是他对后世最有影响的思想之一。杜威评论说："很少有人试图依据一般的原理对进行讲述的方法作出概括，形成公式。其中之一，即赫尔巴特把讲授分解为依次相联的五个阶段（原文如此——引者注），对于学生静听的讲述课关系极为重要，而且对于讲述课的影响之大，远远超过他所有的主张。"[①]

教学形式阶段对教育实践的意义也是极为重要的。从理论上讲，由于使教学活动形成为一个明确、有机联系和规范化了的程序，于是提供了一种一切教学活动都可以参照的模式，任何教师不管他本人的素养如何，都可以依据它进行教学。正因此，赫尔巴特及其信徒的教学形式才能产生广泛的影响，对19世纪后期和20世纪初期各国师范教育的发展起了重要的推动作用。在教育史上，从古到今，很少有一种教学形式可以与它所产生的广泛影响和这种影响所持续的时间相匹敌。

在赫尔巴特的教学形式阶段理论中，包含了许多今日看来仍然不是陈旧的思想，如从具体到抽象、新旧知识的相互联系、巩固所学知识的重要性，等等。更为重要的是，教学形式阶段理论表明了这样一个深刻的见解，即学习是一个不断进行的过程。在这个过程中，教师起着主导作用，但是，教师

---

[①] 引自〔美〕奥恩斯坦著，刘付忱等译：《美国教育学基础》，人民教育出版社1984年版，第50页。

## 第九章 教育心理学化思想

对学习的指导是为了让学生在今后的学习中进行自我指导。赫尔巴特明确指出，无论在艺术或在伦理方面，学校只能承担一个人所需教育的一部分，（然而是最普遍的部分），这使学生在今后的生活中能从一般到特殊，能够不断向前扩展，通过环境更新自己，这既是统觉的作用，也是学校教育、教学的重要任务。他认为："人类通过它所产生的思想范围而不断教育自己。"① 英国学者费尔金夫妇曾经说过一句话，形象地揭示了这一思想的精神实质，他们说："赫尔巴特的学生像是一条能够适应任何风浪变化的船，它最初是由教师把舵的；以后则由学生自己经过训练和自我获得的力量来掌握，以驶向目的地。"② 在这一点上，赫尔巴特的见解与当今所谓智力发展，尽管有许多区别，但在实质上是共通的。

赫尔巴特教学形式阶段理论在教育史上的贡献是不可低估的，甚至在当代的一些教学理论中也可以发现它的影响痕迹。

当然，教学形式阶段理论不是十分完善的，它本身存在着一些缺陷，但在对这些缺陷进行分析以前，首先必须区别赫尔巴特本人的理论与其信徒的理论和实践所产生的消极后果。赫尔巴特理论本身的机械性和形式主义是不可否认的，但如果把在实践中所产生的消极后果完全归咎于赫尔巴特，那是有失公正的。白恩斯指出："有了赫尔巴特的规律（即心理活动的规律——引者注）要将一种教育方法论和教育程序联合起来，似乎不过是一种简单的工作，赫尔巴特以他的统觉论提供了这样一种方法论的大纲，他的信徒们就不把他的思想形式化、条例化而成为固定的教条（所有的门徒都有这样做法的倾向，思想家的负担是真正信从他人）。"③。从赫尔巴特本人的思想来看，他并没有把教学形式阶段当成教学的金科玉律；而且在晚年写成的《教育学讲授纲要》一书中，赫尔巴特已不再像在《普通教育学》中那样加以重视。另一方面，他也并没有把教学形式阶段当做一种固定不变的、僵死的教条，他指出，教学并没有严格的阶段。这就是说，教学的阶段是相对的，它首先应当依据儿童心智本身的条件、活动而加以调节。

赫尔巴特教学形式阶段理论的根本缺陷在于，他把复杂的教学活动过于简单化了。诚然教学活动是有章可循的，而且，教学形式阶段本身也多少反

---

① J. F. Herbart. *The Science of Education*. Eng. Trans by Henry M. Felkin and Emmie Felkin, Boston: Heath & Co., 1902, p. 93.

② H. M. and E. Felkin, *An Introduction to Herbart's Science and Practice of Education*. Boston: D. C. Heath, 1900, p. 188.

③ 〔美〕白恩斯、白劳纳编，瞿菊农译：《当代资产阶级教育哲学》，人民教育出版社1964年版，第18页。

映了教学中认识活动和心理活动的一般逻辑，但过于简单化，非但不能使教学的问题得到解决，反而会造成各种新的问题。另一方面，虽然赫尔巴特高度重视学生的个性，但在一定程度上却忽视了不同科目、不同年龄阶段教学的特殊性。因此，教学形式阶段理论的精神实质——在复杂的教学过程中寻求可遵循的基本规律——虽然影响了现代教育理论，但它的形式却被抛弃，或者说被扬弃了。

## 第四节 教育心理学化思想的广泛传播

从教育心理学化思想兴起之初，它便在欧美一些国家的教育界产生了广泛的影响。随着它自身的不断发展，这种影响日趋深入。

1800—1824年，裴斯泰洛齐先后在布格多夫和伊佛东两所学院主持教育实验。他的思想和实践吸引了德国、意大利、西班牙、丹麦、法国、英国、美国等一些欧美国家的教育家（其中包括赫尔巴特、福禄培尔），他们纷纷来到这两所学院，学习、研究裴斯泰洛齐的教育思想（特别是教学理论）。在19世纪前期，布格多夫学院和伊佛东学院是当之无愧的"全世界的学校"和教育研究的中心。福禄培尔后来称伊佛东学院是"教育的圣地"。

来自不同国家的教育家学成回国后，分别以各种方式在本国宣传、介绍、实践裴斯泰洛齐的教育思想。例如，英国教育家格里夫斯（James Greaves）曾于1817—1822年在伊佛东访问，与裴斯泰洛齐结下了深厚的友谊。回到英国后，格里夫斯按照伊佛东学院的模式，在伦敦创办了一所学校。又如，曾于1803—1817年在伊佛东任法语教师的法国教育家博尼法斯（Boni face），1822年在巴黎创办了裴斯泰洛齐学校。

受裴斯泰洛齐教育思想影响最大的国家是德国和美国。在德国，费希特把裴斯泰洛齐与马丁·路德相提并论，称他们是德意志民族的救星。费希特在《告德意志民族的演讲》中明确指出："教育是拯救德意志民族的唯一手段，公共教育的一切健康的改革必须建立在裴斯泰洛齐的原则的基础上。"[①]由于费希特、赫尔巴特等人的大力宣传，裴斯泰洛齐的教育思想成为19世纪初德国初等教育改革和建立国民教育制度的理论基础。

在美国，裴斯泰洛齐思想的影响则经历了一个较长时间的变化过程。早

---

① 引自赵祥麟主编：《外国教育家评传》第2卷，上海教育出版社1992年版，第65页。

第九章 教育心理学化思想

在19世纪初,美国人卡贝尔(Joseph Cabell)曾访问过伊佛东学院。回国后,他在费城建立了美国第一所裴斯泰洛齐学校,推广裴斯泰洛齐的教学方法。从19世纪中叶开始,随着美国公立学校教育的发展,裴斯泰洛齐的教学理论引起了广泛的注意。1860年,在教育家谢尔顿的倡导下,掀起了全国性的、旨在学习和推行裴斯泰洛齐教学理论的奥斯维哥运动。此后,近二十年间,裴斯泰洛齐的教育思想在美国盛行一时,直接推动了美国初等教育和师范教育的发展。

与裴斯泰洛齐一样,赫尔巴特也对近代教育的发展产生了世界性的广泛影响。虽然,在赫尔巴特去世后的近二十年间,他的教育学说几乎没有产生什么影响,但从19世纪60年代起,由于斯托伊(Stoy,1815—1885)、威勒尔(Ziller,1817—1883)以及拉因(Rein)等人的大力宣传,赫尔巴特的教学心理学化理论重新为世人所关注,并逐渐取代了裴斯泰洛齐在当时欧美教育界的地位。

1868年,由威勒尔和斯托伊发起,在德国莱比锡成立了科学教育学协会,致力于宣传和发展赫尔巴特的教育学说。以后,在德国各州都先后成立了相似的组织,一时间形成了人数众多的赫尔巴特学派。赫尔巴特的信徒们在各级教育机构广泛地运用赫尔巴特学说,同时发表了大量著作。据拉因在其《教育百科全书》(1895年)中统计,从19世纪60年代以来,仅在德国和瑞士就出版了有关赫尔巴特的论著2 234部。同时,先后创办了10种刊物,专门致力于宣传赫尔巴特的学说。法国教育家康帕亚(Compayré)在分析赫尔巴特在当时德国教育界的影响时指出,"赫尔巴特主义在德国已成为一种宗教"。赫尔巴特本人"在他的同胞中成为一位英雄和现代教育的统治精神"。①

1886年,拉因在耶拿大学创建教育研究班,招收来自各国的学者,研究赫尔巴特学说。到1911年,研究班先后举办了15期,共培养两千多人。这些学者分别来自俄国、美国、芬兰、瑞典、罗马尼亚、匈牙利、英国、瑞士、日本、澳大利亚、智利、墨西哥等国。通过这个教育研究班,赫尔巴特学说逐步扩展到世界许多国家。

在美国,由于德·加谟(Cherles De Garmo,1849—1934年),麦克墨雷兄弟(C. A. Mcmurry and F. M. Mcmurry)和哈里斯(William Harris)等人的大力宣传,1892年,成立了全国赫尔巴特协会。该协会由对赫尔巴特教育思想有特殊研究的教师组成(其中包括约翰·杜威),目的在于

---

① Gabriel Compayré. *Herbart and Education by Instruction*. Eng. Trans. by Maria E. Findlay. New York:T. Y. Crowell,1907,p. 114.

促进赫尔巴特思想的传播和它在英美学校条件下的运用。哈里斯在1894—1895年度的《教育委员会的报告书》中指出:"今天,在美国的赫尔巴特教育学的信徒比在德国本国还多。"这些教育家翻译了为数不少的赫尔巴特及其德国信徒的著作,如《教育学讲授纲要》、《心理学教科书》、朗格的《统觉》,等等。同时也写作了一些介绍、发展赫尔巴特学说的著作,如德·加谟的《赫尔巴特和赫尔巴特学派》,等等。"在19世纪90年代期间,对(赫尔巴特)这个精心建立的体系的兴趣,像浪潮一样,席卷了美国教育界的教师和学生。"① 不仅如此,"三十年来,赫尔巴特的术语,'兴趣'、'统觉'、'思想范围'、'专心'、'相关'、'文化纪元'和'教学形式阶段',一直挂在每个教师嘴边"②。

赫尔巴特对欧美其他国家也产生了不同程度的影响,这种影响也扩展到亚洲的日本、中国等国。教育文献表明,在中国,最早地、系统地被介绍进来的西方教育学就是赫尔巴特及其学派。1901年,《教育世界》出版所开始刊行的《教育丛书》初集的第一册称赫尔巴特(原译海鲁伯尔)为"教育改良家之精华",说他的"教育之法,依统编定,其全体宏洋肃括各部分周匝致密,升教育学与科学之地位,而创立可今日之教育学"。初集第四册为"教授学"专集,详细叙述了赫尔巴特及其学派的教学理论,并附有六种学科的"教授案"。教育丛书第三集出了《费尔巴尔图派之教育》一个专集。赫尔巴特及其学派教学理论的广泛传播,对于当时废科举、兴学堂、发展中国近代师范教育是起了重要作用的。

总之,在19世纪末、20世纪初,"赫尔巴特主义是教育中的统治力量",它对世界众多国家的教育实践和教育思想都产生了广泛、深刻的影响。而从这种影响的具体内容来看,起主要作用的始终是赫尔巴特及其信徒的教学理论。以赫尔巴特教学心理化理论为主体的赫尔巴特主义在欧美教育界的统治地位,只是由于新教育运动和进步教育运动的兴起才逐步动摇。

福禄培尔在西方教育史上的贡献虽然主要在于幼儿教育方面,但他关于儿童教育的方法和原则的思想所产生的影响,远远超出了幼儿教育的范畴。他对儿童的发展和儿童自我活动的论述,引起了教育观念的重要变革,成为西欧新教育运动的重要思想来源。

与裴斯泰洛齐、赫尔巴特、福禄培尔相比,第斯多惠思想的影响在范围上要小得多,他的影响主要限于德国。但就其影响所持续的时间而言,第斯多惠则毫不逊色。第二次世界大战结束后成立的原德意志民主共和国为纪念

---

①② F. Eby and C. F. Arrowood. *The Development of Modern Education*. New York: Prentice—Hall Co., 1934, pp. 786, 788.

他的功绩，设立"第斯多惠奖章"，用以奖励优秀教师。

总之，教育心理学化思想的兴起、发展和传播，标志着西方近代教育思想的变迁进入了一个新的阶段，标志着以单纯经验和纯粹思辨为依据进行教育、教学理论研究的时代的终结，标志着一个把教育问题作为独立的学术问题加以研究，并努力提供可靠和确定的理论基础这样一个新阶段的开始。

**【要点小结】**

教育心理学化思潮的形成与发展，标志着西方教育思想进入一个鼎盛时期。以裴斯泰洛齐、赫尔巴特为代表的教育家运用近代哲学——心理学的研究成果所提出的包括课程理论和教学理论在内的系统的教育理论，不仅极大地丰富了近代教育思想，直接促进了近代欧美教育实践的发展和教育制度的变革，而且强有力地改变了传统教育研究的路径和方法，进一步拓展了教育研究的空间，使教育研究不断朝着科学化的方向迈进。

**【思考与练习】**

1. 近代哲学、心理学发展对教育研究的影响主要有哪些？
2. 裴斯泰洛齐教育心理学化理论的基本内容和特点是什么？
3. 赫尔巴特教育心理学化理论的基本内容和特点是什么？
4. 教育心理学化思潮的历史贡献是什么？

**【参考文献】**

1. 〔英〕亚·沃尔夫著，周昌忠译：《18世纪科学、技术和哲学史》上、下册，商务印书馆1997年版。
2. 〔美〕乔治·米德著，陈虎平等译：《19世纪的思想运动》，中国城市出版社2003年版。
3. 〔德〕E.卡西勒著，顾伟铭等译：《启蒙哲学》，山东人民出版社1988年版。
4. 〔英〕梅尔茨著，周昌忠译：《19世纪欧洲思想史》第1卷，商务印书馆1999年版。
5. 〔美〕罗兰·斯特龙伯格著，刘北成等译：《西方现代思想史》，中央编译出版社2005年版。
6. 〔英〕约翰·伯瑞著，范祥涛译：《进步的观念》，上海三联书店2005年版。
7. 〔英〕皮特·J.鲍勒著，田洛译：《进化思想史》，江西教育出版社1999年版。

8. 〔美〕墨菲、柯瓦奇著，林方、王景和译：《近代心理学历史导引》，上册，商务印书馆1982年版。

9. 〔美〕波林著，高觉敷译：《实验心理学史》上册，商务印书馆1982年版。

10. 〔瑞士〕裴斯泰洛齐著，北京编译社译：《林哈德与葛笃德》，上、下卷，人民教育出版社2005年版。

11. 夏之莲等译：《裴斯泰洛齐教育论著选》，人民教育出版社2001年版。

12. 〔德〕赫尔巴特著，李其龙主编：《赫尔巴特文集》，第3～5卷，浙江教育出版社2002年版。

13. 〔德〕第斯多惠著，袁一安译：《德国教师培养指南》，人民教育出版社2001年版。

14. 任钟印主编：《西方近代教育论著选》，人民教育出版社2001年版。

15. 〔英〕博伊德、金著，任宝祥、吴元训主译：《西方教育史》，人民教育出版社1985年版。

16. 吴式颖、任钟印主编：《外国教育思想通史》第6卷，湖南教育出版社2002年版。

17. 赵祥麟主编：《外国教育家评传》第1～2卷，上海教育出版社1992年版。

18. F. Eby and C. F. Arrowood. *The Development of Modern Education*. New York: Prentice-Hall Co., 1934.

# 第十章　科学教育思潮

### 【内容提要】

工业革命和科学革命共同孕育了科学教育思潮，并推动科学教育从一种主张变为19世纪欧美各国教育发展的普遍趋势。本章通过分析科学教育思潮兴起的背景，梳理了科学教育思潮从发端到系统化的基本过程，探讨了以赫胥黎和斯宾塞为主要代表的科学教育思潮的基本理论，叙述了科学教育在欧美主要国家各级各类学校中不断推行的进程，分析了科学教育思潮和科学教育运动对欧美国家近代教育改革与发展所发挥的重要作用。

### 【学习目标】

1. 了解科学教育思潮产生的背景。
2. 了解科学教育思潮演进的过程及其代表人物。
3. 掌握科学教育思潮的基本观点。
4. 了解欧美各主要资本主义国家的科学教育运动。

### 【关　键　词】

科学　科学教育　课程　进化论　功利主义

世界的政治、经济在19世纪发生了巨大的变化。工业革命的完成使大机器生产取代了手工工场生产，并推动了自然科学的发展。但是在教育上，各国古典主义教育传统的保守势力仍然十分强大，尤其是在英国，各级学校科学教育实施的情况很差，教育中的"装饰主义"弊病很明显。因此不断有人批评学校教育的古典主义倾向，呼吁改革教育，主张开设现代语文、实用的自然科学和社会科学学科。但是，要想彻底冲破传统的古典主义教育的习惯势力的桎梏，还必须对科学教育进行有力的论证，从理论上阐明教育改革的合理性和必要性。于是出现了一批著名的教育理论家，他们适应了资本主义迅速发展的需要，也适应了社会发展和时代进步的客观要求，倡导并论证了科学教育，掀起了一场轰轰烈烈的科学教育运动，推动了实科教育的发展。

## 第一节 科学教育思潮兴起的社会和文化基础

### 一、工业革命

18世纪后半期，英国开始了工业革命。到了19世纪，工业革命又从英国先后扩散到法、美、德、俄等国家。19世纪30、40年代，各资本主义主要国家先后完成了工业革命，工场手工业生产逐渐被以工厂制为基础的机器大工业生产所代替。在工业革命中，首先要解决的是动力问题。

工业革命诞生于英国的棉纺织业中。1733年，英国的机械工和织工约翰·凯（John Kay，1704—1764）发明了飞梭。在此之前，织工织布时，只是用手把梭子在经线之间掷来掷去。这样的方法，既费气力，又无法进一步加快速度。同时，在一个人将梭子掷来掷去时，织布的宽度不可能超过手臂的长度，所以如果要织较宽的织品，就需要两个或更多的工人。凯伊的飞梭改用手拉动绳子，使梭子在滑槽上来回滑动，既省力，又加快了速度，大大提高了工作效率。

飞梭大大提高了织布的速度，但纺纱却跟不上织布的需要，产生了供不应求的矛盾。1765年，织布工兼木匠哈格里夫斯（James Hargreaves，约1720—1778）发明了多轴纺纱机，它可以由一个人操作同时纺出8根纱线。哈格里夫斯用自己的女儿珍妮（Janey）的名字来命名这部新的纺纱机。之后，对"珍妮纺纱机"不断予以改进，不久它已经能纺出80根纱线，而且各地纷纷采用。到了18世纪80年代末，"珍妮纺纱机"已经在部分郡县代替了旧式的纺纱机。

1768年，钟表匠凯伊在木匠海斯的协助下发明了水力传动的纺纱机，它比珍妮纺纱机更省力，效率更高。不过水力纺纱机和"珍妮纺纱机"各有优缺点，前者纺出的纱比较精细，但不牢固，后者纺出的纱比较牢固，但比较粗糙。到1779年，工人塞缪尔·克朗普顿（Samuel Crompton，1753—1827）发明了将两者的优点结合起来的水力纺纱机，这种机器纺出来的纱，既精细，又牢固。人们把这种机器称之为"骡机"（mule）。纺纱机的不断改进，提高了纺纱的速度，也促进了织布速度的进一步提高。1785年，英国神职人员爱德蒙·卡特莱（Edmund Cartwright，1743—1823）发明了水力织布机，把织布的速度提高了40倍。

随后，在棉纺织业中发明和使用的第一批机器，也拓展进其他纺织业，如羊毛、呢绒等工业部门中。它们首次解决了动力问题，为工业革命的深入奠定了基础。

纺织机发明以后，由于大量制造机器，对金属的需要量急剧增长。这使得英国的冶金业和采矿业获得了大发展，大规模的工厂一个接一个的建造起来，但是这时的动力主要是利用河流里的水力。为了满足工业部门对动力的需求，工厂都只能建立在河流湍急的偏僻山谷中，但这些地区交通不便，而且远离原料产地和销售市场。所以动力问题，又成为摆在人们面前的主要问题。

1698年，托马斯·萨弗里（Thomas Savery，1650—1715）已经发明了蒸汽机筒，用以抽干矿井里的水。1706年，铁匠纽科门（Thomas Newcomen，1663—1729）也发明了一种蒸汽机筒。但它们都还不能用来发动机器。作为发动机器的蒸汽发动机，是詹姆斯·瓦特（James Watt，1736—1819）发明的。

瓦特出生于苏格兰，曾到格拉斯哥大学当实验员。他好学善思，研究了多种学科。对古代文物、法学和美学都有丰富的知识。他生活在工业革命刚刚开始的时代，每一项新技术的革新，都受到他的密切关注。1765年，他在格拉斯哥大学的实验室里已发明了一种蒸汽机，不过，这个蒸汽机和纽科门的差不多。以后，瓦特又不断改进，提高蒸汽机的效能，终于发明了能用作发动机的"万能蒸汽机"。1789年瓦特得到了万能蒸汽机的专利权。这种机器很快就在全国广泛应用。

1785年，英国建立了第一个蒸汽纺织厂，从而使资本主义生产方式最终战胜了封建的生产方式。在交通运输方面，1807年，美国人富尔顿（Robert Fulton，1765—1815）发明了汽船，1814年，英国人史蒂芬森（George Stephenson，1781—1848）发明了蒸汽机车，1825年，英国建成了铁路史上第一条铁路。在机器制造业方面，1836年和1839年，英国工程师詹姆斯·奈斯密特（James Nasmyth，1808—1890）先后发明了带有大金属部件切凿沟槽的机床和锻压重型设备使用的蒸汽锤，从而使机器制造业逐步机械化。这一切使劳动生产率空前提高，工农业产量获得巨大的增长。

**二、自然科学的发展**

生产的发展又推动了自然科学的发展。整个工业革命时期，也是自然科学蓬勃发展的时期。在这个时期内，同生产的发展相适应，自然科学方面的新发现、新学说不断出现，自然科学的研究日益扩大和深入，各门学科都有重大的进展。

不过，在第一次工业革命期间，许多技术发明大都来源于工匠的实践经验，科学和技术尚未真正结合。在 18 世纪中叶以前，自然科学研究主要是运用观察、实验、分析、归纳等经验方法来达到记录、分类、积累现象和知识的目的。在 18 世纪中叶以后，由于启蒙运动的发展，"自然科学便走进了理论的领域而在这里经验的方法就不中用了，在这里只有理性思维才能有所帮助"①。理性思维就是对感性材料进行抽象和概括，建立概念，并运用概念进行判断和推理，提出科学假说，进而建立理论或理论体系。19 世纪道尔顿（John Dalton，1766—1844）的原子论，阿佛加德罗（A. Avogadro，1776—1856）的分子学说，门捷列夫（Дмитрий Иванович Менделеев，1834—1907）的元素周期律以及康德的星云假说，开始都是以假说形式出现的。不过，康德的星云假说一开始没有得到人们的重视，直到 19 世纪，由于自然科学不断揭示出自然过程的辩证性质，才最终在哲学领域敲响了形而上学的丧钟。

19 世纪是科学的时代。在天文学领域，科学家们开始论及太阳系的起源和演化。在地质学领域，英国的地质学家赖尔（Sir Charles Lyell，1797—1875）提出地质渐变理论。在生物学领域，细胞学说、生物进化论、孟德尔（Gregor Johann Mendel，1822—1884）的遗传规律相继被发现。在化学领域，"原子—分子"论被科学肯定；拉瓦锡（Antoine-Laurent Lavoisier，1743—1794）推翻了燃素说，并成为发现质量守恒定律的第一人；1869 年，俄国化学家门捷列夫发表了元素周期律的图表和《元素属性和原子量的关系》的论文。在文中，门捷列夫预言了十一种未知元素的存在，并在以后被一一证实。

19 世纪最重大的科学成就是电磁学理论的建立和发展。在 19 世纪之前，人们基本上认为电与磁是两种不同现象，但人们也发现两者之间可能会存在某种联系，因为水手们不止一次看到，打雷时罗盘上的磁针会发生偏转。1820 年，丹麦教授奥斯忒（Hans Christian Ørsted，1777—1851）通过实验证实了电与磁的相互作用，他指出磁针的指向同电流的方向有关。这说明自然界除了沿物体中心线起作用的力以外，还存在着旋转力，而这种旋转力是牛顿力学所无法解释的，这样，一门新学科——电磁学诞生了。奥斯忒

---

① 《马克思恩格斯选集》第 3 卷，人民出版社 1972 年版，第 465 页。

的发现震动了物理学界,科学家们纷纷做各种实验,力求搞清电与磁的关系。法国的安培(André-Marie Ampère,1775—1836)提出了电动力学理论。英国化学家、物理学家法拉第(Michael Faraday,1791—1867)于1831年总结出电磁感应定律,1845年他还发现了"磁光效应",播下了电、磁、光统一理论的种子。但法拉第的学说都是用直观的形式表达的,缺少精确的数学语言。后来,英国物理学家麦克斯韦(James Clerk Maxwell,1831—1879)克服了这一缺点,他于1865年根据库仑定律、安培力公式、电磁感应定律等经验规律,运用矢量分析的数学手段,提出了真空中的电磁场方程。以后,麦克斯韦又推导出电磁场的波动方程,还从波动方程中推论出电磁波的传播速度刚好等于光速,并预言光也是一种电磁波。这就把电、磁、光统一起来了,这是继牛顿力学以后又一次对自然规律的理论性概括和综合。

1888年,德国科学家赫兹(Heinrich Rudolf Hertz,1857—1894)证实了麦克斯韦电磁波的存在。利用赫兹的发现,意大利物理学家马可尼(Guglielmo Marchese Marconi,1874—1937)、俄国的波波夫(Александр Степанович Попов,1859—1906)先后分别实现了无线电的传播和接受,使有线电报逐渐发展成为无线电通讯。所有这些电器设备都需要大量的电,这远远不是微弱的电池所能提供的。1866年,第一台自激式发电机问世,使电流强度大大提高。19世纪70年代,欧洲开始进入电力时代。19世纪80年代,还建成了中心发电站,解决了远距离输电问题。这些都为工业革命向纵深发展提供了理论基础。

### 三、19世纪初欧美各国的教育现状

工业革命和自然科学的迅猛发展对教育提出了新的需要。然而,在西欧大多数国家的教育中,古典主义盛行,普遍存在着脱离实际、脱离生活的陋习。以英国为例,由于受洛克绅士教育理论的影响,英国的中高等教育长期以来一直为贵族和资产阶级上层所垄断,其主要任务是培养具备"高贵"仪表风度的绅士和文职官吏,古典教育占统治地位。

在中等学校中,教学内容主要是阅读、书写和古典学科,如希腊语、拉丁语、文学、历史、地理等,而那些为从事商业、工业或海外殖民所必需的自然科学和实用学科却被完全忽视了。

进入大学的学生,除了在古典文学和数学方面受过一些训练之外,对于其他方面的知识一无所知。在大学教育中和社会影响方面占有特殊地位的牛津和剑桥大学,到19世纪中叶,由于保守势力和国教派的影响,仍保持着古典主义的传统。古典人文学科和神学居支配地位,自然科学和现代语言、

文学不受重视，经院主义气息十分浓重。大学教育只注重传授和训练，排斥自由研究和创造精神，重书本知识，轻实践经验，把大量的人力、财力和时间运用于古籍文献的收集、整理和考掘，与现实生活隔绝。皇家调查委员会1850年发表的关于牛津大学的调查报告指出："正如一般所公认的，牛津大学和国家双方都因缺乏一些献身于科学研究和学术教育的学者而遭受极大的损失。"[1] 多数的英国大学生仍处于他们当时这种对科学教育的基础知识一无所知的状态中。

教育的这种状况显然不适应社会发展的客观需要，因而引起了一些有识之士的不满，他们抨击教育中存在着的各种弊端，要求提高自然科学在学校课程体系中的地位，加强科学教育，以培养适应时代需要的新型人才。由此，兴起了科学教育思潮和实科教育运动。

## 第二节 科学教育思潮的演进

科学教育思潮有着颇为深厚的历史渊源。早在16、17世纪，培根、夸美纽斯、弥尔顿和洛克等人就先后倡导进行自然科学知识的传播。英国的另一位教育家威廉·佩蒂着眼于下层社会儿童的职业技术和劳动教育。这是最早的职业技术教育思想，反映了当时人们要求从根本上改造脱离实际、脱离生产的旧教育的强烈愿望。德国人赫克于1747年开办经济数学实科学校，开设的课程有算术、几何、力学、建筑、制图、自然科学、人体知识、动物学、植物学、桑树栽培和养蚕，学生分为制造业班、建筑班、农业班、簿记班、矿业班，这在科学技术教育史上跨出了一大步。

19世纪下半叶，自然科学发展取得了巨大的进步，各种发明频繁出现，改变着世界的面貌，也影响到了学校教育。在西欧的一些国家里出现了截然相反的两种教育主张：一种是强调科学知识，要求改革学校教育和促进科学教育的实施；一种是坚持长期统治西欧的古典主义教育传统。它们之间展开了激烈的论战，这场论战涉及了大学、中学乃至小学。论战的焦点涉及科学知识与古典文化知识的价值和重要性。

在这场论战中，许多具有广博的科学知识和享有社会声誉的学者名人都提出了改革教育、加强科学教育的思想，并提出了实施科学教育的设

---

[1]〔英〕赫胥黎著，单中惠、平波译：《科学与教育》，人民教育出版社2005年版，第25页。

想。在英国，教育家乔治·考姆（George Combe，1788—1858）发表"关于国民教育的讲演"（Lectures on Popular Education），主张建立以科学为主要课程的国民教育体系。他还按照自己的主张在爱丁堡创办了一所专门学校，注重自然科学的传授。著名的哲学家穆勒也曾劝说政府抛弃传统偏见，改变学校古典主义的面貌，扩大学校学科范围，增设与现实生活有广泛联系的课程。经济学家亚当·斯密也指出让儿童用许多时间去学习拉丁语是毫无意义的，从英国的石灰生产来看，需要向儿童讲解怎样使用机械的工艺原理，使他们掌握实用知识。同时，边沁也阐明了他重视自然科学教育的思想。法国唯物主义教育家狄德罗提出，为了使教育适应社会生产的需要，为了促进科学技术的发展，最重要的是加强实科教育，削减学校中古典教育的内容，使青年一代掌握数学、物理、化学、自然、天文学等学科的基本知识。

**一、弥尔顿**

约翰·弥尔顿（John Milton，1608—1674）是17世纪英国资产阶级革命时期的诗人和政论家。他出生在伦敦一个绅士家庭，从小爱好读书和写诗。1625年，他进入剑桥大学学习，喜爱培根哲学，致力于学习诗歌。大学毕业后，他到法国、意大利游历，一直到1639年才回到英国。当时英国正在酝酿资产阶级革命，于是他用他那支巨笔投入战斗。从1640至1660年间，他撰写了许多政论文，其中心思想是：君主的权力来自人民；人民有权废黜甚至处死暴君。他于1644年撰写了《论教育》（Of Education）一文，对封建经院教育进行了批判，强调让"高贵和文雅"的青年学习自然科学知识和各种语言，以培养它们正当而公正地处理公私事务的能力。

在弥尔顿看来，旧的封建教育的弊端在于忽视自然科学知识的教学，让学生用七八年时间去啃拉丁文和希腊文，真是"浪费学生最宝贵的青春年华"；教学不从儿童的智力水平出发，毫无根据地要求儿童去写诗词和演说词等，这样做如同"采摘不成熟的果实"一样，是毫无效果的。按照他的意见，在教学中，不仅要考虑儿童的接受能力，而且要从感性知识开始，强调要"文字"与"事物"同时教授。

鉴于英国的文法学校的教学内容只限于古典语言文学，教学方法呆板而烦琐，特别是不传授自然科学知识，弥尔顿认为对英国的旧教育必须进行改革。他主张创办一种重视自然科学兼具实科性质的学校，称之为"学园"（Academy）。根据他的设想，"学园"一般能容纳130名学生，校内设校长一名，教职工20名。在"学园"里，学生首先学习拉丁语和英语，继而学习算术、几何、天文、地理、航海、工程、动物学、植物学、解剖学以及古代和现代的各种语言文字等课程。在学生的道德教育方面，弥尔顿认为应该让学生通过掌握希伯来文来阅读原版的《圣经》，以便明辨"至善"与"邪恶"，同时，要使学生懂得社会规范与个人职责，以便忠于职守，做好自己的工作。弥尔顿还谈到要让学生学习音乐、体育等课程，他还强调军事体育训练，使学生身体强健并具有勇敢精神。

弥尔顿的教育思想在17世纪70年代后在英国得到实施。例如，1675年在伦敦创办的纽因顿·格林学园等。18世纪中叶以后直到19世纪末，"Academy"成为美国中等教育的主要形式。但是，在弥尔顿活动的年代，近代自然科学的发展还处于起步阶段。弥尔顿虽然重视自然科学知识，但他主张通过古代希腊、罗马的著作学习自然科学。弥尔顿在客观上受到了夸美纽斯的影响，令人不解的是，他却对夸美纽斯的《语文入门》表示轻蔑。弥尔顿想使古典主义课程和实科教育结合起来的企图，后来在洛克的《教育漫话》中得到了进一步的发挥。

### 二、威廉·佩蒂

威廉·佩蒂（William Petty，1623—1687）是博学多才的人。他是英国古典政治经济学的创始人、水手、外科医生，也是英国皇家学会的缔造者。他于1623年出生于一个小手工业者的家庭，12岁时就到船上当水手，后来，自学医学并研究数学和音乐。由于他学识渊博，曾一度在牛津大学讲授医学课程，后来被任为教授。他曾担任过奥利弗·克伦威尔（Oliver Cromwell）的儿子、英国驻爱尔兰总督亨利·克伦威尔（Henry Cromwell）的侍从医生。这为他走上政治家和经济学家的道路开辟了广阔的活动场所。在他有关经济、医学等著作中，有一篇表述他的教育观点的论文，题目是《威廉·佩蒂向塞缪尔·哈特利布先生提出关于改进学习中某些问题的建议》(1647—1648)。哈特利布是荷兰裔英国人，是一位教育界的活跃人物，热心于新教育的传播，与夸美纽斯、弥尔顿和威廉·佩蒂都有交往，他是邀请夸美纽斯去英国研究"泛智论"的积极推动者。1650年，哈特利布向国会提出了《扩大伦敦的慈善事业》（London's Charity Enlarged）的提案，其中心内容是：要求准许贫苦儿童受教育；认为国家可以通过教育这个工具来改造社会；在教学内容方面，认为应该让儿童学习一些能为英国的经济发展服务的、有实用价值的知识。和弥尔顿着眼于上层社会的青年绅士的文雅教育相反，威廉·佩蒂着眼于下层社会儿童的职业技术教育和劳动教育。他要求让一切阶级的儿童都能进入学校学习，主张将初等学校改为劳动学校，以便使儿童能学习木工、物理学和数学仪器的制作、雕刻、园艺等。他建议将中等学校建成机械中学,来自各阶层的学生除学习理论知识之外,都要学习旋工、制钟表、雕刻、造船,还要学习制造地球仪、罗盘针和香料等。威廉·佩蒂所建议的学校改造计划是最早的职业技术教育思想的表现,反映了当时人们要求从根本上改造脱离实际、脱离生产的旧教育的强烈愿望。

### 三、贝勒斯

约翰·贝勒斯(John Bellers,1654—1752)是欧洲早期劳动教育思想的倡导者。他在《关于创办一所有用的手工业和农业的劳动学院的建议》(*Proposals for Raising a College of Industry of All Useful Trades and Husbandry*,1695)中提出:必须对儿童进行劳动教育。在他看来,"劳动会带来富裕。怠惰者应当穿褴褛衣服。不工作者不得食!"[1] 马克思对贝勒斯的教育见解给予很高的评价。马克思说过,贝勒斯早在17世纪末就非常清楚地懂得,必须结束现行的教育和分工。特别重要的是,贝勒斯敏锐地意识到时代的需要,提出创办工业学校的主张。在他看来,工业学校"应该使富人有利可图,使穷人能过一种丰衣足食的生活,使青年能受到良好的教育"。在工业学校里,要把教学和体力劳动结合起来。贝勒斯强调说,"不与体力劳动结合的教学略胜于不学。""人需要从事体力劳动,就像他需要吃饭一样。人的生活好像是一盏灯,思想就是灯光,体力劳动好像灯油一样,没有灯油,灯光——思想——就会熄灭的。"[2]

贝勒斯认为,男女儿童从4岁或5岁开始,除了让他们学习读写算的基础知识外,还要教他们学习编织、纺线等,年龄比较大的儿童要学习旋工和其他手工艺。这样,学生到了青年期将能成为优秀的工人。贝勒斯认为,组织儿童参加生产劳动,不仅能使他们养成劳动的习惯,而且劳动对德育和智育有重大的意义。他说,手工劳动会使人变得有智慧,可以锻炼人的意志,巩固人的良知。

贝勒斯通过创办工业学校的设想论述了对儿童进行社会教育的重要性。在他看来,工业学校与家庭教育比较起来,有以下六个优点:"第一,在这种学校里,年龄不同、能力不同的人可以从事各种活动,学会使用各种生产工具。第二,各种语言(和知识)将通过与各民族(工人)代表的交往而学会,工人们将要像教自己的子女那样来教青年学习本族语。第三,当成人和孩子看到别人也遵守规定和法律时,他自己也就比较容易去

---

[1]《克鲁普斯卡雅教育文选》第1卷,1978年俄文版,第199页。
[2] 引自卫嘉译:《克鲁普斯卡雅教育文选》,人民教育出版社1959年版,第199页。

遵守了。第四，儿童的成长不与生活和人们脱离，而与人们密切来往。第五，儿童经常受到成人的照料。第六，这种学校里有图书馆、研究植物的实验园地以及制药的化验室。"① 以上的优点构成了新学校的特征。贝勒斯力求通过工业学校的创办开辟新教育的道路，培养出适应当时资本主义生产所需要的人才。

### 四、亚当·斯密

亚当·斯密（Adam Smith，1723—1790）是英国工场手工业开始走向机器大工业过渡时期的资产阶级经济学家、古典政治经济学的杰出代表。1723年6月5日出生于苏格兰的克尔卡第。其父担任过军法书记官、律师和克尔卡第海关监督。亚当·斯密从小就接受良好的教育，才华出众，进入格拉斯哥大学时只有14岁。17岁进入牛津大学学习，主要攻读古典文学，于1746年毕业。1748年在爱丁堡大学任教，讲授修辞学和文学。1751年担任格拉斯哥大学教授，讲授逻辑学和道德哲学。1759年4月，他编著的伦理学讲义以《道德情操论》（*Theory of Moral Sentiments*）为题出版，轰动文坛。1764年1月，他经休谟介绍，担任巴克卢公爵（Duke of Bucoleuch）的私人教师。次年，他随同巴克卢公爵赴欧洲旅行时在巴黎结识了魁奈和杜尔哥等人，并受到他们的思想的影响。1767年，他回到家乡，专门从事政治经济学的研究和著述。1776年3月9日，他的名著《国民财富的性质和原因的研究》（*An Inquiry into the Nature and Causes of the Wealth of Nations*），简称《国富论》（*Wealth of the Nations*）出版了。《国富论》是他的力作。1787年11月15日，他被选为格拉斯哥大学校长。1790年7月17日，亚当·斯密逝世，享年67岁。

在《国富论》中，亚当·斯密指出，教育对于社会经济发展具有重大意义。普通人接受教育，能掌握知识与技能，这有助于提高生产率并促进国民财富的增长。因此，对普通人民实施教育与训练，"对政府确实是一件非常重要的事情"②。而从社会秩序的安定来说，"在无知的国民间，狂热和迷信，往往惹起最可怕的扰乱。一般下级人民所受的教育愈多，愈不会受狂热

---

① 引自卫嘉译：《克鲁普斯卡雅教育文选》，人民教育出版社1959年版，第199页。

② 〔英〕亚当·斯密著，郭大力译：《国民财富的性质和原因的研究》下卷，商务印书馆1974年版，第345页。

和迷信的迷惑"①,那些"有教养、有知识的人,常常比无知识而愚笨的人,更知礼节,更守秩序"。因此,"在文明的商业社会,普通人民的教育,恐怕比有身份有财产者的教育,更需要国家的注意"②。亚当·斯密提出,要在"各教区各地方,设立教育儿童的小学校"③。国家建立一定的制度使全体人民能接受基本教育。所谓"基本教育",主要是指阅读、书写和算术。要实施这种"基本教育",国家所办的学校,其"取费之廉,务使一个普通劳动者也能负担得起,这样,人民就容易获得基本教育了"④。亚当·斯密强调的是,国家要采取措施,强制全体人民获得最基本的教育。

亚当·斯密还敏锐地看到人的智力发展与他所从事的职业、社会分工的关系。他认为,如果人们善于开展对各种社会职业的研究,那么"必然迫使观察者不断运用心思,比较着、组合着,从而使他的智能,变得异常敏锐,异常广泛"⑤。然而,对于一般人而言,"他们所就的职业,大概都很单纯,没有什么变化,无须运用多少的智力"⑥,因而使他们的智力流于迟钝。

为适应当时英国机器大工业生产日益发展的情势,亚当·斯密反对英国古典教育的旧传统。他指出,让儿童用许多时间去学习拉丁语是毫无意义的。从英国的社会生产来看,需要向儿童讲解怎样使用机械的工艺原理,使他们掌握实用知识。他写道:"假使普通人民的儿童有时在学校学习的但于他们全无用处的一知半解的拉丁语取消不教,而代以几何学及机械学的初步知识,那么,这一阶级的文化教育,也许就会达到所可能达到的最完善程度。"⑦这种教育观点对工业革命后英国实科教育的发展有很大的影响。

**五、边沁**

边沁(Jeremy Bentham,1748—1832)出生于伦敦的律师家庭。他有"神童"之称。7岁入威斯敏斯特学校,12岁进入牛津大学,15岁取得学士学位,后来到林肯学院攻读法律学。1770年,他游历法国,深受法国的影响。1785年后,曾受俄国沙皇亚历山大之礼聘。其学术著作在西班牙、南美诸国、美国和墨西哥等国广为传播。1832年,他还出资创办了《威斯敏斯特评论》,作为宣传他的功利主义和改革计划的工具。他的代表作是《政府论》(*Fragment on Government*,1776)、《道德和立法原理》(*Introduction to Principles of Morals and Legislation*,1789)。

边沁认为,人与人之间的关系完全是一种相互利用的、剥削的关系。他

---

①②③④⑤⑥⑦〔英〕亚当·斯密著,郭大力译:《国民财富的性质和原因的研究》下卷,商务印书馆1974年版,第344~345、340、341、341~342、340、342、341页。

认为，人都具有趋利避害的本能，这是人的行为的基本动力，能引起快乐的就是善，反之就是恶。不同的快乐与不同的痛苦之间并无质的差异，只有量的区别，因而可以进行精确的测量、对比并划分等级。由此，他批评了禁欲主义道德论与情感道德论，认为功利主义追求的是最大多数人的最大幸福。一方面，他宣称社会利益是个人利益的总和，个人利益与社会利益是同一的；另一方面，他又认为个人利益归根结底是唯一现实的利益，不可为社会而牺牲个人，他以功利主义眼光参与社会改造运动，致力于工厂法的修订，还设立学校，设置课程，赞赏欧文在新拉纳克的教育实验。

### 六、穆勒

詹姆斯·穆勒（James Mill，1773—1836）是边沁学说的热诚信奉者，且对心理学、经济学、哲学颇感兴趣。他反对君主专制、贵族政体和民主政体，主张纯粹的代议制，宣扬教育万能论。其子约翰·斯图尔特·穆勒（John Stuart Mill，1806—1873）在他的熏陶下，成了功利主义的著名代表。3岁开始学习希腊文，7岁学习拉丁文，开始阅读柏拉图的原著。12岁已经擅长代数、几何和微积分，并开始攻读亚里士多德、霍布斯等人的著作。14岁到法国攻读法理学。17岁回国组织"功利主义社"，传播功利主义和自由主义。1866—1868年任下院议员，积极主张改革，批评政府保守。主要代表著作是《论自由》（*On Liberty*，1859）、《代议制政府》（*Considerations on Representative Government*，1861）和《功利主义》（*Utilitarianism*，1863）等。

詹姆斯·穆勒曾于1812年撰文《学校面向大众，而不仅面向教士》，要求普及教育，开放教育机会，并由家长来给子女选择学校，政府不应干涉此一自由。约翰·穆勒也认为，国家开办的教育是一种工具，把人铸造成一模一样的制式，这是政府权利的专断，因此应由私人举办学校。另一方面，针对传统的古典主义课程，注重现实的经世致用、提倡务实精神的功利主义派别认为，古典学科在经济、科技、贸易飞速发展的资本主义自由竞争时代，不能独占学校科目，必须辅之以自然科目。约翰·穆勒提倡的是所谓"博雅教育"（liberal education），即一种一般的广博的文化知识与修养的熏陶。大学里培养律师、医生之类的专业人士，专业知识与技能其实尚在其次，首要的是作为一个人、一个聪明智慧之士的总体的文化素养，特别是哲学素养。在伦理方面，约翰·穆勒同样反对各式各样的先天道德论，认为道德是出于经验的。一方面，他继承边沁的功利主义，主张行为的道德价值决定于其对人的直接利益，即使人得到快乐，避免痛苦的程度；另一方面又修正了边沁的狭隘性，主张不能只从量上考虑快乐与痛苦，应从质的方面考量，而且不能只追求感性的、肉体的、物质的快乐与利益，而应追求精神的快乐与满足。他所提倡的"博雅教育"显然与引导学生追求精神的满足与快乐是分不开的，这就在一定程度上反对了急功近利的单纯追逐实现物质利益的专业性教育的弊端。

### 七、赫胥黎

另一位英国著名的教育家赫胥黎（Thomas Henry Huxley，1825—1895）也积极提倡科学教育。1825年7月16日，赫胥黎出生在英国一个教师的家庭。赫胥黎因为家境贫寒而过早地离开了学校，但他凭借自己的勤奋，靠自学考进了医学院。1845年，赫胥黎在伦敦大学获得了医学学位。毕业后，他曾作为随船的外科医生去澳大利亚。也许是因为职业的缘故，赫胥黎酷爱博物学，并坚信只有事实才可以作为说明问题的证据。赫胥黎以生物学、自然史研究以及丰富的教学经验为基础，认为科学教育应成为新教育的重要组成部分，进一步巩固和加强了英国科学教育对古典主义教育的优势地位。赫胥黎的教育思想主要反映在他的《论自由教育》（On Liberal Education，1868）、《科学教育》（Scientific Education：Notes of an After-dinner Speech，1869）、《技术教育》（Technical Education，1877）和《进化论与伦理学》（Evolution and Ethics，1894）等著作中。

赫胥黎根据进化论和伦理学提出，现存社会的"生存"斗争，并非真正为了取得生存资料，而是为了取得享受资料的斗争。"在争取享受资料的斗争中，保证获得成功的特质是活力、勤勉、智力和顽强的意志，以及至少足以使一个人能了解其伙伴们的感情所需要的同情心。"[①]"无论从社会内部或外部的利益考虑，让财富和权力掌握在那些具备最大的能力、勤勉和智力、顽强意志且不缺同情心的人手里，那是很理想的。"[②]这种争取享受资料的斗争过程，"就是一个有助于造福社会的过程"[③]。另外，赫胥黎还认为，人作为一种"政治动物"，是教育、指导和智慧使人取得巨大进步的。因此，人们应当"用'自我约束'来代替无情的'自我肯定'，每个人不仅要尊重而且还要帮助他的伙伴以此来代替、推开或践踏所有竞争对手"，"每个得以享受一种社会利益的人，都不要忘记那些曾经艰苦地创立它的人们所给予的恩惠"[④]。

1868年，赫胥黎发表了《在哪里能找到一种自由教育》，对当时英国初等学校、公学、文法学校和大学忽视科学的问题，提出了严厉的批评。其中

---

[①②③④]〔英〕赫胥黎著，翻译组译：《进化论与伦理学》，科学出版社1973年版，第29、29~30、58、58~59页。

指出，初等学校给予儿童的十之八九都是他们所不理解的神学教条，此外就是一点肤浅的读写算知识，以及一些行为规范和道德准则。孩子们不能获得有关"物质世界规律及其因果关系的概念"①，即自然科学知识或机械学简单原理和卫生保健常识等。公学和文法学校充斥着"古典学科"课程，背诵没完没了的文体和语法规则，除了训练机械记忆和翻译能力之外，它毫不考虑这些课程对人生有何价值。据此，赫胥黎主张各级各类学校都应进行"自由教育"，即文理兼备的普通教育，它包括自然科学、人文科学和审美教育等。赫胥黎指出，自由教育就是一切可知事物的教育，它涉及"所有领域中必须认识的事物，锻炼人的全部官能，而且对人类全部活动的两大方面——艺术和科学给予同样的重视"②。

赫胥黎把一切学科的知识归并为两类：科学和艺术。首先，他认为，科学不单指自然科学，还包括道德、政治和社会生活理论方面的基础知识，以及历史知识等。科学教育不应仅是一切知识的传授。学校不仅要让学生获得一般的科学知识，而且要能使学生掌握和运用科学的方法。赫胥黎非常重视把科学方法引入各类学校。他认为，学生在科学方法上受到一定的训练，就可以使自己的心智直接与事实接触，并从通过直接的自然观察所知道的特殊事物中概括出一般的结论。久而久之，便会养成在实际生活中运用理智的习惯。因此，这样的教育，与呆读死记和强迫纪律的教育相比，确是自由的、主动的，是适合一切自由人需要的教育，能为个人才智的无限发展开辟广阔的道路。其次，赫胥黎认为，艺术即凡可以感知、能产生激情的、属于审美功能的知识，世界上不存在着"纯粹科学"和"纯粹艺术"，所有知识都是科学和艺术的统一。再次，赫胥黎一方面坚持科学的立场和科学的方法，一方面又力求调和科学与宗教的对立。他说："真正的科学和真正的宗教是双生姐妹，把一个从另一个分开，一定会使双方死亡。科学的繁荣同它的宗教性成精确的比例；而宗教的兴盛也同它所根据的科学深度和坚实性成精确的比例。

赫胥黎深知科学技术的发展与现代社会竞争的关系，因此他主张从小学到大学，都要加强科学教育，并提出了一系列科学教育的基本方法与原则。首先，科学教育的目的是要训练儿童的各种能力，培养他们观察事物的方法和习惯。赫胥黎指出，学校教育不应只重书本知识，轻视实践经验，把大量的人力、财力和时间运用于文献古籍的收集、整理和考据上，因而与现实生活脱节。学校不仅仅是传授一般知识的场所，更重要的是培养和训练求实精

---

①② 〔英〕赫胥黎著，单中惠、平波译：《科学与教育》，人民教育出版社 2005 年版，第 67、162 页。

神和求知能力。其次，科学教育应当是广泛的文理科基础知识教育。赫胥黎要求把全面的、完全的科学文化引入各类学校，他提醒人们，单纯的科学训练和单纯的文学训练一样，都对理智造成损害。因此，学校应当注意选择教学的课程，把不可缺少的知识以适当的比例结合在一起。赫胥黎还主张大学应当文理科相互渗透。他在担任皇家调查苏格兰大学委员会委员时曾提出，把数学和英语作为所有大学生的必修科目；主张艺术科的学生，除了必试两门现代外语外，必须加试自然科学；攻读文科学位者必须选读几门自然科学课程；攻读科学学位者，必须选读几门人文学科的课程。再次，科学教育应该注重观察、实验和实践等教学手段。科学是关于事物的知识，一切文字叙述都不过是不完全的象征性的描绘而已。如果没有实际地对事实进行观察和实验，则不可能具备科学教育的真实价值，而只能是从形式上或表面上去理解如此复杂的事实和现象。他提倡多采用直观教学，多做实验。他认为，博物馆、图书馆和实验室，都是开展科学教育所不可缺少的。

### 八、斯宾塞

赫伯特·斯宾塞（Herbert Spencer，1820—1903）是19世纪后期英国著名的哲学家、社会学家和教育思想家。他的名著《教育论：智育、德育和体育》（*Education：Intellectual，Moral，Physical*，1860），是除洛克《教育漫话》之外读者最多的英国教育著作，美国哈佛大学校长埃利奥特（C. W. Eliot）称他是一位真正的教育先锋。

斯宾塞出生于教师家庭，自幼受到良好的教育。斯宾塞体弱多病，生性孤独，但对山川林野颇有兴趣，养成了观察事物的良好习惯。他有时还随其父的学生从事物理和化学实验，并经常旁听父辈对各种科学问题的讨论，阅读科学期刊和各种书籍，从而学到了数学、物理学、化学、机械学和土木建筑学等方面的许多知识。13岁时，斯宾塞跟随叔父系统学习了欧几里得几何学、三角学、拉丁文、法文、希腊文、机械学、化学和政治经济学等大学预备课程。三年后，回到父亲身边继续自学。17岁那年，斯宾塞由于数学成绩特别优异而受其父好友查尔斯·福克斯的赏识被邀参加筑路工程，担任土木工程技术人员。之后10年的工作生涯为他深入研究和运用其颇感兴趣的数学和自然科学、掌握科学发展的动向、认识科学技术在社会发展和国家富强中的作用，提供了机会和条件，这对他后来的教育思想的形成影响甚大。

从1848年到1853年，斯宾塞担任了英国著名杂志《经济学家》的副编辑。其间，斯宾塞经常为各杂志撰稿，并分别于1850年和1852年出版了《社会静力学》和《进化的假说》。其教育思想也开始初步形成，后来汇编成书的教育名著《教育论》四个章节（"智育"、"德育"、"体育"、"什么知识最有价值"）在这时也以单篇论文的形式先后发表。在19世纪50、60年代，英国处在由传统的古典主义教育向现代科学教育转变的十字路口，在这样的历史背景下，斯宾塞高举科学教育的大旗，振臂一呼，成为当时倡导科学教育一面旗帜。

1860年，《教育论》在美国出版；1861年，在英国面世。《教育论》对世界近代教育有较大影响，出版后不久即先后被译成13种文字流布世界上主要的资本主义国家。在《教育论》中，斯宾塞以实证主义的哲学思想和庸俗进化论的政治思想作为其论述教育思想的理论基础，提出了教育的目的和任务是"为完满生活作准备"。他第一次明确地提出智育、德育和体育的理论概念，并把智育、德育、体育作为完整的教育体系。他十分重视科学教育，认为给学生传授科学知识，具有教育上的重大价值，并提出了以自然科学知识为主要内容的广泛的学科范围，促使学校教育由偏重文科教育向偏向重视科学教育的转变。在德育中他提倡"自然后果"的教育原则，主张用儿童自己的行为所引起的必然反映和不可避免的后果来教育儿童。他要求学校必须重视体育，使学校的体育教育符合现代科学原则，并格外注重儿童身体的自然锻炼。他的这些思想对西方教育理论的发展和学校教育的实践产生了深远的影响。

第一，斯宾塞认为，教育就是"为完满的生活作准备"。人生最主要的问题在于如何生活，如何谋求现世的幸福，而这意味着一个人必须能够在各种情况下对生活中的各个方面做出合乎理性和社会准则的行为。教育的目的和主要任务正是在于教会人们怎样生活，使之运用自己的一切能力，做到对己对人最为有益。他认为，"为我们的完满生活作准备是教育应尽的职责；而评判一门教学科目的唯一合理办法就是看它对这个职责尽到什么程度"。① 因此，斯宾塞认为："我们有责任把完满的生活作为要达到的目的摆在我们面前，而经常把它看清楚，以便我们在培养儿童时能审慎地根据这个目的来选择施教的科目和方法。"② 19世纪英国资本主义的高度发展迫切要求学校教育进行革新，而自然科学的飞速发展又为实施科学教育提供了必要的保障，因此科学教育代表了当时时代发展的方向。斯宾塞明确地回答了科学知识是最有价值的知识，透彻地论述了科学知识对生产实践、社会发展、个人生活所起的重要作用，呼吁学校应该将自然科学作为学校最主要和最重要的课程。

---

①② 〔英〕斯宾塞著，胡毅、王承绪译：《斯宾塞教育论著选》，人民教育出版社2005年版，第11、12页。

第二，在教育方法上，斯宾塞指出，教育者不是转移知识的"搬运工"，受教育者也不是科学知识的"贮存器"。他强调自我教育的原则，提倡启发式教学，反对"填鸭式"的灌输，注意使教学适应儿童心理发展的规律的要求。斯宾塞认为，适当的课程内容固然非常重要，但是，儿童并不一定能够必然地学习和掌握好知识，在传授知识的进程中，儿童的心智并不能自发地得到充分的发展，还必须遵循儿童的心智发展规律，选择正确而恰当的教学方法，这样，良好的教学效果才能产生。人的心智发展过程，是一个自然的演进、发展过程，因此，为了使儿童更好地学到科学知识，而不对学习产生厌恶之感，教师必须学习和掌握心理学知识，研究儿童心智演化的自然过程，根据儿童能力自然发展的次序进行符合自然的教学。在教学必须适合心智演化的自然过程的前提下，斯宾塞提出了适合儿童心智演化的自然过程的七条教学方法原理：从简单到复杂、从不准确到准确、从具体到抽象、从实验到推理、儿童的教育在方式和安排上必须同历史上人类的教育相一致、要引导儿童自己去进行探讨和推论、要在学习中造成一种愉快的兴奋。斯宾塞还强调了两个最重要而又最容易被忽视的一般原则：一是整个教学过程应该是一个自然教育的过程。这不仅保证儿童所获得的事实与知识的鲜明性和巩固性，而且使他们把获得的知识不断地加以组织，还有助于他们培养日后生活中所需要的品格。二是整个教学过程也应该是一个愉快的教育过程。这不仅能够引起儿童内在快乐和带来满足，而且使儿童的教育不至于在离开学校时就停止。

第三，在德育理论方面，斯宾塞继承并发展了边沁和穆勒等人的功利主义，鼓吹资产阶级的利己主义道德观："一种行为，如果它当时的和日后的整个结果是有益的，就是良好的行为；而一种当时的和日后的结果都是有害的行为就是坏行为。归根究底，人们是从结果的愉快或痛苦来判断行为的好坏。"[1] 斯宾塞指出，道德教育的目的"应该是养成一个能够自治的人，而不是一个要让别人来管理的人"[2]。因此，"自然后果"的教育应该作为道德教育的根本原则。他认为，这种教育的优点有以下一些。（1）儿童由于个人经验了好坏后果，他们就能够获得关于正确和错误行为的理性知识。（2）儿童因为只受到了自己错误行动的痛苦后果，他们必然多少明白地认识到惩罚的公正。（3）儿童既认识到惩罚的公正，同时又是从事物的规律中而不是从哪一个人手中受到惩罚，儿童的情绪波动就会较少些，家长也较能保持平静。（4）在家长和儿童之间防止了彼此的激怒，而会形成一种较愉快和较有

---

[1][2]〔英〕斯宾塞著，胡毅、王承绪译：《斯宾塞教育论著选》，人民教育出版社2005年版，第92、111页。

力量的亲子关系。在此基础上，斯宾塞提出了德育的方法：要耐心地对待儿童经常表现出来的缺点；不要给儿童提出一个善良行为的高标准，也不要急于促成儿童的良好行为；要让儿童从经验中去受教育；要少给儿童发命令，只有在其他方式不适用或失败的时候才用命令；要记住正确地进行道德教育并不是一件简单容易的事情，而是一个复杂和困难的、艰巨的任务。因此，在道德教育中，"要点钻研，要点机智，要点忍耐，要点自制"①；既要分析儿童行为的动机，也要分析自己的动机，不断改进教育方法。

第四，在体育理论中，斯宾塞尖锐批评了当时英国社会普遍流行的十分重视豢养动物、训练牲畜，却普遍忽视儿童健康和养育的恶劣风气。他从"物竞天择，适者生存"的生物进化论思想出发来论证体育之重要性的。正是出于对体育的高度重视，斯宾塞大声疾呼："把我们的牛羊从实验室研究所得到的好处分点给我们的孩子，应该是时候了。"②斯宾塞认为，对儿童实施体育的总的原则和要求应该包括两个方面，一方面，要使体育符合生理学的科学原理，另一方面，要使体育能够遵循自然的指导。据此，斯宾塞围绕着儿童的饮食、穿着、游戏、运动以及学习制度等方面提出了一系列建议：应该注意儿童的饮食营养与衣着，为了使儿童有健全的心智也有强壮的身体，必须纠正不重视儿童健康和合理养育的情况；应该加强体育运动，学校应该有相当合适的运动场，并规定户外运动的时间；要防止学习负担过重，身体既然是心智的基础，发展心智就不能使身体吃亏。

斯宾塞扬弃了"绅士教育"，重视学校教育。斯宾塞在《教育论》中提出了一个比洛克《教育漫话》更为广泛、更为实用、更注重自然科学知识的课程体系，加强了学校教育与社会生活之间的密切联系，具有现实主义的色彩。

# 第三节 科学教育思潮的主要理论

### 一、对古典主义教育传统的批判

整个19世纪，自然科学的不断进步以及生产的飞速发展使人们越来越明显地看到，现代生活需要自然科学，自然科学正在成为现代文化和教育中最有价值的因素。各国的教育改革家纷纷对古典主义教育传统进行了辛辣的

---

①② 〔英〕斯宾塞著，胡毅、王承绪译：《斯宾塞教育论著选》，人民教育出版社2005年版，第112、116页。

讽刺和鞭挞。

斯宾塞对英国上层社会中那种只重虚饰、不尚实际的封建社会的遗风和古典主义教育传统进行了严厉的批判。他十分尖锐地指出，英国学校教育中的"装饰主义"传统习惯势力过于强大，以至于教育中装饰胜过了实用。在古典主义教育传统的影响下，英国学校教育"所考虑的不是什么知识最有真正的价值，而是什么能获得最多的称赞、荣誉和尊敬，什么最能取得社会地位和影响，怎样表现得最神气"①。由于古典主义教育的传统习惯势力，学生在学校所学的内容除了读写算之外，大部分同生产生活无关，而同生产生活直接相关的大量知识又被完全忽略了。为了受到所谓的"绅士教育"，以及获得某种能受人尊敬的社会地位，学生必须死记硬背拉丁文和希腊文。然而，斯宾塞认为，学生在他的整个一生中，"十之八九用不到拉丁文和希腊文，这是大家都熟悉的老生常谈"②。由于学校教育所追求的是装饰先于实用，课程内容的安排很少考虑是否真正对一个人的心智发展和社会进步有好处。尽管科学知识已使近代社会生活成为可能，并获得进一步发展的基础，但是人们没有注意这个事实。斯宾塞认为，学校课程中忽视了比其他一切都重要的科学知识的学习。如果一直这样下去，近代英国社会就会同封建时代一样衰落。总之，崇尚古典主义教育的英国教育制度的根本缺点就在于："它为了花而忽略了植物。为了想美丽就忘记了实质"，"这个制度不供给有助于保全自己的知识"。③

在科学教育和古典教育的论战中，对英国科学文化事业和科普教育以及技术教育作出重大贡献的赫胥黎对传统的古典教育也进行了有力的批判。赫胥黎在《在哪里能找到一种自由教育》中明确提出，教育应该是体育、智育（以自然科学知识为主）、美育相结合的，使青年的知、情、意各方面协调发展，既不受禁欲主义桎梏，又令情欲从属于意志与良心，从而具有高尚的道德品质、强壮的体力、富有逻辑的理智。他尖锐地指出："现行中小学教育体制阻碍科学教育的严重性是不能低估的。学生养成了只会通过书本学习知识的习惯；这种习惯不仅使他们不懂得何谓观察，而且导致学生厌恶对事实的观察。迷信书本的学生宁可相信他在书本上看到的东西，而不愿相信他自己亲眼目睹的东西。"④ 尽管当时的社会生活需要受过学校教育的人有从事商业贸易、经营工厂和购买专利、制定法律和管理国家、处理事务和安排闲

---

①②③〔英〕斯宾塞著，胡毅、王承绪译：《斯宾塞教育论著选》，人民教育出版社2005年版，第9、7、33页。

④〔英〕赫胥黎著，单中惠、平波译：《科学与教育》，人民教育出版社2005年版，第169页。

暇等方面的能力，尽管学生最需要知道与毕业后所参加的实际生活事务直接有关的一切事情，但这一切在学校里却学不到，使学生白白浪费了一生中最宝贵的时间。因此，他指出，传统的古典教育是华而不实的，它极少考虑一个人的实际生活需要，也不能使一个人为参加实际工作做准备，大部分学校所提供的教育仅仅是一种狭窄、片面的和实质上无教养的教育。

因此，赫胥黎指出，在生产过程加速科学化，自然科学为现代生活和生产所必需，科学教育的发展与普及势在必行的历史条件下，传统的公学、文法学校及大学已失去它的现实价值，应该使科学进入学校课程之中，科学教育应成为新教育的重要组成部分，应广泛建立实科中学。同时，在古典大学中也应该建立科学院，并设立各种科学讲座，教授们一面从事科学研究，一面从事教学工作，这样的教学与研究相结合，可以互相促进，有利于培养热心科学事业和有创造精神、并能推动科学进步的人才。

### 二、论科学的价值

关于古典教育和科学教育孰优孰劣的争论是一个长期存在的问题。19世纪前半期，生产力的发展和科学的勃兴，以及伴随而来的科学教育的实施，使得传统的古典人文主义教育和科学教育的争论又趋高潮。由于英国有特别顽固的保守传统，因此，以阿诺德（Matthew Arnold，1822—1888）、纽曼（John Newman，1801—1890）为首的保守的古典主义派和以斯宾塞、赫胥黎为代表的激进的自然唯实主义派的论战，比其他国家更为广泛、激烈和持久。

斯宾塞从其实证主义哲学和庸俗进化论的社会学的基本观点出发，先后发表了《智育》、《德育》、《体育》和《什么知识最有价值》等教育论文，并在《什么知识最有价值》中旗帜鲜明地挑战传统的古典人文主义教育，集中论述了科学知识的价值，提出了一个以自然科学知识为基础的崭新的课程体系。

他从比较价值入手，从指导行为和训练心智两个方面来说明科学知识比古典学科更有价值。他一再强调说，最重要的问题并不是这个那个知识有无价值，而在于它的比较价值。为了弄清楚什么知识最有价值，首先就要有一个衡量价值的尺度或标准。他断定，为完满的生活作准备就是衡量知识价值的唯一标准。他认为每一种关于事实的知识，除了用以指导行为外，也可以用来练习心智。人们应该从这方面来考虑科学知识为完满生活作准备时的效果。

斯宾塞认为，世界上的一切活动都离不开科学知识，科学知识在指导人们生活的各种活动中具有最高的价值，是使文明生活成为可能的一切进程能够正确进行的基础。对生产过程的科学化和对个人在社会生活中的必要性来说，科学都是必需的、最有价值的。比如，一切生产活动都离不开科学的指导，不论是调节工序、进行设计、商品买卖或记账，都要用到它。而一些需要较高技艺的生产活动，也需要专门的数学知识。

斯宾塞认为最有价值的课程应具备和实现两个方面的作用：即获得有用的知识和发展智力。他将当时在学校课程中占显著地位的语言学习和科学知识进行比较，认为在发展心智能力上，科学知识具有更大的价值。科学知识可以培养一个人的独立性、创造性、坚毅和诚实的品质。在斯宾塞看来，学习科学是所有人生活动的最好准备，对调节人们的行为具有无法估量的最大价值，是比其他一切都重要的学习。科学应当进入学校的课程，居于统治一切的主导地位。

赫胥黎是斯宾塞的亲密朋友，他对于斯宾塞的观点给予了有力的支持。他认为，为了获得真正的文化，至少要和全面进行文学教育一样，有效地、全面地进行科学教育。他赞颂科学在提高智力训练和传递实用知识方面所具有的价值，同时也指出，古典学所提供的学科内容和智力训练都不足以补偿为它们所花费的时间。

赫胥黎在一些杂志上开辟科学评论专栏，他亲自撰写文章，还发表讲演，大声疾呼科学的重要性。在他看来，首先，科学与社会进步有着密切的关系，现代文明依赖于自然科学，每一个工商部门都或多或少地直接依赖于某些自然科学知识，工业生产和商业贸易活动都是直接而又紧密地与科学联系起来。人们越来越认识到科学研究在日常生活中的重要性，以及它对于各种实用职业所起的令人震惊和意想不到的作用。其次，科学与民族强盛有着密切的关系，因为依靠科学知识，一个民族就能获得成功，就能真正地得到发展。再次，科学与人的心智发展有着密切的联系。对于人类心智的充分训练来说，自然科学的学习是必不可少的。正因为科学是如此重要，赫胥黎坚信，自然科学知识将会得到传播，它的作用将会越来越大，没有什么能够阻止自然科学知识继续发展并影响整个英国社会。

英国物理学家和化学家法拉第，也是一位科学教育的热情支持者。他认为，由于科学自身的权利和价值，它应当作为教育的核心内容。他指出，只有对于科学知识有特别嗜好的人，才能使自己从古典教育的无知中脱离出来而进入属于自己的生活。

由此可见，强调科学教育的思想家们都认为科学知识在学校课程乃至整个社会生活中占有极其重要的地位和作用。但是，当一部分科学教育家片面强调自然科学知识而忽视人文科学、审美和道德教育时，赫胥黎却由于他广博的知识和更广阔的视野，摆脱了当时在英国占统治地位的功利主义和狭隘的经验主义的束缚,把教育看作是一个整体,要求全面考虑各种教育因素及其相互联系与配合,以造就合乎现代社会以及科学技术发展所需要的全面发展的创造型人才。例如,在语言学方面,他不像斯宾塞那样狭隘地认为语言学习易于助长对权威的尊崇,不利于独立判断力的培养。相反,他认为,学习语言有助于了解语言科学本身,可以使人去开辟艺术和科学的新领域。

### 三、论课程设置

主张科学教育的教育家们,清楚地看到了当时学校课程设置中轻重倒置、忽视科学学科的可悲景象。他们详尽地论证了科学知识在社会生产和个人生活中的最高价值和巨大作用,认为它应当在学校课程中占据主导地位,并赋予了科学教育新的含义。他们认为,这种教育应该是多方面的,不仅应包括智力训练,而且还应包括身体、道德和审美方面的训练,它可以帮助学生利用他们的天生智力的宝库,不断增长知识,并养成他们热爱真理和憎恨谬误的习惯,还能使他们精神振奋、充满活力,对自己将从事的职业具有一种尊严感。这样的教育还能使学生有准备地接受自然的教育,既不会无能,又不会无知,并能在整个人生道路上获得所需要的一切智力财富。那么,具体说来,这样的教育应该包括哪些内容呢?其中最著名的要数斯宾塞的理论。

斯宾塞把人类活动归为五类,并把它们按对个人生活的重要程度排列如下:直接保全自己的活动,从获得生活必需品而间接保全自己的活动,目的在抚养和教育子女的活动,与维持正常的社会政治关系有关的活动,在闲暇时用于满足爱好和感情的各种活动。与这五种活动相对应组成的五类知识构成了他的以自然科学为基础、门类齐全的学校教育的课程体系。

第一,生理学,这种知识能指导人们保持健康的身体、饱满的情绪和充沛的精力,使学生懂得人的生理发展规律,避免生病,是保证人们从事一切活动的最基本的知识,被称为"合理教育中最重要的一部分"[1]。

第二,主要是同生产活动有间接关系的知识,如力学、数学、光学等,它使人易于谋生而有助于间接保全自己,能帮助学生学会获取生活资料和谋取职业。因为现代生产已经发展到以科学知识为基础,因此,要为从事生产、加工、分配等生产性的、社会性的谋生活动和职业做好准备,仅仅学习读写算是不够的,学校必须设置各种科学知识的学科课程,让学生全面了解

---

[1] 〔英〕斯宾塞著,胡毅、王承绪译:《斯宾塞教育论著选》,人民教育出版社 2005 年版,第 18 页。

和熟悉事物物理的、化学的或生命性的特征，获得设计、生产、赢利等知识和技能。

第三，心理学，也包括生理学、教育学。这些知识能够使人更好地履行做父母的职责，教养好自己的子女，使之成为身体、道德和智慧诸方面全面发展的人。

第四，历史，不仅包括国家的政治、经济、社会习俗，还包括国家的文化情况。历史能使学生了解国家进步的原因，了解宗教、国家、社会、生产制度、国家各级文化情况、人民的日常生活、各阶级的道德理论和实践，找出社会现象所遵循的根本规律。

第五，审美文化，如雕塑、绘画、音乐、诗歌等以及培养人的欣赏能力的文学、艺术课程，这些是满足人们闲暇时休息和娱乐所需要的知识。但这部分知识应放在上述几部分科学知识之后，因为上面几种与生活职责直接有关的科学知识更为重要。

斯宾塞的教学内容体系对于传统的古典人文主义的教学内容来说，无疑是个革命，他使科学占据了课程的主导地位，把学校课程中轻重倒置的科目颠倒了过来，使学校课程与现实的社会生活密切联系起来，极大地推动了现代科学学科课程的发展。

赫胥黎同斯宾塞一样，主张用自然科学改造英国传统的古典主义学校。但他的思想比斯宾塞更深刻。他指出，"科学"这一词，不单指自然科学，还应当包括历史、文学、语言、绘画、音乐等。英国文学、历史、自然科学等应当成为所有学校教育的共同基础。他主张，科学家、文学家、历史学家和艺术家应当相互了解，因为，目前他们所讨论的实质问题，不是哪类学习应该居于统治地位的问题，而是应当选择什么样的教育理论，把所有必不可少的要素以适当的比例结合在一起的问题。他提醒人们，单纯的科学训练和单纯的文学训练一样，都将对理智造成损害。

赫胥黎认为，赋予新意的科学教育应包括以下几方面的内容。第一，体育锻炼，使学生具有强壮的体格。第二，家政教育，使学生具有家政方面的知识和技能，养成勤俭和合理安排生活的习惯。第三，智力训练，使学生学会运用知识的方法（阅读、书写和算术），激起要求理解事物的欲望，获得一定数量的真实知识（尤其是自然科学的基础知识），受到一定的工艺训练（包括绘画），并且使学生懂得拉丁文和希腊文，以获得任何科学知识范围的全面知识。第四，伦理学和神学教育，使学生熟悉基本的行为准则，培养他们的道德感情，适应社会生活并能忍受生活的压力，并对他们进行以《圣经》本身内容为限的宗教教育。其中，赫胥黎更强调智力训练的重要性。

赫胥黎同时主张，自然科学的课程和人文学科在学校教育中要保持平衡。他对于当时片面强调科学课程而忽视人文学科的激进主张持批评意见。他说:"除了自然科学外,还有其他文化形式:看到这样的事实已经被人们遗忘了,或者,甚至看到一种为了科学而扼杀或削弱文学和美学的倾向,我感到极大的遗憾。对教育性质所持的如此狭隘的观点,与我所坚持的应当把一种完整的和全面的科学文化引入一切学校的信念毫无共同之处。"① 由此可见,赫胥黎所提倡的教育包括自然科学、人文科学和审美教育,这种教育为个人才智的无限发展开辟了广阔的道路,是合乎时代要求的。

### 四、教学原则和方法

裴斯泰洛齐曾经说过:"智力和才能的发展,要有一个适合于人类本性的、心理学的、循序渐进的方法。"② 但是古典主义的传统教学方法却强调死记硬背,违反了儿童的心理发展规律。因此,斯宾塞认为,教育既然是以为完满生活做准备,并满足个人需要、促进个性发展作为基本目的和任务,因此,科学知识本身只有按照心智发展的规律用新的方法传授给儿童,才能被他们领悟。斯宾塞认为,教学必须适合心智演化的自然过程。适当的课程内容固然很重要,但是儿童并不一定能够学习和掌握好知识,在传授知识的过程中,儿童的心智并不能自发地得到充分的发展,所以,必须遵循儿童的心智发展规律,选择正确而恰当的教学方法,这样良好的教学效果才能产生。人的心智发展过程,是一个自然的演化、发展过程,为了使儿童更好地学到科学知识,教师必须学习和掌握心理学知识,研究儿童心智演化的过程,根据儿童能力自然发展的次序进行符合自然的教学。

赫胥黎也认为,把一切的知识传授给每一个学生的设想是荒唐的,那样的企图是十分有害的。他主张,所有的学生在他们离校前都应该确实地掌握科学的一般原理,并在科学方法上受到一定的训练。面对所遇到的许多科学问题,也许他们并不能够立刻弄清楚每一个问题并解决它,但却能够凭借所熟知的一般科学观点并运用科学方法逐步地理解和解决它。这也就是说,学校不仅要让学生获得一般的科学知识,而且要让他们能够掌握科学的方法,并能够运用它。

斯宾塞和赫胥黎分别在《教育论·智育》和《科学与教育》中详细论述了一系列符合儿童心智发展的自然顺序的教学原则与方法。大体可以归纳为

---

① 〔英〕赫胥黎著,单中惠、平波译:《科学与教育》,人民教育出版社 2005 年版,第 114 页。

② 张焕庭主编:《西方资产阶级教育论著选》,人民教育出版社 1979 年版,第 191 页。

以下几点。

(一) 循序渐进原则

他们非常赞同裴斯泰洛齐从简单到复杂、从不准确到准确，从具体到抽象的教学方法，认为这是掌握每门学科必须经历的路径，应当成为教育必须遵循的原则。儿童的认识过程是一个从未知到有知、从简单到复杂的逐步深化的渐进过程，所以由浅入深、由易到难、由近及远、由简到繁的循序渐进原则，无疑是儿童认识规律的反映。具体来说，课程和教材的安排，不论从全局或者细节来说，都应从简单、容易的开始，逐步增加难度和复杂程度。开始只教少数的科目，然后逐渐增加科目。同时，教师讲授原理时，应该先通过具体的事例，然后递进到抽象的概念，这样才能使整个教学过程适合儿童心智发展的水平，符合儿童能力的演化程序，从而使教学循序渐进地进行，使儿童获得科学知识，发展心智能力。

(二) 自我教育原则

斯宾塞写道："在教育中应该尽量鼓励自我发展的过程。应该引导儿童自己进行探讨，自己去推论。给他们讲的应该尽量少些，而引导他们去发现的应该尽量多些。人类完全是从自我教育中取得进步的。"[①] 他又说："在青年期同在儿童早期与成年期一样，整个的过程应该是个自我教育的过程。"[②] 教学工作最重要的原则是要培养学生的主动性，鼓励学生自我教育，使学生能够正确地教自己。因此，在教学过程中，应该尽量鼓励个人的发展，应该引导儿童自己进行探讨，自己去推论，从而保证学生学到的知识的鲜明性和巩固性，并使学到的知识能很快变成能力，对思维产生帮助。同时，自我教育还有助于学生勇于克服困难、不怕挫折等性格特征的培养。

(三) 快乐原则

教学要能够引起儿童的兴趣和快乐，这是检验教学是否符合儿童能力发展阶段的标准。如果儿童很喜欢某种知识，并觉得很有兴趣，就会产生学习的主动性，就能在愉快和兴奋中去吸收它，这样不仅有利于学生的智慧活动和道德成长，而且有利于和谐的师生关系的形成。而这一切都有助于提高教学效果。因此，斯宾塞坚决认为，所有的教育必须要带有兴趣。

(四) 实物教学原则

学生的心智应当直接和事实发生关系。不应该仅仅通过教师的语言或文字的描述来告诉学生这是什么那是什么，而应当使学生自己去观察和思考。比如，在对一个儿童解释常见的自然现象时，教师必须在课堂上尽可能地利

---

[①][②] 〔英〕斯宾塞著，胡毅、王承绪译：《斯宾塞教育论著选》，人民教育出版社2005年版，第63、80页。

用实物，使教学活动真实。教师要告诉学生不应该完全相信书本上的东西，要对它们提出疑问；教师要使学生在对自然界的一些主要现象进行初步观察之后，在推理能力得到发展和熟练掌握知识的基础上进一步学习自然科学。赫胥黎尖锐地指出："假如科学教育被安排为仅仅是啃书本的话，那最好不要去尝试它，而去继续学习以啃书本自居的拉丁文法。"① 他又说："科学教育的最大特点，就是使心智直接与事实联系，并且以最完善的归纳方法来训练心智；也就是说，从对自然界的直接观察而获知的一些个别事实中得出结论……必须在课堂上尽可能地利用实物，使你的教学活动真实。"② 斯宾塞在对实物教学进行了比较细致的分析之后，提出了许多具体建议。他强调，在实物教学中要注意引导儿童自己去观察和发现，自己作出结论，要让他们从成功的活动中得到乐趣，而不要做过多干预，要扩大实物教学的范围。实物教学不应仅限于室内的东西，还应该包括田野、树丛、山边、海洋的事物。

## 第四节　科学教育运动在各国的兴起

在科学技术和工业革命的有力推动下，在科学教育思潮的直接影响下，从 19 世纪中叶起，欧美一些国家先后开展了旨在推行科学教育的运动，有力地推动了欧美近代教育的发展。

**一、德国**

在科学教育的实施上，德国一直领先于各国。18 世纪以前，德意志的初等教育机构是以宗教教育为主要教育目标的，其教学内容也仅限于教义问答、书法、读法、算术，等等。1773 年，德意志的萨克森选区制定了新的学校规章，增加了较多的教学内容，其中谈到对程度比较好的学生要以引人入胜的叙述方式，讲授一些最必要和最有用的地理、宗教史和政治史等知识，还要讲授有关市政、农业、商业和手工业、宗教和政府机构、教会法、民法等方面的知识，以及有关日历、新闻报纸或其他常用物品的知识。

1872 年，自由主义者法尔克（Paul Ludwig Adalbert Falk，1827—1900）出任普鲁士宗教和教育部大臣，并于 10 月 15 日公布了《普通初等学

---

①② 〔英〕赫胥黎著，单中惠、平波译：《科学与教育》，人民教育出版社 2005 年版，第 90、90～91 页。

校和师资培训学院的管理规章》(Allgemeine Bestimmungen Uberdie Volksschule und die Lehrebildung vom 15. Otk. 1872),简称《一般教育规定》(Allgemeinen Bestimmungen)。这个规章的主旨有二:"第一,在教学目标方面,提高所有学科的学习效能,尤其重视对历史和自然科学的提高;第二,在教学法方面,除绝对非背诵不可的教材外,限制滥用死记硬背的方法,同时注意尽量促进学生的理解力和思考力的发展。"[①] 这个规章对学校的规模、设备以及各种教则规定得比较详细,对各科教学的目的也提出了比较具体的要求。在这种主导思想的支配下,学校开始注重讲授简易的语法知识,教授有相当深度的算术知识,讲授日常生活中所需要的小数、分数、几何知识等。地理课的教学也从乡土教材开始,由近及远,讲述德国的位置、地球的形状与运动、各洲的位置等。博物科开始讲授人体解剖和生理知识,以及动植物、矿物知识。物理、化学方面,开始讲授各种日常生活现象,诸如比重、物体、运动、光、电、热、磁,等等。总之,按照法尔克教学改革的设想,重点在于增加德育及自然知识的比重,注重实用知识技能的养成。

早在18世纪,德国就出现了讲授实科知识的中等学校,产生了新型中等教育机构,即实科中学或实科高等小学。这种教育机构的产生源于哈勒学园。1708年,哈勒学园的副主教席姆勒曾经试图为成年人学习数学、机械学、自然知识和手工艺设立学校,还讲授物理学、力学、天文学、地理、法律、绘画、制图。在教学法上,广泛应用图表、标本和模型等直观教材。之后,一名肄业于哈勒学园的学生赫克在考赫斯特拉斯(Kochstrasse)建立第一所这样的学校,名叫"经济数学实科学校"。据1747年该校规划书上提供的资料,它除了实施基础宗教教育之外,还开设德文、法文和拉丁文等学科,后来又增设历史、地理、几何、机械、建筑和绘图等学科。在这所学校的影响下,许多城镇也都设立了类似的学校。这类学校不再以升入文科中学和大学为目标,而是以为学生提供现代生活实际需要的知识和技能为宗旨。后来,甚至在文科中学,也增添了实科班或市民班,专供愿意学习自然科学、应用科学和制图等学科的学生学习。

19世纪,随着德国资本主义工商业发展的需要和科学技术的发达,实科中学也获得了进一步的发展。1873年,法尔克主持召开研究实科中学问题的专门会议,引起了关于实科中学地位的论争,并由此引发了1882年的中等教育改革。此次改革意在调和文实的矛盾,但实施的结果,各方均不满

---

① 〔德〕鲍尔生著,滕大春、滕大生译:《德国教育史》,人民教育出版社1986年版,第170页。

意。不久之后，在德皇威廉二世的直接过问下，又进行改革。1889年，威廉二世连续颁布了三项教育谕令，振兴中等教育。1890年，召开教育会议，德皇亲自出席，强调了实科中学的重要性。他批评德国的教育缺乏现代性，不适应时代的要求；认为德国的教育是古风的、古典的教育。他说，传统的教育方法"既不是民族固有的方法，也不符合当前的时代要求。它被古典文化束缚住，却没有发挥促进真正人文主义文化的作用。它只不过是一种语言文字和文法的训练而已。它所致力的目标和它所希冀的成绩，无非是使学生在毕业考试时能撰写出一篇拉丁文的论文"①。

德国文科中学和实科中学斗争的结果使得德国的中等教育机构出现了文科中学、实科中学和高级实科学校三类并存的局面。1901年，在教育部大臣斯图特（Heinrich Konrad Studt，1838—1921）的主持下，公布了新的规章，制定了普鲁士各类中等学校的课程编制和考试制度，规定了德国的三类中等教育机构为：文科中学、实科中学和高级实科中学。其中，文科中学是以传授拉丁语、希腊语为主的；实科中学是以传授拉丁语和自然科学为主的；高级实科学校则不授古典语，只注重数学、自然科学和现代语言的传授。

科学教育的进展同样反映在高等教育中。1694年创立的哈勒大学是科学教育思潮在德国高等教育领域的最早体现。其次是1737年创立的哥廷根大学，以及1743年创立的埃尔兰根大学。哈勒大学从创立之日起，就奉行两条新的原则：第一，采纳近代哲学和近代科学；第二，以思想自由和教学自由为基本原则。哥廷根大学脱胎于哈勒大学。其优点是大力鼓励和支持真正的科学研究。它有藏书丰富的图书馆，还有专门从事自然科学和医学研究的研究所。

从19世纪30年代起，德意志各邦的大学在建立科学讲座上相互竞争，并纷纷建立了教学实验室。这种实验室以著名化学家李比希（Justus von Liebig，1803—1873）在吉森设立的实验室为原型。在德国的大学里，不仅对学生进行知识教育，同时要教给学生如何进行研究。在洪堡（Friedrich Wilhelm Christian Carl Ferdnant von Humboldt，1767—1835）的倡议下创办于1810年的柏林大学把这种趋势结晶化了。该校自创建之日起，就把致力专门科学研究作为主要任务，要求学生能够掌握科学原理，提高思考能力和从事创见性的科学研究。19世纪60年代以后，与德国工业化的进程相适应，又出现了一些工科大学，设立机械、冶金、化学和造船等系。其中，最

---

① 〔德〕鲍尔生著，滕大春、滕大生译：《德国教育史》，人民教育出版社1986年版，第140页。

早出现的是高等技术学校（technische hochschulen），它是由工业技术学校发展形成的。至 19 世纪下半期，它逐渐获得与原来大学相同的地位。这种学校分设在各邦首府或大都市，总计约 11 所。此外，还有出现了矿冶学园（borg-akademien）、林业学园（forst-akademien）、农业学院（landwirtshaftliche hochschulen）、兽医学院（tierarztliche hochschulen）、商业学院（handels hochschulen）、军事学院（kriegs-akademien）、兵工学校（artillerie-schulen）和机械学校（lngnieur-schulen）等。

  19 世纪末，德国成为职业教育的先驱，而各种早已存在的补习学校是这些职业学校的前身。早在 1695 年，威丁堡已设有补习学校。从 1850 年起，或更早些时候，德国许多地方已设有职业学校，或在普通学校内设有职业班。到 19 世纪后期，为已就业的青年设置的补习学校和业余学校已经遍布各地。在德意志帝国形成以前，北部德意志联盟于 1869 年曾规定强迫 18 岁以下的工人每周用一定的时间入补习学校，雇主必须保证留给工人必需的时间。1884 年，普鲁士曾规定在补习学校中以德语、算术和画图为必修科目。1896 年，普鲁士制定法律，规定 18 岁以下的在职劳动者有进入补习学校受教育的义务。随后，于 1897 年、1904 年和 1907 年先后三次颁布关于补习学校的规定，各种形式的补习学校和多种门类的职业学校相继产生并发展起来。1902 年普鲁士的农业补习学校达一千余所。1904 年设立了建筑工艺学校，招收高等国民学校的毕业生，修业两年。此外，还设有初等机械学校、织物学校和美术工艺学校等。

### 二、法国

  法国比英、美等国更坚定地偏向古典主义。但在大革命后，受启蒙思想家们的影响，法国教育出现了实际化、科学化的倾向。卢梭对旧教育的经院主义性质极尽嘲笑之能事，他在爱弥儿的教育中，注重天文、地理、动植物等实际知识的学习，并把向实际事物、向大自然直接学习放在重要的地位。狄德罗要求缩减中等学校的古代语，加强数学、物理、化学、自然、天文等学科。在他拟订的大学计划中，近代自然科学占主导地位。他建议开办政治、军事、工程、航海、农业、商业、艺术等专门学校。拉夏洛泰批评旧教育培养的大多数青年人既不知道他们所居住的世界、养育他们的大地、供给他们必需品的人们、为他们服务的牲畜，也不知道他们所雇佣的工人和百姓；这样的青年人甚至没有要求这类知识的任何欲望。在拉夏洛泰设计的课程中，除古典语外，特别注重历史、地理、自然史、现代语、军事等。孔多塞在其提出的专科学校的课程中，也主张要加强纯科学和应用科学的学习。他像斯宾塞一样为科学辩护，只是更多地以心智训练说为论据而已。1794

年，法国国民议会决定创办巴黎高等师范学校（Ecole Normale Superieure），著名科学家拉普拉斯（Pierre-Simon Laplace，Marquisde，1749—1827）和拉格朗日（Joseph Louis Lagrange，1736—1813）在该校任教，讲授科学知识。1802 年拿破仑当政时开办了国立中学，该校的课程中增加了许多科学内容，如自然、历史、物理学、天文学、化学、矿物学等。

在大革命之后，法国出现了一系列新兴的学校类型，包括技术专门学校和中心学校。第一批技术专门学校成立于 1794 年，主要有理工学校、武器学校、工艺院、军事学校和卫生学校。其中巴黎理工学校的创办具有典型性和代表性。1794 年 9 月 24 日，著名化学家富尔克鲁瓦（Antoine François, comte de Fourcroy，1755—1809）在呈交国民公会的一份教育计划中建议立即建立一所科技专门学校，以培养受过防御工事的建筑与守卫、营地的攻击与守卫训练的工程师，以及从事陆路、水路、公路、桥梁、运河、船闸、海港、灯塔等交通设施的营建与养护、海陆地图的绘制、矿床的勘探与开采、金属的冶炼及冶金工艺流程的完善等工作的工程师。学校于 12 月 10 日正式开学，初名为"公共工程中心学校"（Ecole central des Travauxpublics）。学制三年，课程设置"基于培养民用与军事工程师必不可少的一般科学原理"①。聘请优秀的科学家任教。学校的教学设备先进，有实验室、阅览室、机械模型及各种教学仪器。教学采用理论学习与实验相结合的方式。

中心学校（Ecole Centrale）是法国科学教育运动的又一表现形式。这种学校是根据 1795 年 10 月通过的多诺法（Daunou Law）而创建的。首先，它既不是中学，也不是大学，而是介于二者之间的一种学校。其次，它的组织形式不是班级而是课程。学生以课程为中心分为三级，第一级学习的是语言、绘画和自然历史，第二级学习的是数学、物理和实验化学，第三级学习的是语法、文学、法律等。再次，学生在规定的课程范围内有自由选修的权利。多诺法通过后，中心学校很快地发展起来，在不到一年的时间里，全法国已建起了九十多所。法国化学家富尔克鲁瓦（Foureroy，1755—1809）曾写道："90 所中心学校突然在虚无中拔地而起，代替了只知用野蛮的方法让学生年复一年地重复一种死语言基础知识的旧式中学。"②

1870 年前后，法国开始学习德国技术教育的优势，着手筹办技术学校，为企业培训技术工人。一些商业组织也建立了学校，学习数学、基础科学和实用课程。法国政府根据 1880 年 12 月通过的法律，试图把徒工学校纳入普通学校的教学中，以培养手工劳动的兴趣和技能。1881 年在威尔昆建立了

---

①② H. C. Barnard, *Education and French Revolution*. London: Cambridge Univesity Press, 1969, p.185.

一所学校,以培养技术教育的师资。

### 三、英国

由于深深囿于性格陶冶说,因此,造就绅士而不是造就学者,造就人而不是造就工作专家,是英国学校教育的目的。1644 年,弥尔顿提出在每座城市创办一种重视自然科学兼具实科性质的学校,称之为"学园"。这种学校设置的学科范围广泛、多样,培养学生的多方面能力。"学园"是英国职业教育的雏形。1689 年《信仰自由法》通过后,允许正式开办"学园",但到了 18 世纪末"学园"趋于衰落。英国的公学素来人文主义气氛浓厚,并不注重科学。19 世纪中叶,在中等教育中,展开了古典课程和科学课程的激烈论战,并持续了很长时间。乔治·库姆反对古典主义,主张进行实科教育,并开办学校以实现其理想。1848 年底他在爱丁堡创办了一所新型学校,开设地理、绘画、数学、自然历史、化学、自然哲学、生物学等课程。伦敦、格拉斯哥、曼彻斯特、伯明翰等地也先后开办了类似的学校。

尽管如此,英国的科学教育运动主要还是体现在大学的改革中。英国大学改革的中心问题是把近代自然科学的成就引入学校,采取的措施主要包括以下几个方面。

#### (一)牛津大学和剑桥大学的改革

在 16 世纪中叶至 18 世纪,牛津和剑桥大学曾设许多新学科的讲座,其中包括数学、医学、天文学、几何学、自然哲学和植物学等。从 17 世纪中叶起,天文学、数学、物理学、植物学、化学又受到了重视。古典主义的教育传统受到了新的自然科学学术潮流的冲击。

从 19 世纪 70 年代起,牛津、剑桥大学的不信奉国教者也有了当评议员的资格。大学学监不必再过独身生活和从事牧师职务。法学和历史成了大学两门独立的学科,大学课程得到了扩大。剑桥大学建立了研究现代和中世纪语言的委员会。自然科学学科也获得了稳步的发展。1872 年,牛津大学在物理学教授克利富顿(R. B. Clifton,1836—1921)的领导下建立了克莱兰顿研究所,后来又成立了英语优等生学校。剑桥大学于 1871 年成立了马格斯维尔研究所,创设了自然科学优等考试和应用物理学学位,还开放了卡文迪什实验室(Cavendish Laboratory)。詹姆斯·克拉克—马克斯韦尔(James Clerk Maxwell,1831—1879)是这个实验室的第一任实验物理学教授。数学家、物理学家和氩的发明者约翰·威廉·斯特拉特(John William Strutt,1842—1919)、物理学家欧内斯特·拉瑟福德(Ernest Rutherford,1871—1937)等都在该实验室工作过。1892 年剑桥大学还开始实施机械科学的荣誉学位考试。

## (二) 伦敦大学的创建

牛津大学和剑桥大学虽然在一定程度上加强了科学教育,但是对于英国工业生产的迅猛发展,迫切需要大量的实用技术和领导人才,显然是不能适应的。另外,随着自然科学的发展和功利主义的流行,广大知识分子以及中小有产者,迫切要求施展才干,并要为他们的子女争取深造的机会。19世纪20年代,英国政府重新提出了建立第三所英格兰大学的愿望,这就是于1825年成立的伦敦学院。

伦敦学院是一所"不信神的学院",以边沁和穆勒为代表的功利主义者是它的主要倡导者。这所大学以德国的柏林大学为榜样,打破了牛津、剑桥的模式,主要传授现代学术和自然科学,课程设置比较广泛,不仅包括语文、数学、物理、道德、哲学、法学、历史、政治经济,还特别注重实业科目。

伦敦学院由于是由非国教徒建立的,因此,它引起了国教徒的不满。1828年,国教徒们建立了皇家学院与之竞争。该学院设高级部和初级部,高级部开设宗教与道德、古典文学、数学、物理学、化学、博物学、逻辑学、英国文学、历史学、商业、外语、医学、法学等科目;初级部系高级部的准备教育阶段。虽然说皇家学院是伦敦学院的竞争对手,但是两者有许多相似之处。它们开设的课程范围较宽,且较注重实用科目。医学研究和物理研究很受重视。温度表的发明者德国物理学家丹尼尔(Daniel Gabriel Fahrenheit, 1686—1736)曾担任皇家学院的第一任化学教授。1834年,发明电报、发电机和"电桥"的先驱,英国物理学家查尔斯·惠特斯顿(Charles Wheatstone, 1802—1875)被该院选拔为物理学教授。1836年,伦敦学院与皇家学院合并,形成了伦敦大学。

## (三) 创办理工科院校

从19世纪中叶开始,英国出现了一些非教派、不寄宿、收费低、重实业和传授现代技术学科的理工学院。这些学院多由地方筹办,针对地方生产发展的具体需要设置专业科目。这类大学的代表有1851年成立的曼彻斯特欧文学院、1862年的纽卡什尔理学院、1874年的约克郡理学院、1876年的布里斯托尔西英格兰理学院、1880年的谢菲尔德佛斯学院,等等。从19世纪70年代起,这些学院与地方工业和科学团体的关系越来越密切,逐渐成了地方工业研究的重要中心。如利兹学院成了研究纺织业的中心,利物浦学院和纽卡斯尔学院成了研究海运业的中心,伦敦学院成了研究电机工程的中心。

这些理工学院的新学风有三个特点。一是近代自然科学被列入教学计划,特别重视数学、物理学、机械学、天文学的教学。旧日让学生埋头"读经"的传统已经被近代科学所代替,经院式的教学渐渐消失了,代替它的是越来越多的实验观察研究。二是确立了学术自由的原则。这个原则具体表现在教学与研究的自由上。这一点,无论是对于科学的发展还是大学生的生活,都有重大的意义。三是倡导学生进行独立研究,让学生发挥自己的才能与能力,这对于培养民主的学风有很大的作用。

（四）技术院校的出现

19世纪80年代,英国许多老的技工协会得到了新生,成了技术教育的中心。1880年,建立了促进技术教育的伦敦同业公会和行会。1883年,在芬斯伯里开办了英国第一所技术学院,该院设置电工工程学、技术学科、化学、应用技术和贸易等类学科。到1893年,该院有将近200名走读生和1 000多名夜校学生学习各门技术学科。

1882年,英国慈善家、社会改革家克温廷·霍格（Quintin Hogg, 1845—1903）开办了一所多学科工学院,第二年该院就有约100个班级和5 000名学生,学习的科目范围极广。1883年《城市教区慈善事业法》为发展技术教育拨款100万镑,并得到伦敦市行会的慷慨帮助,成立了13所伦敦多科性工学院。

1873年,伦敦市同行业者公会建立的伦敦市同行业者工会讲习所,担负着对职工进行技术教育的任务,负责进行工商业领域的专门考核。与此同时,其他各行业的工会,为了提高本行业、本部门的技术水平,也在积极考虑开展职业技术教育,特别是纺织工会,为了保护纺织业,打算在伦敦建立工业大学。就这样,1880年,伦敦市同行业者工会进一步扩充了讲习所的技术教育,进而于1883年成立了英国最早的费斯伯里工科大学。与此同时,伦敦市同行业者工会还建立了中央讲习所,对那些从事技术教育的教员、技术人员、建筑师和监工等进行程度较高的科学技术教育。

**四、美国**

美国的学园和文实学校很早就开始讲授科学知识。1749年,本杰明·富兰克林（Benjamin Franklin, 1706—1790）创办费城文实中学,主张给予青年以实用的自然学科知识,成为美国文实中学运动的先驱。1800年,美国仅有100多所这种文实中学;到1850年,竟达6 000多所。这类学校所提供的多方面的教学,适应了当时社会的潮流。1821年建立的波士顿中学,是美国最早的公立中学。该校断然摈弃了当时流行中学的拉丁语、希腊语等课程,也不设立任何宗教课程,因此也常被称为美国的实科中学。该校的课程安排是这样的:一年级学生学习地理,二年级学生学习几何、三角、航海学、测量学,三年级学生学习自然哲学、天文学。1870年前后,公立中学的数目逐渐增加，而且增设了物理、化学、植物学、动物学等课程。

科学进入美国的小学教学，是比较晚的事情。19世纪中叶以前，自然科学知识虽然曾以各种各样的形式成为小学教育的一部分，但却很少有独立设置自然科学学科的，自然科学知识的学习在儿童的学习生活中不占主要地位，个别涉及科学知识的儿童读物也仅是一种零散的、不系统的知识传授。到了19世纪中叶以后，随着生产力的极大发展，在公立小学中，除了读、写、算及《圣经》的阅读外，相继增设了英语、历史、地理、音乐、图画等学科，算术与宗教内容也开始相互分离。在教学方法上，开始使用实物教学法，变单纯的直接语言灌输为问答式教学，并且更多地重视观察、实验和推理，从而引导儿童进行观察、描述，为高年级的学习做准备。

在高等教育领域，早在17世纪末，哈佛大学和耶鲁大学就设立了物理学和自然哲学课。18世纪中叶，普林斯顿学园设立了地理、天文和物理课。皇家学院（成立于1774年，现哥伦比亚大学）和宾夕法尼亚大学（成立于1755年）都不受教会的控制，并将神学从课程中排除掉。但是建立真正的新型院校，注重科学的应用，则是19世纪中叶的事。在美国科学技术教育史上，特别值得注意的是《莫雷尔法》的颁布和农工学院的兴起。

1862年，国会通过了议员莫雷尔（Morrill）1861年提出的议案，即按各州在国会中的参议员和众议员人数的多少分配给各州以国有土地；各州应当将这类土地的出售或投资所得收入，在五年内至少建立一所"讲授与农业和机械工艺有关的知识"的学院，并且每年必须向内政部长及其他同类学院书面报告发展成果及经费使用情况。从此，在美国开始了联邦政府以资助的方式指导和控制技术教育的历史，对于高等职业技术教育，尤其是农业技能教育的发展具有很大的促进作用。后来这类学院被称之为"农工学院"或"赠地学院"。但各州的情况不同，因此设校方式也各异。28个州用联邦拨地独立设置农工学院，宾夕法尼亚、密歇根和马里兰等州把联邦所拨的土地转给已设置的农业学校；伊利诺伊州则成立工业大学，而且不久即为州立大学；还有15个州是在州立大学内添设农工学院。1868年建成的私立康奈尔大学，领取补助而发展成为农业专业的著名学府。马萨诸塞于1865年将拨地补助一所私立学院，以后该院发展成为大名鼎鼎的麻省理工学院。

农工学院培养农业和工业水平高的专业人才，开设工业、农业专业科目，着重联系实际，还鼓励学生于寒暑假从事农业生产；并且于寒暑假为适应农民需要而举办讲习班。另外，农工学院对于不准备从学院毕业的学生，也作出了安排，帮助他们增长实用知识技能。农业、工业以及富有实际效用的家政等三项专业，开始在高等院校受到重视，扭转了钻研理论而鄙视生产的大学传统。

## 第十章　科学教育思潮

**【要点小结】**

科学教育思潮的演进，跨越两个多世纪，经历了弥尔顿、佩蒂、贝勒斯、亚当·斯密、边沁、穆勒、赫胥黎和斯宾塞等发展阶段。斯宾塞作为科学教育思潮的集大成者，强调科学知识的巨大价值，主张由科学主导学校课程，并就科学教育的实施提出了一系列原则。科学教育思潮的产生，适应了工业革命后资本主义迅速发展的需要，也适应了社会发展和时代进步的客观要求，因而迅速在欧美主要国家传播和推广，不仅改造了传统的学校课程，也直接促进了近代教育向现代教育的转变。

**【思考与练习】**

1. 科学教育思潮兴起的背景是什么？
2. 斯宾塞的科学教育思想的主要内容和理论依据是什么？
3. 赫胥黎与斯宾塞科学教育思想有哪些异同？

**【参考文献】**

1. 〔英〕梅尔茨著，周昌忠译：《19世纪欧洲思想史》第1卷，商务印书馆1999年版。
2. 〔美〕斯塔夫里阿诺斯著，吴象婴等译：《全球通史》，北京大学出版社2006年版。
3. 〔美〕米德著，陈虎平等译：《19世纪的思想运动》，中国城市出版社2003年版。
4. 〔法〕阿尔德波特等著，蔡鸿滨等译：《欧洲史》，海南出版社2000年版。
5. 〔英〕丹皮尔著，李珩译，张今校：《科学史及其与哲学和宗教的关系》，商务印书馆1987年版。
6. 〔英〕霍布斯鲍姆著，贾士蘅译，钱进校：《帝国的年代：1875—1914年》，江苏人民出版社1999年版。
7. 〔荷〕彼得·李伯庚著，赵复三译：《欧洲文化史》下，上海社会科学院出版社2004年版。
8. 〔英〕斯宾塞著，胡毅、王承绪译：《斯宾塞教育论著选》，人民教育出版社2005年版。
9. 〔英〕赫胥黎著，单中惠、平波译：《科学与教育》，人民教育出版社2005年版。
10. 张焕庭主编：《西方资产阶级教育论著选》，人民教育出版社1979年版。

11. 吴式颖、任钟印主编：《外国教育思想通史》第8卷，湖南教育出版社2002年版。

12. 滕大春主编：《外国教育通史》，山东教育出版社2005年版。

13. 〔德〕鲍尔生著，滕大春、滕大生译：《德国教育史》，人民教育出版社1986年版。

14. 张斌贤主编：《外国教育思想史》，高等教育出版社2007年版。

# 第十一章  新教育运动

**【内容提要】**

19世纪末、20世纪初,是西方社会发生急剧变革的重要时期。以凯兴斯泰纳、蒙台梭利、德可乐利等为代表的教育家,适应现代社会变革对"新人"、"新教育"的要求,汲取现代知识和现代科学的成果,对传统学校教育进行了深入的批判,对教育目标、课程设置、学校组织和教学方法进行了全面的探索,建立了大批新型学校,提出了一系列重要的教育理论,对20世纪前期欧美各国教育改革产生了广泛影响,为欧美国家现代教育理念的形成,奠定了重要基础。

**【学习目标】**

1. 认识新教育运动兴起的主要背景。
2. 分析新教育运动中著名实验的异同。
3. 理解新教育运动的基本理论。
4. 把握新教育运动与现代教育发展的关系。

**【关键词】**

新教育　新学校　实验　儿童发展　现代教育

所谓新教育运动(new education movement,或称新学校运动),是指19世纪末、20世纪前期在西欧一些国家相继展开的、旨在改造传统学校和建立新型学校的教育革新运动。

新教育运动适应了19世纪末、20世纪初西欧社会发展所引起的改革现行教育制度的客观需要,从多方面抨击旧的教育体制和教育理论,致力于建立符合现代社会要求的新型学校,并在借鉴现代科学研究成果的基础上,提出了较为完整和丰富的教育理论,从而引起了教育思想和教育价值观念的巨大变化。就其对现代世界教育的广泛和深远的影响而言,新教育运动与美国进步主义教育运动一起,共同构成了现代教育的开端。

## 第一节  新教育运动的兴起和发展

新教育运动始于19世纪末。它的兴起是与西欧社会发生的一系列变化直接相关的。19世纪后期,西欧各主要国家先后完成了工业革命。工业化所提供的丰富的物质生活条件和卫生条件的改善,促使人口急剧增长和人口向城市的高度集中。经济、商业、贸易的发展逐步导致社会经济结构的改变,进而引起了政治制度的不适应性和改革的需要。而在乐观主义占主导地位的19世纪后期,人们深信通过自己的努力可以解决一切社会问题。新教育运动正是在这种背景下形成的。总的说来,新教育运动是19世纪末、20世纪初西欧社会改革运动的一个重要组成部分。

促使新教育运动兴起的另一个推动力来自自由主义和民族主义思想的影响。19世纪末、20世纪初,资产阶级掌握了西欧各国的政治统治权,标志其观点和指导其政策的哲学——"自由主义"也因而成为占统治地位的意识形态。自由主义主张建立能符合进步需要的政治组织和经济组织,强调个人摆脱国家一切控制的自由,认为个人自由是社会发展的动力和目标。

与此同时,19世纪末、20世纪初又是民族主义盛行的时代。民族主义强调,个人只有在组织良好和安全的民族国家范围内,才能得到最充分的发展。这些思想为新教育运动中产生的教育原理,提供了重要的理论基础。

新教育运动从产生、发展到衰落的几十年历史,大致可分为两个主要阶段:从19世纪末到第一次世界大战前,这是新教育运动的发生阶段;从第一次世界大战结束到第二次世界大战前,为新教育运动的发展和兴盛阶段;第二次世界大战后,新教育动逐步走向衰落。

### 一、新教育运动的兴起

1889年,英国教育家雷迪(Cecil Reddie,1858—1932)在英格兰的德比郡创办阿博茨霍尔姆(Abbotsholme)学校。这标志着新教育运动的兴起。

雷迪对英国现行学校教育、特别是公学的教育状况极为不满。他认为,

## 第十一章 新教育运动

公学本应是对文明进行改造的巨大力量,但现行的英国公学却不可能承担这个责任。原因在于,公学教育与日常生活的实际需要相脱节,公学以古典人文学科为核心的课程体系不能适应现代科学发展的要求,公学对比赛和竞争的重视不利于社会合作精神的培养,公学对智力训练的注重易导致学生发展的片面性。由于这些原因,雷迪致力于建立一种新型的公学,阿博茨霍尔姆正是这样一种学校。

从阿博茨霍尔姆学校的课程设置、教学组织和教学方法来看,它的确具有一些明显不同于传统学校的新特点(详见本章第二节),因而,该学校建立后不久,即引起了一些教育家的注意和仿效。1893 年,英国教育家巴德利(John H. Badley, 1865—1967)按照阿博茨霍尔姆学校的样式,在英国南部苏塞克斯郡建立了贝达尔斯(Bedales)学校。几年以后,德国教育家利茨(Hermann Lietz, 1868—1919)、法国社会学家狄摩林(Edmond Demolins, 1852—1907)分别参观了雷迪的学校。回国后,利茨于 1898 年在埃尔森堡建立了德国第一所新学校,并取名为"乡村寄宿学校"(Landerziehungsheime)。同年,狄摩林发表《新教育》一书,极力赞扬雷迪和巴德利的教育实验,尖锐抨击传统学校的种种弊端,并主张在法国推行新的教育。1899 年,狄摩林在法国创办了第一所新学校——罗歇斯学校(Ecoledes Roches)。

此后,新教育运动在西欧各国得到广泛的开展,先后涌现了一大批著名的新教育家,产生了各种形式的新学校。1899 年,瑞士教育家费利耶尔(Adolphe Ferrier, 1879—1966)创办克拉里塞格学校。1906 年,德国教育家文内肯(Gustav Wyneken)等人创办了威克尔斯多夫(Wickersdorf)学校。1907 年,比利时教育家德可乐利(Ovide Decroly, 1871—1932)在布鲁塞尔创办"隐修学校"(L'Ecole de L'Ermitage)。同年,意大利教育家蒙台梭利(Maria Montessori, 1870—1952)在罗马创办第一所幼儿之家(或称蒙台梭利学校)。与其他新学校相比,蒙台梭利学校的一个主要特点是它专门招收 6 岁以下的儿童,是一个幼儿教育机构。1910 年,德国教育家格希布(P. Geheeb)创办欧登瓦尔德学校(Odenwaldsehule)。到 1913 年,西欧各国的新学校共有一百多所。

1915 年,费利耶尔在为比利时教育家瓦斯孔塞罗(Faria De Vasconcellos)的著作《比利时新学校》所写的序言中,根据各国新学校的教育实践,对新教育运动的基本原则作了初步的总结。他指出:"新学校,首先是一个具有家庭气氛的乡村寄宿学校。在那里,儿童的个人经验实际上是建立在与手工劳动相联系中进行的智力教育和通过儿童自我管理而进行的道德教育这两个方面的基础之上的。"在分析新学校的性质和目的时,他说:"新学校为实验教育学之实验室,新学校之方法依据彻底的近世心理学。其目的在于符合现代的精神与物质两方面生活的要求,取代以往之公立学校,而开拓新的教育。"①

费利耶尔还从多方面分析了新学校的特征。他指出,新学校重视让儿童受到自然界的"感化",通过优美的环境陶冶性情、进行审美教育;新学校开设游戏、园艺劳动、手工、体操、旅行等课程,进行体育、德育等方面的教育,以发展儿童多方面的能力;新学校强调教育应着重发展儿童的智力和研究能力,传授现代科学知识,以儿童的兴趣和经验为基础进行教学活动,等等。费利耶尔的概括为从整体上把握新教育运动初期的状况,提供了重要的线索。

**二、新教育运动的兴盛**

第一次世界大战结束后,新教育运动进入了一个新的发展时期。与前一阶段相比,在这个阶段,新教育运动的发展具有两个基本特点。

第一个基本特点是成立了专门组织并创办专门刊物,规定了新教育运动的原则。随着新学校在各国的广泛设立和新教育运动的迅速发展,客观上产生了各国新学校之间的交流和联系的需要。虽然早在1899年费利耶尔就在瑞士日内瓦创建"国际新学校局",但这只是一个承担文献交流与保存的机构,因而对新学校之间的交流与发展,并不能发挥多大的作用,也不能适应第一次世界大战后新教育运动发展中所出现的新情况。为此,1912年,在法国加来市召开的新教育工作者年会上,由费利耶尔等人发起,成立了"新教育联谊会"(New Education Fellowship)。这次年会同时决定创办三种刊物:《新时代》、《为了新纪元》和《发展壮大的时代》,作为新教育运动的思想阵地;并决定每两年举行一次国际会议(在第二次世界大战前,先后在欧洲举行了八次会议,在南非和澳大利亚举行了两次)。新教育联谊会创建后,陆续在欧洲大部分国家、一部分亚洲国家,建立了分会(1942年,美国进步教育协会成为它的分会)。

1922年,新教育联谊会发表了该会的章程,阐明了新教育运动的七项原则:

1. 一切教育的根本目的在于保持和增进儿童内在的精神力量;

2. 教育应当尊重儿童的个性,只有通过解放儿童内在的精神能力,才能发展个性;

---

① 引自陈能虑著:《比利时之新学校》,商务印书馆1922年版,第2~3页。

3. 各种学习和为了生活的训练都应使儿童自由地施展自己的天赋兴趣——这些兴趣是在他的内心中自发地唤醒的,是在各种手工的、智力的、审美的、社会的和其他的活动中表现的;

4. 每一年龄都有其特殊性质,因此需要由儿童自己在教师的协助下组织个人和团体的纪律训练;这种纪律训练应能产生深刻的个人责任和社会责任感。

5. 自由的竞争必须从教育中消失,而代之以合作,用合作来教育儿童为社会献身、服务;

6. 要进行共同的教育和教学,让男女儿童合作以产生有益的相互影响;

7. 使儿童成为不仅能尊重邻里、本民族和人类,而且能意识到自己个人尊严的人。①

1929年开始的资本主义世界的经济危机,使新教育运动的发展方向发生了明显的变化。1932年,新教育联谊会修订了章程。经过修订的章程虽然仍重视发展儿童的能力、兴趣和自由,但突出了社会意识和社会责任感的地位。章程强调通过教育对社会进行改造;要求让儿童理解社会生活和经济生活的复杂性;重视发展儿童的首创性和责任感,号召教师帮助学生适应社会生活和要求,促进社会成员之间的合作;并主张引导儿童重视本民族的遗产,把儿童培养成为本国和世界的良好公民。

1942年,新教育联谊会发表著名的《儿童宪章》,指出,不论性别、种族、国籍、宗教信仰和社会地位,儿童都应具有以下基本的和最低限度的权利:

1. 儿童的人格是神圣的、儿童的需要必须是任何良好教育制度的基础;

2. 儿童所享有的适当的衣食住的权利,应被认为是国家财政的首要开支;

3. 一切儿童要有接触本国知识与智慧宝藏的平等机会;

4. 一切儿童都有全时间就学的机会;

5. 应对全体儿童进行宗教教育。②

第一次世界大战后新教育运动发展的第二个基本特点是,在教育实践不断推行的基础上,新教育的理论进一步发展和丰富。在第一次世界大战前已经形成的德国教育家凯兴斯泰纳(Georg Kerschensteiner,1854—1932)的"公民教育"和"劳动学校"的理论、德国教育家梅伊曼(Ernst Meumann,1862—1915)和拉伊(Wilhelm August Lay,1862—1926)的实验教育学、法国心理学家比纳(Alfred Binet,1857—1911)的智力测验、瑞典教育家

---

①② 参见王天一、夏之莲、朱美玉编著:《外国教育史》下册,北京师范大学出版社1985年版,第169~170、171页。

爱伦·凯（Ellen Key，1849—1926）的自由教育理论以及蒙台梭利的幼儿教育方法，在20—30年代都得到了进一步的充实、传播，同时又产生了英国思想家怀特海（Alfred North Whitehead，1861—1947）、沛西·能（Percy Nunn，1870—1944）、罗素（Bertrand Russell，1872—1970）、尼尔（A. S. Neill，1833—1973）等一大批新教育的理论家。他们继承了一战前形成的新教育的基本思想，并对这些思想作了进一步的阐发，从而使新教育运动的信念理论化。

新教育运动中产生的一系列教育思想及其影响并未因运动本身的结束而消失，事实上，新教育的理论已经成为全部现代世界教育理论中的重要成分，在当今世界教育中所发生的一些重大变革中，仍然可以看到新教育家们思想的影响痕迹。

## 第二节 新教育运动中的著名实验

在新教育运动中，先后产生了一大批重要的教育改革实验。这些实验不仅提供了一种明显不同于传统学校的学校模式，而且为新教育的思想和理论的形成，创造了直接的前提。因而，了解这些实验的一般情况，也就成为理解新教育的思想的必要条件。在新教育运动的所有教育实验中，雷迪、狄摩林、利茨、德可乐利等人的实验是较有代表性的。他们的实验不仅反映了不同国家新学校之间的差异，而且表现了新教育运动思想倾向的不同。

### 一、雷迪的阿博茨霍尔姆学校

雷迪创办阿博茨霍尔姆学校的基本目的是，提供一种适应现代社会要求的全面教育，以培养新型的统治人才。雷迪指出："我们特别需要造就一个领导阶级。我们能通过明智的和有生气的教育造就它。"[1] 为了实现这个教育目的，雷迪在学校环境、教学内容、教学组织和教学方法等方面，采取了一系列新的措施。

阿博茨霍尔姆学校建于城郊，校园占地133英亩，附设农场、牧场、果园、手工工场、运动场，作为学生学习知识和劳动的基地。

为了实现全面教育的目的，学校的课程包括五个主要部分。第一，体育

---

[1] 引自赵祥麟主编：《外国现代教育史》，华东师范大学出版社1987年版，第63页。

和手工劳动。学生在进行军事训练和各项体育活动的同时，参加农业生产劳动和手工劳动。雷迪把体力和手工劳动看做学校生活的"主要元素"。第二，艺术课程。这方面的课程包括传统艺术和现代艺术。学生通过学习艺术课程，养成对音乐的鉴赏力和歌唱、表演的技能。第三，不同于古典课程的文学和智力方面的课程。其中包括英语、法语、德语、物理学、化学、生物学、历史和地理等科目。第四，社会教育。鼓励学生从事各种形式的社交活动。第五，道德和宗教教育。雷迪强调不同课程之间的相互联系，以促使学生的"知识、能力和技术"的协调发展。他还强调知识的学习与现实生活和学生活动的相互联系。

阿博茨霍尔姆学校采用寄宿制，学生每天的生活分为三个部分：上午以学习知识为主；下午主要从事体育活动和户外活动；晚上则进行娱乐和艺术活动。以下是雷迪为学生制订的作息时间表，从中可以看到该校工作的一些特点。

作息时间表[1]

6：55：起床（夏天——6：10：起床；6：30：做操；6：45—7：30：上课）。

7：15：军事操练、哑铃操练或跑步（视天气而定）。

7：30：礼拜。

7：40：早餐——餐后回宿舍整理床铺、洗漱和练小提琴。

8：30—10：45：上课（其中，8：30—9：15：第一节课，孩子们在班长带领下分批参观花园里的小泥屋）。

10：45—11：15：午前辅餐（如天气晴朗，到露天进行肺部锻炼）。

11：15：上课（夏天如果天气晴朗和足够暖和，12：00：唱歌；12：20 在河中游泳）。

13：00：午后正餐。

13：30—13：45：在大讲堂独奏音乐。

14：00—18：00：绘画、专题学术讨论会、园艺劳动、运动，或徒步旅行或骑自行车，等等。

18：00：饮茶——饮毕练习小提琴。

18：45—19：30：唱歌（在夏季，这项活动改为中午 12：00 进行）。

---

[1] 引自〔澳〕W. F. 康内尔著，张法琨等译：《20世纪世界教育史》，人民教育出版社1990年版，第267～268页。

19：30：阅读莎士比亚著作、演讲、排戏、开音乐会等；以上每项活动都在指定的日子进行。

20：30：晚餐。

20：40：礼拜。

雷迪为学校生活、教学活动和学生活动制订了三项基本原则：合作、和谐和领导。雷迪强调在师生之间、学生之间、学校与社区之间，建立一种真诚的信赖关系。为此，学校的教学和活动以小组为单位，使学生都具有参加小组活动的机会。同时还要求学生参加社区的娱乐活动和社交活动。雷迪主张学校的一切课程和活动都体现"全面的和协调的"原则。学校既然为了培养未来的统治人才，学校的一切活动就应都致力于使学生学会怎样领导。

从 1889—1899 年，是阿博茨霍尔姆学校的鼎盛时期。招生人数从最初的 16 人增加到 1899 年的 61 人。但从 1900 年起，学校逐步衰落，到 1927 年雷迪离开学校时仅剩下两名学生。贝姆罗斯（Roderick Bemrose）继任校长后，阿博茨霍尔姆学校重又恢复生机。到 1937 年，在校生达 105 人。1969 年，由于第一次招收女生，学生人数达到 200 多人。

阿博茨霍尔姆学校是第一所新学校，它的办学模式、教学内容和教学组织，成为以后许多国家新学校效法的榜样，对于新教育运动的发展发挥了重要的推动作用。由于这个原因，雷迪被誉为"新教育之父"。

## 二、利茨的乡村寄宿学校

继 1898 年埃尔森堡乡村寄宿学校之后，利茨又先后于 1901 年和 1904 年，分别在图林根地区的豪宾达、富尔达地区的比贝尔斯泰因创办了第二、三所乡村寄宿学校。这三所学校虽然在招收对象和课程设置等方面存在着不同，但在学校模式、教学组织、培养目标等方面，却是一致的，反映了利茨关于教育的一般见解。

受雷迪思想的影响，利茨的乡村寄宿学校都设立在远离城市、风景优美的乡村，学校周围有森林、溪流、高山、牧场、农场，其目的是使学生能受到自然环境的熏陶。学校附设农场、手工工场、运动场、花园，作为学生学习、劳动和锻炼身体的场所。

与雷迪相比，利茨更为强调学校应当具有良好的家庭气氛。在乡村寄宿学校中，教师与学生共同生活，以便更经常地接触和了解学生，成为学生的"保护者"。在学校的生活和活动中，教师常与学生平等地讨论有关问题，教师既不强制学生服从，也不训斥和责难学生，而是通过自己的言行，引导、帮助和激励学生。由于这个原因，乡村寄宿学校事实上对其管理人员、教师

## 第十一章 新教育运动

乃至学生家长,都提出了很高的要求。利茨在写于 1918 年的一封信中说:"要把这些思想付诸实施,寄宿学校需要其领导人有创造性、判断力、勇气、有条理的思路以及坚忍不拔的恒心,需要其教职员工有能力、诚恳和献身精神,要求其家长或家长的代表信赖和理解……"[①]

与雷迪一样,利茨强调对学生进行全面的教育,他尤其注重培养学生的探索精神和行动能力。他说,乡村寄宿学校所要培养的不仅是"智者",而且是探索者和行动者。为此,乡村寄宿学校制订了包括体育、劳动教育、知识教育,艺术教育和社会教育在内的广泛的课程计划。在体育方面,学生要从事体操、散步、游戏、各项竞技活动、爬山等活动。在知识教育方面,学生主要学习德语、法语、英语、历史、地理、自然科学和数学等科目。在劳动教育方面,利茨尤其强调农业生产技能,要求学生学习果树、蔬菜和花卉的栽培、动物饲养以及木工、金工等项技术。在艺术教育方面,学生不仅要学习绘画、音乐、雕塑、歌唱等艺术门类的知识,而且要掌握一定的实际技能,能进行艺术的创作和表演,目的在于培养审美修养和情操。社会教育则包括道德教育和宗教教育。

与阿博茨霍尔姆学校一样,乡村寄宿学校对学生每天的学习、活动和生活也作了具体的安排。利茨把埃尔森堡学校每天的时间作了这样的安排:约 5 个小时的学习,5 个小时的体力劳动、体育活动和手工制作;10 个小时的睡眠;4 个小时的进餐、洗澡和娱乐。在上述活动的具体安排上,与阿博茨霍尔姆学校大体上是一致的,即上午为知识学习,下午为劳动、体育活动和艺术活动,晚上为娱乐和交往活动。

乡村寄宿学校教育的特色是,学校强调学生的兴趣和需要,把学生的兴趣和需要作为学校一切活动的出发点。无论是课程设置,还是活动安排,都以学生的兴趣和需要为基础。与此相联系,乡村寄宿学校把均衡发展学生内在的能力和学生的自我发展,作为学校教育的最终目的。

乡村寄宿学校的另一个特点是,为适应不同年龄学生的心理特点,实行分级办学。利茨创办的三所乡村寄宿学校分别招收不同年龄的男学生:埃尔森堡学校招收 8—12 岁的学生(以游戏作为教育活动的核心),豪宾达招收 16—20 岁的学生(以手工劳动和农业劳动为教育的中心),比贝尔斯泰因招收 12—16 岁学生(以科学和艺术教育为主)。

利茨的乡村寄宿学校创办后在德国产生了重要的影响。在它的影响下,德国先后创办了以它为模式的 6 所新学校,其中包括文内肯的威克尔斯多夫

---

① 引自〔澳〕W. F. 康内尔著,张法琨等译:《20 世纪世界教育史》,人民教育出版社 1990 年版,第 274 页。

学校。新教育运动在德国从此真正兴盛起来。

### 三、狄摩林的罗歇斯学校

与利茨的乡村寄宿学校一样,狄摩林的罗歇斯学校也是以阿博茨霍尔姆学校为模式建立起来的。所不同的是,它同时还参照了巴德利的贝达尔斯学校的经验。

罗歇斯学校位于巴黎附近的著名风景区,占地70英亩。学校最初也只招收8—19岁的男生,但到第一次世界大战前,已开始招收女生。罗歇斯学校全盛时,有近三百名学生在学。

按照狄摩林的设想,罗歇斯学校力求提供一种既能保证个人自由,又能保证国家权威的教育。为此,学校一方面积极鼓励个人发展和活动自由,另一方面又努力培养学生的社会意识、团体意识和责任感。罗歇斯学校的一切活动都是以这两个方面的目的为基础而组织的。

在罗歇斯学校的校园内,学生可以自由活动,每天至少有两个小时的时间由学生自由支配。学习时间、闲暇时间、游览以及其他各种活动,都是由学生自己组织、安排的。教师绝不进行强制和干预。但在另一方面,学校也注重发展学生的责任感。每个学生在教室、图书馆和研究室都被赋予一定的义务和责任。学校的主要活动都被托付给由学生自己选举产生的委员会。学校设有若干委员会,分别管理校报(《罗歇斯学校》)、体育活动、体力劳动、慈善和社会工作以及校园环境等方面的活动。在上述委员会中,负责慈善和社会工作的委员会受到特别的重视。委员会经常组织学生访问学校附近的穷人,为他们提供面包、牛奶、衣物,等等。

在罗歇斯学校的各个委员会中,最重要的是"队长委员会"。它由分管各项具体工作的"队长"(如负责宿舍的队长、负责教室的队长等)组成,负责监督和管理宿舍、学习、游戏和娱乐活动。狄摩林的后继者伯蒂尔(Georges Bertier)曾说,对于他们而言,队长实际上是男孩子们的仆人。他照顾他们的健康、工作和品行。他的地位取决于他的完善的服务。伯蒂尔本人每两周主持一次队长委员会会议,每次离开会议时,他都被男孩们对改进学校工作的热情所深深打动。

与阿博茨霍尔姆学校和乡村寄宿学校一样,罗歇斯学校也注重全面教育。学校的课程包括法语、英语、数学、自然科学、历史、地理。与其他新学校一样,罗歇斯学校强调体力劳动、手工劳动。学校设有花园,供学生学习初步农业生产知识和技能。并设有很大、设备良好的木工车间和金工车间,还设有自行车修理部,学生自己动手修理自己的自行车。在罗歇斯学校,体力劳动和手工劳动除了教育作用外,还有一个作用,就是让学生为他人生产、制作生活用品。在进行劳动时，学生们按传统的行会制组成团体。

特别重视体育活动，是罗歇斯学校的另一个特点。学生每天至少有一个小时的时间练习体操，每周有三个下午用来进行体育锻炼。因此它被称为"运动学校"。

罗歇斯学校开办后第八年，狄摩林去世。在鲁西尔斯（Paul Rousiers）和伯蒂尔的主持下，学校进一步发展。1930年，90%的罗歇斯学校的毕业生以优异的成绩通过了国家考试，从而有力地证明了学校办学的成功。

**四、德可乐利的隐修学校**

德可乐利的隐修学校（又称"德可乐利学校"或"生活学校"）1907年初建时，位于布鲁塞尔城中，以后迁到布鲁塞尔郊外（1925年又迁至克勒，直至现在）。据记载，学校的环境非常优美，在这里，"儿童呼吸纯净的空气，住在明亮的房子里，或在阳光普照景色明媚的花园里，他们在草坪上欢乐地跳跳蹦蹦，或者沿着小径奔跑直到跑得气喘吁吁为止。在阳光下放了许多张睡椅，供人安静地休息或午睡。到处都是供玩赏的动物：猫、狗、羊、龟、鸟，这些动物与家禽、兔子和栽培植物一样得到精心照料。大自然从各方面环绕他们"。[①]

隐修学校在初创时只招收4—15岁的学生，且数量较少。以后，学生人数逐渐增多，在20年代，学生增加到了250—300人，招生的范围也扩大到18岁。隐修学校由此成为从幼儿园直到中学的完整的儿童教育机构。

隐修学校以发展儿童的发现精神、个人经验、解决实际问题的能力以及从事各项活动为宗旨。为此，学校在一系列方面进行了重要的改革。

首先，隐修学校并不是传统意义上的教育和教学机构，而是一个实验室、一个工场。学校附设活动室、实验室和车间，使儿童可以从事各种活动和作业。通过这些实际的活动，使儿童的学习与日常生活紧密结合起来。

其次，学校每天的教育活动由三个部分组成：（1）早晨，按照德可乐利创制的"视觉意象法"进行读、写、算教学；（2）随后进行以兴趣为中心的课程教学活动；（3）在上述活动之后，学生从事他们所喜爱的劳动或学习外语。

再次，以儿童的兴趣为中心设置课程。隐修学校的课程主要包括三类。（1）多方面兴趣中心的课程。这类课程主要为小学一、二年级开设，包括与儿童日常生活密切相关的各种具体知识。（2）单一兴趣中心的课程。这类课

---

① 〔澳〕W. F. 康内尔著，张法琨等译：《20世纪世界教育史》，人民教育出版社1990年版，第308～309页。

程主要为小学三、四年级开设,它是指以某个单一兴趣(如饮食、开矿,等等)为中心编制的课程。(3)儿童自动组织的课程。从第四年级开始,儿童可根据自己的认识或心理过程编制学习某个具体知识的程序。

### 五、格希布的欧登瓦尔德学校

格希布深受利茨思想的影响,并曾在利茨的埃尔森堡学校任教。1906年,他帮助文内肯建立了威克尔斯多夫学校。1910年,他在欧登瓦尔德创办了自己的学校。与其他一些新学校不同,欧登瓦尔德学校的学生来自许多国家。学校实行共同教育,同时招收男生和女生。这一点对许多新学校产生了深刻的影响。在另一方面,欧登瓦尔德学校采用家庭式管理。25—30个6—10岁的学生与一个教师或一对教师夫妇,组成一个家庭,有自己的住房。每一个新生刚进入学校时,被指定到一个家庭生活大约6个星期。此后,由他自己选择一个家庭。

欧登瓦尔德学校实行自治制度。在学校中实行师生平等,由学生和教师组成学校评议会,评议会的每一个成员都享有平等的权利。评议会的主要职责是管理学校工作并施行奖惩。

在教学工作方面,欧登瓦尔德学校也形成了自己的特点。学校为每个学生开设一系列为期一月的课程,学生可根据自己的兴趣任选两门,学习的进度由学生自己掌握。除此之外,要求学生选择一门实际的或手工科目。一个月的课程学习完成后,学校评议会组织学生公布自己的学习成果。

重视戏剧和音乐,是欧登瓦尔德学校教学的一大特点。学校除开设戏剧、音乐课程之外,还组织学生进行表演,演出莎士比亚等人的剧作。在音乐教育方面,要求每个学生学习演奏各种乐器。学校中建立了大大小小的合唱团和乐队,并举行名为"音乐之夜"(Musikabende)的音乐晚会,由学生演奏莫扎特、贝多芬、巴赫等人的作品。

学校还常组织名人诞辰的庆典活动。每到名人的诞辰纪念日前的一个月,学生就组织筹备委员会,做各项准备工作。到纪念日那天,全体学生徒步上山聚会,或朗诵名人的作品,或演奏音乐。举办这些活动的目的,是为了发展学生的社会意识和合作精神。

纳粹上台后,格希布被迫关闭了欧登瓦尔德学校,他本人则移居日内瓦。1937年,他在日内瓦附近按欧登瓦尔德学校的模式建立了一所名为"人道学校"(Ecole d'Humanité)的新学校,1939年,该校迁至施瓦茨。

从总体上看,包括阿博茨霍尔姆乡村寄宿学校等校在内的新学校,大多具有以下一些共同之处:(1)学校采用寄宿制;(2)校址设在城郊,具有良好的校园环境和设备条件;(3)实行多方面的教育,以达到使学生多方面、均衡发展的目的；（4）重视儿童的兴趣、自由、个人经验和主动性在教育工作中的作用；（5）强调体育活动、体力劳动、手工劳动等各种形式的活动；（6）注重现代科学和知识的教育；（7）重视学校工作的合理计划和管理。除此之外，以培养新一代的社会领导人为教育的宗旨，也是新学校的共同点（这一特点，使新教育运动明显区别于美国的进步主义教育运动）。

但在另一方面，也应当看到，新教育运动包含了许多不同的形式。除了以培养未来统治者为目的的新学校之外，新教育运动中还产生了具有不同宗旨的新学校，其中最为著名的是凯兴斯泰纳所倡导的旨在培养有熟练技能的公民的劳动学校，以及蒙台梭利所创办的以培养普通儿童为目的的幼儿之家。这些形式的新学校在校园环境、设备条件、教育和教学内容等方面，都与阿博茨霍尔姆等学校存在着显著的差异。而在诸如对儿童的兴趣、个人经验、自由和活动的教育意义的态度以及教育和教学的原则、方法、组织形式等方面，它们之间又具有相当大的一致性。

新学校之间存在的这种同中有异、异中有同的现象，反映了新教育运动本身的复杂性。而造成这种复杂性的一个直接原因，便是新教育运动的思想家们对教育现象认识的多样性。

## 第三节 新教育运动的基本理论

在新教育运动中，不仅产生了一系列新学校，而且涌现出了一大批教育思想家。他们的思想直接指导着新学校的教育改革实验，直接推动了新教育运动的发展。

归纳起来，新教育家们的思想大致包括四个基本方面的内容：（1）对旧学校、旧教育的抨击；（2）新教育的基本宗旨；（3）新学校的教育内容；（4）教育和教学的组织、方法。

### 一、对旧教育的批判

在新教育家们的观念中，所谓旧教育，主要是指近代以来逐步形成的教育制度和教育理论。对旧教育的各方面的批评、责难，是新教育家们共同的思想出发点。正是在对旧教育的批判中，产生了与之截然对立的新教育的思想和理论。

就总体而论，新教育家们对旧教育的批评主要集中在以下四个基本方面。

（一）反对旧教育的主智主义

从近代以来，由于科学技术的高速发展和人类知识的不断增长，科学、知识在社会生产和人类生活中的作用变得日益重要，因而在西方社会中，逐步形成了一种普遍的理性主义思潮。它强调知识和智慧的重要性，把知识和理性当做解决一切社会问题、实现人类进步的基本手段。受到这种思潮的影响，在近代西方教育中，产生了主智主义（intellectualism）的思想观念。尽管近代教育家们大都提出过"和谐发展"、"均衡发展"、"全面发展"的见解，但在实质上，除卢梭、福禄培尔等少数教育家之外，绝大多数近代教育家所注重的是知识的传授、智力和理性的发展。当他们说到人的能力的多方面、均衡发展时，他们实际上强调的是，人的各方面能力是以智力为中心、以理性为基础的。更为重要的是，在强调智力、智慧和理性发展的同时，近代教育家们通常都或多或少地忽略了情感、意志等非智力因素的作用。

新教育家们首先猛烈抨击了旧教育中盛行的主智主义。他们反对把智力与人的其他方面的能力割裂开来，尤其反对把智力与情感、态度等非智力因素相割裂，反对片面强调智力发展。他们或者认为，人是一个有机体，智力、情感、态度乃至道德、身体都是相互依存、相互联系的，因而强调进行广泛的、多方面的教育，以促进学生的全面发展。或者认为，在人（儿童）身上，存在着比智力更为重要的因素，智力发展不是这些因素发展的原因，而是一种结果。德可乐利把儿童的需要和兴趣当做教育的出发点和目的。沛西·能认为，教育的目的是使学生的个性得到最充分的发展。尼尔则指出，旧教育只重视理智的发展，而忽略了情感的培养。在他看来，与理智相比，情感更为重要。这是因为，理智属于意识范畴，而情感则属于下意识领域，是人格的主要承受者和表现者，是最有活力的。情感一旦获得自由，理智才会更好地发展。如果只发展智力而压制情感，生活便会失去活力和生气，变得毫无价值。①

其次，与此相联系，新教育家们反对旧教育片面重视知识的传授，反对把知识和技能当做教育、教学活动的核心。凯兴斯泰纳把传统学校称为"读书学校"，这种学校的基本使命是让学生死记知识。他认为这种教育从根本上违背了教育和学校的根本宗旨。他指出："那种死记知识的教育——征服了一切国民学校和高级学校的死记呆背的教育——已不是我们今日所需要的国民教育和人类教育了。"② 德可乐利指出，传统学校过于强调专业知识的

---

① 参见赵祥麟主编：《外国教育家评传》第3卷，上海教育出版社1992年版，第401页。

② ［德］凯兴斯泰纳著，刘钧译：《工作学校要义》，商务印书馆1926年版，第13～14页。

学习，使学生把大部分时间和精力花在知识的获得上，没有自我表现的机会，学生因而成了被动接受知识的机器。其结果是，学生不仅没有很好地尊重知识，反而对学习活动充满厌倦。怀特海尖锐地批评了传统学校只强调知识的传授，而忽略知识的运用的弊端。他指出，在传统学校中，教师单纯地教，学生单纯地学，知识的运用被完全忽略了，因而，传统学校所教授的只是"死的知识"，它只会使学生的智力变得迟钝，根本达不到发展思维的目的。传统学校之所以墨守成规、充满学究气，正是由于它从根本上受到了"死的知识"的毒害。相形之下，尼尔的思想更为激进。他认为，知识和功课的重压不仅使学生厌恶学习，而且导致学生的人格倒错。因此，他主张在学校中，应一不谈教材，二不谈纪律，三不谈教学。只有当儿童自己愿意学习时，知识的教学才是必要的。

（二）反对旧教育中理论脱离实际、教育脱离生活的弊端

新教育家们普遍认为，传统学校的教育目的、教育和教学内容、课程设置等，都不符合现代社会发展的需要，也不适合儿童的要求。

在教育目的方面，新教育家们从不同的角度对传统教育提出了批评。凯兴斯泰纳认为，在德国，由于受赫尔巴特主义的影响，学校中充满了利己主义和个人主义，学校的一切工作都围绕着个人发展这个中心。与此相反，凯兴斯泰纳提出了培养良好和有用公民的教育目的。而罗素则认为传统教育的宗旨是把儿童培养成为公民。他指出，由于把培养国家的公民作为教育的目的，因而不可避免地使儿童自身的权利、利益、自由、个性、独立性和创造性都被忽视或压制。由此，罗素主张应当把培养完美发展、具有理想品格的人作为教育的最高目的。从新教育运动的实践与思想来看，罗素的见解更有代表性。

新教育家们对传统学校的教育、教学内容和课程设置，提出了极为尖锐的批评、责难。首先，新教育家认为，传统学校的教学内容严重脱离实际、脱离儿童的现实生活。在他们看来，传统学校课程体系中占主导地位的古典人文学科和为形式训练开设的科目（如数学、拉丁语等），是与现代社会发展的需要格格不入的，也与儿童日常的生活无关。因此，应当从根本上革新学校的课程，使之与科学、工业高度发展的现代社会和儿童的生活紧密相连。

其次，新教育家们批评传统学校教学内容和课程设置违背儿童的心理特点。德可乐利指出，传统学校的课程体系存在着以下六个方面的弊端：（1）教学的内容没有或很少与儿童的各种活动相联系；（2）教材很少与儿童的兴趣和身心发展相联系；（3）教学科目的划分并未考虑儿童的思维特点；（4）学科内容的难度超出了儿童的记忆和理解的范围；（5）过于注重口头传授的

科目;(6) 忽视发挥儿童的创造性、自动性。①

再次,新教育家们批评传统学校的教育和教学只注重书本知识的传授、而忽视实际技能的训练。凯兴斯泰纳曾说:"我们需要的是人,而不是一本词典。"② 出于这种考虑,他主张加强被传统学校所忽略的生产技术和职业技能的训练;雷迪认为,传统学校是一个"人工造成"的场所,学校只传授书本知识,而忽视实际的知识和技能。他指出:"只有理论是不够的,同时必须有实际。理论与实际这两个元素应同存在学校里……否则儿童将来必至走进一个于他极为新奇的世界,他就会在这里失掉他的一切应付本领……因此,我们要训练儿童的能力、智力和体力,以及手工的技巧与敏捷。"③

(三) 反对旧教育的僵化

在新教育家们看来,传统学校中的班级授课制、教学大纲、教师权威、等,都是旧教育僵化的象征。他们认为,传统学校的这些制度化、定型化的组织、方法,起着压抑学生个性、阻碍学生健康发展、强制学生服从等消极作用。英国教育家霍姆斯(Edmond Holmes)在其轰动一时的《教育的今天和明天》(1911年)中,对西方传统学校制度进行了尖锐的抨击:"他(指学生——引者注)的教师的目标在于断送他的天性,消除他出自然的生活方式,不给他丝毫自由活动的余地,抑制他的全部自然冲动,使他的活动归于沉寂,使他全身心都处于一种持久而痛苦的紧张状态……盲目的、被动的、刻板的和无知的顺从,都是整个西方教育制度所籍以建立的基础。"④

(四) 反对旧教育具有浓厚思辨色彩的研究方法

受实验科学发展的影响,新教育家们通常都反对传统教育学以个人经验、直觉和理论思辨为基础的研究方法。作为新教育运动的一个有机组成部分的实验教育学派,对传统教育学的研究方法更进行了尖锐的指责。

梅伊曼认为,传统教育学并不是一门科学,这是因为,传统教育学往往是以个人经验和逻辑推理的方法而形成的,缺乏严格的科学论证,不具有实验科学所必需的普遍可验证性。拉伊、比纳等人也指出,传统教育学不是以观察、实验、统计等科学方法为基础建立起来的,不具有客观性和实证性,因而不应当做一门科学。真正的教育科学只能是实验教育学。

---

① 参见〔比利时〕德可乐利著,崔载阳译:《比利时德可乐利的新教育法》,上海中华书局1932年版,第14~15页。

②④ 引自〔澳〕W. F. 康内尔著,张法琨等译:《20世纪世界教育史》,人民教育出版社1990年版,第304、248页。

③ 引自柯布著,崔载阳译:《新教育的原则及实际》,上海中华书局1933年版,第54页。

应当看到，新教育家对旧教育或传统学校的批判、指责，是非常广泛的，上述四个方面只是其中的一部分（尽管是很重要的部分）。这种批判的意义不仅在于它们或多或少击中了传统学校教育客观存在的种种弊端，而且也在于为新教育家们的教育思想提供了一个非常重要的出发点。

**二、论新教育的基本宗旨**

概言之，新教育的宗旨是培养适应现代社会要求的"新人"。对此，新教育家们并无分歧。但是，具体地说到这种"新人"所应具备的素养和所承担的责任等，新教育家们的见解并不尽相同。概括起来，这些见解可分为两种类型：一种类型以凯兴斯泰纳为代表，除他之外的大多数新教育家们则代表了另一种类型。

凯兴斯泰纳虽然反对德国教育中盛行的个人主义倾向，但并没有因此走向另一个极端。与其他新教育家相仿，他也强调个人的发展，并认为良好的个人是建立理想国家的必要前提。而在另一方面，凯兴斯泰纳则更重视教育的社会性，并认为良好的个人只有在国家中、在为国家和公益事业的奉献中，才能真正形成。因此，他指出："一切教育的目标是造成一个社会，组成这一社会人的特点是具有高度原则所导致的独立精神、和谐发展与行动自由。"这种"新人"就是对国家有用的公民。由于这个原因，建立一个良好社会的教育目的就转化为公民的培养。正是在这个意义上，凯兴斯泰纳指出："国家公立学校的目的——也就是一切教育的目的——是教育有用的国家公民。"[①]

作为国家有用公民的个人，必须具备三个方面的条件：（1）了解国家的职责和使命，即具有"公民学的知识"；（2）具有从事某种职业的能力和技能；（3）具有公民的美德，热爱国家，并且自觉自愿地为国效劳。凯兴斯泰纳认为，这三个方面的条件并不具有同等重要的意义。他指出，在公民所应具备的三方面条件中，"第一最需要的是公民的品德"，这是能否成为国家有用公民的关键所在。其次是从事职业的技能。他说："如果一个人不去做任何工作，直接地或间接地去帮助这种国家团体的目的成功，他绝不能够称是我们所说的有用的国家公民。"[②] "公民学知识"则处于更次要的地位。

凯兴斯泰纳之所以把要培养的"新人"规定为公民，是因为，在他看来，这是现代社会发展的根本要求。他认为，在德国这样一个"现代立宪国家"中，公民的自由和权利都扩大了。而如果国家"把权利和自由授予一个

---

[①②] 〔德〕凯兴斯泰纳著，刘钧译：《工作学校要义》，商务印书馆1926年版，第12、13页。

完全缺乏公民训练的民族",那将是十分危险的。解决问题的关键就在于使每一个人都受到广泛的教育,使其了解国家的职责,并能以恰当的方式在国家事务中运用所赋予的权利。因此,他主张对所有人实施"强迫的公民教育"。①

与凯兴斯泰纳相比,大多数新教育家则更倾向于"精英"的培养,但这种"精英"又不完全等同于传统的统治者,而具有现代社会的特征。另一方面,与凯兴斯泰纳所要培养的公民不同,这种"精英"又是自足自立自由的个人。

蒙台梭利指出:"我们的教育目的,一般地说是双重的,即生物的和社会的。从生物学角度来讲,我们希望帮助个人自然地发展,从社会学角度来讲,我们的目的是使个体对环境做好准备。"② 尽管她同时强调教育的两方面目的,但从她的基本思想来看,重心是在"生物学"方面(或个人方面)。与凯兴斯泰纳的见解相反,蒙台梭利把个人的发展作为社会进步的杠杆。她认为,社会改造的基本前提是教育的改造。这是因为,一个能够理解和驾驭当代文明的人,只有通过教育,才能培养从而建立理想的社会。

相形之下,怀特海等人的思想倾向更为显著。怀特海在其主要教育著作《教育的目的》一书的序言中,曾明确指出:"有一个主要的思想贯穿于本书各章之中,并得到许多论点的说明。它可以简单地概括为:学生是充满活力的,教育的目的就是刺激和指导他们的自我发展。"沛西·能说得更为具体、明确,他认为,教育的目的就是使学生的个性得到最充分可能的发展。为了实现这个目的,教育的首要工作是发展学生的自我表现能力。他指出,之所以把个性发展当做教育的目的,是因为,"人类社会除了在一个个男男女女的自由活动之中,并通过这些自由活动以外,再没有其他什么善了,教育实践必须按照这个真理来计划。这个观点并不否认或低估一个人对他的同胞的责任,因为个人的生命只能按自己的本性去发展,而它的本性既真是社会性的,又真是'自尊'性的。这个观点也不否认传统和纪律的价值,或排除宗教的影响。但是它的确否认任何超人的实体的存在,否认单独的生命本身不过是一个无关重要的分子。这个观点坚持每个人的无限价值;坚持每个人对

---

① 参见赵祥麟主编:《外国教育家评传》第 2 卷,上海教育出版社 1992 年版,第 626~627 页。

② Maria Montessori. *The Montessori Method*. Eng. trans. by Anne E. George. New York: Schocken Books Inc., 1964, p. 225.

自己命运的终极责任"①。

罗素把大多数新教育家关于教育宗旨的见解作了进一步系统的阐述。与蒙台梭利等人一样，罗素认为，教育的目的在于通过引导和改善人的本性，培养具有良好品质的人，从而建立一个理想的社会。但在另一方面，罗素更为强调的是人本身的发展。他明确指出"学生应当被作为目的而非工具"②。这也就是说，教育的根本宗旨在于培养理想的人，使人得到完满的发展。至于社会的改造和理想社会的建立，其目的也是为了人的幸福和发展。罗素把儿童当做教育最终目的的思想还表现在，他强调儿童本能、冲动和个性的发展，应当被看做实现其他教育目标的原因和前提。例如，他认为，通常所重视的公民培养的目标，事实上，只有在儿童自身完满发展的基础上才能真正实现。

在以上论述的基础上，罗素具体分析了作为教育目的的理想的人所应具备的品质。他指出，活力、勇气、敏感和智慧是理想的人所应具备的最基本的品质。所谓活力，是指人所具有的旺盛的精力。所谓勇气，是指在内心深处真正消除恐惧心理。所谓敏感，是指对各种刺激的敏锐反应。所谓智慧，是指具体的知识和获得知识的能力。

应当指出的是，尽管罗素等新教育家把教育目的的重心放在个人方面，但也没有因此走向另一个极端。事实上，这些新教育家都是从个人与社会的相互联系的角度来考察个人发展这个教育目的的。更为重要的是，从1929年资本主义世界的经济危机爆发后，大多数新教育家逐渐把注意的重点转向教育目的的社会方面，更为强调社会合作、人际联系。这种变化集中反映在新教育联谊会章程的修订上。

笼统地说，新教育家们所提出的教育宗旨并没有什么新颖、独到之处。他们所理想的"新人"或"有用公民"，无非是资本主义社会的未来统治者和被统治者。在这个意义上，新教育家们所抱的教育目的确实是陈旧的。但在另一方面，如果具体地分析"新人"或"公民"所应具备的品质和素养，那么，可以清楚地看到，在陈旧的外壳中，却包含了一些全新的因素。这主要表现在，一方面，新教育家们所要培养的完全是现代资本主义社会所需要的新型人才。他们所理想的未来统治者完全不同于传统意义上的"绅士"；他们要培养的公民也有别于原来的"顺民"或"国民"。在新教育家们看来，不论是未来的统治者还是未来的被统治者，都必须是现代社会所要求的"现

---

① 〔英〕沛西·能著，王承绪、赵端瑛译：《教育原理》，人民教育出版社2005年版，第10～11页。

② 〔英〕罗素著，杨汉麟译：《罗素论教育》，人民教育出版社2009年版，第36页。

代人"。这种与传统教育目的的差异,不仅反映了社会的发展,而且也体现了新教育家们对社会变化的敏感和由社会变化所引起的新的教育需要的深刻洞见。

另一方面,更为重要的是,新教育家以新的认识为他们所理想的人才赋予了新的品质。在 18—19 世纪,教育家们通常主要是从哲学、道德的角度设计人的品质的,因而,他们所强调的主要是人的道德品质和认识品质(理性)。新教育家们虽然并不否定道德品质和认识品质,但他们更注重从生物学、心理学的角度出发,为理想的人格确定基本的品质。爱伦·凯、蒙台梭利所强调的自由,德可乐利所注重的兴趣,沛西·能所重视的自我表现,等等,都是以心理学或生物学为基础提出的。虽然这种做法容易导致人和教育的生物化,但在当时,这不能不说是很有意义的探索,它进一步丰富了人们对教育的认识。

### 三、论新学校的教育内容

与教育宗旨一样,新教育家们关于教育内容的构想也具有显著的特点。这主要表现在以下三个基本方面。

第一,新教育家们共同强调新学校应以传授现代社会所需要的知识为主。尽管新教育家们在具体的课程设置上存在着种种差异,但有一点却是共同的:他们都反对近代教育中盛行的形式训练的观点,反对仅为训练心智官能设置课程。正如怀特海所说:形式训练"是所有引进教育理论中的最致命、最错误、最危险的概念之一"[①]。新教育家们一致强调,新学校的教育和教学内容必须与现代社会的实际相联系。为此,他们要求在新学校中,为学生开设广泛的、为现代社会所需要的科学和知识课程,其中主要包括:现代语言(本国语和外国语)、数学、物理、化学、生物、地理、历史、社会科学,等等。与此同时,他们还强调对学生进行道德教育、宗教教育、艺术教育、审美教育、体育、性教育等。

第二,新教育家们通常都强调手工、劳动的教学。在近代,一些教育家曾先后论述过劳动教育的问题。他们或是把手工劳动作为闲暇时间的一种消遣(如洛克),或是把劳动作为谋生的手段(如卢梭),但对劳动的教育意义则相对忽视。与此相反,新教育家们则更为强调手工、劳动的教育意义。在他们看来,在工业化、机械化的时代,之所以要进行手工、劳动教育,其目的并不在于让学生获得谋生的技能和手段,而主要在于使学生通过手工劳动

---

① 王承绪、赵祥麟编译:《西方现代教育论著选》,人民教育出版社 2001 年版,第 119 页。

和体力劳动，获得全面的发展。在所有新学校中，几乎都开设了各种手工和体力劳动的课程，其目的一方面作为学术性课程的补充，作为其他各项教育的补充，另一方面则是发展学生能力（特别是实践能力）的重要途径。凯兴斯泰纳认为，体力劳动是促进学生精神力量发展的重要手段。

第三，一部分新教育家强调进行职业、技术教育。在所有新教育家中，凯兴斯泰纳是最为重视职业、技术教育的。他认为，为了培养良好的、对国家有用的公民，必须对学生进行"职业陶冶"，为未来的职业做准备。为此，凯兴斯泰纳强调对学生进行职业、技术教育，并认为职业技术教育的目的不仅在于掌握某项特定的技术、工艺和技能，而且在于养成职业劳动所必需的智能、兴趣、方法。为了实现这个目的，他主张在劳动学校中广泛开设职业课程，同时加强有关的知识课程的教学。

怀特海则进一步从理论上分析了技术教育与普通教育（或自由教育）的关系，以强调技术教育的重要性。他反对把技术教育与普通知识教育割裂开来的做法，认为"将技术教育与自由教育对立是荒谬的。没有一种充分的技术教育不是自由教育，没有一种自由教育不是技术教育。也就是说，一切教育皆传授技术及智能。说得更简单些，教育应该培养学生长于理解，善于动手"①。

新教育家们（特别是凯兴斯泰纳）对职业、技术教育的强调，固然有为资本主义社会培养熟练工人的意图，但从教育发展的历史来看，把职业、技术教育放到应有地位加以探讨，反映了现代社会发展对教育的新要求，也说明教育家对职业、技术教育认识的更新。众所周知，在漫长的历史时期中，职业、技术教育问题在教育思想中是不具重要地位的。

新教育家们不仅在学校教育和教学内容的安排上提出了一些新的见解，而且阐明了关于课程编制和设计的指导思想。就当时的认识水平而言，这些思想的提出不失为一种重要的创见。

从总体上讲，在课程的编制和设计问题上，新教育家们更为强调心理组织的作用。他们反对以成年人的愿望安排课程，反对单纯以学科逻辑作为编制课程的唯一依据。他们主张，学校教育和教学的一切内容、科目，都必须以儿童的心理特征和条件为基础加以组织。不仅所选择的教学内容必须符合儿童的心理需要，而且内容的设计与组织也必须与儿童的兴趣、经验等相一致（在这两方面，德可乐利在隐修学校的实践足以代表新教育家们的共识）。如果把这个问题与新教育家们关于教育、教学的组织与方法的见解联系起

---

① Alfred N. Whitehead. *Aims of Education*. New York: The Free Press, 1967, p. 74.

来，可以更为清楚地把握新教育家们思想的特点。

**四、论教育、教学的组织与方法**

在新教育家们的思想所涉及的所有问题中，教育、教学的组织和方法，是最受重视的问题。关于教育、教学的组织和方法的主张，也是新教育家们全部教育思想中最有特点、影响最大的内容。

在新教育家的思想中，教育和教学的组织与方法包含了一系列更为具体的问题：（1）学校的组织；（2）教育和教学的原则；（3）教学的组织形式和教学方法，等等。

（一）学校的组织

学校的组织，是新教育家们非常重视的问题。事实上，从教育发展的角度来看，只是从新教育运动开始，学校的组织才真正成为教育思想家们认真考虑的问题。

德可乐利结合其创办隐修学校的实践，进一步从理论上阐明了学校组织的原则和方法。他认为，一所学校招收的学生人数不宜过多，学校应实行男女同校。他主张建立家长委员会，让学生家长参与学校工作的管理。他强调学校应当使学生学会自律、自治，并努力发展学生的团体精神。为此，学校应经常举办各种形式的团体活动，举办演讲会，鼓励学生积极主动地参与，发挥首创精神。

在学校的组织方面，凯兴斯泰纳提出了较为系统的思想。他为劳动学校规定了三项基本任务：（1）职业陶冶；（2）职业陶冶的伦理化，即使学生理解职业工作对国家的意义；（3）团体的伦理化，即使学生学会在团体中从事共同工作的意识和能力。在此基础上，凯兴斯泰纳全面论述了劳动学校的组织问题。他指出，劳动学校必须制订切实可行的教学计划，建立相应的劳动教学的设施，如工场、实验室、农场、缝纫室，等等。学校应当建立各种"工作团体"，使学生在团体共同的劳动中接受教育。

凯兴斯泰纳还就补习学校的组织管理工作，提出了一系列观点。他认为，补习学校的主要任务有二：一是进行职业技能的训练，二是进行公民教育。以此为基础，他根据强迫与自愿相结合的原则，提出了补习学校的工作计划。他把补习学校的教育划分为低级和高级两个阶段。低级阶段的教育对象为14至17、18岁的学徒工。这个阶段的教育是强迫性的。在这个阶段中，教育的基本宗旨是培养青少年持久、自觉学习的愿望。高级阶段的教育的对象是17、18至20岁的青年。这个阶段的教育是自由的，学生可以自由选择不同的教育形式。凯兴斯泰纳还具体阐述了补习学校的教学计划，主张在补习学校进行技术教学、理论教学，实际的公民训练和理论的公民训练。

此外，他还进一步分析了进行补习教育的内、外部条件，主张改善青年工人的生活、工作、居住条件，改革学校的内部设施和教育计划。在19世纪末、20世纪初，凯兴斯泰纳所提出的劳动学校和补习学校的方案，是最为具体、详尽并切实可行的，因而对德国等国的教育实践产生了重要影响。

从总体上看，尽管新教育家们在许多问题上的见解并不一致，但在学校的组织管理方面，他们思想的共性都远远大于差异。重视学校各项工作的有序安排，强调教育和教学活动的计划性，注重学校环境的选择，对教师和学生及其团体的严格管理，等等，都是新教育家们的思想及实践为现代学校管理留下的宝贵财富。

（二）教育和教学的原则

新教育家们不仅对学校的组织问题进行了一定的探讨，而且非常广泛地研究了教育和教学的原则，特别是教学组织形式和教学方法等问题。从其思想的逻辑来看，他们在这些问题上的见解是以其对教育和教学活动所应遵循的基本原则的理解为依据的。尽管在一些具体的细节方面，新教育家们对教育和教学的原则的理解存在差异，但在基本方面，他们的认识是相近乃至一致的。

1. 尊重儿童的自由

新教育家们强调的第一项教育和教学的基本原则是，学校的教育和教学工作应充分尊重儿童的自由。把自由当做教育中的核心概念，是新教育家思想的一大特点。爱伦·凯在其带有预言性的著作《儿童的世纪》中，严厉批评了传统学校中教师对儿童的过多干预和限制，认为这种做法是"滑稽可笑的，毫无意义的"。她主张，教育者应当允许儿童按照自己的意志和思想从事各种活动（包括学习和劳动），并努力创造一种有利的环境，使儿童能够自由活动。儿童的自由活动是其健康发展所必不可少的重要条件。

蒙台梭利进一步阐发了关于儿童自由的见解。她认为，在儿童身上，存在着一种强烈的、天赋的内在潜力，它规定和制约着儿童的成长与发展。这种内在潜力的不断展现，构成了儿童的发展。她指出："无论是物种还是个体，发展的起因都存在于自身之中。儿童并不会由于养育，由于呼吸，由于被置于适宜的温度之下而生长。他的生长是由于内在生命潜力的发展使生命力呈现出来，他的生命力就是按照遗传确定的生物学的规律发展起来的。"[1]而儿童的生命力则是通过自发冲动表现出来的。这种自发冲动的外在形式就是自由活动。由于这个原因，在儿童的发展和对儿童的教育中，自由活动就

---

[1] Maria Montessori. *The Montessori Method*. Eng. trans. by Anne E. George. New York: Schocken Books Inc., 1964, p.105.

具有至关重要的作用。蒙台梭利主张，教育者应当为儿童创造一个自由活动的环境，使儿童根据自己的内在需要从事各种活动，选择各项作业。只有在自由的活动中，儿童才能真正体验到自己的力量，从而获得不断发展的强大动力。

与其他新教育家相比，在儿童自由的问题上，尼尔持一种更为激进的见解。尼尔认为，现代教育是一种"以禁止为能事"的教育。这种教育是建立在"成人关于儿童应当是怎样的人和儿童应当如何学习的看法上的"。① 它用课程、课桌限制儿童的自由，使儿童盲从权威、"唯命是从"。针对这种现象，尼尔强调应当"还儿童以自由"。他主张，教育应以培养具有自由意志的人格为目的，使儿童能够充分发挥自己的才能。为了实现这个目的，教育者应当"撇开权威，随儿童自己去，禁止对他们作威作福，不要教他们，不要对他们说教，不要提高他们的道德水平"，总之，"不要强使他们做任何事"。② 尼尔认为，儿童只有处于真正自由的气氛中才会感到幸福，才能真正得到发展。因此，真正适合儿童的教育只能是自由教育。在这种教育中，儿童通过自我教育，逐步形成自由意志、形成健全的人格。

应当指出的是，虽然新教育家们都强调把儿童的自由作为教育和教学工作的基本法则，但他们并未因此把自由绝对化。事实上，几乎每一位新教育家在强调自由的同时，又都强调纪律的重要性。更为重要的是，与近代教育家不同，新教育家们通常都是在自由与纪律相互联系的基础上探讨自由问题的。蒙台梭利指出，儿童的自由与纪律并不是完全对立的。真正的自由并不是随心所欲、恣意妄为。真正的纪律也不是"通过命令、说教或任何寻常的维持秩序的手段而获得"的。她认为，自由与纪律是相互联系的，"自由与纪律是同一事物不可分离的部分——就像一枚铜币的两面一样"。她指出，真正的自由是有一定界限的，"儿童的自由应以集体利益为限度，以我们通常认为的良好教养为行为规范"。另一方面，蒙台梭利认为，真正的纪律必然来自儿童的自由活动。她曾把儿童的自由活动进行划分，认为只有身心协调一致的活动才是真正的自由活动（这种活动被称为工作）。她说："真正的纪律是通过工作第一次显现出来的。到了某一时刻，儿童对一项工作有了强烈的兴趣，我们从他脸上的表情和长时间全神贯注于一项活动就可以看出：这个儿童已走上了纪律之路。"③ 正因如此，她明确指出："纪律必须通过自

---

①② A. S. Neill. *Summerhill: A Radical Approach to Child Rearing*. New York: Hat Publishers, 1960, pp. 4, 297.

③ Maria Montessori. *Discovery of the Child*. Eng. trans. by M. Joseph Costelloe, S. J.. New York: Fides Publishers, Inc., 1967, p. 304.

由而来。"即使如尼尔那样对自由持激进观点的教育家,他也没有简单地排斥纪律。尼尔把自由划分为两种,一种是社会意义上的自由,一种是属于个人的自由。他指出,后一种自由是每个人都平等地享有的,但前一种自由却是任何人都不(也不应)具有的。这是因为,前一种自由涉及他人的权利,而后一种自由只与个人有关。他所倡导的只是后一种自由。但即使如此,尼尔仍然认为,自由不等于放任。为此,他强调儿童自我调节和自律能力的培养。

2. 重视儿童的兴趣

新教育家们所强调的第二项教育和教学的基本原则是,重视儿童的兴趣。怀特海认为,无论在儿童的发展还是在对儿童的教育中,兴趣都具有至关重要的作用。他指出:"没有兴趣,就不会有进步。快乐是唤起活生生的有机体去适应自主发展的天然方式……痛苦无疑只是唤起有机体活动的一个次要手段,仅仅在快乐减退的时候才出现。快乐是生命冲动正常而健康的刺激力量。"① 为此,他强调,教师进课堂要做的头一件事,就是要使他班级的学生都乐于留在那里。

德可乐利更为全面地论述了兴趣及其在教育中的意义。德可乐利思想的一个突出特点是,从生物学和心理学的角度出发,把儿童的需要和兴趣相联系。他指出,儿童有四种基本需要:(1)营养的需要;(2)保护自己不受自然力伤害的需要;(3)自卫的需要;(4)工作及活动的需要。与这四种需要相对应,人有四种兴趣:(1)对食物的兴趣;(2)对寻求保护自己的基本要素的兴趣;(3)对防备敌人的兴趣;(4)对个人或团体工作(活动)的兴趣。

德可乐利认为,在儿童的心理活动中,兴趣具有非常重要的作用。他说:"兴趣是一个水闸,用它开启注意的水库,并使注意有了方向。它也是一种刺激,脑力依赖它而冲出。"从这段话中,还可看到德可乐利的另一个思想,即兴趣并不是孤立的,它与儿童其他的心理活动存在着密切的联系。他说:"我们不要忘记儿童的兴趣,它绝不同于成人的兴趣。我们如果想利用儿童的兴趣,就必须认识儿童。要引起儿童的兴趣,首先必须了解儿童现在的精神状态,认识儿童心理的内容;其次必须准备必要的材料。当这些材料呈现在儿童面前的时候,又必须顾及人类精神的分析能力和同化能力,因为,实际上,人类精神正是赖此比较过程来表明各物的关系并把各物综合起

---

① Alfred N. Whitehead. *Aims of Education*. New York: The Free Press, 1967, p. 49.

来的。"①

以上述认识为基础，德可乐利认为，儿童的兴趣是通过对社会和自然环境的认识而满足的。既然如此，旨在促进儿童认识的教育和教学活动，必须以儿童的兴趣为中心。从儿童的兴趣出发，设置和编制课程，建构教学过程。

3. 重视儿童的主动活动

新教育家们所强调的第三项原则是，教育和教学工作应重视儿童自身的主动活动。与强调儿童的自由和兴趣相联系，新教育家们普遍反对让儿童处于静听的状态、被动地接受知识，而主张让儿童主动地活动，在活动中主动地学习知识。蒙台梭利强调："活动、活动、活动，我请你把这个思想当做关键和指南；作为关键，它给你揭示了儿童发展的秘密，作为指南，它给你指出了应该遵循的道路。"② 她进一步认为，活动之所以重要，是因为通过活动，可以使儿童的内在需要得到满足，从而推动儿童的正常发展。与此相联系，蒙台梭利具体分析了活动对儿童成长和发展所具有的作用。她指出，活动有助于儿童肌肉的协调和控制，有助于培养儿童的独立性和意志。

沛西·能也认为，在对儿童的教育中，活动具有特殊的意义。他指出："教育的真正目的是积极的、在于鼓舞自由的活动，而不是消极的、在于限制或抑制这种活动。"③ 只有通过活动，才能使儿童的个性得到充分、全面的展现。因此，学校的主要任务不在于传授知识，而在于通过活动使儿童受到训练。即使是知识的教学，也必须以活动为基本方法进行。他说："课程的一切部门都要作为活动来进行教学。"④

怀特海进一步把活动理解为对知识的实际运用和发展、创新。他批评传统学校存在的单纯传授知识的弊端，主张把对知识的应用当做教育和教学过程的核心。他说："理论性概念应该总是在学生的课程中得到重要的应用……这个理论本身就包含着一个使知识保持活力和防止知识僵化的问题，这是一切教育的中心问题。"⑤ 他指出："为了教育的成功，必须永远使接触到的知识有一种新鲜感。它要么必须本身就是新的，要么必须在新时代新情

---

① 〔比利时〕德可乐利著，崔载阳译：《比利时德可乐利的新教育法》，上海中华书局1932年版，第26～27页。

② E. M. 史坦丁著：《蒙台梭利：她的生活和著作》，1962年英文版，第230页。

③④ 〔英〕沛西·能著，王承绪、赵端瑛译：《教育原理》，人民教育出版社2005年版，第255、273页。

⑤ 王承绪、赵祥麟编译：《西方现代教育论著选》，人民教育出版社2001年版，第118～119页。

况下的应用上有所创新。"①

从新教育家们的思想和实践来看,强调活动的教育作用,是一个基本的共同点。他们所理解的"活动",既受到卢梭等近代教育家思想的影响,又有所创新。新教育家们所理解的活动,既包括外在的、身体的活动(如体育、游戏、手工劳动),也包括内在的、智力的活动。另一方面,他们主要是把活动作为一种教育和教学工作的手段,当做实现教育目的的重要途径。在这方面,新教育家的一个突出贡献是把活动的作用从单纯的掌握知识和发展能力扩展到儿童全部人格的发展。再一方面,他们通常都强调活动的计划性,要求对儿童的各种形式的活动进行合理的安排。所有这一切,使新教育家们关于活动的见解具有了新的意义。

4. 重视儿童个人经验的作用

新教育家们所倡导的第四项基本原则是,重视儿童个人的经验在教育和教学中的作用,因而要求教育与儿童的实际生活相联系。

爱伦·凯主张,应当使儿童在实际生活中经受磨炼、接受教育,以便让他们获得与日常生活相一致的经验。她说,应该让孩子时时刻刻与人生的实际经验相接触;玫瑰花要让他玩,刺可不要摘去。她进一步认为,凡是可以让儿童自己去体验、经历的事物,一定要让他去亲自体验,成人既不要去阻止,也不要设法用间接的事物去替代。她认为,这种直接的经验,可以使儿童体验生活的法则,从而受到真正的教育。

与爱伦·凯一样,蒙台梭利也十分强调儿童个人经验的作用。出于这种考虑,在她的儿童之家中,实际生活技能的练习占有非常重要的地位。她认为,让儿童在现实生活中掌握实际生活的技能,不仅有助于训练儿童的机体,而且有益于培养独立的人格。

德可乐利认为,学校应当首先关心生活,应当为现代社会培养具有从事各项工作和解决实际问题能力的新人。为此,学校必须与社会保持密切的联系,使儿童了解现实的社会生活,认识自己所处的自然环境和社会环境,懂得现代生产的基本状况。只有这样,新学校才能真正具有活力,使儿童健全地发展。他说:"学校如能使儿童为现代生活做准备,那么,它即可达到普通教育目的;学校如能在实践上使儿童接触一般生活,尤其是社会生活,那么,学校的这种准备即能成功。"② 强调自由、兴趣、活动和个人经验,反

---

① A. N. Whitehead. *Aim of Education*. New York: The Free Press, 1967, p. 147.

②〔比利时〕德可乐利著,崔载阳译:《比利时德可乐利的新教育法》,上海中华书局1932年版,第15页。

映了新教育家们对儿童及其心理发展的认识。他们关于教学的组织形式与方法的一系列主张，都是以这种认识为依据而提出的。

（三）教学的组织形式与方法

从总体上看，新教育家们关于教学的组织形式和方法的见解，与近代教育家们的认识存在着很大的差异。如果说近代教育家通常都把教学组织形式和方法当做获得知识和发展理性的手段，那么，新教育家们则更多地把它们看作是儿童多方面发展的重要条件。

在教学组织形式上，新教育家们虽然没有一概排斥班级授课制，但他们更为重视的是个别化或个性化的教学方式。蒙台梭利认为，儿童之间存在着显著的个性差异，这就决定了儿童具有不同的内在需要。因而，在教学工作中，应采用"个别作业"的形式，使每一个儿童能够根据自己的需要和作业速度，自由选择作业，确定作业的完成进度。

德可乐利则主张实行分组教学。他认为，应当根据儿童的生理年龄和心理年龄，对儿童进行分组，每组人数为20—25人。他虽然多少接受了传统的班级授课制的形式，但强调教室不应只是学习和教学的场所，而且应成为儿童活动、交流的地方。

尼尔则首创了"个别课"（private lessons）的教育方式。这种方式虽然不是通常意义上的教学组织形式，但它所渗透的思想反映了尼尔对教育和教学组织的认识。由于受弗洛伊德等精神分析学派心理学家的影响，尼尔尝试用心理分析、心理诊断的方法进行教育工作，为此创制了"个别课"。个别课的基本目的是消除儿童心中所有的"因道德和恐惧而来的情结"，以解放儿童，加速儿童对自由的适应。这种方式的主要内容是，通过教育者与被教育者之间个别的、完全平等的谈话，从而对被教育者的内心产生积极的影响。

如果说新教育家们在教学组织形式方面并未提出系统的理论，那么，他们在教学方法上却形成了非常丰富的思想。

新教育家们继承并发展了近代教育家关于教学方法，特别是直观教学的主张。他们运用实验心理学的研究成果，进一步丰富了直观教学方法。这尤其反映在蒙台梭利关于感观教育的见解中。

蒙台梭利强调对儿童进行感官训练。她认为，感觉是人与环境接触的唯一途径，是观察力的组成部分。不仅如此，感觉还是各种高级心理能力（分析、比较、判断）的基础，是智力发展的第一步。为了进行感官教育，蒙台梭利把感官作了进一步的划分。例如，把触觉具体分为对冷热的感知、对轻重的感知和对厚薄大小的感知，等等。在此基础上，蒙台梭利设计了各种教具，儿童通过操作教具，达到训练感官的目的。

与裴斯泰洛齐和赫尔巴特等近代教育家一样，蒙台梭利并不把感官训练作为教育和教学的目的。她认为，观察虽然重要，但必须进一步上升到智力的训练。这种把感官与智力相联系的主张，在德可乐利的教学法中得到了进一步的阐述。

德可乐利根据心理学的研究成果，提出了教学的三步骤：(1) 从兴趣引发感觉经验；(2) 通过联想形成和发展观念；(3) 用具体或抽象的表达方式进行实验和解释。这三个步骤可简化为：观察、联想和表达。

观察　是指儿童对具体事物的直接感知，是儿童智力活动的基础。德可乐利认为，观察的目的在于使儿童习惯于注意周围现象，寻找事物的原因，验证它们的结果；使儿童用具体的方法获得关于生活的复杂观念；通过研究各种具有代表性的生物，使儿童逐渐获得关于动植物和人类演化的知识。他强调，在观察阶段，教师应鼓励儿童运用科学方法，通过以兴趣为中心的教学方案，使儿童获得对事物整体的了解。

联想　联想就是在观察的基础上，对观察所获得的资料进行加工、整理。德可乐利认为，联想就是思维，通过联想，可以使儿童过去所获得的知识，与观察的资料相联系，从而扩大儿童的经验，激发儿童的想象力和好奇心，进而理解事物的本质。他强调，在联想阶段，教师应当提供必要的联想因素，启发儿童自己进行分析、概括。

表达　表达就是儿童把所获得的知识加以具体的运用和表现。德可乐利把表达活动分为两类：一类是具体的表达，即剪纸、绘画等手工活动；一类是抽象的表达，即阅读、作文等语言活动。德可乐利的教学系统（特别是前两个步骤）与赫尔巴特教学形式阶段有一些相似之处，如强调直观的基础作用，强调感觉经验与一般概念的联系，等等。但是，如果进一步分析，便可以看到，二者之间的差异是更为基本的。首先，根据德可乐利的观点，在教学过程的各个阶段，学生都处于主动、主导的地位，教师的工作是引导、辅助性的；而在赫尔巴特的教学阶段中，教师居于主导地位。其次，赫尔巴特虽然也强调知识的运用，但这种运用主要是通过作业进行的，其目的是为了巩固知识；而德可乐利所强调的是儿童通过自己的活动表达、应用知识，达到发展创造性的目的。这种差异不仅存在于德可乐利和赫尔巴德的思想中，而且广泛地存在于新教育家与近代教育家的主张中。事实上，重视活动在教学中的作用，强调儿童的表现，是新教育家思想的一个基本特点。

此外，启发式、游戏、思维训练等，也是新教育家们所强调的教学方法。在这些方法上，新教育家更多地是继承了近代教育家（特别是裴斯泰洛齐和福禄培尔）的思想。

## 第四节　新教育运动的历史贡献

无论从什么角度来看，新教育运动都不应当被忽视。从历史的角度来看，新教育运动在西方教育思想乃至整个西方教育的发展进程中，都具有非常重要的意义。

第一，新教育运动一方面继承了西方教育传统中的某些思想要素，另一方面则对这种传统中不适应现代社会要求的内容进行了全面的批评、指责。这不仅表现了新教育家们所具有的理论和实践的巨大勇气，更为重要的是，它从一个特定的角度总结了西方教育自近代以来的全部发展成果，促使人们对教育传统进行深刻的反思，从而对传统进行批判性、创造性的"重构"。在19世纪末、20世纪初西方社会正发生重大变革的重要时刻，这种对教育传统的全面反思，是极为必要的。它事实上构成了20世纪西方教育发展的重要起点。另一方面，对西方教育传统的全面反思，同时也是对教育现象进行重新认识的组成部分。就此而言，这种反思从特定的方面推动着人们对教育现象的认识，由于这两个原因，可以断言：新教育运动中产生的对西方教育传统的批评，虽然有过激、片面之处，但总的来说，是建设性的。

第二，在批判西方教育传统的基础上，出于对社会变化的高度敏感，新教育家们提出了一系列教育主张、思想和理论。从当时的认识水平来看，他们的思想在总体上是"新"的。这主要表现在，他们一方面继承了卢梭、裴斯泰洛齐和福禄培尔等近代教育家的思想，强调儿童的兴趣、活动、自由、个人经验在教育中的重要性，赋予这些旧概念以新的含义，并就教育工作如何进一步符合儿童的心理和要求，提出了一系列新的主张。另一方面，在对儿童心理中非理性因素的认识，活动教学的组织和教学内容的安排等方面，新教育家们的见解都是很有特色的。从这个意义上讲，新教育思想标志着西方教育思想的发展达到了一个新的阶段。事实上，当代世界教育界所熟知的大量教育概念和术语，主要来自新教育运动和美国的进步教育运动。在某种程度上，新教育家们的思想是西方现代教育思想的最初形态。

第三，新教育家们不仅从理论上阐明了对现代教育的见解，而且努力把这些见解具体运用到教育实践中。他们所创办的一系列新学校，提供了探索现代社会条件下教育全面改革的一种模式。新学校的意义并不在于它是否或多大程度上证明了新教育家们所提出的思想，也不在于它存在了多长时间、培养了多少学生，而仅仅在于它是一种新的尝试、一种探索。新学校的成功与失败对后人的价值，是同样重要的。

第四,新教育运动中所形成的思想和实践,对 20 世纪欧美国家的教育发展产生了广泛和深刻的影响。从 19 世纪末到第二次世界大战爆发前的近半个世纪中,西欧各国教育界所发生的一系列重大变化,都与新教育运动具有不同程度的关联。著名的实例有:1919 年,德国颁布新宪法,其中第 148 条明确规定,公民教育和劳动教育为初等学校的必修科目。1920 年,德国教育大会进一步就劳动教育的实施形成决议,从而使凯兴斯泰纳的理论法律化、政策化。再如,1929 年,在荷兰成立的以推广蒙台梭利儿童教育理论为宗旨的"国际蒙台梭利协会",其个人会员和团体会员遍布世界各地。其他许多新教育家和新学校实验也都产生了不同程度的影响。

从发展的角度来看,新教育运动影响的意义主要在于,它逐步改变了人们的教育价值观念,改变了人们原有的对儿童、知识、教学、课程等的认识,从而改变了对教育整体的认识,并相应形成了一系列新的思想观念。在这个意义上可以说,新教育运动为构造现代的教育认识和评价体系,做了重要的、建设性的工作。因此,新教育联谊会的更名和新教育运动作为一场运动的结束,并不说明新教育运动的失败,而只能说明它的思想观念已逐步得到认同,成为一种共识。也正因如此,说明新教育运动所具有的深刻的历史意义。

作为一场大规模的、历时半个多世纪的教育革新运动,新教育运动本身也存在不少缺陷、局限乃至矛盾。首先,新教育家们在强调儿童需要、冲动、本能的同时,不可避免地陷入了教育生物学化的泥淖。这种局限主要存在于沛西·能的思想中,但也反映了新教育家们观念中的一个普遍倾向。其次,新教育家们虽然也强调合作、社会关系,但在相当长的时间里,他们思想的重心是在个人发展上。这虽然是西方思想和文化传统的表现,但在客观上也反映了思想上的片面性。再次,新教育家们所注重的是未来统治者的培养,他们所倡导的是一种精英教育。这实际上是近代教育传统的继续,而与现代教育的趋势相背,因此,新教育家在批评西方教育传统时,仍然保留了传统中并非精华的成分。最后,在新教育运动中,始终存在着一些没有很好解决的矛盾:理性与非理性因素的矛盾、对科学教育的重视与对主智主义的抨击、科学教育与人文教育的矛盾、儿童自由与学校教育工作的严密计划和组织的矛盾、儿童主动性与教师工作的矛盾、活动与系统知识的矛盾、发展个性与社会合作的矛盾,等等。这些矛盾的存在,直接或间接地制约了新教育运动的发展。

**【要点小结】**

新教育运动是一场旨在改造旧教育、建立新教育的教育革新运动。以批判改造旧学校和旧教育为出发点，新教育家们依据不同的理论，从不同的角度探讨了现代社会发展对"新人"培养的需要、"新人"培养的内容、环境和方法，提出了以儿童的兴趣、个性、人格发展为教育的主要目的以及与此关联的课程理论、教学理论和学校组织理论。在20世纪前期，新教育运动是西方世界最为重要的教育革新运动。就其对20世纪西方教育发展的影响而言，新教育运动构成了西方现代教育的基础。

**【思考与练习】**

1. 新教育运动兴起的主要背景是什么，它与新教育运动的实践与理论有何联系？
2. 新教育运动中著名实验的异同是什么？
3. 新教育运动基本理论的核心是什么？
4. 新教育运动与现代西方教育发展的关系是什么？

**【参考文献】**

1. 〔美〕雷蒙德·保罗·库佐尔特、艾迪斯·W. 金著，张向东等译，王连瀛等校：《20世纪社会思潮》，中国人民大学出版社1991年版。

2. 〔英〕彼得·沃森著，朱进东等译：《20世纪思想史》，上海译文出版社2006年版。

3. 〔美〕罗兰·斯特龙伯格著，刘北成、赵国新译：《西方现代思想史》，中央编译出版社2005年版。

4. 〔英〕安东尼·阿巴拉斯特著，曹海军等译：《西方自由主义的兴衰》，吉林人民出版社2004年版。

5. 〔美〕迈克·亚达斯等著，大可等译：《喧嚣时代：20世纪全球史》，生活·读书·新知三联书店2005年版。

6. 郑惠卿选译：《凯兴斯泰纳教育论著选》，人民教育出版社2003年版。

7. 〔英〕沛西·能著，王承绪、赵端瑛译：《教育原理》，人民教育出版社2005年版。

8. 〔德〕拉伊著，沈剑平、瞿葆奎译：《实验教育学》，人民教育出版社2005年版。

9. 〔意〕蒙台梭利著，任代文主译校：《蒙台梭利幼儿教育科学方法》，人民教育出版社2001年版。

10. 〔澳〕W. F. 康内尔著，张法琨等译：《20世纪世界教育史》，人民教育出版社1990年版。

11. 吴式颖、任钟印主编:《外国教育思想史》第9、10卷,湖南教育出版社2002年版。

12. 赵祥麟主编:《外国教育家评传》第2、3卷,上海教育出版社1992年版。

13. 赵祥麟主编:《外国现代教育史》,华东师范大学出版社1987年版。

# 第十二章　进步主义教育思想

**【内容提要】**

进步主义教育思想是指产生于19世纪末并持续至20世纪上半叶的美国的一种教育思潮，它既不同于欧洲的新教育运动，也不同于美国的改造主义。杜威、克伯屈、博德等人为其重要代表人物。进步主义教育思想对于世界各国教育产生了深刻而久远的影响，具有鲜明的进步意义，但在发展过程中以及在实践中也出现了带有许多浪漫主义色彩的偏激思想和偏激行为，导致了来自内部和外部的各种批评，并最终导致了进步主义教育运动的失败。本章首先介绍进步主义教育思想产生的社会背景，然后依序阐述进步主义教育家的教育思想，尤其是其代表人物杜威的教育思想，最后总结进步主义教育思想的特征与得失。

**【学习目标】**

1. 了解进步主义教育思想产生的社会背景。
2. 掌握杜威的教育目的论、课程论、教育方法论、德育论等思想。
3. 理解其他进步主义教育家的主要思想及其相互关系。
4. 掌握进步主义教育思想的基本特征与历史贡献。

**【关　键　词】**

进步主义　昆西教学法　《民主主义与教育》　葛雷制　设计教学法　道尔顿制

# 第十二章 进步主义教育思想

## 第一节 进步主义教育思想产生与发展的社会背景

### 一、进步主义教育的含义

有人认为进步主义教育不仅包含美国的进步教育,而且还包括欧洲的新教育,将欧洲的一些教育家如蒙台梭利、凯兴斯泰纳、德可乐利等皆纳入进步主义教育家之列,将"进步教育"和"新教育"看成两个可以互换的、对等的概念。① 本书将进步主义教育的地域仅限于美国,将19世纪末到20世纪上半叶的美国教育改革运动称为进步主义教育运动,而将同时期的欧洲的一些教育改革运动称为新教育运动,因为本书认为,尽管二者在基本精神上是一致的,但由于产生于不同的地域,其产生背景、发展轨迹有许多差异之处,将二者分开陈述有益于清晰地说明问题。

即便如此,还有一些问题需要澄清。有人认为杜威是"进步主义教育运动之父"②,进步主义教育哲学是实用主义应用于教育的产物。③ 也有人对此持异议,认为进步主义的产生较实用主义为早,杜威不是进步主义教育的前驱,尽管其教育哲学对进步主义教育运动有很大的推动作用。④ 美国教育哲学教授乔·伯内特(Joe R. Burnett)甚至说:"如果有人认为杜威是进步教育之'父'、'祖父',或'老一辈的政治家',并且认为进步教育工作者是杜威思想的解释者和运用者的话,那么这是对杜威的严重的歪曲。"因为"在约翰·杜威还没有对教育思想作出贡献之前,形成进步教育的大量的思想就有了充足的依据,并且被广泛传播"。进步主义教育家克伯屈也认为进步主义运动本身的历史要悠久得多。美国教育学者布鲁巴克认为进步主义的哲学基础"与其说是实用主义不如说是浪漫的自然主义","进步教育的主要信条不是渊源于杜威和他们的信徒,而是渊源于卢梭及其弟子们"。浪漫自

---

① 参见〔澳〕W. F. 康内尔著,张法琨等译:《20世纪世界教育史》,人民教育出版社1990年版,第246页。

② 瞿葆奎主编,马骥雄选编:《教育学文集·美国教育改革》,人民教育出版社1990年版,第220页。

③ 参见〔美〕理查德·D. 范斯科德著,北京师范大学外国教育研究所译:《美国教育基础》,教育科学出版社1984年版,第57页。并见陈友松主编:《当代西方教育哲学》,教育科学出版社1982年版,第70页。

④ 参见〔英〕博伊德、金著,任宝祥、吴元训主译:《西方教育史》,人民教育出版社1985年版,第398~399页。

然主义早在 19 世纪 40 年代就由贺拉斯·曼和亨利·巴纳德带入美国，当杜威开始探讨教育问题时，浪漫的自然主义就已处于支配地位了。伯内特认为，杜威和浪漫的自然主义之所以会走到一起，主要是因为他们有共同的敌人——传统教育。基于此，伯内特将进步主义分为实用主义的进步主义与浪漫主义的进步主义。① 这说明杜威和别人一般所理解的那种儿童中心主义的进步主义是既有联系又有区别的。

杜威是进步主义教育的理论大师，"他的著作推动着进步教育运动向前发展，但是进步教育运动并不总是严格忠实于杜威的本意"②。从杜威本身看，他也是将自己的理论与进步主义教育实践、与另外一些进步主义教育家的思想区别开来。尽管在《明日之学校》中杜威对进步主义学校的一些新观念、新方法大加赞赏，但在一些教育论文和《经验与教育》中对进步教育的一些偏激做法也作了深刻的批判。

有人对进步主义教育作了比较广义的阐释，将改造主义也纳入到进步教育之列。美国教育家万·梯尔（William Van Til，1911—2006）认为，进步主义教育运动包括两翼一个核心：一翼主要关注学习者个人的潜能，以克伯屈为代表；一翼主要探讨教育如何适应社会，如何促进民主，以康茨为代表；核心是从哲学的高度探讨民主教育和极权教育的价值，以博德为代表。梯尔认为"最接近于使个人、社会和哲学基础三者达到调和的思想家是非凡的杜威"③。这样就将杜威、克伯屈、博德等视为进步主义教育运动的主要代表人物，而且将改造主义亦纳入进步主义之列。美国教育学者罗伯待·梅逊亦持此观点。他认为美国哲学家皮尔士（Charles S. Peirce）、詹姆斯（W. James）、米德（George H. Meed）和杜威"系统地阐述了由进步主义者用之于教育的那些思想"，"有几位哲学家和学校领导人解释了这种理论，并将它直接应用于教育实践"。其中，华虚朋、克伯屈和拉格阐述了进步教育中儿童中心的重要性；康茨和布拉梅尔德强调教育的社会功能，是社会改造主义者；胡克（S. Hook）、博德、蔡尔兹（J. L. Childs）和劳普（R. Bruce Raup）"都是实用主义的解释者，他们致力于细致地、精确地发展那种强调科学方法和经验批判的教育内容和方法的思想，在这种思想中不存在

---

① 参见陈友松主编：《当代西方教育哲学》，教育科学出版社 1982 年版，第 182～184 页。

② Diane Ravitch, *Left Back: A Century of Battles Over School Reform*. New York: Simon & Sclucster, 2000, p. 59.

③ 瞿葆奎主编，马骥雄选编：《教育学文集·美国教育改革》，人民教育出版社 1990 年版，第 220 页。

儿童中心派和改造主义派所表现出来的那些极端的观点"。①

改造主义是进步主义教育分化和发展的产物，亦为一种重要的教育思潮，本书将在第十四章列专节讨论，而不把它划入进步主义之列。

### 二、进步主义教育产生的社会背景

进步主义教育运动是兴起于19世纪末延续到20世纪头20年的一场席卷全美的资本主义改革运动——进步主义运动的一部分。

19世纪末，美国完成了近代工业化，从一个发展中国家一跃而成为世界第一经济大国。工业化的完成，引起了社会结构的重大调整和社会面貌的深刻变化，带来了物质财富的巨大增长，但工业化也带来了一系列社会问题，具体表现在以下方面。

*经济生活混乱*　市场调节是资本主义经济的一个基本特征。由于缺乏统一的管理，市场调节弊端迭出，经济生活出现混乱。垄断公司奉行"工业专制"，主宰经济，使经济运行的健康环境遭到破坏；对自然资源进行肆无忌惮的破坏性开发和浪费性使用，使经济发展的物质基础大受侵蚀；伪劣产品充斥市场，消费者的利益得不到保障；大大小小的经济危机频频出现，而企业界自身对此却无能为力。

*政治危机加深*　大众政治意识淡漠，政府工作人员素质低下，少数大资本家恣意操纵政治，强奸民意。美国政界政风败坏、党魁擅权、富人干政，存在着严重的非民主、反民主趋向。美国民主制度徒有其表，徒具虚名，政治腐败充斥一切。

*贫富分化加剧*　尽管社会总财富奇迹般增值，但绝大部分财富集中在极少数人手中。虽然赤贫者仅占贫困人口的一小部分，但其他贫困人口的收入亦不足以维持家庭基本生活水准。贫困者主要集中在城市，且以工资劳动者为主体。在大城市，成群结队的穷人从各类慈善机构那里获得微薄的救济。他们居住的是破、脏、挤、暗的贫民窟和大公寓，不少人因无力支付房租而被扫地出门，流落街头。19世纪末20世纪初的移民浪潮更加剧了城市的贫困。移民们往往素质低下，身无分文，一时难以找到工作，聚居于贫民区，靠救济为生，使本来就十分严重的贫困问题雪上加霜。

*阶级对立尖锐*　当时美国工人阶级处境十分悲惨。工时长，工作条件恶劣，缺乏必要的劳动保护和安全条件，结果职业病流行，工伤事故频出；工资很低，终年劳碌尚不足以养家糊口；工人的组织工会为维护自己的权利所

---

① 〔美〕罗伯特·梅逊著，陆有铨译：《西方当代教育理论》，文化教育出版社1984年版，第70～71页。

作的斗争，也总是遭到压制。工人多次举行罢工，劳资关系紧张成为举国关注的重大社会问题。

**精神文化衰落** 对财富的追求和运用，包含着重要的文化因素，反映出一个社会的基本的价值取向。不择手段地为财富而追求财富，运用获得的财富来危害社会，拜金主义、极端个人主义盛行，是文化衰落的重要表现。工业化时期美国的"英雄人物"是那些发了迹的工业巨头，他们在企业经营上是成功者，但在道德上却遭到了失败，因为他们的发迹是通过压榨工人、使用童工、贿赂政客、浪费资源而获得的。这些发迹者不仅倚富傲贫，而且蔑视人类精神文化，认为物质财富高于精神文明，这些亦反映出精神文化的衰落。

上述这些问题归结起来不外两个方面：一是个人与社会的矛盾发展到极点，尤其是少数大资本家与广大工人的冲突发展到极点，达到了不控制个人行为就无法维系社会整体的地步；二是精神文明没有与物质财富同步前进，物质财富的增长反带来了精神文化的衰落，没有能成为改善社会整体的有力杠杆，经济发展与社会进步严重脱节。归根到底是一个问题：资本主义创造了物质与技术的进步，却使社会文化精神的发展相对滞后，导致了社会的失谐，物质力量不仅没能为社会服务，反倒成为社会进步的异化物。作为一场社会改革运动的进步主义运动就是在这一时代背景下产生的，其使命就是要解决上述棘手的社会问题。进步主义改革主要作了以下努力。

**经济方面的政府干预** 政府制定了反托拉斯法以反对经济垄断，增多了管理与监督经济的机构，大大强化了政府的调控职能。政府还制定了其他一系列法律，加强了对铁路运输、生活和健康用品的生产和销售、自然资源的利用以及货币银行制度的宏观管理。政府对经济的干预，不仅是一场经济改革运动，也是一场文化重建运动。干预的目的，是要为经济生活注入新的文化价值取向和道德观念，限制经济生活中的不道德现象，确立不同经济组织、不同利益集团之间的社会目标认同，从而建立适应工业时代社会生产的经济秩序。政府对经济的干预是进步主义运动的主要内容。

**政治方面的革新** 美国早期的民主理想已不适于大工业时代的社会现实，进步主义者要求改进资本主义民主制度，实行"新民主"。经过努力，美国在政治方面进一步实现了民主化，创制权、复决权、直接预选、民选参议员等直接民主措施出台，扩大了公民对政治过程的参与和对政府的监督，妇女的选举权也得到了宪法的保障。"城市之耻"（指市政管理混乱不堪，市政官员贪赃枉法，市政设施陈旧匮乏等）得到洗刷，联邦政府的权力得到加强，效率问题引起了普遍的关注，政府的效率、权威大大提高，更能有效地发挥管理与调节社会生活的作用。

## 第十二章 进步主义教育思想

**贫困状况的改善** 主要做了以下工作。第一，在贫民区建立安置所，为当地居民提供社会性、文化性和娱乐性活动的条件，改善当地的环境，提高居民的身心健康水平，而不仅仅是从物质方面关心穷苦人。第二，改造"大公寓"(tenement house)，改善贫民区的住房条件。第三，私人慈善活动和公共慈善事业得到发展，联邦开始重视社会贫困问题，移民的不幸处境也受到关注。

**新劳工政策的实行与阶级矛盾的缓和** 工人的一些政治权利（如罢工和工会的合法性）得到政府的确认，政府开始调解劳资纠纷，对比较突出的童工问题、女工问题、工时工资标准问题、工业事故赔偿问题，都采取了新的立法步骤，新的劳工政策使工人阶级的处境有较大改善。

**思想与道德观念的转变** 认为人类社会是不断进步的，人的理性可以推动社会的进步，是进步主义时代占主导地位的社会思潮，也是进步主义的核心。进步主义是一种充满乐观主义精神的社会心态，社会进化论、理性主义、环境改造论、人道主义与政治自由主义，构成进步主义精神的基本内容。进步主义者相信社会是由进化而趋于不断进步的，但他们反对那种认为人在自然面前无能为力的、机械的社会达尔文主义，认为对进化中出现的问题，人应当而且能够加以解决，对于那些不幸的社会成员，社会必须加以保护，严酷无情的自然选择式的竞争，只适用于动物界而不适用于人类；古典经济学家和斯宾塞笔下的那种在适者生存原则支配下的自然人与进化的观念，是不适应文明时代的。进步主义者认为，人不同于一般动物，人是具有理性的，人对事物的观察与分析能力、人对自身行为的调节与控制能力决定了人不仅能适应现时的环境，而且能够改造和改进现时的环境，从而不断推动社会进步，理性主义是进步主义的一个重要因素。在人与环境的关系问题上，进步主义认为，人与环境的关系是双向的，环境制约人的行为，人也可以改变环境。进步主义信奉人道主义，认为人是社会的基本存在，人的价值和人的权利应得到积极的维护，必须同情和关心那些不幸的人们。在政治上，进步主义者相信自由主义，主张一方面对社会问题采取主动的改革姿态，一方面又主张通过改革来维持美国的基本价值观念。进步主义的这些内容要素贯穿于美国社会的各项改革之中，构成改革的指导思想。

进步主义者反对唯利是图、极端个人主义的道德取向，要求复兴纯洁的道德，认为个人应关注他人利益和国家的未来，应正直勤奋地工作，并有高尚的个人精神生活。他们希图在一个物质发达的社会里，用伦理的力量来控制物质的力量，使物质与技术的进步服务于人的精神追求。他们提出了一个新的道德概念——新个人主义，并以之取代旧个人主义。个人主义是美国人最基本的价值观念，它为美国历史的发展作出了不容抹煞的贡献。但在 19

世纪下半叶，个人主义与社会达尔文主义、自由放任主义互为表里，相互推动，遂使一切都放任自流，社会控制极度衰弱，个人主义也成为自身的异化物。少数个人的垄断行为使大多数个人失去了个人自由和个人权利，漫无节制的竞争不仅扼杀了人的创造精神，而且使人失去自身的尊严和价值；人性的异化加深，广大产业工人的身心发展受到摧残，这说明个人行为与社会利益之间的冲突已达到了无以复加的地步。进步主义者提出新个人主义以解决个人与社会的冲突。新个人主义的特点就在于它不再将个人自由与个人权利绝对化，而把个人与社会看做相互依存的整体，用集体性的行动来弥补个人奋斗的不足，用合作互助来缓和无情竞争。

与新个人主义代替传统的个人主义相应，新自由主义亦开始取代传统的自由主义。传统的自由主义认为，个人自由是最可宝贵的，政府对个人自由干涉越少就越是好政府。19世纪末20世纪初，这种观念开始转变。新的自由主义登上历史舞台。人们呼吁政府对经济和社会事务进行干预，以维护和保护公民的个人自由与权利。

总之，进步主义运动是美国历史上一场广泛的资本主义改革运动，改革的目的是在资本主义已取得的巨大物质进步的基础上，推动社会的全面改善，创造出与物质繁荣相应的精神文化条件，重建遭到工业文明摧毁和破坏的社会价值体系，从而推动资本主义的顺利发展。因此，进步主义运动实质上是一场资本主义条件下的文化重建运动。① 进步主义运动取得了丰硕的成果，进步主义改革触及了资本主义制度的许多弊端，提出了不少美国社会必须正视的问题，这对于改善社会制度，维护社会和谐，具有相当的积极意义。

1917年美国参加第一次世界大战，举国遂关注战争与和平问题，政府政策也进入战时的运转轨道。进步主义者也因对参战的态度存在分歧而发生分化，进步主义改革的高潮趋向低落。因此，有的研究者将1900—1917年这一改革的高潮期称为进步主义时代。实际上，改革并不始于1900年，也不止于1917年，因为一场浩大的社会改革运动绝不会骤然而逝。

进步主义运动取得的成就是多方面的，进步主义教育运动只是其中的一个方面。进步主义教育运动就其发生而言，可以说与整个进步主义运动同步，但就其持续过程而言，较进步主义运动要长得多，因为教育相对于政治、经济而言，有其滞后性、独立性和长效性。它跟随其他社会改革之后，其他社会改革的高潮到来之时，其高潮尚未来到，而且教育改革的成效不像

---

① 参见李剑鸣著：《大转折的年代：美国进步主义运动研究》，天津教育出版社1992年版，第3页。

第十二章　进步主义教育思想

其他改革那样立竿见影，而是要历经较长时间方能看出。美国推动进步主义教育运动的组织——进步教育协会1919年始成立，进步教育运动在20年代进入黄金时代。进步教育协会1955年才宣布解散，其会刊《进步教育》1957年才停刊。

进步主义教育运动作为进步主义运动的一部分，决定了进步主义教育家不仅面临着独特的教育问题，而且面临着其他进步主义者同样面临的各式各样的社会问题，进步主义教育家对教育如何适应新的社会变化，对教育在解决各种棘手的社会问题中应发挥的作用等问题，都提出了自己的看法。

## 第二节　进步主义教育思想的产生和发展

### 一、进步主义教育思想的序曲

进步主义教育一开始就与进步主义运动有着密切的联系，就把视角投向广袤的社会，把焦点集中于社会问题的解决。简·亚当斯（Jane Addams，1860—1935）、里斯（Jacob Riis）和赖斯（Joseph Mayer Rice）等人的活动可视为进步主义教育的序曲。

亚当斯是美国女教育家、社会活动家。1889年她在芝加哥贫民区创办了美国成就最大的社会福利性质的安置所——赫尔会所（Hull House），她希图通过建立会所，在整个居民区建立起新的秩序与和谐，满足居民的需要。如果肮脏的大公寓里生满了跳蚤和虱子，亚当斯和她的同事就告诉这些移民怎样消灭它们；如果街头流浪儿和顽童对居民区构成威胁，安置所就把他们组织起来，给他们机会参加有组织的体育活动，并教育他们学手艺；如果母亲们不得不去做工，安置所将给她们的孩子提供全日制托儿所和幼儿园。赫尔会所还教移民们读、说英语，并建立了一些俱乐部供居民参加各种活动。

亚当斯力图改造城市社会，她的计划从最广的意义上讲是教育性质的，赫尔会所实际上是一个教育中心和文化中心。定期举办的各种讲座是会所活动的一个有机组成部分，一些社会名流常来此作演讲并参与其他工作，杜威就是会所的常客。会所的墙上挂满了著名的艺术品，还常常举办艺术展览。亚当斯认为工业化已成为美国文化和社会不可分割的组成部分，她感到很有必要让工人了解他们在整个工业系统中所起的作用。在他人的帮助下，1900

年她建立了赫尔会所劳工博物馆，目的是使人们更深刻地认识到劳工的重要性和各种工艺的作用。

亚当斯是个民主主义者，她声言创办赫尔会所的目的在于"为民主制补充社会功能"①，会所"是根据这样一种理论开办的，即各阶级的相互依赖乃是交互的"②。亚当斯认为，会所对穷人和富人都是有益的，通过交往和交流，有利于建立起一种新的共同的生活方式。她特别强调民主不仅是一种政治制度的形式，更是一种生活方式，一种真正有道德的和有人性的生活方式。亚当斯的民主观对杜威产生了深刻的影响。③

教育问题与社会问题有着密切的联系，以赫尔会所为代表的安置所的一些做法对公立学校的改革起了一定的推动作用，如纽约一家安置所曾要求市政当局配置校医以保证学生的健康地发育成长。

一些人将教育问题与城市改革结合起来看，里斯就是其中之一。他于1870年从丹麦移居美国，1877年成为《纽约论坛》的记者。里斯的著述主要反映移民问题。1890年他出版《另一半人怎样生活》（How the Other Half Lives），以其亲身体验描绘了移民的悲惨生活，引起了人们对移民的不卫生的居住条件、微薄的工资收入等问题的关注。里斯尤其关注移民儿童问题，作为一个环境决定论者，他认为恶劣的生活环境对于纯洁无瑕的儿童的精神发展有害无益。他指出恶劣的城市环境正侵蚀着美国的民主制度，而不安定的家庭、破烂不堪的学校以及不卫生的生存环境更使本已不清明的政治更显得腐化。他在这本书中写道："一个人绝不能像猪一样地活着而像人一样去投票。"教育环境和生活环境的改善在里斯看来是城市改革的关键。他认为公立学校里学生拥挤不堪、教室阴暗且光线不足、教学设备奇缺、课程极端狭窄，很不适应贫苦儿童的需要。里斯要求改善居民区的生活环境，改善学校的办学条件，他希望将学校建成为社区的中心，希望学校在周围社区的改造中起重要作用。

里斯非常热衷于工业学校的建立，认为工业学校可以架通存在于贫民区与公立学校之间的鸿沟，可以将移民文化与美国文化相互联结起来，能促进移民子女的美国化，把他们培养成良好的公民（good citizens）。里斯将工业化问题、移民问题和美国化问题在实质上看成是一个教育问题。里斯对儿童所生活的恶劣的家庭、学校和社区等环境的揭露为学校改革做了舆论准备。

---

①② 李剑鸣著：《大转折的年代：美国进步主义运动研究》，天津教育出版社1992年版，第182、176页。

③ 参见〔美〕简·杜威著，单中惠编译：《杜威传》，安徽教育出版社1987年版，第35页。

第十二章　进步主义教育思想

虽然里斯的思想观念并不新奇，但他是一个优秀的宣传家，他利用作为记者的职业优势将亟待改革的教育现状活生生地摆在人们面前，催人思索改革良策，实施改革措施。

与里斯不同的是，赖斯主要关注学校的组织和课程问题。赖斯是一位儿科医生，1888—1890年在德国学习教育学和心理学，回国后写了一系列有关教育问题的文章。他具有较强的实践精神，对公立学校的方方面面作了深入的考察，他仔细察看教室情况，同学生、教师和家长谈话，同校董会和学校管理人员交流意见。1892年1月到6月，他先后参观了36个城市的学校，同多名教师作了交流。他的见闻被报纸《论坛》(The Forum)连载后，引起了教育家和公众的激烈争论。

赖斯认为当时的学校领导人员观念陈旧，学校教学方法落后。他举例说，某个学校的校长居然认为儿童完全不应当有他们自己的知识和经验，学校的目的在于训练记忆知识的能力，以备需要时可以毫不犹豫地、鹦鹉学舌般地背诵出来。赖斯认为，这是一种最不人道的教学方式，每个儿童被看做一个记忆和复诵的机器，而不把他们看成是有个性的、有敏感性的、有灵魂的活生生的人。令人不解的是，这位校长的这种管理方式和教学设计反而得到当地教育行政官员的褒扬。当赖斯问为什么不让学生在课堂中动脑动手时，校长说，学校应最大限度地节省时间，动脑思考不如直接记住知识来得快捷。

赖斯所描述的学校情况令人沮丧，他讲芝加哥的一位教师在课堂上竟对学生说："不要停下来思考，只要告诉我你知道的就行了。"但赖斯也看到了少数办得较好的学校，其中帕克师范学校被赖斯视为教学卓有成效的典范。赖斯要求对学校进行彻底改革，他认为当时各个城市的市政混乱，政风败坏，如果要改进学校，必须使学校完全摆脱市政当局的控制，校董会只应有一个目的——给孩子们提供尽可能好的教育。学校还要加强对教师的管理，应通过适当的考核和监督等手段解决教师不能胜任教学工作的问题。

亚当斯、里斯、赖斯等人对儿童和教育问题的关注，对公立学校中存在的严重问题的揭露，促使人们像关心其他社会改革一样也开始关心教育的变革。

### 二、进步主义教育思想的形成

按照杜威的说法，帕克（Francis Wayland Parker，1837—1902）"比其他任何一个人都更称得上是进步主义教育运动的奠基人"[①]。帕克所办的学

---

[①] 引自〔澳〕W. F. 康内尔著，张法琨等译：《20世纪世界教育史》，人民教育出版社1990年版，第255页。

校被赖斯称为当时最好的、最具进步主义性质的学校。帕克在内战前和内战后一直从事教育工作，1872—1875 年赴欧学习教育理论，回国后决心改革美国落后的教育状况。被任命为马萨诸塞州昆西市督学后，他便着手进行教育改革，推行"昆西教学法"。1883—1901 年他任芝加哥库克县师范学校校长，继续推行他的教育主张，把学校办成了进步教育的样板和卓有成效的师资训练中心。19 世纪 90 年代，他与杜威建立了友谊，并"把他的新教育的宗旨传授给了"杜威。① 帕克去世后，他的弟子库克（Flora J. Cooke）成为其主要继承者，几十年如一日地在 1901 年成立的帕克学校中推行帕克的教育思想。

帕克的贡献主要在三个方面。

第一，将儿童置于教育的中心。帕克认为教育中最重要的不是历史、地理等各门学科，而是儿童，"儿童必须是教育经验的中心，被教授的每一件事都必须对他有意义"②。教师应热爱和尊重儿童，他说："首先，我们应当承认儿童的崇高地位，儿童的非凡力量和神奇能力，其次，我们要为他们从事完满的活动创造条件。"③ 教师的职责不在于手把手地教，而在于根据儿童的需要提供必要的帮助。

第二，强调教育的民主性。帕克认为儿童心理的内在发展必须有适宜的外部条件，他不仅重视儿童的天性，还十分重视学校的社会功能，认为"学校的社会因素是所有因素中最重要的；它比学科，比教学方法，比教师本人都更为重要"④。他认为学校应成为"促进民主制度的巨大力量"，"学校即社会"，"理想的学校就是理想的社会，就是雏形的民主政体"。⑤ 帕克对欧洲的双轨制，对当时美国学校中存在的压抑儿童个性发展的专制方法予以批判，认为这些都是不民主的。帕克对民主的理解不如亚当斯和杜威那样深刻，没有将民主视为一种生活方式，认为民主意味着所有儿童不分贫富、贵

---

① 〔澳〕W. F. 康内尔著，张法琨等译：《20 世纪世界教育史》，人民教育出版社 1990 年版，第 256 页。

② Meyer Adolphe Erich, *Grandmasters of Educational Thought*, New York: McGraw-Hill, 1975, p. 272.

③ Cremin, Lawrence Arthur, *Traditions of American Education* New York: Knopf, 1962, p. 131.

④ Francis Wayland Parker, *Talks on Pedagogics: An Outline of the Theory of Concentration*. New York, E. L. Kellogg, 1894, pp. 420~421.

⑤ Good, Harry Gehman, *A History of Western Education*, New York: Macmillan, 1960, p. 482.

贱、种族、性别都有同样的受教育的权利;意味着在教育中顺应儿童的天性,给儿童以自由表现的机会;意味着个人行为应对他人和集体负责。帕克的民主不仅有教育上的含义,还有政治上和伦理上的含义。

第三,提出了新的课程观和教学方法观。帕克认为,当时美国学校的课程有两个缺陷:一是课程与学生的实际经验缺乏联系;二是课程之间缺乏联系。为纠正第一个缺陷,帕克将学习内容与儿童的生活紧密联系,如学习算术时运用实物或直观教学,结合儿童的日常生活来教育儿童掌握数量关系,摒弃过去那种抽象的学习方式。学习历史时,不让儿童诵读久远的历史人物的事迹,而主要训练儿童掌握大工业发展的历史,以更好地了解目前所处的工业社会。学习地理时不是在教室里口耳相授,而是通过郊游和实地考察,使儿童了解人与自然环境的密切关系。为纠正第二个缺陷,帕克提出了学校统一原则,认为儿童的天性总是促使他们用一种联系的和统一的眼光去看待世界,应根据这个特点,把各门学科统一起来,让学生学习知识的整体,而不仅仅局限于少数几门科目。在课程设置上,他认为应围绕一个核心安排相互联系的科目,注意各科间的相互联系并采用报纸、杂志、活页读物以代替教科书,增设科学、艺术、音乐、手工、体育等课程,强调培养学生自我探索、不拘泥于课本的主动精神。

帕克的革新措施被称之为"昆西教学法"(Quincy plan),或称昆西制度。昆西制度在库克师范学校得以进一步的完善,并被库克进一步发展。库克将帕克的思想与杜威的思想融汇于一体并付诸实践。他所领导的帕克学校在方法上有三个特点。

其一,注重儿童的兴趣。库克认为"兴趣是令人精神贯注和从事教育的根本法则"[1],兴趣是学生从事学习和其他活动的最佳起点和激励力量。教师应注重培养儿童的兴趣,并应让儿童的兴趣在更高层次上转化为新的兴趣。

其二,注重社会活动。学校鼓励协作与合作精神,尽可能将学生组织起来为了大家的利益而共同工作或活动。库克认为学校"试图完成的困难任务,是把人训练得既崇尚自由又有责任心"[2]。这说明库克力图将个人的成长与为社会服务的精神的养成结合起来。

其三,提出一种新的学习方式。各门学科的学习并不独立进行,而是围绕一个中心开展。如在学习芝加哥历史的时候,英语、数学、地理、化学、手工等科目也同时得到学习。

---

[1][2] 〔澳〕W. F. 康内尔著,张法琨等译:《20世纪世界教育史》,人民教育出版社1990年版,第257、258页。

从昆西制度的内容我们可以看到帕克对杜威的影响，从库克的几点教育措施则明显可看出杜威对库克的影响。

### 三、进步主义教育理论的体系化

杜威（John Dewey，1859—1952）是进步主义教育理论的代表人物，是美国著名的哲学家和教育家。大学毕业后曾任中学和小学教师，1894年始任芝加哥大学哲学、心理学和教育学系主任，1896年创办芝加哥大学实验学校，1903年学校停办。在芝加哥大学的10年对杜威教育思想的形成和发展起了关键作用。1904年他离开芝加哥大学，任哥伦比亚大学教授，1930年退休后仍不辍笔耕。1952年逝世于纽约。杜威早年醉心于德国哲学，对黑格尔客观唯心主义哲学推崇备至，后受到进化论者达尔文（C. Darwin）、发展心理学创始人霍尔（G. Hall）、实用主义哲学家皮尔士和詹姆斯的影响，观念骤变，但思想中仍保留了不少德国哲学的因素。他融欧美思想于一炉，建立起系统的实用主义哲学理论，为构建教育理论大厦奠定了坚实的基础。杜威的教育理论体系庞大，论证精微，涉及教育的方方面面，不仅与其哲学、社会政治理论、心理学等息息相关，难分难解，而且还紧扣社会现实，力图使教育体现出美国资本主义工业化和民主化的时代要求。

杜威一生勤恳，著述宏丰，其教育思想主要体现在《我的教育信条》(1897)、《学校与社会》(1899)、《儿童与课程》(1902)、《我们怎样思维》(1910)、①《明日之学校》(1915，与其女儿伊夫琳·杜威合著)。《民主主义与教育》(1916)、《进步教育与教育科学》(1928)、《芝加哥实验的理论》(1936)、《经验与教育》(1938)、《人的问题》(1946)《〈教育资源的使用〉一书引言》(1952)等著作中。

可从以下几个方面来看杜威的教育思想。

（一）教育本质论

教育是什么？这是一个教育思想者不容回避的教育基本问题。杜威对此的回答是：教育即生活；教育即生长；教育即经验的改造。这三个命题构成贯穿杜威整个教育思想的主旋律。

杜威的"教育即生活"并不是将教育与各种各样的生活相混同。杜威提出这个命题有其特定的目的，不能仅从字面上理解"教育即生活"的含义。不能说原来的传统教育就不是生活，畸形的生活、不合时代精神的生活、压抑儿童天性的生活，也是生活的一部分。在过去体罚盛行的学校中，儿童同

---

① 《我们怎样思维》一书，杜威在1933年予以修订。

样是在生活着。生活无处不在，杜威所倡导的生活是一种"新生活"、一种"改造了的生活"，这种生活更能和当时整个宏观社会生活的节拍相一致，更能满足儿童的需要和兴趣而成为儿童的生活，而不是为未来的成人生活做准备。当时美国的学校生活恰恰既脱离社会生活，又脱离儿童生活，杜威所要做的就是要变脱离为结合。因此，杜威提出的"教育即生活"有两个方面的基本含义，一是要求学校与社会生活结合，一是要求学校与儿童的生活结合。虽然严格讲来，儿童的生活也是隶属于社会生活的，但此地分开，却利于问题的阐明。这两个方面实际上是要求改造不合时宜的学校教育，使学校生活成为社会生活与儿童生活的契合点，从而既合乎社会需要，亦合乎儿童需要。与这两种要求相应，杜威提出"学校即社会"以克服学校与社会生活的分离；同时抨击"生活准备说"以克服学校与儿童生活的脱离。

"学校即社会"这个命题并未将学校与社会相混同，因为杜威所要求的学校生活是一种经过选择的、净化的、理想的社会生活。他认为学校的功能有三。第一，简化社会生活。社会生活是错综复杂的，社会对儿童的影响也是错综复杂的，学校应简化社会生活，选择那些基本的东西，使青少年能够掌握，否则会令他们无所适从。第二，纯化社会生活。学校对社会生活的选择，其目的不仅在于简化，还在于清除糟粕，并把有利于未来更好的社会的那部分加以传递和保存。第三，平衡社会生活。由于儿童生活于不同的社会环境中，接受的社会生活的影响往往有偏狭、片面之处，因此，"学校环境的职责在于平衡社会环境中的各种成分，保证使每个人有机会避免他所在社会群体的限制，并和更广阔的环境建立充满生气的联系"。①

杜威反对教育为成人生活做准备，认为生活准备说的弊病有四。其一，使教育丧失动力。"儿童生活在现在，这不仅是一个不能回避的事实，而且是一件好事。将来只是作为将来，它缺乏紧迫性和可见的形体。为某件事情做预备，如果不知道去预备什么，也不知为什么要预备，这是抛开已有的力量，而在模糊的机会中寻找动力。"②其二，将来距现在非常遥远，若使教育着力于预备将来，则贻误了现在所提供的许多极好的机会和有利条件，就不会收到好的教育效果。其三，用传统的陈旧的要求去控制教育过程，受教育者个人的特殊才能受到漠视。其四，它使人不得不极大地求助于利用外来的快乐和痛苦的动机。"如果预期的未来和现在的可能性割裂，就没有激发和指导的力量，必须另外搭上一些东西，才能发生作用。于是就采用威逼利诱

---

①② 〔美〕杜威著，王承绪译：《民主主义与教育》，人民教育出版社 2001 年版，第 27、63 页。

的方法,以奖赏为许诺,以痛苦作威胁。"① 杜威认为,"教育是生活的过程,而不是将来生活的预备……学校必须呈现现在的生活——即对于儿童来说是真实而生气勃勃的生活。像他在家庭里,在邻里间,在运动场上所经历的生活那样……不通过各种生活形式或者不通过那些本身就值得生活的生活形式来实现的教育,对于真正的现实总是贫乏的代替物,结果便形成呆板、死气沉沉"。②

"生长"在杜威教育理论中甚至哲学理论中占有重要地位。杜威的"教育即生长"理论表达了一种新的教育观和发展观。

杜威提出"教育即生长"这一命题,其本意并不是要把教育与生长相混同。在杜威看来,生长就意味着发展,可以用"发展"这个概念来代替"生长"。杜威在《民主主义与教育》第四章第三节专门论述了"发展概念的教育意义"问题,杜威认为,"当我们说教育就是发展时,全看对发展一词怎样理解"③。杜威理想中的发展不是预备,不是展开,不是形式训练,不是塑造,不是复演,也不是自然发展,而是生长或经验的改造。因此,"生长"概念所体现的是一种新的"发展"观。从杜威对前人的几种教育观、发展观的批判可以更加明了杜威"生长"论的内涵。

第一,批判"教育即预备",认为生长不同于预备。前文指出了预备说的四种弊端,不再重述。这里主要强调两点:(1)预备说强调教育为未来作准备,漠视现在的种种可能性和有利条件,不使教育过程本身成为有意义的东西、有乐趣的东西、值得向往的东西;(2)预备说强调的未来是固定不变的,但事实上,世事是变动不居的。而"教育即生长"则使教育过程本身顾及儿童的需要与兴趣,使儿童在教育和生长的过程中享受种种乐趣。教育和生长也为未来作准备,但不是为"固定不变的"未来。

第二,批判"教育即展开",认为生长不同于展开。"教育即展开"所体现的发展观是:发展不被看做一个持续不断的过程,而被视为潜在能力向特定的目标的展开,这个目标被看做完美无缺的,任何阶段的发展都没有达到这个目标,只是向这个目标的展开。"展开说"虽然也赞扬发展、过程和进步,但这些皆被视为过渡性质的,其本身并无真正的价值。在"展开说"中,发展的重要性是暂时的,其本身不是目的,只是使已经含蓄的东西显露出来的手段。

---

①②〔美〕杜威著,王承绪译:《民主主义与教育》,人民教育出版社2001年版,第64、58页。

③〔美〕杜威著:《我的教育信条》,见赵祥麟、任钟印、吴志宏译:《学校与社会·明日之学校》,人民教育出版社2005年版,第6页。

第三，批判"教育即官能的训练"，认为生长不同于形式训练。形式训练说认为人的心灵生来具有某些心理官能或能力，如观察、记忆、判断、概括等，教育就是通过反复练习训练这些官能而不必考虑运用什么材料训练，教材是外部的、无关紧要的东西。杜威认为，人没有这些与生俱来的官能等待着训练，人生下来只是有一些"天赋倾向"，而且，人也没有所谓一般的看、听或记忆的能力，只有看、听或记忆某种东西的能力。离开练习所用的材料，一般的心理的和身体的能力训练全是废话。实际上，人的各种能力是天赋的主动倾向与某些材料相互作用的结果。因此，人的发展与生长是人的心理与外界因素相互作用的过程和结果，生长不能离开社会背景独自进行。

第四，批判"教育即塑造"，认为生长不同于塑造。"教育即塑造"论强调外部因素对心灵的塑造作用，赫尔巴特是个典型。他的理论强调环境对心灵的影响，忽视和低估了儿童所具有的许多主动的和特殊的机能，没能顾及生长与发展的内在条件。杜威认为，这样只会减弱教育和生长的成效。杜威的生长论是很重视内在条件的。

第五，批判"教育即复演和追溯"，认为生长不同于复演和追溯。复演说认为，个体的恰当的发展在于有秩序地重复动物生活和人类历史过去进化所经过的许多阶段，教育的本质就是追溯，就是回顾过去，用过去的精神遗产塑造心灵。杜威认为，这种理论的生物学基础是错误的，个体人的发展并不严格遵守人类种族发展的许多阶段，而且教育的任务就是解放儿童，使之不走老路，使儿童从复演过去和重蹈旧辙中解放出来。教育不应从已往的事物中寻找其标准和模式，不应使现在和未来去适应过去，而应展望未来，把利用过去作为走向将来的重要手段。因此，生长不是保守地面向过去的，而是积极地面向现在和未来的。

第六，批判"教育即自然发展"，认为生长不同于自然发展。自然发展说的代表人物主要是卢梭，卢梭反对形式训练说所主张的人生而具有各种能力，但强调人天生具有一些特殊的本能和冲动。自然发展说的积极之处在于重视儿童的身体活动，注意儿童的爱好和兴趣，关心儿童的个别差异；其消极之处在于，将自然与社会对立起来，认为自然的都是善的（性善论），都是可取的，而社会则是邪恶的，会对人产生坏影响。杜威认为，人类原始冲动本身既不是善的，也不是恶的，自然的或天赋的能力，提供一切教育中起发动作用和限制作用的力量，但不能提供教育的目的。天生的冲动与倾向不可能自生自长，应有一定的外部条件。应提供一个适当的环境使可取的倾向得以发展，使不可取的倾向因不用而废弃，"我们的结论不是要离开环境进行教育，而是要提供一种环境，使儿童的天赋能力得到更好的利用"①。自然发展说的主要缺陷在于，它在强调生长的内在条件的同时，忽视了外在条件。

从这六种批判可以看出：（1）教育与生长的目的在于过程自身；（2）生长是一个持续不断的过程，没有终极的目标；（3）生长是机体与环境（内在因素与外在因素）相互作用的过程和结果，相互作用的两个方面缺一不可；（4）生长是面向将来而不是追溯过去。总之，生长体现出一种新的发展观。

这种新的发展观是杜威民主理想的反映。儿童个体的充分生长并不仅仅是达到社会目的的一个手段和工具，它本身便是民主主义的要求，而充分生长又能更好地促进民主主义的理想。

这种新的发展观是对旧教育的否定。旧教育消极地对待儿童，不尊重儿童的需要和兴趣，学校的重心在任何地方，唯独不考虑儿童的心理需要与能力。生长论则要求尊重儿童，使一切教育和教学合于儿童的心理发展水平和兴趣、需要的要求。但这种尊重绝不是放纵，杜威明确地讲："如果只是放任儿童的兴趣，让他无休止地继续下去，那就没有'生长'，而'生长'并不是消极的结果。"② 激发兴趣不等于放任兴趣，这是杜威与进步主义教育实践的一个重要区别。

在杜威看来，生长体现为身体、知识、能力、道德等诸多方面的生长，从理论上看，这并没有什么新意，是几千年前的亚里士多德早就论证过的。然而，不同的时代对这几个方面的发展有不同的要求，杜威的卓越之处在于他描绘了工业化民主化的现代社会对人的生长与发展内容的新要求。笼统言之，这种新要求是：应具有民主精神与民主素质；应具有良好的职业能力；应具有新个人主义的道德风貌；应具有良好的公民素质；应掌握智慧的方法，具有解决实际问题的能力。因此，在杜威那儿，生长的内容不是虚无，杜威对它的论述亦不是泛泛空谈，生长在杜威那儿有着切实的内容。儿童的生长与发展主要就是上述几个方面的生长和发展，具有强烈的社会性和现实针对性。

"教育即经验的改组与改造"是杜威教育理论中的一个重要命题。经验在教育中的地位举足轻重，杜威认为，"一切真正的教育是来自经验的"，

---

① 〔美〕杜威著，王承绪译：《民主主义与教育》，人民教育出版社 2001 年版，第 130 页。

② 〔美〕杜威著：《学校与社会》，见赵祥麟、王承绪编译：《杜威教育论著选》，华东师范大学出版社 1981 年版，第 36 页。

"教育是在经验中、由于经验和为着经验的一种发展过程"。①

经验是西方哲学史中的一个历史悠久的重要概念,但杜威的"经验"既不同于古代的经验,亦不同于近代的经验,他的经验是一种经过改造了的新经验。

人们一般将杜威的经验改造理解为直接经验的改造,这是不符合杜威本意的。首先这种改造过程本身就含有知识与理性(智慧)因素,这些知识与理性因素是儿童理解、驾驭新经验过程的重要条件;其次,动态的经验过程不是儿童通过感官消极被动获得感官印象的过程,而是一个运用智慧与思维积极行动的活动过程,感官与感官作用只是这个活动过程的一部分;再次,这个动态过程不仅检验原先机体具有的理论认识是否正确,而且通过抽象、概括等形成对事物的新的理性认识。因此,教育中"经验改造"过程绝不仅仅是直接经验累加的过程,绝不仅仅是形成感性认识的过程。

杜威对经验的改造实际上反映了他在哲学上(尤其在认识论方面)克服行为与认识、经验与理性、客观与主观、情感与理智等二元对立的努力。

并不是所有的东西都可被称为经验,并不是所有的经验都有教育意义。杜威认为,相信一切真正的教育从经验中产生,并不意味着一切经验都真正地具有或相同地起着教育作用。经验和教育不能直接地彼此等同起来。因为有些经验是不利于教育的。任何对经验的继续生长起着抑制或歪曲作用的经验,都是不利于教育的,有些经验甚至还具有错误的教育作用,所以仅仅强调经验的必要性还不够,还应注意经验的性质,应对经验予以选择。因此,"以经验为基础的教育,其中心问题是从各种现时经验中选择那种在后来的经验中能够丰满而具有创造性的生活的经验"②。

富有成效并具有创造性的经验必须有衡量的标准,杜威提出经验的连续性原则和交互作用原则作为衡量标准。经验的连续性原则意味着,每种经验既从过去经验中采纳了某些东西,同时又以某种方式改变未来经验的性质。"教育是经验的继续不断的改组和改造"③,从字面上看主要揭示的也是经验的连续性原则。经验的连续性或经验的不断改造,意思是说:"经验作为一个主动的过程是占据时间的,它的后一段时间完成它的前一段时间;它把经验所包含的、但一直未被察觉的联系显露出来。因此后面的结果揭露前面的结果的意义,而经验的整体就养成对具有这种意义的事物的爱好或倾向。所

---

①②〔美〕杜威著,姜文闵译:《我们怎样思维·经验与教育》,人民教育出版社2005年版,第248、250页。

③〔美〕杜威著,王承绪译:《民主主义与教育》,人民教育出版社2001年版,第86页。

有这种继续不断的经验或活动是有教育作用的,一切教育存在于这种经验之中。"① 可见,连续性原则揭示的是经验改造过程的前瞻性。

另一个原则就是经验的交互作用原则。"交互作用"(interaction)是指机体与环境的相互作用,交互作用原则强调经验过程中人的主动性,与教育相联系,这一原则要求教育过程中应尊重儿童的身心发展条件与水平,顾及儿童兴趣,提高儿童参与教育过程的积极性主动性。而这一点,正是传统教育所缺的,"传统教育的弊病不在于它强调控制经验的外部条件,而在于它对也能够决定经验的内在因素几乎不予注意。从这一方面来看,传统教育违反了交互作用的原则"②。

交互作用原则同时也强调经验过程中"客观条件"的重要性。杜威认为,教育者的主要责任是要认识到在实际上哪些周围事物有利于引导经验的生长。客观条件的选择也不是随意的,传统教育存在的主要问题,不在于没有提供经验的客观条件,而在于提供的这种客观条件"没有顾及创造经验的另一个因素,即受教育者的能力和目的"③。传统教育提供的外部条件——抽象的教材、死板的教法是与儿童的兴趣、能力不相符合的,儿童受到压制,因此,机体与外部条件难以有效地交互作用以形成有价值的经验。

(二)教育与民主论

1915年,杜威在《明日之学校》中指出:"广泛认识民主与教育的关系,可算是现今教育趋势中间最有趣味、最有意义的一点。"1916年出版的《民主主义与教育》可以说是杜威对民主主义与教育的关系的最详尽的论述。这种关系最简略的表述是:教育是为了民主的,教育应是民主的。

杜威对民主的理解是相当宽泛的,他认为民主不仅仅是一种政治的东西,而是一种生活的方式,认为它应渗透到生活的方方面面之中。这是他一贯的思想。他在《民主主义与教育》中指出,民主主义"还有一种更为深刻的解释:民主主义不仅是一种政府的形式;它首先是一种联合生活的方式,是一种共同交流经验的方式"。1937年杜威在《民主与教育行政》中指出:"民主较之一种特殊的政治形式、一种管理政府的方法、以及通过普选和被选出的职员来立法和处理政府行政的方法要宽广得多。它是一种生活方式,

---

① 〔美〕杜威著,王承绪译:《民主主义与教育》,人民教育出版社 2001 年版,第 88~89 页。

②③ 〔美〕杜威著,姜文闵译:《我们怎样思维·经验与教育》,人民教育出版社 2005 年版,第 261、263 页。

是一种社会的和个人的生活方式。"①

民主作为一种生活方式包括"社会的和个人的生活方式"。作为一种社会的生活方式，民主主义的定义注重于共同利益的分享和自由无碍的交流两个方面，即一个团体的利益被全体成员共同参与到什么程度；一个团体与其他团体的相互影响，充分和自由到什么程度。胡适把这两项标准意译为如下两条："（一）一个社会的利益须由这个社会的分子共同享受；（二）个人与个人，团体与团体之间，须有圆满的、自由的交互影响。"② 杜威认为这种社会的生活方式是一种追求共同利益的联合生活的方式、是一种自由无碍的共同交流经验的方式，社会的"全体成员都能以同等条件，共同享受社会的利益"③，"就等于打破阶级、种族和国家之间的屏障"④。也就意味着一种美好的社会生活的大同理想。这种大同理想不同于过去的专制，亦不同于美国工业社会的现实，而是杜威对美好社会生活的憧憬。

将民主看做一种个人的生活方式是对民主的一种更深层的阐释，这意味着民主不是一种形式的和外在的东西，而是一种内在的东西，意味着民主是一种道德的理想。这种道德理想的基础有三点。其一，相信人性的潜能。每个人不分种族、肤色、性别、家庭背景、贫富，其天性中皆蕴涵发展的可能性，每个人都是平等的，都有权获得平等的发展机会，也都能获得充分的发展。其二，相信人的理智判断与行为的能力。亦即相信人的理性，相信人的理性在克服困难、解决争端、控制环境中的作用，相信通过"理智"，人类能进入一个美好的社会。其三，坚信日常生活与工作中人与人之间是能够合作的。合作意味着和平与安宁，而不是怀疑、矛盾和暴力。

这三点揭示出杜威民主的基础，杜威明确地讲："民主的基础是信仰人性所具有的才能；信仰人类的理智和信仰合伙和合作经验的力量。"可见杜威民主的基础是人道主义。他曾明确地讲："归根到底，民主主义的问题是个人尊严与价值的道德问题。"⑤ 又说："询问他人喜欢什么，需要什么，有什么意见，这是民主观念的一个要素。和贵族政治的概念正相反的民主概念是：必须积极地而不是消极地征询每个人的意见，使每人本身成为权威过程

---

① John Dewey, "Democracy and Educational Administration", from *School and Society*, April 3, 1937.

② 胡适著：《胡适文存》第 1 集卷二，上海亚东图书馆 1922 年版，第 144 页。

③④ 杜威著，王承绪译：《民主主义与教育》，人民教育出版社 2001 年版，第 109、97 页。

⑤ John Dewey, *Democracy and Education in the World of Today*, 1938. From *The Later Works of John Dewey*, Vol. 13, p. 302.

和社会支配过程的一部分；必须使每人的需要与欲望有被记录下来的机会，使其在社会政策的决定上起着作用。当然，与此同时，实现民主主义的另一必要的特点是：互相讨论与互相咨询，并最后通过综合和归纳一切人的观念与欲望的表现而达到社会支配。"① 在《哲学的改造》中杜威对民主主义的道德含义作了精辟论述："政府、实业、艺术、宗教和一切社会制度都有一个意义，一个目的。那个目的就是不问种族、性别、阶级或经济地位，解放和发展各个人的能力。这和说它们的价值的检验标准就是它们教育各个人使他的可能性充分发展的程度，是完全一致的。民主主义有许多意义，但是，如果它有一个道德的意义，那么这个意义在于决意做到：一切政治制度和工业安排的最高检验标准，应该是它们对社会每个成员的全面发展所作出的贡献。"②

胡克曾深刻指出，杜威的民主是"道德的和理想的"（moral and ideal）③，它植根于对人的乐观主义态度。杜威给民主奠定的基础是人道主义的，是具有伦理性质的。

杜威认为，"教育是一种社会的过程，而世界上有各式各样的社会，所以教育批判与教育建设的标准，包含一种特定的社会理想"④，这个特定的社会理想就是民主主义。教育应为维护促进民主主义这个社会理想服务，教育是民主的工具。杜威认为若没有教育，"民主主义便不能维持下去，更谈不到发展。教育不是唯一的工具，但它是第一的工具，首要的工具，最审慎的工具"⑤。杜威引用贺拉斯·曼的话说："教育是我们唯一的政治安全，在这个船以外只有洪水。"⑥

教育是为了民主的，同时教育也应是民主的。民主主义不仅为教育提供了一个奋斗的目标，而且还对教育提出了民主的要求，教育必须有一个统一的参照点，这就叫做"民主主义"。⑦ 杜威认为，"民主主义本身便是一个教

---

①⑤ John Dewey, *Democracy and Education in the World of Today*, 1938. From *The Later Works of John Dewey*, Vol. 13, pp. 295, 296.

② 〔美〕杜威著：《哲学的改造》，参见赵祥麟、王承绪编译：《杜威教育论著选》，华东师范大学出版社 1981 年版，第 250 页。

③ Sidney Hook, John Dewey: His philosophy of Education and Its Critics", from *Dewey on Education*, 1966, p. 144.

④ 〔美〕杜威著，王承绪译：《民主主义与教育》，人民教育出版社 2001 年版，第 109 页。

⑥ John Dewey, "Challenge of Democracy to Education". *Progressive Journal of Education*, February, 1937.

⑦ John Dewey, "Education and Social Change". *The Social Frontier*, May, 1937.

育的原则，一个教育的方针和政策"①。杜威提出生长论，要求使儿童得到充分的发展，要求建立新型的师生关系，要求尊重儿童，要求教师参与学校的管理；杜威崇尚公立学校制度，反对双轨制等，这一切都体现了民主对教育的要求。

但这些都是对民主与教育二者关系的表层的或一般的表述。更深层的关系在于：其一，民主（含自由与平等）的深刻的道德含义是使人得到充分、全面的发展，而教育是实现这种发展的不可缺少的手段。在人的充分发展（或者说生长）中，民主的理想与教育的理想找到了契合点。其二，民主意味着个人需要、兴趣的满足，如果教育能提供一种使儿童的需要兴趣得到满足的生活，那么教育此时就与民主融合，这也是杜威讲教育即生活而不是生活的准备的深意所在。其三，民主主义这一美好生活理想的实现，不是轻而易举的，会遇到各种问题和障碍，克服这些问题与障碍不能靠旧习陈规，亦不能靠暴力，而应靠"智慧的方法"，而对智慧的方法的掌握是有赖于教育去达成的。

若要使民主主义得以成功地维持，必须将应用于自然界的科学探究的方法应用于社会人生，即必须"科学人文化"，"使科学和技术成为民主希望和信仰的侍仆"，并"养成观察和了解的自由的、广泛的、有训练的态度，使这些态度成为和科学方法的基本原则血肉相连的东西，成为习惯的不知不觉的东西。在这个成就中，科学、教育和民主动机合而为一"。②

杜威教育思想的最本质之点，或者说其哲学的最本质之点就在于此。在他看来，科学的方法反对因循守旧，反对任何外部的权威，强调创造和验证，与民主精神是相通的。若人们掌握了这种方法，形成了新的心理习惯，布乎四体，形乎动静，各种社会问题就会迎刃而解，杜威理想中的民主主义随之就会到来。从文化学的角度看，文化由浅至深分为三层：物质的、制度的、心理的，科学方法属最深层的，而制度（一般所言的政治民主制度）则是较为表层的，科学方法构成民主制度的深层文化心理基础。一个国家确立了民主制度还不够，更重要的是形成与这种制度相应的深层的文化心理结构。由此可见杜威用心之良苦！杜威要求不要把民主仅仅看成一种政治形式，而应把它看做一种渗透一切的生活方式，也正是从此着眼。而教育则是使人掌握这种方法的最重要手段，正是在此意义上，杜威宣告：科学、教育和民主动机合而为一。

---

① John Dewey, Democracy and Education in the World of Today, 1938. From *The Later Works of John Dewey*, Vol. 13, p. 294.

② John Dewey, "Democratic Faith and Education". *Antioch Review*, June, 1944.

"民主的目的要求用民主的方法来实现它们",应用民主的方法意味着"应用协商、说服、交涉、交流、理智协作的方法",① 这种方法意味着教育的方法,归根到底意味着智慧的方法、科学的方法。杜威认为运用暴力的方法是与它要达到的民主目的相违的。杜威之所以把教育置于那么高的地位,根源即在于此。

(三)课程论

杜威的课程论是以经验论为理论基础的。杜威提出变革课程的三项要求。

其一,新课程应是合于儿童心理需要、兴趣与能力的。在杜威看来,传统教育的课程是由前人所积累起来的系统的间接经验构成的,是一种符号和文字构成的系统,"超出年轻的学习者的已有经验范围,是他们力不能及的东西"②。结果造成不良后果,代表知识的言词成为纯粹感觉刺激,没有什么意义,学校的教材和学生的需要和目的脱离,仅仅变成供人记忆、在需要时背出来的东西。教育因之成为机械的和死板的,儿童读书也就因此失去了积极的动力而成为一种被迫的不得已而为之的事情,并使那些"即使用最逻辑的形式整理好的最科学的教材"③ 也失去了应有的价值。

其二,新课程应是统一的,具有整体性,而不是支离破碎的。儿童的生活和经验具有"统一性和完整性"④,儿童到学校,多种多样的分门别类的学科便把他的世界加以割裂和肢解,使儿童对世界的认识失去应有的全面性而流于片面。因此,新课程应克服旧教材所具有的这种弊端。

其三,新课程应具有社会性。并不是说旧的以系统知识为形式的课程与社会无关,因为系统知识本身就是人类社会日积月累的产物。但是,当这种系统知识在新的社会情境中以不恰当的方式灌输给儿童时,它就失去了其应有的价值,就丧失了其效用,因而也就失去了其能动的社会作用。他认为"一个课程计划必须考虑课程能适应现在社会生活的需要;选材时必须以改进我们的共同生活为目的,使将来比过去更美好"⑤。

那么,什么形式的教材才能满足这几个方面的要求呢?那就是活动性、

---

① 〔美〕杜威著,傅统先译:《自由与文化》,商务印书馆1964年版,第132页。

② 〔美〕杜威著,姜文闵译:《我们怎样思维·经验与教育》,人民教育出版社2005年版,第244页。

③④ 〔美〕杜威著,赵祥麟等译:《学校与社会·明日之学校》,人民教育出版社2005年版,第124、112页。

⑤ 〔美〕杜威著,王承绪译:《民主主义与教育》,人民教育出版社2001年版,第209页。

经验性的主动作业。作业的方式很多，"除了无数种的游戏和竞技以外，还有户外短途旅行、园艺、烹饪、缝纫、印刷、书籍装订、纺织、油漆、绘画、唱歌、演剧、讲故事、阅读、书写等具有社会目的（不是仅仅作为练习，以获得为将来应用的技能）的主动作业"①。在杜威看来，这些作业既能满足儿童的心理需要，又能满足社会性的需要，还能使儿童对事物的认识具有统一性和完整性。在这种作业中，心理需要、社会需要、认识的统一性与完整性达到契合。

不少研究者从杜威批判旧的以系统知识为表现形式的课程，倡导活动性、经验性的课程出发，认为杜威轻视间接经验的价值，太过于重视直接经验。这种看法是错误的，实际上杜威一直非常强调间接经验（系统知识）的重要性。在杜威看来，系统知识对经验的改造具有不可取代的指导作用，而且经验改造的重要结果之一就是获取较系统的有逻辑性的知识而不是琐杂的感性印象。

杜威认为直接经验有局限性，他讲："直接观察自然比较生动活泼，但是也有局限性。无论如何，一个人应能利用别人的经验，以弥补个人直接经验的狭隘性，这是教育的一个必要组成部分。"②又讲："个人直接经验的范围是非常有限的。如果没有代表不在目前的、遥远的媒介物的介入，我们的经验几乎将停留在野蛮人的经验的水平上……所以我们依靠文字，借以获得有效的有代表性的经验或间接经验。"③

可见，杜威所反对的不是间接经验本身，而是传统教育那种没有成效的、不顾儿童心理水平的传授间接经验的方法。因此，问题的关键在于：怎样既能使儿童最后获取系统知识以作为经验改造和生长、生活的有效工具，同时又不违背儿童的心理发展水平。

杜威提出的"两全其美"的解决方案是：教材心理化和经验的组织。方案的中心在于解决课程问题中的"逻辑的"（系统知识）与"心理的"（儿童已有经验）二者之间的对立。

杜威认为在儿童的经验和构成科目的不同形式的传统教材之间不存在鸿沟，儿童的经验是起点，"由成年人和专家编制的教材为教育提出了一个应当不断前进的目标"，但"不能当作起点"。④"因此，就需要把各门学科的教材或知识各部分恢复到原来的经验。它必须恢复到它所被抽象出来的原来

---

①②③〔美〕杜威著，王承绪译：《民主主义与教育》，人民教育出版社 2001 年版，第 213、172、251 页。

④〔美〕杜威著，姜文闵译：《我们怎样思维·经验与教育》，人民教育出版社 2005 年版，第 292 页。

的经验。它必须心理化。"① 这种心理化实质上就是把间接经验转化为直接经验,即直接经验化。

教材心理化的任务需要教师来完成。杜威在《民主主义与教育》中将教师的教材和学生的教材作了明确的区分,认为教师的教材是社会"把要永久保存的文化的重要成分以有组织的形式明白地向教师提出"② 的,但这种教材中的知识远远超过学生目前的知识水平,因此教师只注意教材还不够,还应注意教材和学生当前的需要和能力之间的相互作用,应考虑怎样"使学生的经验不断地向着专家所已知的东西前进"③。学生的教材应是经验性的。

将系统的教材转化为经验还不够,"在经验的范围之内搜集学习的材料,这仅仅是第一步,下一步是将已经经验到的那些东西累进地发展为更充实、更丰富并且也是更有组织的形式,即逐渐地接近于提供给有技能的、成熟的人的那种教材形式"。④

这个过程也就是杜威从 20 年代末起一直反复强调的经验的组织原则。经验的组织原则不是孤零零的东西,它赖以存在的基础是经验中内含的理性和思维的因素,是抽象和概括等要素使组织成为可能。因此经验的组织原则本质上是经验的理性原则,是使经验不断扩展的原则,是使学生的个体直接经验不断趋向种族间接经验的原则。杜威将"逻辑的"和"心理的"二者之间的对立辩证地统一起来,并在儿童的直接经验中找到了二者的契合点。杜威不反对获取系统知识,但关键是用什么方式获得。是后者而不是前者才构成杜威与传统课程论的主要区别。

从理论上看,杜威提出的以经验为基础的课程理论是论证严密、无懈可击的。但若从实践的角度去考虑,则会发现有几个难以解决的问题。

其一,并非所有的系统知识都可还原为直接经验。系统知识的存在形式是逻辑的,其根本特点是具有很大的概括力和包容性,有些系统知识所反映的内容根本不可能还原为儿童个人的直接经验,有些能还原,但在数量和程度上也是很有限的。

其二,教材心理化并不等于教材直接经验化。杜威的课程论有一个基本的假设,即教材心理化等同于教材直接经验化,好像只要将系统知识化作直

---

① 〔美〕杜威著:《儿童与课程》,见赵祥麟、任钟印、吴志宏译:《学校与社会·明日之学校》,人民教育出版社 2005 年版,第 122 页。

②③ 〔美〕杜威著,王承绪译:《民主主义与教育》,人民教育出版社 2001 年版,第 198~199、200 页。

④ 〔美〕杜威著,姜文闵译:《我们怎样思维·经验与教育》,人民教育出版社 2005 年版,第 284 页。

接经验，就是儿童的心理所能承受和理解的。事实却是，儿童对他本人所直接经验的东西很多是不能理解的，要理解这些东西反而需要系统知识的介入，需要先前形成的经验（并不仅是直接经验）的参与。杜威意在通过直接经验去理解系统知识，但却在一定程度上忽视了直接经验的理解需要以系统知识为条件。

其三，组织原则的贯彻存在困难。怎样将学生的个人直接经验"组织"为较系统的知识，是一个非常难解决的问题，首先，学生的个人直接经验是相当有限的，这就使"组织"立在一个不甚宽厚的基础上。其次，将个人直接经验组织为较系统的知识是要花费相当长的时间的，但学校教育的时限却是短暂的。再次，杜威过高地估计了儿童本人的组织知识的能力和教师指导的能力。

尽管杜威的课程论有种种不足，但杜威对传统课程及其教学的批判却是有价值的，他提出的解决方案也许不切实际，但他所提出的解决课程问题的思路（既合乎于儿童心理水平又能使儿童最后获得系统的知识，并能在理解的基础上有效地应用于生活经验）却是正确的。是否还有合乎这条思路的另外的方案？杜威课程理论对后人的启发作用主要之点应在这里。

（四）教学方法论

与其课程论相应，杜威提出的教学方法是一种"从做中学"的方法，是一种经验的方法、思维的方法、探究的方法。这种方法不同于传统的教学方法。杜威认为，传统的教学方法是一种沿袭甚久、积弊甚深的教学方法，教学活动是在教室这个专门设定的场所里进行的，教师站在讲台上向学生灌输与生活无涉、亦不合于儿童理解力的系统性很强、逻辑性很强的教科书，儿童则坐在固定的位置上，静听和记诵教科书。这种方法是一种典型的以教师、教科书、教室为中心的教学方法，学生、学生的活动、教室以外的世界是没有什么地位的。传统教学方法的目的在于使儿童获取知识，但由于这种知识脱离生活、不合儿童志趣，结果儿童虽能背诵它，记住它以应付提问、考试和升学，但却不能真正掌握它。儿童处于消极的、被动的地位，兴趣、爱好受到剥夺和压制，能力发展与主动性受到压抑和束缚。对传统的教学方法杜威一直是持尖锐的批判态度的，他所要做的变革就是变教师讲授、学生静听的教学方式为师生共同活动、共同经验的教学方式。书本降到次要的地位，活动是主要的，教学也不再限于教室之内。

以其经验论为基础，杜威所希求的新的教学方法是一种主动与被动、感性与理性、知识与情感、认识与行动相结合的方法。笼统言之，这种方法是一种"从做中学"的方法，具体言之，是一种在经验的情境中思维的方法。

杜威所力倡的思维是反省思维（reflective thinking），意指对某个问题进行反复的、严肃的、持续不断的深思,这种思维方式较之其他在杜威看来是一种最好的思维方式。① 思维在经验的改造中作用甚大,思维的功能即在于求得一个新情境,把困难解决,疑虑排除,问题解答。

思维或反省思维的方法就是一种解决经验中存在的问题的方法、一种使人明智地经验与行动的方法。每一思维单位的两端,开始是一个迷惑、困难或纷乱的情境,结果是一个澄清、统一和解决的情境。思维就是在这两端之间进行着的,共有五个步骤。杜威在不同的著述中多次论及这五个步骤,但用词和侧重点不尽相同,胡适将之作了通俗的诠释,认为这五步分别为:感觉到的困难;困难的所在和定义;设想可能的解决办法;通过推理,看哪一个假定能解决这个疑难;通过观察或试验,证实结论是否可信。② 杜威非常重视思维能力的培养,认为"思维就是明智的学习方法"③,就是有教育意义的经验的方法。基于此,他将思维五步法直接运用到教学方法上,认为:"教学法的要素和思维的要素是相同的。这些要素是:第一,学生要有一个真实的经验的情境——要有一个对活动本身感到兴趣的连续的活动;第二,在这个情境内部产生一个真实的问题,作为思维的刺激物;第三,他要占有知识资料,从事必要的观察,对付这个问题;第四,他必须负责有条不紊地展开他所想出的解决问题的办法;第五,他要有机会和需要通过应用检验他的观念,使这个观念意义明确,并且让他自己发现它们是否有效"。④这五个阶段的顺序不是固定的,在实际的思维过程中,五个阶段并不是按一定的次序一个接一个地出现;而且,五个阶段中的每一个阶段均可展开,内部又包含若干几个小阶段。"总之,我们指出反省思维的五个阶段,只是一个大概的轮廓,是反省思维不可缺少的几个特质。实际上,它们中间有的可以两段合并起来,有的阶段也可以急匆匆地通过,而谋求结论的重担也可能主要地放在单一的阶段上,使得这一阶段看来似乎是发展不匀称的。在这里,不可能建立一些固定的规则。怎样处理,完全凭靠个人的理智的机巧和敏感性。"⑤ 杜威作这种强调,意在使教学方法具有灵活性,使之不至于像赫尔巴特教学法那样成为呆板机械的程式。

---

① 参见〔美〕杜威著,姜文闵译:《我们怎样思维·经验与教育》,人民教育出版社 2005 年版,第 11 页。

② 全增嘏主编:《西方哲学史》下卷,上海人民出版社 1985 年版,第 570 页。

③④〔美〕杜威著,王承绪译:《民主主义与教育》,人民教育出版社 2001 年版,第 167、179 页。

⑤〔美〕杜威著,姜文闵译:《我们怎样思维·经验与教育》,人民教育出版社 2005 年版,第 100 页。

## 第十二章　进步主义教育思想

一个思维过程完结后,不但问题解决了,思维者的知识经验也获得了新的内容、新的性质,思维者也就得到了进一步的生长和发展。

对这种思维的方法应作广义的理解,不应把它看做我们一般所言的纯粹思维的方法。实际上,它是一种综合性的方法、行动的方法,因为这种思维过程中包含观察、分析、综合、想象、抽象、概括等多种能力的运用。

杜威所言的思维过程涉及知识的参与、涉及各种能力的运用、涉及对各种观念与假设的检验,这使得杜威所言的经验的改造不同于一般的经验改造。他的经验更像是一种科学的"实验",他在很多地方明确讲"经验即实验"[①],所以他的经验主义也被称为"实验主义"。欧洲新教育、美国进步教育与杜威一样皆主张从做中学、从经验中学,但口号一样并不等于要求是相同的。杜威对蒙台梭利的批判、对美国一些进步教育家所提出的教学方法的批判,都说明杜威的主张与他们有差异。因此,我们不能将杜威的"从做中学"和"经验的改造"作肤浅的理解。关于教学方法的分析再一次证明杜威的经验改造含知识、理性的因素,绝非直接经验的简单相加,而是一个不断超越直接经验的狭隘性的过程,一个解决实际问题的过程。

杜威提出的教学方法论所体现的不仅仅是教学方法的变革,也不仅仅是教学论的变革,而是整个教育观念的变革,正是这种新的教学方法揭示了杜威教育理论与传统教育理论的根本区别。这种区别就是以获取知识为目的还是以培养智慧为目的的区别。他讲:"知识与智慧的区分,是多年来存在的老问题,然而还需要不断地重新提出来。知识仅仅是已经获得并储存起来的学问;而智慧则是运用学问去指导改善生活的各种能力。"[②]杜威要培养的是人的智慧,即明智地行为、行动的能力,解决实际问题的能力。传统教育以知识为目的并以知识扼杀智慧,杜威则以智慧为目的并以知识来增进智慧。相对于活动而言,知识永远是从属的。杜威是从更根本的意义上论述教育的。

杜威的教学方法有以下几点值得讨论。

其一,知识的地位问题。尽管杜威强调系统知识的作用,但怎样才能获得系统知识在他那儿始终是一个悬而未决的现实问题。智力发展或者说智慧地解决问题是需要系统知识为基础的,没有知识为素材、原料,思维和智慧只能是空谈。

其二,认识的途径问题。伯克森认为,科学的方法、智慧的方法"并不

---

①②〔美〕杜威著,姜文闵译:《我们怎样思维·经验与教育》,人民教育出版社2005年版,第168、60页。

是对所有的认识类型都是有效的"①。另外，解决问题与获取知识并不总是一致的。有些问题解决后，虽使人能从中获得一些观念，但这些观念并不构成真正的知识，或者说获得的一些观念是早已熟知的常识，无多少价值。

其三，问题存在的普遍性问题。杜威将思维过程、经验改造过程、知识获得过程皆与解决问题联系，似乎问题无处不在，实际上有那么多的问题吗？谢弗勒对杜威的"问题"提出质问：是否所有的问题都有答案？是否所有答案都有价值？是否所有的问题都是真的？将教育局限于"问题的解决"是否低估了教育的价值？谢弗勒认为，教育不仅应促进学生的思维能力（improve thinking），更应拓宽学生的视野（create wider perception），不应将教育的任务限制在问题的解决上。② 本文认为，问题的情境不论经过多么精心的设计，情境中的"问题"对广大无边的知识的包容度、涵盖力都是很有限度的，将知识的获得，将儿童的充分全面的生长只寄托于、只依赖于"解决问题"的过程，是远远不够的。

杜威解决了一些老问题，但同时也带来了一些新问题。悦耳动听的理论毕竟不等于富有成效的实践。"教育即经验的改造"的理论尤其是与之甚有相关的课程理论和教学方法理论有许多不足之处，归结起来主要是知识的获得问题。杜威没有通过经验的改造理论切实地解决这个问题，因此他对传统教育的批判就显得底气不足，力量不够。杜威何以后来又被人批判、新传统派教育理论何以能够崛起，与杜威理论的不彻底性、不切实性不无关系。

传统的教育是教授学生以知识；一般的教育革新是教给学生获取知识的方法，即教学生怎样学；杜威是要教给学生行为与行动的方法，即教学生怎样做。不能武断地讲这三种主旨不同的教育方式或教育观念孰优孰劣，实际上，这三种方式是相互补充的，而且都是必要的。杜威的最大失误在于过分强调了"教学生怎样做"，而相对忽视了"教授学生以知识"和"教学生怎样学"。当然，"做"是最要的，但没有知识作必要的基础，一个人可能既不知道去做什么，更不知道怎样去做！

（五）道德教育论

美国由农业社会向工业社会的迈进使原有的伦理价值体系落后于时代，原来的和睦相处的田园诗般的农业社会被人际关系对立严重的、充满罪恶的工业社会所取代，原先的民主、自由观念以及道德观念均发生了重大变化，

---

① Isaac B. Berkson, "Science, Ethics, and Education in Dewey's Philosophy", from *John Dewey: Master Educator*, 1965, p. 103.

② Israel Scheffler, "Educational Liberalism and Dewey's Philosophy", from *Dewey on Education*, 1966, pp. 108-109.

## 第十二章　进步主义教育思想

进步改革运动和新政实质上是一种价值重建运动,是对人与人之间的关系尤其是对劳资关系的重新调整。杜威的道德教育思想与美国社会生活的变迁是息息相关的,反映了价值伦理观念变迁的时代要求。

道德教育的主要任务是协调个人与社会的关系。对于个人与社会的关系,以往处理这个问题的见解有三种:一种主张个人至上,认为社会必须服从个人;另一种主张社会至上,认为个人应服从社会,遵奉社会为他所规定的各种目的和生活方式;第三种认为社会和个人相互关联,是一个有机体。杜威认为第三种见解比较可取,可以避免个人至上论和社会至上论的片面性。杜威反对将社会和个人割裂开来,如同美国学者福克斯所指出的,"解决个人与社会之间的二分法,是全部杜威思维的一个主要突破点"[①]。首先,个人与社会在存在方面不可分离;其次,个人发展与社会发展相得益彰,个人的充分发展是社会进步的必要条件,社会的进步又可为个人的发展提供更好的基础。

这种对个人与社会关系的看法反映到教育上就是将整个社会的进步与每个个人的教育联系起来,既反对不顾儿童发展的社会性条件和社会性目的的"自然目的论"和"文化目的论",也反对压制儿童发展的狭隘的"社会效能论"。这是从大的方面言之。总而言之,杜威的课程论、教育方法论、职业教育论都渗透着个人与社会并重的精神。之所以采用活动性的主动作业,是出于两方面的原因:一是心理的,这种作业最利于儿童本能兴趣的满足;二是社会的,这些作业代表社会活动的基本类型和基本形态,而且这种课程的目的亦是社会的。之所以采用科学思维的方法作为教学的方法,是因为一方面可调动学生活动的积极性,可以培养学生解决实际问题的能力;更重要的是,这种科学方法可应用于社会领域以达到彻底的社会改造。职业教育意在使儿童将来能获得一个自己感兴趣的、利于个人能力发展的职业,而这又具有改造社会弊端的动机。道德教育亦不例外,一方面使儿童个性得以发展,另一方面培养学生服务社会的精神。

杜威关于个人与社会关系的看法还具有强烈的社会针对性,这种针对性主要体现在他对个人主义的看法上。同进步主义者一样,杜威反对旧个人主义,力倡新个人主义。旧个人主义又称"倔强的个人主义"(rugged individualism),也译作"僵硬的个人主义"。杜威曾指出,这种个人主义重视"个人的倔强性、独立性、独创性和毅力"[②],反对政府对个人自由的控制。这种

---

[①] 引自瞿葆奎主编,徐勋、施良方选编:《教育学文集·教学》上卷,人民教育出版社 1988 年版,第 441 页。

[②] John Dewey, "The Future of Liberalism". *School and Society*, January 19, 1935.

个人主义在开拓时代对美国的发展曾起到不可忽视的历史作用。但 19 世纪末，随着自由土地和西部开拓的终结，随着工业化和都市化的崛起，随着社会生活和社会结构的日益复杂，这种在与大自然作斗争中显示神威的旧个人主义亟待变革。但道德价值观点的转换滞后于经济发展，旧个人主义遂流于自由放任主义，成为后者的代名词，旧个人主义从人与自然的搏击中转入人与人的无情竞争中，在经济和政治生活中走向无政府主义，使社会控制失衡。少数在经济竞争中成功的人凌驾于大多数人之上，少数人的个人自由侵害了绝大多数人的个人自由。大萧条后杜威对旧个人主义所造成的社会危害深有感触。他认为旧个人主义是与旧自由主义相伴而行的，二者所珍视的是商业中投机者的自由，维护的是少数大资本家的利益；它们之所以反对政府控制，是因为控制会使少数大资本家的利益分流于普通大众，使少数人的利益受到损害。少数人以捍卫自由为幌子反对政府对经济的干预，实质上维护的是少数人的自由，损害的却是大多数人的自由。杜威指出，提倡倔强的个人主义的人（包括胡佛总统）"所重视的个人的倔强性、独立性、独创性和毅力等是那些在现存的金融资本主义制度中已爬到最高地位的人们的倔强性、独立性、独创性和毅力等。他们将受到批评，因为他们把自由和倔强的个人主义与他们在其中发财的制度的维持等同起来"①。

罗斯福新政后，旧个人主义、旧自由主义政策受到批评，还兴起了一个被称为"道德重振"的运动，批判个人主义，强调社会性的重要。杜威不是绝对地视个人主义为异物而将之斩尽杀绝，他认为个人主义不是内容始终不变的静态的东西，把个人与社会对立起来，"把个人和联合化及集体化对立起来的习惯，往往造成使混乱和不确定的情况持续下去。它使人们的注意力离开主要的论点，这个论点就是个人如何在前所未见的社会情境中，重新发现他自身，新个人主义将表现出什么特征"②。

杜威要求以新个人主义取代旧个人主义，从他的《旧个人主义与新个人主义》中可以看到新个人主义有两个重要特征。

其一，重视社会性。强调社会责任感，杜威要求建立参与式民主制和合作控制工业的体制，使工业的重心在于为整个社会谋福利，而不是简单地追逐利润。以期建立一种"人道的工业文明"，并使工业和技术成为人类生活的仆从而不是反过来。与这种要求相关，杜威要求政府介入经济事务，要求

---

① John Dewey, "The Future of Liberalism", from *School and Society*, January 19, 1935.

② John Dewey, Individualism, Old and New, 1930. from *The Later Works of John Dewey*, Vol. 5, p. 81.

将"社会责任感"渗入工业界、商业界,他甚至还建议建立一种由资方、工人和政府三方组成的合作与指导机构,共同规划与规范工业活动,避免因利益冲突而导致的经济危机。美国学者芬尼克斯指出:"杜威正确地将旧个人主义与新个人主义对立起来,旧个人主义是自由放任的、倔强的个人主义,而新个人主义则是具有社会责任心的个人主义。"① 这种新个人主义所具有的社会性其具体表征有二:一是强调人与人之间的合作;二是强调政府对经济活动的控制。这种社会性的要求落实到教育上,杜威认为,就要求个人应在社会的航道中运用其体能与心能,学校应为一个真正的合作社会造就公民。②

其二,重视理智的作用。1922年杜威在《平庸与个性》中就论及个人主义中的理智问题,虽然那时他还未明确提出"新个人主义"的概念。杜威认为在一般的用法上,个人主义是最具模棱两可性质的词。因此应对之加以具体分析,不可笼统论之。杜威指出,一方面,在经济与法律中存在着过分的个人主义(这实际上是指放任的自由经济政策和与之相关的法律条规);另一方面,在理智生活(intellectual life)中却缺乏真正的个人主义,没有创造性,没有生机和活力。前者有害于社会,后者亦有害于社会。杜威呼吁一种新的个性(个人主义)的出现,这种个性意味着一种解放,不是外在的,而是内在的、建设性的。在《旧个人主义和新个人主义》中,杜威认为,必须理智地"按现实状况来面对现实",明智的识别和选择是迈出混乱的第一步。③ 在一个合作的社会中新个人主义要求更新个人的作用,并为了社会的目的运用科学和技术,杜威进一步要求在人类事务中运用科学方法,将之应用于道德、政治、工业诸领域。如果这一要求实现了,不仅能改进社会,还能解放人的精神与心灵,使之成为创造与欢乐之源。可见重理智作用意味着有促进个人发展与社会改善两方面之功效。

总之,旧个人主义是极端个人的,新个人主义是重社会的;旧个人主义是物欲的,新个人主义则是理性的。新个人主义取代旧个人主义即以一种社会的伦理的力量去驾驭物质的力量。落实到教育上,就是要求为新的时代培养一种新的个人,这种个人并不为追逐个人私利而不顾公益,也并不头脑僵

---

① Philip H. Phenix, "John Dewey's War on Dualism", from *Dewey on Education*, 1966, p.46.

② John Dewey, "Mediocrity and Individuality", from *The New Republic*, December 6, 1922.

③ John Dewey, Individualism, Old and New, 1930. from *The Later Works of John Dewey*, Vol.5, p.120.

化、墨守陈规而对变动不居的社会熟视无睹，抑或手足无措。这种新个人主义并不否定旧个人主义，而是在对其优点积极吸收的基础上，结合新的社会情势对旧个人主义的扬弃。

杜威认为不能狭隘地理解公民训练，将之解释为"能够明智地投票，能够服从法律，等等"。儿童是一个有机整体，将来要担负各种各样的社会角色，儿童不只是要成为一个投票者，一个守法的人；他也要成为家庭中的一员，他自身很可能要跟着负责对未来儿童的抚养和训练，从而维持社会的继续。他将成为一个工人，从事有利于社会并维持他自己的独立和自尊的某种职业。他将成为某个特定邻里和团体的一员，无论在哪里，必须对生活的意义贡献力量，为文明增加礼仪和光彩。为儿童适当地参与所说这些各种各样活动，就意味着在科学上、艺术上、历史上的训练；意味着掌握探究的基本方法和交际与交流的基本工具；意味着具有一个经过训练的和健全的身体、机敏的眼和手；意味着有勤勉、坚韧的习惯；总之，具有种种有用的习惯。即公民训练应包含广泛的内容。更重要的是，"儿童将成为其中一员的社会是美国，是一个民主的和进步的社会。儿童必须接受有关领导能力的教育，也必须接受有关服从的教育。他必须有管理自己和指挥别人的能力、行政管理的能力、担负负责岗位职务的能力。这种有关领导能力的教育，其必要性在工业方面和在政治方面同样重大"[1]。实际上，是要求儿童具有参与民主政治的素质，这一点在《明日之学校》中讲得更清楚。杜威指出，由于美国是一个民主社会，社会和政府的管理，要由社会的各个成员去负责。所以各个成员一定要受到一种训练，使他能够承担这种责任，使他对于人民全体的情况和需要具有正确的观念，并且发展那些能够保证他适当参与政府工作的品性，如主动精神、独立性、足智多谋，等等，然后才能够避免民主政治的滥用和失败。在《民主主义与教育》中杜威将公民训练作为教育要达到的重要目标之一，认为"公民训练能力可以表示比职业能力更加模糊的若干资格。这些资格包括的范围很广，从使一个人成为比较令人满意的伙伴，到有政治意义的公民训练，例如，明智地判断人和各种措施的能力，在制订法律和服从法律时起决定作用的能力"[2]。杜威认为人与人之间平等参与社会与互相交流的能力、个人创作艺术和欣赏艺术的能力、娱乐的能力、有意义地利用闲暇的能力等，亦应成为公民训练的重要内容。

---

[1] John Dewey, *Moral Principles in Education*, New York, Philosophical Library 1909, pp. 9-10.

[2] 〔美〕杜威著，王承绪译：《民主主义与教育》，人民教育出版社 2001 年版，第 132 页。

总之，公民素质就是指一个人参与社会生活的能力、与他人共同生活的能力以及个人从自身生活中寻求积极的乐趣的能力。简言之，就是促进社会生活和个人生活更丰富、更充实、更和谐、更美好的能力。

杜威认为，离开了社会生活，学校就没有道德的目标，也没有什么目的，不能脱离社会生活去理解人的发展。他说："例如，教育的目的据说是一个人的全部能力的和谐发展。这里没有明显提到社会生活或社会身份，然而很多人认为我们已经有了一个足够的和完全的教育目的的定义。但是假如离开社会关系而下这个定义，我们便无法说明任何一个所用名词意义是什么。我们不知道能力是什么，我们不知道发展是什么，我们不知道和谐是什么。"① 因此，就道德教育的目的而言，它是为社会生活服务的。

道德教育不仅是为了生活的，还应在社会生活中进行。学校生活的"社会化"，是进行道德教育最基本的要求，社会道德与学校道德应是统一的，"不能有两套道德原则，一套为着校内生活，一套为着社会生活。因为行为是一个，因此行为的原则也只是一个"②。学校教育的道德性与社会性是相通的，"归根到底，行为的道德的特性和社会的特性是彼此相同的。所以说，衡量学校行政、课程和教学方法的价值和标准就是它们被社会精神鼓舞的程度……威胁着学校工作的巨大危险，是缺乏养成渗透一切的社会精神的条件；这是有效的道德训练的大敌"③。杜威要求学校本身必须是一种社会生活，社会的观念和社会的兴趣只有在一个真正的社会环境中才能发展；还要求校内学习应与校外学习联系起来，因为学校的社会生活毕竟不能完全代表学校以外的生活。可见"学校即社会"在杜威那儿不仅是教学改革的要求，也是道德教育变革的要求。

在《教育中的道德原理》中，杜威将道德教育的原理分为社会方面和心理方面。道德教育应有社会性的情境、社会性的内容（如同新个人主义和良好的公民素质所揭示的）和社会性的目的，这属于社会方面；心理方面是指道德教育若要取得成效，就必须建立在学生本能冲动和道德认识、道德情感的基础上。若漠视这些心理条件，道德行为可能会变成机械的模仿或外在的服从。对于社会的道德要求，应顾及学生的心理能力，应使学生知之、好之、乐之。也就是说，社会方面的道德教育原理是关于道德教育的"目的和内容"方面，心理方面的道德教育原理则是关于道德教育的"方法和精神"方面；

---

①②〔美〕杜威著，吕达、刘立德、邹海燕主编：《杜威教育文集》第1卷，人民教育出版社2008年版，第137、135页。

③〔美〕杜威著，王承绪译：《民主主义与教育》，人民教育出版社2001年版，第376页。

前者决定应当做"什么"(What),后者决定应当"如何"(How)做。

(六)职业教育论

随着工业化进程的展开,美国的职业教育也迅猛发展起来。与当时的社会要求相适应,杜威要求学生应具有职业能力。职业能力不仅仅是指职业技术和技能,它含有更深广的含义。杜威反对的把职业教育看成是"仅仅属于金钱性质"、"具有狭隘的实用性质"的东西;①他认为若把职业教育解释为"工艺教育",解释为"作为获得将来专门职业的技术效率的手段",那将是十分危险的。②

杜威认为职业技能的获得应有一个广泛的文化修养背景。亚里士多德认为课程大致可分成实用学科和文雅学科两类。有用的学科,为实际所必需,只服务于实利,是不高尚、不文雅的;文雅的学科,是专供享受和闲暇之用,是高尚而文雅的。因此亚里士多德重视理智享受而轻视职业训练,认为前者高贵而后者卑贱。杜威反对这种职业教育与自由教育的严格区分,认为二者并非水火不容,可编制使二者兼得的课程。从事某种职业的人,应有广泛的文化修养;接受自由教育的人,不应只求自身的完善和发展而不求获得为社会服务的职业能力,应将二者结合起来。

杜威从个人和社会两个方面看待职业和职业教育的价值和意义,认为"职业是唯一能使个人特异才能和他的社会服务取得平衡的事情"③。从个人方面说,职业的选择应合于个人的兴趣和能力,并促进其发展。杜威认为"天下最可悲的事",④"现在社会制度的最大祸害",在于许多人从事的职业不是他们所喜欢的,他们从事职业的目的只是为了"金钱报酬"、为了生活活命。必须对这种状况进行改造,使"每个人的工作都是和自己的能力倾向志趣相投的"。⑤

教育怎样在这方面尽力呢?"唯一可供选择的办法,就是使一切早期的职业预备都是间接的,而不是直接的;就是通过从事学生目前需要和兴趣所表明的主动的作业。只有这样,教育者和受教育者才能真正发现个人的能力倾向,并且可以表明在今后生活中应选择何种专门的职业。"⑥也就是通过一些主动的作业,让儿童的兴趣、需要、能力充分表现出来,作为将来选择职业的依据。杜威反对预先给某人决定一个将来的职业,认为这样往往不能顾及个人的兴趣和能力,会"损害现在发展的可能性,从而削弱对将来适当职业的充分准备"⑦。所以他要求职业指导应具有灵活性,不应"使人对职业作出确定的、无可改变的和完全的抉择"⑧。杜威要求职业教育不应狭隘地

---

①②③④⑤⑥⑦⑧〔美〕杜威著,王承绪译:《民主主义与教育》,人民教育出版社2001年版,第325、334~335、327、327、335、329~330、329、330页。

局限于职业技能的获得,应促进学生多方面能力的发展。

从社会方面说,杜威要求职业教育使学生了解职业的社会意义,他还试图通过职业教育改造社会。"社会调整这个问题显然是工业问题,涉及劳资关系的问题。"① 当时的情况是,工人们不喜欢从事的职业,能力发展受到抑制,成为机器的奴隶;雇主阶级追逐利润和权势,并以权利和财富炫耀于人,"他们与平等的和普遍的社会交往隔绝"②。杜威认为这种不平等现象的存在是不合理的。而现有的职业教育很可能延续这种阶级划分,这种教育"把教育制度割裂开来,使处境比较不幸的青年主要受特殊的工艺预备教育……把旧时劳动与闲暇的划分、文化修养与社会服务的划分转移到号称民主主义的社会中去"③。

新的职业教育应克服这种二元论的存在,应使工人了解他们职业的科学和社会的基础,以及他们职业的意义,应使他们"有参与社会管理的愿望与能力,有变为主宰工业命运的主人翁的能力"④。而对于雇主阶级,新的职业教育应"能增强他们对工人的同情心"和"社会责任感"⑤这样就"预示着一个更为平等和更为开明的社会秩序",而且"这个事实是足以证明社会的改造要依靠教育的改造"。⑥

杜威的职业教育思想反映了美国工业化的要求,也反映了美国资产阶级民主化的要求。但他想通过职业教育调和劳资关系,却是不能实现的。

尽管进步主义教育就其产生而言早于杜威教育理论的形成,但杜威的教育理论形成后就成为进步主义的主要理论依据,20 年代美国进步主义改革运动进入高潮,与杜威教育理论的有力推动是密不可分的。

**四、进步主义教育思潮的进一步发展**

与杜威同时,约翰逊、沃特、博德、克伯屈、帕克赫斯特、华虚朋等人也提出了他们的教育思想,进一步丰富了进步主义教育理论。

(一)约翰逊的有机教育学校

玛丽埃塔·约翰逊(Marietta Johnson,1864—1938)是一位女教育家,进步教育改革的先行者。1919 年她成为进步教育协会的发起人之一,从 20 年代到 30 年代一直是进步教育协会的主要成员。她还致力于将美国进步教育与欧洲新教育中的积极因素融汇于一体,其思想与实践对形成美国的进步主义教育传统起了重要作用。

1907 年约翰逊在亚拉巴马州的费尔霍普创立了一所私立学校——有机

---

①②③④⑤⑥〔美〕杜威著,王承绪译:《民主主义与教育》,人民教育出版社 2001 年版,第 332、336、337、338、339、337 页。

教育学校（Organic Education School），进行教育改革实验。该校是儿童中心学校的一个典型，属早期著名的进步教育学校之一。杜威父女在《明日之学校》中对该校大为赞许。之所以将学校称为"有机教育学校"，是由于约翰逊深受查尔斯·亨德森（Charles Henderson）的影响。查尔斯·亨德森是一名教师，他于1902年写了一本书，提出进行有机教育的重要性。他认为这种教育的目标在于培养感觉、体力、智力和社会生活能力都健全的有机人体，以使生活与文化尽美尽善。约翰逊从亨德森那里借用了"有机教育"这一术语，并强调："我们必须牢记，我们正在与一个统一的有机体打交道。"

约翰逊曾当过公立学校的教师，但她对公立学校的许多做法不满，于是兴私学以实现自己的教育设想。有机教育学校刚开办时只有小学班，后逐渐扩大规模，成为包括幼儿园、小学、中学等教育阶段在内的实验学校。

学校不像常规那样设年级，而是根据学生年龄段分组。低阶段的学生学习科目是音乐、手工、自然、故事等，主要进行感觉训练。8、9岁以后才开始学习读和写。学习科目随着儿童年龄的增大而增多。从音乐扩展到戏剧和舞蹈，从自然扩展到自然科学并进一步分化为专门化的学科，从故事派生出文学、历史和地理。初中增加正规的数学课和其他一些课程，高中的课程遵循当时公立学校所通行的设置。有机教育学校的实验范围较杜威实验学校要大，杜威实验学校只招收幼儿和初等教育阶段的儿童作为实验对象。有机教育学校废除了背诵、指定作业、考试、升留级等制度，教师成为辅导者和指导者。

约翰逊认为教育是改善社会生活的重要手段，而不应只注重于物质成就，而要做到这一点就要首先改善教育造就更健全的人。约翰逊认为儿童时期本身就是重要的，限制、压抑儿童的天性发展为遥远的成年时代做准备，是不尊重儿童的表现。"让童年像童年的样子"是她的教育思想与实践的基本原则。①

有机教育学校将学生需要与兴趣的满足放在首位。学校的目标是促进儿童合乎天性地成长，办法是首先找出儿童在教的各个阶段有哪些需要和兴趣，然后依此设计课程，用学生感兴趣的方式来满足儿童的需要和兴趣。需要和兴趣是教育的起点，需要和兴趣决定教材而不是反过来。

学校重视儿童的活动，有机教育学校可以说是一所活动学校。儿童对活动感兴趣，他们会专心致志地投入到活动中去，能从活动中得到快乐和满

---

① 陆有铨著：《躁动的百年——20世纪的教育历程》，山东教育出版社1997年版，第203页。

## 第十二章 进步主义教育思想

足,应变能力和创造能力亦可从中得到培养。

学校尊重儿童的兴趣、需要,注重儿童的活动,但并不放纵儿童,而是强调纪律的重要性。守纪被看作是受过良好教育的标志。守纪与服从只要有助于培养儿童的无私、合作、自律精神,就被认为是必要的。教师的指导在儿童成长中被看成是重要的,因为教师知识经验丰富,他们的指导可确保儿童获得最好的经验,避免儿童因缺乏指导而造成的无知。

学校还重视教育的社会性。约翰逊认为,人类皆处于社会之中,不可避免地具有社会性,因此学校应把培养合宜的社会关系作为重要任务之一。学校应培养学生的社会意识和社会责任感,具体而言就是培养儿童具有无私、坦率、合作等品质,以及提出创造性的而不仅仅是批评性的建议的能力。

有机教育学校既以儿童为中心,也重视儿童的社会精神的养成。约翰逊曾这样概括她关于学校任务的见解:"如果教育照顾到人的成长,则每一阶段的功效是受教育者获得进一步长进的能力。这种能力的证据是强烈的兴趣、专心致志的能力、自发性和真诚,以及越来越能赏识别人和独立的觉悟——社会化意识的发展。"① 这与杜威的思想如出一辙,简直是杜威教育思想的翻版。

(二)沃特的葛雷制

1906年,美国钢铁公司在密歇根湖南面建起一座钢铁工业城市——葛雷城。杜威的得意门生沃特(Willard Wirt)被聘为督学,旨在为新城市建立一个新的学校系统。这是一个施展才华的良机,沃特抓住机遇,在葛雷城建办了一系列具有进步主义性质的新学校。

沃特承袭杜威"教育即生活"、"学校即社会"和"从做中学"等基本思想,以具有社会性质的作业作为学校的课程,自称其学校为"工读游戏学校"。作业的内容分四个方面:游戏和运动;知识的学习;商店、工场与实验室的工作;校内外的社会活动。"这不仅仅是给每一个儿童大量地提供扩展的教育机会——在操场、花园、图书馆、体育馆和游泳池、艺术和音乐室、科学实验室,以及礼堂里——而且使学校成为社区艺术和学术生活的真正中心。"② 学校除建有教室外,还建有体育运动场、礼堂、实验室、博物馆,图书馆、商店和各种类型的工场。所有设施并不是为了装点门面,而是为了实际应用。如木工场要为学校制桌椅,印刷所要印刷材料和报纸,园艺

---

① Marietta Johnson, *Youth in a World of Men : the Child, the Parent and the Teacher*. New York: J. Day, 1929, p. 303.

② Cremin, Lawrence A. *The Transformation of the School: Progressvism in American Education, 1876—1957*. New York: Vintage Books, 1964, p. 155.

场要栽培花草树木等。

葛雷学校的主要特色不在其教学设施，而在其独特的教学制度。葛雷制（Gary System 或 Gary Plan）指的就是这种教学制度，也称"双校制"或"二部制"（two platoon plan），指在教学中采用二重编制法。即把全校学生分成两部分，一部分在教室上课，另一部分则分布在图书馆、体育场、工厂、商店及其他公共场所进行各项活动，上下午对调。废除寒暑假、星期日，昼夜开放。这样做的目的在于通过精心的计划组织，充分利用学校建筑，在现有条件下减少教育经费投入，提高办教育的效率（efficiency），给众多的学生提供入学受教育的机会。

葛雷制不仅受到了进步主义教育家的赞扬，还受到了其他进步主义者的称颂。杜威在《明日之学校》中对其能"保持儿童的天然兴趣和热情"大加赞赏，其他领域的进步主义者称赞它是因为它经济而又富有实效。"效率"是进步主义改革运动的一个重要口号和目标，葛雷制是教育领域讲求效率的典型体现。

学校讲求效率，是受企业讲求效率和政府机关讲求效率的影响所致，泰勒（F. W. Taylor）的科学管理方法对学校改变旧思想、树立"效率"观念起到很大作用，教育行政人员开始对"效率"问题产生兴趣。他们纷纷从事调查研究，探讨学校效率的性质、特点及提高方式。当时不少人提出，学校也和工厂一样，存在一个"效率"问题，工厂的效率是以最低的成本获取最大的利润，而学校的效率则是以最少的教育投入获得最佳的教育效果。两种效率尽管对象不同，性质却是一样的。广泛开展的对学校效率的研究使"效率"观念在学校中牢牢扎下了根。为提高效率，当时采取了诸多措施；许多学校聘请或配备了"效率专家"以协助校长提高工作效率，量化、标准化和测试评估进入学校日常生活中，教育成本分析活动受到广泛重视，等等。

要减少教育成本、提高学校效率，就一定会涉及如何最大限度利用学校设备的问题。葛雷制使学校设施的利用率达到最高限度，并被人视为学校中贯彻泰罗科学管理方法最完美的典范。教育家博比特（John Franklin Bobbitt, 1876—1966）当时认为，科学管理的原则有四：在所有时间内充分利用所有设备；让每个人保持最大效率，并把工作人员的数量降到最低限度；杜绝浪费；将原材料加工到最合适的成品中去。博比特认为这四条原则在葛雷制中得到了最理想的体现，葛雷制学校效率真正达到了 100%，而未实施这种制度的学校效率只有 50%。另外一些研究人员认为，葛雷制学校中，由于学生轮换活动，教师却不相应转换教学内容，因此每个教师都能精通业务，成为能手，这与泰勒提倡的"头等工人"的思想是完全吻合的。葛雷制的最大好处还在于，在容纳更多学生的同时，学校财力反而节省了下来。

由于葛雷制确实在一定程度上满足进步主义时代要求提高效率的愿望,一时十分流行。1915 年前,只有少数学校采用这一制度;到 1925 年,有 126 座城市的 632 所学校采用这一制度;到 1929 年,已有 41 个州的 200 多座城市的很多学校实施了这一制度。

对葛雷制也有人提出异议。有人反对葛雷制学校的课程设置,认为以获取直接经验牺牲了传统科目的讲授,不利于文化修养的增进;有人对沃特过分讲求效率不以为然。但正是这两点(课程设置与管理方式)决定了葛雷制学校的进步主义性质。[①]

(三)博德的教育思想

博德(Boyd Henry Bode,1873—1953)是美国哲学家和教育家,受杜威影响甚大。其教育思想并无太多新意,他在进步教育运动中的作用主要在于进一步阐明并传播了杜威的教育思想,他的主要著作有《逻辑学大纲》、《教育学基础》、《现代教育学学说》、《民主是一种生活方式》、《十字路口的进步教育》、《我们如何学习》、《教育哲学大意》等。

博德认为"教育即生活",反对把学校教育看成谋生的功利性手段、视为未来成人生活的预备。他指出,无论在普通教育上或特殊的职业训练上,这个观念(指生活准备说)把教育看做一个固定生活的预备。在这种固定的生活中,机械的程序占最多量,而智慧占最少量。这样一个见地,代表一种人生观,把人生的目的看作是固定的,教育是谋生的工具,而不是为人生增美的工具;所谓"谋生",又指狭隘范围内技能的熟练而并不指目的欣赏的扩张。这里体现出博德意欲将职业教育与文雅教育相结合,意欲将教育的工具价值与内在价值相结合,不仅从教育的结果中寻求功效,还要从教育的过程中寻求目的与意趣。博德还将"生活"与"生长"联系起来,认为生活是一个"生长"(growth)的历程,人类常利用旧经验,创造新目的、新理想、新社会,从而使生活更充实、更完满、更有价值,而这就是"进步"。可见,博德赋予"生活"、"生长"以深厚的社会意蕴。

博德认为,教育问题的关键在于生长这一概念,生长就是教育的根本目的之所在。生长的理想既不同于内发论,也有异于外铄论。内发论认为教育是从内部将潜在的能力展开,外铄论认为教育是从外部进行塑造。博德认为生长是内在身心因素与外在环境因素相互作用的结果,是一个持续不断的过程。

博德认为,教育是经验的继续不断的改组和改造。知识的价值在于知识

---

[①] Button, H. Warren, Eugene F Provenzo, *History of Education and Culture in America*, New Jersey: Prentice-Hall, 1983, p. 236.

是一种处理经验的工具,是应付连续不断的新情况的工具。这种对待知识价值的工具主义态度,使博德反对教师用逻辑的形式将教材注入儿童心中,而主张知识的获取应与儿童的生活和经验联系并结合起来。

博德把民主与教育联系起来来论述教育的诸多问题。博德认为,教育是一种工具,可用于实现多种目的,不论是好的目的还是坏的目的。他认为教育应肩负起改造社会的责任,指出教育要尽领袖的职能,必须认清那些指引它的理想。在现代,教育有绝大的机会、极重的责任。如果不能培养一种态度,发挥一种精神,使人类更臻人化,使生活更加美富,则教育只是失了它的机会,而忘了它的责任。博德认为指引教育的理想是民主主义,民主主义不仅是一种政治形式,更是一种联合生活的方式、一种共同交流经验的方式;民主主义不仅是一种社会的理想,而且还要求个人各种能力得以自由的发展。教育并不必然成为民主主义的工具,因为教育也可以成为非民主主义的工具,民主主义的实现要求教育充分发展个人,并使之积极参与社会生活。

作为一位哲学家,博德十分关注教育与哲学的关系。他认为,从前的教育学说多为哲学在教育上的推演和应用。而现在教育却渐与哲学分离,因为科学的发展与科学方法的引入为教育研究开辟了新天地,教育心理学、教育行政学、教育测验与教育统计等新兴学科的产生,皆与科学及科学方法的应用有关。博德指出,哲学的任务和科学的任务在教育上有不同的表现,教育目的与教育价值问题属哲学研究的范围,并非科学所能为之。博德认为偏重统计、测验等的结果,便忽略了教育中许多审美的、精神的因素,使教育研究失之偏颇。他认为科学方法固然重要,哲学在教育上则更为重要。

博德的教育思想因袭杜威甚多,相比较而言,不如克伯屈富于创新精神。

(四) 克伯屈的设计教学法

克伯屈(William Heard Kilpatrick, 1871—1965)教育理论所体现出的基本精神是与杜威一致的,但他创造性地发展了杜威的理论,他提出的学习理论和设计教学法,将杜威的比较抽象、笼统的教育观念进一步具体化、程序化,使之具有可操作性。杜威提出了"从经验中学"、"从做中学"作为新教育理论的核心,克伯屈则指明了怎样才能更有成效地"从经验中学"和"从做中学"。克伯屈的理论和实践进一步扩大了杜威教育理论和进步主义教育理论的影响。

克伯屈是一位颇有作为的教育家,1907年他36岁时成为杜威的学生。在此之前,他当过小学数学教师和大学数学教授,并担任过十几年的小学校长,曾致力于教育改革且获得显著成效。成为杜威的学生后,他放弃了数学研究而把兴趣集中在教育方面。其教育著述主要有《蒙台梭利体系的考察》(1914)、《福禄培尔幼儿园原则的批判性考察》(1916)、《教育哲学资料》(1923)、《教育方法的基础》(1925)、《教育与文明变化》(1926)、《教育与社会危机》(1932)、《自我与文明》(1949)、《教育哲学》(1951)等。

克伯屈强调品格教育，认为教育的最终目的是培养品格。"所谓品格并不简单地指道德品质，而是无所不包的——人的一切思想方法、情绪，参照自我、他人以及世界而产生的行动。如果品格是无所不包的目的，教育就不能像过去那样只是知识的，或主要是知识的。高中或大学的学生素质不再简单地依他们的知识来评价，无论这种评价是多么充分或精确；真正应关心的是行动——品格和行动。知识毫无疑问是高贵品格的极基本部分，但不充分。知道做什么并不能保证导致正确的行动。因此，教育必须以完整的人格以及无所不包的品格为目的。"① 由此可知克伯屈反对以书本为中心的传统教育，反对教育上的主智主义的做法，认为人的精神的各个方面皆应得到和谐的发展。而要做到这一点，就应建立新型的不以书本为中心的学校。这种新学校应是一所生活的学校，是一所实际经验的学校，学校生活是社会生活的反映和优选。可见，克伯屈像杜威一样认为教育即生活、学校即社会。

克伯屈认为，学习是教育的关键组成部分。他将学习定义为"一个人经历过的任何部分或者方面留存在学习者的身上以备在将来的经验中相机再现的一种倾向"②。他认为有机体是在行动中，通过行动来学习的，学习的结果是获得一种新的行为方式。这与杜威的"教育即经验的不断改组和改造"，"教育是在经验中、由于经验、为着经验的一种发展过程"如出一辙，只不过将"经验"换作了"行动"。

克伯屈区分了两类学习理论，一种是传统的学习理论，他称为 A 类学习理论。这种理论主张从书本学习别人的经验，学习的材料与学习者目前的经验无甚关联，学习的方式主要是记诵，学习的应用往往发生在学习之后很长时间，而且应用到与学习发生时不相同的经验中。而他自己提出的学习理论——B 类学习理论则有与 A 类学习理论不同的特点："(1) 行为活动典型地是学习过程里必不可少的一部分；(2) 在具体的个人生活环境中（如果不只是在这种环境中），学习的进展最佳；(3) 学习来自行为活动，而不是如 A 类理论所说仅仅来自话语的重复；(4) 学习的首次应用，在正常情况下

---

① William Heard Kilpatrick *Philosophy of Education*. New York：Macmillan Co.，1951，p. 220.

② 王承绪、赵祥麟编译：《西方现代教育论著选》，人民教育出版社 2001 年版，第 58 页。

来自学习所发生的经验范围之内,事实上,学习的发生正是为了把这个经验继续下去。"① 这样,行为、活动、学习与经验的改造融为一体。

克伯屈强调 B 类学习的连续性和动态性,这是对杜威经验的连续性与交互作用原则的运用。克伯屈认为儿童现时的经验对于学习、对于后来的经验具有意义,"在任何复杂的经验中,早期的经验一般会留存下来,相机进入后期的经验,这样把早期的和后期的经验连成一体,从而使相继发生的事件构成一个连续的经验"②。克伯屈认为学习是一个动态的行为活动,"真正的学习单元是'人与其环境的相互作用'"③。

除杜威的经验论外,克伯屈还将桑代克(E. L. Thorndike)的联结主义心理学作为其学习理论的基础。他认为任何学习单元都有一个起点、一个中项和一个终点,在这个学习单元中,最根本的是有机体必须对环境作出反应,才能改造自己的行为,从而获得一种新的行为方式。在克伯屈的学习理论中,机能主义心理学与联结主义心理学走到了一起。

克伯屈还阐述了与桑代克的学习规律相近的 B 类学习的规律:"我们学习我们经历的事情,我们接受我们经历的某件事,我们就学习了这件事,而且我们接受这件事的程度,就是我们学习这件事的程度。"④这种表述本质上与桑代克提出的准备律、练习律和效果律是一致的。

克伯屈不仅区分了 A 类学习和 B 类学习,而且还进一步将每类学习都分为三种学习:主学习(primary learning)、副学习(associate learning)和附学习(concomitant learning)。掌握特定的知识和技能是主学习,无意识地获得知识和技能是副学习,伴随主学习过程而获得的态度是副学习。克伯屈十分重视副学习的意义,认为它在儿童成长中的作用甚至重于主学习。儿童在学习过程中产生的对同学、教师、书本、社会、学校的态度,不仅会决定学生如何评价和应用主学习的成果,而且会最终形成儿童的世界观。因此,教师在指导学生学习时,不仅要注意学生获得的知识和技能,更应注意与之相伴的道德上的收获和其他非理智的成果。在杜威那儿,经验不仅是儿童获得知识的媒介,也是儿童获得情感的、道德的等方面发展的媒介;克伯屈的以有目的的行动为单元的学习,其目的亦不在于仅获得知识。从此更可看出,杜威的经验论与克伯屈的学习论有着很深刻的内在联系。

克伯屈对教学方法有着独特的理解。他把教学方法分为两种,一种是狭义的教学方法,一种是广义的教学方法。前者只关注如何帮助学生最经济、

---

①②④ 王承绪、赵祥麟编译:《西方现代教育论著选》,人民教育出版社 2001 年版,第 57、59、63 页。

③ 〔美〕克伯屈著:《教育哲学》,1956 年英文版,第 22 页。

有效地获得书本知识，它主要关心的是主学习的各种问题；而广义的教学方法关心的不只是主学习的各种问题，还关心副学习以及副学习的各种问题，它关注的是怎样使儿童在人生态度、行为习惯、道德观念等方面得以和谐的发展。他提出的设计教学法就属于广义的教学方法。

在他之前人们就开始使用"设计"一词，歧义甚多。克伯屈1918年发表《设计教学法》一文，系统地阐述了他对这个问题的看法。他把"设计"看做某种有目的的活动，有目的的活动构成设计教学法的核心，利用儿童自己的目的是设计教学法的本质。

设计教学法（The Object Method）分四个步骤，是从杜威的"思维五步法"中引申出来的。第一步是确定目的。疑难情境代表着外界环境的刺激，学生由之会产生征服疑难的动机，由动机引出明确的目的。第二步是制订计划，在确定的目的的指导下，提出解决疑难的方案。第三步是将方案付诸实践。第四步是对实践的结果作出评判。

克伯屈根据学习目的的不同将设计教学法分为四种类型。第一，建造设计，其主要目的是去做、去行动，用物质的形式去体现一个思想或观念，如建造房屋、制作物品等。第二，欣赏设计，其主要目的是欣赏某种东西，如看绘画、演出、文学作品等。第三，问题设计，其主要目的是解决理智上的困难和障碍，如思考鸟为什么会飞、为什么一年分为四季等。第四，练习设计，其主要目的是获得知识和技能，如学习阅读、拼写和其他许多操作性技能。这种分类不是僵死固定的，每个学习单元可以包含两种或两种以上的设计，并且设计可以是个人的也可以是集体的。

设计教学法强调儿童的活动和儿童的目的，但并不放纵儿童、让儿童自己决定课程和教学。教师的指导和控制受到很大强调。克伯屈认为，教师可以提出本质上代表儿童目的的建议，而且并非儿童的所有目的皆具同等的教育价值；依据儿童的哪种目的来组织教学，决定权仍在教师手里。更重要的，设计教学法还具有社会含义。克伯屈要求设计"这一概念必须同时为学习律的充分运用和行动的道德品质的要素安排同等的地位。行动的道德品质的要素当然要注意到社会情境和个人态度"[①]。

同其他进步主义教育家一样，克伯屈也是资本主义民主制度的热情拥护者。他认为民主既是一种政治形式又是一种生活方式。民主主义这个词虽发端于政治，但其含义已不断扩大而指一种联合生活的方式。民主主义不仅是一个政治概念，也是一个伦理概念，其本质是对人格的尊重。他认为工业化

---

[①] 引自赵祥麟主编：《外国教育家评传》第2卷，上海教育出版社1992年版，第793页。

虽给社会带来了物质财富，但同时也导致了社会道德标准的下降，合作精神受到损害，人与人之间失去信任，还有一些人不劳而获寄生于社会之上。他认为道德标准下降的根本原因在于资本主义制度。当时最不人道、最不民主的现象是把工人仅当做手段而不是目的。他说："如果民主主义有所指的话，那就是每个人必须能被作为人来对待，而不单纯是别人的生产工具。"① 克伯屈予教育以社会重任，他认为任何教育制度都应面对现实，不仅要适应变化万千的社会，而且还应积极地帮助改造社会生活，他坚信教育在重建美国社会的过程中起着十分重要的作用。克伯屈的品格教育论，B类学习理论和设计教学法都强调教育的社会精神，其根本用意在于通过这些途径和手段达到社会性的目的。

克伯屈的教育理论尤其是设计教学法，因有许多可取之处而被广为传播，对美国、西欧、苏联、中国、印度、埃及等国家和地区的教育产生了较大的影响。它强调有目的地学习，强调儿童学习的主动性，强调学习过程中教师的指导作用，强调儿童学习的社会条件和社会动因。虽然其他一些进步主义教育家（包括杜威）也强调以上几个方面，但他们的理论皆较抽象，而克伯屈则将这些观念转化为可操作的形式，这是他的教学法得以广泛传播的重要原因。当然，设计教学法亦有缺陷，克伯屈自己说他所言的设计教学法的四步骤主要是针对"建造设计"而言的，对其他几种设计的步骤尚未明确拟订。设计教学法最大的缺陷在于，由于强调通过经验和行动教学，系统知识的学习受到严重削弱，这是进步主义的通病，在前面讲述杜威时已提及，不再重复。设计教学法在学校中不能作为唯一的教学方法，它必须有其他方法作补充，或者把它作为其他方法的补充。

（五）帕克赫斯特的道尔顿制

帕克赫斯特（Helen Huss Parkhurst，1887—1973）是美国女教育家，道尔顿制的创始人。1911年，她针对中小学教学工作中的实际问题，拟订了一个对8—12岁儿童的教育计划，但未付诸实验。1915年其计划在加利福尼亚州第一次付诸实验；1919年她的朋友格雷恩夫人（M. Grane）将其计划试行于一所不分年级的残疾儿童学校；1920年2月格雷恩夫人又将此计划在马萨诸塞州的道尔顿中学试行，不及一年，成效显著。帕克赫斯特因之将其教育方法命名为"道尔顿实验室制"，简称"道尔顿制"（the Dalton Plan）。

道尔顿制是一种个别化的自我教育的制度和形式，它主要是针对班级授

---

① William Heard Kilpatrick, *Education and Social Crisis: A Proposed Program*. New York, Liveright, Inc. 1932, p. 26.

课制的缺陷而提出来的。帕克赫斯特认为，班级授课制是按固定的课表在固定的教室对固定的学生进行口头讲授，教师在班级授课制中处于主导地位，而学生则处于被动地位，教师可以不顾儿童活动方式和速度的差异，把25人或100人当成一个人看待，学生的个别差异得不到应有的照顾。她要求废除现存的教育组织形式和教育方法，使学生享有更多的自由，得到一个更宜于学习的环境，"更重要的是使学生克服个别的困难而使每一个学生，无论智的还是笨的，都可有进步的相同机会"[1]。

道尔顿制不是一种具体的教学方法，而是为解决传统教育中教与学的对立而进行的一种使教与学的程序互相谐和的教育改组。原来的班次和课程依然保留，只是废除了原来那种一刀切的课程表，而代之以"公约"（contract job）式或合同式学习。

学校和教师把每一年的课程划分为与一个学年的几个月相对应的课题，每一个月的课题都被看做学生要承包的一项工作，学生以"公约"的形式认领学习任务。在每一个承包工作开始的时候，都把关于课题、允许予以学习的时间和每门课在整个计划中所占学分的大纲发给学生。每一项课业任务都要分成许许多多问题，这些问题必须写得引人入胜，能激励推动学生的学习和研究，而且通过这些问题，学生可以找到解决问题的方法。学生在每一学科上都有系统的指定课业，各学科每月指定的课业都须写明：本月工作导言，本月四周功课的题目、问题、笔述作业、记忆作业、会议或讲授、参考书、工作单位之计算、其他研究、附加作业；学生可以选择完成这些课业的顺序、时间和方法。这样就照顾到了儿童的个别差异，聪明儿童一年内可以完成更多的学习任务，而能力差一些的儿童可在其能力范围内完成少一些的学习任务，而不必强求一律。

帕克赫斯特认为，道尔顿制的成败大部分取决于指定课业的方法和技能。她认为课业指定应适合三类学生的能力：最低的指定只包含本学年的基本知识，是让能力最差的学生做的；中度的指定是让能力中等的大部分学生做的；最高的指定是让能力强的学生做的。指定课业时要求考虑到每个学生的能力、需要和爱好。

学校的设施设备被重新布置，教室变成各学科的实验室，按学科性质陈列实验仪器和参考用书，供学生学习之用。教师成为各学科的专家，负责在不同的学科实验室里指导学生。每个学科实验室里有一个教师进行指导，学生按自己的学习计划学习，可以自由出入实验室。

---

[1] 郭齐家、毕诚、崔相录主编：《中外教育名著评介》第 2 卷，山东教育出版社 1992 年版，第 1 374 页。

学习科目分成确定升留级的"大科目"（数学、语文、科学、历史、地理、外语等）和"小科目"（音乐、艺术、手工、家事、工艺、体育等）。上午9时到12时半学生自由支配时间，按个人学习计划学习大科目，下午按小组或班级学习小科目。

道尔顿制用"表格法"来了解、比较学生的学习状况和学习进度。表格有三种。第一种是各科教师所用的"实验室表格"，这种表格使教师便于了解学生在某学科方面的进度与进步情况，使学生便于将自己的成绩与其他同学相比较。第二种是"学生合同表格"，由学生自己记录自己在各指定学科上的学习进展情况。第三种为"年级或班级表格"，记载年级或班级的学生完成课业的情况，用此表格，可以得知全年级学生的一般学习状况。表格法在道尔顿制中具有重要作用，不仅可以使学生知道时间的价值，正确地分配时间，增强节约时间的责任心，增强学习的动力，而且可以减轻教师在学生管理方面的负担，使学生管理简单化。

帕克赫斯特认为，道尔顿制有两个原则，一是自由，一是合作。道尔顿制向儿童提出明确的目标，让儿童按自己的方法、能力和进度集中精力去学习功课，给儿童以充分的自由。但这种自由绝非放纵，一个重要表现就是，学生学习的科目不以学生的好恶为转移，为防止偏科，首先确定每个学生的擅长科目与不擅长科目，然后要求学生把每天上午的前一半时间用于学习不擅长的科目，以克服个人的弱点与不足；道尔顿制还强调合作精神，既强调师生间的合作，亦强调学生间的合作，目的在于发展学生的社会意识。

道尔顿制符合大多数进步主义教育家的一个中心愿望——给个体儿童更多的自由，使其有自己的发展模式，充分照顾儿童之间的差异。在实践中它也确实克服了传统教育的一些顽症，如教学进度的统一安排不适于学生的个别差异，学生因缺乏学习兴趣或跟不上教师的进度而厌学，学生处于被动地位而视师为仇等。更重要的，它优于当时进步主义教育家所提出的一些课程设置，既不保守，亦不激进，是一种具体可行的、较稳健的、较少冒险性的教学改革方案。因此，出台之后，广为应用。最初它主要应用于英国，20年代中期，英国有2 000所学校施行该制，30年代初应用范围扩展到整个欧洲和苏联。甚至到了70年代，在一些国家还可以看到它的影子。道尔顿制30年代末开始衰落，因为它对教师要求太高，而且将教室全改为实验室也不切合实际。尽管道尔顿制后来在学校中不作为一个完整的制度而使用，但它仍作为使学习过程个别化的多种方法之一而在不少学校中被使用。

（六）华虚朋的文纳特卡制

华虚朋（Carleton Wolsey Washburne, 1889—1968）曾是帕克的学生，1919—1943年任伊利诺伊学区文纳特卡镇的负责人并进行教育实验。1939—

1943年任美国进步教育协会会长，1947—1956年任新教育联谊会会长，主要著作是出版于1932年的《使学校适应儿童》（Adjusting the School to the Child）。他对进步主义教育的主要贡献在于提出了文纳特卡制（Winnetka plan, Winnetka System）。

华虚朋认为目前教育问题中最迫切的一个是如何使学校的功课适应儿童个别的差异。"使学校适应儿童"这个标题更确切的表达应是"使学校适应儿童的个别差异"。道尔顿制是解决适应儿童个别差异问题的一个尝试，但华虚朋认为，道尔顿制缺乏自我教育的教材和研究，缺乏科学的课程结构和集体的、创造性的活动技巧。他指出，使学校适应儿童个别差异，不仅指以个别为基础的教学材料与技术，还指如何发展儿童个别的创造能力与社会意识，以及如何助成他们内心的与社会的种种调适。

通过标准测验证明，一个年级的儿童能力相差甚大，为使全班每个儿童都有适合自己特性的作业，解决的办法就是以"单元作业制"代替"现实作业"。将课程分为两部分，一部分是所有学生均需掌握的"共同知识或技能"（包括读写算等工具性学科）；一部分是不必所有儿童都熟练掌握的学科，即"集体和创造的活动"。这两部分课程采用不同的学习方式。

对于工具性学科，在个体儿童方面，主要采取自我教学、自我改正、诊断性测验和个人进步评定等手段。对读、写、算等学科予以周密分析，对所要求掌握的基本知识和技能作了认真布局和有次序的安排，课本和课本资料设计得使学生能独立地使用。学生使用这种自学教材和自正（自我改正）教材学习，以自学为主，教师适当地进行个别辅导。每个学生按自己的能力和可能的进度拟订学习计划，学习依计划进行，教师要求学生记录个人学习进展情况。学生的学习成果通过全面的诊断测验来检查，目的不在于评定成绩，而在于了解儿童在哪些方面需要教师的帮助，从而校正错误，予以"治疗"。测验方式不同于以往，不采用背诵法、普通考试中的试卷和标准测验，而是对所学材料进行全面考察，且全班学生无需参加同一种测验，只需参加自己所学单元那部分的测验。通过测验，学生可根据自己的掌握情况决定下一步的学习方向和学习进度。

还有一部分课程是创造性的和社会性的作业，如木工、金工、织布、雕刻、染布、绘画、手工、游戏等，共有二三十种之多。华虚朋认为，给予儿童读、写、算的知识技能只是一种一般的训练，教育的最大作用在于使儿童表现自己，而创造性的和社会性的作业可为学生的个性发展提供契机，并能发展学生的社会意识。作业包括一小部分"共同兴趣活动"和一大部分"特殊兴趣活动"，两种活动的共同目的在于：使儿童特殊的兴趣、能力得到满足和发展，使基础较差的儿童对自己的努力和能力产生信心，使能力较强的儿童得到进一步发展的机会。开展以共同兴趣为基础的活动，可使不同年龄的儿童加强联系，消除隔阂，培养集体性和合作精神。这些活动不是自发的，而是有组织的。作业单元必须选择，使之足以启发儿童的想象力，使儿童乐于合作以理解复杂的社会关系。实际上，这些教学活动相当于杜威主张的"从做中学"和克伯屈主张的"设计教学"。

华虚朋把课程分为两部分，可以说是兼顾了杜威、克伯屈的课程论与道尔顿制之长，而且所提出的方案与道尔顿制同样稳健。文纳特卡制在美国、在世界其他不少国家，产生了重要影响。文纳特卡制教材在美国被广泛使用，它的一些具体方法被许多学校或全部或部分地利用。

### 五、进步主义教育思潮的衰落

进步主义教育思潮在 20 世纪初的 20 年颇为盛行，但进入 30 年代遂开始衰落。原因主要有五个。

其一，经济大萧条使进步主义教育思潮发生分化和转向。进步主义教育思潮在 20 世纪初前 20 年是儿童中心的和个人主义的，尽管每个进步主义教育家都提到了社会和民主，但他们的着重点都放在儿童身上。从 1929 年开始一直延续到 30 年代末的经济大萧条，使美国的文化观念发生了深刻的转变。经济萧条带来的教育经费缩减使很多学校无力开展进步主义性质的教育实验，更重要的是，经济萧条使人们更加关心社会和经济问题。坚持儿童中心教育运动的教育家，1929 年以后开始越来越多地注意寻找一些方法和途径，使学校能为建设一个没有经济萧条的新社会作出贡献。杜威、克伯屈以及他们在全国各地的追随者和同事们的著作，都揭示了这种重点的转移。1929 年以前，这些思想家把他们的主要精力用于陈述教育的内容，提出要在学校里为青少年提供更多的创造自由；而在 1929 年以后，他们较多地注重于实现这种自由的社会条件，尤其是衣食住行等方面的经济条件。观点更为激进的改造主义也从进步主义中分化出来，改造主义者认为应优先考虑改造社会的问题，而把 20 年代关于理想学校的要求放在次要地位。"大萧条期间关于手段和目的的争论引起了进步教育家内部的不和，这对有组织的进步教育的瓦解产生一定的影响。"[1]

其二，新保守主义教育思潮对进步主义教育的抨击加速了后者的衰落。永恒主义的代表赫钦斯、要素主义的代表巴格莱等人，皆于 30 年代撰文批判进步主义，这种批判一直延续到 50 年代，进步主义教育存在的合理性受

---

[1] 〔美〕罗伯特·梅逊著，陆有铨译：《西方当代教育理论》，文化教育出版社 1984 年版，第 100 页。

到挑战。

其三，来自进步主义教育阵营内部的自我反思和批判也加剧了进步主义教育的衰落。来自内部的批判主要是杜威和博德。1938年，两人分别出版了《经验与教育》和《十字路口的进步教育》，对进步教育运动的一些观念和实践予以批评。二人批评的矛头是一致的，都是抨击进步教育运动过于放任儿童，过于迎合儿童的兴趣与需要，过于强调儿童的经验和活动；批评进步教育运动不重视学科知识，没有处理好儿童的兴趣、经验与学习系统知识的关系。① 二人的批判切中要害，且来自内部，所起的作用绝非外来的批判所能比。

其四，美国参加第二次世界大战使"八年研究"的影响变小，也成为进步主义教育衰落的一个重要原因。"八年研究"是美国进步教育协会在中等教育方面开展的一项教育评估活动。其结果表明，从进步主义学校毕业的学生与传统学校毕业的学生相比，前者在大学里也学得一样成功，而且在很多方面还高出一筹。面对新保守主义的抨击，八年研究可以说是进步主义教育对自身的一种最有效的防卫。然而，遗憾的是，1941年美国卷入第二次世界大战，使八年研究理应产生的重大影响没有产生。如果美国不加入二战，进步主义教育的发展可能就是另外一种局面。

其五，第二次世界大战后社会主义国家与资本主义国家之间的"冷战"，尤其是1957年苏联人造卫星的上天使进步主义教育遭到更广泛、更激烈的批评。改造主义与新保守主义在50年代卷土重来，把进步主义教育逼向绝路，使之更趋衰落。进步教育协会遂于1955年解散，会刊《进步教育》于1957年停刊。克雷明在《学校的变革》前言中写道："1955年进步教育协会的解散以及两年之后《进步教育》杂志的停刊，标志美国教育学上一个时代的结束。"

## 第三节 进步主义教育思想的特征与评价

进步主义教育是一场重要的教育改革运动，它具有一些不同于传统教育的典型特征，具体表现在以下方面。

第一，将儿童置于教育的中心地位。认为儿童是教育的起点，教育应该

---

① Diane Ravitch, *Left Back: A Centry of Failed School Reforms*, New York: Simon & Schuster, 2000, pp. 307-310.

充分考虑儿童的本能、需要和兴趣，反对传统学校对儿童的灌输和压制，反对让儿童为遥远的成人生活做准备，主张教育的目的就是生长，教育应为促进儿童持续无碍的生长而努力。

第二，反对知行分离，主张从做中学，从经验中学。认为知识不是记忆在头脑中的抽象物，而是一种处理经验、应付新情境的工具。将抽象知识灌输给儿童，既不符合儿童的兴趣需要，也丧失了教材本身所具有的社会意义。理想的学习应通过设计，通过解决问题来进行，儿童应成为学习过程的主动参与者。尽管进步主义教育家的教学理论不尽相同，有的激进，有的稳健，但都将儿童置于学习过程的中心地位。

第三，反对学校与社会的脱离，主张教育即生活，学校即社会。学校是社会生活的一种形式，儿童受教育的过程也就是生活的过程，教育与社会生活是统一的。

第四，教师的职责不是依靠权威来指挥，而是对儿童的生长、发展提供指导和帮助。

第五，教育应该鼓励合作而不是竞争。进步主义教育家认为人是具有社会性的，爱与合作关系较之竞争和追求个人成功更能发展人性中更高的、社会性的一面，合作比竞争更合乎生物学的和社会性的人性的实际。实际上这是进步主义时代反对旧个人主义、提倡合作互助的新个人主义的反映。

第六，强调教育与民主的密切联系。认为民主不仅是一种政治形式，更是一种联合生活的方式；教育不仅应是民主的，还应是为了民主的，教育应成为发展和完善民主主义的首要的工具。

进步主义教育运动不是一个孤立的社会运动，其产生与整个进步主义改革运动息息相通，其发展也从其他领域汲取了许多养料。例如，葛雷制是泰勒制在教育领域的具体应用，是整个进步主义时代讲求管理和效率的具体反映；克伯屈的学习理论直接吸收了桑代克的联结主义心理学观点；文纳特卡制中的诊断性测验是当时盛行的教育测验的一种重要形式；文纳特卡制和进步主义性质的华尔登学校皆鲜明了吸收了弗洛伊德（S. Freud）的精神分析理论，要求教育重视儿童的非认知因素；进步教育协会组织的"八年研究"运动本身就是一场教育评估运动，标志着教育评估发展到一个崭新的阶段；30年代的一些进步主义者在强调用教育来改造社会时甚至还吸收了马克思主义的一些观点，等等。进步主义教育思潮通过向其他领域汲取养料使自身不断丰富和完善的同时，也增加了自身的影响力。

进步主义教育思潮的产生和发展说明它有存在的客观基础，有其内在的合理性，它的衰落则说明它有严重的不足。进步主义教育思潮的优点是鲜明的，它在反对落后的传统教育方面功不可没；但它的缺点也是致命的，改造主义和各种"保守主义"教育思潮对它的抨击可以说处处击中要害。

改造主义者认为为生长而生长不足以成为教育的有效目标,教育应有一个确切的、明晰的社会改革目标,改造主义者认为进步主义过分夸大个人自由,忽视了社会和文化对个人发展的决定作用。改造主义认为进步主义应改变方向,要少强调儿童中心(个人主义)教育,多强调社会中心(社会改革)教育,要少关心个人成长,多关心社会变革。

"保守主义"教育思潮诸流派中,要素主义对进步主义教育的批判最具代表性。要素主义指责进步主义学校教育的无目的性,在培养目标上,尤其强调系统知识的掌握和心智的训练。要素主义强调纪律和锻炼,而不是儿童的目前兴趣,认为间接兴趣比直接兴趣更重要;认为教育过程中的主动权在教师而不在学生,儿童要充分发挥潜能,需要教师的指导;认为教育的核心是吸收规定的系统的教材,民族经验或社会遗产比个人经验更重要,而且比全未经过检验的儿童的经验更重要得多;认为学校应保持传统的心智训练的方法,探究的方法、设计的方法虽有一定的优点,但却不是整个学习过程所要应用的方法,因为许多知识是抽象性的,不能细分为所想象的若干"实际问题"。要素主义认为进步教育运动虽标榜民主,但其不重系统知识学习的实际做法却使美国教育水平下降,使美国的民主政治秩序受到极权主义的挑战,实际上却帮了民主的倒忙。所以要素主义认为,民主主义要求未成年人接受成年人的指导,要求文化上的共同性,要求教育具有严格的标准,只有这样才能保证"有效的教育"的获得,才能应付非民主国家的挑战。

各种指责都有道理,但将所有教育上表现出来的不良后果都归咎到进步主义教育头上,显然是过分之举。因为进步主义教育思潮对美国教育的影响并不像想象的那样大。澳大利亚教育学者康内尔指出:"真实地说来,到1930年,进步主义教育的理论和实践,还没有被美国的学校普遍接受。它们逐年地越来越为小学教师所熟悉和更多地实施,对初级中学发生了一些影响,而在高级中学,并没有多少影响。一位教育家指出,1930年,22万所中学中,有10.2万所学校只有不到100名学生入学,而这些学校的教师的教育概念,几乎完全没有超出传统。"[①] 而进入30年代,进步主义教育就开始发生转向了。万·梯尔指出,那种认为进步教育对美国产生过重大实际影响的观念是一种虚构的神话,他说:"我们时代的神话之一是,构成盛行过的泛称为进步主义教育之特征的几种趋势曾盛极一时;可现在正在被否定。这个百般栽培的神话是难以理解的。实际情况是,进步主义教育从来没有进

---

① 〔澳〕W. F. 康内尔著,张法琨等译:《20世纪世界教育史》,人民教育出版社1990年版,第607~608页。

行过重大规模的试验。"① 有的研究者则更明确地指出,"学术上的保守派在批评学校时,喜欢把进步派,特别是约翰·杜威作为'代人受罪者'(whipping boys)来加以利用。诚然,进步主义有其影响,但这些影响对学校教育基本的形式与实质来说一直不是重要的。评论家的愤慨被错放了地方"②。

进步教育对整个美国教育具体实施的实际影响并不大,而且这种影响也不一定就像人们认为的那样全是负面的,或主要地是负面的,"八年研究"的结果表明进步教育并不那样面目可憎。教育向来就是一种工具,当美国教育不能有效地维护美国的世界霸主地位时,人们就呼吁教育的变革,进步主义教育在一定程度上就成为替罪羊。20世纪50年代和60年代的课程改革实质上"不是出于任何特定学校系统的需要,也不是出现于任何特殊的场合,而是全国范围的,为服务于国家的需要而设计、由联邦政府或大基金会所资助的。这股课程改革的浪潮标志着对过去几十年习惯的巨大改革"③。进步主义教育家所赋予教育的诸多神圣价值最后还是被国家利益的呼号声所湮没。

我们不能否认进步主义教育思潮在理论上的深刻洞见。他们提出了许多基本的教育问题,也许他们提供解决问题的方案并不切实,但他们提出的问题直至今天还是不容漠视的。克雷明曾指出:"在进步主义派提出的问题中,在他们建议的解决办法中,许多是没有时间性的。"④ 万·梯尔认为,杜威、克伯屈和博德等人提出的基本问题,如什么是教育的目的、学校计划应该建立在什么基础上、这些目的和基础都明确后学校应教什么,这些问题并没有过时,不会消亡,也不会被扼杀。50年代和60年代美国的教育技术学的倡导者们,各种形式的教育组织的倡导者们,对学科结构进行研究的拥护者们,早晚得正视这些不可回避的问题并考虑所提出的可能解决的办法。⑤ 万·梯尔指出:"进步主义教育运动的那些解释者们所提出的中心问题和为我们时代寻得切实可行的答案所作的有关贡献,并没有过时。它们一定并且必将继续存在下去。它们终久将像观念世界中所常见的一样,以现代教育的种种新建议的形式,以靠我们的前辈而建立起来的新综合的形式,具体表现出来。"过于性急的掘墓人以及当前那些掘墓人的安慰者,随着20世纪的前

---

①③④ 引自瞿葆奎主编,马骥雄选编:《教育学文集·美国教育改革》,人民教育出版社1990年版,第226、412~413、221页。

② 理查德·D. 范斯科德著,北京师范大学外国教育研究所译:《美国教育基础》,教育科学出版社1984年版,第29~30页。

⑤ 参见瞿葆奎主编,马骥雄选编:《教育学文集·美国教育改革》,人民教育出版社1990年版,第221页。

进，将会发现他们误认的死尸恰恰具有极为强大的生命力。"①

**【要点小结】**

进步主义教育思想的产生和发展说明它有存在的客观基础，有其内在的合理性，它的衰落则说明它有严重的不足。进步主义教育思想的优点是鲜明的，它在反对落后的传统教育方面功不可没，进步主义教育思想要求教育应该充分考虑儿童的需要和兴趣，反对传统学校对儿童的灌输和压制；反对知行分离，反对将抽象知识灌输给儿童，认为这样既不符合儿童的兴趣需要，也丧失了教材本身所具有的社会意义；反对学校与社会的脱离，主张儿童受教育的过程也就是生活的过程，学校生活与社会生活应该紧密联系；认为教师的职责不是依靠权威来指挥，而是对儿童的生长、发展提供指导和帮助；强调教育与民主的密切联系，认为教育不仅应是民主的，还应是为了民主的，教育应成为发展和完善民主的首要工具。进步主义教育思想在20世纪初的20年颇为盛行，尽管后来因为种种原因开始衰落，但进步主义教育思想的历史价值和现实意义却是不应该被小视的。

**【思考与练习】**

1. 如何理解杜威的"教育即生活"、"教育即生长"、"教育即经验的改造"三个命题？
2. 杜威如何看待教育与民主的关系？
3. 昆西教学法、葛雷制、设计教学法、道尔顿制有何共性？其各自的得失如何？

**【参考文献】**

1. 〔澳〕W. F. 康内尔著，张法琨等译：《20世纪世界教育史》，人民教育出版社1990年版。
2. 瞿葆奎主编，马骥雄选编：《教育学文集·美国教育改革》，人民教育出版社1990年版。
3. 〔美〕理查德·D. 范斯科德等著，北京师范大学外国教育研究所译：《美国教育基础》，教育科学出版社1984年版。
4. 陈友松主编：《当代西方教育哲学》，教育科学出版社1982年版。
5. 〔英〕博伊德、金著，任宝祥、吴元训主译：《西方教育史》，人民教

---

① 引自瞿葆奎主编，马骥雄选编：《教育学文集·美国教育改革》，人民教育出版社1990年版，第227页。

育出版社 1985 年版。

6. Diane Ravitch, *Left Back: A Centry of Failed School Reforms*, New York: Simon & Schuster, 2000.

7.〔美〕罗伯特·梅逊著，陆有铨译：《西方当代教育理论》，文化教育出版社 1984 年版。

8. Button, H. Warren, Eugene F Provenzo, *History of Education and Culture in America*, Englewood Cliffs, N. J. Prentice-Hall, 1983.

9. 李剑鸣著：《大转折的年代：美国进步主义运动研究》，天津教育出版社 1992 年版。

10.〔美〕杜威著，单中惠编译：《杜威传》，安徽教育出版社 1987 年版。

11. John Dewey, *Moral Principles in Education*, New York: Philosophical Library 1909.

12.〔美〕杜威著，王承绪译：《民主主义与教育》，人民教育出版社 2001 年版。

13.〔美〕杜威著，许崇清译：《哲学的改造》，商务印书馆 1958 年版。

14.〔美〕杜威著，姜文闵译：《我们怎样思维·经验与教育》，人民教育出版社 2005 年版。

15.〔美〕William Heard Kilpatrick, *Education and Social Crisis: A Proposed Program*. New York: Liveright, Inc. 1932.

# 第十三章 保守主义教育思想

### 【内容提要】

在西方教育思想发展的历史进程中,要素主义、永恒主义和新托马斯主义都是作为进步主义教育的对立面和批判者而出现的,它们被合称为保守主义教育思想或新传统派教育思潮。尽管它们的思想主张存在某些差异,但都把批判进步主义教育作为思想出发点,都强调基础课程和智力训练,都强调纪律,都主张强化教师在教育过程中的作用。要素主义强调应把人类文化遗产中的"共同要素"作为教育的核心,提倡按学科知识教学和进行严格的智力训练及天才教育。永恒主义强调学习经典名著,掌握具有永恒价值的知识,提倡自由教育。新托马斯主义则认为教育应以宗教为基础,培养真正的基督徒和有用的公民。保守主义教育思想(尤其是要素主义)对 20 世纪中期以来西方国家教育的变迁产生了广泛的影响。

### 【学习目标】

1. 了解保守主义教育思想产生的历史背景。
2. 认识保守主义的理论基础。
3. 理解保守主义教育思想的基本理论。
4. 分析保守主义与进步主义之间的关系。

### 【关 键 词】

要素主义　永恒主义　新托马斯主义　间接经验　智力训练

自杜威首次提出传统教育的概念并对传统教育予以批评之后,西方教育理论便分为以实用主义等为代表的现代派与以要素主义等为代表的传统派两大"派系"。进步主义教育左右美国学校近半个世纪，直至第二次世界大战结束前一直占优势地位，但从20世纪30年代的后半期开始，又出现了回击现代派教育理论，坚决要求恢复传统教育原则，主张以传统教育为核心的要素主义、永恒主义、新托马斯主义等教育流派。他们批评进步教育只注重培养学生适应生活的能力，却放弃了系统的文化科学知识的传授，以至于降低了美国中小学教育的质量，指责进步教育应对美国教育的落后负直接责任。他们批评实用主义只注重儿童活动的个人经验和适应当前需要的课程，主张吸收预先规定的教材、讲授基础科目、恢复传统课程、阅读西方伟大著作；反对只重视生活适应，提倡传统的心智训练，强调智力标准；反对儿童中心，反对只强调儿童自由和个人兴趣，主张加强教师的作用，强调纪律性。这几种教育流派与进步主义教育相对立，却与自柏拉图、亚里士多德直至夸美纽斯、赫尔巴特所形成的传统教育理论有许多共同之处，与之密切相关。因此，这几种教育流派被称为新传统派，又被称为保守主义教育思想。所谓保守主义教育思想，并不是代表陈腐与落后，而是指与实用主义教育理论相对立，主张恢复传统教育思潮的教育理论。保守主义教育思想虽然由于第二次世界大战爆发暂停传播，但从20世纪50年代开始，保守主义教育思想的宣传与阐述获得了很大发展，尤其以要素主义的影响为最大，直接影响了现代西方教育的发展，这种情况尤以美国最为突出。这种局面的出现并不是偶然的，而是与当时的社会历史条件密切相关的。

## 第一节 保守主义教育思想产生的时代背景

20世纪30年代的美国，资本主义垄断经济已有了相当的发展，但1929年年初爆发了席卷包括美国在内的整个资本主义世界的经济危机。这是一次资本主义历史上最严重、最深刻、持续时间最长、范围最广的"世界性生产过剩危机"。在这次经济危机中，整个资本主义世界工业生产下降40%以上，失业人口增加到5 000万人。这次危机对美国的打击最为严重，1932年美国工农业产值仅为1929年的53.8%，失业人数达1 500万人，共损失2 500亿美元。伴随着经济危机，美国的政治危机也愈益深刻，社会政治形势混乱、阶级斗争加剧，危机不可避免地影响了社会生活的各个方面，也不可避免地影响教育领域。正当美国国内外局势处于非常危急的关头，美国教育竟然意外地软弱无能，美国的教育理论对社会秩序起削弱作用，以实用主义为指导的进步教育遭到了批判。人们普遍认为这种教育所推行的一套无目的、杂乱无系统的课程，以及缺乏训练的教师、放任自流的教育方法与组织形式、松弛的学校纪律等，导致了美国教育质量的下降，以至于破坏了传统的社会文化的稳定，造成了社会的危机，使人们也丧失了对创造美好生活的信心。因此，必须对教育进行改革。

20世纪30年代末，德、意、日建立了法西斯政权，对内推行集权政治，对外则进行侵略扩张，准备发动世界战争，妄图统治世界。1937年，日本帝国主义发动了全面侵华战争。1940年，德、意、日结成法西斯军事侵略集团，自称是"改造世界秩序的轴心"。当时的美国资产阶级为抵制法西斯称霸世界的野心，极力宣传保卫和加强美国的民主制度，并提出通过教育来培养有现代文化的公民，防止法西斯主义的侵袭，维护社会秩序。许多教育家都意识到，法西斯独裁势力的崛起对"美国民主思想"的挑战。巴格莱指出，如果美国人民不想在绝望中抛弃民主而屈服于独裁，那么任何真诚的学者就必须与其他公民协作来捍卫美国的民主。

正是在这样的国内外形势下，30年代末，首先在美国出现了保守主义教育思潮。它以反对实用主义教育为出发点，重新论述西方传统教育的主张，并大多以一定的传统哲学体系为依据。保守主义教育思想主要指要素主义、永恒主义、新托马斯主义等教育流派。在反对进步教育运动和实用主义教育理论中，这三个流派都采取了进攻的姿态，但是三个流派的情况也不尽相同。新托马斯主义是属于宗教教育理论的一个派别，影响不如其他两个流派大。在其他两个流派中，永恒主义教育流派是保守主义教育思想中的一支生力军，但要素主义却以它完整的体系和较多地符合实际教学的合理因素而在保守主义教育思想中占有最重要的地位，也产生了最为普遍的影响。第二次世界大战期间，保守主义教育思想因受战争的影响，传播力减弱。二战之后，由于社会主义与资本主义两大阵营的出现与对立，美苏两个超级大国的竞争加剧，保守主义教育思想特别是其中的要素主义教育理论，得到了真正的发展和广泛的传播，在20世纪50年代及60年代初更为盛行，60年代以后，逐渐衰落。

## 第二节 要素主义教育理论

### 一、要素主义教育的产生和发展

要素主义（Essentialism），又被译作本质主义、精粹主义、精华主义，是保守主义教育思想中最重要的一个教育流派。要素主义承认世界的变化，但强调人类文化中的"要素"或"精华"对于变化中的世界的价值，强调在民族生活、文化历史发展过程中的基本的、永恒不变的、青年人必须学习的要素，同时也坚决主张传统教育教学的基本内容、原则、方法等仍是现代教育所必须保留并发扬的要素。

要素主义者认为学校应授予儿童社会所必需的"共同知识"和"共同价值"，主张让儿童"接受指导、接受锻炼、接受教育"，以掌握"起码的知识、技能与态度"。这种教育观点在西欧文艺复兴时期的人文主义运动中已经产生，作为启蒙时代唯实论者的夸美纽斯、英国的经验主义者洛克、瑞士教育家裴斯泰洛齐以及为19世纪系统教育学的创立作出贡献的赫尔巴特，尽管他们的教育思想有所差别，但仍可以说是属于要素主义教育思想范畴的。从这里可以看出，要素主义的历史渊源是相当久远的。现代美国要素主义教育运动发轫于20世纪30年代，到50、60年代进入高潮，并一度成为占统治地位的教育理论。

"要素主义"这个名词最早是在1935年由德米阿什克维奇（Michael Demiashkevich）提出。1938年，在美国新泽西州的大西洋城，一些持有不同哲学思想的教育学学者组成一个学术团体，即"要素主义者促进美国教育委员会"，参加者包括当时著名的要素主义教育理论家巴格莱（William Chandler Bagley）、德米阿什克维奇、坎德尔（1saac L. Kandel）、芬尼（Ross Finney）等人。其中巴格莱是最主要的代表人物，他的题为《一个要素主义者促进美国教育的纲领》的论文阐述了要素主义的基本教育主张，以后一直被视为要素主义教育派别的经典著作。要素主义者促进美国教育委员会的主要目的在于要求美国教育捍卫和加强美国的民主主义理想，以对抗当时法西斯主义的兴起。他们认为，美国教育的功能是要保卫和加强民主理想，而有效的民主是以"文化的共同性"为基础的，因此要求通过教育使每一代人都拥有足以代表人类遗产最宝贵的共同的文化要素。

在要素主义者中，巴格莱居于最重要的地位，人们认为，巴格莱之于要素主义者的作用甚于杜威之于进步主义者。巴格莱毕业于密歇根州立大学，1898年在威斯康星大学取得理科硕士学位，1900年在康奈尔大学获得心理学和教育学博士学位。1917年至1940年，巴格莱任哥伦比亚大学师范学院教授。

在《一个要素主义者促进美国教育的纲领》中，巴格莱历数美国教育的种种弊端：（1）美国初等学校学生没有达到其他国家学生达到的基础教育的学业标准；（2）美国中等学校学生的学术水准落后于其他国家18岁学生达到的水平；（3）高等学校学生缺乏基础文化知识的人数越来越多，由于达不到基本的和中等的水平，所以许多高等学校不得不开设补修阅读课程；

(4)除了文化水平降低之外，数学、语法的水准也明显地降低；(5)尽管美国的教育经费增加了，但重大的犯罪率还是有了明显的提高。

为了传播要素主义教育的观点和价值，巴格莱创办了《学校与社会》(School and Society)杂志。该杂志刊登了不少指责进步主义教育实践中失误的文章，而且在一个比较长的时期内，巴格莱的著述和讲演也不离这个主旨。1934年巴格莱出版了《教育与新人》(Education and Emergent Man)，在这本书中，巴格莱在批评进步主义降低智力标准的基础上，还指责进步主义降低了美国青少年的道德标准并指出其危险性。

巴格莱作为要素主义的首脑人物和代言人，在20世纪30和40年代曾一度使要素主义声名大振。巴格莱于1946年逝世，这对于要素主义无疑是一个极大的损失。虽然布里克曼（Willian Brickman）（《学校与社会》杂志编辑）等人勉力支撑局面，但作为30年代勃然兴起的一种新的教育哲学思潮，其影响大大削弱。直到50年代后期，由于国际形势的巨大变化，要素主义教育才得以复兴。

后期要素主义教育流派的主要代表人物是科南特、贝斯特和里科弗。科南特（James B. Conant, 1893—1978），毕业于哈佛大学，从1933年起担任哈佛大学校长，长达20余年。他的主要著作有：《今日美国中学》、《美国师范教育》、《分裂世界中的教育》、《教育与自由》、《知识与壁垒》等。其中以《今日美国中学》和《美国师范教育》的影响最大。贝斯特（A. E. Bestor）是美国历史学家、教育评论家，毕业于哈佛大学，曾任教于耶鲁大学、哥伦比亚大学师范学院、斯坦福大学、牛津大学等校。1956年起任美国基础教育协会会长，主要著作有《学校的恢复》、《教育的荒地》等。里科弗（H. G. Rickover, 1900—1986），海军中将，教育评论家，曾就读于海军学院和哥伦比亚大学，学习电机工程。他在海军担任过多种职务，参与制造了美国第一艘核潜艇。20世纪60年代开始关注教育问题，撰写了不少评论美国教育的文章和著作。主要有：《美国教育——全国性的失败》、《教育与自由》、《瑞士教育与美国教育》等。

要素主义者促进美国教育委员会分别于1939年、1941年举行两次会议。第二次世界大战爆发后，要素主义者促进美国教育委员会暂时停止活动。第二次世界大战后，要素主义在与进步主义的论争中，由劣势变成优势。1955年，美国进步教育协会最终解散，而要素主义者贝斯特等人则于1956年成立了基础教育协会，这个组织的主要目的是使中小学设置更多的基础课程。进步教育协会的解散和基础教育协会的成立，标志着进步教育势力的衰落和要素主义教育势力的崛起。

第二次世界大战之后，尤其是20世纪50、60年代，要素主义教育理论受到美国上层社会很多人的赞赏和支持,因为要素主义者强调传统文化、权威、纪律、系统知识等迎合了这个时期美国资本主义政治、经济发展的需要。1958年美国颁布的《国防教育法》,就吸收了要素主义教育理论的许多观点。当代美国教育家科南特和里科弗等人的教育思想,都与要素主义教育理论紧密合拍,构成了要素主义教育理论的新发展。但由于要素主义教育理论本身的缺陷,在实际上并未取得预期的效果,自20世纪60年代末开始,影响逐渐衰落。

### 二、要素主义教育的思想基础

要素主义教育理论的哲学依据实质上就是唯心主义的唯实论(realism)和唯心主义的观念论(idealism)。

唯实论和观念论虽然是两种不同的哲学派别,但也有其共同的特点。首先,他们都承认有不可侵犯的客观世界之"实在",具有不容置疑的先验规律和秩序,虽然变化是真实的,但它是符合于绵延不断的世界规律和秩序的。其次,他们都主张人们必须服从客观世界的秩序和规律,因为人们改变和修正秩序与规律的范围是微小的,人们唯一应该做的就是继承和保持传统。

要素主义教育理论以这两种唯心主义的哲学观为基础,在社会观方面,要素主义者强调个人服从社会,同时也强调维护个人的独立与尊严。要素主义者信仰民主主义,不过这个民主,并不是可随时随地改变的那种实验性民主,而是实在论者所主张的作为社会遗产的那种传统民主,即自由竞争时期的资产阶级民主。他们强调每个人都有不可剥夺的自由生活的权利,每个人的行为,只要不触犯法律,就不受任何人的干涉。但是自然的法则又使人结成了一定的联系,在这种联系中,国家大于个人,整体大于部分。他们一般强调个人对社会、国家和民族的服从、依赖、忠诚乃至献身。他们强调个体服从社会,但也承认个人的自由和尊严。他们认为,个人具有不可剥夺的自由生活的权利,但是,自然的法则使人结成了一定的联系,因此,在强调个人自由的时候,不能忽视个人对社会的责任。同时,要素主义者普遍认为,社会有结构,且能被人理解;要理解社会的结构,必须要了解包括社会结构之本质的"西方的传统"。从历史上看,解释社会传统的责任,历史上是由地位最高的杰出人物来承担的,所以具有高度智慧的杰出人物组成社会的领导者。只有最聪明、最有才干的人管理社会时,才能更好地继承社会的遗产,而且这样对每个社会成员都是有益的。因此,要素主义者主张进行天才教育。

在认识论方面,要素主义者一般持"符合说"。其基本观点是:知识和真理是观念和观察到的事实的符合。真理就是认识和客观世界的"一致"或"对立",简言之,真理就是事实与判断的一致。他们认为,人们认识客观世界的关键,在于心灵,而不在于事物。人们是依靠心灵认识事物的,身体从属于心灵;感性的东西是不完全、不确定、不真实的,只有理性的东西才是完整、确实、真实的。获取知识就是运用自己的智慧对片断的事实加以思考,以上升到理性的高度,获取正确知识。所以,要素主义者反对依靠经验和从做中学,强调理智的训练,强调提高学生的智力水平。他们认为检验真理的办法,就是与事实相符,因此他们强调向学生传授真理,即那些与真理相符合的陈述,认为人类的文化遗产就是事实、真理,而学校就是传授文化遗产(即真理)的场所。

**三、要素主义教育的基本理论**

(一)教育目的

要素主义认为,尽管宇宙现象和社会现象变化多端,但人类文化的价值具有永恒性和客观性,在人类的文化遗产中有着各式各样的最好的东西,即共同的、不变的文化要素。学校的主要任务就是把这些共同的文化要素传递给青年一代。这些共同的文化要素,是指社会的宝贵遗产,包括自然科学、社会规范、道德规范、纪律、习惯等。他们十分强调知识的作用,认为知识是愚昧的反面,只有知识才能保证人们成为能够掌握自己与环境之秩序的理性的主人,并发现自己的目标和达到这个目标的手段,从而能够完善自己。要素主义者对进步一词也做出了一种与众不同的解释,他们认为进步这个概念的基本特征,并不像进步主义者所说的那样看其能否解决我们面临的问题,而是通过理智和道德训练来保持文化遗产,因为文化遗产是千百万人同他们所处环境进行斗争的过程中获得的,比个人经验重要得多。在巴格莱看来,教育的最高目的在于人的心智的训练,这种训练是以人类的共同文化要素为基本素材的。在巴格莱看来,教育的本质就是传授人类种族遗传下来的共同经验和文化精神,这是人类社会得以存在、繁衍和发展的重要前提。他说:"在最广泛的意义上讲,教育则是传递这些知识的过程,或者说教育是传递人类积累的知识中具有永久不朽价值的那部分的过程。"[①] 无论人类历史多么悠久,各民族的文化差异如何巨大,就整个人类范畴而言,总存在着所有民族都能接受和欣赏的共同文化和经验,即共同要素,这种共同经验或文化要素远比个人独立积累的经验重要,因为它经受了历史的检验和各民族

---

[①] 〔美〕巴格莱著,袁桂林译:《教育与新人》,人民教育出版社 2005 年版,第 37 页。

的尝试。共同要素包括共同思想、共同理解、共同准则以及共同精神等方面，它是人类文明的精华，也是人类教育的核心内容。

要素主义者根据他们对教育本质和进步一词的解释，确定了教育的目的，即传递优秀的文化遗产，训练智力，以便有力地指导人的行为，促进人的自我实现，以此来保证人的未来生活和未来社会的完善。他们相信通过教育能够保持特定社会（美国）和特定文明（西方文明）的最优秀传统，并能够同时促进个人智力的成长。要素主义者把这两方面作为教育的首要目的。至于教育应该达到的其他方面的目的，他们的意见就各不相同了。有些要素主义者认为，教育所涉及的仅应是文化遗产的传递和智力的训练，另一些人虽肯定传递文化遗产和智力训练的优先地位，但也允许像身体的健康、情感的健康、就业能力和业余爱好等这样一些第二位的目的存在。

（二）教育内容与课程

从唯实论出发，要素主义者承认世界本身具有绝对价值，人能够通过理智活动达到真理，而真理就表现为文化遗产，在文化遗产中存在的永恒不变的共同要素是知识的基本核心。要素主义认为学校教育的主要内容就是继承传统的文化遗产。

要素主义与进步主义一样，认为教育应使个人实现他的潜在能力，但要素主义者又指出，这种潜在能力是在不以人的意志为转移的客观世界中实现的，并且个人必须服从这个世界的规律。儿童上学的目的是要如实地认识世界，要素主义者强调种族经验或社会遗产比个人经验更为重要，因为社会遗产吸取了千百万人应付环境的智慧，这种经受过历史检验的许多人的智慧远比个别人的知识更有意义。所以，要素主义者认为教育内容应以间接经验为主，以间接经验为主的、预先规定的教材在教育过程中应占有中心地位。但是要素主义者所讲的并不是完全脱离现实世界的那种社会遗产。正如坎德尔所说："由于环境本身带有过去的印记和未来的种子，为了使学生认识社会遗产，把它们引进周围世界，并且为未来做好准备，课程就一定要把这些知识和见闻包括在内。"[①] 因此，他们认为让学生获取少量的直接经验也很有必要，可以用以作为吸取与掌握间接经验的心理与认识基础。但间接经验应该成为教育内容的核心，因为它包括了人类全部历史中积累起来的关于世界及人本身的科学知识、人类自己创造的艺术与思想成果和已经在社会发展中确立起来的道德规范、伦理原则、纪律、习惯等代代相传的社会遗产和不变的传统价值。《一个要素主义者促进美国教育的纲领》中指出："有效的民主

---

① 陈友松主编：《当代西方教育哲学》，教育科学出版社1982年版，第90页。

## 第十三章 保守主义教育思想

要求文化上的共同性,在教育上这意味着要使每一代人拥有足以代表人类遗产最宝贵的要素的各种观念、意义、谅解和理解的共同核心。"① 总之,在要素主义者看来,人类文化遗产中的"共同要素"应成为教育的主要内容。

要素主义对于进步主义的批判,基于教育应传授人类文化发展过程中的共同经验和知识,巴格莱对进步主义教育的活动课程和设计教学法提出了强烈的批评。他指出,进步主义教育的活动教学、活动课程,常常"把活动本身当做自足的目的,而不问通过这种活动能否学到什么东西"②,即使在活动中附带学一些知识,也无法照顾到学习内容本身的逻辑关系、因果关系和前后顺序。学习不到严格而严密的学科,只是获得零碎、肤浅的知识。这种否定在学校中进行系统书本知识传授的做法,是一个潜在的、可悲的、非常危险的陷阱,它"削弱基础知识,夸大浅薄的东西,贬低顺序性和系统性,而且还加重了较低级学校的弱点和缺乏效能"③,最终的结果必然导致教育质量的下降。这在美国已经得到印证。

要素主义者强调,恢复各门学科在教育过程中的地位,严格地按照逻辑体系来编写教材。在要素主义者看来,课程的核心必须是"要素"。在小学学习的要素是阅读、说话、写作、拼音和算术,以及以后的历史入门、地理、自然科学、外语(通常是拉丁语、希腊语、法语和德语),还有其他一些社会科学,而且总是以单独的科目或学科来学习的,次一等的要素则是艺术、音乐和体育;在中学则把小学的各门要素加以扩大,使之更专门、更精深。例如,算术变成数学(代数、几何、三角、微积分);自然科学变成物理学、化学和地质学。中学次一等的要素是艺术、音乐和体育,此外还有职业科目和业余爱好的科目。要素主义者一般认为,课程应当包括那些经受过时间检验并已证明对民主社会具有价值的科目,那些有关人的生活环境、自然规律以及对人的幸福和良好生活密切相关的科目在课程中理应占有重要地位。只有在这些科目的学习不受影响的情况下,学生才能学习一些"非要素"的内容。例如,在中等教育中,各种形式的课外活动,像各种学生社团、体育运动、乐队或合唱队都可允许,但并不是重要的。

由于要素主义的哲学基础是唯实论和观念论,因而在课程设置上并没有完全一致的看法。观念论的课程论提倡的是作为社会遗产的课程,全部课程就是已成为社会遗产的社会成果,目的就在于传授和保存传统的社会文化遗产。唯实论的课程论认为在教育过程中重要的不是传授很多知识,而是训练智力。巴格莱就持这种观点,他说:"这些科目(指拉丁语、代数、几何等

---

①②③ 王承绪、赵祥麟编译:《西方现代教育论著选》,人民教育出版社 2001 年版,第 162、156、160 页。

必修科目——引者注）在课程中之所以占重要的地位，乃是由于人们相信掌握它们证明在很大程度上对于心智训练是有价值的。"①"正像杜威曾经主张的，旧的古典语和数学课程对于那些有能力掌握它的人，有着一种无比的价值——根据他的判断，到目前为止，所谓各种改革运动还不曾为这种价值提供一种替代的东西。"②

到了 20 世纪 60 年代，美国的天才教育兴起，科南特针对美国当时高中教育不区别对待英才和普通学生，没有采取特别措施来促使其充分发展自己能力的状况，提出了新的课程构想，具体如下。（1）提倡综合制高中。综合制高中有别于按照普通课程和职业课程独立设立的高中，学生在这种学校中可以根据自己的兴趣和能力选择所需要的学科，也可以选职业性学科。（2）建立咨询制度和个别学习计划，以便使每个学生选择学习那些对自己适合的课程。（3）设置选修科和必修科。（4）按能力编组，这种编组不是按全部学科成绩编组，而是按单科成绩编组。

尽管要素主义者在课程论上有种种不同的观点，但他们都一致强调以学科为中心，强调学习的系统性。他们批评进步主义的做法是满足了学生一时的需要，为了一种不切合实际的自由而牺牲了人们不可缺少的规范训练。

（三）教学方法

要素主义教育多采取传统教育中的教学方法，主张教师应处于教育过程中的中心地位，强调智力训练，提倡"努力学习"、"天才学习"，主张严格纪律和高标准等。

唯实论和观念论虽然在本体论上是不同的，但在认识论上却是一致的，二者都承认实在的客观性及可认识性。他们认为，学习的目的就在于接受，教育过程就是接受规定教材、种族经验和遗产的过程。在要素主义者看来，用来测量学生是否可以升学及毕业的标准就是要求学生"再现"客观世界的内容——要掌握的知识和要记住的事实，考试不外乎就是测量一个学生所接受和记忆的知识量。这就决定了要素主义的教学方法只能是传授式、注入式，教师在教育过程中处于中心地位，将知识按照逻辑组织向学生传授，学生只是被动地接受这些"文化要素"。

在教学方法方面，要素主义既反对进步主义，又区别于传统主义那种"布置作业—学生记忆—背诵"的方法，而是注重心智的训练。要素主义认为进步主义倡导的问题教学法或设计教学法固然有一定的可取之处，但无普遍的适用性，因为不是所有的内容都能够通过经验、问题解决或设计来学

---

①② 王承绪、赵祥麟编译：《西方现代教育论著选》，人民教育出版社 2001 年版，第 157、153 页。

到。此外，这些方法可能将学生的注意力引向一些具体问题，而忽视了知识掌握。在要素主义者看来，学习的目的在于使学生掌握使他终身受用的知识、技能，而不能只以是否具有目前的价值为标准。巴格莱在 1905 年写的《教育过程》一书中，充分利用了当时著名的权威学者提供的科学依据，从心理学和生理学角度，论述了获得较好教学效果必不可少的基本原理。而他提出的教学方法基本上采用了赫尔巴特的五段教学法。

由此，要素主义比较强调记忆的作用，因为社会遗产是历史的东西，有些材料具有目前的价值，对当前社会有可能发生影响，而有些材料只能在将来发挥作用。为了实现长远目标，就必须将它们长期贮存在大脑中。因此，在教学中必须向学生指明一定的学习领域，在这些领域中有些知识是只能通过有目的的记忆才能获得的，所以记忆是必不可少的。但一般是指理解性记忆，他们认为对于概念的深刻理解高于死记硬背。

强调智力训练。要素主义者认为，为了接受社会遗产，就要进行严格的智力训练，开展"形式教育"。他们认为，进步主义解决问题的方法固然有其优点，但在实际运用中却有很大的局限性，因为我们应该学习的许多东西，就其性质来说是抽象的、概念的，而这些东西无法通过经验的方法或解决问题的方法来获得。所以，教学的方法应该是促进理性的活动，注重理性的训练，以培养学生养成系统推理的习惯，否则就不可能有学术性的学习。贝斯特在《教育的荒地》一书中集中论述了严格训练理智的问题。他指出，在科学知识教育之外，还要加强心智的训练，他说："真正的教育就是智力的训练。""愚昧是一种障碍，而经过训练的智慧乃是力量的源泉。"[①]

要素主义与进步主义的"兴趣学习"相对，提倡"努力学习"，主张学生学习要刻苦努力和专心致志。要素主义并未全盘否定进步主义的学习理论，他们同进步主义一样，承认学生的兴趣和能力是学习成功的重要条件。在兴趣的问题上，要素主义与进步主义的最大分歧在于如何看待兴趣。要素主义并不否认兴趣也能引起足够的努力和刻苦精神，但他们认为，比较高级、比较持久的兴趣并不是在一开始就能感觉到的，而是要通过长期刻苦的努力才能产生。除此之外，学生的直接兴趣还需要由教师加以引导和改造，所以重要的是通过努力学习来产生对学习本身的兴趣。例如，就学习外语而言，除非初学者从一开始就看出外语对他日常生活有即时的价值，否则儿童就会感到索然无味。在这种情况下，只有对学习本身发生兴趣，才能使学习继续下去。

---

[①] 王承绪、赵祥麟编译：《西方现代教育论著选》，人民教育出版社 2001 年版，第 177 页。

此外，要素主义者认为，应努力发展学生自我控制、自立和自戒的能力。人必须而且能够使自己的眼前欲望服从于长远目的，如果不鼓励儿童这样做，那么就会阻碍他们充分发展自己，要服从就需要约束及控制自己。这些能力往往是通过艰苦的锻炼自己学习得来的。在正常情况下，它是受外部纪律约束的结果，所以，学生必须理解适当的权威价值和成人的指导，应自觉地教育他们服从教师所强加的纪律。

要素主义者提倡"天才学习"。德米阿什克维奇认为，蕴藏在儿童身上的智力和道德力量的资源是不该浪费的，这是真正的民主根本利益之所在。美国全国教育协会政策委员会于1950年曾发表了一本题为《天才儿童教育》的小册子。科南特断言，美国的高中教育由于不顾学生之间的能力差别，而去开展划一化的教育，从而导致了有学术才能的人的教育的失败。他在其报告书中提出，要选拔一批英才学生，特别地、最大限度地发展他们的能力，这类学生约占学生总数的15%—20%。同时要对非英才的其他学生进行另外一种教育。到了60年代，要素主义者认为，一个理想的社会，就是最有天才、最有才能的人居于顶端的社会。为了美国的民主，应当充分发掘蕴藏在全国儿童身上的智力和道德的资源，这样，学校就应该提高所谓的"智力标准"，充分发展人的"智慧力量"。为了培养天才，要素主义者主张按学生的学习程度编班，即所谓"同等程度编班"或能力编班，反对按不同学习内容分班，如"商业班"、"专业培训班"等。

要素主义者还主张严格的纪律和高标准。巴格莱指出，实用主义教育理论强调儿童的自由和活动，"完全放弃许多学校制度里以学业成绩的严格标准作为升级的条件，而让全体学生'按照预定的时间表'通过"①，其结果是导致教学无章可循，学校纪律松弛。要改变这种现状就必须按一定的标准对学生进行考核，如果没有一种鼓励学习者努力学习的措施，则对学习者有害无益。考核可以发现尖子学生，可让有特长者跳级学习；同时不应把"过分严厉的恶名施加于学生的不及格，认为不及格就是永远无能的标志"②。大量的事例表明学生时代考试成绩不及格并不意味着就不能取得重大成就。学校要建立必要的规章制度，对学生提出纪律要求并加以合理的管束，而不能让学生过于自由，因为"未成年人选择他们所必须学习什么的自由，同他们日后免于匮乏、恐惧、欺诈、迷信和错误……的自由对照起来，它的重要

---

①② 王承绪、赵祥麟编译：《西方现代教育论著选》，人民教育出版社2001年版，第155、163页。

性是微不足道的"①。要素主义者针对当时美国教育的状况，提出应对学生的学业成绩进行严格的考试，以此作为升级留级的标准。贝斯特在《教育的荒地》一书中指出，"按照可能达到的最好的效果"来衡量教育效果，这是衡量教育成就的"唯一有效的办法"。他认为低目标等于无目标，会带来民族灾难。科南特亦主张提高评定成绩的标准，应严格执行升留级制度，劝那些没有能力继续学习学术性学科的学生自动放弃学习。

（四）论教师

要素主义主张教师中心，认为教师在教育过程中处于核心地位。要素主义者认为进步教育所主张的儿童中心，忽视了儿童的可塑性，因而牺牲了教师的宝贵指导，这些都是错误的。在要素主义者看来，教育、学习不外乎就是使儿童接受、默认成人的习惯、品质及规范。对一个儿童来说，在他们的环境里，最重要的因素是成人的影响，儿童只有在成年人的指导和控制下，才能充分实现人所具有的潜在能力。巴格莱说："成年人对未成年人所负教导和管束的责任，对于延长人类的未成熟期和必需的依赖期具有生物学的意义。人类不知道经历了多少年代才认识到这个责任。完全确实，人类在认识到这个责任之前，依然处于野蛮的状态。"②

巴格莱反驳了进步主义教育指责发挥教师作用就是压抑儿童民主、自由的观点。他从历史的角度指出，只有在野蛮的原始社会成年人才纵容和放任他们的孩子。成年人具有管束和教育未成年一代的责任，是人类经过漫长的历史逐渐认识到的，这是人类历史发展的进步和必然要求。教师承担历史赋予的责任，在教育和教学活动中居于主导地位，这是责无旁贷的。对学生在学习中取得长足进步来说，教师个人辅导是必不可少的，学生应完全听从教师的指导。教师在教学过程中，应以系统的讲解为主要方法，管束应当严厉，应通过训练养成学生刻苦学习和遵守纪律的习惯。学生的自由并不是教学手段，而只是教学过程的目的与结果。

教师正是成人世界和儿童世界的主人，他们掌握着学科的逻辑体系，了解教育过程，所以能够而且必须掌握教育的主动权。因此，教育过程的主动权不在学生而在教师，教师应处于教育世界的核心地位，因为教师受过专门训练，他有资格担负对儿童进行指导和控制的重任。此外，教师还是社会的代理人，他将帮助儿童领会成年人生活的性质和重要性，使他们顺利地过渡到成人社会，以保证社会的连续性。

既然教师处于教育过程的核心地位，那么，他必须在各个方面具有适当

---

①② 王承绪、赵祥麟编译：《西方现代教育论著选》，人民教育出版社2001年版，第161页。

的能力去承担这一责任。布里克曼说:"要素主义把教师放在教育这个大千世界的核心地位。这种教师必须受过通才教育,具有有关学习领域的广博知识,对儿童心理学和学习过程有深刻的见解,有传授事实、知识和理想给年轻一代的能力,能正确评价教育学的历史—哲学基础,并且忠诚于自己的工作。"① 教师必须忠诚于自己的工作,他既不能任意支配学生,又不能让学生放任自流;教师对自己的工作必须具有创造性,擅于造成一种适当的课堂气氛,成为学生学习的推动者。这就要求教师具有相当的学术水平,掌握有关学习领域的广阔知识,对于儿童心理学和学习过程有深刻的理解,熟悉学生的成长和发展的本质;通过他自身的榜样作用来激励学生,并运用奖惩来控制学生。此外,教师还必须感情稳定,具有将事实、知识和理想传授给年轻一代的能力。

### 四、要素主义教育的影响

在保守主义教育思想中,要素主义教育流派的影响最大。在 20 世纪 20—30 年代处于鼎盛时期。1946 年巴格莱等人相继去世,该流派领导力量有所削弱。20 世纪 50 年代,要素主义教育开始在美国教育界复兴,并且为 60 年代后美国的中、小学课程改革运动提供了理论武器,课程改革运动中的许多教育理论家都是从要素主义教育观点中受到启示而投入改革的。

要素主义教育思潮的鼎盛时期,科南特的影响最大。科南特在美国政界和外交界具有一定的声望,他以知名科学家和教育家的身份,审时度势,顺应潮流,倡导教育改革。他的许多见解,例如,加强基础知识的教学、实行天才教育等,被 1958 年美国的《国防教育法》所采纳。他在 50 年代末 60 年代初所进行的两次大规模教育调查的基础上写成的《今日美国中学》和《美国师范教育》,实际上成为 60 年代美国公共中等教育和师范教育改革的指导性文献之一,对当时美国教育理论和实践产生过相当大的影响。在科南特的领导下,1961 年全国教育协会政策委员会通过了一项《美国教育的中心目标》的声明,把智力训练作为中学基本职能的新重点。这个文件与 1944 年所发表的《为所有美国青年的教育》的研究报告迥然不同。它指出,学校教育年限有限,不足以完成许多教育目标,学校的中心任务是训练学生的独立思考能力,发展理解和推理能力,以便让学生自己完成其他的教育目标。正如有的教育史著作所指出的那样,在某些方面,20 世纪 50 年代末 60 年代初的教育钟摆摆回到了 19 世纪 80 年代。美国教育界积极推行天才教育

---

① 陈友松主编:《当代西方教育哲学》,教育科学出版社 1982 年版,第 89~90 页。

和数学、科学、外语"新三艺",提倡"恢复基础",推广"科南特学校模式",改革师范课程,对美国经济和科技的发展以及军事力量和国际影响的加强,都起到了一定的推动作用。这些做法和结果,对欧洲各主要资本主义国家以及苏联的教育改革运动也产生了一定的影响。

## 第三节 永恒主义教育理论

### 一、永恒主义教育的产生与发展

永恒主义(Perennialism),亦被译作"古典文科教育"、"古典人文主义传统"、"文艺人文主义传统"等。永恒主义代表了在西方有着悠久历史传统的人文主义教育思潮。永恒主义同进步主义者的争论实际就是 20 世纪科学主义与人文主义争论的一个表现。永恒主义对西方教育在新旧交替过程中所产生的混乱和动荡,采取了复古主义态度,主张恢复古希腊、罗马以及中世纪的教育传统。认为教育的根本目的就是培养和发展人的理性。主张让学生放弃那些混乱的课程,而潜心阅读代表西方文明的伟大著作,汲取前人的智慧,以发展理性,指导自己的行为。永恒主义者从根本上否定世界是变化的运动的说法。他们认为变化只是表面现象,而控制世界的根本原则是真实不变的,因此他们自称永恒主义者。

作为教育流派的永恒主义产生于 20 世纪 30 年代。永恒主义强烈反对进步主义,他们认为进步主义把达尔文生物进化论的含义扩展到人类、道德、社会和教育的诸领域,以生物进化论和自然科学作为指导教育理论的基础是十分有害的。他们主张教育理论的基础应从古希腊、罗马以及基督教的传统中去寻找。当时科学技术迅猛发展,给人类生活带来了极大的物质利益,却不能给人类带来幸福。特别是 30 年代后期,法西斯主义的兴起,科学技术不是用来为人类服务,却成为威胁人类生存的武器,使他们更加强烈地反对科学主义。永恒主义者在理论上对事实和价值作了区分,他们认为道德才有价值,事实需根据价值的真理加以判断,虽然科学或许可以帮助我们处理事实,但如何处理这些事实,却只能按照永恒的原则进行。故哲学、宗教、人文学科在所有的方面都应高于科学,否则,科学技术会使人成为科技的奴隶,也就是说,现代的社会可能会成为一种没有灵魂的社会,最终要导致所谓"自由社会"的覆灭。

正是在这种情况下,1930 年左右,美国一些学院和大学里的人文主义者开始写文章,发表演讲,呼吁人们注重人文主义的传统。关于永恒主义教育的由来和发展，拉格做了比较具体的阐述。根据拉格的叙述，20 世纪 20 年代，在美国一些学院和大学讲授经典著作的"不受约束"的青年教师形成了一个小团体，其中的核心人物是：赫钦斯、阿德勒、麦基翁（Richard McKeon）、布坎南（Scott Buchanan）、巴尔（String fellow Barr）和多伦（Mark Van Doren）。这些人都出生于 1900 年前后，而且都是在保守的私立学校和学院接受教育的。20 年代后期，阿德勒和多伦都成为哥伦比亚大学生的约翰·厄斯金"优等"课程（John Erskine's "honors" course）的教师，这个学程由少数学生和教师组成，主要是在一起阅读和讨论大约 50 部经典名著。在这期间，阿德勒和布坎南产生了后来被称为"百本名著（The Great Books）计划"的念头，而且把这种想法告诉了赫钦斯。布坎南带着这个想法来到了弗吉尼亚大学，在那里他与巴尔反复斟酌，在原先的 50 部名著的基础上又增加了 50 部名著。几年以后，赫钦斯担任芝加哥大学校长（1929 年），并将阿德勒、麦基翁、布坎南都聘为芝加哥大学的教师。

这些青年教师为宣传自己的观点，发表了大量的著述和讲演，因而逐渐扩大了影响。开始人们把他们称为"Great Book Boys"，阿德勒对这个名称不太满意，提出他们应该自称为"Perennialists"（永恒主义者），永恒主义也因此而得名。

赫钦斯（R. M. Hutchins，1899—1977）是永恒主义教育思想的主要代表人物。他毕业于耶鲁大学，29 岁任耶鲁大学法学院院长，30 岁任芝加哥大学校长。在他的领导下，芝加哥大学在 20 世纪 30—40 年代进行了全面的教育革新。赫钦斯的主要贡献，一是主持编著了《西方世界伟大著作》，二是大力提倡自由教育，三是晚年倡导学习化社会。其主要教育著作有：《美国高等教育》（1936）、《为自由而改革》（1941）、《伟大会话》（1952）、《乌托邦大学》（1953）、《美国教育之考察》（1956）、《学习化社会》（1968）。

阿德勒（M. J. Adler，1902—1986），美国哲学家、教育家。他毕业于哥伦比亚大学，获得哲学博士学位。1944—1952 年，他与赫钦斯共同主编了《西方世界伟大著作》。1977 年与多伦合编了《西方伟大思想宝库》，该书被称为"三千年西方思想的第一部指南"。晚年的阿德勒于 1982 年出版了《教育宣言：派迪亚建议》一书，重申了永恒主义的教育主张，被西方部分学者称为永恒主义在新的历史条件下某种程度的复活。

永恒主义作为现代的一种教育哲学流派，是在反对进步主义的过程中勃然兴起的，而且永恒主义者和进步教育之间的论争也有声有色、声势浩大，一直持续到第二次世界大战之后。这也吸引了其他许多在大学里讲授古典著作的教授，以及诗人、作家参加到他们的行列，其中著名的有诺克（A. J.

Nock，著有《美国的教育学说》)、巴比特（Irving Babbitt，著有《人文主义和美国》)，莫尔（Paul Elmer More，著有《希腊传统》)，福斯特（Norman Foerster，著有《美国的州立大学》)，海特（Gilber Highet，著有《教学的艺术》)和埃利奥特（T. S. Eliot，著有《对一种文化定义的注释》)，此外还有英国的希腊学研究者利文斯通（Richard Livingstone，著有《保卫古典语言》、《论教育》、《虹桥》等)。

## 二、永恒主义教育的思想基础

永恒主义的倡导者们，提出要复兴西方文明的伟大传统，为此提出了自己的一套系统的理论观点，其思想渊源主要是古典唯实论和柏拉图、亚里士多德、托马斯·阿奎那的思想。

古典唯实论认为，人的心灵创造了它所认识的东西，宇宙万物是观念，只有人的心灵才具有创造力、认知力和意志力。人的心灵是第一位的，所以，教育应该强调理智的训练。

在认识论方面，古典唯实论认为知识是根据对于已经呈现在心灵中的潜在观念的认识或回忆而得，所以学习作为一个理智的过程，包括观念的回忆和作用，教学工作就是把这种潜在的知识引向自觉。

对于古典唯实论者来说，价值是宇宙固有的美好的反映，终极的价值是绝对的、永恒的和普遍的，道德行为产生于我们永恒的文化遗产之中，因为道德的核心包括在这种遗产中，并由这种遗产所传导，所以哲学、神学、历史、文学和艺术是价值的丰富源泉。对于教育来说，应该反映并强调那些曾为"伟大的人物"和"伟大的社会"所珍视过的传统的价值标准。

布拉梅尔德曾对永恒主义的哲学基础作过评论。他认为，永恒主义"大量地吸收了柏拉图、亚里士多德和阿奎那三位思想家的思想，仅仅对他们的原则作一些表面的修正，而且往往只是以一种更适合于20世纪的术语来表达他们的原则。宗教派永恒主义者和世俗派永恒主义者的区别在于神学方面——前者维护罗马天主教会的至上权威，以及罗马天主教会对于永恒主义学说的解释。然而，如果从文化的，因而也是教育的推断来加以识别，那么永恒主义哲学的这两翼都承认许多共同的原则，这至少同要素主义哲学之实在论与观念论的情况是一样的"[①]。

永恒主义赞赏过去的黄金时代，并非真正要现代的人过古代的生活。永恒主义也不是主张社会的发展就此停止。从一定的意义上说，永恒主义不仅

---

[①] J. Johnson. *Introductions to the Foundations of American Education*. Boston: Ally and Bacon Inc. , 1973, p. 364.

承认变化的事实，而且也主张变化和改善。这一点同进步主义应该是说没有根本的对立。永恒主义同进步主义的深广分歧在于如何看待这种变化。永恒主义认为，在变化的现象中存在着一种永远不变的模式或形式，教育的任务就是使青年人理解它们，从而使人们可以预言并规范变化。否则人们便不能理解宇宙和生活的意义，人类也就没有希望。

永恒主义与要素主义也有差别。要素主义同进步主义一样也强调经验。要素主义和进步主义的区别在于前者强调的是经过历史检验的种族的经验，后者则重视个人的经验。然而永恒主义则从根本上否定经验的作用。无论是个人的经验还是种族的经验，他们认为都是不可靠的。在永恒主义看来，只有人的理性才是可靠的。此外，永恒主义想从这些传统中发现乃是普遍的永恒的真理，并用它来改造现存的文化模式。

### 三、永恒主义教育的基本理论

（一）教育目的

永恒主义者认为教育的目的就是通过理智来训练发展人的理性，培养有理性的人。赫钦斯认为："教育的首要和根本的作用就是把人塑造成人，就是培养和发展他的人性。虽然教育肯定要在不同的时代和不同的地点持续地进行下去，但是它首要的作用始终是塑造人，而不管这个人是生活在20世纪还是生活在2世纪。正因为他是一个人，所以教育的主要任务就是表现和发展他之所以成为人的潜在能力。教育的责任是表现他的基本的人性。"①

永恒主义者认为美好的生活就是理智的生活，是各方面都是完善的人性的生活，而要获得美好的生活，就必须发展人的理性。人在发展理性，追求真、善、美的同时也在获得真正的生活和真正美好的社会，这样的人是最幸福的人，也是最好的公民。因此，赫钦斯认为，以发展理性为宗旨的自由教育是良好的教育，"发展理性的教育，它本身就是最好的；它是获得幸福的最好手段；它是培养公民的最好办法；它甚至是最好的职业教育"②。"理想的教育不是一种特殊的教育，不是一种指向眼前需要的教育；它不是一种特殊化的教育，或一种专业前的教育；它不是一种功利主义的教育。它是一种发展理性的教育。"③

永恒主义认为，教育的根本目的就是发展那些使人同动物区别开来的根

---

①② 引自〔美〕罗伯特·梅逊著，陆有铨译：《西方当代教育理论》，文化教育出版社1984年版，第42页。

③〔美〕奥恩斯坦著：刘付忱等译：《美国教育学基础》，人民教育出版社1984年版，第100～101页。

本特征，即人之所以为人的特征。把人塑造成为人。当然，不同的永恒主义者，甚至同一个人在不同的场合下，对于教育目的的表述措词各异，如"培养人类的智慧"、"发扬人性"、"使人成为人"、"培养各种理智的美德"，等等，然而万变不离其宗，都涉及"人"以及其理性的、道德的、精神的方面。

赫钦斯也曾对教育目的作过其他多种表述，例如：教育目的在于发展人的理性；在于帮助人寻找善的秩序和价值等级；在于引出人类本性的共同因素；在于把人联系起来并促进人类思维的发展；在于培养智慧美德；在于培养自由心智，等等。在上述诸多形式的表述中，始终贯穿着一个精神实质，即人作为一种区别于植物、动物的"类"，其理性的、道德的和精神的本性的充分实现，才是教育应当孜孜追求的最高目的。这一目的的实现靠的就是自由教育。

永恒主义者认为，民主社会需要自由教育，工业社会也需要自由教育。古代的自由教育为贵族统治服务这一事实，丝毫不妨碍自由教育为现代的民主社会服务，而且，民主社会对自由教育不仅是需要的，而且是可能的。因为，民主社会的每个公民都有选举权，都是统治者，所以民主社会的每个公民都应接受这种教育。因为自由教育是使人的本性得到充分发展的教育，是以人为中心，以培养人的优秀性为目的。凡是人，无论是普通公民、贩夫走卒还是专家学者，都应该接受这种植根于人的理性的自由教育，以便使自己成为一个真正的人——自由人。此外，工业的发展为社会成员提供了很多闲暇时间，这不仅为所有的人接受自由教育提出了可能性，而且还提出了必要性，因为公民不能理智地利用闲暇时间是危险的，它将导致道德的衰败、社会的退化。

（二）教育内容

永恒主义者反对进步主义所提倡的"儿童中心论"、"社会改造论"和"适应论"。他们认为教育并不是生活本身的复本，而是生活的准备。学校也不可能就是"真实生活的情境"或社会的仿造，也决不应如此。对于儿童来说，学校是一个真实的、有价值的机构，学校的中心任务便是向学生传授真理性知识，以发展学生的理性。这些真理性知识包含在西方文明的伟大作品中，因此，对永恒主义者来说，学习的主要内容便是西方文明的伟大著作。

永恒主义者强调严格的智慧训练，所以，也就必然极其重视他们认为最适合于训练智慧的文法、逻辑学、修辞学、哲学的学习。这些学科是抽象的，它们超出了时间、地域和环境的限制，而且能够转移到广阔的情境中，从而有利于发展人的智慧。数学是尤其有价值的，因此它是培养处理抽象观念能力的学科；历史和文学也被列为最有价值的学科，因为它们是道德和文化典型的来源；在教育内容的重要性上稍差的是自然科学，它们探讨特殊的、具体的原因和结果的关系；因为语言是一个重要的交往工具，因此，在各个水平的学习中，语言应占有重要地位。

永恒主义者认为人文学科在所有方面都优于经验科学；经验的、实验的科学只能帮助我们确定事实，而传统的学科包含着永恒的原则，能帮助我们决定如何处理这些事实；科学只能给人以力量，而哲学却给人以目标；重要的生活真理体现在人文传统之中，而不是体现在现代的实验科学中，科学探究所发现的事实只有当它们由受过训练的、倾向于真实的目的的心灵所支配时才有价值。因此，永恒主义者主张在学科之间划分等级和主次关系，其结果是他们把古典学科放在重要地位，把职业技术方面的学习置于次要地位，并视之为与智慧训练无关的东西。永恒主义者坚持认为，在文科教育中，应把科学放在次要地位。赫钦斯明确主张，虽然大学可以设置一些专门的科学研究机构，但在这些机构里所进行的训练不得作为文科教育或普通教育的一部分，因为只有在较高的水平上才能有这种专门化的训练，而且那些被允许从事这种专门化训练的人必须首先受过全面的文科教育。

永恒主义者所讲的古典学科亦称"永恒学科"，按照赫钦斯的分析，永恒学科是稳定的、不变的、适合于任何时代、任何人的基础科目，永恒学科有四个基本特点：（1）蕴藏着人类的共同要素；（2）能帮助学生形成共同观念，从而有助于人际之间的思想沟通和相互联系；（3）集历代名人思想之精华；（4）是学生进一步学习高深知识以及认识世界的基础。古典名著对事物和人的本质有最精辟的洞察，学生读这些名著，比他追求自己的兴趣或者无目的地在当代实际生活中四处碰壁所发现的任何"真理"更为重要。

（三）课程

永恒主义教育的课程设置是围绕"以理性为目标的学习"而进行的。初等教育阶段，主要任务是要求儿童养成道德习惯，初步掌握学习工具（读、写、算的能力），熟记名著中的有关段落，以养成道德习惯和开始进行理智训练。为此，除了要培养读、写、算的基本能力之外，还要学习历史、地理、文学、外语等科目。

中等教育阶段主要是进行文科教育，为学生学习名著打好基础。这里所讲的文科教育是指学习西方的古典作品。此外，还要学习哲学、历史、文学、诗歌以及美术等这些有助于人文学科精益求精的科目。在中等教育阶段，科学知识的教育处于次要地位，也不开设选修课，其理由是这个年龄阶段的儿童还不能理智地进行选择。

在中等教育方面，永恒主义特别强调下列几点：第一，注重语言的学习，除了英语之外，还要学习希腊语言和拉丁语，因为掌握语言技巧乃是自由教育的基础；第二，中学三、四年级的学生要阅读名著；第三，科学置于次要地位，经验科学不能成为课程的中心；第四，纯粹的职业训练肯定要排除在外；第五，不设选修课。

大学阶段除了学习逻辑学、文法及数学外，主要任务是学习"伟大著作"（The Great Books），即名著，进行真正的"以理性为目标的学习"。这些名著包括在赫钦斯、阿德勒等人编撰的《西方世界伟大著作》（Great Books Of the Western World）中。这是一套多达54卷的大型丛书，它汇编了上下两千年（从公元前8世纪到19世纪末），从荷马到弗洛伊德共74位哲学家、思想家、科学家的430部代表作的全文。1952年该丛书由美国"不列颠百科全书公司"出版。1980年第23次印行，题材范围从时间方面讲，仍以19世纪为下限。这倒并不是因为到了20世纪就没有伟大的著作发表了，而是因为他们觉得现代作家及其作品在时间上距离我们太近，任何人都很难有足够的鉴赏能力，不能恰如其分地判断其优劣；从地域方面讲，不限于英美，也包括俄国等欧洲其他国家；题材方面，不仅有英美文学，而是文、史、哲、经、政、法等方面的名著都有，马克思和恩格斯的《资本论》、《共产党宣言》也包括在内（第50卷），而且还有数学、自然科学方面24位学者的代表作。除74位个人的名著外，还列入了旧约、新约、美国独立宣言、合众国宪法等。

根据拉格的说法，永恒主义者提出的名著有100本左右（关于永恒主义者提出的"名著"的数量，不完全一致。布坎南和巴尔提出的书单是100本，多伦提出的是125本）。在这份清单中，四分之三写于1800年之前，三分之二写于1700年之前，只有2本是20世纪的。美国人写的只有一本，即詹姆斯（William James）的《心理学原理》。近一百年来欧洲人写的著作只有2本，即马克思的《资本论》和弗洛依德的《癔病研究》（Studies in Hysteria）。[1]

名著课程在各学年的编排大体如下。

第一学年　希腊时代古典作品，即从荷马到卢克莱修15位名人的名著。

第二学年　罗马、中世纪、文艺复兴前后的名著，即从维吉尔到莎士比亚的名人名著24本。

第三学年　主要是16—17世纪的作品，即从塞万提斯（Seavedra）到康德的名人名著及合众国宪法等27本。

第四学年　主要是18世纪到现代的名著，即从歌德（Goethe）到爱因

---

[1] H. Rugg. *Foundations for American Education*. New York：World Book Company，1947，pp. 624-625.

斯坦（A. Einstein）的名人名著及联合国宪章等24本。

永恒主义者极为重视名著课程，把名著放在所有课程的核心地位，因为名著课程充分体现了永恒主义教育的超时代性、超社会性。但是，这四年期间不停止数学、自然科学、语言等必修课的学习，名著课与这些科目的学习是相互补充的。

对于永恒主义者之所以选定这些教材，它们之所以称得起"名著"的理由，赫钦斯作了很好的说明："这些书历经若干个世纪，获得了经典性。经典著作乃是在每一个时代都具有当代性的书籍。没有读过这些书的人就是没有受到过教育。如果我们读牛顿的《原理》，我们便看到了一个伟大的天才在活动。"①

永恒主义者认为，名著课程和教材具有下列优越性。第一，它是实现教育目的的最好途径。经典名著包含了关于宇宙的见解和观念、正确的思维方法，论述了人类永恒的道德问题，因而体现了人类应该考虑的永恒的原则和内容。第二，名著的定位都是概念的、理论的，从任何意义上讲，它都不是技术的、应用的。学习名著比学习一般的教科书更能对一个人的智力提出挑战，它可以促进学生智慧的发展。第三，读书本身就是一种很好的理智的训练。名著都是出自作为人类之精华的伟大的知识分子之手。人们在阅读名著的过程中，不仅受到他们伟大思想的熏陶，而且实际上也是在同这些伟大人物进行交流、对话和讨论。最重要的是，读书对智慧训练的价值还在于可以发展人们独立思考的能力，养成独立思考的习惯，所以赫钦斯说："要破坏西方独立思考的传统，并不需要焚毁书籍。只要两个世代不去读它们就可以做到。"②第四，不读这些名著，就不可能理解当代世界。

（四）教学方法

永恒主义者认为要培养人的理性，就必须进行理智的训练，提出学生在学习时应积极思考，他们认为读书是一种极好的学习方法，因为读书有助于锻炼学生的智慧，培养其理性。人们在进行富有意义的阅读时，会感到自己在同作者进行讨论，人们用书本去推理，并且通过这些推理对出现的问题进行思考。阿德勒认为："受过良好的阅读训练的心灵已经发展了它的分析和批判的力量。受过良好的讨论训练的心灵进一步增强了这种分析和批判的力量。通过耐心的、通情达理的辩论，人们获得了在辩论中容忍对方的修养。

---

① H. Rugg. *Foundations for American Education*. New York: World Book Company, 1947, p. 625.

② 王承绪、赵祥麟编译：《西方现代教育论著选》，人民教育出版社2001年版，第219页。

这样就抑制了那种将自己的意志强加给别人的动物性的冲动。我们懂得了只有理性才是唯一的权威；在任何争端中，只有理性和证据才是唯一的仲裁者。我们不能试图通过显示力量或以众压寡来取得优势。真诚的辩论不能依靠意见的力量来解决。我们必须诉诸理性，而不是依靠人多而造成的压力。"①

在教学的性质和方法上，阿德勒沿袭了亚里士多德的思路，把教学与农耕和医疗工作作了类比。认为教学是一种"合作"的艺术，这种艺术与"操作性"的艺术具有明显的不同，操作性艺术是指制鞋、造船、绘画、雕刻一类的艺术。在这类艺术中，艺术家是作品成型的重要成因，自然起着为艺术家提供资源或模型的作用，没有艺术家的介入，自然本身无法生产出鞋子、船只、绘画作品或雕塑之类的产品；而"合作性"的艺术所从事的是"自然本身也能做的工作"，没有艺术家的介入，自然本身也会产生结果，与艺术家介入相比，只是结果的好坏程度可能有所不同罢了。如生物无需医生亦可得到健康，植物、动物无需农夫、饲养员亦可生长，熟练的医生和农夫等仅是使健康或生长更确定、更规则、更充分而已。在社会中有些人不靠教师的帮助亦学到了不少东西，有广博的学问和深刻的见解就是这个道理。教师的作用只是在于"他讲求方法的指导使我们的学习更容易而且更有效"②。教师必然像农夫和医生一样对会使其艺术产生完满结果的自然的进程保持极高的敏感度，对教师而言，就是对学习的自然进程保持这种敏感度。正是人类学习的性质决定了教育的策略和方法。

教学艺术不同于农耕和治疗的艺术的地方是"教学总是涉及某一心灵与另一心灵的关系"③。教师要与学生进行对话，这种对话远甚于"谈话"，因为大部分教学内容几乎都是不知不觉由师生间的个人交换而传授下去的。这是一种双边的关系，在这种关系中，教师给学生的自然学习进程以协助和指导，帮助学生领悟、评估、判断和认识真理，引导学生自己学习和思考，而不是灌输固有的概念或教条。教学是一种"最高的辅助与合作的艺术，是为了别人好而奉献的工作"④。

在教学过程中，永恒主义者认为教师发挥着重要的作用，承认教师的主导地位。永恒主义者认为，教育不是生活本身，而是生活的准备。因此，教育目标应指向长远，即永恒的理性，只有这才是未来社会所必需的。而进步

---

① 引自〔美〕罗伯特·梅逊著，陆有铨译：《西方当代教育理论》，文化教育出版社1984年版，第46页。

②③④ 任钟印主编：《世界教育名著通览》，湖北教育出版社1994年版，第1 577、1 577、1 577~1 578页。

主义教育，一味地强调儿童对现实的适应，让儿童自己去发现真理性知识是行不通的。严格的管理、教师的主导作用，才是培养理智人才所必不可少的条件。

阿德勒把永恒主义教育中的讲授法称做"通过教学进行的学习"，但同时他们也并不否认学生的能动作用，要求教师在教学过程中能够刺激学生的思维以促进他们的学习，激发儿童内在的倾向性。赫钦斯历来反对记忆式教学，他认为记忆不是教学，填鸭式灌输不是教育，他认为教学如产婆，是一种合作的艺术。批评、讨论、发问、辩论，这些才是人类真正的教学法。在赫钦斯看来，学习名著应采取研讨式教学。因为阅读名著就是读者与著者间的思想交流，是读者与著者间的"对话"，教师应采用苏格拉底式的谈话法，提出问题，引导学生讨论。此外，赫钦斯还主张设立与学习经典著作的"研讨班"相辅相成的"指导班"，对学生的语言、数学、科学等学科的学习提供训练和指导。形式如下：人数以15—25人为限，由2—3位教授辅导共同讨论，每次讨论大约100页课文，研讨时教授的责任不是传授名著课程，而是使讨论热烈地进行。学生要针对内容发表意见，互相辩难质疑，以期养成自奋自发、独立学习与批判思考的习惯，教授参与研讨，可收教学相长之效。

永恒主义与要素主义一样，反对进步主义单纯追求兴趣、降低知识标准的做法，重视学习的努力原则。他们认为，要按照学生自己的学习速度、接受能力来进行教学。如果迁就学生的懒散和所谓的兴趣，就将妨碍他们的才能的发展，要达到学生的"自我实现"就必须让他们"自我约束"。学生学习的高效虽与兴趣相关联，但不经过努力与艰苦的工作，这种兴趣是不会出现的。

永恒主义者主张教育应有等级性，教育应培养杰出的知识分子、领导人。他们认为人的潜在能力不同，只有少数人才能达到真、善、美的标准，大多数则不能；只有少数人才可以教育，并非所有的人都可教育。文化遗产应由天赋很高的少数人来承上启下，社会也应由这些最好的领导人来左右。阿德勒认为要对美国的平等传统有正确的理解，既然人与人之间存在着天赋上的不平等，那么待遇应与这些天然的不平等相符，教育权力也应与天赋成正比。埃利奥特认为，平等是不可能的事，企图得到平等就会遭到失败，文化将由天赋很高的少数人来保持和延续。诺克甚至断言，平等是一个错误的理想，因为并非每一个人都是等同的，并非每一个人都是可教育的。因此，永恒主义者公开宣扬教育的不平等，提倡教育的等级性。

**四、永恒主义教育的影响**

永恒主义教育流派产生以后，以其复古的特色在西方各种教育流派中独树一帜。赫钦斯和阿德勒等人亲自为学生编排的"名著教材",对学校教育特别是对青年产生了一定影响,自从 1937 年赫钦斯、阿德勒接任圣约翰学院董事以后,推行"圣约翰计划",实施名著课程,并以此著称于世。赫钦斯担任芝加哥大学校长之后,大刀阔斧地进行改革,在芝加哥大学推行名著课程和通才教育计划。直到今天,仍对芝加哥大学的教育产生着广泛而深远的影响。

随着社会生产力的提高,各国普及教育年限的延长,赫钦斯等人提出的教育观点又受到重视。有些国家转变一度偏重职业技术教育的倾向,开始关心对人的多方面的培养。有的国家在大学中还规定一段基础教育阶段,以使学生掌握宽厚的基础知识。美国一些大学重新考虑选课制,而把通才科目作为必修课的核心课程。英国也有大学实行基础教育,即在大学第一年让各科学生共同研习人文学科。

## 第四节 新托马斯主义教育理论

### 一、新托马斯教育的产生与发展

新托马斯主义(New Thomism)教育理论是一种以基督教的宗教学说为基础的教育理论,是以基督教哲学家圣托马斯·阿奎那的名字命名的。托马斯是西欧中世纪"经院哲学"的鼻祖,因此经院哲学也称托马斯哲学。随着文艺复兴的洗涤、资本主义的发展,托马斯·阿奎那的理论逐渐衰落。但到了 19 世纪末,托马斯的神学唯心主义又被重新当做万世不移的真理加以宣扬,新托马斯主义作为一种宗教唯心主义开始逐渐形成。1879 年教皇利奥十三世(Leo XIII)发布了一道名为《永恒之父》的通谕,宣布托马斯·阿奎那的神学唯心主义为天主教的唯一真正的哲学,一切天主教会必须倡导,一切天主教学校必须讲授。从那以后,在以梵蒂冈为首的天主教会的支持下,复活经院哲学并使之现代化便成为西方思想领域的一股重要潮流。第一次世界大战后,在各主要资本主义国家以及受它们影响的发展中国家广泛传播,它也越出了教会范围,成了一种具有国际影响的思潮。

20 世纪 30 年代,一批教育家以新托马斯主义哲学为理论依据,反对以实用主义教育为核心的现代教育理论与实践,提出了属于保守主义的教育理论,这派教育理论便称为新托马斯主义教育理论。新托马斯主义者上至罗马天主教皇,下至这一哲学流派的学者都非常重视教育。1936 年在美国出版了教皇庇护十一世(Pius XI)于 1929 年发出的通谕,标题是《青年的基督教教育》，相当全面地论述了"教育就应是基督教教育"的宗教教育观，反映了这一教育流派的基本教育思想。

雅克·马里坦（Jacques Maritan, 1882—1973）是法国天主教哲学家、神学家和教育思想家，新托马斯主义教育思想的主要代言人。他几乎全盘接受中世纪基督教哲学家托马斯·阿奎那的理论，一生都在从事这方面的研究和宣传工作。马里坦 1913 年受聘于巴黎天主教学院讲授哲学。第二次世界大战爆发后，他侨居美国，先后被美国普林斯顿大学、哥伦比亚大学哲学系聘为客座教授，其间还曾多次应邀到卢汶高等哲学研究所讲学。马里坦 1943 年曾在美国耶鲁大学举办过系列教育讲座，四篇讲稿分别以"教育的目的"、"教育的动力"、"人文学科与自由教育"、"当前教育的尝试"为主题。同年，他将这四篇讲稿合辑成册，考虑到 40 年代美国各种教育思潮对抗纷争、思想混乱、教育迷惘的现状，特以《教育在十字路口》（*Education at the Crossroads*, 1943）为书名，力图通过此书为教育的发展指出一条正确的道路。该书全面、系统的表述了马里坦新托马斯主义的教育观点。战后，马里坦曾任法国驻梵蒂冈罗马教廷大使，与罗马教皇建立了很深的私人关系。卸任后回到普林斯顿大学任教，直到 1956 年退休。此后长期隐居，直至去世。

60 年代以后，特别是 1965 年结束的第二届梵蒂冈会议以后，新托马斯主义甚至在其信徒内部也越来越受到怀疑，新托马斯主义的教育理论也逐渐衰落。

**二、新托马斯主义教育的思想基础**

新托马斯主义教育的思想渊源主要是托马斯·阿奎那的神学唯心主义理论。新托马斯主义者认为这是一个确凿的真理体系，可以用它来解决尚未解决的有关信仰、人的行为、教育等方面的一系列问题。

新托马斯主义整个理论体系的前提是承认上帝存在，并把上帝当做一切存在以及人的认识和行为的基础。他们认为上帝是一切现实世界的源泉，是世界万物的第一推动者、最终目的、最后归宿。上帝是万能的，是真、善、美的化身，同时上帝也是最高的存在，因此，教育的目的和作用就是培养人们皈依上帝，信仰上帝，服从上帝。

新托马斯主义者否认认识的根源是实践经验，而认为人的认识是从上帝那儿得来的。人如何从上帝那儿获得认识呢？他们说这不只是要信仰上帝，而且还要获得上帝的宠爱，即所谓"圣宠"。人如果得到"圣宠"，那么人的灵魂就可以与上帝相通了，由此获得"圣灵"，有了"圣灵"，人就可以直接接受上帝的感召，与上帝融而为一，这样就可以达到无所不知。因此，新托马斯主义者在教育上特别提倡对上帝的爱,提倡非理性的直觉能力,因为这是认识的先决条件。

新托马斯主义者肯定上帝是世界的根源,人的认识能力是上帝赋予的,认识过程是逐步发现上帝的启示和意志的过程,认识的界限也是上帝给理性划定的界线。因此,理性必须服从信仰,科学必须服从宗教。反映到教育上,就是培养人对上帝的信仰要高于人的理性,教育的内容应以宗教内容为主。

新托马斯主义者认为当代世界的一切冲突、不幸的根源,一切社会问题的根源皆在于人们背离了真正的基督教,背离了基督教所倡导的人们爱上帝以及彼此相爱的道德原则。为了挽救社会之危亡,解决个人之痛苦,他们提出的根本办法就是皈依上帝,遵守上帝所规定的生活目标和道德准则,祈求上帝的拯救。因此,他们主张建立以神为中心的人道主义,提倡道德教育。

### 三、新托马斯主义教育的基本理论

(一)教育目的

新托马斯主义虽然认为上帝是最高存在,人需要在上帝的指导下生活,但同时也承认人具有比其他任何别的创造物更高级的相对独立性。托马斯断言,人在整个自然中是最完善、最高贵之物,为上帝所创造的最高成就。人聪明、有理性、能负责且是自由的;人类是自己命运的主人,自己灵魂的主宰,在某种意义上可以说,人是他自己创造的。基于以上观点,新托马斯主义者认为"教育的主要目的,在最广泛的意义上就是'塑造人',或者更确切地说,是帮助儿童成为充分成型的和完美无缺的人"①。这种"充分成型的和完美无缺的人"是怎样的呢?他们认为:"人是赋有理性的动物,他的最高尊严在于智慧;人是和上帝有个人关系的自由的个体,他的最高正义在于自愿地服从上帝的法律;人是被召唤到神圣生命和感恩祷告自由的有罪的和受伤害的生物,他的最高完善在于爱。"②因此,说到底他们所讲的"塑造人"就是培养、发展与神性相统一的人性。正如教皇庇护十一世所说,教育就是把每个人培养成为真正的基督徒,对上帝绝对信仰,爱真理,爱公道。

马里坦从托马斯主义关于人的哲学立场出发,认为人作为有机体是由"个体"与"个性"两部分构成的。"个体"即人的肉体,它以物质为最初实体的根源。物质有要求在空间占有自己的位置的倾向,所以作为个体的人是利己的、排他的,只能屈服于自然界的力量的影响,没有自由与独立性;

---

①② 王承绪、赵祥麟编译:《西方现代教育论著选》,人民教育出版社 2001 年版,第 314 页。

"个性"则指人的灵魂，不牵连到物质，以精神为根源，也是独立和自由的本原，是创造性的统一，是神性在人身上的体现。不朽的灵魂在人身上创造了一个特殊的境界：有理性、能思维、有自由意志、能信仰和爱上帝，等等。人的这些品质构成人的本质特点。

人既是"个体"的存在，又是"个性"的存在，既是肉体的，又是精神的，二者相互依存，缺一不可。但物质的各种限定来自形式，灵魂高于肉体，"个性"高于"个体"。

在马里坦看来，教育的主要目的是根据使人成其为人的"个性"特征确定的，这个主要的目的就是使"人获得内部和精神的自由，换句话说，就是通过知识、理智、善良意志和爱获得解放"[①]。知识可以使人臻于真理，爱可以使人达于上帝，人在历史的长河中不断进化发展，但人的精神本性却是永恒不变的，正是这种超越时空的东西，才是教育所要致力于发展的首要目标。

除教育的主要目的外，马里坦指出教育还有第二目的，或称附加的教育任务，即为适应当代社会对教育的适应当前公共利益的要求，培养富有社会责任感、善于解决问题的优秀公民，培养有用的公民等只能置于第二位的目的。"其他目的如传递特定文明区域的文化遗产，为参与社会生活和成为良好的公民作好准备，以及履行整个社会的特定职能、完成家庭责任和谋生所需要的精神准备，乃是一些推论，它们是重要的但又是第二位的目的。"[②]

（二）教育内容与课程

新托马斯主义者认为，近代资产阶级生活的混乱是由于人们对于灵魂以及道德和宗教的无知造成的。因此，他们主张道德上的再教育和宗教信仰的恢复，要求恢复中世纪的教育传统，把宗教教育作为教育的核心，以培养青年对基督教的虔诚。

与此同时，新托马斯主义者也并不排斥宗教以外的知识的学习。他们认为知识、技术和艺术的整个范围必须包括在教育的领域内。他们不愿容忍与技术相脱离的虔诚，也不愿容忍与文化的一般影响相脱离的技术。吉尔森（M. E. Gilson）曾尖锐地批评那些轻视科学的基督徒，"不仅在历史上，而且在我们周围，我们都遇到一些基督教徒，他们相信他们对于科学、哲学和艺术假装出一种有时近于轻蔑的冷漠，藉以给上帝致以敬意。但这种轻蔑也

---

① 瞿葆奎主编，丁证霖、瞿葆奎选编：《教育学文集·教育目的》，人民教育出版社1989年版，第546页。

② 王承绪、赵祥麟编译：《西方现代教育论著选》，人民教育出版社2001年版，第314页。

许既表达了至高无上的伟大,又表现了无比的渺小"①。因为在新托马斯主义者看来,科学是对上帝的一种赞颂:理解上帝所创造的一切。人类科学所取得的成就,正是信仰上帝所致,是信仰的胜利,因此,他们提倡进行科学知识教育和职业技术教育。但是,科学研究不能侵犯或扰乱信仰的领域,在教育内容上,要求讲授自然科学、数学和科技史等学科,但所有这些学科的教学都以不触犯宗教原则为限。同时,教授这些学科的根本目的主要不在于使学生获得学术性的知识,而在于从中更好地领悟上帝是一切知识的源泉的启示。

马里坦将学校教育划分为三个阶段:(1)基础教育(初等教育);(2)人文教育(中等教育);(3)高等教育(大学教育)。初等教育阶段,在马里坦看来,是通过想象唤醒儿童理智力量,特别是直觉力量的时期。这一阶段教师的作用就是要通过美好的事物、行为、观念唤醒儿童的理智,将其引向智慧和道德的生活。

中等教育阶段主要是对青少年进行普遍知识的教育,即人文学科知识的教育。马里坦称之为"自由教育"或"一般文化教育"。他将中等教育的七年时间,分为两个阶段。

第一阶段三年(13—16岁),主要学习那些有关智力结构和推理所要求的逻辑原则以及必须记忆的事实。马里坦提出了两个学科范围:(1)逻辑和语言;(2)历史(民族史、人类和文明史、科学史)、地理、天文、植物学和动物学等课程。这些课程与自由学科的掌握、理智的正确推理以及经验事实的记忆有关。

第二阶段四年(16—19岁),主要学习那些直接与智力创造性和直觉有关的知识,如数学、诗歌、自然科学、艺术、伦理学和政治哲学。

中学教育的目的是使每一个学生获得一种"智力自治"的能力,即使每一个学生能够在今后的余暇时间里对自己继续进行教育,并以一种清醒的头脑和批判的态度实现其社会责任。中学学习结束后,青年将不是科学家、哲学家或艺术家,而是一个有教养的人,一个有人道精神的人。

高级阶段的学习是专业化的学习。在马里坦看来,这种专业化的知识会使大学生的智力领域变小,从而限制心灵的发展。因此,他提出要将深化了的自由教育或一般文化教育与专门教育结合起来,因为在较高级的水平上,心灵的解放是通过高度专门的知识和一般精神的相互结合实现的。针对高等教育的特点,马里坦提出要贯彻普遍性的教学精神,即在教专门知识时,注

---

① 瞿葆奎主编,丁证霖、瞿葆奎选编:《教育学文集·教育目的》,人民教育出版社1989年版,第547页。

意将它与其他知识联系起来。为了贯彻普遍性的教学原则,马里坦还提出了建立包括多种专业学科的理想大学的设想。在这种理想大学中将教授专门知识,这些知识无论是科学或艺术,都将根据它们在精神领域中的价值分类组织。

马里坦对于大学教育的知识范围理解得非常广泛,"典型的现代大学实际上应当包括所有的艺术和科学,甚至包括那些有关共同生活安排及人类心智在实际事务上的运用的艺术和科学"①。为此,马里坦在《教育在十字路口》一书中提出,一所理想的大学应当开设以下四大类学科:第一类是各类实用艺术和应用学科,如技术训练、工程、管理、工艺和手工、农业、矿业、化学、统计学、商业、金融等;第二类是实践性学科,如医学、法学、经济学、政治学、教育学等;第三类是理论和艺术学科,如数学、物理学、化学、天文学、地理学、生物学、人类学、心理学、史前史、考古学、历史、古代和现代语言文学、哲学、音乐、美术等,通过真理与美,这些学科可以解放人的心智,是大学教育的主要内容,也是文明传统的巨大财富;第四类是与智慧相关的学科,其目的和性质都是普遍的,如形而上学、知识论、伦理哲学、社会与政治哲学、历史与文化哲学、神学及宗教史等。

为更好地组织上述学科的学习,马里坦认为理想的大学里,所有系、科都应当由学院代替,应按照上述四类学科,设立四个相应的学院。其中最重要的是与第四类学科相对应的学院。因为在马里坦看来,高等教育各专业知识并不是或不应是杂乱无章的,各专业知识应与普遍性的精神结合起来,将各专业知识纳入等级有序的知识统一体中去,以避免和克服高等教育中各学科主次不分、多学科平行的现象。实用学科、实践学科等都必须在最高层次的形而上学、哲学和神学中找到自己的性质和意义。

针对大学中存在的重科研轻教学的现象,马里坦强调大学教授的任务是教学而不是科研,认为以研究取代教学的企图是愚蠢的。马里坦指出,为加强大学的研究工作,应建立研究院,专门致力于科学的发展和知识的增进工作。为进一步发挥一所健全的大学应有的职能,马里坦还建议在大学里建立两个机构,即精神生活学院(或称智慧学院)和精神复兴中心。前者是学习探讨理智最高状态——智慧所应把握的知识的专门机构,其办学模式可以从人类文明的历史传统中汲取养料,如古希腊时代的毕达哥拉斯学园和柏拉图学园,甚至中国和印度的一些古老书院等,在精神和形式上都是值得借鉴的;后者是为信仰基督教的学生建立的对人类灵魂进行启蒙的场所,学生可

---

① J. Maritain. *Education at the Crossroads*, New Haven: Yale University Press, 1943, p.97.

以在此接受精神生活和沉思的训练,学习圣经、神学以及作为神学最高部分的"福音完善的科学"。

(三)教学方法

托马斯从亚里士多德那里接受了四因说,托马斯主义者把"四因说"用于教育过程,他们认为教育的目的是把人类潜能引导出来,使之变得尽善尽美。他们提出,儿童是质料因,学生的自我活动是动力因,完整的和脱离奴化生活的人是形式因,教育制度呈现的理想是教育成就的目的因。因此,只有人具有获得知识的能动潜力,教育才是可能的,活的知识的本源存在于学生之中,学生是教育过程的能动因素,教师的作用首先是激发这种能动性。在教育过程中重要的是学生学,而不是教师教,但他们并不否认教师在教育过程中的作用。托马斯曾把教师的工作比做给病人治病,病人不只是被动地接受医生的治疗,他在健康上具有积极的潜在性,他自身内部健康的要素是他痊愈的主要原因;医生的作用是帮助身体自行痊愈。教师也是用同样的方式满足学习者心智发展的需要,教师提供判断、智慧、技能和理解,促进学生学习,但其作用只是一种辅助或促成的作用。

新托马斯主义者提倡爱的教育。马里坦认为要解决资本主义社会出现的混乱复杂的情况,必须进行道德教育。但进行道德教育,仅靠知识和优良的教学是不够的。他引证亚里士多德的话说:"知识对德行很少帮助,或者甚至毫无帮助。"① 他主张"对德行有很大帮助的是爱"②,他要求从家庭之爱、兄弟之爱培养起,最终达到对上帝之爱而驱除个人的利己主义。为什么这样说呢?"因为道德生活的基本障碍是利己主义,而道德生活的主要渴望是解放自己,只有爱,由于它是一个人的天赋,能够排除这个障碍,并使这种渴望得到满足。"③

马里坦认为在教育中应发展学生的沉思能力,他认为在教室里的气氛里最要紧的是沉思;爱沉思的人,以后会表现出非凡的注意力。马里坦借用蒙台梭利的话说,沉思的"意思是,他们能稳定地集中注意,全神贯注,没有言语表达(在长时间静默成熟之后,在适当时间,将出现言语表达)。这种沉思与诗人的灵感相近似"④。沉思的目的是什么?马里坦认为:"教育发展人的沉思能力,既不是为了使心智在认知和沉思的行动中停止活动,也不是为了使知识和沉思屈从于行动,而是为了一旦人到达一个阶段,他的内部力量的和谐趋于完善,他对世界和人类社会的行动,他的供同胞使用的创造能力,可以从他和现实——包括他从中生活和行动的可见的现实和不可见的现

---

①②③④ 王承绪、赵祥麟编译:《西方现代教育论著选》,人民教育出版社 2001 年版,第 302、303、303、318 页。

实——的沉思接触中流溢出来。"①

（四）教师

马里坦主张教师对学生有真正的权威。他说："在教育工作中，成年人不必以长者的家长作风或者专横态度强迫儿童，以便把他们自己的形象铭刻在儿童身上，像铭刻在黏土上一样。但是，这一事业要求于我们的首先是爱，然后才是权威——我的意思是真正的权威，不是专横的权力——教学中的理智的权威，和被人尊敬和倾听的道德的权威。"②

新托马斯主义者十分强调教师的人格力量对学生的培养所起的作用。这里所说的人格，主要是指教师的各种完善的美德和感情方面的成熟以及对教育工作的热爱。他们认为教师成熟的人格对于教学，对于培养学生的各种完善的美德将起重要作用。美国诺伍德委员会曾经指出："教师在培养和促进儿童良好的心理健康过程中处于最重要的位置。首先，教师的人格可能是最为重要的，如果他自己在感情的成熟方面还没有稳定和健康，那么他还不能对有接受能力的儿童施以正确的影响。"③

由于新托马斯主义教育是一派以基督教宗教学说为基础的教育流派，它影响不如要素主义、永恒主义教育流派大。新托马斯主义教育理论仅在美国和西欧的一些宗教学校以及一小部分世俗大学得以实施，但他们提出的道德教育对当时的教育影响相当大。一些学校实行了宗教训练活动，基督教学院和基督教大学的校园里组织礼拜仪式，朗读福音和祈祷词。

**【要点小结】**

以进步主义教育理论为代表的"现代教育"派和以要素主义、永恒主义、新托马斯主义教育流派为代表的"保守主义"派之间的争论，是近代以来西方教育思想中以卢梭为代表的自然主义教育和以赫尔巴特为代表的理性主义教育之间争论的继续和发展，深刻揭示了西方教育理论中的深层次问题和人类教育发展中的永恒话题，构成了20世纪上半叶西方教育思想发展的主旋律，对二战前后西方的教育变革与发展产生了重大影响。从深层次看，这种争论事实上以变化了的形式一直持续到今天。

---

①② 王承绪、赵祥麟编译：《西方现代教育论著选》，人民教育出版社2001年版，第316、319页。

③ 瞿葆奎主编，丁证霖、瞿葆奎选编：《教育学文集·教育目的》，人民教育出版社1989年版，第554页。

## 第十三章 保守主义教育思想

**【思考与练习】**

1. 要素主义教育理论的基本主张和影响是什么？
2. 永恒主义教育理论的基本主张和影响是什么？
3. 新托马斯主义教育理论的基本主张是什么？
4. 进步主义教育与保守主义教育争论的焦点是什么？

**【参考文献】**

1. 王承绪、赵祥麟编译：《西方现代教育论著选》，人民教育出版社2001年版。

2. 任钟印主编：《世界教育名著通览》，湖北教育出版社1994年版。

3. 〔美〕巴格莱著，袁桂林译：《教育与新人》，人民教育出版社2005年版。

4. 陆有铨著：《躁动的百年——20世纪的教育历程》，山东教育出版社1997年版。

5. 吴式颖、任钟印主编：《外国教育思想通史》第9卷，湖南教育出版社2002年版。

6. 陈友松主编：《当代西方教育哲学》，教育科学出版社1982年版。

7. 〔美〕科南特著，陈友松主译：《科南特教育论著选》，人民教育出版社1988年版。

8. 〔美〕罗伯特·梅逊著，陆有铨译：《西方当代教育理论》，文化教育出版社1984年版。

9. R. M. Hutchins. *The University of Utopia*. The University of Chicago Press, 1936.

10. R. M. Hutchins. *The Great Conversation*. Encyclopedia, Britannica, Inc, 1952.

11. R. M. Hutchins. *The Conflict of Education in a Democratic Society*. New York: Harper and Row, 1953.

12. R. M. Hutchins. *The Learning Society*. New York: The New American Library, 1968.

13. J. Maritain. *Education at the Crossroads*. Yale: Yale University Press, 1943.

14. M. J. Adler. *Reforming Education——the School of a People and Their Education Beyond Schooling*. Westview: Westview Press, Inc, 1977.

# 第十四章 当代教育思想与思潮

**【内容提要】**

20世纪中叶后，西方教育思想形成了多元化发展的格局，结合现代哲学、心理学和社会思想的发展，形成了改造主义、存在主义、行为主义和新行为主义、分析教育哲学、结构主义、终身教育、现代人文主义、教育经济化和激进主义等教育思想和思潮。这些思想和思潮延续了现代社会对教育的思考，对20世纪后期的教育实践产生了重要的影响。

**【学习目标】**

1. 了解现代教育思想发展的多元格局及其影响因素。
2. 理解改造主义、存在主义、行为主义、新行为主义、分析教育哲学、结构主义、终身教育、现代人文主义、教育经济化、激进主义教育思想与思潮的基本观点。
3. 评价现代教育思潮的影响。

**【关键词】**

改造主义，存在主义，结构主义，行为主义和新行为主义，终身教育，现代人文主义，激进主义

20世纪中叶之后的西方社会是一个日趋复杂的世界。一方面第一次世界大战和第二次世界大战所带来的创伤影响巨大，对其反思延续不绝。另一方面，科学、经济、文化、哲学、心理学等物质和思想的各个方面获得了新的发展。这两方面的作用交织在一起，形成了20世纪中叶西方思想多元纷呈的局面。

在科学方面，以相对论和量子力学为主的新科学理论和以电子计算机为基础的新技术的应用，使得人类对世界的理解打破了 19 世纪以来形成的科学范式，时间和空间的相对性以及微观世界的不确定性和测不准原则，给我们的观念带了巨大的冲击，以至对真理的认识、对知识性质和来源的判断都发生了很大的变化。这种从认识世界中来的观念深刻影响了 20 世纪的整体思想。

在经济方面，经过一段时间的恢复之后，经济迅速发展，人们的生活水平大大提高，在经济兴盛的环境下，经济学思想日益成为显学，并渗透进了教育实践、改革和教育制度设计当中，产生了广泛影响。各种流派的经济学思潮带来了教育不同发展路径。新制度经济学、经济自由主义思潮、公共选择学派、供给学派、人力资本理论等从不同角度影响了人们对教育的认识，从而带来不同的教育观念。

在政治方面，由于战后形成的社会主义与资本主义两大阵营的对立与冷战，西方国家更注意维护资本主义意识形态与民主理想，世界形势依然紧张；意识形态的冲突及其思考，在很长时间内影响了对教育目的、教育性质、教育体系的思考。对资本主义社会各种内在矛盾及其对教育的影响的持续深入认识，导致了激进主义教育思想的诞生，并且与西方新马克思主义教育思潮在一定程度上融合了起来，这从另一个角度深化了对新时期西方教育本质的全面认识。

在哲学方面，一方面德国古典哲学瓦解，这需要新的哲学对现实进行新的思考。另外一方面在生产、科技大发展的同时，西方社会中也充溢着矛盾与冲突，世界大战的痛苦记忆、冷战造成的不安全感、片面强调科技力量导致的对人的尊严与价值的漠视、人与人之间关系的冷漠与敌对等因素导致西方社会的精神危机，人的价值与地位问题在现代西方社会日益突出。在上述两方面条件的作用下，20 世纪的西方出现了以唯科学主义和人本主义为主要阵营的哲学潮流，这一潮流导致了逻辑实证主义、分析哲学、存在主义、结构主义等多个哲学思潮的出现。

在心理学方面，20 世纪以来的发展主要有着三个方向。第一种方向是强调对人心理内部意识的研究。在这一方向上有以冯特为代表人物、强调对意识经验内容或构造进行研究的构造主义心理学；强调对基本驱力和无意识进行研究的弗洛伊德的精神分析学派和强调对意识的完形或整体结构进行研究的格式塔心理学。到 20 世纪中期，针对行为主义排斥内部意识研究的机械论倾向，还出现了认知心理学。他们延续了意识研究的传统，认为心理学不只研究行为，也要研究作为行为基础的内部心理活动规律，并强调对人获取知识过程中进行的各种心理活动，主要包括知觉、记忆、言语、思维等进行整体综合分析。

第二种方向是强调对人的外部行为的研究。在这一方向上主要有华生为代表的行为主义和以斯金纳为代表的新行为主义。他们认为心理学是行为的科学，心理学的目的应是寻求预测与控制行为的途径。他们的观点对心理学的客观研究取向有着重要影响，但他们无视内部意识的倾向受到了批判。

第三种方向则是试图将上述两者融合起来，避免两者各自的弊端。这一方向上主要有以马斯洛、罗杰斯为代表的人本主义心理学。他们既反对精神分析学把意识经验还原为基本驱力，又反对行为主义学派忽视人内在本性的倾向，而主张研究人的价值和潜能的发展，强调人的尊严、价值、创造力、社会性和自我实现，认为心理学必须从人的独特本性出发研究人的心理。

战后的教育思想流派都明显反映了这些变化。这些流派主要有改造主义教育理论、教育经济化思想、激进主义教育思想、存在主义教育思想、结构主义教育理论、分析教育哲学、行为主义和新行为主义教育思想、终身教育思潮、现代人文主义教育思想等，这些教育理论各具特色，侧重点也有所不同。改造主义教育理论是对进步主义教育理论的继承和发展，强调教育的社会功能；激进主义教育思想试图通过对现行学校的批评和否定，分析当代资本主义社会学校教育与社会、政治、经济之间的关系，激发人们探索教育改革的新途径，探讨改革教育甚至变革社会的策略，这一教育思想具有一定的理论深度和批判性。教育经济化思想着重研究教育与经济增长的关系，在一定程度揭示了现代教育和经济发展关系的某些规律，从而给经济理论和教育都带来了深刻变化。存在主义则着力于批判技术社会对人的尊严与价值的漠视，要求重建人的精神世界；结构主义教育理论、行为主义教育思想注重教育内容与教育技术的革新，集中反映了心理学的研究成果；分析教育哲学主要是分析哲学在教育研究中的应用，它提供了一种新的教育研究方法；终身教育思潮则反映了现代社会职业流动性大、知识技术更新率高、人的社会化过程更趋复杂等特征的客观要求。这些教育思潮中有些在第二次世界大战前就已存在，如改造主义、行为主义等，不过地位并不突出，只是在战后才获得较大发展；有些则纯粹是战后的产物，如结构主义、终身教育思潮、现代人文主义教育思想等。

# 第十四章 当代教育思想与思潮

## 第一节 改造主义教育思想

### 一、改造主义教育思想的理论来源

改造主义是进步主义教育运动的一个支流，它主要探讨教育如何发挥改造社会的作用问题，于20世纪30年代和50年代两度兴盛，30年代的主要代表人物是拉格（Harold Ordway Rugg，1886—1960）和康茨（George Sylvester Counts，1889—1974），50年代的主要代表人物是布拉梅尔德（Theodore Brameld，1904—1987）。其中真正为改造主义奠定基础的是布拉梅尔德。

改造主义受到进步主义强调教育与社会的联系这一基本原则的深入影响，并对进步主义教育运动早期过于注重个人主义和儿童中心的倾向进行了批判，明确提出以社会改革目标作为教育的主要目的，从而发展了自己。另外，改造主义还受到行为科学、要素主义、永恒主义、马克思主义的影响。布尔梅尔德因此认为"改造主义无疑地具有折衷主义性质"①。

改造主义和进步主义之间并无截然的界限，彼此有着最为广泛的联系。这种联系表现在以下方面。（1）改造主义从进步主义吸收了社会改造的思想，所尊奉的价值观与进步主义基本相同。尽管改造主义者强调社会计划与教育的社会定向，但这只是手段而不是最终目的。"鲁格（即拉格——引者注）和布拉梅尔德强调，他们所主张的价值乃是个人的价值。归根到底，他们在教育方面所关心的是使男女老少都过一种充实、富裕、富有创造性的生活。他们就是在这种个人表现的内在价值的名义下提倡社会计划的；所以，20年代儿童中心学校的价值与后来的社会改造主义显然是一脉相承的。有计划的社会只是手段，而不是目的。"②（2）改造主义在30年代崛起时受到了进步主义教育家如杜威、克伯屈等的支持。杜威曾对进步主义教育实践中出现的一些极端行为如过分强调儿童中心等作过不留情的严厉批评，但他从来没批评过改造主义，因为强调教育是改造社会的基本手段和工具是其一贯的做法。克伯屈在改造主义兴起之时曾撰写《教育与社会危机》（1932）一书，并编辑《社会前线》杂志，讨论学校在社会改造中应发挥怎样的作用，

---

① 王承绪、赵祥麟编译：《西方现代教育论著选》，人民教育出版社2001年版，第73页。

② 〔美〕罗伯特·梅逊著，陆有铨译：《西方当代教育理论》，文化教育出版社1984年版，第106页。

对改造主义予以大力支持。克伯屈认为，文明正处于一个伟大的转折点上，旧式的个人主义和强调竞争的时代已经一去不复返了，工业和商业中存在着大量的不道德现象，必须对此提出异议并加以改造。学校在社会的改造工作中起着重要的作用。学校必须把当前的社会问题，尽可能地与生活密切联系起来加以研究，学校不可能中立，它必然被卷进种种论争中去，学校应该鼓励学生从事社会上有意义的事业，培养学生对社会的责任感，通过这些途径使教育参与对社会结构的改造。

布拉梅尔德认为，改造主义还从要素主义和永恒主义那儿吸收了许多东西。从要素主义那儿借来了多种测验的工具，承认教育可从统计的精确性和其他各种事实的分析中获得好处。改造主义在一定程度上也赞同要素主义所坚持的关于我们所参与的和所依靠的世界的客观性。改造主义还从永恒主义那儿借来许多东西。布拉梅尔德说，改造主义最关切的许多人类命运的问题，早就由柏拉图和亚里士多德考察过了，永恒主义关注的问题同样为改造主义所关注。

马克思主义对改造主义亦有一定影响。布拉梅尔德30年代在芝加哥求学时就开始接触马克思主义，当时他因受到大萧条所造成的社会动荡的困惑，便决定研究辩证唯物主义，对列宁的政治哲学尤其感兴趣，并写了一本名为《对共产主义的探索》的书和一篇题为《卡尔·马克思和美国教师》的文章。他认为马克思主义对于大多数教育理论家思考教育问题是很有助益的。拉格在30年代中后期尤其在美国参加二战初期曾受到保守主义的批判。拉格被控告试图通过以教育加以巧妙掩饰的一整套灌输体系，来建成一个新的社会主义社会。原因是他批评了当时美国的经济和社会制度，并力图在学生中培植批判态度和"对变革的期望"，而在论述美国历史时却没有表现出"应有的"爱国主义态度。一些地方还郑重其事地焚烧了拉格的著作。有人甚至还将宣传社会改革的教育杂志《社会前线》的领导人物如康茨等人指责为"马克思主义者"和"赤色分子"。这些指责和做法未必反映真实情况，但却在一定程度上说明了马克思主义与改造主义存在着一定的联系。

行为科学构成改造主义教育哲学尤其是布拉梅尔德的改造主义教育哲学的重要理论基础。布拉梅尔德对行为科学情有独钟，将教育目的、教育内容和教育方法皆建立在行为科学的基础上。

**二、改造主义教育思想的演进**

体现改造主义教育思想的教育实践早在1920年就已经开始出现，当时拉格在林肯学校着手研究与社会相联系的课程。此后，改造主义两度盛衰。第一次兴盛是在1929年大萧条期间，社会的剧变，促使改造主义教育思想的发展。第二次兴盛是在 20 世纪 50 年代，尤其是苏联人造卫星上天之后，改造主义强调教育与社会关系的观点迎合了当时的情况，使得它得以继续发挥影响。

（一）开端

1920 年，拉格在当时著名的进步主义学校林肯学校工作时，热衷于弥合学校与社会之间的隔阂，尤其热衷于使社会学科的课程设计充分适应 20 世纪的时代要求，并把它看做教育的主要任务。拉格的这项研究一直持续了 16 年。拉格认为，当代社会及其未来可能性的特征可从当代各门社会科学中表现出来，应从一些优秀社会科学论著中找出一些使用频率高而且重要的、用于论述当今社会的主要概念，如"民主"、"战争"、"失业"、"效率"、"社会冲突"等，然后去发现和列举出社会科学论著中使用这些概念所进行的概括，如"随着人口增长，租金也上涨"，"一个好的政府必须为人民负责"等。此外，还应系列地分析当代社会的许多重大的政治、经济和国际问题，最后提出一系列中心论题，如"民主主义的发展"、"妇女解放及其所带来的家庭生活的改善"等。在这些概念、概括、问题和论题的基础上，一门社会学科课程就被设计出来了，其中，中心论题构成整个社会学科课程的主要线索。通过这些工作，就可较准确地得出当代社会的全面图景，通过论述中心论题，就可较容易地理解这幅图景。

经过七年多的试验，在 400 所学校的几千名教育管理人员和教师的帮助下，对最初的课程草案进行了调整和修正，最后安排成一系列的社会学科单元，并在 1929 年到 1932 年把它们作为拉格的社会科学课程出版，这套书由 6 本初中教科书组成。从 1932 年起，拉格又把注意力转向初等学校，编写了供 3—6 年级用的 8 卷丛书。拉格课程在 30 年代的美国得以广泛使用。

（二）第一次兴盛时期

始于 1929 年持续至 30 年代的大萧条对于改造主义的产生与发展起了关键作用。大萧条后美国的社会文化发生重大变化，在美国教育中居统治地位的进步主义教育也开始分化，一些人转向改造主义（如拉格），一些人虽未转向，但却强调教育的社会作用（如克伯屈）。

大萧条使人们更加关注社会问题，也使一些人认识到教育应切实关心社会问题。当时美国教育政策委员会的研究表明，萧条在成人和儿童中同样暴露出许多迹象，证明人们对社会、政治和经济的无知。人们普遍对当前在社会中起作用的重要因素一无所知，而学校在这方面很少或完全没有做什么事情。① 1929 年成立的社会科学委员会的重要宗旨之一，就是编辑关于社会科学许多领域真实情况的丛书，并促使学校关注社会科学的教学。而进行社会科学教学的目的在于使青少年能理解现实社会及其变革，使学生为身处缺少个性化的社会和积极地、创造性地着手解决社会问题做好准备。

康茨是社会科学研究委员会的重要成员之一。他于 1932 年发表的小册子《学校敢于建立一个新的社会秩序吗?》，是改造主义教育哲学的一部经典文献。他认为，教育和学校不仅应使儿童更有效地适应现存的社会，而且还应积极地去建设一个更新的、更好的民主社会。他说："教育，作为社会革新的一种力量，必须与富有生气的和创造性的社会体制力量进行联合。教师在他们自己的生活中，必须给学校与社会之间的裂谷架桥并为形成应使两者结合的伟大共同目标起某种作用。"② 康茨批判进步主义对社会问题重视不够，认为："进步主义教育的弱点就在于这样一个事实，即它除了无政府主义或极端个人主义之外，并没有详细阐述社会福利的理论。如果进步主义教育要成为真正进步的话，它就必须……有勇气断然正视每一个社会争论问题，千方百计地解决其全部现实生活问题，建立与社区的联系，发展现实主义的全面的福利理论，形成有关人类命运的有力的使人信服的和挑战性的远见，不必像我们当今这样把思想上的强制灌输视为洪水猛兽。"③

康茨认为进步主义教育应有新的目的，这个目的不是来自含混不清的个人修养，而是来自对建设一个更有价值的社会的坚定承诺，其努力的方向应是社会的改造而不是个人的发展。学校的作用不是静观社会变迁，而是积极地促使它不断进步。教师应透彻地思考社会的未来发展方向，并向学生阐明未来社会的前景，从而使青少年受到鼓舞并为社会发展尽力。

康茨不反对对学生进行强制，认为教师在安排学习环境、决定教学内容时必须对学生有所强制。教师不必对使用强制方法而忧心忡忡。只要能达到改造社会的目的，强制这种手段是可以使用也是可以被理解的。

康茨的观点得到了一定的支持。1933 年进步教育协会的一个下属委员会发表了《对全国教师的呼吁》，进一步阐发了康茨《学校敢于建立一个新的社会秩序吗?》中的观点，认为教育"并不能对生活和命运的重大问题漠不关心"；教师"对于现存的经济制度，除非促进它，不负任何义务；他们不对任何特权阶级负责，除非剥夺其特权。他们的唯一任务就在于捍卫和增

---

① 参见〔澳〕康内尔著，张法琨等译：《20 世纪世界教育史》，人民教育出版社 1990 年版，第 613 页。

②③ George S. Counts. *Dare the School Build a New Social Order*? New York: Carbondale University Press, 1934, pp. 30-31.

进最广泛和最持久的社会权益。因此,教师应积极地参与重新组成民主主义传统,并为实现新社会而积极工作,而不应回避责任"。① 进步主义教育家克伯屈、查尔斯·亨德森等也极力主张教育要充分意识到它的社会责任,但他们不同意拉格和康茨关于学校应当承担具体的社会目的的表述,而仍然强调通过民主合作而达到生长的一般目的。

1934年,作为宣传教育的社会改造思想的杂志《社会前线》问世,康茨是第一任编辑,克伯屈为董事会主席,在杂志创办时,克伯屈宣称,教育对于美国社会的改造起着重要的甚至战略性的作用。康茨在发刊词中声称:"在经济和政治领域的个人主义和放任主义时代即将结束,而集体主义的新时代正在出现。"他认为这就是现时期主要的和显著的事实,这个杂志将"把它的篇章,积极地贡献给一切关心使教育履行其在当今社会变迁时代之全部责任的人们的思想发展"。在《社会前线》存在的10年间,它的确起到了宣传和传播社会改造思想的喉舌作用。

康茨还得到了全国教育协会社会经济目标委员会的支持,该委员会主席1932年表示他赞成康茨的观点,委员会1937年发表报告,主张学校应把相当多的时间花在社会和经济问题上,应当以现实主义和自由的态度来讨论这些问题,以使学生能够看到,社会条件的变化会要求对传统的观念和政治模式重新评价。该委员会的另一份报告表明,美国在1928年和1935年间,学校曾开设了社会经济教育方面的200门课程,证明人们对社会的关注。按照委员会的意见,学校必须对建立更好的社会体制起作用。它们并非通过鼓动和干涉来达到这个目的,而应当通过培养学生的理解力、技能和态度来发挥其作用。

改造主义者在建构改造主义教育理论的同时,对进步主义教育也提出了许多批评意见。除上面提到的康茨的批评外,拉格在30年代和40年代也发表不少著述,如《美国的文化和教育》(1931)、《美国生活与学校课程》(1931)、《人可能理解》(1941)、《现在是时候了》(1943)等,对进步主义提出异议。拉格是进步主义运动的支持者,认为进步主义教育运动是教育上的一场重要变革,但他对进步主义学校的实践提出了批评意见,认为这类学校过分关心避免强制,有时会趋向于减少建设性和智力上的严格性,并导致对课程缺乏细致计划和使课程失去连续性。进步主义教育家的著述多为描述性的,而不是批评性的和建设性的,字里行间还透出沾沾自喜的情调。虽然鼓吹创造性,但对创造性缺乏认真严肃的分析;虽然强调与社会联系,但对

---

① 引自〔澳〕康内尔著,张法琨等译:《20世纪世界教育史》,人民教育出版社1990年版,第616页。

学校应有的与社会联系的途径，却没有作任何必要的分析。进步主义学校还有一个缺点就是它们几乎无例外地成了专为中上层阶级儿童开设的学校，这与其宣扬的民主平等的信条不符。

改造主义者还对进步主义教育理论的基本信条予以批判。他们认为，那种以经验为中心、为学生设计的活动学校，虽然从许多方面说比较理想，但它们不能妥善地处理萧条时期所需要解决的社会改造问题。有些人认为，以经验为中心、为学生而设计的活动学校，只能在一个已经达到经济上公平的社会里才能存在。现在讲这些为时过早。既然理想的社会尚未来到，就应优先考虑某些改造社会的教育任务，而把20年代人们所津津乐道的一些不切实际的教育理想放在次要地位。

改造主义者倡导一种"创造的方法"并以之反对进步主义所倡导的"科学探究的方法"或"解决问题"的方法，他们认为，要改造社会，必须具有创造性的社会思想。布拉梅尔德认为，美国所需要的是一种有机的秩序，它是由具有创造性的天才人物在社会舞台上尽力工作所形成的。拉格认为，一些进步主义者专注于解决问题的方法论，把它当作是对理智的方法的完整的描述。他指出，实验科学的方法并不完全适用于这种创造性的工作。实验的方法对民主行为的心理作了深刻的描述，但它还需要补充说明目标、目的和价值的地位。拉格认为，在一定的情况下，人并不像他应该做的那样对一个问题作出反应，有时人就面对复杂的社会情境而无动于衷，不知所措，甚至麻木不仁。能有效地探究社会问题的方式是创造的方法，在一种混乱和缺乏统一的复杂情境中，运用这种方法就可以获得秩序和统一。

尽管可以发展一切人的创造才能，但对社会的实际控制总是掌握在少数杰出的领导者手里。这些领导者就是艺术天才，能把少数人造成的社会混乱状况纳入正轨。拉格认为，这些领导者已掌握了某种不同于科学方法的、独特的、与众不同的方法，这是一种机体意识的或直觉的方法，是一种富有诗意的方法，具有创造想象的方法。同其他人相比，这些人的见地更完善、更切实、更美好。这种看法表现出改造主义对人性的一种新的理解。他们认为在人格的发展方面，杜威等人只强调培养人的理智方面，要求运用人的智慧去解决问题，而改造主义则认为人并不完全是理性的动物，人的行为既受理智因素的控制，也受非理智的因素的控制。因此在教育中应重视发展人的非理智因素，来丰富而不是代替理智的作用。

改造主义者推崇说服的作用，认为应说服人们去改造他们所生活的社会，应说服人们相信创造的方法是最好的方法。这种说服应从学校开始，教师应说服学生，使之相信改造主义者的解决办法是正确可靠并且是迫切需要的。说服并不是说不允许有讨论、质疑和分歧，相反，这些反而受到鼓励。

教师对于学生的不同于自己的意见应允许公开讨论，应允许学生为他们自己提出的观点作辩护。不论接受还是拒绝这些观点，最后都要由全班学生而不是由教师个人来决定。布拉梅尔德指出："我们既是教师，又是公民，有深刻的信念和所承担的义务，并且有无可非议的特殊爱好。我们的意思不只是要在公共广场上宣传我们的信念、承诺和特殊爱好，不只是要邀请别人完全自由地检查我们的每一个信念，而且还要致力于使绝大多数人接受我们的这些信念。"[1] 改造主义者提倡的是一种"以未来为中心"的教育纲领。学校应把目光放在未来，通过对学生的培养，为新的社会秩序的建立铺平道路。但不应把新的社会秩序强加给学生，而应讲清新秩序本身的优点从而使学生情愿接受之。教师可以对学生灌输某些东西，但必须建立在学生愿意接受灌输的前提之上。

30年代改造主义者对进步主义提出的批评也遭到了一些进步主义者的反驳。他们认为，社会改造主义者由于强调方法而违背了那些公开宣称的目的。自由、民主、经验、学校的活动以及由师生共同决定的目的和结果，是不受任何条件限制的，任何经济危机都不能证明放弃这些教育手段是正确的。

（三）第二次兴盛时期

第二次世界大战期间，由于罗斯福新政解决了许多社会问题，由于国际战争冲淡了人们对国内社会问题的关注，有关社会改造的讨论冷了下来。进入50年代，尤其是苏联人造卫星上天后，改造主义再度兴盛，康茨在50年代也发表了一些著述如《教育与美国文化》（1952）和《苏联教育的挑战》（1957年），继续宣传自己的信条，并号召美国人响应苏联教育的挑战，他认为苏联教育取得了惊人的成就，反映出教育是进行政治控制并是建立一种社会秩序的重要工具，美国应从中受到启示。50年代改造主义的主要发言人是布拉梅尔德。

布拉梅尔德毕业于芝加哥大学，先后任长岛、明尼苏达、纽约、波士顿大学教育学讲师和教育学教授。从30年代起就开始发表对教育的看法。他于1950年发表的《教育哲学的模式》，奠定了改造主义的基础，他其他重要著作还有《从文化的观点来看教育哲学》（1955）、《走向改造的教育哲学》（1956）以及《教育的文化基础———一种跨学科的研究》（1957）等。

布拉梅尔德承认进步主义教育的积极贡献，但他认为，杜威给教育提供的仅仅是教育方法，而不是教育目的，把为生长而生长作为教育的最终目

---

[1] Brameld Theodore, *Toward a Reconstructed Philosophy of Education*, New York: Dryden Press, 1956, p. 338.

是不够的，教育应当以实现一个明确的社会政治行动方案为主要目的。布拉梅尔德批评进步主义"拖拖拉拉"、"没有效率"，太过分专心于生长带来的欢乐与痛苦，太过分专注于儿童的个人直接经验，致使进步主义教育成为"青春期幼稚的文化表现"，不够成熟且缺乏计划性。① 布拉梅尔德还认为进步主义过分夸大了灵活性的价值，认为教育者不应按照相对而有限的目的不断废弃和重新制订计划，而应努力设计一个明确的社会改革方案，并使教育成为实现这一方案的手段。

布拉梅尔德所倡导的社会改造要实现的是一个真正民主的社会。进步主义把民主看成一种经验的共享，布拉梅尔德则从制度方面看待民主，认为真正的民主意味着人们对社会制度和资源的控制。"由尽可能绝大多数的人民来控制民族文化的主要制度和资源，这是对民主的最好的试金石……如果要世界成为真正民主的话，劳动人民就应当控制所有主要的制度和资源。"② 布拉梅尔德强调教化和说服在改造社会中的作用，认为在人心里所发生的革命比任何单凭政治家们所完成的改革或暴力革命引起的变革要深刻和持久得多。若要真正改造社会，就必须对社会成员进行再教育，就必须对未来的社会成员进行教育，以使他们的精神发生革命。

布拉梅尔德并不把民主局限于一个特定的国家——美国，而坚持认为一个国家的民主在逻辑上的必然结果是国际民主，是所有国家都参加的一种世界政府形式。布拉梅尔德以整个天下为己任，频频谈及"人类的危机"、"人类的任务和目标"、"人类未来的希望"等论题，力求使整个人类社会实现大同理想。有的研究者认为改造主义者特别强调三个相互联系的概念：未来学、全球主义和各种文化之间的相互作用，这是有根据的。③

布拉梅尔德认为进步主义过于夸大个人自由，尽管它也谈人的社会性和团体在教育中的重要性，但其目的却在于寻找通过社会来使个人充分发展的方法。它忽视了人的现实存在在很大程度上是由社会所决定的。布拉梅尔德因此强调团体生活的重要性，强调教育的双重意义：个人不仅通过教育来发展人的本性的社会方面，并且还学会如何去参加各种社会活动，从而为实现一种有计划的民主社会奠定基础。

布拉梅尔德认为教育的改造必须建立在两个前提之上。第一个前提是，我们今天生活在一个危机时代，人类已能在一夜之内毁灭文明，"再加上在

---

① 引自陈友松主编：《当代西方教育哲学》，教育科学出版社1982年版，第94页。

② Theodore Brameld, *Toward a Reconstructed Philosophy of Education*, New York: Dryden Press, 1956, pp. 328-329.

③ 傅统先、张文郁著：《教育哲学》，山东教育出版社1986年版，第370页。

四分之一世纪之内两次洲际流血战争的记录,一个已经动摇美国作为第一流工业强国的地位的强大的极权主义体系的兴起,以及目前预兆又好又不好的对宇宙空间的逼近的征服。任何教育制度,要是不及时地优先考虑这些事件,提供一切可能的机会诊断它们产生的原因,并考虑年轻一代怎样可以应付它们,这样的教育制度,就是逃避它最迫切的职责"①。布拉梅尔德称改造主义为"危机时代的哲学"缘由即在于此。第二个前提是"行为科学中正在出现的革命","这一革命要求教育重新考察它的整个传统结构,并考虑:(1)编排教材的新方法,(2)组织教学过程与学习过程的新途径,和(3)确定学校和社会的目的的新方法"。②

教育的改造是社会改造的前提条件,布拉梅尔德认为以行为科学为基础的教育改造主要含以下几个方面。

**课程的改造** 布拉梅尔德认为当时学校课程的结构基本上是一个不相连贯的教材的大杂烩,各门教材之间很少或毫无有意义的联系,而且每门学科又再划分为若干不相连贯的单元。行为科学表明,这种划分和再划分的办法越来越站不住脚。因为人性是作为一个整体来表现的,推理、想象和意志在实际上不是各行其是,而是协同一致的。因此,须制订一种课程,使其中的科目及其分科在一个统一的整体内完整地联系起来,"使课程结构具有有意义的统一性"③。正如布拉梅尔德所称:"一个从我们关于人类行为的各个方面的实验知识得来,而又对我们这方面的知识有所贡献的关于整体的人的理论,不仅应该把所有其他知识领域统一起来,同时应该给它们提供新鲜而有力的意义。"④

**教学过程与学习过程的改造** 布拉梅尔德认为行为科学的一些成果已经应用到教育实践之中,但这种应用仅仅是表面上的,并不深刻。他提到"经验的极化现象"⑤,认为人的学习包括内心经验和外部经验两个部分,有些学习完全是无意识的,但这些为课堂教学的传统理论所漠视。布拉梅尔德认为对"危机"的分析应渗透到教学过程和学习过程之中,他说:"除非胆小或不负责任,没有好的理由,能防止中学和学院去鼓励青年人从理论上分析危机的意义和从外表上分析它的表现。因此领袖们应该阐明他们的方向:他们应该面对这样的问题,是把教育看做能够有力地分担控制与解决危机的工作呢?还是把教育看做无法控制和解决的强大的物质力量或精神力量的卒子呢?"⑥但总体而言,布拉梅尔德对教学过程与学习过程语焉不详、不确。

---

①②③④⑤⑥ 王承绪、赵祥麟编译:《西方现代教育论著选》,人民教育出版社2001年版,第77、77、78、78、79、79页。

**教育目的的重新确定** 布拉梅尔德认为，教育和文化新目的的确定，在 30 或 40 年前是很难设想的，但现在可以了。因为"行为科学正在开始证明，现在可以根据我们对文化的比较价值甚至普遍价值的研究来表述人类的目标，而不要为了感情的、浪漫主义的、神秘的或类似武断的理由来表述了，这在历史上是第一次。虽然在这个困难领域的研究的进展有限，但已足以使我们能客观地描述这些价值，并且表明极大多数人宁要这些价值而不要别的价值"①。教育的目的无非就是为实现行为科学所客观描述出的人类普遍的价值和目标贡献应有的力量，为整个人类社会的彻底改造服务。改造主义虽被称为"危机时代的哲学"，但 30 年代和 50 年代的改造主义有所不同，因为面临的社会危机具有不同的形式。30 年代的社会动荡主要来自国内的经济问题，而 50 年代的社会恐慌主要来自国外的军事压力和意识形态不同而导致的冷战。30 年代的改造主义强调国内改革，美国 30 年代的包括教育改革在内的一系列社会改造运动可以说是美国历史上的整个进步主义社会运动的延续。50 年代的改造主义却强调美国霸主地位的稳固和国际新秩序的确立，而且 50 年代的改造主义还吸收了许多新兴学科如文化人类学、行为科学的成果，使教育理论呈现出新的风貌。

### 三、改造主义教育思想的评价

尽管改造主义不如进步主义和新保守主义对教育的影响大，但在 30 年代和 50 年代还是产生了一定的影响。因为它产生于社会亟待变革的时代，而它又呼唤变革的到来，能投合大众对改造社会的渴望和要求。但对这种影响不可予以过高的估计。

教育对社会改造的促进作用是通过培养人来实现的，改造主义诚然提出了改革的目标，但具体怎样培养人、应采取哪些具体教育措施，改造主义所言甚少。它指出了教育的社会目标，但并没有切实提出达到这一目标的手段。30 年代的改造主义者只是致力于社会科学课程的改革，50 年代的改造主义者提出的课程、教育过程、教育目的的建议还不如 30 年代的改造主义者明确。改造主义更像是一种"口号"哲学。改造主义虽批判了进步主义，但它未必能解决进步主义所没能解决的问题。它批判进步主义走向了无目的，但却提出了一个更空泛、更令人难以把握的新目的，布拉梅尔德动辄论及"人类目标"，"国际秩序"，但他并未切实考虑教师怎样才能通过教育学生去达到这些"宏伟"目标。布拉梅尔德对教育提出了过

---

① 王承绪、赵祥麟编译：《西方现代教育论著选》，人民教育出版社 2001 年版，第 79 页。

高的要求，他的改良论较之杜威等人走得更远。他提出的社会改造的目标归根结底是对资本主义民主和自由的理想化。他提出的目标还带有一定的虚伪性，在理论上缺乏应有的逻辑一贯性和明晰性，他一方面讲人类的、全球的利益，一方面又念念不忘美国霸权地位的稳固。早在30年代，要素主义者就怀疑改造主义提出的学校所具有的改造社会的功能，认为学校不可能走在文化改革的前面，而只能伴随于它。他们认为，教育不应迷恋于变革和当前的危机，而应注重传统的和永久性的价值。学校不应仅仅帮助个体如何适应和对付目前的变化，而应从世世代代积累的经验中去吸取智慧。改造主义要求教育参与社会改造，但在实践中往往会使教师处于进退维谷的境地。在改造主义者看来，改造主义的教师要讲授改造主义的学说，应阐明一套社会改革的具体方案，不仅自己献身于它，还应要求学生亦献身于它。但由于社会上具有许多不同的利益集团，很难在一些重大的社会问题上取得一致的意见，教师不可能一方面不偏不倚，一方面又献身于一套代表某一利益集团的社会改革方案。因此，要素主义认为，教师能够也应该引导学生思考现实社会中的问题，但他们本人必须保持中立，他能解释各种社会，但不对建设新的具体的社会负有必然的责任。30年代被严肃提出和广泛讨论的一个令人困惑的问题是：一个教师能合法地直接或间接地通过学校改变现存政治、经济和社会的结构吗？结果是大多数教师不能明确回答这个问题。可见，改造主义提出的理论与教育实践之间尚有较远的距离。

改造主义虽然吸收了马克思主义，但又与之有显著不同。例如，布拉梅尔德虽然受过马克思列宁主义的影响，从社会文化的角度看教育的本质，承认资产阶级的剥削和阶级矛盾的存在，但他说他接受的马克思主义是"一种灵活注释的马克思主义观点"，是"一种非正统的马克思主义"。[①] 因为他不主张通过暴力手段推翻资本主义制度而主张通过教育进行改良以建立一个新的社会秩序。他还反对阶级斗争，主张以阶级"合作"来解决现实存在的阶级冲突。通过教育改革社会是一个间接的、长期的过程，但改造主义者的要求却是直接的、急迫的。更为重要的是，教育在社会改造中的作用是有一定限度的，因为教育毕竟受制于社会，改造主义者却大大夸张了教育在社会改造中的作用。

改造主义尤其是50年代的改造主义对行为科学颇多倚重。认为改造主义是建立在行为科学的可靠研究成果之上的，但"不幸的是事实证明布拉梅

---

① Theodore Brameld. *The Use of Explosive Ideas in Education: Culture, Class, and Evolution.* University of Pittsburgh Press, 1965, p. 128.

尔德的改造主义是有缺陷的。姑且不谈别的，单以对行为科学的研究成果的解释，就有各种各样的，而布拉梅尔德的解释不过是其中的一种罢了。正如我们已经指出而布拉梅尔德自己也承认的，行为科学事实上缺少确定不移的实际经验结论，而且这些结论并没有给教育带来确凿无疑的含义。此外，在行为科学家们中间跟在教育学者们中一样存在许多分歧，改造主义自夸是建立在人类行为的可靠科学知识基础之上的，这种说法只是部分正确而已"①。

改造主义教育哲学对教育问题的论述并不全面，也不够深刻。它提出的教育目标比较空泛，往往非教育所能力及，所以尽管其倡导者对其所产生的影响抱乐观态度，但实际上，由于其理论自身的缺陷，尤其因为它没有提出切实可行的具体教育措施，它在实践中的影响并不像改造主义者自己（如布拉梅尔德）所认为的那样大。

## 第二节　存在主义教育思想

### 一、存在主义教育思想的发展

存在主义（Existentialism）教育思想是现代西方资产阶级教育流派中一个较有影响的派别。它作为一个教育流派，形成于20世纪50年代的美国，60年代，它广泛流行于美国、德国、日本等国。进入70年代后，则逐渐走向衰落。

存在主义教育思想直接来源于存在主义哲学。存在主义哲学是资本主义进入帝国主义阶段后，阶级矛盾激化、传统价值倾覆的产物。它深刻地反映了资本主义世界的危机、现代西方和机械文明的危机以及资本主义制度下个人的危机。它产生于第一次世界大战后的德国，第二次世界大战期间传入法国，以后又传播到美国等地。50年代至70年代，存在主义哲学在西方世界盛行一时。主要代表人物有德国的海德格尔（M. Heidegger, 1889—1976）、雅斯贝尔斯（K. Jaspers, 1883—1969），法国的萨特（J. P. Sartre, 1905—1980），奥地利的马丁·布贝尔（Martin Buber, 1876—1965）等。

存在主义的代表人物们并未建立完整的教育思想体系，大都是在论述其

---

① 引自陈友松主编：《当代西方教育哲学》，教育科学出版社1982年版，第99～100页。

他问题时涉及教育问题。如萨特曾论述过文学在教育中的意义；尼采（Nietzsche，1840—1900）曾著有《论德国教育制度的未来》；雅斯贝尔斯出版过《什么是教育》和《大学的理想》；马丁·布贝尔论述多一些，著有《我和你》、《人与人之间》、《生存的对话：哲学和教育学全集》等。他的演讲词《品格教育》尤为著名。50年代，美国莫里斯（V. C. Morris）等人将存在主义引入教育领域，逐渐形成存在主义教育流振。60年代初开始，美国出现了一种将存在主义与现象学结合起来的倾向，并逐渐形成存在主义现象学。许多人力图以此作为方法论去研究教育。代表人物有特劳特纳（L. Toroutner）、范登伯格（Vendenberg）等。至登顿（Denton，又译邓迪）编《存在主义与现象学》一书时达到顶峰。内勒（G. P. Kneller，又译奈勒）对存在主义教育思想有较全面的研究。他根据从存在主义哲学中阐发出来的教育思想，比较明确地分析、归纳了存在主义教育理论的一系列基本观点，并对存在主义进行了一些批判。他著有《教育哲学导论)(1964)、《存在主义与教育》(1968)等。

菲林根大学的博尔诺夫（O. Bollnow）教授是存在主义教育哲学的最主要代表人物。存在主义对教育产生较大的影响，是在他实现了存在主义与教育学之间的"对话"之后。他的哲学、教育学思想，既受到狄尔泰（Dilthey）"生的哲学"的影响，也受到海德格尔"存在哲学"的影响。他将存在主义系统地导入教育学的同时，也明确地指出了存在主义哲学的局限性。他颇有创见地论述了教育的连续性与非连续性的二重性、教育气氛等重要问题。主要教育著作有：《存在哲学与教育学》(1959)、《教育气氛》(1964)、《教育学与人类学考察方法(1969，1971)、《哲学教育学入门》(1973)等。

现在西方的研究者正就如何教育年轻一代，尽可能地使他们在固有的人类条件下变得合乎理性的问题进行多方面的探索。存在主义教育思想是能给人们以某种启示的，它对教育的影响仍将存在。

**二、存在主义教育思想的哲学基础**

存在主义哲学是存在主义教育思想的哲学基础。它曾风靡一时，并被称为西方人精神困惑的一面镜子。存在主义主张恢复个人的主体性，反对"人格异化"，具有强烈的非理性主义色彩及悲观主义倾向。它还具有唯心主义和形而上学的世界观、虚无主义的人性观以及行动主义的行动观。

（一）存在主义的世界观

存在主义认为哲学研究的基本对象是"存在"的问题。所谓"存在"，即人的主观感受中那些尚未意识到思维和存在的对立的形式,那种同个人及个人的感情、情感、情绪、体验紧密相联的东西。他们认为,人是哲学研究的中心。存在主义的"存在"有如下特点:(1)是指人的存在,而非客观世界那种不依人的意志为转移的存在;(2)是指具体的、个别人的存在;(3)不是指具有形体的某个人的具体存在,而是指孤独个人同自身的关系、自我感;(4)指孤独个人的非理性的情绪体验。

存在主义者通过对"自在"与"自为"的关系来论述这种"存在"与客观世界的关系。他们认为客观世界是荒诞的、偶然的、虚无的,是一种自在的存在;而人的意识则是自为的存在,它才是真实的,并赋予世界以意义。萨特认为。自在的存在是一个保守的、惰性的存在,只有通过意识的揭示作用,它才呈现出秩序、条理和组织,才作为一个世界而出现。这样便把人的自我意识作为考察世界实在性问题的出发点,认为离开自我便无从谈外部世界,把世界的本原归结为人的自我意识。这种主观唯心主义的世界观构成存在主义教育思想的支架。

(二)存在主义的自由、选择与责任观

萨特在《存在主义是一种人道主义》中宣称:"人,不外是由自己所造就的东西,这是存在主义的第一原理。"存在主义高度强调人的主观能动性,认为存在先于本质。首先有人,人碰上自己,显现于世界中,然后才给自己下定义。人照自己的意志而造成他自身。这主要是通过自由、选择与责任来说明的。

萨特认为,人就是自由,自由就是人的存在。这种自由是绝对的,但只是一种进行选择的自由。它并不意味着人们在实践中达到自己的目的,而只是意味着选择的自主。这种选择的自由并未减轻人的责任,却反而增大了人的道德责任。既然一切行动出自个人的自由选择,那么就应对自己所做的一切负责。个人的选择还影响他人与世界,而这种选择又难以找到根据,所以自由又成了人的重负、人的责任。不选择,实际上也是一种选择。由于自由或"自由与责任"成了存在主义的最高价值,存在主义者便努力倡导所谓的自我设计、自我创造、自由选择、自我超越,等等。存在主义的关于自由、选择与责任的这种观点,导致其对教育在形成人的个性的过程中的决定作用的否定,影响其对教育目的、任务以及师生关系的看法。

(三)存在主义的认识论

存在主义具有强烈的非理性主义倾向。海德格尔认为"真理是无遮蔽状态",即真理仅仅是存在的赤裸裸的显现;克尔凯郭尔(S. A. Kierkegard)则明确宣称"主体性就是真理"。

存在主义的非理性主义首先表现在它认为世界是由非理性力量所统治的，因而社会存在无意义、历史过程无前途；其次表现在它对情绪感受的强调。它认为存在是自我反思着的意识，而这种自我意识就是一种非理性的情绪体验。所以存在主义将内省体验、直觉主义提到首要地位。存在主义将主观性看做真理的最可靠的见证。它认为真理并不是人们借助于自然科学、客观方法所获得的关于自然的知识，而是一个人对自己的生活道路进行热情探索的产物，是指个人自己的有关现实。掌握真理的程度，依赖于对生活感受的深度。这对存在主义教育思想中的教学方法、教学内容等方面产生影响。

（四）存在主义的价值观

存在主义是一种典型的个人主义哲学，它不是像传统的个人主义那样，将人看做自满自足的社会原子，而将孤独的个人看做自己的出发点。存在主义认为个人是独立于社会的封闭体系，而社会则是束缚人的个性的桎梏，人与人之间的关系在本质上则是一种冲突的关系。

萨特认为，由于每个人都想将他人当做对象、当做客体，而自己又力图摆脱这种地位，所以人们相互之间便处于紧张乃至冲突的关系之中。海德格尔认为，人一旦沉沦到"人们"（实指社会）中去，便失去独立的个性和自由，成为非本真的自己。存在主义者将个人与他人、个人与社会的冲突看做人异化的原因，由于找不到一条摆脱这种异化的正确道路，存在主义又陷入了悲观主义。他们认为人生荒谬，时刻处于孤独、忧虑、烦恼、恐惧与面临死亡的情绪之中。存在主义哲学也因此而被称为"死亡的哲学"。但这种死亡是一种界限，表示人的有限性、相对性和偶然性，也指人在现实生活中起因于对死亡的不安和畏惧。而正是这种由死亡引起的内心苦闷体验，才能使人意识到自身存在的独特性和不可重复性并严肃地进行选择，以回复到真正的存在。死亡，是自我本身的可能性。他们力图用这种死亡意识所引起的内驱力来进行自我抉择，以克服所谓的"异化"。

存在主义对于个人与他人、个人与社会关系的看法，影响其教育思想的教育目的观、教学形式观及师生观。"死亡"教育也成为其教育的主要内容之一。

### 三、存在主义教育思想的基本观点

存在主义教育思想对西方传统的教育学说提出了全面的挑战，在很多方面都提出了自己的独到见解。

（一）教育的目的与作用

由于存在主义强烈的唯我主义及非理性主义倾向，它否认教育在形成人的个性上的决定作用，对人的可教育性持怀疑态度。萨特在1963年发表的《辩证理性批判·方法问题》中说，马克思关于人是教育与环境的产物的观点是荒谬无用的。

存在主义认为，既然人是一个生来自由的主体，其自由选择造就其本质，那么教育目的就应当是为每一个具体的、个别的人服务，帮助他不顾别人压力及社会习俗作出自己的选择，并使他知道，应对自己的选择负责。教育应指导人意识到自己的环境条件，促使他顺利地投入到有重要意义的生存中去。存在主义教育思想所提出的较为重要、较为具体的目标有：(1) 发展个人意识；(2) 发展自我认识与自我责任感、承诺感；(3) 为自由的、合乎道德的选择提供机会。美国的奥恩斯坦（A. C. Ornstein）在其所著《美国教育学基础》中，将存在主义的教育目的归纳为："教育是发展关于自我选择以及选择的意义和责任的认识的过程。"

但存在主义教育哲学认为，提出这样的目的并不是要培养利己主义精神。因为利己主义者囿于个人私利，不能实现真正的自我超越。马丁·布贝尔说："自我的内在生长……是在造成另外一个自我的过程中完成的，并且必须认识到造成另外一个自我的人就是我自己。"[①] 即应在与他人共享之中实现自我。这一点过去曾引起不少人的误解。

存在主义虽否认教育对人的发展的决定作用，却也认为教育对人的自我形成有重要意义。一是帮助学生体验孤独的时代、窘困的境遇、死亡的不可避免，从而能让他们真正意识到生活的价值；二是教育能促进学生肯定自我的独特性。也就是发展学生个人意识，促使他自由地存在，以形成圆满的人格。

存在主义在教育上持自我生成论观点，否定教育和环境对人的发展的决定作用，这是错误的。但它主张教育的个性化、人化，又是有一定的积极意义的。

（二）教育内容

存在主义反对将知识和技术的教育作为学校教育的中心，认为教育的根本目的在于促进人格的完成而不在于知识的掌握。它认为传统教育中，教师成为传授知识的手段，而学生则成了这种传授的产品，师生都沦为非人格的手段，而知识却成了统治者，形成了"非人格的知识专制"。这与其教育自我生成论及真理观有关。但现代社会中否定知识和技术的教育，是极其不合时宜的。

---

① 引自陈友松主编：《当代西方教育哲学》，教育科学出版社1982年版，第112页。

但由于知识有利于学生认识自我、发展自我，存在主义也不是将知识教育全盘否定，而主张按为选择而进行教育的精神予以改革。首先应改变片面的、专门化的教育，课程设置必须符合人性发展需要。在学习专门科学的同时，要注意人文科学，增加有关人情世态的知识。重要的科目应是个人能从中得到自我实现，并能从中认识世界的那种科目；其次应改变以教材或教学大纲为中心的教学体系。要让学生成为知识的主宰，以便在学习知识的过程中体现自由选择。总之，要力图使知识教育有利于唤醒学生的个人意识及个人承诺感。

存在主义认为，价值标准和生活态度的养成是教育的根本所在，而这归结于道德教育或品格教育。马丁·布贝尔在其演讲词《品格教育》中，第一句话便提出："名副其实的教育，本质上便是品格教育。"在存在主义者看来，道德标准是不固定的，自由选择是衡量道德价值的第一原则。道德教育的另一原则，就是让学生懂得承担自己的行为后果。这就要求对学生进行有关自由与责任的教育。教师应将自己所信奉的价值及其理由讲给学生听，让学生自己来决定是否接受。但教师应绝对坚持永恒的道德原则。教师应告诉学生，应对自己的选择负责，学生应养成自主及负责的精神。这种道德教育观，无疑对学生道德价值体系的建立造成了混乱，也为极端个人主义及一些不道德行为提供了借口。

博尔诺夫还提出应进行"朴素道德"教育。所谓"朴素道德"是相对于那种根据政治理想和政治制度所提出的"高尚道德"而言的。它更为基本，不随社会制度、社会风气的变换而改变，始终保持着自我同一。"朴素道德"主要包括诚实、信赖、同情心、责任心、礼貌、人的尊严等。由于单纯强调"朴素道德"教育，博尔诺夫忽视了其他道德规范的教育。

"死亡"的教育也是一个重要内容。学校应让学生明白，死亡不是一种消极的事情，而是一种积极的事情。让学生意识到死，并以此检查自己活的质量，要"今天就像你明天就要死去似地活着"，从而提高活的价值。要让学生懂得，为一个理想而死，往往胜过背叛理想而保全自己的生命。教师应通过一些历史上甘愿作出崇高牺牲的典范来激励学生。这对学生形成一种紧迫感、责任感具有一定意义。

（三）教育方法及组织形式

存在主义赞同苏格拉底式的启发式教学法，这实际上是一种师生间的对话。内勒指出，苏格拉底方式是理想的教育方式，因为学生用这种方法学到的是他自己肯定为真实的东西。博尔诺夫也认为对话适合于人自由选择、自我创造的要求，具有促进人自我生成的特殊功能。

基于此，存在主义在教学组织形式上较重视个别教学。因它认为学习应该是探索自己未来的过程，应该成为一种真正个人的事情。教育制度应允许在教学方法及组织形式上有更多的差别。所以存在主义者提倡家庭教育，认为儿童在家中总是被作为一个人看待，而这在学校里是做不到的。存在主义者并不完全排斥集体教学，但要放在个人可以利用集体以更好地取得个人完成这个意义上来理解。集体教育的目的是教育个人。

存在主义教育哲学强调启发式教学，是有一定积极意义的。但否定集体教学，单纯提倡这种对话式的、个体对个体的教学方式，在现在的教育条件下是根本不现实的。博尔诺夫还根据狄尔泰的释义学，提出了释义学教学法。主要有如下要点：教学从已有的知识开始；理解是从整体迁移到部分；教学过程须从对日常生活有用的那种知识开始，并将其提升为十分明晰的知识；教学过程必然是循环的（部分与整体之间）；教学是不断回忆的过程；是从语言到直观的过程。另外，存在主义还强调学生在教师启发下的内心自省。

（四）教师与学生

内勒曾将存在主义的教师观与其他教育流派的教师观作过比较：实在主义视教师为知识的灌输者；唯心论视教师为人格的师表；实用主义视教师为帮助解决问题的指导者；而存在主义则视教师为对学生自我实现的影响者。教师是促进学生获得自由、自我完成的人。

存在主义首先要求教师具有独立的、自由的人格，并以此来影响学生的人格。教师还须知识广博，能将教材化为自己的思想感情来面对学生。教师应有熟练的教育技巧及诚实的品格。

布贝尔曾将师生关系看作是"我与你"（Ich—Du）的关系，而不是"我与它"（Ich—It）的关系。即教师要把学生当成一个独立自主、自由发展的人。他还将教师视为影响学生的众多因素之一，区别仅在于教师有明确意识和责任感。

师生是平等的，应互相尊重。师生间应具有一种民主的气氛。教师不能把他个人目的强加于学生，而仅应指导学生。教师是学生的智囊。所以必须根据学生的个人需要和目的，跟学生一起民主地制订计划。布贝尔认为，教师只有完全信赖学生，才能使学生对教师及真理敞开心扉。博尔诺夫则明确要求"教师与孩子之间要互相信赖"。

博尔诺夫在研究师生关系时，特别强调教师的情感态度。他认为"希望"、"忍耐"、"明朗"、"亲切"等是教师的重要美德。其中"希望"是一切教育的基础之基础。这有助于形成良好的教育气氛。

存在主义降低了教师的作用和地位。但主张在师生之间建立一种平等、民主气氛的观点很有见地。尤其是博尔诺夫对教育气氛、教师情感的论述具有相当的价值。

（五）教育的连续性与非连续性的二重性

博尔诺夫将传统教育学归结为两种教育观，以赫尔巴特为代表的"工艺论模式"教育观和以卢梭为代表的"有机体论模式"教育观。他认为这两种教育模式有一个共同的前提：人生的过程是连续的、渐进的。

存在主义认为，人生转瞬即逝，充满危机。人生的过程是飞跃的、非连续性的，那么"陶冶"意义上的教育是不成立的，只有在"教育可能性"意义上的教育才能成立。博尔诺夫发现，现实教育过程中，有一些事情及活动引起人的主体顿悟。以此为转机，再引起人的非连续性的、突发性的自我变革。这样，教育学领域拓展到了非连续性领域。博尔诺夫提出了危机、觉醒、训斥、劝告、碰撞等非连续性教育行为。

但博尔诺夫认为，人生的过程既不是纯粹连续性的，也不是纯粹非连续性的，而是具有二重性；训斥等教育行为也具有二重性。在教育学中，连续性领域广于非连续性领域。所以他并不是试图以新的教育体系去取代传统教育体系，而只是力图使教育学领域有所拓展。

存在主义植根于对人类价值的困惑，其教育理论本身也较偏激，以存在主义为基础的学校和教育制度实际上是不可能存在的。这就决定了它在教育实践中不可能发挥大的作用。但尽管如此，存在主义教育思想作为一种反传统的现代教育理论，它对传统教育的一些弊端的批评以及对教育领域中多方面问题的探讨，是有一定启发作用的。

## 第三节 行为主义和新行为主义教育思想

行为主义产生于20世纪初的美国，代表人物是华生，他针对冯特（W. Wundt）学派的不足，认为心理学不应只是研究人脑中的意识，而应研究人的行为。行为主义理论认为，心理学的任务就在于发现刺激与反应之间的规律性联系，这样就能根据刺激而推知反应，反过来又可通过反应推知刺激，从而达到预测和控制行为的目的。

新行为主义开始流行于20世纪30年代，它是华生行为主义的发展，新行为主义和行为主义在理论发展上是一脉相承的，但对行为主义的极端观点进行了修正。斯金纳是新行为主义心理学的创始人之一，他致力于预测和控制人类活动的心理学研究，提出了"操作性条件反射"的概念，制订了一个控制行为的计划，试图解决一切心理现象的复杂行为问题。斯金纳运用他的

"操作性条件反射"的积极强化学说,提出他的学习理论,设计了一套程序教学和教学机器。在他的推动下,本世纪50年代末60年代初,美国学校掀起了程序教学的热潮,继后,西欧、日本、苏联也开始流行,斯金纳因此被西方学术界推崇为"教学机器之父"。

**一、华生的教育思想**

在美国机能心理学摆脱哲学思辨,通过实验按进化论的科学思想发展时,华生(John B. Watson,1879—1958)否定了传统心理学的研究对象——意识,提出了一种新心理学体系:行为主义。华生在1913年发表了论文《行为主义者眼中的心理学》,在西方心理学界掀起一场革命,这篇论文是讨伐意识心理学的檄文,是行为主义诞生的标志。

1914年华生出版专著《行为:比较心理学导论》。华生认为心理学应当作为研究行为的科学,其对象为客观的和可观察的行为,放弃研究主观的心理状态或意识状态,要求把人和动物的行为都放在客观的行为环境中去考察,他提出以S—R为单位组成的行为规律,以便从中了解产生刺激的环境条件,达到预测和控制行为的目的。华生把人类的反应分为天生遗传和后天获得两大类,然后两类按其表现形式的不同,又分为明显的和内隐的。他们互相组合成四种行为反应形式:(1)明显的习惯反应;(2)内隐的习惯反应;(3)明显的遗传反应;(4)内隐的遗传反应。对于华生来说,情绪不外乎是身体对特定刺激发生的反应而已,它是内隐行为的一种形式。情绪能用客观的刺激情境、外显的身体反应和内部的内脏变化来解释。关于动作习惯和语言的看法,华生认为,言语动作只不过是喉头内部一组肌肉的协调动作;言语习惯只不过是动作习惯的短缩和代替,它是以条件反射形式完成的,言语的习惯代替了身体的习惯。

"华生是时代精神的一位真实的代理人。"[1] 他的行为主义的改革运动(Crusade)帮助了美国的心理学,使其从注意于意识和主观主义转变到唯物主义和客观主义。华生建立了一门完全客观的行为科学,在"心理学客观化方面发挥了巨大影响"[2]。华生说:"给我一打健全的婴儿和我可用以培育他们的特殊世界,我就可以保证随机选出任意一个,不问他的才能、倾向、本领和他的父母的职业及种族如何,我都可以把他训练成为我所选定的任何类

---

[1][2]〔美〕杜·舒尔茨著,沈德灿译:《现代心理学史》,人民教育出版社1981年版,第235、230页。

型的特殊人物，如医生、律师、艺术家、大商人或甚至于乞丐、小偷。"①
这完全是彻底的社会环境决定论，或者说是教育万能论思想。可是他又自称
行为主义心理学是自然科学，决定行为最根本的是身体内物理、化学现象的
变化。这与他的环境决定论自相矛盾。30年代以后，华生的行为主义逐渐
发展为美国托尔曼（E. C. Tolman）、赫尔（C. L. Hull）和斯金纳等人
的新行为主义。斯金纳是新行为主义的主要代表之一，因为他提出了一套程
序教学和教学机器的改革意见。

**二、斯金纳的教育思想**

斯金纳（Burrhus F. Skinner，1904—1990）是美国新行为主义心理学
家。他1904年3月20日生于美国宾夕法尼亚州，少年时就博览群书。
1930年获哈佛大学心理学硕士学位，次年获心理学博士学位。他的博士
论文题目是《行为描述中反射概念》。曾先后在哈佛大学、明尼苏达州立
大学、印第安那大学任教。1947年重返哈佛大学，并被聘为哈佛大学心
理学系的终身教授。斯金纳的著述甚丰，最重要的有《有机体的行为：一
种实验的分析》（1938）、《言语行为》（1957），这两部著作表明了他研究
工作的两大阶段。其他著作还有《科学与人类行为》（1953）、《强化的细
目》（1957）、《行为的分析》（1961）、《五十年的行为主义》（1963）、《超
越自由与尊严》（1971）、《关于行为主义》（1974）以及一部小说《沃尔
登第二》（1948）等。由于他在心理学研究领域的卓越贡献和杰出成就，
美国心理学会曾在1958年授予他卓越的科学贡献奖。1968年又获得美国
国家科学奖章。1971年美国心理学基金会授予他一枚金质奖章。他去世
（1990年8月18日）前不久，即8月10日，美国心理学会授予他"心理
学终生成就奖"荣誉证书。

斯金纳认为"行为主义是一种特殊的科学的哲学"② 这种认识得益于他
"长期以来对动物的行为就感到兴趣……人类的行为也使我很感兴趣"③，他
说："罗素和华生在实验方法上并没有给我什么特殊的启发。可是巴甫洛夫
却对我影响不小：对环境加以控制，就可以观察到行为规律。"④这表明，斯
金纳把行为即反应和刺激的关系作为他的研究对象，认为心理学的唯一任务
就是描述在先由实验控制的刺激条件和有机体随后作出反应之间建成的函数
关系，把S（刺激）—R（反应）的关系用 $R=f(s)$ 来表示。他忠于华生
的S—R公式，坚持行为是研究对象，因为行为本身就是一种科学对象，但

---

① 〔美〕华生著：《行为主义》，1924年英文版，第191～192页。
②③④ 陈泽川译：《斯金纳自传》，载《河北师范学院学报》1979年第3期。

他把反射和行为加以区别，认为咳嗽、打喷嚏、膝跳反射等只是反射，不是行为，行为有三个特征：第一，由一定的情境引起；第二，别的有机体可以观察得到；第三，他承认意识的存在，并把意识定义为"刺激对行为的控制作用"。① 斯金纳还把行为分为应答性行为和操作性行为，后一种行为的特点是先有有机体的操作，然后才发现刺激。

（一）强化和强化列联

强化和强化列联是斯金纳新行为主义理论体系的核心概念。在遗传与环境的问题上，并不像华生那样认为所有行为都由当前环境所决定。斯金纳在《关于行为主义》一书中指出，遗传与环境都对行为发生深刻的影响。他认为人种也像其他物体一样，是自然选择的产物，选择过程形成遗传的行为倾向是通过生存列联来实现的。在某种意义上说，所有行为都是遗传的，因为行动着的有机体是自然选择的产物。斯金纳所谓的"生存列联"，指自然选择在物种变异进化中的作用。"生存列联"的观点是唯物主义的，它排除了神秘的"生存意志"或"终极目的"的作用。环境的选择作用，也体现在个体后天形成的"强化列联"之中。在斯金纳看来，强化是习惯性行为的重要因素，因此他所谓"强化列联"是指 R—S 过程中反应、刺激的强化顺序发生的基本列联，一个操作性反应接着一个强化刺激，操作再发生的概率就会增加。继而斯金纳提出关于强化程式的观点。他认为，在操作性条件反射的形成中，可以采用连续性的强化，即每发生一次特定的反应，就给予一次强化。强化有多种形式：（1）固定时间的间歇强化；（2）可变时间的强化；（3）固定比值的间歇强化；（4）可变比值的间歇强化。这对于学习安排具有重要意义。斯金纳得出一条教育小孩的规则：小孩子无理哭闹时，一次也不要迁就他，否则他就得到间歇性的强化，有较强的抗消退的能力，无理哭闹就可能发展成为恶习，如果坚决不强化，它就会较快地消退。

强化列联有三部曲：刺激情境—反应—强化。强化还有积极强化和消极强化。积极强化是积极强化物的呈现，消极强化是消极强化物的撤除。据此，斯金纳认为消极强化和惩罚是有区别的。积极强化和消极强化这两种情况对有机体或有益或无害。而消退或惩罚，其结果是对有机体或无益或有害。操作性反应的消退实际上是积极强化物的撤除；而消极强化物（可厌刺激）的呈现，就是所谓惩罚。惩罚和强化（积极的或消极的）在实施过程中是相逆的。斯金纳对人们日常生活中认为惩罚是戒除恶习的"良方"这种传统看法持有异议。

---

① 陈泽川译：《斯金纳自传》，载《河北师范学院学报》1979 年第 3 期。

## （二）程序教学理论与教学机器

斯金纳根据强化和强化列联的理论体系提出了学习理论。他认为，有机体的学习主要通过强化作用来进行。斯金纳在研究过程中，发现在传统的研究学习的装置中，有机体的行为所产生的效果受许多情况变动的影响。它只通过一系列的推论得到对有机体行为的预测，因都超脱不出统计学的方法，只能通过环境中分析强化的效果和设计相当精密地操纵强化的技术才能得到教育上较大的进展。斯金纳指出，教育也许是科学技术学的一门最重要的分支。因此他提出，应当排除不注重教育科学技术的教育哲学，要认真设计课堂教学实践。为此，首先必须充分重视教材内在的自然强化作用和使用其他强化物。其次，要逐步精心构成复杂的行为模式和在每一阶段上保持行为的强度。斯金纳认为，儿童学习的材料，在给予自然控制的条件下，具有自动强化作用。那么设计学习材料，操纵学习环境，是最有效地安排强化程序的方式。再者，应用特殊的强化技术，以取得特殊形式的强化后果。如算术教学，首先使儿童的行为置于一定的刺激控制之下，用手指点或写出，或用口说出各种数字，对数目及其运算作出反应；然后便寄希望于创造性数学思维所包含的那些复杂的反应序列，通过这些序列使原材料的顺序或模式得到改变，最后得到称为答案的那个反应。这种教给儿童大量特殊的言语反应，乃是一种特殊的强化技术，并非从单纯的操作本身所能产生的。

斯金纳对教育的兴趣可从他写的一段趣闻中窥见一斑："1953 年，我的小女孩在剑桥的一所私立小学四年级上学。那年 11 月 11 日，我以家长的身份访问学校，坐在教室后面听算术课。我骤然发现：整个教学情况显得十分荒唐。那里坐着 20 个十分可爱的有机体。但是那位教师却违反了我们所熟悉的关于学习过程的几乎所有原则和做法，虽然这不能完全归咎于她本人。我开始对学校各科教学可能有用的各种强化列联进行分析，并且设计了一系列能够帮助教师为每个学生安排这种强化列联的教学机器。1954 年春，我做了用教学机器教拼写和算术的演示，那是在匹兹堡大学一次'关于心理学的当前动向'的会议上公开表演的。"[①] 由此可见，斯金纳以对班级教学制的不满为契机，从操作性条件和积极强化的观点出发，提出了程序教学理论并设计了教学机器。

在教育上，这种理论认为教育是按照"刺激—反应—强化"的程序进行的。因此新行为主义教育的倡导者认为，在实际教育工作中，按照"刺激—反应—强化"的程序进行训练，就可以随意塑造一个有机体的行为。学生的

---

① 陈泽川译：《斯金纳自传》，载《河北师范学院学报》1979 年第 3 期。

行为可以由外界引起，并受外界的控制。斯金纳等通过把用鸽子、白鼠、狗和猴子进行试验的结果与对儿童进行试验的结果进行比较，认为对于学生的知觉、思维和性格等领域的行为训练，也可以做到与训练动物同样严密的程度。学生的思维最终必须用行为来解释，而这种行为又都是外界引起和受外界控制的。教师在考虑外界刺激与所要求的学生行为的联系时，要注意两件事，其一，"逐步精心构成非常复杂的行为模式"；其二，"在每一阶段上保持行为的强度"。①

程序教学是把运用强化物的效果增加到最大限度的方法，利用强化物，设计更好的相倚关系，使强化物与行为建立良好的关系。斯金纳的强化理论告诉我们，强化物有人为的和自然的，积极的和消极的，棍棒、剥夺权利、批评、嘲笑、评分和布置额外作业等这些为最先被采用、最普遍的人为而消极的强化物。让孩子采用游戏的形式学习功课，荣誉和奖品等为人为而积极的强化物。在消极强化物控制下，学生强迫自己学习；相反，积极强化物使学生摆脱了令人生厌的控制。斯金纳认为，在教育上利用自然相倚关系是控制性的，因此学校在改进教学技术时，关键不在于强化物或区别自然强化物和人为强化物，而在于强化物与行为的联系，这就需要加以程序设计的控制。这种相倚关系必须由教师安排，在教师的控制下，不仅可以从积极的强化物得到强化力量，也可以从消极的强化物得到强化力量。可以认为，控制行为的最佳方法就是精心安排强化，在教学过程中对学生的每个正确的反应须立即反馈。为了解决在课堂教学中教师既要同时教众多学生，又要照顾到个别差异，使每个学生得到及时强化的机会的矛盾，斯金纳认为同一套程序教材可以适合不同学生的不同程度，那么就需要学生自定步调。程序教材的修改必须以学生的反应为依据，程序教材的编撰者可以先从部分学生的预试反应中了解到学生的实际水平，从而细心修改程序，使之更适合学生的程度；在使用程序教材时，还可以从学生的回答反应中了解到学生的学习过程。

但是斯金纳反对教师单纯利用自然强化物或人为强化物，尤其反对采用纯粹的自然强化物作为教辅的做法。"利用自然强化相倚关系的教师，实在是放弃他作为教师的作用。"② 从接触事物得来的经验，不仅不是最好的教师，而且根本就不是教师。"要使学校世界显得重要，需要教师有勇敢的措施。"③ 也就是说，学校要提高教学效率，仅凭学校教师是不够的，必须发展一套能减轻教师劳动和提高教学效率的教学机器。教师利用教学机器，设计

---

①②③ 王承绪、赵祥麟编译：《西方现代教育论著选》，人民教育出版社 2001 年版，第 379、391、391 页。

教学程序，最有效地安排控制有机体的强化——强化物与行为之间的联系。早期的教学机器是一种台式机械装置，里面装配着传动机械和电子控制仪器。将所教科目的具体内容编制在纸带上，由浅入深地排成系列，通过一个特定的窗口逐个呈现。答案也是由机器来控制。现在电子计算机辅助教学已取而代之了。

之所以要利用教学机器，是因为它在教学中起到了很大作用。斯金纳认为，学生的学习活动需要用应用程序教学理论的教学机器来强化。由于与动物的行为反应相比，人类的行为是通过言语反应的，对人类学习的最有效的控制将要求工具的帮助，因此，在学习过程中，对学生必须有积极的强化条件。这种积极的强化条件就是要依靠应用程序教学理论的机械装置（教学机器）的帮助，进行程序的控制和有效的强化。机器像一个优秀的导师一样，坚持要学生在进行下一步之前一定达到彻底的理解，一个个框面地理解或一套套地理解。教学机器可以使一位教师能监督全班学生同时使用机器进行学习；教学机器能保证学生在每一小步的学习后，都得到强化，即及时得到反馈，能激发学生的学习积极性。教学机器是"个别教学"的有效工具，教师也可以在适当的时间，根据自己的速度进行学习；教学机器能对学生正确的答案及时强化，并有足够的强化次数和作用，可以按一定的程序编排内容，使学生按自己可能接受的速度前进。教师也可以及时了解学生学习的进展情况并给予必要的补充，还可以从批改作业等烦琐事务工作中摆脱出来。

新行为主义教育理论流行于 20 世纪 30 年代，50 年代在美国名噪一时，到 60—70 年代，对西欧的教育仍有较大影响。斯金纳是新行为主义的旗手，他的著作和观点，在许多国家引起争论。有的语言学家把斯金纳的《言语行为》一书批驳得"体无完肤"，罗杰斯在电视里把斯金纳批判得"败下阵来"。我们认为，斯金纳从系统发生论上对有机体的简单反应和复杂行为进行了广泛的实验研究，揭示了学习的某些规律，具有一定的科学性，为教育理论作出了一定的贡献，但他抹煞了人类学习与动物学习的本质差别，否定人的学习的特殊性，这是违反科学的。因为他忽视了人在学习中的认知性的理解过程，人类的学习动机十分复杂，强化学习效果绝不能是机械的。

有人曾断言行为主义将衰亡，可是新行为主义不仅没有，反而因为认知心理学的兴起而异常活跃，在个性理论和德育心理学上坚守了阵地，显示了其生命力的强大。因此，在如何利用和发挥程序教学的优越性和有利因素，克服其不足之处，尤其在理论上是摆脱它的某些偏激观点，是我们需要继续研究的课题。

## 第四节 分析教育哲学

分析教育哲学形成于 20 世纪 50 年代，此后影响迅速扩大。从某种意义上说，它以其独特的研究方法和全新的研究角度改变了西方教育哲学的发展方向。

### 一、分析教育哲学的理论基础

分析教育哲学直接来源于分析哲学，基本上可以说是分析哲学的基本原则和方法在教育领域的应用。分析哲学影响极大，一些西方哲学家因此称 20 世纪为"分析的时代"。它发轫于 20 世纪初叶的一些英语语系国家，后在西方世界广泛流传。

分析哲学的产生和发展具有鲜明的时代性。19 世纪末 20 世纪初，西方自然科学迅速发展及数理逻辑的出现推动了分析哲学的产生。尤其是数理逻辑的出现，打破了亚里士多德以来的传统逻辑的停滞状态，为人们提供了强有力的逻辑分析工具。这种工具使得对知识确定性的追寻走上了一条新的道路。

与传统哲学倾向性、抽象性相反，分析哲学力求科学性、逻辑性。它不重视对"人的心事"（the affairs of the heart）的研究，也不致力于对我们所认识的世界作完美的解释，而以"明晰的思考"（clear thinking）为主要目标，同时注意思维的媒介——语言的问题。分析哲学将哲学局限于与理性一致的范围之内，对于论证、语意的结构及精确性的研究极为重视。其感兴趣的是探究的工具，而非探究的对象。它认为凡是不能严格证明的东西，都是毫无意义的，分析哲学家们力图以语言分析为突破口，从现代逻辑输入精确性，从现代科学引入方法论，使哲学逻辑化、分析化、科学化、技术化，以达到问题解决的确定性。他们厌倦了旧的思辨哲学体系，企图在科学之外建立一套支配宇宙的绝对真理，希望通过对哲学语言的分析来澄清或取消传统哲学问题，通过对自然科学的逻辑分析来建立知识论。其基本方法是分析的，既是对客观对象的分析，也有对语言逻辑形式的分析。这就是"分析哲学"一名的由来。它标志着体系时代的终结和分析时代的开始。

分析哲学的派别甚多，极为庞杂。根据其对自然语言的根本态度可分为两大派别：人工语言（符号语言）学派和日常语言（自然语言）学派。

人工语言学派以英国哲学家、数理逻辑的创始人罗素（Russell）、早期的维特根斯坦（L. Wittgenstein）及维也纳学派为代表，其主流是维也纳学派的逻辑实证主义。这一学派最著名的口号是：拒斥形而上学。为了区分科学和形而上学，他们提出了著名的证实原则，即一个命题的意义，就是证实它的方法，一个语句的意义是由它的证实条件来决定的；仅当一个语句原则上可以被证实时，这个语句才是有意义的。维也纳学派利用证实原则这把利斧，把传统哲学许多形而上学的命题砍进了无意义的深渊。

逻辑实证主义基本命题可以归纳为四点。（1）哲学的任务是逻辑分析，就是对逻辑句法的分析。真正的哲学是批判的和分析的，而不是思辨的。它并不创造新知识，而是通过检查名词意义和名词的逻辑关系来把旧的知识解释清楚。（2）规范性判断是无意义的。规范性判断包括道德的、宗教的及审美的判断。这些判断都不能通过经验证实，因而是无意义的判断。（3）在认识上有意义的论述都可以分为分析命题或综合命题。分析命题即逻辑地必真或必假的命题，它包括重言式和矛盾式，是逻辑学、纯数学的陈述；综合性命题即科学命题，它对世界有所论述，具有或然性，能够用经验验证，是经验科学的陈述。（4）综合性命题都可以简化为能用逻辑符号语言来表达的基本经验的论述，符号语言就是科学语言。哲学家必须用逻辑净化日常语言，制造出一套严密的、形式化的、合乎逻辑的理想语言系统。

总之，人工语言学派主张建立一种精确的、理想的"符号语言"，以消灭日常语言的含混歧义，并以之检验和评价各种科学陈述。

日常语言学派以摩尔（G. E. More）、后期的维特根斯坦及剑桥—牛津学派为代表。其下面的分支还包括普通语义学派、日常语言哲学等。该学派认为不必创造人工语言来取代日常语言。因为哲学争论及思想中的错误根源不在于日常语言本身，而在于对其误解和误用。所以它主张严格检查来自经验的概念、各种定义，以及伦理学和法学方面的价值概念。人工语言学派通过它对社会学、心理学、行为科学、程序教学、教育测量等的影响来影响教育；而日常语言学派则通过重新评价我们在教育论述和实践中所使用的专门用语来施加影响。

分析哲学的这两大派别各以不同的方式影响了教育理论和实践。逻辑实证主义通过对社会学、心理学、行为科学以及程序教学和教育测量的影响，支持了教育的经验科学研究；语言分析哲学则强调重新评价我们在教育领域内所使用的专门语言。前者的影响侧重于科学方法，对教育理论的直接作用不明显；后者由于兴趣更为广泛，对教育的影响也大一些。

**二、分析教育哲学的发展阶段及其基本理论**

分析教育哲学 20 世纪 50 年代产生于英国，60 年代进入全盛期，70 年代开始衰落。它在英国、美国、澳大利亚及斯堪的纳维亚国家备受推崇。主要代表人物有奥康纳（D. J. O'Connor）、哈迪（C. D. Hardie）、费格尔（H. Feigl）、谢夫勒（L. Scheffler）、布雷津卡（W. Brezinka）等。

1957年，英国的奥康纳发表了第一部有影响的分析教育哲学专著《教育哲学导论》，首次对现代教育理论研究提出了质疑。与此同时，一些关心教育的哲学家和一些对哲学感兴趣的教育学家也开始应用分析哲学的研究方法来分析、考察教育领域中长期以来被人们视为理所当然的口号和主张。分析教育哲学由此勃兴。

50年代后的10年间，西方教育理论界就教育哲学的本质问题展开了广泛的讨论。传统教育哲学那种由哲学观点推导出教育理论的做法受到了批判，人们认为，教育哲学的任务不是提出实质性的教育准则，而是对教育的概念、语言进行逻辑分析。这场讨论实际上反映了教育哲学史上的一场变革，即从"传统"向"分析"的转变。进入60年代后，教育哲学中分析的倾向更加明显，人们乐于在语言分析哲学的范围内着手解决教育问题。除分析哲学家外，教育哲学家也强调语言分析的重要性，把注意教育的语言作为进行教育哲学研究的第一步。60年代至70年代这段时间是分析教育哲学的鼎盛期。

分析教育哲学的发展，大致经历了以下三个阶段。

**受逻辑经验主义影响的时期** 这个阶段属于传统教育哲学向分析教育哲学的过渡阶段。代表人物有费格尔、奥康纳和布雷津卡等。这时把逻辑经验主义作为"公开宣称或不言而喻的出发点"，主张遵循"手段—目的"模式，要求教师利用传授知识、技能、观点的一套科学方法来指导学生达到所欲达到的教育目的。教育目的是一种价值观念问题，教育手段则涉及教育事实问题。教育学应研究出科学方法及使用这种方法的理由。

逻辑经验主义认为，物理学是所有科学的范例，而一切科学在方法上都是一致的，教育学理论也必须用科学的概念进行系统的阐述。由于价值的不可证实，我们所能做的，只是对某些课程计划中的具体行为目标模式进行哲学上的论证。这样，教育理论便降低到了技术地位。

后来，有很多人批评这种观点，认为不应把教育理论与科学理论等同起来。教育理论与社会科学一样，在方法论上不同于自然科学。若用单纯的技术观点看教育，那么人也将降为一种任人摆布的东西了。作为一个完整的人，是不能用心理学语言充分加以说明的。人的正常行为也永不能用因果论来充分解释。

**美国学派对概念的逐一分析时期** 20世纪60年代，分析哲学运动逐渐形成一个一致的看法：教育语言十分混乱，极易引起误解。于是试图通过语言分析来解决教育问题成为一股潮流。尽管一些教育哲学家对分析哲学的一些观点持异议，但他们都同意，进行教育哲学研究工作的第一步必须注意教育的语言问题。

在这一阶段，哲学基本上仍被看做一种方法，分析的主要对象是教育概念的普通语言运用。他们对"教学"、"学习"、"教育"等一系列重要概念进行了逻辑分析。这些分析虽不完全一致，但都推崇理智和理性。有人认为，可以把重视理性的教学理论看做分析教育哲学的主要观点。

伦敦学派的先验主义时期　这一阶段与第二阶段在年代上基本一致。其主要区别在于：伦敦学派不主张赋予概念分析本身以价值，认为概念分析仅是进一步对教育进行分析的一种手段。这预示着分析哲学后期发展的趋势。

伦敦学派继承了维特根斯坦的"生活形式"论，认为为了相互理解，必须有一个共同的概念模式和衡量事物的标准。已确立的概念模式由一定生活形式所支撑，不可随意改变。概念之间相互联系，不可独立存在。只有在一个思想体系中，在已被大家接受的认识体系基础上，概念才能谈得上客观性问题。

伦敦学派虽仍基本上将哲学看做一种方法，但主要分析的不是教育概念在普通语言中的运用，而是教育语言的逻辑前提：概念的作用在一定社会、文化条件下总是具体的，概念不仅在相互联系之中，而且与一定社会生活相联系；这样，伦敦学派不仅对重要的教育概念进行了理论分析，也对社会、文化、价值观念进行了理性的批判。因此，分析教育哲学在此阶段对社会和教育实践作的是批判性分析，"综合"、"分析"同等重要。

分析教育哲学经历以上三个阶段而发展成熟，形成与传统教育哲学迥异的方法论框架。传统教育哲学的研究，是哲学传统方法的副产品，一般由详细说明经过选择的哲学派别的世界开始，而后导出有关教育的结论；自每一哲学体系关于人性、知识、价值及其他观点开始，而后详细解说这些学说在教育上的意义。分析教育哲学不是采用这种方式，因为分析哲学家一开始就否认存在任何有关宇宙及人的哲学"真理"。在教育方面所要做的，不是从某些哲学"真理"出发，而是直接分析概念。这些概念，就是教育领域中理论与实践的中心。

在分析教育哲学家那里，哲学不是一种经验的事业，不能替代教育研究的地位，也不能回答事实上的问题。因此，它也不能进一步具体解决实际问题。可是它能理清用在研究中的概念，分析问题中的名词，区分问题的类型，明晰语言的范畴等。同时，它也有助于对研究成果进行阐释，以避免因概念不清而将这些成果误用到教育论争上。这体现了分析教育哲学的作用。

### 三、分析教育哲学对一些教育概念的分析

分析教育哲学家的工作,主要体现为他们对一些重要教育概念所作的具体分析。教育领域里基本概念是从几个命题的交互关系中抽出的一些抽象概念,很自然地表现在命题中。进一步考察某个概念被应用在它的自然位置上的方式,我们就可以发现它的逻辑能力,它在语言上所起作用的方式,以及它在许多概念中分离出来的情形,在某些方面是相似的,但在意义上却是不同的。例如,教学和咨询、劝告。概念分析家们指出,概念就是规则。当某人学习一个概念时,就已经学到了一种规则,一种语言的,也是行动的规则。学习概念也就是学会指导正确使用某个词和规则。分析一个词的用法时,要靠详细地了解这些规则,进而明白这个名词的逻辑内容。从这一原则出发,分析家们详尽地分析了许多概念。

下面简要介绍分析教育哲学对几个重要教育概念的分析。

(一)教育

分析教育哲学家们普遍认为"教育"是一个基本概念。

彼得斯(R. S. Peters)在其1967年出版的《伦理学与教育》一书中指出:教育包含着其自身所必须满足的三个标准。即"有价值性"、"引入认知境界"、"排除强制灌输"。他认为教育这一概念有时带有规范性要素,有时却不然。

奥康纳在《教育哲学引论》中提出了教育的三种含义:(1)传递知识、技能和态度的一套技巧;(2)旨在解释或证明这些技巧之运用的一套理论;(3)传递知识、技能和态度的目的中所包含和表达的一套价值观念或理想,用以掌握训练的多少和类型。前两种只能通过实证科学——心理学来解决,最后一种应是哲学去致力解决的。

在台湾出版的一本由高广孚翻译的《教育分析哲学》一书中,提出了"教育即专业"的观点,认为教育既非自然科学,也非人文科学,而是像法律、医药那样,是一种专业。教育是一种涉及培养下一代的实用艺术。要完成教育的任务,必须具有"历程"和"活动",具有自然科学和人文科学两方面的知识。它不只是一种知识的范围,而是将这种知识应用到特别复杂的实际业务上。教育虽不是一种学科,但许多学科在其研究之中。有人明确提出:教育是一种施教的活动,而施教即使人进步。

(二)教学

很多分析教育哲学家将"教学"作为一个"中心概念",它涉及价值标准、学习、学生权利等一系列概念。

奥塞尼尔·史密斯(B. Othanel Smith)在《教学的概念》中指出了"教学"这一词的三种日常用法:(1)教学指所教的东西,如一种学说或一

套知识;(2) 教学指一种职业或专业——进行教学或教育的人的专业;(3) 指在学校日常工作中使某些东西被其他人所掌握的方式。这是教学的核心意义。

谢夫勒根据赖尔(Ryle)所提出的任务与成就的划分,认为教学包括两方面:一方面是意图,一方面是成功与失败。而教学成功与否,很大程度上取决于教学意图。由于教学意图有时也不能达到,所以"教学"只是一个任务词。基于此,"教学"含有"学习"之义的看法就不一定正确。它在任务意义上不一定包含着学习,而在成功意义上则包含着学习。二者在逻辑上是相互独立的概念。

还有人认为"教学"是教师、教材、学生的三位一体,即教学是这三种要素合而为一的过程。但仅此是不够的,还需具有教学意图。只有具有了教学意图,才能使教学成为教师、教材、学生三者各司其责的统一的过程。

也有人将"训练"引入了教学意义的范围之中,但稍微移出了教学的中心。在某种程度上,"教学"与"训练"二者是通用的。

(三) 价值

价值问题对教育分析学者来说是棘手的,在这点上也一直受到其他学派的攻击。最初,教育分析学者对此拒绝回答。后来他们认识到,在教育上如无价值的判断,就难以作出重要的决定。在各种意见冲突的时代中,如果教育哲学对其混乱状态不置一词,那它对教育家的作用是有限的。

分析教育哲学家们认为,道德的情境有三个特性:第一是要有两三个人之间的利益冲突;第二是各种判断一定是非个人的而是公共的;第三是一个道德的决定在其应用时一定要普遍,不因情景的差异而改变判断的标准。

关于价值的内在逻辑,分析哲学家们提供了三种方法:第一,用经验的方法能够解决许多价值的争论,科学证明的规则可以决定某些道德问题;第二种方法即规则应用上的一致性,价值的合理性支配着有关价值的决定;在第三种方法中,各种规则会在反省评价的实践中出现。

价值的学习可以遵循这样的途径:儿童在幼年时期便从周围文化环境中选择了某种生活观点,后来将这种观点带入学校。在学习过程中,可能改变这种观点,但这种观点在他的学习经验中仍是有效的因素。再加上教师的培养等因素,逐渐形成自己的价值观。

(四) 学习和知识

赖尔认为人类的学习包含事实性的认知和技能性认知两方面。事实性认知即"知道这件事是如此这般";技能性认知即"知道如何完成一项工作"。二者密切相关,且具有依据知识及活动的规则而行为的性质。

一般教育分析哲学家认为,事实性认知这种命题性知识、技能性认知这种行为性知识,还有规范性认知这种倾向性知识,共同构成了知识的整体,也有人认为，所有知识，在本质上都是行为性的。

（五）教育理论

奥康纳指出，理论是一组逻辑地联系着的假设，这些假设的主要职能在于解释其题材。而在教育上，"理论"一词极易被滥用。教育本身不是一种科学，而是由一个共同目的联系起来的一整套实际活动。教育学以心理学、经济学、社会学等学科理论为其基础。但总的说来，"理论"一词在教育方面的使用是一个尊称。教育理论由三种不同的陈述（逻辑系统）构成，即形而上学的陈述，价值判断的陈述和经验性的陈述。

以上所简介的几个教育方面的概念，仅是教育分析哲学家们对其教育学问题分析的一个"取样"。他们对教育上的多种概念、口号进行着严格的、批判的分析。

### 四、对分析教育哲学的评价

严格地说来，分析教育哲学并未提出完整的教育理论，它主要具有方法论性质，对教育理论及实践中的一些基本概念进行了严格的、明晰的逻辑分析。分析教育哲学还力图弄清与教育学有关的哲学争论问题，积极训练、培养人们正确而明晰地进行逻辑分析和批判的能力。这确实收到了一定的效果。一方面促使教育理论更加合乎逻辑、合乎科学；另一方面又促使教育学独立于传统哲学，使我们能够把教育的各种问题用切合教育本身实际的方法来加以解决。更重要的是，培养了研究者严格地、明晰地思考的习惯。

分析教育哲学也有着明显的局限。有人认为分析教育哲学忽视了价值教育、道德教育，有意无意地使自己脱离了教育的中心问题；有人认为运用分析的方法对于形成完整的教育哲学来讲，远远不够。因为分析法排除了价值论和社会哲学中所讨论的一些哲学问题。教育哲学界对它的批评主要集中于其方法论的局限上。如它扩大了逻辑分析方法的作用，混淆了语言问题与哲学问题之间的差别；为了澄清一些有意义的问题而退出了教育哲学整个领域，因这些问题往往没有结果；使自己专注于语言结构上的区别，探索一些假设所根据的原理，力图为进一步探讨扫清道路，却未能达到目的，等等。

埃德尔（Abraham Edel）早在1972年便指出，分析学派正处于一个十字路口，只有把经验与科学知识、历史的分析与价值的组成部分结合在一起，才能使之成为有用的东西。近年来，教育分析哲学家们正在寻求与传统哲学相同的基础。如已注意到现象学的一批著作，注意到"因果关系"、"决定论"、"开放教室"等概念。这也许是分析教育哲学再度崛起的一个契机。

## 第五节 结构主义教育思想

### 一、结构主义教育思想的发展

结构主义（Structuralism）教育思想是当代西方出现的重要教育流派。其最初萌芽可以上溯到瑞士著名心理学家、教育学家让·皮亚杰（Jean Piaget，1896—1980）在 20 世纪 30 年代的研究工作。到 50 年代末、60 年代初，由结构主义另一位代表人物布鲁纳（J. S. Bruner）在美国所掀起的一场结构主义课程改革运动，则为其兴盛的标志。

欧洲唯理主义哲学传统、自然科学的新进展，尤其是结构主义运动本身的蓬勃发展，为结构主义教育思想的出现创造了条件。

第二次世界大战以后，世界上出现了以美国为首的资本主义阵营和以苏联为首的社会主义阵营，二者之间尖锐对立，掀起了一场以经济实力较量、科技水平竞争及意识形态对抗为主要表现形式的"冷战"。1957 年，苏联成功地发射了第一颗人造地球卫星，引起了全世界的关注，美国尤为震惊。美国由此认为自己在科技竞争中落后于苏联，为改变这种劣势，作为一项紧急措施，美国联邦政府颁布了《国防教育法》，决定由政府大量拨款来改革各级教育，培养科技人才。该法规定设立"学习贷款"和"国防奖学金"，强调"新三艺"（自然科学、数学、外语）的教育，对国防科技教育尤为重视，对"天才教育"大为加强。美国政府动员了一大批教育家、科学家去主持、领导全国的教育改革工作。《国防教育法》后又经过修订，它在很大程度上确立了美国战后教育的方向。这是结构主义教育思潮兴起的政治背景。

20 世纪 50—60 年代，美国的科学尤其是自然科学也有了长足的进展。结构主义教育家们从中借鉴、吸收了一些成果，将一些科学术语、概念移用到自己的理论中，并赋予新的内涵；这也推动了结构主义教育理论的丰富及系统化。

但促使结构主义教育思想产生的最直接、最有力的动因，还是当时美国教育中所存在的一些较为严重的问题。一是课程结构的缺陷。当时美国教育界，深受进步主义课程论的影响，在许多方面表现出了与时代的不适应性；二是教育理论的心理学依据不足，美国教育心理学的研究与教育的长远目标、课堂智能结构研究出现了相互脱离的现象；三是在新的形势下，美国教育传统所强调的"有用知识"和"装饰知识"之间的平衡，越来越难以保持。所以建立一种高质量的、重智育的教育新体系已非常必要。

在以上诸因素的综合作用下，结构主义教育运动在 50 年代末、60 年代初达到了高潮，结构主义的教育理论与当时的教育实践得以紧密地结合起来。主要代表人物有布鲁纳、施瓦布（J. Schwab）、费尼克斯（P. H. Phenix）等。当时任美国联邦教育部长的麦克默林（S. McMurrin）也为推动结构主义教育运动作出了贡献。他主张学校应成为发展智力的机构，教育口号应是"成绩优秀"而非"自我实现"，认为应着力于培养优秀人才，而非"教育均等"。

结构主义教育思想兴起后，影响到了包括中国在内的许多国家和地区，成为进行教育改革的理论依据之一。时至今日，虽然其高潮已过去，但它在教育上的影响仍十分巨大。

### 二、结构主义教育思想的哲学基础

结构主义教育思想的哲学基础是结构主义哲学。结构主义哲学核心概念中的一部分可追溯到康德哲学，皮亚杰曾说，"我把康德范畴全部问题重新审察了一番，从而形成了一门新的学科，即发生认识论。"[①] 如结构主义教育思想中存在于个人内部的智力"结构"及学科内部的"结构"概念，和康德哲学中的"先天图式"思想有密切关系。结构主义哲学正式发端于 20 世纪 50 年代的法国，并很快流传到欧美各国，取代了存在主义所占有的优势地位，在苏联、东欧也有一定影响。它在 60 年代进入鼎盛期。

严格说来，结构主义并不能算是一个统一的哲学派别，只是一种由结构主义的方法论在诸多学科研究中广泛应用的一种哲学思潮。正如美国斯特劳斯（Strouse）1967 年在《观察员》第 115 期上撰文所说："结构主义不是一种哲学理论，而是一种方法。"

结构主义认为，只有从认识事物结构（即组成这个事物的个别成分之间的关系）入手，而不是仅仅机械地了解其因果关系，才能对这些事物有一个清晰的、有序的认识。但这种结构不是认识对象所固有的，也不是从经验中得来的，它是一种将人的先验意识加于认识对象之上的东西，介于经验与主体之间。也就是说，当我们面临一个对象时，首先从别的学科中借来一个模式或提出一个假定结构，若它能很好地说明对象，那么它就是对象的结构。这样，结构主义便否定了人通过实践反复认识事物，并逐渐深入事物内部本质、认识事物固有结构的过程。它看似超然于唯心与唯物之间，实际上却倒向了唯心主义。因它将结构看做第一性的，而将现实的客体本身看做第二性的。

---

[①] 高觉敷主编：《西方近代心理学史》，人民教育出版社 1982 年版，第 433 页。

结构主义还认为,结构是独立的(相对于实体而言)、自足的,是其各成分之间的关系,可以用符号形式来表示。所以符号、系统、模式等概念在结构主义研究中特别重要。1977年版的《大英百科全书》认为,结构主义是"对于社会、经济、政治与文化生活的模式的研究。研究的重点是现象之间的关系,而不是现象本身的性质"。

结构主义先驱者有瑞士语言学家索绪尔(F. de Saussure, 1857—1913)、法国人类学家列维—施特劳斯(C. Levi-Strauss, 1908—2009)等。最有影响的代表人物是皮亚杰。索绪尔的结构主义语言学为结构主义提供了方法论,因此人们认为结构主义是把语言学模式应用于人类学和一般人文科学的;列维—施特劳斯则被称为"最标准的结构主义者",是他首先将结构主义语言学方法论应用到人类学及神话之类社会现象的研究之中的;皮亚杰尤为突出,以他为首,形成了唯心主义的结构主义心理学派——日内瓦学派。他的心理学核心是"发生认识论",也叫"过程—结构哲学",因为他以研究认识发展的"过程"和"结构"为主。

到了20世纪60年代,布鲁纳在皮亚杰的影响下,也着力于这方面的研究。他们二人根据结构主义心理学观点提出了一系列的教育主张。这些主张的影响日益扩大,终于掀起了一股结构主义的教育思潮。

### 三、结构主义教育思想的主要内容与基本特征

(一)皮亚杰的儿童心理发展结构论及其教育观

皮亚杰是世界著名的心理学家、教育学家。他曾担任国际心理学会主席、"发生认识论国际中心"主任,并长期担任联合国教科文组织的国际教育局局长。他一生著作等身,与教育与心理发展有关的主要著作有:《儿童的语言和思维》(1923)、《儿童的判断与推理》(1924)、《儿童关于世界的概念》(1926)、《儿童的道德判断》(1932)、《智慧心理学》(1947)、《儿童逻辑的早期形成》(1959)、《教育科学和儿童心理学》(1970)以及《心理学与教育》(1976)等。他还撰写了哲学巨著《发生认识论》(1970,后更名为《逻辑思维的发展》)、《结构主义》(1971)等。他的著作和论文被翻译成多种文字,在国际上有广泛的影响。

皮亚杰的儿童心理发展结构论认为,儿童的智力既不是先天的心理官能,也不是简单地在外界影响下所形成的联想,它在本质上是一种思维结构,是主体对客体的协调作用。皮亚杰曾说:"智力是一种适应的过程;适

应要使事物同化于主体，像互补的调节过程所做的那样。"① 儿童正是在这种适应过程中，使认识结构不断重组，从而促使智力由低级不断地向高级发展。

皮亚杰认为，认识具有较大的生物学意义。在他所勾勒的人的认识活动中涉及图式、同化、顺应、平衡等几个基本概念。他从生物学的角度提出，儿童的最初认识结构是一种遗传性的认识图式，随着儿童的成长，与周围环境不断接触，便产生了认识主体与客体的联系。这时，儿童的认识发展便表现为主体认识结构与客体的平衡，这种平衡须通过同化作用或顺应作用才能达到。在这过程中，自我调节起着重要的作用，它是智力发展的最重要的内部因素，体现了主体活动的"内在目的性"。

皮亚杰认为儿童智力结构的发展，既具有连续性，又具有阶段性。他根据大量的实验，又结合数理逻辑，将儿童由出生到青年期的认识结构的发展按年龄特点分为四个阶段。（1）感觉运动智力阶段（0—2岁左右）。这时儿童的智力是一种纯实践性的智力，智慧刚刚萌芽，语言还未出现，只能初步知道自己动作与客体的关系。（2）前运算智力阶段（2—7岁左右）。这相当于学龄前期，出现了表象思维，处于开始使用语言到学会使用符号的阶段。（3）具体运算智力阶段（7—12岁左右）。这属学龄初期的小学阶段，能根据具体事物进行逻辑推理，可进行"可逆性运算"。（4）形式运算的智力阶段（12—15岁左右）。这属学龄中期的初中阶段。这时可以离开具体事物，根据假设进行逻辑推理。这时，儿童思维的发展已接近于成人水平了。

在上述理论基础上，皮亚杰形成了自己的教育观点。阿西（L. L. Athey）和鲁巴迪（D. O. Rubadean）在其所著的《皮亚杰学说的教育意义》（1970）中，归纳出皮亚杰教育理论的几条原则：（1）早期儿童教育应为以后学习打基础；（2）加速阶段发展；（3）提倡发现学习；（4）鼓励发展个别差异。我们可将之再具体一些地归纳为以下几点。

第一，教育科学的发展应建立在儿童心理学的基础之上，应按照儿童各阶段的年龄特点进行教育和教学。他极力反对传统教育将儿童看做"年幼的成人"来进行教育。皮亚杰认为教学目的、教材、教学方法的确定与选择，都应符合儿童的认识结构和实际智力水平。他在《教育科学和儿童心理学》中指出："一切理智的原料并不是所有年龄阶段的儿童都能吸收的，我们应考虑每个年龄阶段的特殊兴趣和需要。"

第二，教育应以发展儿童的自主性和智力为根本任务，提倡"自我发

---

① 王承绪、赵祥麟编译：《西方现代教育论著选》，人民教育出版社2001年版，第414页。

现"的教学。他认为儿童认知能力不能从外部形成，而只能通过发展儿童的自主性来实现。而发展儿童自主性的根本目的亦即发展儿童智力。教师应在教学中多采用发现法教学。学校应成为激发儿童主动探索、发现知识及获得精神发展的基地。

第三，提倡"活动教学法"和"同伴影响法"。皮亚杰根据其智力结构发展理论，将儿童学习中活动是否积极看做儿童学习主动与否的关键。所以他认为教学中的活动法是儿童教育的最重要原则。但他所强调的教育中的个体活动，是与集体活动相结合的。他认为儿童正从自我中心化趋向于社会化，同伴间的相互交流、相互理解对儿童人格的形成有重要作用。他所提倡的"同伴影响法"是这一思想的体现。

皮亚杰重视儿童在教学过程中所处的主体地位，注意发挥儿童主动性，发展儿童智力，这是有积极意义的。但他过分夸大了儿童本身作用，就有些忽视教师的主导作用。

（二）布鲁纳的结构主义教育观

布鲁纳是美国著名的心理学家，结构主义教育流派的主要代表人物。他曾长期主持哈佛大学的认知研究所，并担任美国心理学会主席。布鲁纳于1959年主持了著名的伍兹霍尔（Woodshole）会议。这次会议讨论了如何改进中小学学科（特别是科学学科）的教学以提高教学质量的问题。次年他出版了《教育过程》一书，以阐明这次会议的指导思想。该书是美国结构主义教育理论的代表作。他的主要教育著作还有《关于学习的学习》（1963）、《教育理论》（1965）、《通向教学的学说》（1966）、《认知发展过程》（1968）、《恰当的教育》（1971）等。

布鲁纳教育理论的基础是他的认知发展阶段理论和发展动力理论。他关于儿童认知发展的研究与皮亚杰一脉相承，也认为认知发展具有连续性和阶段性。他将儿童认知发展分为三个阶段：动作式再现表象阶段、肖像式再现表象阶段、符号式再现表象阶段。每一种表象的发展都依赖于前一种表象。在认知发展动力问题上，他将意义化条件作为促进认识发展的主要力量，而语言不仅提供了再现手段，而且提供了转换经验的手段，所以在其中起着重要作用。布鲁纳的教育理论主要包含以下要点。

1. 传授学科知识的基本结构

布鲁纳等人认为，改革教育的首要课题便是重新建立科学教育的课程。这与传统派传授系统知识的学科课程以及进步教育的以儿童为中心的活动课程都不同。这种课程改革是要传授学科的基本结构，即学科的基本概念、原理和原则。因布鲁纳等人认为，知识是有结构的，是人们对于客观事物构造的一种主观模式。对于为什么要传授学科知识的基本结构，布鲁纳在《教育过程》一书中提出了四条理由：(1) 理解了基本原理就能更好地理解这门学科；(2) 易于记忆；(3) 领会基本的原理和观察对于学习的迁移必不可少；(4) 能缩小"高级知识"与"初级知识"之间的差距。学生掌握了每门学科知识的基本结构后，就能独立地面对并深入到新的知识领域中去。

2. 重视对儿童进行早期教育，促进其认知能力的发展

布鲁纳曾提出过一个著名的假说："任何学科都能够以智育上是诚实的方式，有效地教给任何发展阶段的任何儿童。"① 即只要把知识结构"翻译"成儿童各年龄的认识结构都能理解的程度，多么早期的教育都能收到应有效果。布鲁纳将教学任务的重点放在发展学生认知能力，即智力上。他认为智力发展是掌握知识结构的保证。他对教学过程中发展智力的要求超过了对基本知识的要求。

3. "发现法"是主要的学习方法

布鲁纳认为，要有效地发展学生智力，必须采用合理的教学方法。他极力提倡"发现法"，引导学生自己去"发现以前未曾认识的观念间的关系和相似规律性以及伴随着的对其本身能力的自信感"②。也就是说，在教学过程中，要让学生学会学习，自己去发现，自己得出答案。布鲁纳认为采用"发现法"有两个好处：一是儿童能把所学知识变为自己的东西；二是能增强儿童的自信心，这是对学习的最好奖励。

布鲁纳将认知心理学运用于教育研究，为教育理论的科学化开辟了新路。他领导的"课程改革运动"在一定程度上也促进了美国教育质量的改进和提高。其学科结构理论在今天的课程论领域中仍有一定影响。

布鲁纳的理论缺陷也较明显。如学科结构到底是什么，很难把握；师生面对那些"精简"的概念、原理感到困惑，严重脱离了具体的知识内容及其应用，架空了教师的主导作用，只注重学习结构，在学习时易违背兴趣原则，使学生学习积极性受挫。布鲁纳对"发现法"教学期望过高，带有一些空想主义色彩。

结构主义教育思想及其所掀起的结构主义教育运动，对美国教育乃至世界教育都产生了重大影响。20世纪60年代，世界上出现了一种课程改革运动的共同趋势。到了70年代的美国，人文主义课程论取而代之。进入80年代后，结构主义课程论又有了复活的势头，这反映了它具有旺盛的生命力。

---

①② 王承绪、赵祥麟编译：《西方现代教育论著选》，人民教育出版社2001年版，第446页。

### （三）结构主义教育思想的基本特征

结构主义教育思想在其产生、发展的过程中，逐渐形成了一些共同的、基本的特征。

一是将教育学理论建立在儿童发展心理学的认知结构的发生和发展理论的基础之上。它是以儿童的智力结构发生、发展阶段这样一种儿童发展心理学为理论依据来探讨教育和教学问题的。

二是以课程改革作为教育改革的突破口，主张教育应努力使学生掌握每门学科的基本结构并导致结构的迁移，以促进学生智力的发展。

三是认为教育的最终目标是培养儿童的自主性及发展儿童的智力。它适应了"美国教育必须致力于从各方面发现和培养有才能的人"这一国家和社会需要。

## 第六节 终身教育思潮

终身教育思潮是当代一种国际性的重要教育思潮，它始于 20 世纪 60 年代，以 1965 年法国成人教育家保罗·朗格郎（Paul Lengrand）的《终身教育导论》（An Introduction to Lifelong Education）的发表为契机。这一思潮的出现，标志着世界性的教育改革的新里程碑，跃入了一个崭新的教育天地。查尔斯·赫梅尔（C. Hummel）等在《今日的教育为了明日的世界》一书中指出："可以与哥白尼学说带来的革命相媲美的终身教育概念的发展，是教育史上最惊人的事件之一。"

### 一、终身教育思潮产生的社会历史条件

第二次世界大战后，世界步入了一新的政治、经济、文化的历史时期。人民的民主化运动不断高涨，经济科技的发展和进步，从新的角度开拓了人们的视野和思路，人们不再认为获得教育机会是特权，要求自己和子女同有钱人及其子女一样能获得平等的教育机会，从而使自己在一个飞速变化的社会环境中求得适应与生存。这就打破传统的教育选择方法和制度，使教育面向各阶层各年龄的所有人开放，提供真正的民主、平等的教育机会。这就迫使各国政府和教育界人士不能不去考虑教育的改革，以使其适应政治改革的需要。20 世纪 50 年代中叶开始，世界在科技革命的道路上迈入一个新阶段，至 80 年代更是急剧变化。电子科学、信息科学、材料科学、能源科学、生物工程、海洋工程以及光纤通信技术、激光技术、宇航空间技术等方面获

得了重大的突破。技术革命首先是知识的革命，知识量的增多，知识成为社会生产力、经济竞争力和国家实力的关键因素。知识的更新率加快，陈旧率增大，有效期缩短。另外知识的高度综合性和各学科间的相互渗透，出现更多的新兴科学知识、交叉学科知识。由此而带来了人们难以想象的社会生活、经济生活、政治生活和人类一切领域内深刻而广泛的冲击波和影响力。首先是社会经济生活发生了迅速变化，导致了产业结构的变化，人们的就业结构、体力劳动者和脑力劳动者的比例也发生了重大变化。结束了那种把人终身固定在某一职业或工作岗位的时代。其次，人们的社会生活和政治生活亦发生了诸多变化。当代国家的政治力量取决于经济力量，而世界发展的不平衡使发展中国家面临人口数量剧增和人口素质偏低之间的矛盾，随着这个矛盾的尖锐化，严重阻碍经济的发展。因此，经济的振兴，必须全面提高全民族的文化素质，培养科技、管理人才，以增强国家在世界的政治影响力。由于科学技术促进了大众传播媒介的发展，并进入了人们的日常生活，使人们接受的信息量大大增加，开阔了人们的视野，不同程度地对人们的固有观念、思维模式和生活方式产生了影响，增强了人们交往、参与的意识。又由于生活、工作的自动化水平的提高，缩短了工作时间，增加了余暇时间，使人们有更多的机会来充实精神生活；还由于生活水平的提高和医疗的改善，人的寿命和健康水平得以延长和提高，年老者的生活、保健、经验、知识、能力的再开发和利用，也成为一个社会问题。更重要的是人类对自身认识水平不断提高，尤其是对学习能力的研究，表明年龄并非是决定一个人能否继续学习的唯一关键因素。

  另一方面，传统的学校教育制度的模式是把人生教育期限局限于青少年时期，教育完毕参加工作，整个人生的后半生依赖于教育求生存，认为它足以应付后半生的工作，同时认为学习能力随年龄的增大而减弱。学校教育从制度、内容到形式过于僵化，导致教育理论与灵活多变、丰富多彩的实践相脱离，与个人生活、工作的特定需要相脱离，这个状况很难适应现代多元化社会对人的个性发展提出的要求。制度划一、内容陈旧、形式呆板、结构单一，根本不能适应社会对教育提出的多种类、多层次的培养人才规格的需要。相反，现代科技的发展，更加强调人们的智力水平和实际工作能力，社会发展的需要和教育自身的弊端提出了改造整个教育制度的各个组成部分，根本改变各级教育制度的结构、职能、方法和内容的紧迫性和必要性。同时，科学技术的发展使教育的物质条件现代化、科学化。科学技术促进了大众传播媒介的发展：教学手段的现代化，广播、电视、录音录像、卫星通信、激光排版、电脑等先进设备为终身教育学习提供了物质条件，使人们可以突破时空限制，超越时空去获取新的知识，并且可以使人们根据个人的需要和学习特点自由地选择教育的内容和形式。

综上所述，社会政治的变革需要营造新的教育制度以维护其政治势力，科技生产的发展以及由此带来的社会生活的巨大变化，也呼唤着教育改革。高科技的应用对劳动力知识、智力素质的要求愈来愈高；新工艺、新知识、新技术的高度融合和分化，要求科技人员不断地掌握本专业之外学科的新成果和有关知识，产业结构的变化以及由此而来的职业结构的变化，迫使大批生产者转向新的生产部门，因而重新回到课堂上去成为时代的需要。随着人们的参与、社交意识的增强，就必须掌握和了解有关的知识，接受教育和训练，以充分行使自己的权利，履行自己的社会义务。人们还需要学会如何充分利用自己的闲暇时间，丰富和完善自身；老年人保健、生活和知识经验的再开发同样离不开学习和教育……终身教育思潮就是在这样的社会背景之下产生的。

终身教育是具有一套理论体系、影响广泛而强大的国际教育思潮，它以1965年12月朗格郎的《终身教育导论》为基石，以1972年联合国教科文组织发表的《学会生存——教育世界的今天和明天》的报告为推动力，以1973年联合国经济合作与发展组织（OECD）提出的回归教育理论为实施终身教育新的策略。

**二、终身教育思潮的发展历程**

1965年12月，联合国教科文组织在巴黎召开了"第三届促进成人教育国际委员会"，朗格郎在此会上作了以"Education Permanente"为题的学术报告，报告引起了极大轰动，标志终身教育思潮的开创，朗格郎因此而成为终身教育理论的奠基者。他的代表作《终身教育导论》被译成世界20多种文字而广泛流传。朗格郎在该书中分析了社会的变革和时代的挑战与教育的矛盾。他认为，教育严重地落后于高速发展的客观现实社会，与现实社会存在很大矛盾。由于教育本身的复杂性和保守性，使教育改革带有迟滞性。朗格郎就是从社会新的挑战和教育内部的矛盾的认识出发，倡导终身教育，提出了终身教育思潮，使教育开创了一个新的领域。

终身教育思潮的发展还与联合国教科文组织的支持密切相关。联合国教科文组织在1970年第16届会议上通过一项决议，授权总干事勒内·马厄（René Maheu）成立国际教育发展委员会，主席为埃德加·富尔（E. Faure）。该委员会的任务是提交一份研究报告，以供教科文组织及会员国在制定教育政策时参考。因此，从1971年3月开始，前后举行了6次会议，对23个国家进行了实地考察，研究了70多篇有关世界教育形势和改革的论文，于1972年5月提交了《学会生存》这份报告。报告出版后，引起了教科文组织和成员国的巨大反响,仅两年内被译成 33 国文字,共有 39 种不同版本,成为当时教科文组织的"最佳畅销书"。

这份著名的报告从历史和现实的两个角度对终身教育进行了全面的论证和阐述,指出教育要确立新的目标,即"把一个人在体力、智力、情绪、伦理各方面的因素综合起来,使他成为一个完善的人。"而这"完善的人"并非像传统教育思想通常认为的那样是在儿童和青少年阶段就可以完成的,而是贯穿于人的一生和生活的各个层面。

由于该报告的巨大影响,联合国教科文组织围绕终身教育概念重新组织了多种教育活动。实际上,教科文组织从一开始就对终身教育思潮的产生发挥了积极作用。1965 年保罗·朗格郎是以联合国教科文组织秘书处官员的身份发表他的《终身教育导论》,自此还进行了一系列活动,编写并出版了关于终身教育问题的一系列重要著作。1968 年联合国教科文组织第 15 届大会上把 1970 年确定为"国际教育年",并确定了包括"终身教育"在内的 12 个重大目标。1970 年该组织着手实施的 49 项工程都与终身教育有关。1972 年《学会生存》的发表、1975 年至 1977 年联合国教科文组织在巴黎召开了三次专题会议,主旨都是强调终身教育。可以说,终身教育思潮的确立、发展和在国际范围内的实际推广,是联合国教科文组织的重要贡献,是它推动了终身教育思潮的发展。

1973 年,经济合作与发展组织教育研究中心出版了它的研究报告《回归教育——终身教育的战略》一书,探讨新的教育体制,以推动教育与社会的联合与合作。回归教育作为实施终身教育的新的策略,引起了各国的注意。回归教育是实现终身教育理论的重要途径。回归教育这个概念最早是由瑞典经济学家莱恩(G. Rehn)提出的。1969 年瑞典教育部长帕尔梅(O. Palme)在巴黎召开的第六次欧洲教育部长会议上正式提出。1970 年,经济合作与发展组织教育研究中心开始把回归教育视为推行教育"机会均等"原则的一种手段而加以提倡。1973 年《回归教育——终身教育的策略》一书出版,以及后来的一些有关回归教育问题的书的问世,比如《回归教育——动向和问题》(1975),《教育休暇的发展》(1976)、《回归教育——最近的发展和将来的选择》(1977)、《劳动和教育的循环》(1978) 等,使回归教育成为一种普遍接受的教育思潮。《回归教育——终身教育的策略》一书认为,"回归教育"是把义务教育或基础教育以后的一切教育都包括在内的教育策略。它的基本特征在于,此回归的方式,即教育和劳动(也包括业余的其他活动和老年生活等)交互进行的方式,把教育分散在人的一生,从而明确规定了"回归教育"是实现终生学习的一大战略措施,也因此打破了教育与劳动世界的隔绝,使人在一生中,学习和劳动之间得以交替进行,形成教育—

劳动—教育—劳动的往复循环,这样人生各阶段都有受教育的机会,人们能够在他认为最需要的时候受到应有的教育,体现它的开放性和灵活性的特点。回归教育从时代科学技术发展导致劳动力市场、职业结构、劳动方式不断变化的角度出发,力求使教育与社会生产力的发展、经济发展和劳动政策紧密联系起来。回归教育作为实施终身教育的一种策略,得到国际许多国家的认同和采纳。

### 三、终身教育思潮的基本主张

第一,终身教育思潮有特定的含义。保罗·朗格郎在第一篇关于终身教育的重要文献中指出:"教育,不能停止在儿童期和青年期,只要人还活着,就应该是继续的。教育必须以这样的做法,来适应个人和社会的连续性的要求。"① 他在另一篇论述终身教育的文献中还指出,终身教育论所"论述的第一件事是人们所接受的教育不再是一个人由初等、中等或大学等任何一个学校毕业之后就算完结了,而应该是通过人的一生持续进行的"②。1973年8月,"巴黎全国讨论会"给终身教育下了一个明确的定义:"是从幼儿期到死亡的不间断的学校及校外教育,不存在青少年、成年之区别,与培养人格和职业生活的训练相结合。"③国外有一位学者为终身教育下了一个较为完整的定义:"终身教育是个综合概念,它包括人的一生中正规的、不正规的和非正规的多种学习,其目的在于使人的社会的和专业生活达到最完满的发展,终身教育是把教育看做一个整体,这个整体包括家庭、学校、社区和工作场所的各式各样的学习活动,它借助于大众媒介以及其他情境和结构来获取智慧并改进智慧。"④ 可见终身教育是指人从出生到死亡的而并不限于在学校进行的教育,是人们在一生中所受到的各种培养的总和。

第二,终身教育具有深刻的意义。朗格郎认为,飞速发展的今天,凭借某种固定知识和技能就能度终身的观念已成为历史,教育不再是仅仅为了传播知识,而主要是促进人的发展,"第一,确定能够帮助一个人在其一生中不断学习和得到训练的结构和方法;第二,通过各种自我教育的形式,向每一个人提供在最高、最真实程度上完成自我发展的目标和工具"⑤。终身教育的现实责任和意义即在此。朗格郎接着说:"终身教育即教育这个词所包

---

①②③〔日〕持田荣一等编,龚同译:《终身教育大全》,中国妇女出版社1987年版,第446、474、63页。

④ 引自曹延亭:《终身教育为什么会成为当代世界的一个重要思潮》,载《外国教育研究》1985年第3期。

⑤ 朗格郎著,滕星译:《终身教育导论》,华夏出版社1988年版,第45页。

含的所有意义，包括了教育的各个方面、各种范围，包括从生命运动的一开始到最后结束这段时间的不断发展，也包括了在教育发展过程中的各个点与连续的各个阶段之间的紧密而有机的内在联系。"① 因此这种教育打破了那种认为学习和发展只是在某个固定年龄阶段才可能和必要的陈旧观念。它赋予了新的意义，即成人教育不应是学校教育的简单延长，而应立足于成人的特点和需要，实行非强制性、自由的教育。因此我们认为终身教育的提出，是当代教育理论的重大变革，对传统教育理论和弊端进行了较为深入系统的批判和反思，它冲破了旧的传统教育的意义，扩大了人们对教育研究的视野。终身教育是推动当代教育改革的一个基本原则，它打破了千百年来学校对教育的垄断，促进了业余教育的发展。

第三，终身教育具有广泛的作用。朗格朗认为，终身教育是从生存的重要意义出发，提供影响个体和社会命运的某些重要问题的崭新答案，或者说，终身教育是满足人们生存发展的需要，在生存的各个方面找到自己的位置，并贯穿于整个人性发展的过程中。因此，终身教育要在人们的个体和集体生活中发挥作用，可以帮助人们度过在各年龄阶段的转折时期所遇到的危机和激烈的波动，不断充实自己，可以促进夫妻之间的和睦，加强代际之间交流；培养人们的职业素质，丰富人们的余暇生活，提高人们的艺术欣赏和艺术表现能力；利用大众传播媒介进行学习和选择信息；帮助人们科学地提高自己的身体素质，进行体育锻炼；还可以培养公民的参与意识和能力。

终身教育实际上改变过去家庭教育、学校教育和包括成人教育在内的社会教育等各个领域之间互相隔绝的状态；打破隔绝教育世界与劳动世界的壁垒，使这两个世界相互往来；确保教育的连续性以防知识的老化，综合实施各种教育，努力寻求获得知识的方法；打破了年龄限制，实现个性的教育；改变了过去师者恒为师的偏向性观点；为社会提供了多种多样可供选择的学习机会，使社会学习化。

第四，在朗格朗看来，终身教育的最终目标是"努力建设更美好的生活"，"吸取一切有益的因素去帮助人们过一种和谐的与人性相一致的充实生活"。② 具体说，终身教育的目的是培养新人、实现教育民主化和建立学习社会。终身教育把"培养新人"视为自己首要的目标，是"把一个人在体力、智力、情绪、伦理各方面的因素综合起来，使他成为一个完善的人"。③ 朗格朗对终身教育培养这种"完善"的"新人"有更明确的说明："教育的目

---

①② 朗格朗著，滕星译：《终身教育导论》，华夏出版社1988年版，第16、31页。
③ 联合国教科文组织国际教育发展委员会编，华东师范大学比较教育研究所译：《学会生存——教育世界的今天和明天》，教育科学出版社1996年版，第195页。

的是为了适应作为肉体的、智力的、情感的、性别的、社会的以及精神存在的个人的各个方面和各种范围的需要。"① 这个人不是抽象意义的存在,而是适应新时代、新社会的"现实的人",这种"现实的人"包括两个方面:"一个独立的人和处在同他人及整个社会的关系中的个人"。② 所谓"独立的人"是指实现自我,度过创造性的人生,有所作为的需要,并期望得以满足;所谓"处在同他人及整个社会关系中的个人",意指他要适应社会,包括经济、政治、文化各方面。因此,终身教育所要培养的目标是"现实的完善的人",一方面,这个人能够适应各种变化,特别是经济和职业方面的变化;另一方面,培养具有丰富个性的人,促进人的全面发展,使人能够度过充实、幸福的人生。

教育民主化是终身教育的又一个基本目标,其内核是实现教育机会均等,实行终身教育以解决教育机会不均等,实现教育民主化,给公民和儿童以同等受教育的机会。终身教育是贯穿人的一生的教育,它不仅可以在学校教育阶段,而且在人的终身过程中考虑实现教育机会均等;在实现教育机会均等化的过程中,还可以得到教育政策的支持,得到各种社会经济政策的配合。终身教育的对象是全体社会成员,为所有人提供教育和学习机会。

终身教育另一个基本目标是建立学习社会。所谓学习社会,指每一个国民为求得自我实现提高生活质量、获得职业需要的知识和技术,终身自主、主动地不断学习的社会。"学习社会"一词是赫钦斯于1968年发表的《学习社会》一书中提出的。1972年,联合国教科文组织国际教育发展委员会刊行的《学会生存》报告中,把"学习社会"作为指向未来社会形态的概念使用。1973年,美国卡内基高等教育委员会发表了《走向学习社会》报告书。学习社会论所主张建立的社会和终身教育论主张建立的社会是一致的。学习社会论包含在终身教育论思想中。

第五,终身教育制度的体系化。保罗·朗格郎指出:"终身教育不是一个'实体',而是一种语词,或某种观感、原则,或者是表示某种关心和研究方向而已。"③ 这表明"一旦把这个概念转入实践,便会带来教育体系的本质性变化,这也是确定的"④。在朗格郎看来,"所谓'体系'是指教育课程的一个侧面和将各个时期(小、中、高)归纳成为一个整体看,在如何处理人的整个一生的教育分段和相互依赖的关系上找出努力的方向,学校教育、社会教育还有非正规教育设施等,就各自的教育部门来说,可以认为大

---

①② 朗格郎著,滕星译:《终身教育导论》,华夏出版社1988年版,第88页。

③④ 〔日〕持田荣一等编,龚同译:《终身教育大全》,中国妇女出版社1987年版,第447页。

体出现了'终身连续教育'的各种因素。但把它们归纳起来作为教育问题整体来看,某一教育部分应明确分工负担哪一方面的责任,并且根据其分担的责任,考虑改革教育的结构,这里正是缺乏这一改革的'原则'"①。由此可见,实现终身教育制度的体系化,要求一方面按婴幼儿教育、青少年教育、成人教育和老年教育这样的时间系列,谋求教育的有机统一。在培养目标、教育内容上也要有紧密的联系和统一性。另一方面,从家庭教育、学校教育和社会教育的空间系列上谋求教育的有机统一。这样从时间和空间两方面使人生教育有机结合,实现个人教育的连续性,不会因为某一阶段教育的终结而中断受教育的机会。"学校教育的某一阶段,不仅要在纵的(上下阶段的学校教育)并且在横的(同年龄在家庭及社会教育)的关系上也要给以适当的位置。"②"教育部门要互相依存,不考虑依存的方法是荒谬的,应该是在始终一贯的统一的结构下考虑部门的工作。如果教育整体上缺少了某个部分,则其他部门不论如何强而有力,也会失去平衡,这个部门应该提供的教育服务也不能很好地完成。"③

为此,确立终身教育制度的体系化,要重新树立一种学校观,即学校教育是终身教育的一个环节,学校是终身教育的基础,学校不再是最后完成教育的场所,也不是孤立地进行教育的地方。由此必须改革学校教育的指导思想、教学内容、教学计划、教育方法以及考试制度,"一次考试定终身"将成为历史陈迹。

终身教育思潮是当代世界影响最大的重要教育思潮之一,它又是一种独具特色的国际性的教育思潮,它不仅得到联合国的推动和推广,而且已越来越被世界许多国家所接受和发展,它已成为各国教育改革的指导思想和教育实践的指导原则,发挥了重要作用,并取得了巨大成果。研究终身教育理论,无论对发达国家还是发展中国家的教育改革,都具有前所未有的理论意义和实践意义。

## 第七节 现代人文主义教育思想

现代人文主义教育思想是20世纪60、70年代美国盛行的一种教育思潮。从渊源上说,西方教育史上早在希腊时期就有启蒙的人文主义教育思

---

①②③〔日〕持田荣一等编,龚同译:《终身教育大全》,中国妇女出版社1987年版,第44、267、450页。

第十四章 当代教育思想与思潮

想；从理论基础上说，它既建立在现代人文主义的哲学基础上，又建立在现代人文主义的心理学基础上。同时，现代人文主义教育的产生具有特定的社会背景。它从教育的本质、目的、内容、方法等方面阐明其教育思想的立场。现代人文主义教育的代表人物有马斯洛（Abrahan Harald Maslow，1908—1970）、罗杰斯（Carl Ransom Rogers，1902—1987）、弗罗姆（Erich Fromm，1900—1980）、奥尔波特（Gordon W. Allport，1897—1967）等。现代人文主义教育思想在 20 世纪 60—70 年代影响了美国的各级各类教育。

**一、现代人文主义教育思想的现实基础和理论基础**

第二次世界大战以后，美国资本主义生产获得巨大发展，人们的物质生活水平不断提高。但物质生活的丰裕，与知识成为工具、精神生活的空虚、人异化为物的矛盾日益严重。高科技的发展以及所取得的成就不仅操纵和控制了社会物质生产的一切流程，而且加强了对人的心理、意识的灌输，从而奴役和压抑人的本性，导致了人们内在价值观念的丧失和外部价值标准的崩溃，促使人们转向从内心世界寻求价值目标，希冀能"自由选择"行为准则。在教育领域，布鲁纳以结构主义理论为基础，进行了课程改革，但繁重的学习负担，使许多学生在学业竞争中败下阵来，传统的教学模式又阻碍了学生情感与个性的发展，学生怨声载道，甚至以怠课、逃学等方式表示抗议。在这种社会和教育背景下，现代人文主义者阐明了自己的教育观点，对现实教育提出了尖锐批评。

现代人文主义教育思想的哲学基础以人性论、认识论为主要内容，吸收了存在主义哲学的一些基本思想。现代人文主义者把追求人的存在作为核心内容，把人的存在看成是人的潜能得到实现的一种能动的、贯穿一生的动力过程。因为人性是具有善的内在潜能的存在（being），教育和培养儿童的目标就是促使人的潜能实现。他们还强调，个人主体意识经验是一切知识的根源。另外，现代人文主义者把丰富人的情感生活看作是发展整体的人不可或缺的因素，并认为情感发展主要始于良好的人际关系。现代人文主义教育思想的心理学基础——人本主义心理学注重人类的意识经验，认为人具有一个完整的人格，所以不仅要从知觉角度去把握整体性，而且要"从意识经验自身这一整体去开辟新的研究领域"①，要致力于在教育中恢复整体的人的观念。他们还认为，生命的意义在于自我实现。马斯洛说："人类生活唯有当其最高理想被顾及时，才可能获致了解。成长、自我实现，迈向健康的奋

---

① 〔美〕马斯洛等著，林方译：《人的潜能和价值》，华夏出版社 1987 年版，第 274 页。

斗,追寻独特的自我,对完美的渴望,及其他个体向上发展的方式,现在都必须视为人类普遍的倾向。"① 人文主义心理学者认为我们不可避免地受制于遗传、体质以及各种存在本身的条件。但我们在反映及运用这些存在的条件时仍有自由。由此,我们可以看出,人文主义心理学,"不是一个有严密体系的单一学派",而"是一种强调人的尊严和价值的多学派松散联盟"。② 它吸取了格式塔心理学的整体论方法。这派心理学认为心理现象最基本的特征是在意识经验中所显现的结构性和整体性。人文主义心理学还接受了精神分析学派弗洛伊德的关于人具有潜意识这一重大发现,但指出人的内在本质是善良的,至于各种本能需要的满足只会有利于生长,在教育上,应该让儿童体验到兴奋与喜悦,教育者只能引导而不能压抑儿童的成长。

## 二、现代人文主义教育理论

### (一) 教育目的

现代人文主义教育要培养怎样的人呢?从根本上说,按马斯洛的话来概括,是人的自我实现、完美人性的形成和达到人所能及的最高境界。自我实现的人的人格特征,包括整体的人和创造性的人。整体的人,不仅指在身体、精神、理智、情感、情绪和感觉诸方面的有机整体性,而且指在有机协调的内部世界与外部世界的联系方面也达到了和谐一致。因此整体的人格包括人内部的整合和人的内部与外部世界的整合两方面。人的内部整体性表现为思想、智力、情感、感觉等方面的一体化联系。马斯洛曾反复强调人性内部固有的完整性,这种完整性还包括人的各种内在潜能的整体一致性。创造性的人是指人性的转变、性格的改变和整个人的充分发展,强调自我实现的创造性,也就是具有一种特殊的洞察力,一种创造性的人格、活动、态度和创造过程,而不是指某些特殊天才的创造性。创造性并非为少数天才所独有,而是每个人生来就存在的特质,一种固有的潜能,因此应该从人的内部去寻找创造性的源泉。"我们已经发现,原来我们真正感兴趣的那种创造性的根源","是深蕴在人性的内部的",③但也不否认外部的因素在创造灵感的发挥和发展或精练、发展前人的成就中,需要付出极其艰巨的劳动,必须有顽强、耐性、勤奋工作等品性。

人格的整体性说明人的学习也是整体性的,学生在学习过程中,情感和

---

①③ Maslow, Abraham H, *Motivation and Personality*, New York : Harper & Row 1970, pp. 12-13, 82.

② 〔美〕马斯洛等著,林方译:《人的潜能和价值》,华夏出版社 1987 年版,序言,第1页。

智力是有机地整合地联系在一起的。人格的创造性说明教育要有助于培养创造性，形成创造性的氛围。罗杰斯认为整体人的学习是认知因素和好奇、兴奋、发现的激动、自信、着迷等情感因素的结合。教育者必须促成它们的结合。同时还更深入地进行创造性教育。创造性教育的最终目的是培养一种新人，他不怕变革，追求新事物，能享受新事物和变革的乐趣。重视培养创造性的人物，是现代人文主义教育理论的真正价值所在。

（二）教育内容

现代人文主义的教育目的决定了教育内容的确定和安排。教育内容，可以说是其知识论的应用，在课程内容的选择上，重视学习者的需要；在课程内容的组织上，重视统整（integration）；在课程学习程序的安排上较富弹性；在课程的研究上，则采取人文主义的精神；在课程评价上，则侧重过程与教育内容"品质"的分析。

在课程内容的选择上，要求课程内容中的思想性和情感性因素内在地相互渗透，课程建立在学生的需要、生长的自然模式和个性特征的基础上。在这一点上，现代人文主义教育理论接受了皮亚杰关于儿童智慧的发展是通过儿童主体的认识结构与客观的社会环境相互作用而实现的结构论观点。学什么、怎样学、什么时候学，儿童应该拥有更多的自由和责任。这是现代人文主义教育一贯坚持的原则，儿童最终必须自己作出选择，外人的干涉，只会使他内在的快乐、冲动、情感产生混乱，削弱他的自信心和意志力。在课程内容的组织上，必须坚持统整的原则。因为自我实现的人应该接受所有各方面的经验，语词的、非语词的、运动的、身体的、精神的、情感的、情绪的、感官的等诸方面，这也是尊重整体人的表现。

统整有下列几种方式：（1）从知识内在逻辑统一性加以统整；（2）以特殊问题或兴趣为中心；（3）从知识的结构加以统整。这几种方式既考虑到学习者的兴趣、能力、需要，又考虑到社会需要和课程内容的本身逻辑结构，以均衡发展学生的各个方面的体验，促进其自我实现。在课程学习程序的安排上，要求符合儿童的发展速率，具有弹性。任何时候对所有学生都适切的一成不变的课程程序是不存在的，必须提供广泛多样、幅度不同的课程，以适应学生的个性特征，由儿童自己根据本身的速率，在单元课程程序中不断获得进步，教师应该追求适合于儿童速率发展的最佳效果。现代人文主义教育的课程学习程序有六个步骤：（1）设计并创造能引起学习者体验真实课程的教材；（2）提供实现新的思考、行动和感情的完整的经验；（3）协助从学习者的体验中了解其意义；（4）将此体验与学习者的价值、目的、行为及与他人的关系，产生一种关连作用；（5）通过实际的练习，以建立新的思考、行动与情感；（6）使之内在化而改变学习者的行为。因此，现代人文主义的课程安排较富弹性。在课程评价方面,由于现代人文主义教育者视教育为促进学习者自我实现的力量,课程重视学习者经验的统整、程序及持续,课程以学习者为中心,以自律、成长为导向,因此其课程评价较侧重过程,而非结果。评价的对象侧重学生的认识、情意及心理动作能力,而不是各种事实的记忆。评价的方法,从解释学、精神科学的立场出发,采用个别描述的方式,了解整个学习的动态意义。

由此可见,现代人文主义教育的课程并非只考虑狭义上的学校正规课程,不是只注重学校开设的一系列学科或课程,而是把视野扩大,延伸到学生的全部生活经验上。传统学校规定的课程、固定的大纲及课时安排模式、严格的记分标准和单一的考试制度,都忽视学生作为整体人的本性和潜能的不断实现,阻碍了学生的全面发展。而现代人文主义教育的课程把教学内容与学习者的生长过程有机联系起来,课程内容不仅涉及教学的内容(学科、活动等)、进程、时限、大纲和教材,还涉及学校中适于学生成长的一切环境,注重促进学生作为整体的人的成长和潜能的实现。

(三)教育方法

现代人文主义教育另一个非常重要的方面是教育方法。现代人文教育理论认为,人性内部具有实现潜能的倾向性,学习是自律的,教育的作用及功能在于创造最佳的条件,塑造学习者自己,而最佳的条件就是一种自由的心理气氛。创造自由的心理气氛,关键在于培养能起促进作用的教师,培植真诚融洽的师生关系,进行以学生为中心的教学和评价。与传统的教师和学生观相区别,现代人文主义教育的教师应该促进学生成为一个真正的人,注重促进学生的整体发展,更多地关注学生对所学内容的情感情绪的反应,帮助学生明确学习对个人的意义,善于为学生学习创造一种自由的心理气氛,而传统教师是知识的占有者、传授者,学生只是被动接受知识的容器和服从者,教师往往通过恐吓、威慑来使学生对其敬畏。对此,现代人文主义教育提出了尖锐的批评,并认为教师只能通过鼓励、关怀、提供选择机会等来表现出对学生的理解和接受,通过满足学生的各种需要,以促进学生个性的充分发展和潜能的实现。这样的教师应该是具有积极的自我概念、善于接受别人、具有独特性格和具备良好的教学机智的优秀的人。优秀教师应该是诚实、坦荡、不矫揉造作,自然流露感情的人;应该有自信、乐观、健康的心境;应该把自己视为与别人同在,而不是与别人隔阂和疏远的人;还应该热情负责、富于幽默感、忍耐平和、兴趣广泛、乐意变革,机敏灵活。

现代人文主义教育主张在学校建立一种人与人之间的帮助关系。这种观点得益于在心理咨询治疗中积累的人际关系经验。罗杰斯就是把在治疗关系中探索出来的治疗者主动、积极了解病患者以至双方建立亲密的关系的经验应用于学校人际关系的研究上的一位现代人文主义教育学者。在学校中建立帮助关系，有助于创造自由的气氛。因为在现代人文主义教育者看来，每个人随时都可能碰到不畅、痛苦、挫折等情感体验，因此都欲寻求解决摆脱这种困境的途径，实际上他最需要的是帮助。在学校中，教师和学校管理者在与学生的交往过程中真正帮助学生，对学生的发展非常必要。以真诚、信赖的态度去尊重、理解、接受学生，进入学生的情感中，与学生达到一种亲密无间的交流。现代人文主义教育论者通过建立帮助的学校人际关系来确立"以学生为中心"的教学原则。也就是说，学生必须自由地选择道路，教师共同参与学生的学习过程，而不是过分控制、操纵学生。学校应当为学生提供不断的自我指导的机会，以提高他的自我评价的能力，培养他们的独立性。罗杰斯把学生自我评价看作是"以学生为中心"的教学过程中的最佳评价方式，主张让学生自己提问、编制试卷、参与评价，公开讨论每个学生所能达到的水平，师生共同确定分数等级，这样可以克服传统的单一的外部评价所带来的一些弊端。单一的外部评价迫使教师只重视学业成绩而无视整体的人的成长；限制学生去探索学习的个人意义；不考虑学生生长速率的个性特征，窒息学生的创造性，使学生在枯燥乏味中死记硬背标准答案。当然，现代人文主义教育在教学评价上只信奉学生主观上的评论，是缺乏科学基础的。

### 三、现代人文主义教育思想简评

现代人文主义教育理论是围绕着培养自我实现的人这一教育目标来阐明它在教育本质、内容、方法的立场观点的。无疑，这种教育理论由于其以反传统教育姿态，提出了一些适合教育发展规律的观点，在当代美国教育实践和世界教育中产生过积极而深刻的影响。它带来了教育观念的变革，教育不是简单地建立在单一的行为塑造上，而是发展人的价值、理想、真善美等高级心理品质的内在学习过程。实质上，现代人文主教育是在美国资本主义物质文明给人们带来普通的精神危机的背景下，在现代人文主义心理学的基础上提出"自我实现"的教育目标的，试图通过教育来实现人的潜能的发展和价值。它是针对美国20世纪60年代课程改革只重学科的知识结构而不顾及学生的身心特点，提出课程设置必须考虑使学生的情感发展和认知发展相统一，让学生在适合促进他们成长的气氛中发展认知、创造、审美及人际交际的能力。尽管这种理论在发挥人所具有的潜能、促进人的全面发展上有积极意义，但它把立足点放在人性的内部力量上，过分夸大了人的自然素质的作用，简单地把个体的实现与个体的社会价值划等号，无视社会对个体发展的现实性和可能性的必然制约关系，因此也遭到了教育界的种种非难乃至强烈批评。

## 第八节 教育经济化思潮

20世纪60年代，以美国舒尔茨（T. W. Schults）为代表的一些西方经济学家首先提出了人力资本理论，认为教育具有重要的人力资本增值作用，并以此促进经济发展。从而逐渐展开了对教育的经济性质和作用的思考，形成了教育经济化的思潮。教育经济化思潮主要关注教育与收益、经济发展、人力资源及就业等因素之间的关系问题。在人力资本理论提出之后，关于这一问题的思考日益加深，随后出现了教育筛选理论、劳动力市场划分理论等新的解释，同时也将教育经济化思潮推向了深入，使得教育与经济相关联的观点被广泛接受，并因此影响了对教育的认识和实践方向。教育经济化思潮的主要代表人物有美国经济学家舒尔茨、英国教育经济学家布劳格（M. Blaug）等人。

### 一、教育经济化思潮的形成过程

第二次世界大战后，经济发展迅速，国际间的竞争在很大程度上演变成为经济和综合国力的竞争，因此一些国家把实现经济增长作为主要目标。同时生产力成为经济增长的根本因素，而生产力发展与科技发展和劳动力素质密切相关。战后日本和联邦德国出现的经济奇迹更使人清楚地认识到，人力资源的质量及其开发应用是经济发展的基础，而人力资源的开发和应用关键在于教育。因此，在教育与经济发展之间开始逐渐形成紧密的关系。各国也日益认识到教育与经济之间存在着高度的相关性，劳动者素质和教育事业成为制约现代经济发展的重要因素。因此各国都采取延长义务教育年限、普及中等教育和高等教育大众化等政策发展教育和经济。上述背景下，现代西方经济学家开始致力于探讨教育与经济发展之间的关系，并逐渐形成了对教育与收益、经济发展、人力资源及就业等因素之间关系的系统化理论。

1935年，经济学家沃尔什（J. R. Walsh）发表了《人力资本观》一文，首次采用"费用"、"效益"等经济概念分析教育程度与收入增加的关系，开创了新的教育的经济研究方法。

1959年美国著名经济学家，也是人力资本理论最为杰出的代表人物舒尔茨在《人力投资——一个经济学家的观点》一文中，对人力资本观点作了系统的阐述，该文被认为是人力资本理论体系形成的重要标志。1960年，他在美国经济协会的年会上以会长的身份作了题为《人力资本投资》的演说，阐述了许多无法用传统经济理论解释的经济增长问题，明确提出人力资本是当今时代促进国民经济增长的主要原因。此后，舒尔茨又发表了大量有关人力资本理论的研究成果。这些成果初步构建了人力资本理论体系的基本框架，为教育经济化思潮的形成提供了理论依据。

另外在法国、英国、德国和日本等国家，诸多学者也对教育与经济发展的相互作用进行了研究。如 20 世纪 60 年代中期，包括英国教育经济学家布劳格在内的许多西欧学者对教育与经济的关系进行了大量实证研究，这些研究涉及教育对实际就业的影响、制约教育系统的经济活动和劳动方式、分析教育投资所占比例与按人口计算经济收入发展指数之间的关系等。到 20 世纪 70 年代，针对世界经济衰退，人力资本理论无法解释教育扩张与经济发展之间的不平衡关系，因此出现了新的教育经济理论，如教育筛选理论和劳动力市场划分理论等，对人力资本理论进行了再分析，并对其中的观点提出质疑或挑战；同时扩大了研究领域，多角度、多层次地对人力资本理论进行深化或拓展研究，打破了单从经济的观点来研究资本理论的状况，对教育与经济关系进行更为全面的思考，深化了教育经济化思潮。到 20 世纪 90 年代，教育经济化思潮更是达到了它的顶峰。

**二、教育经济化思潮流派**

（一）人力资本理论

人力资本理论是教育经济化思潮中的一个重要流派，其中舒尔茨被公认为人力资本理论的构建者。

舒尔茨曾对人力资本及其经济属性，以及它与经济增长的关系进行了详细阐述。舒尔茨认为，人力资本是体现在劳动者身上的一种资本类型，它以劳动者的数量和质量，即劳动者的知识程度、技术水平、工作能力以及健康状况来表示，是这些方面价值的总和。人力资本是通过投资而形成的，像土地、资本等实体性要素一样，在社会生产中具有重要的作用。因此它就成为解释在土地、工时及物质再生产资本的消耗增速不增加的情况下，国民收入的增加速度加快的原因。[①] 长期以来人们只注重物质资本，忽视了人力资本的投资，从而减少了生产和福利的潜力。与物质资本相比，人力资本投资在现代经济发展中尤其显得重要。

舒尔茨把人力资本投资分为五个方面：卫生保健设施和服务，包括影响

---

① 参见毕淑芝、王义高主编：《当今世界教育思潮》，人民教育出版社 1999 年版，第 17～18 页。

人的预期寿命、体力和耐力、精力和活力的全部开支；在职培训，包括由商会组织的旧式学徒制；正规的初等、中等和高等教育；不是由商会组织的成人教育计划，特别是农业方面的校外学习计划；个人和家庭进行迁移以适应不断变化的就业机会。

舒尔茨指出："很多被我们称之为消费的东西，构成了人力资本投资。用在教育、卫生以及为获得更好的就业机会而进行的国内迁移方面的直接费用就是证明。成人在校生及在职训练的工人所放弃的收入同样是清楚的范例。但是，在任何地方这些都未列入国家统计数字中去。利用闲暇时间去提高技术、增长知识的现象更普遍，这同样没有记录在案。利用这些以及类似方法，人们的工作质量可以大大改进，生产力可以很快提高。"①

舒尔茨认为，在上述人力资本投资中最重要的是教育投资，教育已成为经济增长的主要根源。② 教育投资具有两重性，即消费性和生产性。教育投资的生产性在于它能够开发人的潜力，增长人的才干，包括文化知识、技能以及良好的素质，从而提高劳动者质量，促进劳动生产率和经济增长，同时也能增加个人未来的收入。因此，无论是国家投资教育还是个人投资教育，其目的都是为了追求经济方面的收益。"教育远不是一种消费活动，相反，政府和私人有意识地作投资，为的是获得一种具有生产能力的潜力，它蕴藏在人体内，会在将来作出贡献。"③

舒尔茨对教育投资的效益进行了测算，这种测算及其结果不仅成为20世纪60年代教育经济化思潮风靡世界的重要支柱，而且也是舒尔茨人力资本理论的实证依据。在他看来，教育的收益分为个人收益和社会收益两方面，教育的个人收益主要有五项：未来较高的收入、未来较健康的身体、未来较强的企业工作能力、未来合理安排家庭生活的能力、未来较大的职业机动性。舒尔茨认为，一个人受教育后的收益除了他每年的收入外，还要看他受教育后能工作多少年以及工作能力的不断提高程度。据丹尼逊的测算，大专院校毕业生和高中毕业生之间总收入差异的60%从统计上而言可归因于教育。从某种意义上而言，当对父亲的职位、中学班上排名及智商差异进行标准化处理后，平均有1/3的差异就消失了。关于教育对社会的收益，据舒

---

① 〔美〕舒尔茨著，曾延亭译：《教育的经济价值》，吉林人民出版社1982年版，第61页。

② 参见〔美〕贝克尔等著，曾满超等译：《西方教育经济学流派》，北京师范大学出版社1990年版，第45页。

③ 靳希斌主编：《从滞后到超前——20世纪人力资本学说·教育经济学》，山东教育出版社1996年版，第37页。

尔茨的测算，1957年美国小学、中学和大学教育费用占总教育费用的比率分别为28%、45%和27%，各级教育对美国教育平均收益的贡献分别是9.8%、4.5%和2.97%，三项合计17.27%，取近似值为17.3%。而1929至1957年，提高教育程度对美国国民收入增长的贡献为33%。[①] 与其他类型的投资相比，人力资本投资回报率很高。

总体而言，人力资本理论的主要观点如下。(1) 人力资源是一切资源中最主要的资源，人力资本理论是经济学的核心问题。(2) 在经济增长中，人力资本的作用大于物质资本的作用。人力资本投资与国民收入成正比，比物质资源增长速度快。(3) 人力资本的核心是提高人口质量，教育投资是人力投资的主要部分。不应当把人力资本的再生产仅仅视为一种消费，而应视同为一种投资，这种投资的经济效益远大于物质投资的经济效益。教育是提高人力资本最基本的主要手段，所以也可以把人力投资视为教育投资问题。生产力三要素之一的人力资源显然还可以进一步分解为具有不同技术知识程度的人力资源。高技术知识程度的人力带来的产出明显高于技术程度低的人力。(4) 教育投资应以市场供求关系为依据，以人力价格的浮动为衡量符号。

人力资本理论由舒尔茨提出后很快被人们接受，成为很多国家制定教育发展政策的理论依据。它所提出把人具有的知识、能力，以及劳动者质量的提高看做促进生产力发展的重要因素，以及把教育看做一种投资的观点对于教育经济性的揭示以及教育地位的提高具有重要意义。

(二) 教育筛选理论

教育筛选理论是针对20世纪60年代末至70年代初期，人力资本理论中教育能提高劳动生产率观点无法解释世界经济衰退情况下出现的教育扩张与经济下行之间矛盾关系而出现的新教育经济理论。

教育筛选理论首次提出是在1972年美国经济学家瑟罗（L. Thurow）发表《教育与经济平等》一文中。论文指出，人力资本理论关于教育能提高人的认识能力，从而提高劳动生产率，促进经济增长的论断是不正确的；教育的作用在于对具有不同能力的人进行筛选。1973年，经济学家迈克尔·史彭斯（M. Spence）发表了《筛选假设——就业市场信号》一文，接着陶布曼（P. Taubmam）等人也发表了《作为投资和作为筛选工具的高等教育》等一系列论著，进一步阐述了教育筛选理论。

广义的筛选理论包括过滤理论、筛选理论和严格意义上的信号理论。

---

[①] 靳希斌主编：《从滞后到超前——20世纪人力资本学说·教育经济学》，山东教育出版社1996年版，第78~81页。

"筛选"一词通常包含两个方面的含义：一方面，学历是才能的信号；另一方面，它是富裕阶层获取最佳工作机会的手段。

筛选假设（信号理论），就是指把教育看成一种帮助雇主识别不同能力的求职者以便将他们安置到不同工作岗位上的装置的理论。筛选理论的前提是不完全信息，即雇主对求职者缺乏了解，缺乏完全信息。因为雇主不能直接了解雇员的生产能力，即使雇用后也不能立即了解，因此反映求职者教育水平的学历便成为雇主识别求职者能力的"信号"。教育水平是反映个人能力大小的有效信号，是雇主鉴别求职者能力，对他们进行筛选并安排在不同岗位上的一种装置。

教育之所以能起到这种信号作用，一方面是因为一个人的能力与人获得信号所需花费的成本成反比。在其他因素相同的条件下，能力较高的人支付较低的成本就可以获得较高的教育水平，因而教育成为了筛选的一种装置。由于教育水平反映了求职者的工作能力，雇主便对教育水平较高者支付较高的工资。另一方面，人们也可根据教育程度——工资等级表了解不同程度教育投资的私人收益，结合额外教育信号所需成本，作出适当的教育投资决定。

因此筛选理论也注重探讨教育与工资（收入）的关系，但却提出了与人力资本理论不同的观点。人力资本理论认为，提高受教育程度就能提高一个人的劳动生产率，从而得到较高的工资，如图式：教育—劳动生产率—工资；而筛选理论认为，教育水平只反映一个人的能力，并没有改变一个人的劳动生产率，它在本质上只是"不完全信息"条件下的一种"信号"，因此教育的经济效益源于它在劳动力市场所起的筛选作用，如图式：教育—筛选—工资。筛选理论得出的结论是：如果雇主对雇员的学历要求超出岗位需要，教育水平的提高不一定能促进经济增长；如果劳动力市场的工资结构没有变化，教育水平的提高也不能促进社会平等。反之，如果过分依赖学历文凭作为选聘的依据，而没有协调好教育与经济发展的关系，教育水平的提高不一定能促进经济增长，而且可能给社会和个人带来严重后果。如教育的过分扩张与经济的缓慢增长会造成"文凭膨胀"现象，原因就在于教育的作用是筛选识别人的能力，它并不提高劳动生产率，因此扩张教育也无助于经济的增长。

筛选理论描述和解释了 20 世纪 70 年代以来困扰许多国家的教育文凭膨胀问题，因而在世界各国得到了广泛传播；筛选理论也得到了一些教育经济学家的赞同和认可，并使有些持人力资本理论的学者转而认真思考筛选问题。人力资本理论的积极倡导者布劳格指出，筛选理论使人力资本理论在许多方面都失去安全，如果筛选假设是正确的，那么我们从人力资本理论那里所得到的结论全是错误的。但筛选理论片面强调教育的信号筛选作用，进而否认教育提高人的认知技能,从而提高劳动生产率作用的观点也有失偏颇。一些学者试图另辟蹊径,把筛选理论和人力资本理论结合起来,主张教育具有提高生产率和提供筛选信息的双重作用,这标志着筛选理论在认识上的进步与发展。

## (三)劳动力市场划分理论

在教育筛选理论出现后不久,针对人力资本理论失效,试图解释教育与经济关系的另一种新理论——劳动力市场划分理论也随之出现。劳动力市场划分理论系通过阐明劳动力市场的产生、特点和作用及其与教育的相互关系,分析经济和教育关系的一种理论派别。该理论最早由美国学者多林格(M. J. Dollinger)和皮奥里(M. J. Piore)在1971年提出,后经戈登(J. Godehn)、卡诺伊(M. Carnoy)等人加以推动和发展。

该理论认为正确认识劳动力市场的性质和特点,是正确认识和阐明教育和经济相互关系的前提。多林格和皮奥里提出,早期人力资本理论对教育的作用以及教育与工资关系的分析中,没有考虑劳动力市场的内部结构,从而把本来是分割成不同部分、具有封闭等级性的市场看做统一的、竞争性的市场,因而没有全面正确地阐明教育与经济、教育与个人就业和收入之间的关系。他们认为无论从理论上或实际上来说,现代西方发达国家均不存在统一的、竞争性的劳动力市场,而有的仅是被分割为若干各具特色和规章的劳工市场,它们具有封闭性特点,不同市场之间很难发生流动。在劳动力市场不同部分中教育与工资的关系是不同的。

由于研究者的分析方法和分析角度不同,对西方国家劳动力市场的具体划分也有所不同。主要有三种划分法。

**主要和次要两种劳动力市场** 主要市场提供大公司大机构中的岗位,以就业稳定、工资高、条件优越、享有平等的权利和晋升机会为特点;次要市场提供小公司小企业中的职业岗位,以就业不稳定、工作条件差、规章制度严苛、晋升机会少为特点。进入主要市场的,一般是教育水平较高、年龄较大的男性;而囿于次要市场的,主要是教育水平较低或根本没有读写能力的年轻人、妇女和少数民族成员。两种市场之间,人员很少流动。

**内部和外部两种劳动力市场** 外部市场指劳动力的价格确定和分配是由外部经济变量直接控制的市场,主要存在于小型的竞争性的企业中,不稳定,条件差。内部市场劳动力的价格确定和分配不是由外部经济变量而是由企业内一系列管理规则和管理秩序控制的市场,存在于大企业大公司中,是一种相对封闭的等级制市场。进入蓝领工人内部市场的一般要具备中等教育水平,然后按资历提升职位和工资;进入管理人员内部市场的,应具有大学毕业水平,然后主要按能力而不是按资历提升职位和工资。内部市场的雇员有较高的工资待遇,并享有某些特权。

**高等教育、垄断、竞争和三个劳动力市场** 高等教育程度市场主要包括行政、管理、科技和各种专业的职位,获得这些职位的前提条件是大学毕业。能进入该市场的基本上是经济上享有特权、家庭背景良好的有产者阶级或中产阶级成员。他们享有较高工资待遇和更大就业保障,并拥有相当大的自主权。垄断市场又称工会组织劳工市场,集中在资本密集型的大规模生产部门,是一种金字塔式的等级制市场,获得高中毕业文凭或初级学院学历,是进入该市场的必要条件,其工资待遇和工作条件不如高等教育市场,但优于竞争市场。竞争市场的劳动力主要包括竞争性小公司中的职位以及垄断公司中的办事员职位,最大特点是工资最低、就业最不稳定、工作条件最差、晋升机会最少,对雇员的教育水平要求低,主要由年轻人、妇女和少数民族成员构成。

无论劳动力市场具体如何划分,基本上可归为好的、令人向往的和差的、令人生厌的两大类,而且它们都受雇员教育程度的严重制约。教育水平高的人,往往占有工资高、待遇好、就业稳定性强、工作条件优越、晋升机会多的工作岗位;教育水平低的人,往往从事工资低、待遇差、就业不稳定、工作条件恶劣、晋升机会少的职业。因而,教育水平高低不仅是不同劳动力市场的重要标志,而且是构成不同劳动力市场的重要条件。教育对个人的经济价值,在于它是决定一个人在何种劳动力市场工作的重要因素;教育对整个经济增长的作用,在于它将人们分配到不同的劳动力市场,从而使整个社会形成一个有效的经济运行体。各种劳动力市场的差别反映了社会结构的矛盾和一定的社会关系。

劳动力市场划分理论与人力资本理论认为教育能提高个人认知技能和劳动生产率的主张大相径庭,而与筛选理论的观点是一致的。这一理论受到西方一些激进教育经济学家的高度评价,认为它不仅从理论上系统地阐述了劳动力市场的产生、特点及其与教育的相互关系,从而形成了一个比较完整的理论体系,而且解释了实践中困扰各国的失业问题,并探讨了解决这一问题的途径。

### 三、教育经济化思潮的影响与评价

教育经济化思潮是随着经济的发展,人们对教育与经济关系的认识发展到一定程度的产物。教育经济化思潮在一定程度上反映和代表了教育发展的方向,符合现代生产、经济和科技发展对教育的客观需求。它的广泛传播不论是对教育与经济关系的理论认识,还是对教育、经济甚至社会改革都产生了积极的影响。在世界范围内,关于"人力资本"、"教育投资"、"教育的经济效益"、"教育与就业"、"教育资源的配置"等，不仅成为经济学界和教育界研究的热点，而且是社会各界普遍关注的问题。第二次世界大战后世界教育的发展和改革主要是沿着经济性方向进行的，几乎没有一个国家不把教育纳入经济发展的战略轨道，教育在国民经济中的地位更加突出，采取适应经济发展需要的教育措施，成为世界各国制定教育发展政策的主要依据。教育经济化思潮至今依然有着强大的影响。同时教育经济化思潮从经济、资本、市场、社会等角度来重新看待教育，使得教育研究进一步系统化、深入化，促进了对教育投资主体的研究和对教育与投资的收益的研究，这都从经济的角度对教育的发展产生重要影响。

教育经济化思潮在许多方面揭示了教育与经济关系的客观规律，但也存在明显的不足，并在实践中产生了一些负面影响。例如，它在强调教育的经济意义时，却发展为"经济至上"论，从而对教育的整体社会功能缺乏全面认识，甚至将教育的经济功能与教育的政治、文化功能对立起来，因此它受到的质疑和批评也越来越多。正如法格林和萨哈指出的："在20世纪60年代初期，教育对提高人的生产力的投资价值实际上未受到质疑；但到60年代末，人力资本作为一种可行的发展策略的基础则遭到了怀疑……到70年代初，把教育看作是发展的一种灵丹妙药的信念已经进入了被怀疑的时期。"①

## 第九节 激进主义教育思潮

自20世纪60年代中期起，西方社会进入了新的一轮危机时期，社会处于一种动荡状态。在此背景下，战后的乐观情绪一扫而光。随着资本主义国家经济衰退，学校教育质量也开始迅速下滑。一方面表现为入学率锐减、辍学率上升、学业成绩不佳，校园暴力事件不断；另一方面各种教育改革成效甚微、社会不平等现象有所加剧。这种情况引起了人们对资本主义社会学校教育的深刻反思，从而对第二次世界大战后西方经济、社会和教育发展提出了批评，对教育各因素、功能之间，教育与社会之间应是统一和谐，教育可以带来社会民主、机会平等和个人自由，并可以作为社会发展的动力的论调提出了质疑。

在此背景之下，出现了各种针对西方资本主义社会固有弊端具有革命性

---

① Ingemar Fagerlind & Lawrence J. Saha, *Education and National Development: A Comparative Perspective*, Oxford: Pergamon Press, 1983, pp. 45～46.

意义的教育思想，这些思想运用社会批判、马克思主义的辩证法、阶级斗争等理论对资本主义社会及其教育进行了尖锐的揭露、分析和批判。这些思想被西方学界称为激进主义的教育思潮。在激进主义教育思潮中，比较重要的有社会批判教育理论、再生产教育理论和非学校化教育理论。

### 一、社会批判教育理论

社会批判教育理论是在西方马克思主义法兰克福学派的影响下逐渐形成的。该理论认为，资本主义国家的社会和教育压抑人性，科学技术的过度发展泯灭了人的个性，个人的真正需要受到压制。这种资本主义社会制度下的科技与文化，通过学校教育和现代媒体，把有利于资本主义社会统治的确定的生活方式、思维方式、行为方式和价值标准强加于人们，培养他们顺从的意识，从而造成了单向度的人。因此必须对这种社会展开批判，以解放人。

社会批判教育理论的基础是法兰克福学派的社会批判理论。社会批判理论对资本主义社会现状进行了系统的分析和批判，以期通过理论上的批判来认识资本主义社会的基本矛盾，拯救人类，使西方资本主义工业发达社会摆脱"异化"状态，因此他们称自己的理论为"社会批判理论"，它是作为一种与现存社会相对立的否定性理论而出现的。作为一种当代人文主义思潮，社会批判理论对哲学、政治学及其他社会人文科学理论产生了重大影响，它启发人们去思考人的价值、潜力以及社会结构、制度、意识形态对于人的控制；它的功能是对现存东西的批判，促使人们为了自身的解放而变革社会，加速一个消除了不公正社会的到来；它的独特之处在于通过对社会的批判来达到对人的命运及价值的揭示。

自20世纪80年代以来，社会批判理论对于教育研究的重要性开始引起人们的关注，在教育理论研究中逐渐出现了"批判"的字眼，人们有意识地在批判理论的思维框架中分析教育问题，为人们理解当代工业社会中的教育实践，以及如何变革教育实践带来了新的视野。

社会批判教育理论的主要代表人物有马尔库塞（H. Marcuse）和哈贝马斯（J. Habermas）。马尔库塞认为在现代发达工业社会中整个社会无一例外地只存在单一的价值取向、单一的判断标准，这是发达工业社会的本质特征。工具理性和技术控制的发展，使发达工业社会的各个方面，无论是政治、经济、思想、文化、教育甚至生活等方面，都只剩下一个向度，即肯定与维护的一个单向度。人在物质和技术的压制下已变成只求物质、不求精神，只顾现实、不讲未来；只按技术合理性行动，而失去批判性和创造性的"单向度人"了，社会也变成了"没有反对思想"、"没有反对派"的"单向度社会"了。"单向度人"与"单向度社会"的融合，造成了整个社会的一体化。在这个社会中,每个人都接受同样的价值观念,丧失了批判与否定的能力,每个人都是现代经济机器中的一个齿轮,消费社会中的一个符号,从思想到行为完全被社会同化。这个社会是"单向度"的、极权的,又是病态的、危险的。

马尔库塞把改变这种不合理社会制度和文化的革命寄希望于"意识革命"和"本能革命",寄托于所谓新的主体,即新型的人特别是青年知识分子身上。马尔库塞认为当前的公立学校培养不了这种新人,因为这些学校必须为现存社会服务。对此,马尔库塞认为一切变革只能从教师开始。教师可以利用公民课引导学生去思考他们自己以及他们父母的生活方式,并设想有无改变的可能性,使学生从潜在的消费者转变为潜在的学校和社会的分析评论者,促进学生和社会的"意识革命"。教师还可以利用艺术、音乐和文学来表现被当代资本主义社会的强制劳动和消费所压抑的人类本性和情感,从而激起学生对压抑人性的社会的批判,唤起他们对合理社会的向往。但马尔库塞并没有真正揭示现代资本主义社会的本质特征,他对教育问题的论述也并不深刻,他提出"意识革命"和培养"新型的人"的设想在实践中证明是不可能实现的。

哈贝马斯企图在对马克思主义的历史唯物论和剩余价值学说进行改造的基础上,结合当代社会学理论创立一种新的、普遍的社会规范理论,为建立一个更加合理的社会提供理论依据。在他看来,教育和学习始终是社会进化过程中极为重要的内在因素。一方面个体通过教育和学习以适应现存的社会生产力和生产关系;另一方面,社会系统又借助个体的学习能力和学习结果以形成新的结构,促进社会系统的发展。哈贝马斯对舆论的作用给予了高度评价,并将舆论视为一种"群众教育战略",认为只有恢复自由资本主义的舆论结构,变革舆论精神,形成"纯粹交流思想"的舆论氛围,发挥舆论的制衡和教育作用,才能实现当代资本主义社会的"革命化"。哈贝马斯认为人的兴趣可分为技术的兴趣、实践的兴趣和解放的兴趣三种,它们分别与自然科学和社会科学、解释性的人文科学、批判性的哲学和精神分析学相联系。其中他特别重视解放的兴趣在现代生活中的作用,认为这种兴趣旨在把人类从各种压抑和扭曲了的交往环境中解放出来。人的认识和教育与兴趣密切相关,他强调要按兴趣来指导课程设置、教学方法的选择和学生的活动。例如,在课程设置上,学校应开设自然科学、社会科学、历史和文学等;关于教学方法,他主张学校应通过课堂讨论鼓励学生进行独立和批判性的思考。他认为在班级中形成一种"理想说话情境",让每个学生有同等的说话权,教师鼓励每个学生发表意见,并通过讨论取得共识。哈贝马斯关于兴趣、认识和教育的看法,实际上是试图将解释学、发生认识论和精神分析学等有关思想结合起来的一种改良主义和折中主义观点。

### 二、再生产教育理论

针对第二次世界大战后普遍的教育乐观情绪，这种情绪受民主社会平等概念以及对教育功能肯定性认识等方面的影响，认为学校或教育是社会向上流动的关键，教育是获得社会平等和民主的主要方式和首要途径，以此为资本主义社会的所谓美好描彩。一些具有社会批判精神的学者们，借鉴了马克思阶级理论和"再生产"的理论，对当代资本主义社会学校教育的性质和职能进行了分析，从而提出了一种再生产教育理论。

这一概念最早是由法国著名哲学家、"结构主义马克思主义者"阿尔都塞（L. Althusser）提出的。他认为教育系统是当代资本主义社会意识形态的国家机器之一，再生产劳动力是教育系统的重要职能，学校教育在再生产资本主义社会整体结构中发挥着重要作用。后来，更多的学者进入这一领域，进一步阐述了再生产教育理论，提出了社会再生产和文化再生产教育理论。

（一）社会再生产教育理论

该理论认为资本主义社会尤其是美国的学校教育，实质上是一种对社会及经济结构的再生产，其教育的主要功能在于维护资本主义经济制度的存在和发展。

该理论的提倡者美国学者鲍尔斯（Bowles）和金蒂斯（Gintis）在《资本主义美国的学校教育：教育改革与经济生活的矛盾》（1976）一书中认为美国教育极不平等，接受学校教育的多少实质上取决于个人的种族背景和父母的经济水平和社会地位或关系。从中可见，教育系统其实是由一整套与劳动市场相对应的社会关系和组织形式组成的。"教育系统与其说按照教师和行政管理人员在日常生活中的自觉意图来运转，不如说是通过影响劳动场所个人关系的社会关系与教育系统的社会关系之间的紧密对应来运行。"① 在教育系统的社会关系和生产系统的社会关系之间存在着一种"对应原则"，这种对应体现在各个方面，如通过不同层次的学校教育依次把青年人培养成为普通工人和农民、白领工人、低层管理人员、资本家、高层管理者、公务人员、政府官员和知识分子，使不同阶层的学生经教育培养形成经济结构所需要的种种个性特征，从而为社会职业结构的不同层次提供相应的劳动力。正是这种对应使一批批的年轻人整合到资本主义的经济系统和社会关系中

---

① 鲍尔斯、金蒂斯著，王佩雄等译：《美国：经济生活与教育改革》，上海教育出版社1990年版，第17页。

去。将其固定在资本主义社会的等级制的关系结构当中。教育系统也是通过与社会经济结构相对应的学校教育合理地维护和再生产这种结构，成为社会关系再生产的要素。"对应原则"成为指导资本主义教育的首要原则，无论是教育的培养目标、学校中的社会关系、学校氛围、教育方法，还是教育结构、学校的社会构成、教育期望以及教育财政，等等，都遵循着这一原则，以保证"再生产"的实现。学校教育对不同阶层学生的不平等待遇，反映了不平等的资本主义社会关系，而且再生产了这种不平等。

最后，鲍尔斯和金蒂斯总结认为，貌似平等的教育政策实质上不能改变美国社会不平等的现象，因为产生异化和不平等的根源不在于人类本性和科学技术，也不在于教育系统本身，而在于资本主义的经济制度和结构。因此资本主义学校教育的弊端是由资本主义制度本身造成的，教育改革不能改变社会和经济的不平等结构。学校教育的根本变革不可能在现有的经济制度中发生，教育变革的基础是经济民主制，即取消经济生活的组织化，彻底改变支配与服从关系。教育变革的动力在于家长、学生和教师的平等主义、人道主义的政治意识。

（二）文化再生产教育理论

该理论是由法国著名教育社会学家布迪厄（P. Bourdieu）提出的。这是一种建立在马克思阶级学说之上的理论。布迪厄在超越了马克思所提出的资本主义社会不平等是由邪恶的"经济资本"所造成的这一认识的同时，将现代社会的不平等也归结为"文化资本"在分配、占有、继承和流转中的不平等。布迪厄通过对高等教育与社会流动之间关系的研究，提出了以场域为核心的、以学校为中介的社会再生产模式。这一理论揭示了权力与资本在学校场域中，通过国家意识和个体惯习（habitus）的符号化获得其复制的合法性和神圣性的过程和性质。在此过程中，作为先赋因素的个人家庭经济社会背景，与作为获致性因素的知识技能交织在一起控制着社会流动，并演变成为社会资本和文化资本。而在统治阶级控制下的学校教育就成为这种隐性文化资本的培育者和产出者。这样，学校使社会驯化，把社会的不平等转变为能力的不平等。在精英主义和文凭主义的装扮下，个人之间新的和更大的社会地位差别变得合理化了，这成为一个民主社会中将个体等级化的唯一合法方式，而贵族阶级在民主社会中也就此戴上了能人的面具而继续着他们的狂欢。教育的本质在此被界定为一种着力于分配特定符号资本的权力再生产，它促成了权力的运作、转换与中性合法化。学校也就成为一种文化再生产的机制。这一进程表明物质权力的获得者如何将这种权力变成一种文化的和体制的权力并构建其通道，从而获得权威、进行传承，将权力及其分配占有神圣化，也即社会分层的神圣化，通过这种神圣化，社会分层被固定下来，在此基础上通过合法化经济资本尤其是文化资本的代际传递而再生产社会结构。

布迪厄首次提出了"文化资本"这一概念，他认为在阶级社会中文化不是单一的，既有统治阶级的文化，也有其他阶级和社会集团的文化；既有主流文化，也有次等文化。每个人通过他们家庭所属阶级或阶层的文化背景而形成起来的语言和社会交往能力的不同倾向，如语言方式、专业技能、思维模式、行为举止等构成了一个人的"文化资本"。在资本主义社会中，上层阶级的子女拥有优越的"文化资本"，而中下层阶级子女的"文化资本"则处于劣势。布迪厄指出，学校教育所宣传的基本上是统治阶级的文化或社会主流文化，这种文化与上层阶级子女的"文化资本"相接近，学校力图证明这种文化的合理性，以建立起"文化再生产"模式。中下层阶级子女的"文化资本"被同化于上层阶级的文化，从而使上层阶级的文化合理化，并通过这种文化资本来合法化地进行隐蔽的权力代际传递。

布迪厄认为通过上述这种文化和权力再生产机制，国家能够普遍有效地预定既定人员的社会地位及社会尊严。国家凭借着教育制度隐蔽地制造和维持着社会等级制度乃至个体的命运，外在的特权在此被转换成合法的礼物，布迪厄在书中称之为"国家的魔法"。国家的暴力也以一种无形却有力的控制性方式，通过学校和教育灌输给我们的感觉、思维和判断，成为我们生存时无所不在却又无所知觉的空气。这种偷偷地强加给众人的特定阶级的要求蜕变成了普遍性符号统治工具。当我们接受了这套由理性化的统治者所制造并由学校强加于我们身上的思想，实际上就使得我们温顺地屈服于一个连自己也未曾意识到的枷锁。这也就是所谓的符号暴力。

在另一方面，这一学校场域的形成关系着场域中行动的个体。因为仅仅具有场域的客观构造还不足以说明权力继承的所有问题。个体的实践认知能力和主观意图，包括一系列的思想、意愿、行为方式等心智或精神结构也成为场域的塑造因素和特征。这一整套的精神结构与社会结构相碰撞，使得历史客观化的场域中融合了历史具体性的习性和惯习（这种惯习在很大程度上也是有意识地被制造出来的），从而让参与其中的行动者能够凭借这一整套的思想与行为范畴，认识和实现他们拥有的潜能以及与之相符合的社会结构中的地位和身份层次。权力，不仅通过外部物质条件的"单调的推动"，也通过对其内部成员的思想铸形、理想建构，使自己巧妙而迂回地传承下来了。社会秩序在此演变成为一种认识论的秩序。

布迪厄的文化再生产教育理论有助于我们认识和分析资本主义社会学校教育的社会控制职能。由于布迪厄的深度研究，如果说，在此之前的研究大多是乐观地建立对教育民主化的重视和对平等作用的诉求之上，那么在此之后，则在很大程度上转向了对教育再生产社会不平等的深刻认识和批判。布迪厄的研究和理论成为了这种转向的标志和资源。正是在这个意义上，布迪厄及其文化资本、社会资本和符号暴力等理论体系获得了广泛的理解和支持，尤其是左派的理解和支持。

但布迪厄文化再生产教育理论中存在的一个问题是，按照其逻辑，处于学校教育中的行动者是被再生产方式所决定了的社会结构前定的。这种前定性理论逻辑带来的一个问题就是教育改革的无力性，既然在一个统治性关系所封锁的体制中，通过场域、权利、习性、惯习等形成的文化资本成为一种社会上升和成功的前获得，从而对社会结构进行控制性的流动乃至复制，那么从教育自身内部进行的改革就很难成功。这种推论导致了某些学者认为布迪厄坚持虚无主义态度，并对之提出了批评。

布迪厄前定性的理论揭示了社会流动固化的一面，强调了教育在社会再生产过程中的稳定性。但同时也忽视了教育在社会流动过程中的正向功能和革命性作用。在对教育流动功能从乐观向悲观的态度转变中走向了虚无主义的极端，这与社会历史和教育的发展是不符的。尤其是像我国那样，教育取得很大社会成效，高等教育大众化革命性地改变了社会流动的状况，因此，当教育改革进一步深入之际，理解其理论的同时也更需要我们对其理论进行深入反思。

### 三、非学校化教育理论

第三种被称为激进主义教育思潮的是 20 世纪 60 年代中期产生于美国的"非学校化"教育思潮。针对 20 世纪 60 年代的社会现实，美国教育的发展并没有给社会带来更为平等的结果和更好的教育效果。美国公立教育也因此受到了更多的批判。一些正统的教育家寄希望于对美国现行公立学校的改进和完善，但另一些教育家们，如古德曼（Paul Goodman）、伊里奇（Ivan Illich）、赖默（Everett Reimer）、贝赖特（Carl Bereiter）、霍尔特（John Holt）等却进行了反向思维，对美国现行公立学校教育予以全盘否定。这些激进的教育家认为，传统学校教育依然是单一和封闭的学校已无力提供一种真正自由的教育而异化为一种制度化机构，只有全面改造学校或废除学校，才能恢复教育的本来面目，建立一种能真正给人以自由选择和控制的教育。在此基础上他们提出了教育的"非制度化"，甚至主张取消学校教育，非学校化教育理论就是在这样的背景下诞生的。

非学校化教育理论的提倡者对美国公立学校教育进行了广泛深入的批判，他们抨击美国公立学校实行强制的错误教育，抑制个性发展，加剧社会不平等，导致美国人价值观畸变等。如古德曼在《荒谬的成长》（1960）、

《强制的错误教育》(1964) 等著作中指出，美国公立学校已成为年轻一代成长道路上必经的大陷阱，学校剥夺学生的自由，把一套刻板的程序强加于儿童，使年轻一代虚度年华。他认为学校生活单调呆板，没有人情味，毫无主动性和自由精神可言。伊里奇则提出了学校灌输社会主流价值，维护特定阶级意识和价值的隐蔽课程概念，认为正是这种隐蔽课程控制了学生。学校也不再是真正的教育工具，它正在为各种受压抑的、互相隔阂的和失去人性的社会服务。

针对美国公立教育中存在的种种弊端，教育家们提出了改革方案。

一是建立自由学校。古德曼在《自由与学习：选择的需要》(1971) 等论著中阐述了关于自由学校教育的思想。古德曼所主张的自由学校教育有四层含义：一是应废除学校中各种形式的等级，不应存在种族隔离和因家庭收入而形成的不平等；二是给儿童提供的学校教育机会应有多样性，让儿童有自由选择的可能性；三是学校应完全由学校自己的教师、儿童和家长进行管理，应让年轻人发挥主动性和积极性；四是应使偶然的教育成为学习和教学的主要手段，以推迟社会化和保护儿童自由成长的方式设计小学教育学。在他看来，自由学校正确的做法应是尽可能开放多种渠道，给予学生自由选择的机会。伊里奇则主张在全社会普遍设立自由学校，他说："名副其实的自由学校，必须符合两项条件：第一，它们应当避免采用分年级入学管理，并让合格学生在合格的教师跟前学习隐蔽课程的管理方式。第二，更重要的是，它们必须提供某种结构，在这种结构中，所有参与者——教职员和学生——都可以免受学校化社会的隐蔽基础的影响。"[①] 但在现实社会中几乎没有一所自由学校能满足上述要求。

二是创建"非学校化社会"。在激进的教育家们看来，即便是自由学校也有难以解决的问题，因此，最为彻底的是建立"非学校化的社会"。"非学校化社会"是指一种废除了学校及其类似学校的一切价值机构的社会。古德曼是"非学校化"运动的先驱者。关于"非学校化"，古德曼提出了如下设想：对于少数班级来说，干脆不要学校或取消校舍，而是利用城市本身作为学校，如街道、咖啡店、电影院、博物馆、公园和工厂等，他们在这些地方可以学到真正有用的知识。每十人为一组，配备一位教师，古德曼称之为"雅典教育模式"。他主张聘用社会上没有教师执照的成年人如杂货商、药商、店主等作为年轻人的教育者，以帮助他们进入成年人的世界。把城市学校分为更小的单位，每个单位20—50名学生，安排在商店或俱乐部内。这

---

[①] 瞿葆奎主编，陈桂生等选编：《教育学文集·教育与社会发展》，人民教育出版社1989年版，第654～655页。

些地方能够把游戏、社会活动、讨论和正规的教学结合起来。总之,古德曼为人们设计了一种以社区为基础的多重性教育机构,使教育成为全社会的责任。他把那些偶发因素加以系统的、精心的组织,以显示其内在的教育价值。

伊里奇把"非学校化"运动的矛头指向不可救药的资本主义社会,他称之为"学校化社会",即整个社会都如学校一样,是机构化、制度化、官僚化、商品化的,是特权性、垄断性、异化人性的,它既导致物质上贫富差别的不断扩大,也导致依附心理和贫困文化的日益增强。在伊里奇看来,现代学校已成为社会再生产价值机构化的强大工具和加速器,它不仅阻碍了真正的学校教育,造就了无能力、无个性的人,而且带来了社会两极化和新的不平等。因此,必须将现代学校连同它的隐蔽课程一起废除,按照新的有关人、学习和成长的思路建立"非学校化社会",并通过宪法和法律对"非学校化社会"予以保护。

在伊里奇设想的"非学校化社会"中,最理想、愉快的教育机构是学习网络。以学习网络取代学校教育,"是为人们提供方便的经济的机会,以便在诸如图书馆、实验室、博物馆、剧院、医院、工厂、农庄和车间这样一些传统的地点进行精心设计的学习……这种安排,既承认社会上其他有关机构的潜在的教育性质,又承认所有技术性工作中所固有的可资教学的内容"[①]。伊里奇设计了四种学习网络。(1) 为教育对象提供参考资料的服务,包括图书、文学资料、磁带、生产工具、机器、标本、山川湖泊、飞禽走兽等,凡是能够收集到的实物都可成为教育资料。(2) 技艺交流,这种网络可以由各种类型的技能中心组成,包括创办面向所有人开放的免费技能中心和成立技艺交流银行。(3) 同伴切磋,切磋场所由双方协商而定,俱乐部、游览区、公园和私人住宅等都是理想的地方。(4) 教育工作者的网络服务,包括创造和操作学习网络的工作、引导学生和家长使用这些网络的工作和教育的激发与教导工作。伊里奇为人们展示了一幅完整的"非学校化社会"的理想蓝图,在这里,教育、闲暇、工作和生活都融为一体。在某种程度上,这是一个"学习化社会"。伊里奇设想的这种教育模式得到了赖默、贝赖特等其他激进主义教育家们的赞同。

激进主义教育家们对美国现行学校的批评和否定,在一定程度上反映了美国学校教育中的一些弊端和危机,深化了人们对美国教育及社会的认识。他们提出的"非学校化社会"思想以及由此引起的争论,激发了人们探索教

---

[①]〔美〕理查德·D. 范斯科德等著,北京师范大学外国教育研究所译:《美国教育基础——社会展望》,教育科学出版社 1984 年版,第 35 页。

育改革的新途径，为教育理论研究开拓了新的视野。激进主义教育思潮推动了20世纪六七十年代美国开放教育运动、自由学校运动的发展，促进了新的学校类型的诞生。据统计，自由学校的数量从1967年的20所左右增加到1972年的500多所。到1976年，美国已有四分之一的学区推行可选择学校的项目或活动。它还推动了世界各国可选择性教育的发展，如非正规教育、社区教育、继续教育、终身学习等在一些国家得到了迅速发展。但无疑非学校化教育思潮带有明显的偏颇。取消学校的构想在很大程度上是一种浪漫想象。但即便如此，该思想还是给人颇多启示。

### 四、抵制教育理论

针对教育的革新思想中，还有一种从学生的角度出发来思考教育的激进性思潮——抵制教育理论。该理论的主要代表人物是美国的吉鲁（H. Giroux）。他认为，学校不仅仅是社会结构和意识形态矛盾冲突和斗争的场所，而且也是各种团体的、有见识的学生进行抵制行动的场所，学校中不断出现的校内骚乱和暴力行为足以证明这一点。因此学校经常进行着社会主流文化和反主流文化以及各种不同阶级意识形态的较量和斗争。英国教育哲学家萨勒普指出："学校不仅再生产社会的生产关系，它们也再生产抵制的方式。许多学生针对学校的公开目标发展一种特有的抵制。"[①] 在他们看来，学校不是单一性的机构，而是多元化的文化教育场所，学校经常处于各种矛盾关系之中，各种文化教育思想会有意无意地向处于统治地位的文化教育思想提出挑战。

抵制教育理论学者还进一步研究了"反学校文化"（也称"抵制"文化），认为"反学校文化"是劳工阶级文化的一个层面，是劳工阶级某些基本态度与价值的一种表现。例如，许多学生认为教师的权威是专制的，他们对学校的"权力主义"经常提出挑战，对于知识和资格表现出一种轻蔑的态度，对于传统规则和令人不满的东西持抵制态度。抵制教育理论认为，从表面上看，学生反对或抵制的是学校规章制度，但其根源却在于资本主义社会的阶级、种族、性别歧视等不平等的意识形态霸权。因此，学生的抵制行动实质上是对维护不平等的、占统治地位的社会文化价值和意识形态的一种反抗，具有"解放"的积极因素。总之，抵制教育理论认为，学校与社会统治机构之间并不存在完全的对应关系，因为学校教育不单纯是再生产的过程，学校内部的矛盾、冲突和斗争是整个社会矛盾、冲突和斗争的曲折反映，学

---

① 引自吴式颖、任钟印主编：《外国教育思想通史》第10卷，湖南教育出版社2002年版，第349页。

校应当发挥其抵制的作用。

这些针对资本主义社会内在矛盾，利用不同的理论框架广泛地分析资本主义社会学校教育的阶级性质、教育职能及其与社会经济、文化、政治的关系的教育思想，无疑具有进步意义。他们对资本主义学校教育的批判研究，对于深入认识教育的性质，解决当代教育问题提供了新的思路。对教育理论界产生了巨大冲击。但有些理论思考失之偏颇或简单，对于教育并没有从一个整体全面的意义上去把握，或者将其从另一方向进行了政治化的处理，从而走向了另一个端点。这是我们在欣赏其理论的同时也需要警醒的。

【要点小结】

在20世纪经济、政治、科学、哲学、心理学等新的思想和观念的影响下，教育思潮也出现了多元发展的局面。出现了（1）从进步主义教育思想中延续而来的，强调教育的社会改造作用的改造主义教育思想；（2）从存在主义哲学思想演变而来的，强调教育与人的存在之间关系的存在主义教育思想；（3）建立在心理学行为主义和新行为主义理论基础上的，强调教学程序的行为主义和新行为主义教育思想；（4）强调使用分析哲学的方法对教育的理论和概念进行澄清的分析教育哲学；（5）重视心理结构和知识结构并探寻两者互动规律的结构主义教育思想；（6）试图打破教育时空的限制，将教育与人的终身学习结合起来的终身教育思想；（7）将人作为有机的整体看待，强调自我实现的现代人文主义教育思想；（8）探寻教育与经济收益关系，提升教育在现代社会中的地位的教育经济化思潮；（9）强烈批判西方现代工业资本主义社会教育弊端，试图革命性地建立新的教育途径和前景的激进主义教育思潮等。这些教育新思想极大地丰富了我们对教育的认识，促进了教育实践的方法的多样性。

【思考与练习】

1. 20世纪教育思想和思潮呈现多元化的背景是什么？
2. 简述改造主义教育思想、存在主义教育思想、行为主义和新行为主义教育思想、分析教育哲学、结构主义教育思想、终身教育思想、现代人文主义教育思想、教育经济化思潮和激进主义教育思潮的主要观点。
3. 请试着将上述教育思想、思潮进行归类，并对其发展线索进行归纳。

【参考文献】

1.〔美〕斯特龙伯格著，刘北成等译：《西方现代思想史》，中央编译出版社2005年版。

2. 〔美〕约翰·布鲁德斯·华生著,李维译:《行为主义》,浙江教育出版社1998年版。

3. 〔德〕雅斯贝尔斯著,邹进译:《什么是教育》,生活·读书·新知三联书店出版社1991年版。

4. 〔德〕布列钦卡著,胡劲松译:《教育科学的基本概念》,华东师范大学出版社2003年版。

5. 邵瑞珍等译:《布鲁纳教育论著选》,人民教育出版社1989年版。

6. 联合国教科文组织国际教育发展委员会编著,华东师范大学比较教育研究所译:《学会生存》,教育科学出版社1996年版。

7. 〔美〕马斯洛等著,林方译:《人的潜能与价值》,华夏出版社1987年版。

8. 〔美〕鲍尔斯、金蒂斯著,王佩雄等译:《美国:经济生活与教育改革》,上海教育出版社1990年版。

9. 〔美〕伊里奇著,吴康宁译:《非学校化社会》,台北桂冠图书股份有限公司1992年版。

10. 张斌贤主编:《外国教育思想史》,高等教育出版社2007年版。

11. 吴式颖、任钟印主编:《外国教育思想通史》第10卷,湖南教育出版社2002年版。

12. 〔法〕雅克·科莱特著,李焰明译:《存在主义》,商务印书馆2004年版。

13. 〔英〕迈克尔·达米特著,王路译:《分析哲学的起源》,上海译文出版社2005年版。

14. 李森主编:《解读结构主义教育思想》,广东教育出版社2007年版。

15. 方展画著:《罗杰斯"学生为中心"教学理论述评》,教育科学出版社1990年版。

# 后 记

本书初版由四川教育出版社于1994年出版，是新中国第一部较为完整和系统的西方教育思想史著作。

距离初版已有近二十年的时间。仅此一点，就构成了对本书进行修订的充分理由。此次修订主要做了以下五个方面的工作：第一，对全部章节的文字表述做了系统梳理；第二，对全书体例进行了必要的调整；第三，补充和更新了部分史料（特别是第四、八、十二、十四章）；第四，补充了大量注释；第五，为便于学生学习，在各章都增加了内容提要、学习目标、关键词、要点小结、思考与练习以及参考文献等内容。

参与本次修订的有：北京师范大学张斌贤教授、褚宏启教授、朱旭东教授、王晨副教授，中国人民大学李立国教授、陈露茜博士。具体分工如下：张斌贤：绪论、第一、二、三、五、九、十一章；褚宏启：第四、六、七、十二章；朱旭东：第八章；陈露茜：第十章；李立国：第十三章；王晨：第十四章。张斌贤教授负责组织修订并全书统稿。北京师范大学教育历史与文化研究院硕士研究生戴芳芳、董静、张潇芳做了很多具体细致的工作，在此表示衷心的感谢。

感谢本书初版编辑苑容宏先生，他对本书的修订提供了宝贵的支持。感谢人民教育出版社郭戈、魏运华、吕达、诸惠芳、刘立德、刘捷等编审人员为本书修订再版所付出的辛劳。

感谢北京市教育委员会高等教育精品教材建设项目的支持。

张斌贤

2011年9月于北京师范大学